全本全注全译丛书

中华经典名著

尤学工　翟士航　王　澎◎译注

读通鉴论 五

中華書局

目 录

第五册

卷二十五

顺　宗

【题解】

　　唐顺宗李诵(761—806)是唐德宗李适长子,于大历十四年(779)十二月被立为皇太子。李诵在长期作储君期间,身体状况逐渐不佳,贞元二十年(804)更是突然中风,失去了言语功能。贞元二十一年(805)正月,唐德宗驾崩,李诵以太子身份于当月即位。顺宗即位后,其信任的王伾、王叔文等大臣发起永贞革新,但不久即因宦官俱文珍等发动政变而归于失败,在位仅八个月的顺宗被迫让位于太子李纯,自称太上皇,次年正月即驾崩。

　　王伾、王叔文等人所主导的“永贞革新”历来受到学者的关注。在相当长的一段时间内,王伾、王叔文被传统史家视为图谋不轨的奸邪小人,韦执谊、柳宗元等参与改革者也蒙受污名。王夫之认为这种评价是不允当的。他指出,永贞革新革除了德宗在位末期的昏乱政策,使得人心大快,澄清了国家纲纪,这些举动都称得上善政。而考察史籍所载王伾、王叔文的作为,可以发现他们并没有真正的谋逆之举,他们之所以受到天下人的毁谤和猜疑,主要是因为二人气量狭小,心中的仕宦利禄之情没有消泯,不足以担负社稷重任,其闭门密谋的行迹又难免使人觉得居心叵测,无谓地授人以柄,给自己招来了灾祸和骂名。

一　史氏过贬韦执谊等

王伾、王叔文以邪名古今①,二韩、刘、柳皆一时之选②,韦执谊具有清望③,一为所引,不可复列于士类,恶声一播,史氏极其贬诮,若将与赵高、宇文化及同其凶逆者,平心以考其所为,亦何至此哉!

【注释】

①王伾(pī,? —806):杭州(今浙江杭州)人。"二王八司马"之一。唐德宗末年,与待诏翰林王叔文一同侍读东宫,曾论及时政,颇得太子李诵之信任。唐顺宗即位后,王伾受到重用,协助王叔文改革朝政,往来于宫中,经宦官李忠言沟通内外消息。唐宪宗继位后,改革失败,贬为开州司马。传见新、旧《唐书·王伾列传》。王叔文(753—806):越州山阴(今浙江绍兴)人。唐德宗时,担任太子李诵侍读,深得太子的赏识和信任。唐顺宗于永贞元年(805)正月即位后,授王叔文翰林待诏兼度支使、盐铁转运使,王叔文于是联合王伾、刘禹锡、柳宗元等人推行政治改革,谋求整肃宦官、减免税赋、罢诸道进奉,废止宦官把持的宫市,史称"永贞革新"。不久,宦官俱文珍联合裴钧等人迫使顺宗立李淳(李纯)为太子,而王叔文随后与西川节度使韦皋决裂,韦皋投靠太子一方。八月,顺宗内禅,宪宗即位,王叔文被贬为渝州司户,次年被赐死。传见新、旧《唐书·王叔文列传》。

②二韩、刘、柳:指韩泰、韩晔、刘禹锡、柳宗元。他们皆为"永贞革新"的参与者,并在改革失败后被贬到边远州担任司马。

③韦执谊:京兆(今陕西西安)人。唐朝宰相,"二王八司马"之一。他二十余岁便进入翰林院,担任翰林学士,深受唐德宗宠信。与

顺宗宠臣王叔文交好,在永贞元年(805)被拜为宰相,协助王叔文推行革新,宪宗继位后贬为崖州司马,最终死于崖州贬所。传见新、旧《唐书·韦执谊列传》。

【译文】

王伾、王叔文因奸邪闻名古今,韩泰、韩晔、刘禹锡、柳宗元都是当时的优秀人才,韦执谊也具有美好的名望,他们一旦被二王引为同党,就不再被视为士大夫中的一员了,恶名一旦远播,史家极力对其加以贬抑谴责,就好像他们与赵高、宇文化及一样心怀不轨、凶恶歹毒,其实如果心平气和地考察他们的所作所为,又哪里恶劣到了这个地步呢!

自其执政以后,罢进奉、宫市、五坊小儿①,贬李实②,召陆贽、阳城③,以范希朝、韩泰夺宦官之兵柄④,革德宗末年之乱政,以快人心、清国纪,亦云善矣。顺宗抱笃疾,以不定之国储嗣立,诸人以意扶持而冀求安定,亦人臣之可为者也。所未审者,不能自量其非社稷之器,而仕宦之情穷耳,初未有移易天位之奸也。于是宦官乘德宗之危病,方议易储以危社稷,顺宗暗而不理⑤,非有夹辅之者,则顺宗危,而宪宗抑且不免。代王言,颁大政,以止一时之邪谋,而行乎不得已,亦权也。宪宗储位之定,虽出于郑绚⑥,而亦俱文珍、刘光琦、薛盈珍等诸内竖修夺兵之怨⑦,以为诛逐诸人之地,则韦执谊之惊,王叔文之忧色,虽有自私之情,亦未尝别有推奉,思摇国本,如谢晦、傅亮之为也。乃史氏指斥其恶,言若不胜,实核其词,则不过曰"采听谋议,汲汲如狂,互相推奖,倜然自得⑧,屏人窃语,莫测所为"而已。观其初终,亦何不可测之有哉?所可憎者,器小而易盈,气浮而不守,事本可共图,而故出之以密,谋本无他奇,而故居之以险,胶漆以固其类,亢傲以待异己,得志自矜,身危不悟,以要言之,不可大受而已矣。因是而激盈廷之怨,寡不敌众,谤毁腾于天下,遂若有包藏祸心为神人所共怒者,要亦何至此哉!

【注释】

①进奉:指地方诸道向朝廷进献财物。宫市:指唐德宗在位末期,宫中派宦官到民间市场强行买物,口称"宫市",实为掠夺。五坊小儿:唐代宫中设雕坊、鹘坊、鹰坊、鹞坊、狗坊,合称五坊。豢养这些猛禽及猎犬以备皇帝打猎之用,各坊供职者即称五坊小儿。

②李实:唐代宗室。最初在嗣曹王李皋属下任职,李皋死后,李实担任军需官,因克扣军费而引起士兵怨怒,被迫逃回长安。唐德宗李适对他十分恩宠,他因此得以升任司农卿、京兆尹,封嗣道王。他自恃是宠臣,刚愎自用、徇私枉法。唐顺宗即位后,他不顾禁令,逮捕百姓强迫缴税,杀数十人,因此被贬通州长史。后被特赦,死于回京途中。传见新、旧《唐书·李实列传》。

③阳城:字亢宗,定州北平(今河北顺平)人。唐中期隐士,以德行著称。曾被李泌推荐为著作郎。德宗令长安县尉征召他,他上章辞让。顺宗即位后再次派人征召,但阳城已病逝。传见《旧唐书·隐逸列传》《新唐书·卓行列传》。

④范希朝(? —815):字致君,河中虞乡(今山西永济)人。唐朝中期著名将领。生性廉洁,颇有惠政。在永贞革新时为王叔文所倚重。长期镇守边境,曾招募突厥别部沙陀族一万余人内附,使之成为唐朝一支征战的劲旅。官至太子太保。传见新、旧《唐书·范希朝列传》。韩泰:字安平,雍州三原(今陕西三原)人。唐中期"二王八司马"之一。贞元中,累迁至户部郎中。贞元二十一年(805),顺宗即位,王叔文、王伾用事。韩泰"最有筹划,能

决阴事",深为二王所重。王叔文等以他为神策行营节度行军司马,副范希朝,谋夺兵权,为宦官所阻。因王叔文等改革失败,坐贬虔州司马。历漳州、郴州刺史,终湖州刺史。传见《新唐书·韩泰列传》。

⑤喑(yīn):指因病不能讲话。

⑥郑细(752—829):字文明,荥阳(今河南荥阳)人。德宗时入为起居郎、翰林学士。顺宗即位后因病无法说话,储君未定,人心不安,顺宗召郑细草拟立储之诏,郑细不加请示,便直书"立嫡以长",得到顺宗承认,宪宗因此得以被立为储君。宪宗即位后,郑细拜同中书门下平章事,后以太子太傅致仕。传见新、旧《唐书·郑细列传》。

⑦俱文珍(?—813):又名刘贞亮。在唐德宗在位末期成为宦官首领,一些握有兵权的宦官都依附于他。唐顺宗即位后,翰林学士王叔文等倡行革新,触及宦官势力,俱文珍于是联合一些反对革新的大臣,逼皇帝"内禅"于太子李纯,然后使宪宗把革新派全部放逐,史称"二王八司马事件"。宪宗时,俱文珍官至右卫大将军,知内侍省事。后来渐失恩宠,自请离宫。传见《旧唐书·宦官列传》《新唐书·宦者列传》。刘光琦(?—812):京兆三原(今陕西三原)人。唐代中期宦官。与俱文珍一道攻击王叔文革新集团,宪宗元和元年(806)曾出任枢密使。薛盈珍:唐中期宦官。与俱文珍一道攻击王叔文革新集团。

⑧侚(xiàn)然:狂妄自大的样子。

【译文】

自从王叔文、王伾执政以后,他们除去诸道进奉财物的规定、罢除宫市、罢退五坊小儿,贬黜李实,征召陆贽、阳城入朝,任用范希朝、韩泰来夺取宦官掌握的军权,革除德宗在位末期的昏乱政策,使得人心大快,澄清了国家纲纪,这些举动也都称得上善政。顺宗身患重病,其储君地位因此动摇,在这种情势下继承君位,王叔文等人着意扶持顺宗,希望以此使国家安定下来,这也是作为人臣可以做的。他们的不足之处,是不能正确地估量到自己的能力、品行并不足以担当社稷重任,而把热衷于官位的心态表现得淋漓尽致,他们最初并没有要改变皇位继承人、危害国家的奸诈图谋。这个时候宦官趁着德宗病危,正在讨论更易储君,从而危害社稷,顺宗因为病重无法讲话,所以没法控制局面,如果没有王叔文等人在身边辅佐,则顺宗处境就很危险了,而宪宗也将难以幸免。王叔文等人代君王发言,颁布国家大政方针,是为了阻止一时间危害国家的邪恶图谋,是出于不得已而为之,也是一种权宜之计。宪宗储君地位的确立,虽然主要是由于郑纲的功劳,但实际上也是俱文珍、刘光琦、薛盈珍等诸宦官怨恨王叔文等人夺走自己的兵权,因此想要拉拢皇储以便于将来打击、诛戮王叔文等人,如此则韦执谊的惊慌,王叔文的忧虑,虽然有自私的想法,但也不曾另外推奉储君人选,没有想要像谢晦、傅亮那样动摇国本。可是史家指斥王叔文等人的罪恶,好像言语都不胜表达似的,仔细考察一下史家的说辞,则不过是说"王叔文等搜集、探听外界的事情,策划计议,急切如狂,互相推崇、吹捧,狂妄自得,屏退外人偷偷地谈话,难以测度他们的所作所为"罢了。观察他们从始至终的表现,又哪里有什么不测之举呢?他们真正值得诟病的,是气量狭小而容易自满,心浮气躁而不能专一,事情本来是可以与众人一起商议决断的,却故意要显得神秘,其谋略本没有什么新奇之处,却故意耸动人们的听闻,对于同党如胶似漆、拼命拉拢,对待异己则傲慢无礼,一旦得志便自满自大,身处险境却不能醒悟,简要地说,他们就是难以担当国家大任罢了。因此他们招致了整个朝廷的愤怒,寡不敌众,对他们的诋毁、诽谤言论传遍天下,于是他们就真的像是包藏祸心,因而惹得人神共怒,其实他们又何曾恶劣到这个地步呢!

　　　佅、叔文诚小人也,而执谊等不得二人不足以自结于上，伾、叔文不得于牛昭容、李忠言不足以达于笃疾之顺宗①。呜呼！汉、唐以后，能无内援而致人主之信从者鲜矣。司马温公之正，而所资以行志者太后；杨大洪之刚②，而所用以卫主者王安；盖以处积乱之朝廷，欲有所为，弗获已而就其可与言者为纳约之牖也③。叔文、伾之就诛，八司马之远窜，事所自发，亦以宦官俱文珍等怨范希朝、韩泰之夺其兵柄，忿怼急泄而大狱疾兴。诸人既蒙不赦之罪，神策监军，复归内竖，唐安得有斥奸远佞之法哉？宦官之争权而迭相胜负耳。杜黄裳、袁滋不任为主也④。故执谊等有可黜之罪，而遽谓为千古之败类，则亦诬矣。

【注释】

①牛昭容：唐顺宗李诵的宠妃。李忠言：唐顺宗李诵宠信的宦官。

②杨大洪：即杨涟。

③纳约之牖：本指通过窗户献纳物品，此指交结君王的渠道。

④袁滋（749—818）：字德深。唐朝中期官员、书法家。唐宪宗以太子身份开始监国时与杜黄裳并为宰相，拜中书侍郎、平章事，后出任剑南西川节度使、湖南观察使等职。传见《新唐书·袁滋列传》《旧唐书·良吏列传》。

【译文】

王伾、王叔文确实是小人，而韦执谊等人如果不通过他们二人就没法使自己受到顺宗的信任重用，王伾、王叔文如果不是依靠牛昭容、李忠言也不足以将自己的意见传达给身患重病的唐顺宗。唉！汉、唐以后，能够不依靠内援而获得君王信任重用的人是很罕见的。以司马光的正派，他尚且要依靠高太后来实现自己的志向；以杨涟的刚直，他尚且要依靠王安来保卫国君安全；大概身处已经混乱很久的朝廷上，想要有所作为，出于不得已，就必须依靠皇帝身边的亲信来取得皇帝的信任。王叔文、王伾被诛杀，八司马被贬到远方，这件事情的发生，也是因为宦官俱文珍等人怨恨范希朝、韩泰夺走了他们的兵权，等宪宗一登基就急切地想把怨恨发泄出来，因而迅速兴起大狱。二王八司马背负着不被赦免的重罪被杀、被贬后，神策军的兵权，重新回到宦官手中，这样唐朝怎么还能有办法去清除奸佞之徒呢？只能听任宦官相互争权、轮流把持大权罢了。杜黄裳、袁滋都不能为皇帝排忧解难。所以韦执谊等人固然有值得被贬黜的罪过，但武断地称他们为千古败类，也是一种污蔑啊。

繇此以观，士之欲有为当世者，可不慎哉！天下之事，昭昭然揭日月而行者，与天下共之。其或几介危疑，事须密断者，则缄之于心，而制之以独。若骤得可为之机，震惊相耀，以光大之举动为诡秘之声容，附耳蹑足，昼呼夜集，排群言，敛众怨，自诩为忧国如家，乃不知旁观侧目者且加以不可居之大慝①。事既秘，言不能详，欲置辩而末从，身受天下之恶，自戕而已矣。《易》曰："不出户庭，无咎②。"慎之于心也。不出门庭则凶矣。门内之密谋，门外之所疑为叵测者也。流俗之所谓深人，君子之所谓浅夫也。读柳宗元谪后之书③，"匪舌是出"④，其愚亦可哀也已！

【注释】

①大慝(tè)：极为邪恶的人。

②不出户庭，无咎：语出《周易·节卦》爻辞："初九，不出户庭，无咎。"意思是不出庭院，没有危害。喻指行事机密、谨慎，可以避免祸患。

③柳宗元(773—819)：字子厚，河东(今山西运城)人。唐代文学家、哲学家，唐宋八大家之一，"二王八司马"之一。出身河东柳氏，二十一岁进士及第。唐顺宗即位后，柳宗元由于与王叔文等政见相同，被提拔为礼部员外郎，掌管礼仪、享祭和贡举，参与"永贞革新"。革新失败后，先后被贬为邵州刺史、永州司马、柳州刺史。传见新、旧《唐书·柳宗元列传》。

④匪舌是出：语出《诗经·小雅·雨无正》："哀哉不能言，匪舌是出，维躬是瘁。"意思是：可怜啊！那不善言谈之人，其实他们并不是笨嘴拙舌，他们是投入工作鞠躬尽瘁！

【译文】

　　由此看来，想要在当世有所作为的士人，一定要谨慎啊！凡是像日月运行那样昭然若揭的天下大事，应当与天下人共同解决。如果有关涉机密、需要秘密决断的大事，则应该将其埋在心里，独自加以应对解决。如果骤然得到可以有所作为的时机，就一惊一乍、相互夸耀，把本来可以光明正大做的事情故意加以诡秘处置，附耳私语、蹑手蹑脚，白天大呼小叫，夜晚集会讨论，排斥众人的意见，引起众人的怨恨，自诩是像担忧自己家一样忧心国事，却不知道在旁观者看来，他们已经成了十恶不赦的奸邪之人。由于他们处事诡秘，许多话无法详尽地讲出来，想要辩白也没有人听，身受天下人的痛恨，也唯有自杀而已。《周易》中说："不出庭院，没有灾祸。"这是说处事要小心谨慎啊。如果读书流于表面，食而不化，真的不出门庭，那就危险了。门内的密谋，会被门外的人怀疑是居心叵测。世俗所称的深沉之人，在君子看来就是浅薄的匹夫。读柳宗元被贬谪后写的书信，发现他仍没有认识到这一点，认为自己是"匪舌是出"，他的迂腐也真是令人感到悲哀啊！

宪　宗

【题解】

　　唐宪宗李纯(778—820)是唐顺宗李诵的长子,于贞元二十一年(805)被立为太子,监国理政。同年八月,在宦官拥护下,李纯接受顺宗内禅而继承皇位。宪宗即位后,力图削平藩镇割据,任用杜黄裳、武元衡、李绛、裴度等削藩派大臣主持军政事务,先后讨平了西川、镇海、淮西、淄青等叛乱藩镇,招降了河北三镇,综合运用经济和政治手段,以法度裁制藩镇,重振了中央政府的威望,史称"元和中兴"。在位后期,宪宗逐渐变得骄纵奢侈,醉心于求仙佞佛,最终于元和十五年(820)驾崩。

　　元和削藩取得了显著的成效,这其中的原因,是历代史家所热衷探讨的。王夫之认为,善于洞察时势、把握时机是宪宗君臣取得削藩成功的核心原因。实际上,德宗即位之初亦曾试图削藩,但因为彼时藩镇势强,德宗在时机不成熟的情况下强行削藩,迅速激化了朝廷与藩镇间的矛盾,引发"四王二帝"之乱,反使朝廷权威严重受损;其后德宗采取姑息政策,使得藩镇更难驾驭。而随着时间推移,局势日渐发生变化,到宪宗在位时,安史之乱时遗留下的藩镇枭雄们纷纷凋零,各藩镇的力量有所衰弱,朝廷的力量则得到恢复,此时宪宗君臣乘时而动,果断以军事手段削藩,取得成效后又用政治手段安抚和控制了河北局势;同样是先使用军事手段再进行政治安抚,宪宗与德宗所取得的成效却截然不同。王夫之据此强调,治国理政必须懂得"盈虚之理数",辨清时势,乘时而动,才能够取得成功。

宪宗委任宦官刘光琦为枢密使,此后枢密使日渐成为掌握军机要务的重要职位。因晚唐时宦官常借枢密使之权发动宫廷政变,不少人认为枢密使分割了宰相权力、侵夺兵部职权,其权柄又容易落入奸人之手,故而对枢密使的设置持否定态度。王夫之认为,军机要务直接关涉战争成败,兼具机密性和重要性,必须由枢密使专职专权进行处置,才能确保效率和安全;枢密使所任非人,导致大权旁落,自然有严重的危害,但这种危险可以通过审慎择人来规避,不能因噎废食,直接否定枢密使一职存在的正当性。这种将人事与制度区分开来的分析方式,是王夫之评论历代制度得失时的一种常用方法,值得读者注意。

宪宗时,朋党问题已经崭露苗头。王夫之向来对朋党之争深恶痛绝,本篇中他以李绛和裴度为案例,阐述了他心目中君子面对党争时所应秉持的原则。他认为,朋党之争最初或许有君子、小人之分别,但随着党争的深入,是非之别很快便会被权力争斗所取代,无论君子小人,都会最终深陷其中,难以自拔,进而给国家带来祸患。所以,君子不能眷恋权位,若奋力斥逐奸佞不能成功,便要及时抽身而退,以免自辱。王夫之反复强调,唯有淡泊可以明志,唯有爱惜自身才能为国分忧,这不仅是针对晚唐党争而发的议论,也是结合自身遭际见闻、对历史上所有党争加以深切思考后形成的认识。

一　德宗启殡日发母沈太后之丧

礼何为而作也?所以极人情之至而曲尽之也。古礼之佚不传者多矣,见于"三礼"者[①],唯丧礼为略备,达于古今,无不可繇也。然而犹有阙焉,时之所不然,事之所未有,情之所不生,礼之所未及也。于是而后儒折中论定之道,有可参酌以极得其中。则遭乱失其父母，寻求不得，生死莫能知，而为之追服②，是已。

【注释】

①三礼：指儒家经典著作《周礼》《仪礼》《礼记》。

②追服：指丧期过后补行服丧。

【译文】

礼是为什么而制定的呢？是为了让人们能够委婉细致地充分表达人伦方面的极致情感。古代的礼仪亡佚而没有传下来的太多了，现在能够在"三礼"中见到的，也只有丧礼还算比较完备，古今通行，没有不能使用的。然而这其中也仍有不完备的地方，时代不同了，过去不存在的事，就不会产生相应的情，所以古礼也就不可能涉及。于是后世儒家遇到新情况时，就要根据古礼所确定的原则，结合实际情况，参考斟酌，制定出合乎情理的新礼来。像遭遇战乱而与父母失散，到处寻求也无法找到，父母的生死没办法知晓，不得已而为他们行追服礼，就是这种情况。

礼文之未及此也有故；古者分土建侯，好问不绝，偶为仇敌，而礼之往来不废，声问相逮①，无有阻也。故诸侯失国而为寓公②，大夫去国而有羁禄，即其为行人而见执③，临战伐而见俘，其生其死，必相闻矣。则生而遥告以吉凶，死而得奔丧、还葬，奚有寻求不得而待追服者哉？

【注释】

①声问：音讯，音信。

②寓公：指因失国而寄寓别国的诸侯。

③行人：指使者。

【译文】

　　古代礼书中没有涉及追服的记载是有缘故的；古时候天子分封诸侯，各国互通友好的使者在路上往来不绝，即使两个国家偶尔处于敌对状态，而相互之间的礼节往来也不会废止，双方仍能互通音讯，没有受到阻碍。所以诸侯国君失去君位后能到其他国家当寓公，大夫离开自己的国家仍能拿到他国的俸禄，即使是作为使者被敌国抓住，或是在战场上被俘，这些人的生死，也必定会传到其家人耳中。因此，这些人活着的时候他远方的亲人可以得到他吉凶的消息，死了之后其家人能去奔丧、将其还葬故乡，哪里有寻求不到父母而需要为他们行追服之礼的人呢？

　　王莽之世，盗贼坌起①，永嘉而后，胡、汉分割，于是而贵贱均于俘囚，老弱随其转徙，千里无人，音问既绝，转掠不定，踪迹莫稽，乃有父子殊天，终相暌隔，母妻漂散，不审存亡者。呜呼！生不得聚，死不得知，疏衰者②，非人子之可用报亲者，而犹不克尽三年之哀慕，亦惨矣哉！晋庾蔚之等始建议寻求三年之外③，俟中寿八十而服之，此亦以礼定情之极致，周公复起，不能易也。

【注释】

　　①坌（bèn）起：突起，并起。

　　②疏衰：即齐衰。丧服中"五服"之一，规格次于斩衰。

　　③庾蔚之：南朝宋礼学家，著有《礼记略解》。

【译文】

　　王莽统治时期，各地盗贼蜂起，永嘉之乱后，胡、汉分割天下，于是百姓无论贵贱都做了俘虏或囚徒，老老少少都需要四处迁徙躲避战乱，有的地方千里之内没有人烟,音讯既然已经断绝,人们漂泊不定,没有踪迹可察,于是就出现了父与子天各一方,终生不能再相见,与母亲、妻子飘零失散,彼此不知道是生是死。唉！活着不能团聚,死后亲人也无法得知,单是穿着齐衰丧服并不足以表达人子对于其父母养育之恩的报答,可是当时连这种基本的礼数都做不到,更不用说为父母服丧三年了,这也太悲惨了！晋朝的庚蔚之等人首先建议寻访父母三年以上还找不到,就等到父母中寿八十岁的时候为其追行丧服之礼,这也是以礼定情的极致,即使周公复生,也是不能对此加以改变的。

　　德宗母沈太后因乱陷贼,不知所在。德宗即位,寻求数十年不得。迨德宗之葬,礼官乃申蔚之之议,以德宗启殡日,发沈后之丧,因此而祔庙之礼行焉①。夫蔚之限寻求以三年,俟发丧于中寿,而德宗终身不废寻求者,以德宗已正位临民为宗社主,不容因母而废大政,即位寻求,两不相碍也。而士大夫既含重哀,必废婚宦,尽心力为寻求地,期以三年,则人子之志伸,而生人之理亦无崩坏之忧矣。晋、宋以来,有因此而永绝婚宦者,其志可尚,而其道不可常,殆亦贤者之过,蔚之裁之以中,不亦韪与！不宦则祭祀不修,不婚则继嗣不立,抑非所以广孝也。且夫寻求不得,而生死固无据焉,衔恤靡至②,一以丧礼居之,万一亲幸而存,岂非之生而致之死乎？即位而寻求,临朝不废之典,宜于天子；限求以三年,权停婚宦,宜于士夫。酌中寿之年以服丧,生存之望可绝；以启殡之日而为忌,人子之道以终；变而不失其常,补古礼之未有,合先圣之大经,此其选已。

【注释】

①祔(fù)庙：新死者的木主于祖庙与祖先的木主一起祭祀。

②衔恤靡至：语本《诗经·小雅·蓼莪》："出则衔恤，入则靡至。"衔恤，心中怀着悲痛。靡至，归家见不到父母而茫然不知止。

【译文】

德宗的母亲沈太后因为在战乱中落入叛贼手中，不知下落。德宗即位后，寻访数十年也未能找到。等到德宗死后下葬时，礼官于是就采用庚蔚之所提的办法，在德宗出殡的同一天，为沈太后发丧，通过这种方式来完成将沈太后附祭于祖庙的礼仪。庚蔚之限定了三年寻访之期，等到父母中寿八十岁时发丧，而德宗却终生都不放弃寻访母亲下落，这是因为德宗既然已经登基即位，成为君临天下的宗庙社稷之主，容不得为寻找母亲而荒废国家大事，所以即位的同时不放弃寻访，两者不相互妨碍。而士大夫既然怀着与父母失散的巨大悲痛，必然顾不上结婚和出仕，要尽心尽力地寻访父母，以三年为期，则作为人子对父母的深情可以抒发出来，而其以后的正常生活也不至于有崩坏之忧。晋、宋以来，有因为寻访父母而终生不再结婚、出仕的人，其志向值得赞赏，但这种处理的办法却不能当作常例，这大概也是属于贤者之过吧，庚蔚之提出的意见是比较适中的，这不是很对的吗！不出仕则不能承担祭祀先祖的重任，不结婚就没有后代继承人，并不是弘扬孝道的好办法。况且寻访父母而不得，而其是生是死本来就没有凭据，心怀哀痛茫然无措，完全按照丧礼的规格生活，万一失散的亲人幸运地还活着，难道不是变相催促他们早死吗？所以德宗即位后既寻访母亲，又临朝听政不荒废国事的做法，适合天子效法；而以三年为期限寻访父母，期间暂时停止出仕和婚姻的做法，适合于士大夫。根据中寿的年岁来为父母服丧，那是父母还健在的可能已经断绝；在自己出殡那天给父母发丧，则作为人子的孝道得以贯彻始终；这种做法既有变通之处又不违背礼的原则，补充了古礼所未涉及的内容，合乎先贤圣人立下的常规，这真是最佳的选择啊。

二　黄裳元衡乘时讨刘辟李锜

　　杜黄裳之请讨刘辟①,武元衡之请征李锜②,李绛之策王承宗、田兴③,不待加兵而自服,皆时为之也。知时者,可与谋国矣。

【注释】

①刘辟(？—806):字太初。早年进士及第,在韦皋府中担任幕僚,逐渐升迁为御史中丞、支度副使。韦皋死后,刘辟主持善后事务,不接受宪宗让其回朝的命令,宪宗只得任命他为剑南、西川节度使。刘辟因此更加骄横不法,向朝廷要求统领三川,并派兵攻取梓州。宪宗决心征讨刘辟,宰相杜黄裳推荐高崇文等将领前往征讨。刘辟战败被俘后押赴长安斩首。传见新、旧《唐书·刘辟列传》。

②武元衡(758—815):字伯苍。缑氏(今河南偃师)人。元和二年(807)被唐宪宗拜为宰相,协助宪宗讨伐各地藩镇叛乱,一度出为剑南节度使。元和十年(815),因坚决主张讨伐淮西吴元济,被平卢节度使李师道遣刺客刺死。传见新、旧《唐书·武元衡列传》。李锜(？—807):唐朝宗室。唐德宗贞元年间出任润州刺史、浙西观察、盐铁转运使,贞元二十一年(805)三月升为镇海节度使。唐宪宗即位后,平定了西川节度使刘辟、夏绥兵马使杨称金的叛乱,李锜深为恐惧,于是自请入朝,却又迟迟不动身,武元衡力劝宪宗催李锜兼程进京,李锜于是公开反叛,很快兵败,被腰斩。传见《新唐书·李锜列传》。

③李绛(764—830):字深之,赵郡赞皇(今河北赞皇)人。唐德宗贞

元八年（792）进士，唐宪宗元和二年（807）授翰林学士。元和六年（811）被拜为宰相。他担任宰相期间，积极参与平藩镇的谋划，利用藩镇内部矛盾，使魏博节度使田兴（田弘正）听命朝廷。他还反对宪宗派左神策中尉吐突承璀讨伐成德节度使王承宗。太和四年（830），李绛在山南兵变中被乱军杀害。传见新、旧《唐书·李绛列传》。王承宗（？—820）：契丹怒皆部人。唐朝中期节度使，成德节度使王士真长子。元和四年（809），父死，自领节度留后，结果朝廷"伺其变，累月不问"，惧而献德、棣二州。因拒朝官赴任，宪宗发兵讨伐，王承宗于是上表认罪，仍为成德节度使。后上疏阻讨淮西吴元济，并与平卢淄青节度使李师道相勾结，刺杀宰相武元衡。淮西平后，惧而贡租赋，遣子入朝。传见《旧唐书·王承宗列传》《新唐书·藩镇镇冀列传》。田兴（764—821）：又名田弘正，字安道，平州卢龙（今河北卢龙）人。唐朝中期节度使，魏博节度使田承嗣之侄。曾任魏博衙内兵马使、临清镇将。元和七年（812），魏博节度使田季安卒，子田怀谏幼袭节度，结果军士不服，迎其为帅。以魏博军籍和六州之地献于朝廷，宪宗授以魏博节度使。次年，赐名弘正。曾遣兵助讨淮西吴元济和淄青李师道。传见新、旧《唐书·田弘正列传》。

【译文】

　　杜黄裳请求宪宗征讨刘辟，武元衡请求宪宗征召、催促李锜入朝，李绛提出不使用武力而让王承宗、田兴归服的办法，没有大动干戈就制服了这些藩镇，这些胜利都是靠正确把握时机获得的。懂得时势的人，才能参与国家大事的谋划。

　　自仆固怀恩以河北委降贼而僭乱不可复制者，安、史之诛，非唐师武臣力制其死命而殪之①，贼自败亡而坐收之也。幽、燕、河、济，贼所纠合之蕃兵、突骑皆生存，而枭雄之心未艾,田承嗣、薛嵩、朱希彩之流,狼子野心,习于战斗,狃于反覆,于斯时也,虽李、郭固无如之何,而下此者尤非其敌也。代宗骄之,德宗挑之,俱取败辱,虽有黄裳、元衡之能断,李绛之善谋,我知其未易为筹度也。

【注释】

①殪(yì):杀死。

【译文】

　　自从仆固怀恩把河北交给投降的叛贼以后,唐王朝就无法再镇压藩镇的犯上作乱了,安禄山、史思明被杀,并不是唐朝的军队和将领奋力作战而将其消灭的,而是因为叛贼内讧、自取灭亡,才得以坐收渔翁之利。在幽、燕之地,黄河与济水流域,叛贼所纠合的少数民族士兵、突骑都还存在,而他们叛逆的枭雄之心也从未泯灭,田承嗣、薛嵩、朱希彩这些人,狼子野心,习惯于战斗,为人反复无常,在这个时候,即使李光弼、郭子仪也对他们无可奈何,而不如李、郭的人就更不是他们的对手了。代宗骄纵他们,德宗挑动他们的叛心,都遭受了失败的屈辱,即便是有杜黄裳、武元衡这样善于决断的人,李绛这样善于谋划的人,我看他们也未必能轻易筹划出对付这些叛贼的高招。

　　至于元和①,而天下之势变矣。向所与安、史同逆矫厉自雄者,死亡尽矣,嗣其僭逆者,皆纨裤骄憨、弋色耽酒之竖子也。其偏裨,则习于叛合、心离志息、各图富贵之庸夫也;其士卒,则坐糜粟帛、饮博游宕之罢民也②。而狃于两代之纵弛,不量力而轻于言叛;乃至刘辟以白面书生,李锜以贵游公子,苟得尺寸之土,而妄寻干戈;此其望风而仆、应手而糜者,可坐策之而必于有功。韦丹、李吉甫且知西川之必下以劝兴师③,况黄裳、元衡之心社稷而有成谋者乎? 故德宗奋而启祸,宪宗断而有功,事同而效异也。

【注释】

①元和:唐宪宗李纯的年号,使用时间为806—820年。

②游宕:放纵无忌。罢民:不从教化、不事劳作之民。

③韦丹:字文明,京兆万年(今陕西西安)人。唐中期大臣,以正直闻名。曾任容州刺史、谏议大夫等职。宪宗时刘辟反叛朝廷,兵败被俘后有人建议不要诛杀他,韦丹上书坚决主张诛杀刘辟。传见《新唐书·循吏列传》。李吉甫(758—814):字弘宪,赵郡赞皇(今河北赞皇)人。唐代政治家、地理学家。唐宪宗元和年间,李吉甫两次被拜为宰相,策划讨平西川、镇海两藩镇叛乱,削弱藩镇势力,裁汰冗官、巩固边防,辅佐唐宪宗开创元和中兴。传见新、旧《唐书·李吉甫列传》。

【译文】

　　而到了元和年间,天下的形势已经改变了。昔日与安禄山、史思明共同叛乱,桀骜不驯、割据称雄的那些人,都已经死光了,继承其位置的篡逆者,都是锦衣玉食、骄横愚昧、沉溺于酒色的混小子。他们手下的部将,则是些反复无常、与他们离心离德、胸无大志、只图各自富贵的庸人;他们的士兵,则是坐享吃穿、饮酒赌博、放纵不羁的懒惰习民。他们看到代宗、德宗两代皇帝对藩镇束手无策,于是不自量力地轻言反叛;以至于刘辟这样的白面书生,李锜这样的显贵公子,只要得到尺寸土地,就敢对朝廷妄动干戈;对付这种望风而逃、应手而倒的家伙,可以坐着设计策收拾他们,必定能成功。韦丹、李吉甫尚且知道西川必定可以被朝廷攻下,因此力劝宪宗出兵讨伐,何况是杜黄裳、武元衡这样心存社稷、胸有成竹的大臣呢? 所以德宗想要奋发有为却开启了祸端,宪宗果断出击而取得了成功,这就是行动相同而效果不同。

　　夫既知其可以讨矣，则亦知其可以不战而屈之矣。姑试其威于西川而西川定，再试其威于镇海而镇海平。河北豢养之子弟，固不测朝廷之重轻，而苟求席安以自保，众心俱弛，群力不张，于斯时也，唐虽不自信其有必胜之能，而魏博、成德非王武俊、田悦之旧，彼自知之，亦可众量之矣。吉甫目击杜、武之成绩，欲效之以徼功于河北①，是又蹈德宗之覆辙也。李绛之洞若观火，又岂有绝人之智计哉？故代宗之弛而失御，宪宗之宽而能安，亦事同而效异也。所以异者无他，惟其时也。

【注释】

①欲效之以徼功于河北：指元和七年（812），魏博节度使田季安病逝，其子田怀谏继任。李吉甫劝唐宪宗出兵征讨，并力陈不可不用兵的理由。但李绛以为对于魏博不必用兵，田怀谏当自归朝廷。最终宪宗没有采纳李吉甫的建议。事见《资治通鉴·唐纪五十四·宪宗皇帝·元和四年》。

【译文】

　　既然已经意识到这些叛贼是可以讨伐的，那么也就能知道是可以不战而令这些人屈服的。宪宗姑且在西川小试牛刀显示声威，而西川很快被平定，又在镇海继续试手，而镇海也很快被平定。河北藩镇的首领，都是些纨绔子弟，本来就难以揣测朝廷的轻重，而苟且偷安以求自保，士卒们军心动摇，战斗力下降，这个时候，唐朝廷虽然也没有一定能战胜他们的信心，但魏博、成德两镇已经不像王武俊、田悦掌权时那样了，他们自己知道这一点，也可以从其部众的情绪中估量到这一点。李吉甫看到杜黄裳、武元衡之前取得的成功，想要效法他们，在河北建立功勋，这就又重蹈了德宗的覆辙。李绛对此洞若观火，难道是有什么远超他人的智慧与谋略吗？所以唐代宗对河北藩镇过于宽纵，以至于无法驾驭他们，宪宗对他们采取宽大政策，却使他们安定下来，这也是同样的做法却有不同的效果。之所以效果不同，没有别的原因，只是因为时势不同罢了。

时者，方弱而可以强，方强而必有弱者也。见其强之已极，而先自震惊，遂朒缩以绝进取之望[1]；见其势之方弱，而遽自踸踔[2]，因兴不揣之师；此庸人所以屡趋而屡踬也[3]。焚林之火，达于山椒则将熸[4]，扑之易灭而不敢扑，待之可熄而不能待，亦恶知盈虚之理数以御时变乎？刘渊、石虎、苻坚、耶律德光、完颜亮[5]，天亡之在眉睫矣，不知乘时者，犹以为莫可如何，而以前日之覆败为惩。悲夫！

【注释】

①朒（nǜ）缩：因惧怕而畏缩不前。朒，退缩。

②踸踔（chěn chuō）：跳跃，雀跃。

③踬（zhì）：不顺利，失败。

④山椒：山顶。熸（jiān）：熄灭。

⑤耶律德光（902—947）：即辽太宗。字德谨，小字尧骨。辽太祖耶律阿保机次子，辽国第二位皇帝，927—947 年在位。他在位期间，改皇都为上京，改革官制，官分南、北面，因俗而治。又整定赋税，奖励耕织，发展生产。会同九年（946），率契丹军队攻陷后晋都城汴京，俘后晋出帝。次年，改元大同，改国号契丹为辽，后在率军北返途中病死。传见《辽史·太宗本纪》。

【译文】

所谓时势，可以使处于弱势的一方变强，而强势的一方也必定随着时间推移而逐渐被削弱。看到对方强大到了极点，自己就先陷入震惊之中，于是就畏缩不前，觉得丧失了进取的希望；见到对方正处于弱势，自己就不禁感到雀跃，因此不加思量的兴兵征讨；这就是庸人屡战屡败的原因。焚烧树林的大火，到达山顶的时候就是其快要熄灭的时候，这个时候去扑火，很容易灭，可人们却不敢去扑，也可以等待火自动熄灭，可是人们却不能等待，这些人又哪里能够知道事物盈虚的道理从而驾驭时势的变化呢？刘渊、石虎、苻坚、耶律德光、完颜亮，上天分明马上要让他们陷于覆灭了，可是不懂得把握时机的人，尚且认为对他们是无可奈何的，而把过去面对他们遭遇的惨败当成教训。真是悲哀啊！

三　制科取士得元白

制科取士①，唐之得元、白，宋之得二苏，皆可谓得人之盛矣。稹、居易见知于裴中立②，轼、辙见重于司马君实，皆正人君子所嘉与也。观其应制之策，与登科以后慷慨陈言③，持国是，规君过，述民情，达时变，洋洋乎其为昌言也。而抑引古昔，称先王，无悖于往圣之旨，则推重于有道之士而为世所矜尚，宜矣。推此志也，以登三事，任密勿④，匡主而庇民，有余裕焉。乃此数子者，既获大用，而卞躁诪张⑤，汇引匪人以与君子相持而害中于国，虽裴、马秉均以临之，弗能创艾也⑥。然则制科求士，于言将不足采，而可以辩言乱政之责斥之乎？

【注释】

①制科：唐代以降为选拔各种特殊人才而举行的不定期非常规考试。

②裴中立：即裴度。

③慷慨：激昂，愤激。

④密勿：机要，机密。

⑤卞躁：急躁。诪（zhōu）张：虚诞放肆。

⑥创艾：因受惩治而畏惧。

【译文】

　　通过制科来选拔人才，唐代选出的人才中有元稹、白居易，宋代则有苏轼、苏辙两兄弟，都可以称得上选拔人才中的盛事啊。元稹、白居易得到裴度的赏识，苏轼、苏辙受到司马光的器重，这都是受到了正人君子的奖掖扶助。观看这几个人应考时所写的策文，以及他们中选以后的慷慨陈词，他们探讨国家大政，规谏君王过失，表达百姓疾苦，通达时势变化，都是洋洋洒洒而又有价值的言论。而他们也称引古代事例，称述先王典故，都不违背先圣前贤的宗旨，因此他们被有道之士所推重，被世人所夸赞仰慕，是应该的。根据他们的志向，让他们位居三公之列，参与国家机密要务，匡辅君王、庇佑百姓，应该是游刃有余的。可是元稹、白居易、苏轼、苏辙他们几位，在获得朝廷重用后，却表现急躁、虚诞放肆，聚集歹人与君子相对抗，给国家带来了危害，这时候即使裴度、司马光掌权用事，也难以再制约他们了。虽然如此，难道通过制科选拔士人，能够说应考者的言论不足采信，而用花言巧语、扰乱国政的罪名来斥责、排斥那些言辞出众的人吗？

　　夫此数子者，非其言之有过。善观人者，不待其败德之已章①，而早已信其然矣。奚以明其然也？此数子者，类皆酒肉以溺其志，嬉游以荡其情，服饰玩好书画以丧其守。凡此，非得美官厚利，则不足以厌其所欲。而精魄既摇，廉耻遂泯，方且号于人以为清流之津径②，而轻薄淫泆之士乐依之，以标榜为名士。如此，而能自树立以为君之心膂、国之桢干、民之荫藉者③，万不得一。

【注释】

①章：同"彰"。

②津径：通往渡口的路。

③心膂(lǚ)：心与脊骨。比喻主要的辅佐人员。桢干：筑墙时所用的木柱。比喻骨干人员。荫藉：荫蔽。比喻可依赖、凭借的对象。

【译文】

这几个人，并不是他们的言论有过错。善于观察别人的人，不需要等到别人的恶行已然暴露，便早就能知道他必然如此了。怎么能够预见到这一点的呢？这几个人，都是这样一类人：沉溺于酒肉消磨了志向，四处游玩嬉戏败坏了自己的性情，喜欢服饰、玩物、书画，丧失了自己的操守。凡是这种人，如果不是得到了高官厚禄，就不足以满足他们的欲望。而他们的心魂既然已经动摇，廉耻之心也就泯灭了，这种情况下，他们还会在别人面前宣称这是成为清流的路径，而轻薄放纵的士人也乐于依附他们，以自我标榜为名士。如此一来，这些人中能够把自己树立为君王的心腹、国家的栋梁、庇佑百姓的荫蔽的，一万个人里也找不出一个。

文章之用，以显道义之殊涂，宣生人之情理，简则难喻，重则增疑。故工文之士，必务推荡宛折①，畅快宣通，而后可以上动君听，下感民悦。于是游逸其心于四维上下，古今巨细，随触而引伸，一如其不容已之藏，乃为当世之所不能舍。则苏轼所谓"行云流水、初无定质"者是也②。始则覃其心以达其言③，既则即其言以生其心，而淫泆浮曼、矜夸傲辟之气，日引月趋，以入于酒肉、嬉游、服饰、玩好、书画之中，而必争名竞利以求快其欲。此数子者，皆以此为尚者也。而抑博览六籍，诡遇先圣之绪说以济其辩，则规君过、陈民情、策国事，皆其所可沉酣以入、痛快以出，堂堂乎言之，若《伊训》《说命》《七月》《东山》之可与颉颃矣④。则正人君子安得不敛衽以汲引为同心，而流传简册，浅学之士能勿奉为师表乎？乃有道者沉潜以推致其隐，则立心之无恒，用情之不正，皆可即其述古昔、称先王之中察见其诐淫⑤，况其滥于浮屠、佚于游冶者，尤不待终篇、而知其为羊膻蚁智之妄人哉⑥！

【注释】

①推荡：推移，摇荡。宛折：婉转曲折。

②行云流水、初无定质：语出苏轼所作《答谢民师推官书》。

③罩：使深思。

④《伊训》：《尚书》中的一篇，记录商之老臣伊尹以汤之成德训导初即位的太甲时的言辞。《说命》：古文《尚书》中的一篇，主要记录了武丁与傅说之间的言辞对答。《七月》：《诗经》中的一篇，《毛诗序》认为它的主题是"陈后稷、先公风化之所由，致王业之艰难"。《东山》：《诗经》中的一篇，朱熹认为此诗是周公为慰劳东征归来将士所作的一首诗。

⑤诐（bì）淫：邪僻不正。

⑥羊膻蚁智：典出《庄子·徐无鬼》："羊肉不慕蚁，蚁慕羊肉，羊肉膻也。"意思是被羊肉的膻味所吸引的蚂蚁那样的智慧。

【译文】

文章的作用，在于彰显实现道义的不同途径，宣扬人生的道理，太过简略则难以让人明白，太过繁琐则会令人更加疑惑。所以擅长写文章的人，一定会致力于把文章写得起伏跌宕、婉转曲折，同时又流畅通达，然后才可以上打动君王，下使百姓感到愉悦。因此写文章的人要使自己的心遨游于东南西北、天上地下的广阔空间中，了解古往今来的大小事物，触类旁通，写作文章就好像是文辞从胸中情不自禁地流淌出来一样，这样其文章就能够被当世人所不能舍。苏轼所谓的"行云流水、初无定质"，说的就是这个意思。这种人最初是经过深思熟虑才写出畅达的文辞，继而这些文辞却渐渐左右了他的内心，然后他们放荡轻佻、傲慢古怪的习气日趋严重，以至沉溺于酒肉、游玩、服饰、玩物书画之中，而必定要争名夺利来满足自己的欲望。元、白、二苏这几个人，都是崇尚这些的。但他们也曾博览六经，能巧妙地利用先贤的遗说来帮助自己论辩，如此则规谏君王的过失、陈述民情、谋划国事的文字，他们都可以写得饱含激情、酣畅淋漓、深沉痛快、冠冕堂皇，好像能够与《伊训》《说命》《七月》《东山》这些名篇相抗衡。如此则正人君子又哪里能够不谦恭地把他们引为志同道合的同伴呢？而他们的文章通过简册广泛流传，学识浅薄的士人能不把他们奉为师表吗？可是有道的人能够深刻洞察他们文字背后隐藏的讯息，则他们没有坚定的信念，没有纯正的情感，都可以从其称述古时候状况、称述先王事迹之中观察到他们的邪僻不正，何况他们的文章滥用佛教观点、放纵淫邪的东西，根本不需要全部读完，就能够知道他们不过是像被羊肉膻味吸引的蚂蚁那样愚妄无知的人啊！

　　若其淋漓倾倒，答临轩之问[①]，陈论劾之章，若将忘辱忘死，触忌讳，犯众怨，以为宗社生民计者，固可取为人主之龟鉴，而不得斥之为非。则唯上之所以求之者，以直言敢谏设科，则以应知遇、取名位者在此，慧足以及，胆足以胜，固无难伸眉引吭以言之无怍,而可取者不乏也。

【注释】

①临轩:指皇帝不坐正殿而御前殿。殿前堂陛之间近檐处两边有
　　槛楯,如车之轩,故称"临轩"。

【译文】

　　至于他们那些写得酣畅淋漓的回答皇帝垂询、陈述论告弹劾之义
的文章,好像是不计自身荣辱生死一样触犯忌讳、敢犯众怨,为宗庙社
稷的安定和百姓的幸福着想,这些还是可以被皇帝拿来当作镜鉴的,而
不能将这些文章当作谬误。皇帝设立直言敢谏的科目就是为了寻求特
殊人才,那些想得到皇帝赏识、获取名位的人,如果智慧和胆量都足够,
那么都不难理直气壮地慷慨陈词,而这些言论中可取之处也不少。

　　是故明主之求言,大臣之广益,无择于人也;言而可听
者,乐取其言,以释吾回而增吾美也①。若其用人也,则不以
言也;言而可听,必考其用心之贞淫,躬行之俭侈,而后授以
大任也。《书》曰:"敷奏以言②。"言无不尽。若其黜陟,则必
"明试以功"而后定。子曰:"君子不以言举人③。"诚千古片
言之居要矣。然则策贤良以问政,明王广听大智之道也;设
制科以取士,唯其言以登用之,则国是乱、佞人进,治道之大
蠹也。制科而得才士如元、白、二苏而止,元、白、二苏长于
策问奏疏而止,不恣其辨以终为君子伤。节宣之权,人主大
臣司之,可弗慎与!

【注释】

①回:邪僻。

②敷奏以言：语出《尚书·尧典》："五载一巡守，群后四朝，敷奏以言，明试以功，车服以庸。"意思是使陈进其治理之言。

③君子不以言举人：语出《论语·卫灵公》："子曰：'君子不以言举人。不以人废言。'"意思是君子不因为别人的话说得好就推举、提拔他。

【译文】

所以贤明的君主要征求意见，大臣要增广见闻，都不能因人废言；所以凡是值得听取的言论，就要乐意采纳，从而去除自己的邪僻、增进自己的美德。至于用人，则不能仅凭言论来决定是否任用；如果一个人的言论值得听取，一定要考察他的用心是端正还是偏颇、他的行为是俭朴还是奢侈，然后才能授给他大任。《尚书》中说："使人陈进其治理之言。"是说要鼓励臣下言无不尽。至于对臣下是褒扬还是贬斥，则必须要"认真地考察其政绩"之后才能决定。孔子说："君子不因为别人的话说得好就推举、提拔他。"这确实是千古以来十分重要的至理名言啊。如此则用策论形式向贤良之士询问其对天下大事的看法，是贤明君王扩展视听的有大智慧的举动；设立制科以录取士人，如果仅根据其言论来决定是否任用，则国政会陷入混乱、奸佞之人会进入朝中，这是对国家治理之道的极大破坏。通过制科选拔出的人才像元稹、白居易、苏轼、苏辙这样已经是最好的了，元稹、白居易、苏轼、苏辙长于策问奏疏，能力不过如此，但是却没让他们专门发挥论辩的长处、不去干涉国家大政，最终成了裴度、司马光这样正人君子用人上的失误。用人的大权，操持在君王和大臣手中，能不谨慎运用吗？

四　元稹欲使谏官各献其谋

庙谟已审①，采诤臣之弼正以决行止，其于治也有失焉，鲜矣。庙谟无据，倚群臣之道谋以相争辩，其于乱也幸免焉，鲜矣。何也？贸贸然于得失利害之林，一事至而无以自主,天子有耳而无心,大臣辞谤而避罪,新进之士,气浮而虑短,"彼亦一是非,此亦一是非"②,苟可言焉则言之,不能言者亦学语而言之,勿论其挟私也,即其无私,而读古人数策之书,辄欲引据,凭寤寐偶然之慧③,见为实然,听曲士末俗之言,妄为歆动④,念生平身受之累,推为利害,琅琅然挟持以为口实,理亦近是,情亦近是,以与深谋熟虑相龃龉。言出气盈,不任受诎。于是而误国殃民,终无可救也。

【注释】

①庙谟:指君王与重臣所作的重大谋划。

②彼亦一是非,此亦一是非:语出《庄子·齐物论》。意思是这种情况下与那种情况下的是非标准不一,即没有客观的是非标准。

③寤寐:醒与睡。

④歆动:欣喜动心。

【译文】

　　皇帝和重臣审慎地作出重大的谋划,采纳谏诤之臣的意见来决定是否付诸实施,这样对于国家治理而言,是很少会出现过失的。如果皇帝和重臣缺乏作出重大谋划的主见,单纯依靠群臣集思广益、相互争辩,则很少能使国家幸免于混乱。这是为什么呢? 朝廷的大政方针直接关系到国家的得失、盛衰,却冒冒失失地对待,一旦遇到事情便无法自己拿定主意,天子只会听不会决断,大臣害怕非议,为躲避罪责闭口不言,刚进入官场的官员,心浮气躁、思虑短浅,没有判断是非的客观标准,有点想法就说出来,没有想法学别人说话也要说出来,且不论他们的言论是否裹挟私心,即使他们没有私心,而只读了几篇古人的文章,就想要引经据典,凭借自己或睡或醒时偶然的念头,就当成事情果然如此,听到孤陋寡闻的士人鄙俗的言论,就妄自欣喜心动,将自己的生平经历作为判断事情利害得失的标准，理直气壮地将其作为论证的口实，理和情两方面都是如此，这就会与真正深谋熟虑做出的决策相抵触。他们将自己意见表达了就志得意满，如果不被采纳就心情低落。这样最终只会误国殃民，导致无可救药的结果。

以宪宗之时事言之，一藩镇之逆也，言讨者，并欲加兵于归命之魏博，言抚者，遂欲屈志于穷凶之淮、蔡。彼以为饬法之王章，此以为怀柔之文德，彼以此为养寇而失权，此以彼为生事而酿祸，河汉无涯之口①，穷年靡定，究将谁与适从哉？谋之已烦，传之将遍，一端未建，四海喧腾。幕士游人，测众论之归以揣摩而希附会，奸胥猾吏，探在廷之踪指以豫为避就，左掣右牵，百无一就，迨其论定，而弊已丛生。况乎多事之秋，夷狄盗贼间谍伏于辇下，机密播于崇朝②，授以倒持之枢，而危亡必矣。

【注释】

①河汉：指银河。

②崇朝：即终朝。从早到晚，整天。

【译文】

以唐宪宗时候的事例来说，同样是对待叛逆的藩镇，主张讨伐的，连已经归顺中央的魏博镇也要一并讨伐；主张安抚的，连穷凶极恶的淮西镇也要姑息迁就。主张讨伐的一派认为严惩藩镇才能彰显王法，主张安抚的一派以为安抚才符合怀柔的文德，主伐派认为养寇遗患会丧失朝廷权威，主和派认为妄动干戈会酿成大祸，各自夸下像银河一样没有边际的海口，争论很久也难以决定，究竟应该听从哪一派的意见呢？经过反复谋划，消息已传遍全国，一项方针还没决定，四海之内就喧腾不已了。幕宾游士,根据对争论结果的揣测来揣摩大臣意图而想要趁机攀附他们,奸诈狡猾的小吏,探听朝廷的动向从而预先为将来做准备,朝廷受到左右掣肘,一事无成,等到最终争论出一个结果,而早已经弊端丛生。何况在多事之秋,夷狄盗贼的间谍就埋伏在朝廷周围,整日向敌人提供机密的信息,这等于是给敌人提供了颠覆自己的关键,因此国家必定会陷入危亡。

　　唐制:诰令已下,有不便者,谏官上封事驳正改行。驳之于后以兼听得中,而不议之于先以喧嚣致乱,道斯定矣。元稹甫受拾遗之命①,辄欲使谏官各献其谋,复正牙奏事及庶司巡对②,唯欲夺宰相之权,树己之威福而已。谏官者,谏上之失也,议方未定,天子大臣未有失也,何所谏也?论道者,三公之职;辰告者,卿士之司;纠谬者,谏官之责。各循其分,而上下志通,大猷允定。稹小人,恶足以知此哉?

【注释】

①元稹(779—831):字微之,别字威明,洛阳(今河南洛阳)人。唐朝著名诗人、文学家。少时即有才名,与白居易同科及第,二人感情深厚,共同倡导新乐府运动,世称"元白",诗作号为"元和体"。屡经宦海沉浮,虽然一度官至宰相,却在觊觎相位的李逢吉策划下被贬往外地。晚年官至武昌节度使等职。传见新、旧《唐书·元稹列传》。

②正牙:正殿。

【译文】

　　唐朝的制度规定:诰令下达后,如果有不合适的内容,谏官可以将诏书连同自己的意见一起封好退还给皇帝,等改正后再颁行。先拟定诏书再接受驳议，可以收到兼听则明的效果，而不是先在朝廷上任意议论，闹得喧嚣不已、混乱不堪，这才是正确的做法。元稹刚接受任命他为拾遗的命令，就想要让谏官各自献上其谋略，恢复谏官在正殿奏事、与各部门官员轮番对质的制度，只是想夺取宰相的权力，树立自己的威势罢了。谏官，是要规谏皇帝的过失，所议论的事情尚未有定论，天子大臣还没有犯下过失，有什么值得进谏的呢？坐而论道，是三公的职责；按时告诫皇帝，是卿士的职责；纠正皇帝的谬误，这是谏官的职责。三者各自遵循自己的职责和本分，才能上下一心，制定出正确的大政方针。元稹是一个小人，又哪里能知道这个道理呢？

五　宪宗枢密之设不可废

枢密之名，自宪宗以任宦官刘光琦始。绎其名，思其义，责以其职，任以其功，军之生死，国之安危，毫厘千里之差，九地九天之略皆系焉。三代而后，天子与夷狄盗贼争存亡，非复古者大司马掌九伐之法[1]，鸣钟击鼓驰文告以先之，整步伐以莅之[2]，所能已天下之乱也。则此职之设，有其举之，不可废已。所宜致慎而杜旁落之害者，但在得其人耳。惟若宪宗委之宦官，则吐突承璀、王守澄资以擅废立而血流宫禁，乃因此而谓分宰相之权，夺兵部之职，所宜废也，岂非因噎废食而不忧其馁乎？五代分中书、枢密为二府，虽狃于战争而歉重戎事[3]，然准汉大将军丞相之分职，固三代以后保国之善术也。

【注释】

①九伐之法：分封制情况下对于九种罪恶进行讨伐的制度。出自《周礼·夏官·大司马》：“以九伐之灋正邦国：冯弱犯寡则眚之；

賊賢害民則伐之；暴内陵外則壇之；野荒民散則削之；負固不服
則侵之；賊殺其親則正之；放弒其君則殘之；犯令陵政則杜之；外
内亂、鳥獸行則滅之。”

②莅（lì）：來臨。

③歆重：倚重。歆，通“倚”。

【译文】

枢密使的名号，是从宪宗任命宦官刘光琦担任枢密使以后才出现的。顾名思义，考察枢密使的职责和作用，可以看出军队的生死，国家的安危存亡，失之毫厘、差之千里的攻与守的谋略都是同枢密使之职联系在一起的。夏商周三代以后，天子与夷狄、盗贼争生死存亡，不再像古时候由大司马掌管对于九种罪恶的征伐，通过鸣钟击鼓、派人先送去战书、然后整顿队伍步伐开向战场那样，能够平息天下的混乱。则枢密使一职的设立，有其正当意义，不能够废除。所应该加以防备从而杜绝大权旁落的危害的，只在于任命合适的人担任枢密使罢了。只是宪宗把枢密使之职交给了宦官，于是吐突承璀、王守澄利用这一职位专擅君王废立，在宫廷酿成流血事件，可是因此就说枢密使分散了宰相的权力、侵夺了兵部的职责，所以应当废除此职，这难道不是因噎废食，却不担心饥饿吗？五代时将中书、枢密分为二府，虽然因为此时战事频仍枢密使更受倚重，然而这两个部门的职掌仿效汉代大将军与丞相分职理事，确实是三代以后保障国家安全的好办法。

　　国之大事，在祀與戎①。夫祀既宗伯之所司矣，而禮部之外必設大常②，蓋以禮部統邦禮，職既繁委，分心力以事神，則恪恭不摯，專責之大常，而郊廟之事乃虔。以此例戎，其可使宰相方總百揆而兼任之乎？抑可使兵部統銓敘功罪，稽核門蔭，制卒伍之踐更③，清四海之郵傳，核屯田之租入,督戎器之造作,百端交集,宵旦不遑,乃欲举三军生死之命,使乘暇而谋之,其不以国与寇也,不亦难乎?兵部所掌者,兵籍之常也;枢密所领者,战守之变也。进止奇正,阴阳互用,存亡之大,决于呼吸,经画之密,审于始终,文字不得而传,语言不得而泄,上承人主帷帘之谋④,遥领主帅死生之命,大矣哉!专其事而恐不胜,乃以委诸守章程而综众务者乎?

【注释】

①国之大事,在祀与戎:语出《左传·成公十三年》。

②大常:即"太常",古代掌管祭祀礼仪的官员。

③践更:交替任职。

④帷帘:帷幔。借指宫闱。

【译文】

　　国家的大事,在于祭祀与军事。祭祀既然在古时候是由宗伯所掌管,如今礼部之外就必定要设立太常,这是因为礼部统管国家礼仪,职责繁重,如果要再分出心力来事奉神,则显得不够恭敬,由太常专门负责祭祀,则祭祀天帝与祖先的事情就显得足够虔诚了。用这一事例来看军事,难道能够让统率百官的丞相再兼任军事指挥吗?兵部负责掌管军人的功过赏罚,稽查核实武职的荫袭,掌管各部队的交替服役,清理全国的邮传系统,核查军队屯田的租税收入,督促兵器的制造,事务繁多,日夜忙碌,这种情况下再想要把关系三军生死命运的大事交给兵部掌管,使他们乘闲暇来谋划作战事务,这样即使想使不祸害国家,不也是很难的吗?兵部所掌管的,是军队的日常事务;枢密所负责的,是作战的谋划指挥。军队的进退、用兵的奇正、阴阳的互用,都关系到国家生死存亡的大事,瞬息之间就要做出决断,谋划得要细致周详,始终要审慎对待,这些决策不能用文字传达,也不能随便使用言语而导致泄密,上秉承皇帝在宫廷中的谋划,下遥遥决定着主帅生死存亡的命令,其职责非常重大啊! 由枢密使专门负责其事尚且唯恐不能胜任,何况是将其委托给墨守章程规定、统辖众多繁杂事务的兵部呢?

枢密一官,必举而不可废,审矣。时或宇内方宁,兵戈不试,则县其职以令宰相兼之可耳①。而官属必备,储才必夙,一旦有疆场之事,则因可任之人,授以固存之位,与天子定谋于尊俎。至其为谋之得失,有宰相以参酌于前,有谏官以持议于后,亦不患其擅国柄而误封疆矣。汉举朝政尽委之大将军,而丞相听命,五代使枢密察宰相,固敫重而贻权奸之祸。唐、宋之失,在任刘光琦、童贯,盖所任非人,而非其设官之咎。若《周官》大司马总戎政,摄祀事,兼任征伐,则唯封建之天下,无夷狄盗贼之防则可耳,后世固不得而效也。

【注释】

①县:同"悬"。空置。

【译文】

枢密使一职,必定要设置而不可以废除,道理是很清楚的。如果是在四海太平,兵戈未起的时候,可以暂时把枢密使之位空置起来,由宰相兼任就可以了。但枢密院的官属必须常备,也必须时刻注重培养人才,一旦有战事,则可以找到能担任此职的人,授给他本就存在的职位,与天子在朝堂上共同确定作战方略。至于他谋划军事的得失,则有宰相可以与其一起参谋斟酌,有谏官可以在谋略确定后提出意见,也不必担心枢密使会专擅权柄而贻误战机、误国误民。汉朝将整个朝政都委任给大将军,而丞相听命于大将军,五代时让枢密督察宰相,导致权力失衡,因此带来了奸臣掌权的祸患。唐、宋两代的失误,在于任用刘光琦、童贯两个宦官担任枢密使,是没有找到合适的人担任此职务,而并非设置枢密使一职的错误。像《周官》中的大司马那样总管军事事务,统摄祭祀事宜,兼任征伐的任务,则只有封邦建国时代的天下,没有夷狄盗贼要防范时才能施行罢了,后世本来就不能任意加以效仿。

六　直言极谏科登进浮薄

牛僧孺、李宗闵、皇甫湜皆以直言极谏而居显要^①,当其极陈时政之得失,无所避忌,致触李吉甫之怒,上累杨於陵、韦贯之以坐贬^②,而三人不迁,岂不人拟为屈、贾,代之悲愤,望其大用以济时艰乎?乃其后竟如之何也?故标直言极谏之名以设科试士,不足以得忠直之效,而登进浮薄,激成朋党,挠乱国政,皆缘此而兴。汉、唐之末造,蔡邕髡钳,刘蒉绌落^③,论者深为愤惋,而邕以党贼亡身,蒉亦无行谊可见,则使登二子于公辅,固不能救汉之亡、起唐之衰,亦概可睹矣。

【注释】

①牛僧孺(779—848):字思黯,安定鹑觚(今陕西长武)人。唐朝宰相。于元和三年(808)以"贤良方正,直言极谏"对策得高第,与李宗闵、皇甫湜等共同在册文中抨击时政,触怒了宰相李吉甫,被排斥而久不任用。穆宗时获得重用,任户部侍郎、同平章事,敬宗时出任武昌军节度使。文宗太和四年(830)任兵部尚书,再度拜相,成为牛(僧孺)、李(德裕)之争中牛派的首领人物。武宗时,李吉甫之子李德裕为相,牛被贬任循州长史。宣宗时召还,

不久病卒。传见新、旧《唐书·牛僧孺列传》。李宗闵(?—846):字损之。唐朝宗室、宰相。李宗闵于贞元二十一年(805)中进士,元和三年(808)因对策而触怒宰相李吉甫,屡经沉浮。后来与李德裕结怨,形成党争,唐武宗即位,牛党失势,李宗闵被贬出朝廷。会昌六年(846),李党失势,李宗闵被召还朝,途中病亡。传见新、旧《唐书·李宗闵列传》。皇甫湜(777—835):字持正,睦州新安(今浙江淳安)人。元和元年(806)考中进士,元和三年因对策事件被贬为县尉。后来仕途不顺,先后做过李逢吉、裴度等人的幕僚。传见《新唐书·皇甫湜列传》。

②杨於陵(753—830):字达夫,华阴(今陕西华阴)人。大历五年(770)中进士,德宗时任华州刺史,宪宗时任京兆尹、吏部侍郎。元和三年与吏部员外郎韦贯之作为制举考官,将在策文中批评时政的牛僧孺、韦贯之等人擢为高第,并向朝廷举荐,因而触怒了宰相李吉甫,李吉甫于是在宪宗面前弹劾杨、韦二人,宪宗派人查核此案,最终将杨、韦二人贬职。杨於陵后来曾担任岭南节度使、户部尚书。传见新、旧《唐书·杨於陵列传》。韦贯之(760—821):本名纯,字贯之,一字正理,京兆(今陕西西安)人。唐代宰相。德宗贞元年间中举,宪宗元和三年因制举对策案被贬。后来回京任中书舍人之职后,因奏对得当而被宪宗李纯所欣赏。元和九年(814)十二月拜相。随后在任内与裴度产生矛盾,再次被贬出京城。传见新、旧《唐书·韦贯之列传》。

③刘蕡(fén,?—848):字去华,幽州昌平(今北京昌平)人。唐代宝历二年(826)进士,善作文,性格耿介,嫉恶如仇。太和初年参加"贤良方正,直言极谏"科制举时,秉笔直书,主张除掉宦官,考官赞赏其策论,但不敢授以官职。后令狐楚、牛僧孺等先后征召其为幕僚从事。终因宦官诬害,贬为柳州司户参军,客死异乡。传见新、旧《唐书·刘蕡列传》。

【译文】

牛僧孺、李宗闵、皇甫湜都因为能够在制举对策中直言进谏而最终居于显要官位,当初他们极力陈述时政的得失,无所避讳和顾忌,以至于触怒了宰相李吉甫,连累当时的主考官杨於陵、韦贯之因此被贬官,而三个人也因此难以升职迁转,怎么能不让人把他们比作屈原、贾谊一样的臣子,替他们感到悲愤,希望他们有朝一日能被重用,从而挽救政治危局呢?可是后来这几个人却又是怎么做的呢?所以用设立直言极谏科来选拔士人,不足以得到真正忠诚正直的人才,却会提拔一批轻浮浅薄的士人,促使他们结为朋党,扰乱国政,这些弊端都是由此而起的。汉、唐末期,蔡邕遭受剃去头发、用铁圈束颈的刑罚,刘蕡被贬黜,议论的人都为他们感到深深的悲愤和惋惜,可是蔡邕最终因为党同叛贼董卓而丢了性命,也没见到刘蕡本人有什么值得称道的品行,则即使将这两个人任命为三公,本来也不足以挽救汉、唐的危亡,这是显而易见的。

人君之待谏以正,犹人之待食以生也。绝食则死,拒谏则亡,固已。然人之于食也,晨而饔[①],夕而飧[②],源源相继,忘其为食,而安于其所固然;如使衰瘵之夫[③],求谷与刍豢而骤茹之[④],实非其所胜受也,则且壅滞于中而益增其病。故明王之求谏也,自师、保、宰弼百司庶尹下至工瞽庶人,皆可以其见闻心得之语,因事而纳诲。以道谏者,不毛举其事;以事谏者,不淫及于他。渐渍从容,集众腋以成裘,而受滋培于霡霂[⑤]。未有骤求之一旦,使倾倒无余,尽海内之事而纤悉言之,概在廷之人而溥遍刺之,驰骛曼延,藻帨文华[⑥],取悦天下,而与大臣争用舍之权者也。非浮薄之士,孰任此为截截之谝言哉[⑦]?夫唯言是求,无所择而但奖其竞,抑又委取舍于考官,则佥人辨士揣摩主司之好恶以恣其排击,若将忘祸福以抒忠，实则迎合希求为登科之捷径，端人正士固耻为之。牛僧孺等之允为奸邪，不待覆辀折毂⑧，而有识者信之早矣。

【注释】

①饔（yōng）：早饭。

②飧（sūn）：晚饭。

③衰瘠（jí）：衰弱，瘦弱。

④刍豢：牛羊猪狗等牲畜。泛指肉类食品。茹：吃。

⑤霢霂（mài mù）：小雨。

⑥藻帨（shuì）：雕饰华丽的辞藻。

⑦戢戢：巧言善辩的样子。

⑧辀（zhōu）：古代车前面弯曲的独木车辕。用以驾马。毂（gǔ）：本义指车轮中心的圆木，周围与车辐的一端相接，中有圆孔，可以插轴。借指车轮或车。

【译文】

国君需要臣下进谏来确保自己施行正道，这就好像人必须吃饭才能存活一样。绝食就会死，拒绝纳谏就会导致国家灭亡，这是理所当然的。然而人吃饭，早上吃早饭，晚上吃晚饭，源源不断地进食，也就忘记了吃饭的意义，将它当作理所当然的事情；如果是让一个衰弱的病夫，忽然得到谷物和肉类，骤然间让他都吃下去，则他的身体肯定无法承受，所吃的食物就会积滞在肠胃中，只会加重他的病情。所以贤明的君王征求谏言时，自太师、太保、太宰这样的辅弼之臣、百官僚佐，再到乐官和庶人，都可以根据其耳闻目睹的心得，就事论事地向君王表达自己的见解。对治理之道提出意见的人，不一一列举具体事务；对具体事务进谏的人，不旁涉其他事务。君主从容不迫地接受进谏，就好像积聚狐狸腋下的毛而最终做成狐裘一样博采众长，就像花草接受雨露的滋润培养一样收到潜移默化的功效。从来没有在一天之内就能够骤然求得敢于进谏的人，使他们尽情表达意见而没有遗漏，将整个海内外的事务一一列举陈述，对所有朝廷官员进行评价、指责的情况，那些打着直言极谏幌子的人，好高骛远、自我粉饰，实际上是想取悦于天下，从而与朝廷大臣争夺大权罢了。如果不是轻浮浅薄的士人，则谁能够说出这种娓娓动听的花言巧语呢？君王一味征求敢于进谏的士人，不加选择地对善于进言的人加以奖励，而又将录用与否的权限交给考官，则奸邪之人、好辩之士都揣摩主考官的好恶，恣意攻击朝政和官员，就好像是不计祸福地尽忠一样，实际上却是迎合考官，希望能获取做官的捷径，正人君子当然不耻于做这种事情。牛僧孺等人确实是奸邪之人，不需要等到他们完全败露的那一天，有识之士就早已看出端倪了。

　　夫李吉甫之为邪佞也，杨於陵、韦贯之身为大臣，不能以去留争其进退，既与比肩事主，而假手举人以诋斥之，则其怀谖以持两端①，亦可见矣。於陵、贯之以举人为摇挤之媒，僧孺、宗闵以考官为奥援之托，则使击去吉甫，而於陵、贯之之为吉甫可知也。若僧孺、宗闵、湜之并不能为吉甫，则验之他日，亦既章章矣。何也？上之所以求谏者，不以其道，则下之应之也，言直而心固曲也。无人不可谏，而何待于所举之人？何谏不可纳，何必问之考官之选？以道格君者，匪搏击之是快；以理正事者，非泛指而无择。朝而渐摩，夕而涵濡，何患忠言之不日彻于耳；乃市纳谏之名，招如簧之口，以侈多士之美哉！三代之隆无此也，汉、唐之盛无此也。此科设而争辨兴，抑扬迭用以激成朋党，其究也，嚣直者为枉之魁，徒以气焰锋铓鼓动天下，而成不可扑之势。僧孺等用，而唐乃大乱，以讫于亡。有识者于其始进决之矣。

【注释】

①怀谖（xuān）：心怀欺诈。

【译文】

　　李吉甫既然是个奸邪的佞臣，杨於陵、韦贯之身为大臣，不能够不顾自身仕宦前途与其进行抗争，既然与他一同事奉君王，却又假借制举考生之口来诋毁、斥责李吉甫，由此可见其心怀欺诈、首鼠两端。杨於陵、韦贯之将制举考生作为排挤政敌的工具，牛僧孺、李宗闵依托主考官作为撑腰的靠山，则即使成功赶走了李吉甫，杨於陵、韦贯之也会成为新的李吉甫，这是显而易见的。而牛僧孺、李宗闵、皇甫湜甚至还不如李吉甫，从他们后来的行迹看，这也是很明显的。为什么如此呢？君王征求谏言的方式，不符合正道，则臣下响应君王号召而进谏，言辞虽然正直，心术却不正。没有人不可以进谏，而又何必需要专门举荐进谏之人呢？什么样的谏言都可以采纳，为什么要等待考官来加以选择呢？用正道辅佐君王的谏官，不因为肆意攻击而感到痛快；用正理来匡正国事的谏官，不是不加选择地胡乱指责。如果君王能够从早到晚，不断地在潜移默化中接受谏言，又哪里需要担心忠言不能每天响彻耳际；又何必为了获取纳谏的名声，招揽一批能言善辩之人，从而显示当朝广有人才的盛景呢！夏商周三代这样昌隆的朝代并没有这种做法，汉、唐这样强盛的朝代也没有这种做法。直言极谏之科设立后，争斗论辩的风气就兴起了，朝臣彼此排抑竞争，最终酿成朋党之祸，究其原因，那些卖弄正直、沽名钓誉的人是罪魁祸首，他们只是用气焰和锋芒来鼓动天下，最终造成不可扭转的态势。牛僧孺等人受到重用，而唐王朝陷入大乱，最终灭亡。这种结局，有识之士在牛僧孺等人最初得到举荐、进入朝廷的时候就预料到了。

七　卢坦不抑饥岁谷价

岁丰谷熟而减其价，则粜者麇集①，谷日外出，而无以待荒；岁凶谷乏而减其价，则贩者杜足，谷日内竭，而不救其死。乃减价者，小民之所乐闻，而吏可以要民之誉者也，故俗吏乐为之。夫亦念闻减价而欢呼者何民乎？必其逐末游食、不务稼穑、不知畜聚之民也。若此者，古谓之罢民，罚出夫布而置之圜土者也②。男勤于耕，女勤于织，洿池时修③，获藏必慎者，岁虽凶不致于馁；即为百工负贩以自养，而量腹以食，执劳不倦，无饮博歌咢④、昼眠晨坐骄佚之习④，岁虽凶不致于馁。即甚乏矣，而采薪于山泽⑤，赁佣于富室，亦哑自计其八口之饘粥⑥，而必不哄然于河滨路隅，望价之减，以号呼动众。然若彼者，实繁有徒，一唱百和，猝起哀鸣，冀官之减价；乃不念价即减，而既减之金钱，顾其橐而何有也？如是者，徇其狂妄，而以拒商贩于千里之外，居盈之豪民，益挟持人之死命以坐收踊贵之利，罢民既自毙，而官又导之以趋于毙。呜呼！俗吏得美名，而饥民填沟壑，亦惨矣哉！

【注释】

①麇（qún）集：聚集，群集。麇，成群。

②夫布：以货币形式支付的代替力役的人口税。置之圜土：意思是关进监狱里。典出《周礼·秋官·大司寇》："以圜土收教罢民，凡害人者，置之圜土而施职事焉。"圜土，监狱。

③洿（wū）池：水塘。

④咢（è）：击鼓而歌。

⑤蔌(sù)：野菜。

⑥饘(zhān)粥：稠粥。

【译文】

当一个地区出现好年景、谷物丰收的时候，如果降低粮价，则卖出粮食的人就很多，粮食每天都向外流出，这样民众就没有能够应对灾年的粮食储备了；当一个地区年成不好、谷物歉收的时候，如果降低粮价，则外地的卖粮者就不会到这个地区来卖粮，该地区内粮食每天都在消耗，直至枯竭，因而难以挽救百姓，使其免于死亡。可是粮食价格降低，是小民乐意看到的，官吏也可以靠降低粮价来获取百姓的赞誉，所以庸俗的官吏都乐意这么做。这些官吏怎么就不想一想，听到粮食降价就欢呼的百姓是什么样的百姓呢？必定是舍本逐末、四处流动求食、不从事农业生产、不知道以储蓄积聚物资的百姓。像这样的百姓，古时候就称之为罢民，古时候这些人是要被罚缴纳额外赋税并关在监狱里的。男子勤于耕作，女子勤于纺织，按时修补池塘，懂得储备财物的家庭，即使遇到凶年也不至于挨饿；即使是靠当工匠和小商贩为生的人，只要懂得节制，量入为出，勤劳不倦，没有饮酒赌博、迷恋歌舞、白天睡觉、早上不劳作这样的骄奢淫逸的习气，即使遇到凶年也不至于挨饿。即使真的物资匮乏到了一定地步，也可以到山间采野菜吃，或是到富裕人家当佣工，这些人心中所想的是如何能让家里人有碗粥喝，而必定不会闹哄哄地聚集在河边或路旁，盼望粮价降低，大呼小叫地鼓动群众。然而那么做的人，实际上为数不少，他们一唱百和，突然聚集起来发出哀鸣，请求官府能下令粮食降价；却不考虑即使降低了粮价，而降价省出的金钱，又有多少能留在自己口袋里呢？像这样纵容罢民的狂妄，而用低价把商贩拒于千里之外，囤积居奇的豪门大户，会趁机更加肆无忌惮地牢牢掌握住百姓的命脉，坐收物价上涨的厚利，罢民既然已经使自己陷入死路，而官府又加速了他们的死亡。唉！庸俗的官吏博得了美名，而饥饿百姓的尸体却填满了沟壑，真是太悲惨了！

卢坦为宣、歙观察使^①，岁饥，谷价日增，或请抑之，坦持不可，而商贩辐辏，民赖以生。知治道者之设施，固俗吏之所疑也。俗吏者，知徇罢民而已。故罢士不可徇之以谋道^②，罢民不可徇之以谋生。罢士惮登天之难，而欲废绳墨以可企及，则必陷于愚陋；罢民恤斯须之苦，而欲忘长虑以竞目前，则必陷于死亡。君子之弗徇之，尸其怨而不恤，诚有其大不忍者矣。

【注释】

①卢坦（748—817）：字保衡，洛阳（今河南洛阳）人。历任地方官员，政绩卓著。宪宗时出任宣、歙、池观察使，后又入朝任刑部侍郎、盐铁转运使等职。传见新、旧《唐书·卢坦列传》。

②罢（pí）士：无行的士人。

【译文】

卢坦担任宣、歙观察使期间，赶上灾年，粮食价格每天都上涨，有人请求官府出面平抑粮价，卢坦坚持不允许，而四方商贩辐辏于他的辖地，百姓因此得以靠贩运来的粮食活命。懂得治国之道的人所采取的措施，本来就是庸俗官吏所不能明白的。庸俗的官吏，只知道讨好罢民。所以有见识的人不可以与罢士商议治国之道，不可以与罢民讨论谋生之道。罢士忌惮登天的困难，因而想要废除制度来使目标变得触手可及，所以必定会陷入愚蠢浅陋；罢民害怕暂时的苦头，而不顾长远的打算，只追逐眼前的利益，因此必定会陷于死亡。君子不迎合他们的想法，不顾他们的怨恨而不怜悯他们，确实是有大不忍的决心啊。

八　李绛请释恒冀困申蔡

宪宗志平僭乱，李绛请释王承宗于恒冀^①，而困吴少诚于申、蔡，韪已。有攻坚而瑕自破者，有攻瑕而坚渐夷者，存乎其时而已矣。当是时，国家积弱，而藩镇怙强，河北其轮囷盘错以折斧斤者也[2]。攻其瑕而国威伸，瑕者破而逆气折，故西川、江、淮叛而速平，唯其瑕也。然而坚者自若，则以申、蔡逼近东都，中天下而持南北之吭，河北以窥朝廷之能否，故用兵之所宜先者，莫急于淮、蔡。吴少诚处四战之地，旁无应援，李师道殚力以为之谋[3]，为盗而已，弗能出一卒以助其逆，彼瑕易脆，而国威可伸。申、蔡平而河北震惊，不于此而攻瑕，将安攻乎？

【注释】

①恒冀：指恒冀节度使，即成德节度使。

②轮囷(qūn)：盘曲的样子。

③李师道(？—819)：高句丽人。唐朝地方割据军阀，平卢淄青节度使李纳之子。元和元年(806)，继兄李师古为节度使，占据十二州之地。元和十年(815)，与成德王承宗要求朝廷停止讨伐淮西吴元济，被朝廷拒绝，于是派人烧河阴仓，又遣刺客刺死宰相武元衡、刺伤裴度。淮西被朝廷平定后，因恐惧而表示愿听命朝廷，请献沂、密、海三州，旋即反悔。后在朝廷诸镇大军围攻下，被所部都知兵马使刘悟所杀。传见《新唐书·藩镇淄青横海列传》。

【译文】

　　宪宗立志要平定叛逆的藩镇，李绛请求暂时将恒冀节度使王承宗放在一边，而专心围困占据申州、蔡州的吴少诚，这个策略很正确。在交战时，有先攻击强大的敌人而弱小之敌不战而败的情况，也有先攻击弱小的敌人而强大之敌渐渐被削弱的情况，这都要根据具体的时势来判断。宪宗在位时,国家积弱已久,而藩镇自恃强大,河北地区藩镇势力尤其盘根错节,朝廷军队屡屡在此受挫。先攻打弱小的敌人,容易宣扬国威,弱小的敌人被击破,藩镇的叛逆之心就会有所收敛,所以西川、江、淮的叛乱都被迅速平定,正是因为他们实力较弱。然而强大的敌人没有因此被削弱,则是因为申州、蔡州离东都洛阳很近,位于天下之中,控扼南北交通要道,河北藩镇正是想看看朝廷是否有能力平叛,所以首先要派兵征伐的对象,就是淮州、蔡州的吴少诚。吴少诚的地盘处于四战之地,旁边没有可以援助他的势力,李师道殚精竭虑为他谋划,也不过是做出盗贼一样的事情罢了,不能出一兵一卒来助长其叛逆气焰,所以弱小的敌人容易攻击,而国家的威严可以借此彰显出来。淮西被平定,而河北藩镇就会因此受到震动和惊吓,所以不先攻打较弱的吴少诚,又能够进攻哪里呢?

　　若当时之最宜缓而不可急攻者,莫恒冀若矣。王武俊首听李抱真之约,发愤讨逆,功固可念也。而南有魏博以为之障,北有幽、燕以为之援,东有淄青以为率然之首尾[①],吐突承璀不揣而加兵,徒以资卢从史之逆[②],自取之也。自申、蔡而外,所可申讨者,唯淄青耳。淄青者,南接淮、海,而西与燕、魏相县千里,势不足以相救。故刘裕之灭慕容超也,一入大岘[③],而直捣其郛[④],穷海必亡之势也。李纳无尺寸之功,有邱山之恶,而师道继之,以鼠窃之小丑,力不足以大逞,但恃穿窬之徒[⑤],以胁宰相,骇中外,焚帑藏,犯陵庙,宵起昼伏,幸免于天诛,堂堂正正以九伐之法临之,如山压卵,莫之能御矣。舍此不图,而遽求多于难拔之恒、冀,不亦愚乎?

【注释】

①率然：古代传说中的一种蛇。《孙子兵法·九地》云："故善用兵者，譬如率然。率然者，常山之蛇也。击其首则尾至，击其尾则首至，击其中则首尾俱至。"

②卢从史：唐中期藩镇将领。少年习武，善骑射，游学于泽、潞二州，深受昭义节度使李长荣器重，被任命为大将。李长荣死后，唐德宗派遣中使前往军中挑选继任者，卢从史善于奉迎宦官，站出来自请担任节度使，被朝廷授为昭义军节度使。后来他行为狂恣，为政无道，私通谋叛藩镇，引得朝廷讨伐，被吐突承璀设计逮捕，押送京城后赐死。传见新、旧《唐书·卢从史列传》、

③大岘（xiàn）：指大岘山，位于山东沂山以东，为一大致呈南北走向的山脉，齐南天险穆陵关在其上。

④郭（fú）：指城外面围着的大城。

⑤穿窬（yú）：凿穿或爬越墙壁进行盗窃。

【译文】

至于当时朝廷最应该暂缓征讨、不可以急于进攻的藩镇，非恒冀镇莫属。当初王武俊率先接受李抱真的约请，发愤讨伐叛逆藩镇，其功劳不应该被忘记。而恒冀镇南有魏博镇作为屏障，北有幽、燕作为后援，东有淄青镇与其首尾呼应，吐突承璀不仔细考虑情势便贸然进攻恒冀镇，结果白白助长了卢从史的嚣张气焰，纯属咎由自取。当时除了淮西镇以外，值得征讨的，只有淄青镇罢了。淄青镇，南面是淮河与大海，而西与卢龙、魏博镇相隔千里，形式上不能与河北藩镇互为奥援。所以当初刘裕率军攻灭南燕慕容超时，其军队一入大岘山，就迅速直捣南燕首都广固，迫使慕容超背对大海作战，造成了必亡的态势。李纳自己未曾建立尺寸功劳，却有诸多恶行，而李师道又承继他的衣钵，作为一个鼠辈小丑，力量不足以犯下大恶，只能凭特刺客盗贼，胁持、刺杀当朝宰相，震惊中外，还焚烧国库、侵犯陵庙，这些人昼伏夜出，侥幸免于被朝

廷追究处罚,只要朝廷堂堂正正地派大军依据古时候九伐之法进攻淄青镇,就像大山压碎鸡蛋那样,李师道根本无法抵挡。放着淄青镇不去攻打,却试图立即进攻难以战胜的恒冀镇,想要从中获取战果,这难道不也是很愚蠢的吗?

《诗》不云乎"池之竭矣,不云自频"①?池者,无源之水也,故频竭而中随之。藩镇之逆,池水之溢耳。元和之世,溢者将涸,竭其频而池自无余。宪宗持疑不决,庙议乱于中涓,故历年久而后平,贼虽平而国亦惫矣。

【注释】

①池之竭矣,不云自频:语出《诗经·大雅·召旻》。意思是池水的枯竭并非一天造成的,难道不是从池塘边缘缺水开始的吗?频,通"濒"。边沿。

【译文】

《诗经》中不是说"池之竭矣,不云自频"吗?池塘中的水是无源之水,所以池塘边缘的水枯竭后,池塘中央的水也随之枯竭。藩镇叛逆,就像池水溢出来一样。元和年间,溢出来的水快要干涸了,池塘边缘的水因为屡次外溢而被耗尽,池中剩余的水也就不多了。宪宗心怀疑虑,犹豫不决,朝廷谋划又被宦官所扰乱,所以用了很长时间才平定了叛逆的藩镇,叛贼虽然被镇压,但是国家也因此疲惫不堪了。

九　谭忠游说持两端祸及天下

揣摩情势、游移捭阖之士,其术得雠,而天下之乱不可止。战国之分争,垂数百年而不定,暴骨连野,人之死者十九,皆此等心机所动,持天下而徇己说者成之也。至于唐之季世，而游士之口复腾。河北兵连，宇内骚扰，一言偶中，狂夫捐久长之利害，而一意徇之。险矣哉！若谭忠之为田季安、刘济谋者是已①。

【注释】

① 谭忠：唐中期卢龙节度使刘济的部将。吐突承璀率朝廷军队征讨成德镇时，谭忠正出使魏博，于是劝说魏博节度使田季安表面帮助朝廷进攻成德，私下向成德索要城池，以换取魏博不实际对成德用兵，这一计策果然奏效。其后谭忠回到卢龙，又成功劝说刘济趁机进攻成德，以获取地盘，成功夺取饶阳、束鹿。刘济去世后，谭忠继续受到其子刘总的信任。刘总后来主动请求离开卢龙，谭忠追随他离开，并在刘总去世后不久死去。其事见于《新唐书·藩镇魏博列传》《新唐书·藩镇卢龙列传》。田季安（781—812）：本名田䕒，字季安，平州卢龙（今河北卢龙）人。唐朝中期藩镇将领，魏博节度使田承嗣之孙，田绪第三子。在田绪死后被部下推为节度留后，后正式出任魏博节度使。他长期沉溺酒色，患风病，杀戮无度。传见《旧唐书·田季安列传》《新唐书·藩镇魏博列传》。刘济（757—810）：唐朝藩镇将领，卢龙节度使刘怦之子。刘怦病死后，卢龙军中将士拥立刘济继任卢龙节度使。刘济对朝廷颇为恭顺，响应朝廷号召率军进攻成德节度使王承宗，战功显赫，受到唐宪宗嘉奖。刘济镇守卢龙二十余年，深得军心，但诸子不和，次子刘总设计陷害长子刘绲，使病中的刘济误以为刘绲谋反，刘总趁机用毒酒毒死了刘济，并矫令杖杀刘绲，夺取了节度使之位。传见《新唐书·藩镇卢龙列传》。

【译文】

那些善于揣摩形势、投机取巧、纵横捭阖的人，如果他们的伎俩得以成功，而天下的混乱就难以停止了。战国时代的纷争，持续了数百年而难以安定下来,原野上到处是暴露的尸骨,民众十分之九都死亡了,这都是那些游士们为了追求自己的私利而不顾整个天下,肆意施展他们的纵横捭阖伎俩造成的。等到了唐代末期,游士们又一次开始活跃起来。河北兵连祸结,天下骚动不安,游士的一句话偶然说中,狂妄的人就不惜放弃长远利害的考量,一心一意地遵从游士的谋划。这真是危险啊!谭忠为田季安、刘济所做的谋划就是一个这样的例子。

　　于斯时也,为季安谋万全者,岂有他哉?陈王承宗之逆而必败,淮蔡、淄青之自速其亡。使二镇合兵,蹙承宗使就缚归命,改镇修职,则季安、济长保其富贵;而承宗既禽,淮蔡不敢穷兵以抗命,淄青不敢仗盗以党奸,天下亦蒙其安平之福矣。其后田弘正一逼郓州①,而李师道旋授首于刘悟②,其明效矣。而谭忠持两端之策,揣朝廷之举动,姑顺天子之命,实保承宗之奸,以上免朝廷之怒,下结叛逆之心,自谓谋之已工,而昧于久长之计者,惊其揣度之中,无定之衷,固不胜其如簧之舌,于是取堂邑以市交③,收饶阳、束鹿以谢咎④,二镇固可处堂而嬉也。而天下之祸,乃以此而深。使微忠也,则二镇顺而归命,一言而决耳;逆而助贼,亦一言而决耳;痈已溃,收之而固无难也。故曰忠之为谋险矣哉!

【注释】

①郓(yùn)州:治今山东东平。

②刘悟(?—825):字悟楚,彭城(今江苏徐州)人。唐朝藩镇将领。初为平卢节度使李师道部将,后生擒李师道,归顺朝廷。唐宪宗任命他为检校工部尚书兼御史大夫、义成军节度使。后来官至太子太傅、同平章事。传见《旧唐书·刘悟列传》《新唐书·藩镇

宣武彰义泽潞列传》。

③堂邑：今山东冠县。

④饶阳：今河北饶阳。束鹿：今河北辛集。

【译文】

当时，如果要为田季安谋划一个万全之策，难道还有别的选择吗？陈述王承宗的叛逆之举必然招致失败，说明淮西、淄青两镇的行径都是自取灭亡。促使卢龙、魏博二镇合兵，将王承宗逼入绝境，迫使他束手就擒、归附中央，向朝廷请求改换任地，谨慎地依照法度施政，这样田季安、刘济才能长期保持其富贵；王承宗既然已被擒获，则淮西吴元济就不敢穷兵黩武、不计后果地对抗朝廷，淄青镇的李师道就不敢倚仗鸡鸣狗盗之徒与淮西勾结串通，天下也会因此而享受太平了。其后田兴一率军逼近郓州，李师道就很快被部将刘悟诛杀，就是这一策略很明显的效果。可是谭忠却怀着首鼠两端的心态，揣测朝廷的举动，姑且顺从天子的命令，实际上却是要庇护王承宗，这样上免于使朝廷震怒，下可以获得叛逆分子的欢心，谭忠自认为这一谋略很精妙，而没有考虑到长远利害的田季安、刘济都被谭忠说的话应验所震惊，本来就没有打定主意，所以自然敌不过谭忠的如簧巧舌，于是魏博从成德镇手中得到堂邑作为卖人情的酬劳，卢龙从成德镇手中夺取饶阳、束鹿来作为对成德罪责的惩罚，魏博、卢龙两镇固然可谓皆大欢喜。可是天下的祸患，却因此更加深重了。如果没有谭忠，则魏博、卢龙两镇要恭顺地归附朝廷，一句话就能决定；如果甘愿叛逆、帮助逆贼，也是一句话就能决定的事；这样就像是毒疮已然溃破，要收拾它们并不困难。所以说谭忠的计谋真是阴险啊！

　　故士之倾危而祸及天下者，莫甚于善揣中外之情形而持之不失，李巨川之亡唐①，张元、吴昊之乱宋②，皆此也。杜荀鹤、韦庄之流③，始于容身，终于幸利，然技止于雕虫，犹不尸为戎首。而兀术欲走④，一书生揣岳、秦之衅⑤，言如持券，以终陷东京而不复。当国者之御此曹也难矣，奖之则群起而挠国是，抑之则反面而事寇雠。惟当祸乱繁兴之日，庠序仍修，贡举不辍，使有坦道之可遵，而旁蹊庶其可塞乎！将帅不得荐幕士，督府不得用参谋，亦拔本塞源之一道也。

【注释】

①李巨川(？—901)：字下己。唐末在河中节度使王重荣帐下任书记。王重荣死后又成为韩建的幕僚。朱温攻陷河中后将攻潼关，韩建派遣李巨川到朱温军中纳款请降，李巨川向朱温陈说当时利害，被朱温部下敬翔所忌，遭到朱温杀害。传见《旧唐书·文苑列传》《新唐书·叛臣列传》。

②张元、吴昊：西夏开国君主李元昊的两个汉族谋臣，辅佐李元昊多次击败宋军。

③杜荀鹤(846—906)：字彦之，自号九华山人，池州石埭(今安徽石台)人。他出身寒微，中年始中进士，仍未授官，乃返乡闲居。曾以诗颂朱温，后朱温取唐建梁，任命他为翰林学士、知制诰。传见《旧五代史·梁书·杜荀鹤列传》。韦庄(？—910)：字端己，长安杜陵(今陕西西安)人。早年屡试不第，直到乾宁元年(894)年近六十时方考取进士。天复元年(901)，入蜀为王建掌书记，自此终身仕蜀。天祐四年(907)，韦庄劝王建称帝，被拜为宰相。传见《十国春秋·前蜀·韦庄传》。

④兀术(？—1148)：即完颜宗弼，本名斡啜，女真族。金太祖完颜阿骨打第四子，金朝名将、开国功臣。他是金朝主战派的代表，并领导了多次南侵，与宋军先后在黄天荡、富平、和尚原、两淮等地展开激战，胜败不一。传见《金史·完颜宗弼列传》。

⑤一书生揣岳、秦之衅：绍兴十年(1140)，完颜宗弼废除对宋和议，率军侵宋。岳飞挥师北上，联络北方民间抗金武装，屡败金军，并于朱仙镇大败金军。岳飞欲渡河北进，而秦桧"欲画淮以北弃之"，连下十二道金牌令岳飞班师。当时完颜宗弼准备放弃汴京北逃，有一书生拉住他的马缰，直言岳飞将要退兵，劝其不要走。并说："自古以来没有权臣在朝内把持朝政，而大将能在外建功立业的事"，认为"岳少保且不免，况欲成功乎？"完颜宗弼恍然大悟，于是留居汴京。事见《宋史·岳飞列传》。岳、秦，指岳飞和秦桧。

【译文】

所以士人阴险狡诈而危害整个天下的情况，没有比善于揣度朝野的形势而投机取巧不失误更严重的了，像李巨川在灭亡唐朝过程中发挥的作用，像张元、吴昊在给宋朝带来祸患方面的作用，都是这样啊。杜荀鹤、韦庄这样的士人依附朱温、王建等人，最开始是为了寻找容身之所，最终则是贪图利益，然而他们的伎俩不过是雕虫小技，所以最终尚没成为罪魁祸首。而南宋初金兀术本来想从中原撤兵，正是因为一个书生揣度到了岳飞、秦桧之间的矛盾，于是言之凿凿地为他说明，最终导致宋的开封失陷而最终也没能被收复。统治国家的人要防备这类游士是很困难的，如果奖励他们，则这些人会群起进言、扰乱国家大政，如果压抑他们，他们就会反过去为敌国服务。所以唯有当多灾多难的时候，仍然重视各级学校的教育，仍然不停止贡举的举办，使士人有坦道可以遵循，这样才能堵塞他们做游士的旁门左道啊！所以将帅不得推荐其幕僚做官，军府中不得任用参谋，这也是拔本塞源的一种方法。

一〇　李绛屡折吉甫启朋党之争

李吉甫之专恣，宪宗觉之，而拜李绛同平章事以相参酌，自谓得驭之之道矣。乃使交相持以启朋党之争，则上失纲而下生乱,其必然也。绛贞而吉甫邪,弗待辨也。虽然,谓绛为得大臣之道,又岂能胜其任哉?《秦誓》曰:"唯截截善谝言①。"言者,小人之所长也,非君子之所可竞也。小人者,不畏咎于人,不怀惭于己,君以为是,滔滔日进而益骋,君以为非,诋诃面承而更端以进②,无愧怍之容。若君子,则言既不听,耻于申说,奚琐琐尚口之穷乎? 君子而以言与小人角长短,未有贞胜者也。《易》曰:"咸其辅颊舌③。"应非不以正也,然相激而愈支,于以感上下之心,难矣。

【注释】

①唯截截善谝(piǎn)言:语出《尚书·秦誓》:"惟截截善谝言,俾君子易辞。"意思是唯有那些叽叽喳喳特别会打小报告、吹顺耳风的人,总是能让君子改变主意。

②诋诃:诋毁,指责。

③咸其辅颊舌:语出《周易·咸卦》爻辞:"上六,咸其辅颊舌。"意思是感应到牙床、面颊和舌头上。辅,指面部的牙床部位。颊,指脸颊。

【译文】

李吉甫专权无忌,宪宗对此有所察觉,所以他拜李绛为同平章事,与李吉甫共同参酌政事,自认为这是驾驭大臣的好办法。可结果却造成二李对抗,相持不下,引发朋党之争,如此可知君王不讲原则,朝局就会出现混乱,这是必然的。李绛忠贞而李吉甫奸邪,这是不辩自明的。虽然如此,说李绛就遵循了大臣之道,他难道能担得起这一赞誉吗?《尚书·秦誓》中说:"唯有那些叽叽喳喳特别会打小报告、吹顺耳风的人,总是能让君子改变主意。"花言巧语,是小人擅长的,君子在这方面没办法与他们竞争。小人不怕得罪人,也不感到羞耻,君王认为对的,他们就每天滔滔不绝地进言,日益肆无忌惮,君王认为不对的,他们即使当面被指责也不在乎,之后会按照皇帝的意思改弦更张再度进言,毫无愧疚的表情。至于君子,则君王既然不听从自己的话,就耻于再向君王反复说明,哪里会唠唠叨叨地卖弄口舌呢? 所以君子在言辞方面与小人争短长,从来没有能够稳操胜券的。《周易》中说:"感应到牙床、面颊和舌头上。"并不是言论符合正道才失败,而是讲话时越激动越含混不清,这样想要感动朝野上下的人心,就很难了。

夫大臣者,衷之以心,裁之以道,持之以权,邦之荣怀与其杌陧系焉者也①。不得已而有言,言出而小人无所施其唇舌,乃可定众论之归,而扶危定倾于未兆。若其一再言之,君已见庸而众嚣莫止者,必君志之未定,而终且受诎,则所谓"不可则止"者矣②。夫吉甫岂安于受挫不思变计者乎? 言出而绛必折之,宪宗且伸绛而抑之矣。然而屡进不已,跷跷争鸣者③,何也? 彼诚有所恃也。恃宪宗之好谀在心,乍咈而终俞④;绛之相尚以口,言多而必颠也。如是而可以辩论之长与争消长哉?"彼亦一是非,此亦一是非"。各得其朋以相抵牾⑤,而党祸成矣。此大臣之道,所不欲以身任天下之纷纭者也。

【注释】

①荣怀:指国家繁荣,万民归附。杌陧(wù niè):不安定,困厄。

②不可则止:语出《论语·颜渊》:"忠告而善道之,不可则止,毋自辱焉。"意思是对于有过失的人,要尽心尽力劝告他,引导他向善,如果对方不接受那就算了,不要自取其辱。

③跷跷(jiǎo):壮武的样子。

④咈(fú):违背,违逆。俞:赞成,允许。

⑤抵牾(wǔ)：指用言语顶撞、冒犯。

【译文】

所谓大臣，要用心来折中诸事，坚持用正道来裁断事务，并要保持灵活性，因为这直接关系到国家的安危盛衰。如果出于不得已，必须要说话，那么话说出来就要让小人没办法卖弄口舌，这样才能统一朝野上下的认识，从而使国家免于危难。如果身为大臣却要反复申述自己的意见，君王虽然已经采纳其建议，但是众臣却仍喧嚣不已，则必定是君王还没下定决心，这样大臣最终难免受屈辱，这就是所谓的"如果对方不接受你的话就停止劝说"。李吉甫难道是安于受挫、不思改变的人吗？他的话一说出口，李绛必定反对，则宪宗将会支持李绛而压抑李吉甫。然而李吉甫仍然不停地进言，一副奋力争鸣的样子，为什么要这样做呢？因为李吉甫确实有恃无恐。他所凭恃的，正是知道宪宗心中喜欢听阿谀奉承的话，李吉甫那些肉麻的话，宪宗即使刚开始不接受，最终还是会接受的；李绛不会说那些阿谀奉承的话，他的话说多了难免出错。这样一来，他们两个人怎么可能通过辩论来分出胜负呢？"公说公有理，婆说婆有理"，他们每个人身边各自聚集一批同党相互论辩争斗，于是就酿成了党争之祸。这就是身为大臣，之所以不愿意置身于朝廷纷争之中的原因。

绛而知此，则当命相之日，审吉甫之植根深固、不可卒拔，辞平章不受，使人主知贞邪之不可并立，而反求其故，吉甫可逐也。即受之而姑舍他务，专力昌言，斥吉甫之奸，必不与同谋国事，听则留，否则去，不但无自辱之憾，且正邪区分，可俟小人之偾辀折轴，而徐伸其正论，于国亦非小补也。不此之务，屈身以与同居论道之席，一盈一虚，待下风者随之而草偃，朋党交持，祸延宗社，绛能辞遇雨之濡哉①？

【注释】

①遇雨之濡：遇到下雨被淋湿，比喻承受责任或后果。语本《周易·夬（guài）卦》爻辞："九三，壮于頄，有凶。君子夬夬独行，遇雨若濡，有愠，无咎。"

【译文】

假如李绛明白这个道理，则当宪宗任命他为宰相的时候，他就应该仔细审视李吉甫在朝廷的势力根深蒂固、难以骤然拔除的形势，推辞不接受宰相之位，使皇帝知道忠贞之臣与奸邪之臣是不可以并立的，宪宗就会反过来探究他这样做的原因，如此一来李吉甫即可以被驱逐出朝廷了。即使接受了宰相之位，也应该暂且舍弃其他事务，专门集中力量向皇帝进言，斥责李吉甫的奸邪，表示自己绝不与他一同谋划国事，宪宗如果听从自己的意见就留任，不听就辞职，这样不但没有自取其辱的遗憾，而且可以使正邪之分更加昭著，可以等到小人折戟沉沙、被朝廷清除以后，而慢慢伸张自己的正论，对于国家而言也很有好处。李绛不这样做，却屈身与李吉甫同居于论道之席，双方一盈一虚，其他官员就会随着政治风向来回摇摆，双方结成朋党互相争斗，给宗庙社稷带来灾难，李绛难道能够推卸掉自己的责任吗？

嗚呼！言固未有方也，论固未有定也，失其大正，则正邪之迁流未有据也。吉甫、绛，君子小人之辨分矣，他日德裕欲掩父之恶以修怨，而牛僧孺、李宗闵、李逢吉、元稹之徒①，愈趋以与德裕争胜，则君子之名实又归于李氏。一波而万波随，不知所届，要皆口舌文字之争胜负于天下，而国之安危，俗之贞淫，淌滉而无据②，言之得失，可为善恶之衡乎？尽臣道者不可不知，正君道者尤不可不知也。

【注释】

①李逢吉(758—835)：字虚舟，陇西姑臧(今甘肃陇西)人。举明经出身，擢进士及第。唐宪宗元和年间被拜为宰相。他为人猜忌刻薄，诡谲多端，曾排挤名臣裴度，结交权宦王守澄，成为牛李党争中"牛党"代表人物。后出任剑南东川节度使、山南东道节度使等职。传见新、旧《唐书·李逢吉列传》。

②淌潢(huàng)：摇摆，荡漾。

【译文】

　　唉！言论都不是一成不变的，失去了正确的大方向，则正邪的区分也就没有依据了。李吉甫、李绛，谁是君子、谁是小人固然能分得很清楚，可是日后李德裕想要掩盖父亲李吉甫的过错，而对其政敌加以报复，而牛僧孺、李宗闵、李逢吉、元稹这些人，更是加剧了与李德裕的对抗，如此则君子的名和实又归于李德裕了。朋党之争像是一波未平而万波相继涌起，不知道边界在哪里，实际上都是些打着天下幌子的口舌文字之争，对于国家的安危、社会风气的好坏，都起不到实质的作用，即使言辞交锋分出了胜负，难道可以拿来衡量善恶吗？对于这一点，追求恪尽臣道的人不可以不了解，想要匡正为君之道的人更不能不了解。

一一　李绛能致田兴之效悃

　　魏博田季安死，其子擅立，李吉甫请讨之，而李绛请俟其变。筹之堂上而遥制千里，度之未事而验之果然，不两月而田兴果请命奉贡，效其忠贞，一如绛言，不差毫发。古今谋臣策士，征验疾速，未有如此之不爽者也。

【译文】

　　魏博镇节度使田季安病死，他的儿子擅自自立为节帅，李吉甫请求派军讨伐魏博,而李绛请求静观其变。李绛在朝堂上进行谋划,遥遥控制千里之外的局势,在事情未发生时就作出判断,其后判断果然得到验证,不出两个月,田兴果然请求归顺朝廷,称臣纳贡,愿为朝廷效劳,完全像李绛之前预言的那样,分毫不差。古往今来的谋臣策士,对于尚未发生的事情作出判断,从来没有像李绛一样如此迅速地得到验证并且分毫不差的。

　　河朔自薛嵩、田承嗣以来,世怙其逆,非但其帅之稔恶相仍也,下而偏裨,又下而士卒,皆利于负固阻兵,甘心以携贰于天子。故帅死兵乱,杀夺其子,拥戴偏裨者不一,而终无有恃朝廷为奥援者。绛即知田怀谏之必见夺于人①,亦恶知其不若朱希彩、吴少阳之相踵以抗王命哉？而坚持坐待之说,不畏事机之变,咎将归己,无所顾畏者,岂果有前知不爽之神智,抑徼天幸而适如其谋邪？言而允中,固有繇来,绛秘不言,而无从致诘耳。

【注释】

①田怀谏:魏博节度使田季安之子。元和七年(812)八月,田季安病重,夫人元氏召集诸将立年仅十一岁的田怀谏为副大使,掌管军务。怀谏年幼无知,军政大事皆决于家僮蒋士则,蒋士则多次以爱憎调换诸将帅,引起将士愤怒,他们拥戴田氏族人田兴为留后,田兴于是杀蒋士则等十余人,将田怀谏迁出军府。后来田兴送田怀谏到京师,朝廷封田怀谏为右监门卫将军。其事见于《旧唐书·田季安列传》《新唐书·藩镇魏博列传》。

【译文】

河朔地区自从薛嵩、田承嗣割据以来,世代坚持叛逆,不但其历任主帅都心怀异志、不肯效忠朝廷,而且下到偏裨部将,再到普通士卒,都认为河北三镇据险固守、拥兵割据是对自己有利的,甘心对抗朝廷。所以一旦节帅死去,其部下发动兵变,杀死节帅之子,拥戴有威望的部将做节帅,这样的事情很普遍,却始终没有援引朝廷作为奥援的情况。李绛即使能知道田怀谏的权力必定会被别人篡夺,又哪里能够知道篡夺权力的人不会像朱希彩、吴少阳那样继续违抗王命呢? 而他坚持静观其变的策略,不害怕承担贻误战机的罪责,他之所以能够无所顾忌和畏惧,难道果真是因为有未卜先知的智慧,或者是心怀侥幸希望自己的谋略偶然应验吗? 他的预言能够成功,必定有其原因,只是李绛保密不谈,所以就无从知道了。

　　田兴之得军心,为季安所忌久矣。与季安不两立,而特诎于季安,待其死以蹶起,奄有魏博,谋之夙矣。欲定交于邻镇,以成其窃据,乃四顾而无有可托之强援,念唯归命朝廷为足以自固。乃欲自达于天子,而盈廷道谋,将机泄而祸且至。知唯李绛之可因效悃也[①],信使密通以俟时相应,举国不知,而绛之要言已定,非一日矣。绛言诸将怨怒,必有所归,而不斥言兴者,为兴秘之耳。逐怀谏而有魏博,绛与有谋焉;请命修贡,皆绛之成谋也。绛自策之,自言之,何忧乎事之不然哉? 能致之者,绛之忠也;能持之者,绛之断也;能密之者,绛之深也;要非以智揣度、幸获如神之验也。

【注释】

　　①效悃(kǔn):效忠。悃,忠诚。

【译文】

　　田兴深得军心,所以被田季安猜忌已经很久了。他与田季安势不两立,在田季安活着时不过是特意曲从他,准备等他死后就骤然起事,夺取魏博镇控制权,他为此已经图谋很久了。他想要与临近藩镇建立外交关系,从而巩固自己的割据地位,可是他四下望去,找不到合适的强援,于是想到唯有归顺朝廷才足以巩固自己的地位。可是他想把自己的想法传达给天子,又担心朝廷上公开议论此事,会泄露机密,给自己带来祸患。他知道只有通过李绛才能向朝廷传达效忠之意,于是派遣信使不时与李绛联系,准备伺机而动,举国上下都不知道此事,从李绛很早就坚持坐以待变来看,他们之间的联系已经持续一段时间了。李绛谈到魏博诸将心怀怨恨和愤怒,必定会另外推举主帅,却不指出田兴的名字,这是为田兴保密。田兴驱逐田怀谏而占据了魏博,李绛是参与了此事谋划的;田兴请求归顺朝廷、称臣纳贡,都是李绛之前就定下的谋略。李绛自己策划了魏博换帅一事,自己预言了此事,又何必担心事情不会如他所料呢? 能够促成魏博归顺朝廷,表现了李绛的忠诚;能把这件事安排得有条不紊,体现了李绛的决断能力;能够把此事的保密工作做好,体现了李绛的沉着;因此,魏博归顺一事并非李绛靠智慧揣度事情变化、侥幸得到了验证。

　　故大臣之以身任国事也,必熟识天下之情形,接纳边臣之心腹,与四方有肺腑之交,密计潜输,尽获其肝胆,乃可以招携服远,或抚或剿而罔不如意。夫以一人之忧为忧,以天下之安危为安危者,岂孤立廷端,读已往之书,听筑室之谋[①],恃其忠智而无偾事之虞哉[②]?

【注释】

　　①筑室之谋:与过路的人商量建筑房舍的计划。比喻做事自己没有主见,缺乏计划。

②偾(fèn)事：败事，坏事。

【译文】

所以大臣肩负国家重任，一定要熟悉天下的情形，善于交结边臣的心腹，在四方广泛建立关系密切之交，暗中为他们谋划，获得他们的衷心拥护，这样才可以使得远近归服，对于各藩镇或安抚、或进剿，都能取得成功。将皇帝的忧患当作自己的忧患，把天下的安危当做自己的安危的人，难道会在朝堂上孤立无援，只知道读古人的书，毫无主见，自恃自己的忠诚和智慧，丝毫不担心自己这样会耽误国家大计吗？

　　大臣之谋国也，既如此矣；则天子命相，倚之以决大疑、定大事，亦必有道矣。殿阁之文臣，既清孤远物，而与天下素不相接；部寺之能臣，钱谷刑名杂冗，而于机事有所未遑；危疑无定之衷，竭智以谋，愈详而愈左。故人主之命相，必使入参坐议，出接四方，如陆贽、李绛之任学士也，早有以延揽方镇而得其要领；天下亦知主眷之归，物望之集，可与为因依，而听其颐指；无患乎事机之多变，而周章以失据矣。不能知人而厚防之，严宰执招权之罚，禁边臣近侍之交，以漠不相知之介士，驭万里之情形，日削日离，待尽而已矣。

【译文】

　　大臣既然需要如此为国家谋划大事；则天子任命宰相，依靠宰相来决断疑难大事、确定国家大计，也必定需要遵循相应的道理。身居殿阁的文臣，普遍清高孤傲、疏远外物，与天下的人和事素来缺乏接触；各部门的能干之臣，则日夜为财政刑罚方面的事务忙碌，对于参与机密要务力不从心；这两种人在面临危险疑难的时候，即使竭尽自己的智慧去谋划，也只会谋划得越详细越容易出错。所以君王任命宰相，必定要使其入朝能坐而论道，出朝能交结四方势力，就像陆贽、李绛担任学士那样，早就因为广泛延揽地方藩镇的将领而得以掌握各藩镇的要害；天下也都知道皇帝信任倚重他们，所以众望所归，都认为可以依附他们，听从他们的指挥；这样就不必担心因形势多变而周章失措、进退无据。君王不能够知人善任，却对大臣严加防范，严格处罚宰相揽权的行为，禁止宰相与边臣、近侍结交，用对国家形势完全不了解的一介士人，来驾驭整个国家的事务，则国家的形势一天比一天糟，只能坐待灭亡了。

一二　神策军割隶本镇不如使隶兵部

唐置神策军于京西京北，虽以备御吐蕃，然曾倚此军削平叛寇，则资以建国威、捍非常，实天子之爪牙也。德、宪以来，权归中涓与西北节镇，虏至莫能奔命，李绛所为欲据所在之地，割隶本镇，使听号召以击虏之猝至，不致待请中尉，迟延莫救也。宪宗闻绛之言，欣然欲从，而终于不果，识者固知其必不果也。

【译文】

唐朝将神策军部署在长安以西和以北地区，虽然最初是为了防备吐蕃入侵而设置此军，但也曾经依靠这支军队削平过叛乱的贼寇，因此朝廷逐渐依赖神策军来树立威信、防范突发事态，神策军实际上成了天子的爪牙。德宗、宪宗以来，神策军的统治权逐渐被宦官和西北藩镇所掌握，遇到敌军入侵也难以迅速出击，李绛准备根据神策军分布的区域位置，将他们各自划归当地藩镇统辖，使他们听从藩镇调遣，以便能够在敌军猝然入侵时迅速进行讨伐，而不必再向神策军中尉请示，以避免延误战机。宪宗听了李绛的话，高兴地准备听从这一建议，而最终没能将其付诸实施，有识之士本来就知道李绛的这一建议必定难以成功。

唐于是时，吐蕃之祸缓矣，所甚患者，内地诸节度分拥强兵，画地自怗，而天子无一爪牙之士；于此而欲夺之中涓之手，授之节镇，中涓激天子以孤危，辞直而天子信之，又将何以折之邪？是军也，昔尝以授之白志贞矣，朱泚之乱，瓦解而散，外臣之无功而不足倚，有明验也，故付之于宦官，亦无可委任，而姑使其听命宫廷耳。如复分割隶于节镇，则徒为藩镇益兵，而天子仍无一卒之可使。有若朱泚者，猝起于肘腋，勿论其能相抗制也，即欲出奔，而踉跄道路，将一车匹马而行乎？绛不虑此，欲削中涓之兵柄，而强人主以孤立，操必不可行之策，徒令增疑，何其疏也！

【译文】

在这个时候，吐蕃给唐朝带来的祸患已经有所减轻，比这更令唐朝廷担忧的，是内地各藩镇节度使各自拥有重兵，割据自守，而天子没有可用的一兵一卒；在这种情况下李绛想要将神策军控制权从宦官手中夺回来，授给西北各藩镇，则宦官如果用天子处境孤立而危险来刺激皇帝，其言辞正直有理，令皇帝信服，则李绛又如何加以反对呢？神策军昔日曾被唐德宗交给白志贞率领，而在朱泚之乱中，神策军瓦解，将士四散奔逃，由于外臣统军无能、不值得君王依靠，已经被事实所证明，所以德宗才将神策军交给宦官统领，也没有什么可委任的事情，而只是姑且想要神策军听命于朝廷而已。如果再将神策军分割开来，将控制权交给西北各藩镇，则只会白白地为西北藩镇增加兵力，而天子仍然没有可供指挥的一兵一卒。如果有像朱泚那样的逆贼，猝然在天子脚下发动叛乱，暂且不论天子是否能抵抗、制服叛军，即使是想要出奔，在逃跑路上身边能有一车一马跟随他吗？李绛没考虑到这一点，只想要削夺宦官的兵权，而强迫君王陷入孤立状态，制定这样必定无法实施的计策，只会白白使人怀疑其用心，李绛真是太疏忽了！

　　绛诚虑之深，策之审，则当抗言中涓揽兵之非宜，取神策一军隶之兵部，简选而练习之，猝有边警，驰遣文武大臣将之以策应，外有寇则疾应外，内有乱则疾应内，与节镇相为呼应，而功罪均之。如此，则天子有军，应援有责，而中涓之权亦夺矣。奈之何舍内廷之忧而顾外镇之患乎？如曰待边将之奏报而后遣救，无以防虏寇之驰突。则侦探不密，奏报不夙，边镇之罪也，非神策之需迟而不及事也[①]。唐室之患，不在吐蕃而在藩镇，已昭然矣，如之何其弗思？

【注释】

①需迟：迟缓。

【译文】

　　如果李绛真能思虑深远、审慎筹划，那么他就应该向皇帝极力陈说宦官掌握兵权的危害，将神策军全军交给兵部统辖，挑选精锐士卒加以训练，一旦边关猝然告急，就迅速派遣文武大臣率领神策军前往策应，外有贼寇入侵则迅速抵抗外敌，内有叛乱则迅速进行平叛，与西北各藩镇相互呼应，平等地接受赏罚。这样一来，则天子有了自己能指挥的军队，各藩镇保卫朝廷的责任得到落实，而宦官的兵权也被削夺了。怎么能够不顾皇帝的忧虑而只考虑朝廷外藩镇的担忧呢？如果说要等到边境将领上奏报告以后才派遣神策军前往救援，难以防范敌人的迅速攻击。则侦探工作做得不到位，向朝廷奏报情况不够及时，是边镇的罪过，而不是神策军反应迟缓贻误了军机。唐朝廷的大患，不在于吐蕃而在藩镇，已经非常明显了，李绛为什么不对此加以认真考虑呢？

一三　李绛用亲故

　　人臣以社稷为己任,而引贤才以共事,不避亲戚,不避知旧,不避门生故吏,唯其才而荐,身任疑谤而不恤,忠臣之效也。周公遭二叔之流言,既出居东,而所汲引在位者,皆摧残不安于位,公身之不恤,而为之哀吟曰:"既取我子,勿毁我室①。"小人动摇君子,取其为国所树之人,指之以朋党,毁之以私亲;诚可为蠚然伤心者矣②。虽然,公以叔父受托孤之任,抚新造之国,收初定之人心,以卫社稷,故必近取休戚相倚者以自辅,固未可概为人臣法也。

【注释】

①既取我子,勿毁我室:语出《诗经·豳风·鸱鸮》:"鸱鸮鸱鸮,既取我子,无毁我室。"意思是:猫头鹰你这恶鸟,已经夺走了我的雏子,就不要再去毁我的窝巢。这首诗普遍被认为是周公旦写给周成王的。

②蠚(xì)然:悲伤痛惜的样子。

【译文】

　　作为臣子,以报效国家社稷为己任,引进贤才与自己共事于朝廷,推举人才时不回避自己的亲属,不避讳推荐自己的旧知故交,不回避自己的门生故吏,只根据其才能来决定是否推荐,不惜自己因此遭受怀疑和诽谤,这是忠臣报效国家的表现。周公遭受管叔、蔡叔编造的流言的中伤,被迫离开朝廷前往东都居住,而经他引进、在朝做官的人,都受到摧残,难以安居其位,周公不顾自身的安危,为他们悲哀地吟唱道:"你们已经夺走了我的雏子,就不要再去毁我的窝巢!"小人为了动摇君子,就会把君子为国家所引进和树立的人才指为朋党,诋毁他们是君子的私人亲信;这些都确实是令人痛惜、伤心的事情。虽然如此,周公以成王叔父的身份,受周武王托孤重任,要安抚刚刚建立的国家,收揽刚安定下来的民心,从而保卫社稷,所以必须要就近选用身边与自己休戚相关、值得信赖的人来辅助自己,他的这种做法本来就不是作为臣子应该不加考虑地加以效法的。

立贤而先亲知,非无说以处此矣。狎习已夙,则其性情易见而贤否易知,非遥采声闻者之比也。且吾权藉既尊,风尚既正,属在肺腑者,苟非甚不肖,若李虞、李仲言之于李绅①,亦将习见正人,习闻正论,顺风而偃,乐出于清忠之涂;则就亲知而拔用之,非无得也。然而有大患者,苟其端亮忠直、忧国如家也,则其议论风旨恒毅然外见,而人得测其喜怒从违之所向。于是所与亲知者,熟尝其肯綮以相迎合,亦习为亢爽之容、高深之说②,以自旌而求雠。如牛僧孺、元稹、李宗闵、刘栖楚之流③,危言碎首,亦何遽出贾谊、朱云之下;杜钦、谷永,徒观其表见,且可以欺后世而有余;苏舜钦、石延年、黄庭坚、秦观游大人之门④,固宜受特达之知遇,杜祁公、司马温公所不能却也⑤。而后竟如之何也?未遇则饰貌以相依,已雠则操戈以入室,凶终之祸,成乎比匿,不亦伤乎!

【注释】

①李虞:李绅的族子。由于文章博学而知名一时。他自称不愿做官,但又写信给叔父李耆,请求他向朝廷推荐自己,不料这封信误送到李绅手中,李绅便写信讥讽他,并把这件事在大庭广众中

张扬。李虞得知后非常气愤,宰相李逢吉趁机拉拢他,指使他上书诬告李绅暗中侦察朝廷官员,交结朋党,并让李仲言、张又新等人配合他,最终导致李绅被贬谪。其事见于新、旧《唐书·李绅列传》。李仲言(?—835):字子训,后改名李训,字子垂,陇西姑臧(今甘肃武威)人。唐朝宰相,李逢吉族子。早年曾入河阳幕府,因罪流放象州,遇赦得还。后来投奔郑注,得到权阉王守澄的推荐,得到唐文宗信任,先后被拜为翰林学士、宰相。他与郑注策划"甘露之变",谋划诛杀宦官,结果行动失败,引起宦官疯狂反扑。逃出长安后,半道被杀。传见新、旧《唐书·李训列传》。李绅(772—846):字公垂,亳州谯县(今安徽亳州谯城区)人。唐朝宰相、诗人。元和元年(806)中进士,元和十五年(820)任翰林学士,卷入朋党之争,为李党重要人物,与李德裕、元稹被誉为"三俊"。长庆四年(824),李绅遭李逢吉构陷,被贬为端州司马。太和七年(833),李德裕为相,李绅被起用为浙东观察使。传见新、旧《唐书·李绅列传》。

②亢爽:直爽。

③刘栖楚(?—827):字善保。初为镇州小史,后被节度使王承宗推荐给李逢吉,被擢为右拾遗。敬宗时曾任刑部侍郎、京兆尹。他性情怪异偏激,施行严刑峻法,不避权贵。他曾向敬宗进谏,不惜以头叩击地面,血流不止。传见新、旧《唐书·刘栖楚列传》。

④苏舜钦(1008—1048):字子美,汴京(今河南开封)人。庆历新政时,由范仲淹推荐任集贤校理,监进奏院,受弹劾罢职,流寓苏州。石延年(994—1041):字曼卿,一字安仁,南京宋城(今河南商丘睢阳区)人。真宗时以右班殿直改太常寺太祝,累迁太子中允、同判登闻鼓院。曾建议选将练兵,以备辽、夏。黄庭坚(1045—1105):字鲁直,号山谷道人,晚号涪翁,洪州分宁(今江

西修水)人。北宋文学家、书法家。历官国子、教授、集贤校理、起居舍人等职。受知于苏轼,为"苏门四学士"之一。三人传皆见《宋史·文苑列传》。

⑤杜祁公:指北宋宰相杜衍。

【译文】

选拔贤才先从自己亲近和熟知的人开始,这并非没有道理。对于经常在一起的人,容易了解他的性情,容易知道他是否贤能,这不是那些仅仅听说过而不认识的人可比的。况且身为大臣权力既然已经很大,立身行事也很端正,则处在自己身边的人,除非像李绅身边的李虞、李仲言那样特别不堪,否则他们也将会习惯与正人君子相处,习惯听到端正的言论,受到良好风气的影响,就像青草随风而倒一样,所以他们也乐于做清正忠诚的人;因此从自己亲身了解的人中选拔举荐官员,并非没有好处。然而这样做也存在很大的隐患,一位大臣只要端正诚实、忠诚正直、忧国如家,则他的这些品质总会从他的言谈举止中展现出来,而人们因此得以推测他的喜怒之情与爱好、倾向。于是与他亲近熟识的人,便会充分按照他的喜好和倾向来迎合他,也会习惯像他一样面容直爽、言论高深,从而表现自己,获取他的赏识。像牛僧孺、元稹、李宗闵、刘栖楚这些人,都曾直言进谏,不避刑罚,其表现出的正直不在贾谊、朱云之下;杜钦、谷永,如果只看他们的表现,他们也是足以欺骗后世之人、获得美名的;苏舜钦、石延年、黄庭坚、秦观这些人因为能出入高官贵戚的府邸,所以能够有机会自荐并获得达官显贵的知遇,即使杜衍、司马光也不能拒绝他们。而后来这些人的表现又究竟如何呢? 没有受到赏识的时候便粉饰自己,千方百计地依附于高官显贵,一旦被提拔举荐,就操戈入室,与举荐自己的人反目成仇,恩将仇报,这难道不令人感伤叹息吗?

宪宗诘宰相:"当为朕惜官,勿用之私亲。"此必有先入之言,诬绛以受私者。绛曰:"非亲非故,不谙其才。"言之诚是,宪宗弗能夺也。而李吉甫因之指斥善类为朋党,以利攻击者,即在于此。非尽吉甫之诬也,使牛僧孺、李宗闵、元稹、刘栖楚之徒,早为绛之亲故,而备闻其慷慨之论,绛能勿引与同升乎?而倾危爚乱之祸始①,将谁归邪?自非周公以至圣有知人之哲,以叔父居摄政之尊,则未可亟引亲知,开小人姻亚朊仕之端②;况乎人主方疑,同官方忌,为嫌疑之引避者乎?进以树特立之操,退以养和平之福,大臣之常度也。绛虽忠,未讲于此,上不能靖国,而下以危身,抑有以致之矣。

【注释】

①爚(yuè)乱:炫惑扰乱。

②朊(wǔ)仕:重要的官位。朊,厚。

【译文】

　　宪宗批评宰相说:"你们应当替我珍惜官位,不要任用自己的私人亲信来谋私。"这一定是因为之前有人向他诬告说李绛任用私人了。李绛说:"对于非亲非故的人,我难以了解他们的才能。"他说的确实有道理,所以宪宗也没办法反驳。而李吉甫因此指责那些正人君子是朋党,以便于自己攻击他们,原因也在于此。李吉甫的话并非完全诬陷,假如牛僧孺、李宗闵、元稹、刘栖楚这些人,早就是李绛的亲朋故旧,总是听到他们慷慨正直的言论,李绛难道能不提拔重用他们吗?而这样就会招致危害国家的祸乱,又将归罪于谁呢?不是每个大臣都像周公那样不仅至为圣明、有知人的智慧,还以君王叔父的身份居于摄政的尊位,所以不能够急切地任用私人亲信,致使小人通过婚姻裙带关系进入仕途;更何况是在皇帝对此心存怀疑,同僚对此充满忌恨,为了免除嫌疑也应该注意回避的情况下呢?在朝时要保持特立独行的品德,退休以后要保养和洽安宁的福分,这才是大臣应该遵守的准则啊。李绛虽然忠诚,却没有注意到这一点,所以上不能安定国家,下危及自身,这也是有原因的啊。

一四 环攻淮蔡四年始克

吴元济一狂骏竖子耳^①,中立于淮、泗之间,仅拥三州不协之众,延晨露之命,所恃者王承宗,既不能出一步以蹑官军之后,李师道独以狗盗之奸,刺宰相,焚陵邑,胁朝廷以招抚,而莫救元济之危,非能如向者河北连衡之不易扑也。而唐举十六道之兵,四面攻之,四年而后克,何其惫邪?论者责分兵如连鸡,参差不齐,则势益孤,以致师老而无功,似矣;然使专任一将,四邻诸道,旁观坐听其成败,则势益孤,而覆败尤速,则专任固不如分任,审矣。

【注释】

①狂骏(ái):狂妄愚蠢。

【译文】

吴元济不过是一个狂妄愚蠢的家伙罢了,他率领区区三州各怀异志的军队,居于淮河、泗水之间,苟延残喘,他所依靠的王承宗,不能派军踏出河北一步来袭击朝廷军队的侧后,李师道专门任用奸诈鸡鸣狗盗之徒,刺杀宰相,焚烧陵寝,胁迫朝廷来进行招抚,却根本无法挽救吴元济于危难之中,这种局面,已经不像当年河朔三镇联合起来共同叛逆,因而难以扑灭了。而唐朝廷派出十六道的兵马,四面围攻淮西,历时四年才攻克蔡州,又显得何其疲惫啊!议论的人认为分兵围攻,就像把鸡用绳子连起来一样,行动参差不齐,因此越发显得势单力孤,以致于军队士气衰弱、难以取得战果,这种说法看似有道理;然而如果专门任用一位将领做主帅,则其他相邻诸道,就会袖手旁观,坐视其成败,则只会更加势单力孤,失败得会更迅速,如此则专任一将还不如分任各道,这是很明显的。

乃详取其始末而究之,元济岂有滔天之逆志如安、史哉?待赦而得有其旌节耳。王承宗、李师道亦犹是也。兵力不足以抗衡,唯恃要结间贰以求得其欲①,师道遣三数匹夫入京邸,杀宰相,毁陵寝,焚屯聚,挟火怀刃,而大索不获者,为之渊薮者谁也②?非大臣受三寇之金钱以相阿庇,而讵能尔邪?则其行赂诸镇,观望不前,示难攻以胁天子之受降,概可知已。外则韩弘之阻李光颜③,内则韦贯之、钱徽、萧俛、李逢吉等之阻裴度④,皆醉饱于三寇之苞苴⑤,而为之唇舌者也。故蔡州一空城,元济一独夫,李愬一夕而缚之如鸡鹜⑥,其易也如此,而环攻四年,其难也如彼,唐安得有将相哉?皆元济豢饲之鹰犬而已。仅裴、武两相立于百僚之上,为疑谤之招,弗能胜也。其迟久而后克,不亦宜乎?

【注释】

①要结:邀引交结。间贰:离间。

②渊薮(sǒu):泛指人和事物集聚的地方。

③韩弘(765—823):滑州匡城(今河南滑县)人。唐朝中期藩镇、将领。早年在舅父宣武节度使刘玄佐麾下任都知兵马使,贞元十五年(799)被拥立为节度留后,并获朝廷承认。淮西之乱时,韩弘为淮西诸军行营都统,企图阻挠对淮西的讨伐,养寇自重。淮西、平卢相继被平定后,韩弘大为惊恐,奉表入朝,官终司徒、中书令。传见新、旧《唐书·韩弘列传》。李光颜(762—826):字光远,原名阿跌光颜,因功赐姓李,突厥阿跌族,河曲(今山西河曲)

人。唐朝中期名将。出身将门，勇健善射，曾参与讨伐李怀光、刘辟、杨惠琳及王承宗的战争，历授代、洺二州。元和九年（814）升任忠武节度使。次年参与讨伐淮西叛镇吴元济，与淮西军多次交战，牵制其主力，为李愬夜袭蔡州提供条件。长庆二年（822），受命征讨成德叛藩王廷凑，因时局混乱，推辞回镇。传见新、旧《唐书·李光颜列传》。

④钱徽（755—829）：字蔚章（一作尉章），浙江吴兴（今浙江湖州）人。唐宪宗时大臣，曾任翰林学士、中书舍人等职。传见新、旧《唐书·钱徽列传》。萧俛：字思谦，京兆长安（今陕西西安）人。中唐后期大臣。贞元七年（791）与令狐楚、皇甫镈同榜进士，宪宗元和初年登贤良方正制科，长庆元年（821）被拜为宰相。传见新、旧《唐书·萧俛列传》。

⑤苞苴：原指包裹鱼肉的蒲包，后转指赠送的礼物。此处引申为贿赂。

⑥李愬（773—821）：字符直，洮州临潭（今甘肃临潭）人。唐朝中期名将，李晟第八子。李愬有谋略，善骑射。元和十二年（817），出任唐邓节度使，参与讨伐割据淮西的吴元济叛乱，于次年雪夜袭蔡州，生擒吴元济，平定淮西。战后以功拜山南东道节度使、上柱国，封凉国公。后任武宁节度使，又击败平卢李师道。长庆元年（821），新任成德节度使田弘正遇害，李愬欲派兵为其报仇，因病重未果，同年病逝。传见新、旧《唐书·李愬列传》。鸡鹜：鸡和鸭。比喻小人或平庸的人。

【译文】

可是详细地探究征讨淮西的始末，吴元济难道是有像安禄山、史思明那样大逆不道的野心吗？他只不过是希望朝廷能赦免他，并且授予他节制淮西的旌节罢了。王承宗、李师道也是如此打算的。他们的兵力不足以与朝廷抗衡，只能寄希望于交结大臣、离间朝廷来实现自己的目的,李师道派遣几个强盗进入京城,刺杀宰相,毁坏陵寝,焚烧朝廷囤积的物资,像这种公然持刀纵火的强盗,朝廷大肆搜捕竟然无法抓到,是谁在包庇隐藏他们呢? 如果不是有大臣接受了吴元济、王承宗、李师道三人的贿赂而包庇他们,又有谁能做到呢? 如此则吴、王、李三人贿赂诸藩镇,使他们观望不前,向朝廷表明三镇难以攻取,从而胁迫天子接受他们的归降,也就大概可以想见了。朝廷之外有韩弘阻挠李光颜对淮西的进攻,朝内则有韦贯之、钱徽、萧俛、李逢吉等人阻挠裴度出征淮西,这些人都被吴、王、李三个反贼的金钱贿赂喂饱了,所以才会出来为他们说话。所以蔡州一座空城,吴元济一介匹夫,李愬用一个晚上就擒住了他,像抓住鸡鸭那样容易,平定淮西分明如此容易,而朝廷军队围攻四年之久,显得那么艰难,唐朝哪里还有真正的将相呢? 都不过是吴元济豢养的鹰犬罢了。只有裴度、武元衡两位宰相的见识远在百官之上,可他们却因此招来怀疑和诽谤,难以对抗众人的喧嚣鼓噪。所以,淮西久攻不下,难道不也是理所当然的事情吗?

　　故国家当寇难相临之日,才臣有不足任之才,勇将有不可鼓之勇,夷狄盗贼所以蛊天下者,皆豆区之惠[1],而人为之风靡。非有清贞之大臣,前不屑千金,后不恤猛虎,则天子终无可寄之心膂。诸葛公曰:"唯澹泊可以明志。"人君尚知所托国哉!

【注释】

①豆区:比喻微小。豆、区均是古代量器。《左传·昭公三年》中记载,齐旧有四量:"豆、区、釜、钟。"

【译文】

所以国家在面临贼寇侵攻的祸患时,大臣不足以为国分忧,勇将不肯奋勇杀敌,夷狄、盗贼之所以能蛊惑天下,都是因为他们用小恩小惠来贿赂众人,而众人便因此望风披靡。如果不是有清廉忠贞的大臣,前不屑于千金贿赂,后不惧怕猛虎吞噬的危险,则天子终究没有值得依靠的心腹啊。诸葛亮说:"唯有澹泊名利才能保持自己的志向。"皇帝应该明察可以托付国家、共谋大事的良臣啊!

一五 裴晋公同平章事请私第见客

德宗令廷臣相过从者①,金吾伺察以闻②,愚矣哉!夫苟纳贿营私,则公庭可以密语,暮夜可以叩户,姻族游客可以居间,乃至黄冠缁流、优俳仆隶、一言片纸而可通③,奚必过从哉?裴晋公同平章事④,以平寇须参众议,请罢其禁,于私第见客,宪宗许之。则岂徒收集思之益,以周知阃外之情形?而洞开重门,阴慝无所容其诡秘⑤。杜私门、绝幸窦之善术⑥,莫尚于此也。

【注释】

①过从:来访,相互往来。

②金吾:指掌管京城戒备防务的官员。

③黄冠:道士所戴束发之冠。用金属或木类制成,其色尚黄,故曰黄冠,因此也作为道士的别称。缁流:指佛教徒。僧人普遍身着缁衣,故谓之缁流。

④裴晋公:指裴度。

⑤阴慝(tè):阴险邪恶的人。

⑥幸窦:指奸邪小人或侥幸者进身的门户。

【译文】

唐德宗命令金吾暗中监视朝廷大臣之间的相互往来并向他报告,

这真是愚蠢啊！只要大臣想收取贿赂、图谋私利，那么他们可以在朝堂上窃窃私语，也可以深夜登门拜访，还能利用姻亲、幕僚居中联络，甚至通过道士、僧人、伶优、奴仆来传递书信、互通声息，哪里一定要直接相互往来呢？裴度担任宰相时，以平定叛贼需要广泛征集各方建议为由，请求宪宗废除德宗的禁令，允许在私人府邸会见客人，宪宗批准了他的请求。其实，这样做又何止能收到集思广益的效果，并得以详细知晓朝廷以外的情况呢？大开重门，奸邪小人也就无从施展其阴谋诡计了。要杜绝行私请托、走官场捷径的行为，没有比这更好的办法了。

　　然而处此也亦难矣。惩猜防之失，则以延访为公；戒筑室之谋，则又以慎交为正；两者因其时而已。李太初群言杂陈[1]，而漠然不应，宁蒙天下之讥怨，自以不用游谈之士为报国。盖截截谝言，非执中有权者，未易使之日进于前也。尝览元、白诸人之诗，莫不依附晋公以自矜善类；乃至归休绿野[2]，犹假风韵以相激扬。然则当日私第之所接纳，其能益于公以益于国者，盖亦鲜矣。

【注释】

[1] 李太初：即李沆(947—1004)，太初是其字，洺州肥乡(今河北邯郸)人。宋真宗时担任宰相。他内行修谨，居位慎重，门无私谒，不喜向皇帝进密奏之言，敢于不避权贵、不徇私情。传见《宋史·李沆列传》。

[2] 绿野：即绿野堂。裴度请罢相职后于洛阳午桥建别墅绿野堂，与文士宾客诗酒相会。

【译文】

然而裴度的建议实际执行起来也是很难的。一方面，为避免皇帝的猜疑防范,则要广泛延揽接待各方人士,表现得一心为公;可是另一方面,为了避免听到的都是空泛的议论和建议,则又需要慎重选择延揽访问的对象:这两方面的侧重要根据时势而确定。北宋李沆面对府上宾客纷杂的议论,漠然不加回应,宁可蒙受天下人的讥讽和怨恨,也把不听信采纳游说之士的言论当作报效国家的表现。大概对于那些纷繁琐碎的花言巧语,除非是心有主见、能通权变的人,否则其他人是无法正确应对的。我曾阅览过元稹、白居易这些人的诗作,他们都依附裴度而自诩为善类;甚至等到他们退休归隐后,还通过诗文唱和来相互激励赞誉。如此看来,当年裴度在自己府邸中接待的宾客中,能够对他自己、对国家都有益处的人,大概也是很少的呀。

　　以要言之,人君不可禁大臣之交游,而大臣固当自重其颦笑[1]。论辩也,文章也,韵度也,下至于琴、尊、书画、山川、玩好、鉴赏之长也,皆劳视听、玩时日、以妨远略,而金人可托以求瓂者也。若夫一邑一乡之利害,此长彼短之策略,危言之而欲亟行之,祇以病国殃民[2],而开无穷之害。延访者可务好士乐善之虚名,为宵人瓂利达乎[3]?周公下士至矣,而《七月》《东山》惟与农夫戍卒咏室家、田庐之忧乐,何有于指天画地之韬钤,月露风云之情态哉?故延访之公,必以慎听之、正持之,勿徒矜虚名而损实事也。

【注释】

①颦:同"矉"。皱眉。

②祇:同"祇",只。

③宵人:小人,坏人。

【译文】

简要地说，君王不应该禁止大臣之间的交游，而大臣则本来就应该非常注意自己的言行。无论是论辩、文章还是诗词，以至于琴、酒、书、画、游览山川、收藏奇珍异宝、鉴赏古物，都会使身体疲劳、耗费时间、妨碍长远大计，而小人往往会通过这些来接近大臣，以实现自己的目的。至于他们所谈论的一邑一乡的利害、此长彼短的策略，都是危言耸听，如果全都付诸实施，只会祸国殃民，带来无穷的祸害。所以大臣延揽访问意见，可以只图重视人才、乐行善政的虚名，却成为小人实现私利的途径吗？周公可谓礼贤下士的典范，可是他所作的《七月》《东山》，都只是同农夫、戍卒一起歌咏家庭、田庐的忧患与快乐，哪里有什么指天画地的韬略、感叹月露风云的情态呢？所以说大臣要公正地延揽访问宾客，就必须谨慎地听取意见、秉持正道加以应对，不要只图虚名而损害了国家大事。

一六　裴公历事暗主终留不去

宪宗之用裴公也深，而信之也浅，所倚以谋社稷之大计，协心合德而不贰者，独淮蔡一役而已。然当其时，已与李逢吉、王涯旅进而无别[1]。及乎淮蔡既平，公居首辅，而宦官承宠为馆驿使，赐六军辟仗使印，公不能以一言规正；皇甫镈、程异以聚敛与公分论道之席[2]，公力争，而以朋党见疑；浚龙首池，起承晖殿，张奉国、李文悦白公谏止[3]，而二人坐贬。凡此数者，有一焉即宜拂衣以去；乃层累相违，公终栖迟于朝右[4]，夫岂贪荣宠以苟容哉？盖亦有其故矣。

【注释】

①王涯（764—835）：字广津，太原（今山西太原）人。早年曾任左拾

遗、翰林学士、起居舍人。元和十一年(816)拜相,他在是否讨伐吴元济问题上不发一言,因而在元和十三年(818)因"循默不称职"被罢相。后在"甘露之变"中被宦官诬告、逮捕,遭到杀害。传见新、旧《唐书·王涯列传》。旅:共,同。

②皇甫镈(bó,？—820):泾州临泾(今甘肃镇原)人。唐宪宗后期宠臣。曾任司农卿、户部侍郎、判度支,因善于理财,颇得赏识。元和十三年(818)拜相。他曾与李逢吉等合势,罢免名臣裴度、崔群。后又勾结山人柳泌贡献长生药,唐宪宗服药而死。唐穆宗即位后,他被贬为崖州司户参军,卒于贬所。传见新、旧《唐书·皇甫镈列传》。程异(？—819):字师举,京兆长安(今陕西西安)人。唐顺宗时被王叔文提拔,参与"永贞革新"。变法失败后受到牵连,被贬为郴州司马。宪宗元和初年,出任淮南等五道两税使,在江淮经营贡赋,除弊兴利,迅速增加了国家财政收入。此后受到宪宗赏识,任盐铁转运使、御史大夫。元和十三年(818)被拜为宰相,仍领转运使。传见新、旧《唐书·程异列传》。

③张奉国、李文悦:唐宪宗时将领,张奉国任右龙武统军、李文悦为大将军。元和十三年(818),宪宗命六军修麟德殿,张奉国、李文悦认为外寇初平,宪宗兴修宫室太过,建议裴度劝谏宪宗,裴度于是上书转达其意见,宪宗大怒,将张奉国、李文悦贬职。

④朝右:位列朝班之右。指在朝任职。

【译文】

唐宪宗虽然重用裴度,对他的信任却不够深厚,他倚靠裴度谋划社稷大计、与他同心同德而未产生嫌隙,也只有在平定淮西的时候做到过而已。可是即使在当时,裴度也是与李逢吉、王涯共同进位为宰相,没有明显的差别待遇。等到淮西被平定,裴度成为首辅,而宦官凭恃宪宗宠信,充任馆驿使,还被赐予六军辟仗使的官印,裴度却不能够说一句话来规谏宪宗;皇甫镈、程异凭借聚敛财富的能力与裴度一同担任宰相，裴度极力反对，却被宪宗怀疑交结朋党；宪宗要疏浚龙首池，兴建承晖殿，张奉国、李文悦向裴度提意见，希望他能谏阻宪宗，结果两人都被贬。像这几件事，只要遇到其中一件，裴度都应该拂袖而去、立即辞职；可是积累了这么多不如人意的事，裴度却始终在朝为相，他难道是贪图荣耀和宠爱，而不顾廉耻吗？他这么做大概也是有原因的。

公开阁以延士，而一时抱负之士，皆依公以利见，公去则不足以留，必群起而为公谋曰：公不可去也，委任重而受知深，志虽不伸，自可因事纳忠，以大造于家国，公姑隐忍以镇朝廷，使吾党得竭股肱之力，以持危而争胜。此言日进，公且不能违，而偃仰以息其浩然之志①，所必然矣。故公俯仰中外，历事暗主，狎迩宵人，乍屈乍伸，终留不去，皆附公之末光者相从臾以羁迟也。公之浮沉前却，不谓无补于昏乱，则从臾者之言亦未为无当矣。及通数代之治乱而计之，则所补者小，所伤者大，起水火之争，酿国家之祸，公未及谋也。为公谋者，其志、其量、其识皆不足以及此，而公大臣之道以诎矣。

【注释】

①偃仰：俯仰。比喻随世俗沉浮或进退。

【译文】

裴度在府邸延揽宾客，而一时间有抱负的士人都依附于他，希望能因此得到赏识，如果裴度离开朝廷，这些人就不可能留在朝中，所以他们一定会集体起来为裴度谋划说：您不能离开朝廷，您身负重任，深受皇帝知遇之恩，虽然志向没能得到伸展，但仍可以通过具体事务的处理来效忠君王，从而大大有利于国家，您姑且隐忍一下，坚持在朝廷坐镇，这样我们这些人就可以竭尽股肱之力，与您一起扶持危难之中的国家取得成功。他们每天都向裴度灌输这样的话，裴度也没办法违逆他们，而只能随世俗浮沉，暂且委屈自己的浩然之志，这是事所必然的结果。所以裴度在朝廷内外浮浮沉沉，辅佐历任昏庸不明的君主，终日同小人共事，屡受挫折，却始终没有辞官而去，这都是那些依附于他、想沾他的光的人对他阿谀奉承而阻挠他离去的结果啊。裴度在朝廷几度浮沉进退，不能说对挽救当时的混乱局面完全没有作用，所以阿谀奉承他的人所说的话也不是完全没道理。可是如果把数代的治乱综合起来考察，他这么做，终究是益处小，害处大，引起了两党势同水火的争斗，酿成了国家的祸患，这是裴度始料未及的。为裴度出谋划策的人，其志向、气量、见识都远不够格，所以裴度也就失去了作为大臣的正道。

国家之患，莫大乎君子以若进若退之身与小人迭为衰王，而祇以坚小人之恶。何也？君子之道，不可则去耳。小人乃不以君子为忧，而聚族以谋攻击，则忌媢之恶①，所逞者即自起于其朋俦②，而同归于消灭。邺侯一归衡山，而张良娣、李辅国之首交陨于白刃。唯君子终留于位，附君子者，犹森森岳岳持清议于廷间，且动暗主之心，而有所匡正；小人乃自危，而益固其党以争死命，抑且结宫禁、挟外援以制人主，而其势乃成乎不可拔。《泰》之拔茅以汇也③，《否》亦拔茅以汇也④，而君子之汇，终诎于群策群力之险毒。故刘向不去，而王氏益张；李膺再起，而宦官益肆；司马温公入相，而熙丰之党益猖⑤。

【注释】

①忌媢（mào）：妒忌。

②朋俦(chóu)：朋辈，伴侣。

③《泰》之拔茅以汇：语出《周易·泰卦》爻辞："初九，拔茅茹，以其汇，征吉。"意思是初九，拔起茅草，根系相连，由于同质汇聚所致，往前进发可获吉祥。

④《否》亦拔茅以汇：语出《周易·否卦》爻辞："初六，拔茅茹，以其汇；贞吉，亨。"意思是初六，拔起茅草，根系相连，由于同质汇聚所致，守持正固可获吉祥，亨通。

⑤熙丰之党：指北宋末年支持新法的一派势力与反对变法的守旧派相对立。

【译文】

　　国家的祸患，没有比君子以时进时退之身与小人在朝堂中此起彼伏更严重的了，这样只会使小人更坚定地作恶。为什么呢？因为君子之道，在于用正道事奉君王，如果君王不能听从，就应该辞官而去。君子既然已离开了朝廷，小人们便不再担心君子，而是聚集起来谋划相互攻击，由于他们彼此妒忌，所以在权力斗争中胜出的人即使是他们的同类，他们也会群起而攻之，最终同归于尽。当年李泌一归隐衡山，张良娣、李辅国这些小人就纷纷丧命了。如果君子始终留任，那么依附君子的人，便仍然会在朝堂上严格按照正道、用正直的语言抨击小人，这样就会打动昏庸君主的心，对时局有所匡正；小人于是感到自身面临危险，于是会更加紧密地结成死党来与君子争斗，而且会交结后妃与宦官、拉拢外援来控制君王，这样他们的势力就难以撼动了。《周易·泰卦》中说拔出茅草，根系相连，是由于同质汇聚所致，《周易·否卦》中也说拔出茅草，根系相连，是由于同质汇聚所致，而君子合力，最终敌不过小人群策群力的阴险歹毒。所以刘向不离开汉朝廷，而王氏外戚势力反而得以更加扩张；李膺再度被启用，而宦官反而更加肆无忌惮；司马光入朝为宰相，而支持变法的新党势力反而更加猖獗。

大臣之道，不可则止，非徒以保身为哲也，实以静制天下之动，而使小人之自敝也。彼附末光者，跃冶争鸣^①，恃为宗主，以立一切之功名，而足听哉？是晋公之不去，公之亵也，唐之病也，朋党之祸，所以迄于唐亡而后止也。惟澹泊可以明志，惟爱身乃以体国，惟独立不受人之推戴，乃可为众正之依归。惜乎公之未曙于此也。而后知邺侯之不可及矣。

【注释】

①跃冶：自以为能，急于求用。

【译文】

大臣之道，在于以正道事奉君王，君王不听就应该辞官离去，这不仅仅是为了明哲保身，实际上也是在以静制天下之动，从而促使小人自相残杀，削弱其势力。那些想要沾君子的光的人，自以为能，急于求用，依靠君子作为宗主，试图以此帮助自己追逐功名，又哪里能够如他们所愿呢？所以裴度留在朝中而不辞职，是对他名声的亵渎，也对唐朝廷不利，朋党之祸之所以一直持续到唐朝灭亡才停止，也是因为这个原因。唯有澹泊才能坚持自己的志向，唯有洁身自好才能辅助国家，唯有独立而不受他人的推戴，才能成为众多正直人士的依归。可惜裴度没能明白这个道理啊。由此也更可见李泌是多么高明，令人不可企及啊。

一七　韩愈《谏佛骨表》不足以卫道

韩愈之谏佛骨^①，古今以为辟异端之昌言，岂其然哉？卫道者，卫道而止。卫道而止者，道之所在，言之所及，道之所否，言之所慎也。道之所在，义而已矣；道之所否，利而已矣。是非者，义之衡也；祸福者，利之归也。君子之卫道，莫大乎卫其不谋祸福以明义之贞也。今夫佛氏之说,浩漫无涯,纤微曲尽,而惑焉者非能尽其说也;精于其说者,归于适意自逸,所谓"大自在"者是也②。则固偷窳而乐放其心者之自以为福者也③。其愚者,或徼寿、禄、子孙于弋获,或觊富贵利乐于他生,唯挟贪求幸免之心,淫泆垄起以望不然之得④。夫若是者,岂可复以祸福之说与之争衡,而思以易天下哉?

【注释】

①韩愈之谏佛骨:元和十四年(819),唐宪宗派使者前往凤翔法门寺迎佛骨,以致王公士庶奔走舍施,唯恐在后。更有甚者,废业破产、烧顶灼臂以求供养。韩愈见此,上《论佛骨表》极力劝谏,认为"佛本夷狄之人",佛骨乃"朽秽之物",要求将佛骨"付之水火",永绝根本。宪宗览奏后大怒,想以极刑处死韩愈。后裴度、崔群等人极力劝谏,皇亲国戚们也认为对韩愈加罪太重,为其说情,宪宗最终将韩愈贬为潮州刺史。事见《旧唐书·韩愈列传》。

②大自在:佛教用语,指进退无碍,心离烦恼。

③偷窳(yǔ):苟且懈怠。

④淫泆(yì):放纵逸乐。垄起:突起,扬起。

【译文】

韩愈劝谏宪宗不要大张旗鼓地迎接佛骨,古往今来都把他的谏言当作排斥异端的典范宣言,难道真是如此吗? 所谓卫道,只是在于捍卫正道而止罢了。捍卫正道而止,就是只在正道的范围内发表言论,对于正道所否定的东西进行言说时就应该慎重了。正道的范围,就在于符合义而已;正道所否定的,就在于利而已。衡量义的标准是是非;衡量利的标准是祸福。君子捍卫正道,没有比捍卫不考虑祸福、坚定追求义的价值观更重要的了。如今佛教的说法,浩瀚无涯,涉及许多细微具体的方方面面,对于佛法感到迷惑的人无法掌握它;而精通佛法的人,会将其归结为安闲自得,也就是所谓的"大自在"。这本来就是苟且懈怠、不愿意进行自身心理修养的人才会认为是福分的东西。至于那些愚昧的人,或是侥幸希望自己信佛能够轻松得到长寿、福禄和子孙,或是觊觎在来生得到富贵与快乐,都是怀着贪婪侥幸的心理,放纵自己,乞求根本不可能得到的东西。像这些人,怎么还能够用祸福的理论来与他们较高低,从而改变整个天下的风气呢?

愈之言曰:"汉明以后,乱亡相继,运祚不长,梁武舍身,逼贼饿死。"若以推究人心贞邪之致,世教隆替之源,固未尝非无父无君之教流祸所及。然前有暴秦之速灭,哀、平之早折,则尽举而归罪于浮屠,又何以服哓哓之口哉①?愚者方沉酣于祸福,而又以祸福之说鼓动以启争,一彼一此,莫非贪生畏死、违害就利之情,竞相求胜。是恶人之焚林而使之纵火于室也,适以自焚而已矣。

【注释】

①哓哓(xiāo):争辩不止的样子。

【译文】

韩愈说:"汉明帝以后,各个朝代祸乱相继,国祚都不长,梁武帝舍身事佛,最终却被叛贼所逼迫,活活饿死。"如果是要探究人心正邪不一的原因、教化的兴衰更替,则确实是由于无父无君的佛教流祸所及导致的。然而前有暴秦迅速灭亡,后有汉哀帝、平帝早早夭折,则将王朝灭亡、国祚不长都归咎于佛教,又如何能够让众人心服口服呢?愚蠢的人正沉溺于祸福的理论,韩愈却又用祸福的说法来开启争端,一彼一此,其实都是贪生怕死、趋利避害的观念在作祟,相互争斗求胜。这就像恶人要焚烧树林,就让他们在室内纵火,最终只会使自己也被烧伤罢了。

　　夫君子之道,所以合天德、顺人心、而非异端之所可与者,森森鼎鼎,卓立于祸福之外。比干之死①,不信文王之寿考②;陈、蔡之厄,不慕甥馆之牛羊③;故曰:"无求生以害仁④。"于是帝王奉之以敷教于天下,合智愚贤不肖纳之于轨物,唯曰义所当然,不得不然也。饥寒可矣,劳役可矣,褫放可矣⑤,囚系可矣,刀锯可矣。而食仁义之泽,以奠国裕民于乐利者,一俟其自然而无所期必。若愚者之不悟,亦君子之无可如何。而道立于己,感通自神,俟之从容,不忧暗主庸臣、曲士罢民之不潜消其妄。

【注释】

①比干:商纣王的叔父,因劝谏纣王而被杀。

②文王之寿考:语本《诗经·大雅·棫(yù)朴》:"周王寿考,遐不作人。"郑玄笺曰:"文王是时九十余矣,故云寿考。"寿考,年高,长寿。

③甥馆之牛羊:指舜因德行出众,因此得到尧的赏识,不仅将两个女儿嫁给他,还送他一批牛羊。甥馆,指舜成为尧女婿一事。语本《孟子·万章下》:"舜尚见帝,帝馆甥于贰室。"后来也代指女婿。

④无求生以害仁:语出《论语·卫灵公》:"志士仁人,无求生以害仁,有杀身以成仁。"意思是有志的仁义之士,没有为求生而伤害仁德的,只有牺牲自身来成就仁义的。

⑤褫(chǐ)放:罢官流放。

【译文】

君子之道,在于合乎上天的品德、顺应人心所向,而不是异端所能参与和认同的,它巍然挺立,完全与祸福之说无关。比干这样的忠臣会为正道而死,因此不必相信文王因仁义而获得长寿;孔子这样的圣人也会遭遇被困陈、蔡的厄运,因此不必羡慕舜因德行而成为尧的女婿并被馈赠牛羊;所以说:"君子没有为求生而伤害仁德的。"所以古代帝王向天下宣扬教化,无论民众是聪明还是愚昧,是贤德还是不肖,都纳入教化的范畴,只考虑按照义的要求理应如此,就不得不如此。为了义,可以忍受饥饿寒冷,可以承受劳役,可以被罢官流放,可以被囚禁拘押,可以遭受酷刑。而受仁义的恩泽,君子为了国富民安、建立盛世,完全依照这种自然要求行事,不会额外再期待什么。至于愚昧的人执迷不悟,君子对此也是无可奈何的。君子以正道立身,就会感到清明通达,从容不迫地等待正道发挥作用,不必担忧昏庸的君主、平庸的臣子、孤陋寡闻的士人、懒惰的百姓不渐渐消除他们的愚蠢荒谬。

愈奚足以知此哉?所奉者义也,所志者利也,所言者不出其贪生求福之心量,口辨笔锋,顺此以迁流,使琅琅足动庸人之欣赏,愈之技止此耳,恶足以卫道哉?若曰深言之而宪宗不察,且姑以此怖之,是谲也、欺也,谓吾君之不能也,为贼而已矣。

【译文】

韩愈哪会足以懂得这些道理呢?他所推崇的是义,所追求的却是利,他所说的话都是出于贪生求福的心理,只不过他能言善辩、笔锋犀利,能够将自己的意见转换成其他形式表现出来,使其变得琅琅动听,因此足以使庸人对他欣赏不已,韩愈本身也就这么多罢了,哪里足以捍卫正道呢？如果说，韩愈是担心谈得太深刻，宪宗难以领会他的观点，所以姑且用祸福之说来吓唬宪宗，那这就是诡诈、是欺骗，是认为自己的君王不能行正道，这只不过是奸贼的做法罢了。

一八　宪宗见弑陈弘志非戎首

宪宗之崩，见弑已明，而史氏以疑传之，莫能申画一之法。谓内侍陈弘志为戎首者①，非无据矣。而流观终始，则弘志特推刃之贼，而污潴之首辟②，不仅在弘志也。

【注释】

①陈弘志(？—835)：唐宪宗时期宦官，曾任襄州监军。元和十五年(820)，唐宪宗因服丹药，脾气暴躁，经常殴打宫女、宦官。宦官吐突承璀想立澧王李恽为太子，太子李宥、郭贵妃随后知晓。正月廿七晚，唐宪宗暴卒，许多人都认为他是被陈弘志与王守澄弑杀的。陈弘志与王守澄随即联合梁守谦等拥立定太子李宥继位，是为唐穆宗。陈弘志随后杀死吐突承璀及澧王李恽。太和九年(835)九月，陈弘志被唐文宗下令处死。其事散见于新、旧《唐书·宪宗本纪》等。

②污潴(zhū)：指对于犯有大逆之罪的罪犯处以平毁其宅第、祖坟，掘成水池的刑罚。此指大逆不道之罪。

【译文】

宪宗死于谋杀，这是很明显的，但是史家却认为这只是一种存疑的说法，没有能够确定一种准确一致的说法。其实，认为宦官陈弘志是弑杀宪宗的罪魁祸首，并非没有依据。但纵观宪宗之死的始末，则可以发现，陈弘志只是直接下手弑杀宪宗的人，而这件大逆不道罪行的主谋，却并不只有陈弘志。

繇前事而观之，郭氏受册先皇^①，为广陵王妃，伉俪已定；宪宗立，群臣屡请正位中宫，而宪宗不从；已而与吐突承璀谋废穆宗，立澧王恽，事虽未行，而郭妃母子亦岌岌矣。穆宗忧而谋于郭钊^②，钊曰俟之，则"今将"之志^③，藏之久矣。

【注释】

①郭氏（？—848）：即唐穆宗生母、懿安皇后郭氏。华州郑县（今陕西渭南华州区）人。郭子仪的孙女，驸马都尉郭暧与昇平公主次女，唐宪宗为广陵王时被选为正妃，唐宪宗继位后册为贵妃，唐穆宗时尊为皇太后，唐敬宗、唐文宗、唐武宗三朝尊为太皇太后。传见新、旧《唐书·后妃列传》。

②郭钊（772—831）：华州郑县（今陕西渭南华州区）人。唐代大臣、外戚。汾阳王郭子仪之孙，昇平公主之子，唐穆宗舅父。唐宪宗朝累官至左金吾大将军、邠宁节度使、司农卿。唐宪宗病重，宦官吐突承璀想立澧王李恽为太子。当时为太子的唐穆宗问计于郭钊，郭钊回答说："殿下您作为太子，应当每天尽心侍候陛下，何必忧虑其他呢？"当时人认为他的回答颇有元舅风范。唐穆宗即位后，郭钊任检校户部尚书兼司农卿。后来出任西川节度使。传见新、旧《唐书·郭钊列传》。

③"今将"之志：指弑君之心。典出《春秋·庄公三十二年》："秋，七月，癸巳，公子牙卒。"《公羊传》云："公子牙今将尔，辞曷为与亲弑者同？君亲无将，将而诛焉。"今将，指臣子对君亲动了弑杀的念头。将，即心志、念头。

【译文】

从之前的事实来看，郭氏在宪宗还是广陵王时就已被先帝册立为广陵王妃了，他作为宪宗正妻的身份已经确立；宪宗即位后，群臣屡次请求他册封郭贵妃为皇后，而宪宗却不同意；继而宪宗又与吐突承璀一起谋划废黜穆宗的太子地位,改立澧王李恽,事情虽然还没有来得及施行,但郭妃母子的地位已经岌岌可危了。穆宗对此感到担忧,因此与舅舅郭钊谋划此事,郭钊说要等待时机,由此则可见弑杀宪宗的图谋,已经隐藏很久了。

繇后事而观之,陈弘志者,非能执中外之权,如吐突承璀、王守澄之杀生在握也。宪宗虽服药躁怒,而固为英主,不至如敬宗之狂荡昏虐也。承璀倚宪宗以执大命,而志在澧王,弘志以么麽乍起而行弑①,正承璀执言讨贼拥立澧王一机会,而奈何听其凶逆,莫为防制? 如谓承璀力所不逮,则王守澄当因之以诛弘志,而分罪于承璀,以夷灭之,其辞尤顺。今皆不然,在宫在官,相率以隐,俯首结舌,任弘志之优游,则岂弘志之能得此于盈廷乎?

【注释】

①么麽(mó):身份低微,渺小卑贱。

【译文】

从宪宗死后的事实来看,陈弘志并非能够像吐突承璀、王守澄那样掌握生杀大权、控制朝廷内外。宪宗虽然因服丹药而暴躁易怒,但他本是英明的君主,不至于像唐敬宗那样狂妄放荡、昏庸暴虐。吐突承璀倚仗宪宗的信任掌握大权,想要立澧王李恽为太子,陈弘志以卑贱宦官的身份弑杀宪宗,正给吐突承璀提供了一个借讨贼为名趁机拥立澧王的好机会,可是他为什么听任陈弘志弑杀宪宗,而没有事前加以防备、事后加以制裁呢? 如果说吐突承璀是力量不够,则王守澄也应当诛杀陈弘志,并把罪名也分给吐突承璀,从而消灭他,这是非常名正言顺的。可实际上事情却并没有这样发展,宫内的宦官、后妃和宫外的大臣都闭口不谈宪宗的死因，俯首听命，任凭陈弘志逍遥法外，这难道是陈弘志的势力真的足以布满整个朝廷吗？

　　帝弑未几，而郭氏皇太后之命行矣。穆宗非能孝者，而奉之极其尊养。郭氏虽饰贤声以自暴，而侈靡游侠，固一不轨之妇人，其去武、韦无几也。宪宗未殡，承璀杀矣，澧王亦相继而含冤以死矣。穆宗母子拥帝后之尊，恬然而不复问；举朝卿士，默塞而不敢言；裴度虽出镇河东，固尸元老之望，韩愈、柳公权、崔群皆有清直之誉①，而谈笑以视先君之受刃。区区一埽除之弘志，安能得此于天下，则上下保奸之情形，又不可掩矣。

【注释】

①柳公权(778—865)：字诚悬，京兆华原(今陕西铜川耀州区)人。唐中期书法家。历仕七朝，官至太子少师，封河东郡公，以太子太保致仕，故世称"柳少师"。传见新、旧《唐书·柳公权列传》。崔群(772—832)：字敦诗，号养浩，贝州武城(今河北清河)人。唐朝中后期宰相。贞元八年(792)进士及第，唐宪宗即位后拜翰林学士。元和十二年(817)拜相，为政平允宽和。后因反对皇甫镈为相，出为湖南观察使。唐文宗时封清河县公。传见《旧唐书·崔群列传》《新唐书·文艺列传》。

【译文】

　　宪宗被弑杀后不久，册封郭氏为皇太后的诏命就下达了。穆宗并非能尽孝的人，可是对待郭氏却极尽礼遇、尽力供养。郭氏虽然常常用贤惠的名声来装扮自己，实际上却骄奢淫逸，本来就是一个行为不轨的妇人，他与武后、韦后没有太大差别。宪宗尚未出殡，吐突承璀就被杀了，接下来澧王李恽也含冤而死。穆宗母子坐拥皇帝、太后的尊位，却一副安然自得的样子，对宪宗死因不再加以过问；满朝大臣，都保持沉默、不敢讲话；裴度虽然已出镇河东，但本就是大家公认的元老，韩愈、柳公权、崔群也都有清白正直的名声，却谈笑自若，对先皇被杀的事情无动于衷。陈弘志作为区区一个打扫宫室的宦官，竟然能够弑杀皇帝而不受惩罚，则朝廷上下齐心合力保护他这个奸贼的情形，已经难以掩饰了。

　　考诸稗官之传记，宣宗既立，追宪宗之雠，郭氏迫欲坠楼①。弑逆之迹，暴露于论定之后，则宪宗之贼，非郭氏、穆宗而谁哉？衅之所自生，则惟承璀惑主以易储，故激而生变，郭钊所云俟之者，正俟此一日也。穆宗以适长嗣统②，逆出秘密，故大臣不敢言，史臣不敢述，而苟且涂饰；不唯郭氏逭韦后之诛③，穆宗逃刘劭之戮，陈弘志抑以逸罚为千秋之疑案。呜呼！唐至是犹谓国之有人乎？而裴度、张弘靖、柳公权、韩愈之为人臣④，亦可知矣。

【注释】

①郭氏迫欲坠楼：唐宣宗即位后，怀疑郭太后参与了谋害唐宪宗的密谋；另外，郑太后本是侍候郭太后的小婢，她们之间有宿怨，因此，唐宣宗即皇帝位后，郭太后受到的礼遇日益减少，郭太后为此怏怏不得意。有一天，郭太后登上兴庆宫的勤政楼，企图跳楼自杀，将不孝的罪名加在宣宗头上，唐宣宗得知情状，勃然大怒，这天夜里，郭太后身死，宫禁外人们对此有不少异议。事见《新唐书·后妃列传》。

②适（dí）长：正妻所生之长子。适，同"嫡"。

③逭(huàn)：逃，避。

④张弘靖(760—824)：字元理，蒲州猗氏(今山西临猗)人。唐代宰相。早年以祖荫出任河南参军。唐宪宗元和年历任刑部尚书、同中书门下平章事，后出为河东卢龙节度使。传见新、旧《唐书·张弘靖列传》。

【译文】

　　考察诸多野史的记载，可以知道宣宗即位后，追究宪宗被杀的真正原因，郭太后被迫登上兴庆宫勤政楼，企图跳楼自杀。弑杀君王的行迹，在盖棺论定以后暴露了出来，则谋害宪宗的罪魁祸首，不是郭氏、穆宗，还能是谁呢？这场宫廷政变的发生，正是由于吐突承璀迷惑宪宗，撺掇他更易储君，所以激起了宪宗被弑的变故，郭钊之前对穆宗说要等待，正是等待这一天。穆宗以嫡长子身份继位，名正言顺，而且弑杀宪宗一事做得很隐秘，所以大臣们都不敢公开谈论，史臣也不敢秉笔直书，而是为穆宗苟且粉饰此事；不仅郭氏逃脱了像韦后那样被杀的下场，穆宗也逃过了像弑父的刘劭被杀那样的惩罚，就连陈弘志也逃脱了惩罚，宪宗之死于是成为千秋疑案。唉！唐朝到了这个地步尚且能够说国家有真正的人才吗？而裴度、张弘靖、柳公权，韩愈身为别人的臣子，从这件事也可以看出他们的品行了。

穆　宗

【题解】

　　唐穆宗李恒(795—824)原名李宥,是唐宪宗李纯第三子,母为懿安皇后郭氏,于元和七年(812)被册立为皇太子。元和十五年(820),唐宪宗暴崩,宦官王守澄、梁守谦等拥立李恒登基。穆宗在位期间,对国事缺乏兴趣,游乐无度,朝内朋党迭兴,河朔三镇复叛,元和中兴的成果几乎毁于一旦。长庆四年(824),穆宗在位四年后病死。

　　穆宗时朋党之争愈演愈烈,以长庆元年(821)贡举舞弊案为契机,牛李党争正式拉开了序幕。王夫之在本篇中继续对党争问题展开探讨。针对贡举弊案,他指出,由于贡举在历朝历代都备受天下瞩目,多重利害交杂其中,因此都很容易成为党派倾轧的突破口;而贡举中的不良风气难以根除,士人浸淫此风,自然对整个社会风气产生恶劣影响,即使是正人君子,也很难不被其沾染。针对党争本身,他认为君子与小人展开党争、迭相进退,甚至比小人专权还要糟糕。因为无论是君子治国还是小人专权,都有各自的方略,小人的方略未必全对国家有害;而一旦陷入党争,出于派系之私利,党争双方皆全盘否定对方的方略,国政因此陷于极度混乱之中,结果只会加速国家的衰亡。

一　河北乐为盗贼

　　元和十四年[①],李师道授首,平卢平;其明年,王承宗死,承元归命②，请别除帅，成德平；又明年，刘总尽纳其土地士马③，送遣部将于京师，为僧以去，卢龙平；田弘正徙镇成德，张弘靖出帅卢龙，自肃、代以来，河北割据跋扈之风，消尽无余，唐于斯时，可谓旷世澄清之会矣。乃未三载，而朱克融囚张弘靖以起④，王庭凑杀田弘正以据成德⑤，乱更酷于前代，终唐之世，讫不能平。穆宗荒宴以忘天下⑥，而君非君；崔植、杜元颖暗浅不知远略⑦，而相非相；张弘靖骄贵不接政事，而帅非帅；求以敉宁天下也⑧，诚不可得。虽然，亦何至如此之亟哉⑨？

【注释】

①元和十四年：公元819年。

②承元：指王承元（801—834），契丹怒皆部落人。成德节度使王武俊之孙，其家族世代控制成德镇。他在兄长王承宗死后拒绝指挥成德军，奉表归顺朝廷，授义成节度使。后移镇凤翔、平卢，卒于平卢。传见新、旧《唐书·王承元列传》。

③刘总（？—821）：幽州昌平（今北京昌平西南）人。唐代幽州卢龙节度使刘济第二子。性格阴贼险谲，初为瀛州刺史、行营都兵马使。其父刘济病危，他趁机弑父杀兄，自领幽州卢龙节度使。淮西之乱被平定后，刘总心怀不安，奏请辞官为僧，献地于朝廷，不久暴卒于易州。传见《旧唐书·刘总列传》《新唐书·藩镇卢龙列传》。

④朱克融（？—826）：幽州昌平（今北京昌平西南）人。朱滔之孙，本为卢龙节度使刘总偏将。刘总申请辞官为僧时，被遣赴京师。长庆元年（821），随新任节度使张弘靖返回幽州。张弘靖为人矜持寡言，不得军心，不久军中发生大乱，士卒推举朱克融为节帅。

朝廷无法再控制卢龙,只得授予节度使之位。后在兵变中被杀。传见《旧唐书·朱克融列传》《新唐书·藩镇卢龙列传》。

⑤王庭凑(？—834):一作"王廷凑",回纥阿布思部落人。唐朝藩镇将领。王庭凑少有勇力,为人奸狡,初为王承元衙内兵马使。长庆元年(821),唐朝以原魏博节度使田弘正为成德军节度使,田弘正携牙兵二千人赴任,但被朝廷遣返,王庭凑趁机煽动牙兵叛乱,杀田弘正与随从三百余人,自称留后,逼迫朝廷封自己为成德军节度使。此后,王庭凑割据成德,不听朝命,屡次与叛乱藩镇勾结,成为唐朝的心腹大患。传见《旧唐书·王廷凑列传》《新唐书·藩镇镇冀列传》。

⑥荒宴:沉溺于宴饮。

⑦崔植(772—829):字公修,京兆长安(今陕西西安)人。唐朝大臣。元和十五年(820)八月被拜为宰相。他力主释放朱克融等卢龙旧将随张弘靖返回卢龙,结果酿成兵变,于是被罢为刑部尚书。传见新、旧《唐书·崔植列传》。杜元颖:京兆杜陵(今陕西西安)人。贞元十六年(800)中进士科,后升任翰林学士。长庆元年(821)拜为宰相。长庆三年(823)出任剑南西川节度使,后因镇守蜀中不利,贬为循州司马,死于贬所。传见新、旧《唐书·杜元颖列传》。

⑧敉(mǐ)宁:抚定,安定。

⑨亟(jí):疾速。

【译文】

元和十四年,李师道被杀,平卢镇得以平定;第二年,王承宗去世,其弟王承元归服朝廷,请求朝廷另外派遣节帅,成德镇也被平定了;又过了一年,刘总将卢龙镇的土地和兵马都献给朝廷,将自己的部将都遣送到长安,自己则出家为僧,离开卢龙,卢龙因此也被平定了;田弘正改任成德军节度使,张弘靖出任卢龙节度使,自从肃宗、代宗以来,河北藩镇割据跋扈的风气，消弭殆尽，唐朝廷在这个时候，可以说达到了旷世未有的安定之时。可是没过三年，朱克融囚禁了节度使张弘靖，起来反抗朝廷，王庭凑杀死田弘正，割据成德叛乱，其叛逆程度更甚于前代，直到唐朝灭亡，也未能再平定河北。穆宗沉溺于宴饮之中，忘记了天下大事，没有一点君主的样子；崔植、杜元颖目光短浅，缺乏长远战略眼光，身为宰相却没有宰相之才；张弘靖骄横傲慢，不接触政事，作为藩镇节帅没有节帅的威严；想让这些人来使天下安定下来，确实是不可能的。虽然如此，局势又如何至于失控得这么快呢？

　　田弘正之输忱于王室①，非忠贞之果挚也，畏众之不服，而倚朝廷以自固也。刘悟之杀李师道，师道欲杀悟，而悟先发制之也。王承元之斩李寂等而移镇义成②，惩师道之死而惧也。刘总之弃官以去，见淄青、魏博之瓦解，党援既孤，而抱弑父与兄之巨慝不自保也③。是宪宗之世，河北之渐向于平者，皆其帅之私心违众，以逃内叛外孤之害，而非其偏裨士卒之所愿欲④，则暂见为定，而实则埋滔天之水以数尺之堤耳⑤。王遂一入沂州⑥，而王弁即反；王承元欲去赵，而诸将号哭。抚斯势也，虽英君哲相，不可以旦暮戢其凶顽⑦，岂徒驾驭之非人，以激成仓卒之祸乎？呜呼！天地有迁流之运⑧，风俗有难反之机，非大有为者化行海宇⑨，若舜之分北三苗⑩，而洞庭、彭蠡之狂波永息⑪，则必待天地之有悔心，而正人之气倍胜于邪慝，以力争其胜，岂易言哉？

【注释】

①输忱：献纳真情。

②李寂：成德军节度使王承宗手下的牙将。王承宗去世后，其弟王
　承元归命朝廷，奉朝廷令准备离开成德军，李寂率将领十余人
　固请王承元留下，被王承元诛杀。义成：指义成军节度使，又称
　郑滑节度使，辖今河南省北部地区。

③慝（tè）：邪恶，罪恶。

④偏裨（pí）：偏将，裨将。将佐的通称。

⑤堙（yīn）：堵塞。

⑥王遂：咸阳（今属陕西）人。唐宰相王方庆之孙。朝廷平定淄青
　李师道后，王遂被任命为沂州刺史、沂兖海等州观察使。他为人
　暴躁残酷，激起军士怨恨，牙将王弁趁机煽动兵变，诛杀了王遂。
　后朝廷派曹华前往平叛，王弁等被杀。传见新、旧《唐书·王遂
　列传》。沂州：治今山东临沂。

⑦戢（jí）：收敛，止息。

⑧迁流：变化，演变。

⑨海宇：海内，宇内。

⑩分北：分离，分隔。北，同“背”。

⑪彭蠡（lǐ）：鄱阳湖的古称。

【译文】

　　田弘正效忠于朝廷，并不是真的非常忠贞，而是害怕部众对他不服
气，因而依靠朝廷的力量来巩固自己的位置。刘悟诛杀李师道，是因为
李师道想要杀刘悟，而刘悟于是先发制人。王承元斩杀牙将李寂等人，
而改任义成军节度使，也是鉴于李师道的死而感到害怕。刘总弃官为
僧，离开卢龙，也是看到淄青、魏博两镇都已瓦解，自己已经失去了盟
友，而身上又背负着弑父杀兄的大罪，因而感到难以自保。所以在宪宗
时代，河北逐渐趋向被平定，都是因为藩镇主帅出于个人私心，违背了
部众的意志，为了逃脱内叛外孤的危险，所以才归顺朝廷，其部将和士
兵并不是本来就愿意归顺朝廷的，所以河北虽然暂时被平定，实际上却

像是用几尺高的堤坝阻拦滔天洪水一样靠不住。王遂一进入沂州，牙将王弁就起来反叛；王承元想要离开成德，而诸将痛哭着请求他留下。按照这种局势，即使是英明的君主、贤能的宰相，也难以在旦夕之间将那些凶悍顽固的家伙给收拾掉，又哪里是仅因为没有任命合适的人来驾驭，就酿成了仓猝之祸呢？唉！天地自有其流转变化的规律，风俗习气也有积重难返的情况，除非是大有为者在四海之内广施德化，就像当年舜分隔三苗部落，而使得洞庭、彭蠡的汹涌波涛永远平息一样，否则就必须等待天地产生悔心，而正直者之气几倍胜过邪恶之气的时候，才能扭转局面，单纯想要以力量争胜，又哪里那么容易呢？

　　河北者，自黄帝诛蚩尤以来①，尧、舜、禹敷文教以薰陶之②，遂为诸夏之冠冕，垂之数千年而遗风泯矣。永嘉之乱③，司马氏不能抚有，委之羯胡者百余年④，至唐而稍戢。乃未久而玄宗失御，进轧荦山之凶狡⑤，使为牧帅，淫威以胁之，私恩以啖之⑥，披坚执锐、竞强争胜以习之，怒马重裘、割生饮湩以改易其嗜欲⑦，而荧眩其耳目⑧，于是乎人之不兽也无几。故田承嗣、薛嵩、李宝臣之流，非有雄武机巧之足以抗天下，而唐之君臣，目睆之而不能动摇其毫发。非诸叛臣之能也，河北之骄兵悍民、气焰已成，而不可扑也。师道死，恶足以惩之？弘正、承元之顺命，恶足以化之？其复起而乐为盗贼，必然之势也。垂及于石敬瑭，而引契丹以入，欣奉之为君亲。金、元相袭，凶悍相师，日月不耀，凡数百年。而数千里之区，士民无清醒之气，凡背君父、戴夷盗、结宫闱、事奄宦、争权利、夸武趫者⑨，皆其相尚以雄、恬不知耻之习也。天气昌，则可以移人；人气盛，亦可以熏天。胎之乳之，食其食，衣其衣，少与之嬉，长与之伍，虽有和粹文雅之姿⑩，亦久而与化。末甫释而即寻戈⑪，经方横而遽跃马，欲涤除以更新，使知有君亲以效顺也，难矣。

【注释】

①黄帝诛蚩尤：黄帝之时，蚩尤作乱，不用帝命。黄帝于是征召四方诸侯的军队，与蚩尤战于涿鹿之野，"遂禽杀蚩尤"。事见《史记·五帝本纪》。

②敷：施行。

③永嘉之乱：参见七"和帝五"条注。

④羯(jié)胡：旧时泛称来自北方的外族。

⑤轧荦山：即安禄山。

⑥唉：利诱。

⑦怒马：体健气壮的马。湩(dòng)：乳汁，多指牛、羊等动物的乳汁。

⑧荧眩：眩惑。

⑨宫闱：指后妃。奄宦：指宦官。奄，同"阉"。武虣(bào)：武猛。虣，同"暴"，凶暴、暴虐。

⑩和粹：平和纯朴。

⑪甫：方才、刚刚。

【译文】

自从黄帝诛杀蚩尤以来，尧、舜、禹就在河北地区广施文教，长期熏陶之下，河北地区于是居于华夏文明之首，这种情况持续了数千年，其后文明的遗风就泯灭了。永嘉之乱，司马氏不能再控制河北，河北地区于是落入北方异族手中长达百余年，到了唐朝建立，异族的影响才稍为减少。可是不久之后，唐玄宗犯下大错，任用凶悍狡猾的安禄山，让他成为边境藩镇的节度使，安禄山于是用他的淫威来胁迫河北人民，用他的小恩小惠来笼络河北人民,使人们习惯于披坚执锐、争强好胜,又训练人们骑烈马、穿厚重毛皮衣服、吃生肉、饮牛羊奶,从而改变人们的生活喜好,迷惑他们的耳目,于是河北地区的人与禽兽也就相差无几了。所以田承嗣、薛嵩、李宝臣这些人,并非是因为雄壮英武、机巧多变,就足以与天下相对抗,而唐朝的君臣,虽然对他们侧目而视,却也没办法动他们一根毫毛。并非这些叛臣能力太强,而是河北骄横的士兵、强悍的百姓,他们气焰已成,已经难以扑灭了。李师道的死,又哪里能够教训他们呢? 田弘正、王承元服从朝廷命令,又哪里足以感化他们呢? 他们再次起来反叛,成为盗贼,是必然的趋势。等到了五代石敬瑭的时候,引契丹人进入河北,兴高采烈地尊奉契丹君主为"父皇帝"。金、元两代相沿袭,民风一样凶悍,日月之光照耀不到河北地区,已经持续数百年之久了。而数千里的土地上,士人百姓没有清醒之气,诸如背弃君王、挑动夷狄和盗贼、勾结后妃、事奉宦官、争权夺利、夸示武勇这样的事情,都是他们崇尚勇武野蛮、恬不知耻的风俗的表现。上天之气昌盛,则可以改变人;人之气昌盛,也可以熏陶上天。一个人生于河北,被河北人抚育,吃河北的食物,穿河北的衣服,年纪小的时候就与河北儿童玩耍嬉戏,长大了与他们为伍,即使是有平和纯朴、温文尔雅的气质,久而久之也会被同化。河北地区的人刚放下农具就拿起兵器,刚放下经书就立刻骑上马,想要用新的风俗来洗刷之前的风俗,使河北地区的人知道有君王并忠诚地事奉,实在是很困难的。

　　自开元以后,河北人材如李太初、刘器之、司马君实者①,盖晨星之一见尔。而类皆游宦四方,不思矜式其乡里②。邵康节犹以南人为相为乱阶③,其亦诬矣。虽然,无往不复之几④,必将变也。薛河东、赵高邑、魏南乐三数君子者⑤,以清刚启正学,其有开必先之兆乎? 非章志贞教之大儒一振起之⑥,洗涤其居食衣履、嚬笑动止之故态⑦,而欲格其心,未有胜焉者也。论世者,属目而俟之久矣。

【注释】

①刘器之:即刘安世(1048—1125),字器之,大名(今河北大名)人。北宋后期大臣。早年从学于司马光,后累官至枢密都承旨,以直谏闻名,被时人称之为"殿上虎"。政治上属于旧党,在章惇、蔡京掌权时屡遭贬斥。传见《宋史·刘安世列传》。

②矜式:示范,做楷模。

③邵康节犹以南人为相为乱阶:邵康节,即邵雍。据《邵氏闻见前录》记载,邵雍曾与客散步,听到杜鹃叫声,惨然不乐。他感叹近来皇帝用南士为相,多引南人,专务变更,认为天下自此多事。

④几:迹象,征兆。

⑤薛河东:即薛瑄(1389—1464),字德温,号敬轩,河津(今山西河津)人。明代著名思想家、理学家,河东学派的创始人,世称"薛河东"。薛瑄为永乐十九年(1421)进士,官至礼部右侍郎兼翰林院学士,入阁预机务。传见《明史·薛瑄列传》。赵高邑:指赵南星。魏南乐:即魏允贞(1542—1606),字懋忠,南乐(今河南南乐)人。明万历五年(1577)进士。多次上疏指陈时政得失,历许州判官、右佥都御史、兵部右侍郎等职。

⑥贞教:以贞正之道教民。

⑦嚬(pín)笑:皱眉和欢笑,指喜怒哀乐感情的流露。嚬,同"颦"。

【译文】

自开元年间以后,河北地区像李沆、刘安世、司马光这样的人才,大概就像早晨的星星一样稀少。而这些人也大多到其他地方做官,而不考虑在自己家乡做出示范,广施教化。邵雍还把南方人做宰相当作引发祸乱的原因,这实在是毫无道理。虽然如此,由于天地之间循环往复的征兆,事情必然还是会逐渐发生变化的。薛瑄、赵南星、魏允贞这三位君子,以清正刚直的品格开启了儒家正学,不正是开了改变河北风俗的先河吗?除非是有立志用贞正之道教化民众的大儒一振而起,将此前河北地区民众衣食起居、一举一动的旧习惯都逐渐改变,否则想要匡正这一地区的人心,是不可能成功的。关心时局的人,早就注视并等待着那一天的到来了。

二　贡举恩怨

贡举者,议论之丛也。小人欲排异己,求可攻之瑕而不得,则必于此焉摘之,以激天下之公怒,而胁人主以必不能容。李德裕修其父之夙怨①,元稹佐之,以击李宗闵、杨汝士②。长庆元年进士榜发③,而攻讦以逞,于是朋党争衡,国是大乱,迄于唐亡而后已。近者温体仁之逐钱谦益④,夺其枚卜⑤,廷讼日争,边疆不恤,以底于沦胥⑥,盖一辙也。

【注释】

①李德裕修其父之夙怨:唐宪宗元和三年(808),牛僧孺、李宗闵同登贤良方正科,于对策中指斥朝政,不避宰相,以致触怒李吉甫。牛、李二人因此久而不得升迁,双方结怨。至唐穆宗时,李宗闵的女婿苏巢进士及第,李吉甫之子李德裕连同元稹、李绅进言李宗闵请托之事,直指考试不公,使李宗闵被贬出朝,终致双方"嫌忌显结,树党相磨轧"。事见新、旧《唐书·李宗闵列传》。夙怨,旧有的怨恨。

②杨汝士:字慕巢,虢州弘农(今河南灵宝)人。唐代诗人、官员。元和四年(809)中进士,又登博学宏词科。长庆元年(821)任右补阙,与礼部侍郎钱徽负责科举监考,西川节度使段文昌和翰林

学士李绅秘密请求钱徽给一些考生开后门。但发榜时,这些考生并未中考,郑覃的弟弟郑朗、裴度的儿子裴譔(zhuàn)、李宗闵的女婿苏巢、杨汝士的弟弟杨殷士却都通过了。这个结果引起了骚动,段文昌弹劾杨、钱不公,李德裕、元稹、李绅都附和段文昌。穆宗于是将杨汝士贬为开江令。后来牛党执政,杨汝士被引为中书舍人,成为牛党得力干将。传见新、旧《唐书·杨汝士列传》。

③长庆元年:公元 821 年。

④钱谦益(1582—1664):字受之,号牧斋,晚号蒙叟。苏州常熟(今江苏常熟)人。明末清初学者、诗人,东林党的领袖之一。明万历三十八年(1610)中探花(一甲三名进士),官至礼部侍郎,因与温体仁争权失败而被革职。明亡后,马士英、阮大铖(chéng)在南京拥立福王,建立南明弘光政权,钱谦益出任礼部尚书。后降清,为礼部侍郎。传见《清史列传·贰臣传》。

⑤枚卜:一一占卜。古代曾以占卜法选官,因以指选用官员。

⑥沦胥:沦陷,沦丧。

【译文】

科举,是天下议论的焦点。小人为排斥异己,想要找到可以攻击君子的借口而不得,往往会借助科举这一途径来搬弄是非,从而激起天下人的公愤,要挟君王,使其攻击的对象难以被君王所容。李德裕为了报其父亲李吉甫生前积累的仇怨,在元稹辅佐下,攻击李宗闵、杨汝士。长庆元年的进士榜一经发布,李德裕的攻击就起到了效果,于是朋党相争,国政大乱,一直持续到唐朝灭亡。近代温体仁驱逐钱谦益,罢免其职位,导致朝廷上党争不断,对边疆事务不闻不问,结果使外敌趁虚而入,断送了明朝江山,大概也与唐代的事例如出一辙。

贡举之于天下,群人士而趋之者也①。其不雠者②,皆能多其口说以动众者也。抑他日之可在位以持弹射之权③，公卿贪势位、昵子孙、私姻亚，莫此著明，而其犯群怒也为烈。故张居正之子首胪传④，王锡爵之子冠省试⑤，摇群心，起议论，国以不靖，祸亦剧矣。李德裕自以门荫起家⑥，远嫌疑而名位亦伸，既有以谢荐绅之怨怒⑦；其知贡举，榜发而有"相将白日上青天"之誉⑧；迨其贬窜，而有"八百孤寒齐下泪"之思⑨；持此以摘发奸私而快其诛钼⑩，何求而不克乎？幸而德裕之于唐，功过相半也。使德裕而为温体仁之奸，唐亡于其手而众且欣戴焉，又孰惩哉？

【注释】

①士：通"仕"，做官。

②不雠(chóu)：指无法实现、不能如愿。

③弹射：弹劾攻击。

④张居正之子首胪(lú)传：万历二年(1574)，首辅张居正之子科举不中，张居正不悦，遂不选庶吉士。万历五年(1577)，其次子张嗣修以一甲第二(榜眼)及第；万历八年(1580)，三子张懋修又以一甲第一(状元)及第。御史魏允贞上书提出异议，遭贬。事见《明史·选举志》。胪传，殿试之后皇帝传旨召见新考中的进士，依次唱名传呼，称为"胪唱"，也称"胪传""传胪"。

⑤王锡爵之子冠省试：万历十六年(1588)，王锡爵之子王衡在顺天乡试中名列第一(解元)。礼部郎中高桂怀疑王衡受到关照，上书请求覆试。王锡爵大怒，上书抗辩。最终高桂被贬，王衡仍为第一。事见《明史·选举志》。王锡爵(1534—1610)，字元驭，号荆石，苏州太仓(今江苏太仓)人。明代官员。万历二十一年(1593)出任内阁首辅。王锡爵曾于嘉靖四十一年(1562)会试名

列第一(会元),殿试名列第二(榜眼)。后来其子王衡在殿试中
亦名列第二。父子二人皆高中榜眼。传见《明史·王锡爵列
传》。省试,元代以后分省举行的考试,又称乡试。

⑥门荫:凭借祖先的功勋循例做官的制度。

⑦荐绅:插笏于绅带间,古代官宦的装束。借指士大夫。荐,通
"搢",插。

⑧相将白日上青天:出自元和举子所作《丙申岁诗》:"元和天子丙
申年,三十三人同得仙。袍似烂银文似锦,相将白日上青天。"当
时李德裕颇为贫苦士子开辟上进之路。

⑨八百孤寒齐下泪:出自五代王定保《唐摭言·好放孤寒》:"八百
孤寒齐下泪,一时南望李崖州。"据称是李德裕被贬时贫苦士子
所作。

⑩诛鉏(chú):诛锄,除灭。鉏,同"锄"。

【译文】

科举是天下人为了做官而趋之若鹜、相互竞争的对象。在科举中
不如意的人,往往能通过夸大其辞来打动天下人。这些人有朝一日或
许能在朝廷中掌握弹劾攻击之权,如此公卿贪恋权位、包庇子孙、帮助
姻亲,没有比这更明白显著的了,而他们引起的公愤也就非常严重。所
以张居正的儿子中了状元,王锡爵的儿子乡试名列第一,这大大动摇了
民众的心,使得各种议论蜂起,国家因此变得不安定,引发的祸患也是
很严重的。李德裕自己靠门荫起家,所以有条件以避免舆论的非议,也
获得了足够的名声和地位,所以他能够平息众士绅的怨愤;他主持科举
时,发榜之日就获得了"相将白日上青天"的赞誉;等到他被贬谪到边远
地区,士子们则有"八百孤寒齐下泪"这样的思念之情;用这样的威望来
揭发、除灭科举中的奸邪行为,又怎么会不成功呢? 幸好李德裕对唐而
言,是功过参半的,如果李德裕也像温体仁那样奸邪,则唐朝亡于他的
手,众人尚且会欣然拥戴他,又有谁来追究他的责任呢?

夫翘举暧昧以报夙怨者^①，诚小人之术矣。然所以致此者，其情固私，其事固鄙，苟知义之所不许，亦何为而授人以口实乎？夫以贿相援者勿论已。以知交言，知其人之才，而有荐贤之任，扬之王庭，固无吝也^②。如其不能，则亦相爱以道，使知命而待时耳。如行能心迹他无足取^③，仅以文笔之长，乍然相赏，不保众论之谐，又奚足汲汲为之谋利达哉^④？以子弟言，其才足用也，门荫有可进之资，而何须贡举？既以文就有司之试，则才而见抑，自有司之过，而于己何尤？然而相承不舍，关节公行，虽才望之大臣，他端不枉，而于此茬苒无惭，士习不端，成千余年之恶俗，伊可叹也。

【注释】

①翘举：揭发，举报。

②吝：羞耻。

③心迹：思想与行为。

④汲汲：心情急切的样子。

【译文】

通过揭发举报科举中的不正当行为来报自己的旧怨，确实是小人的伎俩。然而事情之所以发展到这个地步，举报者固然是出于私心，这种做法固然卑鄙，但科举弊案的当事人如果知道这些不正当之举是大义所不容许的，又为什么要去做那些事，从而授给别人攻击自己的口实呢？那些收受贿赂后为贿赂者提供方便的人暂且不论，即使是对于自己的知心好友，知道对方的才华，而自己又有推荐贤能的任务，将他的名声在朝廷中宣扬，本来也不是什么羞耻的事。如果做不到这一点，也可以遵循正道对其进行爱惜，使他能够知晓天命，耐心等待时机。如果对方的才能、品行、事功都完全没有可取之处，仅以文笔见长，自己贸然对他赞赏不已,难以保证众人都如此赞赏他,这样的人,又哪里值得急切地为他谋求显达呢? 如果对方是自家子弟,其才足以被任用,可以依靠门荫入仕这样的做官途径,又何必需要参加科举呢? 既然想通过写文章来参加有关部门的考试,则其有才华却被压抑,自然是科举相关部门的过错,而与自己又有什么关系呢? 然而此积弊相沿不绝,人们为了自己的子弟、朋友公然去托关系、走门路,即使是有才能和名望的大臣,在其他方面没有过失,而在这个问题上却也慢慢效仿,而且不感到惭愧。士人的习气不够端正,酿成了千余年来的恶劣风气,实在是可悲可叹。

内不胜妇人孺子之嚅唲①,外不胜姻亚门生之洽比②,恤暮年之炎冷,念身后之荣枯,一中其隐微而情不能禁,贤者不免,勿问垄断之贱丈夫矣③。宗闵之于婿苏巢,汝士之于弟殷士,固也;郑覃行谊无大疵而庇其弟朗④,李绅以贤见忌而有所请托,乃至裴中立以耆德元勋⑤,何患其子不与清华之选? 而使其子谖膺冒昧之荣⑥,尤可惜也。习尚之移人,特立不染者,伊何人邪? 有之,则允为豪杰之士矣。

【注释】

①嚅唲(rú ér):强颜欢笑,谄媚地笑。

②洽比:亲近。

③垄断之贱丈夫:语本《孟子·公孙丑下》:"有贱丈夫焉,必求龙断而登之,以左右望而罔市利"。龙断,即垄断。龙,通"垄"。本指独立的高地,这里引申为网罗市利。

④郑覃(? —842):郑州荥泽(今河南郑州)人。早年以父荫补弘文校书郎,累迁谏议大夫,与李德裕关系密切,常为李宗闵所排挤。甘露之变后出任宰相。他亲领国子祭酒,推荐周墀、崔球等校正

经籍文字,刻石太学。武宗初年,以司空身份致仕。传见新、旧
《唐书·郑覃列传》。行谊:品行,事迹。

⑤裴中立:指裴度。耆(qí)德:年老德高的人。

⑥谋(zhuàn):同"撰"。冒昧:苟得,不当得而得。

【译文】

在家里禁不住妻子儿女的好言相求,在外面抵挡不住姻亲、门生的求情请托,担心自己晚年处境凄凉,又顾虑自己死后能否享受哀荣,这些都是内心深处的隐秘考量,因而难以压抑自己的感情不去帮忙,贤者尚且难以避免这种情况,更别说是一心逐利的普通人了。李宗闵在科举中帮助自己的女婿苏巢,杨汝士帮助自己的弟弟杨殷士,都是因为这个缘故;郑覃平生行事没有大的过错,却在科举案中包庇他的弟弟郑朗,李绅因为贤能被妒忌,却也在科举案中有所请托,甚至裴度这样德高望重的元勋,哪里需要担心自己的儿子得不到清高显贵的职位?却还是要让他的儿子裴谋去获取本不该有的声名,尤其令人感到可惜。社会风气会改变人,又有谁能够特立独行、不被不良风气沾染呢?如果有的话,则他确实堪称豪杰之士。

三　奖朱克融张弘靖史宪诚三叛裴中立可去不去

朱克融首乱,囚张弘靖,而授以卢龙;史宪诚胁忠孝之田布以死①,而授以魏博;王庭凑杀推诚平贼之田弘正,而授以成德;唐之不足以兴而迤逦以亡②,在此矣。河北之乱,始于仆固怀恩之割地以授降贼③,成于崔植、杜元颖、王播之因乱以奖叛人④。怀恩之奸,植、播、元颖之陋,固无足责者;郭汾阳位兼中外⑤,裴中立身任安危,而坐视失图,莫能匡救,抑又何也?

【注释】

①史宪诚胁忠孝之田布以死:元和十五年(820),成德节度使王承宗死后,田弘正移领镇州,但次年为牙将王庭凑所杀,魏博节度使李愬又病重,朝廷于是任命田弘正之子田布为魏博节度使,领兵讨伐王庭凑。但手下官兵不听节制,军心动摇。史宪诚时为中军都知兵马使,因时局动乱,暗中有心恢复河朔割据旧事。于是,煽动诸军随其回镇。田布被迫自杀,朝廷只好任命史宪诚为魏博节度使。事见《旧唐书·田布列传》《旧唐书·史宪诚列传》。

②迤逦(yǐ lǐ):渐次,逐渐。

③仆固怀恩之割地以授降贼:唐代宗广德元年(763)史朝义死,而降唐将领薛嵩、田承嗣、李怀仙仍为节度使。当时河北各州都已投降,薛嵩等人迎接仆固怀恩,恳求让他们留在军中效力。仆固怀恩因为害怕"贼平宠衰",上奏让薛嵩等人以及李宝臣"分帅河北,自为党援"。朝廷由于"厌苦兵革,苟冀无事",因而将河北交给他们,以致河北藩镇自此强傲不可制。事见《资治通鉴·唐纪三十八·代宗皇帝·广德元年》。

④王播(759—830):字明敭(yáng),并州太原(今山西太原)人。唐朝宰相。贞元时擢进士,元和时担任盐铁转运使,掌管国家财赋。后遭到奸相皇甫镈(bó)陷害,出镇西川,从此便随政治风向变换立场,刻薄百姓,结交权幸。长庆初年成为宰相。当时河北复叛,王播身居宰相之位,"专以承迎为事",有关国家安危的忠告,则一句也没有。太和初年拜司徒,封太原郡公。后患喉肿暴卒。传见新、旧《唐书·王播列传》。

⑤郭汾阳:指郭子仪。

【译文】

朱克融首先挑起祸乱,囚禁张弘靖而自立为节帅,朝廷却反而授予他卢龙节度使之位；史宪诚胁迫忠于朝廷的田布，迫使他自杀，朝廷却反而任命史宪诚为魏博节度使；王庭凑杀死尽忠竭力、为朝廷讨平叛贼的田弘正，朝廷却反而任命他为成德节度使。唐朝之所以不能复兴而逐步走向衰亡，原因正在于此。河北地区的祸乱，始于仆固怀恩割河北之地授给投降的叛贼，而成于崔植、杜元颖、王播这些人面对藩镇变乱反而奖励那些朝廷的叛贼。仆固怀恩的奸邪，崔植、杜元颖、王播的浅陋无知，这些本来也不值得深加责备；但郭子仪身兼将相，裴度身负社稷安危，却也都坐视朝廷失误而不能加以匡救，这又是什么原因呢？

　　夫汾阳固有不可力争者矣。前乎河北之降，汾阳以朔方孤旅崛起勤王，威望未能大著也。清渠之败[1]，相州之溃[2]，亦稍挫矣。宦官忌公，夺其兵柄以授其偏裨，一出而复东京、馘朝义[3]，方且揶揄公以功不若人[4]；使公于此持异议，以与怀恩相牴牾[5]，吝予降贼以节钺，既嫌于忌怀恩而毁其方略，且使怀恩蛊朔方之将士，谓公压己以绌三军之劳绩[6]；他日者怀恩叛，而朔方之众，恶能戴公如父母以效于国乎！公戢意以静持之，知不可挽，则姑听之，而有余地以图他日之荡平；公之虑深而志谨，国危君窜而社稷终赖以安，非浅衷之所易测也。

【注释】

①清渠之败：至德二载（757）五月，郭子仪率军向长安进发，至长安西清渠，遭到安庆绪军夹击，败退无功。事见《资治通鉴·唐纪三十五·肃宗皇帝·至德二载》。

②相州之溃：乾元元年（758）九月，朝廷派郭子仪与河东节度使李光弼、关内节度使王思礼、北庭行营节度李嗣业等九节度率军

征讨安庆绪,在相州展开会战,但最终被史思明派出的军队击溃。事见《旧唐书·肃宗本纪》。

③馘(guó):诛戮,消灭。

④揶揄(yé yú):戏弄。

⑤牴牾(dǐ wǔ):亦作"牴牾",抵触,矛盾。

⑥绌:通"黜",贬损,贬低。

【译文】

其实,郭子仪不能匡救朝廷的失误,确实是有其苦衷的。在河北地区的叛乱尚未平定时,他就率领朔方军这支孤军起来奋力抗敌勤王,但尚未获得特别高的威望。在清渠之战中的失败,在相州被叛军击溃的经历,都使得他的威名受损。宦官忌妒郭子仪,夺走了他的兵权,将部队交给他的部将率领,结果军队一出潼关就收复了东都洛阳,斩杀了史朝义,宦官们尚且还要故意制造郭子仪功劳不如其他人的事实;如果郭子仪在此时对分封降将持有异议,与仆固怀恩意见相左,不愿将节钺授予投降的叛贼,则他既有忌妒仆固怀恩、破坏其方略的嫌疑,也会使仆固怀恩有机会蛊惑朔方军的将士,声称郭子仪故意压抑自己、贬低三军的功劳;这样一来,有朝一日仆固怀恩发动叛乱时,朔方军的将士们,又怎么能拥戴郭子仪像拥戴父母一样,忠心为国家效命呢?所以郭子仪暂时压抑自己的想法,坐以待变,以静制动,知道事情已不可挽回,则姑且听任仆固怀恩分封降贼,从而给日后扫平叛贼留下足够的余地;郭子仪谋略深远而处事谨慎,虽然国家局势危急、君主仓皇出逃,而社稷最终却仰赖他而安定了下来,所以他的深谋远虑,不是浅识之辈所能揣测的。

　　若中立以元臣受专征之命,而元稹、魏弘简居中掣之①,中立抗辨以争而不能夺其宠任②;其受三叛之归,锡以方镇③,非徒庇三叛也,不欲公复收前日淮蔡之功名而解其兵柄也,则中立岂容伸其远虑哉? 三叛受封,而公罢为东京留守,不恤唐室之安危,唯抑公之是图,稹之志也。植、元颖辈且无能为异同,况中立可自与争得失乎? 用兵危事也,内有携贰之宰执④,而危乃滋甚。使中立力争弗与,决志以进讨,败者十九矣;徒杀士卒、虚帑藏⑤,讨之不克,而复封之,身为戮而国愈蹙,此一往自任之浅图,而中立其肯身执其咎乎?

【注释】

①魏弘简:唐穆宗时宦官。历任神策中尉副使、知枢密。长庆元年(821),与翰林学士元稹共同阻挠、破坏讨伐幽州之事,遭裴度弹劾,被贬为弓箭库使。掣:牵制,掣肘。

②辨:通"辩"。

③锡:赐予。

④携贰:有二心。

⑤帑(tǎng)藏:国库。

【译文】

裴度的情况则有所不同,他以国家重臣的身份被授予平叛的大任,而元稹、魏弘简这些人却在朝廷中对他暗中掣肘,尽管裴度在皇帝面前抗辩力争,却不能改变皇帝宠信元、魏等人的局面;元稹、魏弘简接受朱克融、史宪诚、王庭凑三个叛贼的归顺,授予他们藩镇节帅之职,并不仅仅是要包庇这三个叛贼,也是因为不希望裴度再像之前平定淮西之乱那样依靠平定河北而获得功劳和声名,并且想趁机解除裴度的兵权,如此则裴度还怎么能够实现自己的深远谋划呢? 河北三镇的叛贼接受朝廷封赏,而裴度却被贬为东京留守,不顾唐朝廷的安危,只顾贬抑裴度,这就是元稹的想法。崔植、杜元颖这些人尚且无法对元稹的做法提出异议,裴度自己又如何与他争得失呢? 用兵是危险的事情,内有与自己不一心的宰相掣肘，则情势会更危险。假如裴度力争而没有得到同意，决心立即进兵讨贼，则十有八九会战败；只会白白地令士兵丧命、使国库空虚，不能讨平叛乱藩镇，就只能再次承认那些叛贼的节度使之位，不仅自己性命不保，还会使国家局势更加窘迫，裴度又怎么会采用这种完全凭己意的浅薄策略，让自己陷入必须为失败负责的境地呢？

　　虽然，君如此其昏也，相如此其劣也，聋者不可使聪，狺者不可使驯①，如中立者，可以去乎，而岂其未也？中立之兼将相也，与汾阳异。汾阳将而相者也，其相，宠之也，去就不关其名节，留身于浮沉之间，以为他日社稷之寄，将臣之道也。中立相而将者也，其将，假以秉钺为三军之重②，而固非将也，留身于浮沉之间，则道以身轻，而不足为宗社生民之卫；李逢吉、元稹乃至无赖之郑注③，皆可颉颃以为伍④，身即留而固不足建他日补天镇海之功⑤，多言数穷，以激小人而坚护其恶，岂徒无补，而害且因之益滋矣。元稹、魏弘简用而三叛罢征，三叛割据而元稹复相，沃膏救火⑥，火乃愈炽，斯君子所重为中立惜也。汾阳默而唐安，中立屈而唐乱，时各有权，道各有分，人各有司，故二公者，地异而不可并论者也。

【注释】

①狺(yín)：狗叫。

②秉钺(yuè)：持斧。借指掌握兵权。

③郑注(？—835)：本姓鱼，冒姓郑氏，时称"鱼郑"，绛州翼城（今山西翼城）人。唐代大臣。出身微贱，以医术游历江湖，得宠于襄阳节度使李愬、监军王守澄，后官至昭义节度副使。太和八年（834），唐文宗身患风疾，不能讲话。郑注治疗后，病情好转，颇

有成效。从此深得文宗宠信,加拜太仆卿,兼御史大夫。他力劝唐文宗册封仇士良为左神策中尉,以分散王守澄权力。协助唐文宗处死王守澄后,出任凤翔节度使,并与李训秘商,以图一举消灭宦官势力。甘露之变发生后,亲率五百亲兵赶赴京城。不久,听闻李训败死,仓皇逃返凤翔。不久,被监军张仲清和押牙李叔和设宴诛杀,尸体送往京师,枭首兴安门。传见新、旧《唐书·郑注列传》。

④颉颃(xié háng):原指鸟上下翻飞,引申为不相上下,互相抗衡。

⑤镇:通"填"。

⑥沃:浇。膏:脂油。

【译文】

虽然如此,君王如此昏庸,宰相如此卑劣,不可能让聋子再听见声音,不可能让喜欢狂吠的狗安静下来,像裴度这样的大臣,可以辞官而去吗?可他为什么没有辞官呢?裴度身兼将相,与郭子仪的情况是不同的。郭子仪是以大将身份兼任宰相,他的宰相之职,是皇帝宠信他而授予的荣誉职衔,所以他是否担任宰相,不关系到他的名节,他让自己留在官场中浮沉,从而为他日社稷危难之时重担重任留下余地,这是武臣之道。裴度是以宰相身份兼任大将,他担任大将之职,是由皇帝授予他兵权,使他统率三军,因此他本身并非是将领,如果他在浮沉之间选择留任,则正道也会因为他地位的降低而受损,就难以保卫国家社稷和人民了;李逢吉、元稹甚至无赖的郑注,都可以与他抗衡较量,则他即使留在官场,也难以在有朝一日建立像女娲补天、精卫填海一般的大功,何况他言语太多却又屡次势穷,激起小人反弹,使他们更加坚持作恶,这样一来何止对局势没有好处,危害也反而日益严重了。元稹、魏弘简得到皇帝任用,而朝廷对河北三个叛镇的征讨就停止了,等到河北三个叛镇公然割据、对抗朝廷时,元稹又重新担任了宰相,这就像火上浇油一样,只会让火势更旺,这就是君子深深为裴度感到可惜的地方。郭子仪静观时变使得唐朝由危转安,裴度委曲求全却反而加剧了唐朝的祸乱,他们在不同的时势下,各有不同的处置之道,各自的职任也不相同,所以郭子仪和裴度二人,存在相当大的差别,是不可以相提并论的。

四　穆宗之世贤奸更迭进退

君子小人忽屈忽伸,迭相衰王[①],其乱也,更甚于小人之盘据而不可摇,何也？君子体国,固自有其规模；小人持权,亦自有其技术。小人骤进,深忌君子,固乐翘小过而尽反其道；君子复升,深恶小人,抑疾恶已甚,而概绌其谋。夫既执国政而行其所欲为矣,疆埸之或战或守[②],寇盗之或剿或抚,征徭之或罢或兴,礼制铨除之或隆或替[③],边臣受而行之将士,部寺受而行之庶司,郡邑受而行之百姓,其善者固乐从之矣,小人之稗政[④],亦既不得已而奉行之,财已费,力已劳,习之已成,因之免害。乃忽于此焉,忽于彼焉,将无定略,官无定守,士无定习,民无定从,奸人缘之以持两端,愿民因之而无准则[⑤],岂特小人之病国殃民已亟矣哉[⑥]？君子之以摇荡天下之视听,而俾蹙蹙靡骋者亦不保其不导以乱也[⑦]。机事之泄,奸弊之兴,穷民之左右救过而不遑,士大夫之疑殆而交相嚚讼[⑧],然而政不乱、民不穷、封疆不债、国不危亡者[⑨],未之有也。

【注释】

①衰王:衰落与旺盛。王,通"旺"。

②疆埸(yì):指战场。埸,边境,国界。

③铨除:选授。

④稗(bài)政：指不良的政治措施。

⑤愿民：朴实善良的民众。

⑥亟(qì)：屡次，一再。

⑦俾(bǐ)：使。蹙蹙靡骋：语出《诗经·小雅·节南山》："我瞻四方，蹙蹙靡所骋。"意思是局促、无法舒展。

⑧嚚(yín)讼：奸诈而好争讼。

⑨偾(fèn)：败坏，毁坏。

【译文】

　　君子与小人交替执政，此起彼伏，这种局面带来的祸乱，比小人长期占据执政地位而不可动摇还要严重，为什么呢？君子治理国家，自然有一套治理国家的办法；小人把持权柄，也有其自己的施政手段。小人骤然得到重用，十分忌讳君子的存在，所以乐于揭露君子执政时的小过失，将其治国方略完全推翻；等到君子再次执政时，由于非常憎恶小人，或是对其所作所为已深恶痛绝，所以就将小人执政时的方针几乎完全颠覆。无论是君子还是小人，既然处在执政的地位上行使权力，则战场上是战是守，对于贼寇是剿灭还是招抚，赋税徭役是废除还是征调，礼制、选官制度是因袭还是革新，都由他们决定。边关将领接受他们的命令而让部下去执行，朝廷各部门接受命令而让其下属部门去执行，郡县接受其政策而施行在百姓身上，他们执政方略中的善政大家自然乐于遵从，至于小人立下的不良政策，大家也出于不得已而被迫奉行，钱财也花费了，力气也消耗了，积久成习，因而也就相安无事了。可如果是君子小人交替执政，忽然要求这样，又忽然要求那样，将领没有确定的战略，官员没有固定的准则，士人没有固定的风习，百姓也没有可以固定服从的规则，奸诈的人趁机两端钻营，恭谨朴实的百姓因此没有可遵循的准则，难道仅有小人才会祸国殃民到这个地步吗？君子当政时的除旧布新同样会动摇天下人心，而受其政策约束的人也难保不会挑起祸乱。国家机密要务被泄露，产生了各种弊端，百姓左右补救也无暇应付,士大夫充满疑虑、相互争辩不休,这种情况下政治不因此混乱、百姓不因此穷困、边关大事不因此被败坏、国家不因此陷入危亡境地,是根本不可能的。

夫小人之能固君宠、结众心、幸成劳以侈功绩者,亦尝取天下之大略而筹之,有钳制之术,而下不敢违,有从欲之饵,而或享其利,有揣摩之机,而夷狄盗贼亦可相持以苟安。未几而尽易之,汲汲焉唯恐其复进,不循其序,而操之已蹙,乃易之未久,而小人果复起矣,取已泄之机、已乱之绪而再用之,外之必讧,内之必困,君子小人交受其咎,非但小人之乱之也。

【译文】

　　小人之所以能巩固君王对他们的宠爱、获得众人欢心、侥幸成就功劳而夸大治理国家的功绩,是因为他们也会审视天下的大略而加以筹划,并且有钳制众人的办法,因此其下属不敢违背其命令,又有引诱别人跟随自己的诱饵,下属遵从他们就能获取利益,他们还有揣摩的本领,所以对付夷狄盗贼也都有一些办法,能够维持较为稳定的局面。君子执政没多久,就把小人的这套方略完全否定,匆匆忙忙采取行动,唯恐小人再次获得重用,于是不循序渐进,而是操之过急地进行除旧布新,可是革新不久,小人果然卷土重来,将此前已泄露的施政要诀、已被打乱的施政头绪重新运用起来,这样就势必会引发外忧内困,君子小人都应为这种局面负责,并非仅是小人扰乱了国政。

穆宗在位四年耳,以君子,则裴度也、李绅也、韩愈也;欲为君子而不驯者,李德裕也;以小人,则李逢吉也、元稹也、牛僧孺也、王播也、李宗闵也;庸靡不能自固而居其间以浮沉尸大位者①,崔植也、杜元颖也;虽无大过而不克有为者,萧俛也、郑覃也②。或正或邪,或才或窳③,无所择而皆执国政,俄而此庸矣④,俄而又黜矣,俄而此退矣,俄而又进矣,一言之忤合,一事之得失,摇摇靡定⑤,而宦竖与人主争权,谏官与将相争势,任贤贰,去邪疑⑥,害不可言也。并其任小人者,亦使小人无自固之地,一谋不遂,一语未终,早已退而忧危,求闪烁自全之术。呜呼!晴雨无恒,而稻麦腐于陇首⑦;参连杂进⑧,而血气耗于膻中⑨。不知其时之人心,国事旦改夕更,以快一彼一此之志欲,吏乘之以藏奸,民且疲于奔命,夷狄盗贼得间而乘之者奚若也!唐之不即倾覆也,亦幸矣哉!

【注释】

①庸靡:平庸衰弱,指庸碌无为。

②萧俛:字思谦,京兆长安(今陕西西安)人。唐朝大臣。德宗贞元七年(791)与令狐楚、皇甫镈同榜中进士,宪宗元和六年(811)被召为翰林学士。后在令狐楚、皇甫镈举荐下晋阶朝议郎、飞骑尉。元和十五年(820),穆宗即帝位,令狐楚极力推荐萧俛,穆宗于是任命他为宰相。他任相期间,向穆宗建议休兵偃武、裁减军队,后来河北叛乱再起,朝廷遂无力剿灭。传见新、旧《唐书·萧俛列传》。

③窳(yǔ):懒惰。

④庸:任用。

⑤靡:不,没。

⑥任贤贰,去邪疑:语出《尚书·大禹谟》:"任贤勿贰,去邪勿疑。"

意思是说，任用贤能之人不要不信任，摒弃奸邪之人不要不
果断。

⑦陇：通"垄"，田地，田块。

⑧参连：指人参与黄连。人参熟用性温，滋补但易上火；黄连性寒，
清热去火。

⑨膻（dàn）中：指胸前两乳之间的位置。据《黄帝内经·灵枢·胀
论》，此处是"心主之宫城"。

【译文】

穆宗在位时间仅有四年，当时朝中可以被称为君子的大臣，有裴
度、李绅、韩愈；想做君子而不像君子的，则有李德裕；可以被称为小人
的，则有李逢吉、元稹、牛僧孺、王播、李宗闵；庸碌无为、难以巩固自己
位置，处在君子小人之间浮浮沉沉、尸位素餐的，则有崔植、杜元颖；虽
然没有大过却也未能有所作为的，则有萧俛、郑覃。这些人或正或邪，
或能干或怠惰，穆宗都不加选择地让他们秉持国政，这些人一会儿被
重用，一会儿被贬黜，一会儿这个被贬斥，一会儿那个受重用，一句话
忤逆或迎合了君王，一件事的得失成败，都可能成为受重用或被贬退
的原因，他们的地位都摇摆不定，而宦官又与君主争权，谏官与将相争
势，对于是否任用贤臣反复无常，对于是否摒退奸臣犹豫不决，这其中
的危害难以言表。即使穆宗任用小人的时候，也使得小人没办法巩固
自己的地位，一个谋略没有成功，一句话未能说完，就已经退下来感到
深深的忧虑与惶恐，从而想求得闪烁其词、自我保全的办法了。唉！
晴雨无常，稻谷和麦子就会在田间腐烂；人参与黄连交杂服用，血气就
会在膻中空耗。执政者不了解当时的人心，频繁更易治国方针，从而
满足各自党派的追求和愿望，官吏会趁机偷奸耍滑，百姓将疲于奔命，
夷狄盗贼就会趁机进行侵扰。唐朝没有在此时立即倾覆，也实在是幸
运啊！

李林甫之奸也，非杨国忠大反之而犹可不乱。靖康贤奸争胜，而国以速亡。极乱之国有治人，有治人而益乱。靖乱者自有道焉，非相反之谓也。

【译文】

李林甫是个奸臣，但如果杨国忠执政后没有立即完全推翻他的执政方略，唐朝尚且不至于立即陷入混乱。靖康之变前，贤臣和奸臣相互争斗不休，国家因此迅速灭亡。极度混乱的国家里也会有能治理国家的人，但有能治理国家的人，如果贸然让他们执政，反而会更加剧国家的混乱。治理政乱自然有一定的合适办法，但并非是要事事处处与之前的做法对着干。

敬　宗

【题解】

　　唐敬宗李湛(809—826)是唐穆宗李恒的长子,其母为恭僖太后王氏。长庆二年(822)被立为皇太子,长庆四年(824)即位,时年十六岁。敬宗在位期间,礼遇朝臣,但耽于玩乐,不理朝政,任由权宦王守澄把持朝政,排斥异己。宝历二年(826),敬宗被宦官刘克明等弑杀,在位仅两年。

　　穆宗得以登基离不开宦官王守澄等人的支持,敬宗被立为太子也有李逢吉的功劳,所以他们即位后也给予这些推戴功臣丰厚的回报。王夫之认为,君王酬谢臣下推戴之私劳,虽不符合大公无私的要求,却也是知恩图报的人之常情,不应苛责。而酬赏推戴之臣是否会对国家产生损害,关键在于被酬赏的大臣的表现。王夫之指出,参与推戴废立之事的大臣,决不能自居有功而汲汲于酬赏,而应及时抽身而退,谢绝君王的酬赏,如此才能使国家和自己免于灾祸。

一　大臣不可以援立居功

　　君父之志未定,奸邪之机方张,嗣子幼冲,或掖之以践阼[①],不以戴己者为恩、摇己者为怨,而过用其刑赏,非德若舜、禹有天下而不与者不能。一饭之德,犹求报之,贡举之知，犹终事之，中人之情，君子不禁，可谓之私，亦可谓之厚也。反此者，廓然大公②，天下一人而已。叔孙昭子不赏私劳③，夐绝之行也④；抑竖牛谗贼，公愤所归，虽欲赏之，而众必争。故以此而责人主合同异、泯恩怨于参大议之大臣也诚难。乃以此而醲赏重罚⑤，失政理而乱国是，则大臣之受之者实任其咎。循天理、饬王章以靖众志，非翼戴大臣之责而谁责哉⑥？

【注释】

①掖：扶助，提携。践阼(zuò)：即位，登基。阼，本指大堂前东面的台阶，借指皇位。

②廓然：远大。

③叔孙昭子不赏私劳：竖牛是鲁国大夫叔孙豹（即叔孙穆子）之私生子，在叔孙豹府上负责管理家事。叔孙豹病重，竖牛欲独占家产，于是设计杀死叔孙豹之子孟丙、仲壬，饿死叔孙豹，买通季氏宰南遗等人，立叔孙豹庶子叔孙舍（即叔孙昭子）为继承人。但叔孙舍并未因竖牛拥立自己而与其亲近，反而召集家臣，宣布竖牛罪状，竖牛惊惶逃往齐国，途中被孟丙、仲壬之子杀死。事见《左传·昭公四年》《左传·昭公五年》。

④夐(xiòng)绝：绝远，绝高。

⑤醲(nóng)：厚。

⑥翼戴：辅佐拥戴。

【译文】

君王生前没有明确决定继承人选，则奸邪之人就有了作乱的机会，君王的子嗣年纪尚幼，有人扶持他登上皇位，这种情况下，不把拥戴自己的人当作恩人、把反对自己继位的人视作仇敌，从而给与过分的赏赐和刑罚，如果不是拥有像舜、禹那样的德行，很少有君王能够做到。一顿饭的恩德，尚且要报答，科场上士子对于赏识、录用自己的人，尚且终身要将其当作恩师来对待，这种做法符合人之常情，君子也不加以禁止，既可以认为这是私情，也可以认为这是厚道的表现。如果不这么做，能够真正做到大公无私，则全天下也没几个人能做到。春秋时叔孙昭子不犒赏竖牛立自己为家主的恩情，固然是卓绝的行为；但这也是因为竖牛残害良善，引起了众人的愤怒，叔孙昭子即使想要赏赐他，也势必招来众人反对。所以用叔孙昭子的做法来要求君王也必须对拥戴或反对自己继位的大臣一视同仁，消除恩怨确实是非常困难的。可是如果君王因为这种私情而对大臣施予厚赏或重罚，丧失了为政之道，扰乱了国家大政，则接受君王封赏的大臣实在难辞其咎。遵循天理、整饬王道，从而安抚众心，这些如果不是辅佐拥戴君王的大臣的责任，还能是谁的责任呢？

翼戴者可以居功矣，则异议者恶得而无罪！知异议之必按是非为功罪，而非异议之即罪，则翼戴者之不可以援立为功审矣。今夫荐贤才以在位，拔寒素而跻荣，意甚盛也。然苟为靖共之君子[①]，则必曰吾以事君也，而不敢尸其报以牟利[②]。况夫天子者，天之所命也，天下臣民所欲得以为父母者也，窃天之权，敛臣民之志欲，而曰我自立之，我可以受翼戴之赏，自以为功，而求天子之弗我功也，不可得也。自以为功，天子功之，则不与其议而疑于异己者，恶得而免于罪乎？始之者，大臣也，迨其滥觞[③]，而宦官宫妾进矣。援一人而立为天子，小人之奇货也。于是孙程、王守澄、仇士良乘隙而徼之[④]，于是而贾充、傅亮因而专之，于是而华歆、郗虑、王谧、柳璨不难移人之宗社以贸己之宠荣[⑤]。篡夺相仍，皆贪功者之一念为之也,而徒以咎人主之赏私劳无大公之德哉?

【注释】

①靖共:恭谨地奉守,静肃恭谨。共,通"恭"。

②尸:享,居。

③滥觞:泛滥,过分。

④仇士良(781—843):字匡美,循州兴宁(今广东兴宁)人。唐朝中期宦官。历任内外五坊使、左神策中尉等职。太和九年(835)甘露之变中他挟持唐文宗,诛杀宰相李训、王涯等人,从此权倾内外。开成五年(840),仇士良拥立唐武宗,此后自恃功高,愈加跋扈,遭到唐武宗疏远和贬斥。死后因被检举家藏武器而被削去官爵、籍没其家。传见《新唐书·宦者列传》。徼(yāo):通"邀",求取。

⑤柳璨:字炤之,河东(今山西永济)人。唐朝末年大臣。因其史才而被推荐为官,受到唐昭宗赏识,授翰林学士。天祐元年(904),崔胤被杀,柳璨被拜为宰相。柳璨由于出身寒微、升迁迅速,常被资历较长的大臣排斥,于是投靠有意篡唐称帝的朱全忠。天祐二年(905)有占卜师建议朱全忠进行一次屠杀以避免天灾,柳璨乘机把排斥自己的三十多位大臣列成名单呈献,朱全忠于是把他们全部处死于白马驿。不久,朱全忠想领受九锡,柳璨加以劝阻,因而被杀。传见新、旧《唐书·柳璨列传》。贸:通"牟",谋取。

【译文】

辅佐拥戴君王即位的人可以居功,则对君王即位持有异议的人又怎么能没有罪呢?如果按照是非的标准来看待持有异议者的功和罪,而不是只要持有异议就都被当作有罪,则拥戴君王即位的人不能够将拥立之举当作自己的功劳,这是很明显的。如今大臣举荐贤才担任官职,拔擢出身寒微的人登上高位,其用意当然很值得赞赏。但是只要举荐者是恭谨的君子,则必定会说自己的举荐是为天子选拔人才,而不敢据此贪求被举荐者的回报。何况所谓天子,是上天所任命的,天下臣民都想要拥戴他,将其当作父母来看待,窃夺上天的权限,约束天下臣民拥戴的愿望,而一定要说天子是我自己拥立的,我可以接受皇帝对我拥戴之功的赏赐,自己将拥戴当作功劳,则想要要求君王不赏赐自己,是不可能的。拥戴者自以为有功,天子也认同了他的功劳,则那些未参与拥戴大计而被怀疑心怀异志的人,又怎么能够免罪呢? 最初开始这种拥戴行为的,是大臣,等到这种情况泛滥起来,则宦官、后妃也都参与到拥立君王的事业中来。扶持一个人登上天子之位,对于小人而言是件奇货可居的事情。因此,孙程、王守澄、仇士良都趁机想要拥立皇帝以谋取利益,贾充、傅亮等人都趁拥立之机专权,而华歆、郗虑、王谧、柳璨等人甚至可以为了获得自己的荣宠而不惜倾覆别人的宗庙社稷。篡位夺权的事情历代不绝,都是贪功的人出于一己之私而做出来的,既然如此,又怎么能够仅仅责备君主为赏私劳而失去了大公无私的品德呢?

穆宗保王守澄之逆而厚赐神策军士,敬宗听李逢吉之谮而窜李绅,其相袭以乱刑赏,非一日之故矣。于是而知金日磾之不以托孤受爵[①],卓哉其不可及已。周勃居功相汉,而致袁盎骄主之谮[②];杨廷和居功受爵,而贻门生天子之谴[③]。英主觉之于事后,而不能慎之于当时,勃与廷和自任已坚,气焰上夺其君,有不能遽抑者在也。识卑器小,忠贞不笃,以天子为墨庄[④],自贻凶危而害流后世,三代以下无大臣,究其情实一鄙夫而已矣。居密勿之地[⑤],与促膝之谋,国本不定,竭忠贞以立正议,事定国安,引身而去,以杜绝私劳之赏,则倾危之祸,其尚息乎!

【注释】

①金日磾(mì dī)之不以托孤受爵：指汉武帝临终时指定霍光和金日磾辅佐昭帝，并遗诏以讨莽何罗功封金日磾为秺(dù)侯。金日磾以汉昭帝年幼为由，不肯接受封爵。事见《汉书·霍光金日磾传》。

②周勃居功相汉，而致袁盎骄主之谮：周勃因铲除诸吕有功，被汉文帝任命为丞相，"朝罢趋出，意得甚"。文帝对他也是以礼相待，常目送他离去。袁盎上奏认为，周勃铲除诸吕之功，只因他身为太尉手掌兵柄，是"适会其成功"，而周勃也只是"功臣"而非"社稷臣"。如今周勃"有骄主色"，文帝谦让，实在是臣主皆失礼数。此后，文帝愈发庄严而周勃愈发畏惧。周勃因此埋怨袁盎，认为袁盎诽谤自己。事见《史记·袁盎晁错列传》。

③杨廷和居功受爵，而贻门生天子之谴：明武宗驾崩后，杨廷和掌朝政近四十日，举《皇明祖训》"兄终弟及"之文，定策迎立世宗。世宗对他"赐敕旌谕"，又加封左柱国。后杨廷和因在"大礼议"中"持论益不挠"，触犯帝意，罢归故里。嘉靖七年(1528)，下诏定议礼诸臣罪，言杨廷和"谬主濮议"，诡称天子为自己的门生，而自己是定策的国老，最终被削职为民。事见《明史·杨廷和列传》。

④墨庄：本义指书丛、藏书，此处喻指缺乏见识的书呆子。

⑤密勿：机要，机密。

【译文】

穆宗曾经保护行篡逆之举的王守澄，并对神策军将士厚加赏赐，敬宗听信李逢吉的谗言，而把忠贞的李绅贬黜到外地，两代皇帝相继滥施刑罚赏赐，并非一朝一夕的缘故。由此可知西汉金日磾不以托孤重臣的身份接受爵位赏赐，是何等不可企及的卓绝之举。周勃自居拥立文帝有功而担任丞相，引起袁盎诋毁他对皇帝骄横不忠的议论；杨廷和自恃拥立明世宗有功而接受爵位赏赐，最终被别人谴责他将天子当作自己的门生。英明的君主往往在事后才能清醒过来,在事情发生的当时却不能保持谨慎,而周勃与杨廷和尽管自认有功,气焰直逼君王,但也有不能立即加以贬抑的理由。只是他们见识短浅、气量狭小,忠贞之情不够纯粹深厚,将天子当作不谙世事的书呆子,才导致自己最终处于凶险的境地,并且贻害后世。所以夏、商、周三代以下没有真正的大臣,所谓大臣,仔细探究之下会发现不过是一介鄙俗之人而已。身为大臣,居于机要之地,参与机密大事的商谈,在国家储君未定的时候,要竭尽忠贞之情来倡导公正之议,等到嗣君已立,国家安定下来,就抽身而去,从而杜绝皇帝因私恩而对自己的赏赐,如此则国家倾覆的危险,或许就可以避免了呀!

二　穆敬二朝小人之术愈巧

小人之情,愈趋而下,小人之伪,愈变而升,故征事考言以知人于早,未易易也①。读遗文,观已迹,以论昔人之贤奸,亦未易易也。古今所谓小人者,导君以征声逐色、黩货淫刑②,其恒也;持禄容身,希旨献谀,而不敢触犯人主、乖忤宦妾,其恒也;生事徼功③,掊克兴利④,以召天下之怨,其恒也。乃自元和以来,至穆、敬之世,所为小人者术益进,而窃忠贞正大之迹以制天下,而不得以为非,后世诵其奏议,且将有味乎其言,而想望其风采。呜呼! 至此而小人之奸可胜诘哉?

【注释】

①易易:容易。

②黩(dú)货:贪污纳贿。

③徼(yāo)功:求功。徼,通"邀"。

④掊（póu）克：聚敛，搜刮。

【译文】

　　小人的感情，总是会越来越淡漠，小人的虚伪，总是会越来越严重，所以想通过一个人的言行事迹来提早分辨其忠奸好坏，并不是一件容易的事。读前人留下的文字，考察前人已做过的事情，从而论定前人是忠还是奸，也不是一件容易的事情。古往今来所谓的小人，诱导君王追逐声色犬马、贪财滥刑，是经常的事；他们为了保住自己的利禄和生命而不惜阿谀奉承，不敢触犯君主、忤逆宦官和后妃，也是经常的事；他们无事生非、贪功冒进，大肆聚敛以求财利，从而招致天下人的怨恨，更是经常的事。于是自元和年间，一直到穆宗、敬宗时代，小人骗人的伎俩日益精进，往往会装作忠贞正直的样子行事，欺骗天下人，使别人难以对其进行非议，后世读到这种人的奏议，就会去体味他们言论的精彩，从而仰慕他们当初的风采。唉！小人的奸诈到了这个地步，难道还有办法拆穿他们吗？

　　李吉甫之始执政也，以推荐贤才致天下之誉，上国计簿①，以人主知财用之难而思节省，尤大臣之要术也。其他则媢疾导谀②，心违其言，不可胜道矣。元稹、李宗闵起而对策，诘吉甫之奸，推奥援之托③，堂堂侃侃，罢黜不以为忧，充斯志也，何有于崔潭峻、魏弘简、王守澄之刑余④？又何有于李逢吉、王播之贪鄙？言之也不怍，尤不惧也。一旦改面而事佞幸以傍趋，有倍蓰于吉甫诸人之为者⑤。观其始进，览其遗文，亦恶知其灭裂之至于此哉？

【注释】

①国计簿：指《元和国计簿》，唐宪宗时宰相李吉甫主持编纂的国家

财政报告书,反映了安史之乱后唐朝的财政经济状况。

②媢(mào)疾:嫉妒。

③奥援:内援,在内部暗中支持帮助的力量。

④崔潭峻:唐中期宦官,曾在荆南、淮西等处担任监军,颇受唐宪宗宠信。其事散见于《旧唐书·宪宗本纪》《旧唐书·元稹列传》等。刑余:受过宫刑的人,指宦官。

⑤倍蓰(xǐ):数倍。

【译文】

李吉甫刚开始执政的时候,通过推荐贤才获得了天下人的赞誉,他又把《元和国计簿》呈给皇帝阅览,使皇帝能够知晓国家财政的艰难而懂得节省,这种做法尤其是身为大臣所应当效仿的要诀。但其他的行为,则大体都属于嫉妒谄媚、心口不一一类,不可胜数。元稹、李宗闵奋然而起,通过贤良对策来拆穿李吉甫的奸邪面目,推问他结党营私的请托,堂堂正正,侃侃而谈,不惧怕被贬官,他们的这种志向,崔潭峻、魏弘简、王守澄这些刑余之人又哪里会有呢?李逢吉、王播这种贪婪浅薄的人又哪里会有呢?他们的言论问心无愧,因此也就无所畏惧。可是一旦他们改头换面,趋炎附势地巴结奸佞权宦,则他们的所作所为,比李吉甫一类的人还要糟糕数倍。仅通过考察其当初的言论,阅读其留下的文字,又怎么能够知道他们实际上已经堕落到了这个地步呢?

若夫刘栖楚者,则尤异矣。敬宗晏朝①,百官几至僵仆②,栖楚危言以谏,至于以首触地,流血被面而不退,迹其风采,均等朱云,固李渤之所不逮也③;王播赂王守澄求领盐铁,复与独孤朗等延英抗论④,尤不畏强御、钽奸卫国之丰标也;而栖楚之为栖楚何如邪?奸诡之尤,而冒刚方之迹,有如此夫!然其所建白,犹一时一事以气矜胜耳。至于牛僧孺而所托愈难测矣。韩弘荐贿,中外咸食其饵,而僧孺拒之,其律己也,君子之守也;悉怛谋据地以降⑤,李德裕力请受纳,而僧孺坚持信义,其持议也,君子之正也;则且许以果为君子,而与于帝王之文德,以无忝于大臣⑥,固无多让。而僧孺之为僧孺又何如邪? 结李宗闵为死党,倾异己,坏国事,姑自戕削以建门庭⑦,而雠其险毒⑧,又如此。

【注释】

①晏朝:晚朝,推迟上朝。

②僵仆:倒下。

③李渤:字濬之,洛阳(今属河南)人。唐代官员、诗人。唐穆宗时任考功员外郎,任职期间他不避权幸,秉公履职,并上书言宰臣萧俛等尸位素餐,平庸误国,为权臣、宦官所忌。后曾出任桂州刺史兼御史中丞、充桂管都防御观察使等职。传见新、旧《唐书·李渤列传》。

④独孤朗:字用晦,洛阳(今属河南)人。唐代官员。元和时担任右拾遗,因劝宪宗从淮西罢兵,被贬为兴元户曹参军。后入为监察御史。宝历元年(825),擢御史中丞。文宗即位后出为福建观察使,卒于路途。传见新、旧《唐书·独孤朗列传》。延英:指延英殿。唐都长安大明宫便殿之一,在延英门内。自代宗大历末年起,延英殿成为皇帝召见宰臣、商议国事的主要地点,称为"延英召对"。"延英召对"最初只限于宰相,之后逐渐扩展到众臣。

⑤悉怛谋:原为吐蕃维州守将,太和五年(831)举城降于西川节度使李德裕。李德裕向朝廷奏明情况,宰相牛僧孺坚持认为不可接受悉怛谋的归降。唐文宗听从牛僧孺的意见,于是诏李德裕遣返降者。吐蕃遂尽诛随悉怛谋降者男女老幼三百余口于境

上,情形极其残酷。其事散见于《旧唐书·牛僧孺列传》《旧唐书·李德裕列传》等。

⑥忝(tiǎn):羞辱,有愧于。

⑦戍削:当为"戌削"之误。戌削,本义指裁制衣服使其合身,这里指装作志行高洁的样子。

⑧雠(chóu):施行。

【译文】

　　至于像刘栖楚这样的人,情况就更不同了。敬宗迟迟不上朝,百官长时间等待,几乎要昏倒在地,刘栖楚对敬宗直言劝谏,以至于以头触地,血流满面而仍不罢休,看他这时的风采,简直与汉代的朱云一样令人赞佩,连李渤都比不上他;王播贿赂王守澄,以求让自己掌管盐铁事务,刘栖楚知道后,就在延英殿与独孤朗等人展开论辩,反对这一任命,此时尤其堪称不畏强权、锄奸卫国的标杆;可是实际上,刘栖楚究竟是个什么样的人呢? 他是个奸邪谄媚至极的人,却装作刚直方正的样子,其虚伪竟到了这个地步! 然而他对国事的建议,尚且是一时一事靠着气势取胜罢了。至于牛僧孺这样的人,其奸佞嘴脸隐藏得更深。韩弘向大臣行贿,朝廷内外的官员都接受了贿赂,唯独牛僧孺拒绝接受,这看起来是严于律己的君子作风;悉怛谋献地投降唐朝,李德裕力请朝廷接受他的投降,而牛僧孺坚持对吐蕃讲信义,看起来也是正人君子的做法;如果仅仅凭借这些事迹就把牛僧孺当作君子,认为他是辅佐君王成就文德的大臣,无愧于大臣之称号,也确实没有多少可指责的地方。可是牛僧孺实际上是个什么样的人呢? 他与李宗闵结为死党,排斥异己,败坏国事,他之前故意装作志行高洁的样子以便建立自己的势力,从而实施他阴险狠毒的计划,他的虚伪狡诈竟到了如此的地步!

　　夫穆、敬二帝虽曰淫昏,而是非之心未能全泯,故此诸奸者，亢厉自饰①，而揣无诛殛之忧②，唯是冒忠直正大之迹，欺天下以自容于公论。盖自唐中叶以后，韩愈氏依傍"六经"之说以建立标帜，则非假圣贤之形似，不足以鼓吹后起之人才为之羽翼。因时所尚，凭其浮动之气、小辨之才，而栖楚且为忠戆之领袖③，僧孺且为道义之仪型④。小人之窃也，至于此而穷工极变，上欺人主，下欺士民，延及后世，犹使儒者史臣以周公不享越裳、《春秋》不登叛人之义滥许僧孺⑤，而栖楚叩头流血之奸，无有能摘发之者。呜呼！小人之恶滔天，尚谁与惩之哉？孔子曰："未有小人而仁者也⑥。"小人之仁，正其不仁之甚者，辨者不可不审也。

【注释】

①亢厉：激扬。

②诛殛（jí）：诛杀。

③戆（zhuàng）：刚直。

④仪型：楷模，典范。

⑤周公不享越裳：据《尚书大传》《后汉书·南蛮西南夷列传》等记载，周成王时越裳国进献白雉，即白色羽毛的野鸡。成王将白雉赐予周公，但周公自认为德行功绩不足以接受这一赏赐，又将白雉归还给成王。《春秋》不登叛人：据《左传·襄公元年》记载，诸侯军队包围宋国彭城，此时彭城已不属于宋国，但后来又归于宋国。《春秋》这样记载，是追记以前的情况。当时是为了宋国而去讨伐鱼石，所以仍称宋国彭城，"且不登叛人也，谓之宋志"，不记载叛人的名字，这是宋人的意愿。

⑥未有小人而仁者也：语出《论语·宪问》："君子而不仁者有矣夫，未有小人而仁者也。"即世上没有仁义的小人。

【译文】

穆宗、敬宗两位皇帝虽然昏庸荒淫,但他们的是非之心并未完全泯灭,所以牛僧孺等几个奸臣,装作慷慨激昂的样子以粉饰自己,他们揣测皇帝的意志,知道自己没有被杀的危险,于是便一心假冒忠诚刚直的形象,欺骗天下人,从而使自己赢得舆论的支持。大概自唐中叶以后,韩愈依傍"六经"之说建立了自己的一套学说,如此一来,如果不是假借圣贤的名义,就不足以鼓动后起的人才作为其羽翼。利用当时的这种风尚,再凭借个人浮躁的风格与只会在小事上辨别是非的才能,刘栖楚就成了忠诚正直之士的领袖,牛僧孺则成为了道义的楷模。小人欺世盗名,到了这个地步,可谓是登峰造极,他们上欺君主,下欺士人和百姓,不仅为害当时,而且到了后世,还能够使儒生、史臣将牛僧孺不受贿赂与"周公不接受越裳国进贡的白雉"相提并论,将他不接受悉怛谋投降的事迹与《春秋》不记载叛人名字"的大义相类比,而刘栖楚叩头流血背后隐藏的奸诈,更是没有谁能够识破和揭发。唉!小人罪恶滔天,又有谁能够惩罚他们呢?孔子说:"世上没有仁义的小人。"小人的仁义,正是他们最不仁义的表现,分辨此事的人不能不审慎地考察。

文　宗

【题解】

　　唐文宗李昂(809—840)原名李涵,是唐穆宗李恒次子、唐敬宗李湛之弟,母为贞献皇后萧氏。宝历二年(826)十二月,唐敬宗遭弑杀,李昂被宦官王守澄等拥立为帝。文宗即位后勤勉听政、厉行节俭,革除奢靡之风,减省冗员,致力于复兴唐朝。他不甘心受宦官钳制,起用李训、郑注等大臣,企图诛灭宦官,但密谋泄露,李训等在"甘露之变"中被宦官杀害,自己也被宦官软禁。开成五年(840),文宗病逝于大明宫太和殿。

　　文宗有励精图治之心,但最终不仅未能如愿,反遭宦官反噬。王夫之认为,文宗谋诛宦官,不依靠裴度、李德裕等大臣,而重用宋申锡、李训、郑注等人,固然属于所托非人,但也是出于不得已。此时的唐朝廷内,朋党之争已趋于白热化,群臣只知有门户,不知有天子,文宗孤立无援,根本无法信任深陷党争中的裴度、李德裕等重臣。纵观全书,王夫之反复申言朋党之争对于国家的巨大损害,指出唐、宋、明皆受朋党之祸的毒害,以至于败亡。在他看来,君子唯有超越党派之私,真正做到公忠体国,正己尽诚,杜绝新进之人的攀附,听从天命的废兴,才能使国家免受党争的荼毒。

　　杜牧对河北三镇割据跋扈和桀骜不驯的行径感到愤怒,为府兵制遭受破坏感到伤心,主张恢复府兵制度。王夫之认为杜牧的主张不足取,实际上,正是府兵制本身的缺陷导致了边兵坐大、藩镇势强。何况在文宗时代,朝廷掌控的地域和人力非常有限,在这种情势下推行寓兵于农的府兵制,只会加剧混乱、削弱朝廷的力量。不过,王夫之认为,杜牧关于十六卫的说法还是有可取之处的,通过部分恢复十六卫的军队统率模式,可以有效提升朝廷军队的战斗力,也能消化和安置部分归顺军队。

一　元和以后大臣有门户无天子

　　唐自元和以后,国之无人久矣。王守澄、陈弘志推刃天子,无有敢斥言之者,纵横两代,至文宗之季年,而后以他罪诛之,则刘克明何惮而不灭烛以弑少年之天子邪[①]?克明滔天之罪,发之者,王守澄等四宦竖也;斩之者,神策飞龙宦竖所将之兵也[②]。路隋以学士而为逆贼草制[③],韦处厚俯仰而推讨贼之功于江王[④],如是,尚可谓唐之有人乎?

【注释】

①刘克明(? —826):唐敬宗时宦官,受到敬宗宠信。宝历二年
　　(826),敬宗夜间捕狐狸为乐,回到宫殿中又与刘克明等宦官饮
　　酒,刘克明趁机与击球军将苏佐明等弑杀了敬宗,矫诏召翰林学
　　士路隋作诏书,命绛王领军国事,次日又下遗诏令绛王即位。枢
　　密使王守澄、杨承和、中尉梁守谦、魏从简与宰相裴度共迎江王
　　(即文宗),发左、右神策及六军飞龙兵讨伐刘克明,刘克明投井
　　而死。传见《新唐书·宦者列传》。
②飞龙:即飞龙兵,唐朝由内飞龙使掌管的一支骑兵。
③路隋(776—835):一作“路随”,字南式,阳平(今山东莘县)人。
　　贞元末年举明经,唐敬宗时任翰林学士、承旨学士。敬宗被弑杀

后,路隋受命作诏书令绛王继位。后在唐文宗时被拜为宰相,在
相位六年,参与机要,以清廉、耿直、襟怀坦白著称。传见《旧唐
书·路随列传》《新唐书·路隋列传》。

④韦处厚(773—828):本名淳,字德载,京兆万年(今陕西西安)人。
唐朝中期宰相。宝历二年(826)十二月,敬宗被神策军官佐刘克
明等人杀害,王守澄,梁守谦等又杀绛王,拥立江王李昂继位。
李昂当时犹豫,韦处厚进谏说:“《春秋》之法,大义灭亲,内恶必
书,以明逆顺;正名讨罪,于义何嫌? 安可依违,有所避讳!”李昂
采纳处厚之言,立即下诏即位,是为文宗。文宗即位后拜韦处厚
为相。太和二年(828)十二月,因急病而卒。著有《德宗实录》
《太和国计》。传见新、旧《唐书·韦处厚列传》。俯仰:应付,
周旋。

【译文】

　　唐朝自元和以后,国家已经很久没有忠臣了。王守澄、陈弘志弑杀
天子,却没有敢于申斥和揭发他们的人,他们在穆宗、敬宗时代横行无
忌,直到文宗在位末年,才以其他罪名将他们诛杀,如此则刘克明又怎
么能不毫无顾忌地熄灭蜡烛、弑杀少年天子唐敬宗呢? 刘克明犯下弑
君的滔天大罪,揭发他罪行的,是王守澄等四名宦官;斩杀他的,是神策
军、飞龙兵这些宦官所统率的军队。路隋身为翰林学士而为逆贼起草
诏书,韦处厚为了自保也将讨贼的功劳全部归于江王李昂,既然如此,
难道还能够说唐朝有真正的忠臣吗?

　　孙明复之治《春秋》曰:“称国以弑者,国之人皆不赦
也①。”胡氏讥其已酷②,非也;所谓国之人者,非下逮于庶人,
亦其当国之臣、允膺在宫在官之辟者也③。然则宪、敬二君
之弑,唐之大臣所可逭不赦之诛者谁也④? 韩弘、张弘靖、李

逢吉、王播、皇甫镈、韦处厚贤不肖无得而免焉。而李绛、裴度，忠贞为众望所归，亦何面目立新主之廷焉？当其时，宦竖之势张矣。然未至如汉末诸奄⑤，斩艾忠良⑥，空天下之群而无遗也；且未如肃、代之世，程元振、鱼朝恩杀来瑱如圈豚⑦，夺郭子仪之权位如夺婴儿之弄具也；刘蕡一摅其忠愤⑧，抗言不忌，虽不擢第，而抑无蔡邕髡钳、张俭亡命之祸⑨。则唐室诸臣，亦何惮而不孤鸣其公愤？呜呼！国之无人至于此极，而抑何以致此哉？

【注释】

①"孙明复"几句：孙明复，即孙复。其所著《春秋尊王发微·卷六》解释《春秋·文公十八年》"莒弑其君庶其"云："称国以弑，众也。谓肆祸者非一，故众弑君，则称国以诛之。言举国之人可诛也。"他认为若君主在位时被杀，举国之人都有罪。

②胡氏讥其已酷：胡氏，即胡安国。其所著《胡氏春秋传·卷二十八》解释《春秋·定公十三年》"薛弑其君比"云："称国以弑者，当国大臣之罪也。孙复以为举国之众皆可诛，非矣。三晋有国半天下，若皆可诛，刀锯不亦滥乎？颍川常秩曰：'孙复之于《春秋》，动辄有罪，盖商鞅之法耳。弃灰于道者，有诛；步过六尺者，有罚。其不即人心远矣。'"胡安国反对孙复称举国之人皆有罪的说法。

③允膺：承当，担任。

④逭（huàn）：宽恕，免除。

⑤奄：同"阉"。

⑥斩艾（yì）：斩杀。艾，通"刈"。

⑦圈（juǎn）豚：徐步趋行，如猪循圈而行。语出《礼记·玉藻》："圈

豚行,不举足,齐如流。"圈,转。

⑧摅(shū):抒发。

⑨蔡邕髡钳:蔡邕与司徒刘郃(hé)素不和,他的叔父蔡质又与将作大匠阳球有隙,而阳球是中常侍程璜的女婿,于是程璜让人诬告蔡邕,以致蔡邕、蔡质下洛阳狱,论罪弃市。后因中常侍吕强怜悯蔡邕无辜,替他向汉灵帝求情,最终"有诏减死一等,与家属髡钳徙朔方"。事见《后汉书·蔡邕列传》。髡钳,古代的一种刑罚,剃去头发,用铁圈束颈。张俭亡命:张俭任东部督邮时,曾举劾中常侍侯览及其母罪恶,请求朝廷诛杀他们,遂与侯览结怨。后侯览诬陷张俭为党人,朝廷下令通缉,张俭被迫流亡。事见《后汉书·党锢列传》。

【译文】

孙明复解释《春秋》时说:"如果皇帝在位时被杀,则举国之人都罪不可赦。"胡安国讥讽他这句话太过严酷,其实不然;所谓国之人,并非下及黎民百姓,而是指执政之臣、身处宫廷担任官职的大臣。按照这个标准,则宪宗、敬宗两位国君被弑杀,唐朝的大臣中能够免除不赦之罪的又有谁呢? 韩弘、张弘靖、李逢吉、王播、皇甫镈、韦处厚这些人,无论是贤能还是不肖,显然都难以免除不赦之罪。而李绛、裴度,忠诚正直,众望所归,又有什么面目站立在新皇帝的朝堂上呢? 当时,宦官的权势已经相当膨胀了。但还没有达到东汉末年诸宦官那样斩杀忠良之臣、将天下士人除灭殆尽的地步;也没有像肃宗、代宗时代,程元振、鱼朝恩杀来填就像循地转圈一样容易,剥夺郭子仪的权位就像夺走小儿的玩具一样轻松;刘蕡抒发自己忠诚悲愤的心情,无所顾忌地发言指责宦官,虽然没有取得功名,但也没有遇到像东汉蔡邕那样被迫受刑、像张俭那样被迫逃亡的祸患。如此则唐朝的诸位大臣,又有什么顾忌而不敢表达公愤、公开地鸣不平呢? 唉! 国家没有忠臣,竟到了这样的地步,又是什么导致了这种局面呢?

国家之大患,人臣之巨慝^①,莫甚于自相朋比,操进退升沉于同类之盈虚,而天子特为其酬恩报怨、假手以快志之人。所谓正人者,唯以异己相倾之徒为雌雄不并立之敌;其邪者,则以持法相抑之士为生死不戴天之仇。而非天子莫能代之以行其志,非左右持权之宦竖,莫能助己以快其欲。藉令当宪宗之弑^②,而建讨贼之旆,则岂徒弘志哉?守澄其渠帅也;匪徒守澄,郭后其内贼也;匪徒郭后,穆宗其戎首也。推究至极,不容中已。而守澄尸威福之柄,两立于邪正之交,以持衡而颠倒之;郭后挟国母之尊,穆宗固世適之重^③,天位既登,动摇不可。则发义问者此党之人,而彼党即乘瑕而进。功隳名败^④,身不保而祸延同类。于是素有忠直之望者,亦惴惴然惜门户以图伸;而依附之士,咸啮指扪舌以相劝止^⑤。低回一起,慷慨全消,方且尊太后,肆大赦,以掩其恶而饰之,因循安位,以求遂其汲引同汇、拒绝异己之情。为君子者,固曰吾以是为善类地也,而况匪人之比哉?宦竖乃以知外庭之情志,视君父之死如越人之肥瘠^⑥,闭户自保,而以不与为安。敬宗虽无刘子业、萧宝卷之凶淫,一失其意,而刀割其胸^⑦,何不可使路隋、韦处厚泚笔弄舌以文其大恶乎^⑧?呜呼!盈廷若是,而按孙氏《春秋》之法,非诬也。李绛、裴度虽云贤者,其能逃于法外哉?

【注释】

①慝(tè):邪恶。

②藉令:假使。

③適(dí):同"嫡"。

④隳(huī)：毁坏。

⑤扪舌：按住舌头，表示不发声。

⑥越人之肥瘠：语本韩愈《争臣论》："视政之得失，若越人视秦人之肥瘠，忽焉不加喜戚于其心。"后世因以"越人肥瘠"或"越瘦秦肥"比喻痛痒与己无关。

⑦剚(zì)：用刀刺。

⑧沘(cǐ)笔：以笔蘸墨。

【译文】

　　国家的大患，身为人臣的大恶，莫过于相互结为朋党，以壮大本党派力量为着眼点，操持进退升降的大权，这样天子就被这些人当成了他们酬答恩情、报复敌人以求自己痛快的工具。所谓的正人君子，只把那些因与自己意见不合而倾轧对抗自己的人当作不能并立的敌人；而邪恶的人，则会把那些依照法度惩治自己的人当作不共戴天的生死仇敌。双方要实现自己的目的，除了天子，没有谁能够代他们实现自己的意愿。除了天子身边把持权柄的宦官，没有谁能帮助他们满足自己的私欲。假如在宪宗被弑杀后，大臣们立即举起讨贼的旗帜，那么应该被讨伐追责的，难道仅仅只有一个陈弘志吗？王守澄还是他的首领呢；不仅是王守澄，郭皇后还是宪宗宫中的内应呢；不仅是郭皇后，穆宗还是此事的始作俑者呢！既然要追根求底，那么就不能追到中途便停止。而实际上王守澄掌握着作威作福的大权，居于正邪两派之间，玩弄权术，翻手为云，覆手为雨；郭皇后凭借身为国母的尊贵身份，穆宗本就是先皇嫡子，他既然已登上皇位，其地位就不可动摇了。如果此时其中一党的大臣秉持正义追究弑杀宪宗的真凶，则另一党势必会趁机攻击他们，借机上位。这一党就会功败名裂，不仅自身难保，还会连累同党。所以素来有忠诚正直之名声的大臣，也惴惴不安，为自己的党派门户考虑，以求得自身的发展；而依附于他的人，更是会咬指按舌地拼命阻止他公开发难。这种退缩情绪一产生，慷慨激昂的义气就完全消散了，所以他们就转而去尊奉太后,肆行大赦,从而掩盖真相、粉饰太平,因循苟且,只求保住自己的位置,从而达到他们提拔自己的同党、排斥异己的目的。身为君子的人,尚且会说我这样做是为了给善良之士谋得一席之地,何况那些小人呢?由此宦官便知晓了外廷大臣的情操和志向,知道他们把君王的死看作无关痛痒的事,闭门自保,把不参与这种事情当作保全自身的手段。敬宗虽然并不像刘子业、萧宝卷那样凶恶荒淫,但只要一惹宦官不高兴,就被宦官拿刀弑杀掉了,既然如此,让路隋、韦处厚这些人卖弄口舌笔墨之才来掩饰宦官们的大奸大恶,又有什么不可以呢?唉!满朝上下的大臣皆是如此,而按照孙明复所申论的《春秋》之法,说朝廷没有真正的忠臣,也并非是诬陷。李绛、裴度虽然号称是贤者,但他们能够逃避这一《春秋》之法的追责吗?

　　李长源归卧衡山①,而李辅国不敢竟其恶;郭汾阳罢兵闲处,而鱼朝恩不敢肆其毒;君子不浮沉于爵禄权势之中,乱臣贼子自有所畏忌而思戢。元和以降,所号为大臣者,皆苒苒于不进不退之交,而白刃两加于天子之脰②。唐之无人,厥有繇矣。文宗进李训、郑注而谋诛内贼,非尽不明也。人皆知有门户,而不知有天子,无可托也。

【注释】

①李长源:即李泌。

②脰(dòu):脖子,颈。

【译文】

　　当初李泌虽归隐衡山,而李辅国仍不敢肆无忌惮地为非作歹;郭子仪虽被剥夺兵权,在家闲居,而鱼朝恩仍不敢为所欲为;君子不在爵禄权势之中浮沉周旋,乱臣贼子自然有所顾忌,而不得不有所收敛。元和以后,号称是大臣的人,都徘徊于不进不退的境地,贪恋权位,于是天子被弑杀的情况竟出现了两次。唐朝没有真正的忠臣,可见是有其来由的。文宗任用李训、郑注,与他们谋划尽杀宦官,也并非完全的昏庸之举。当时的大臣只知道有党派利益,而不知道有天子,天子没有大臣可以倚靠,所以只能依靠李训、郑注这些人了。

二　朋党倏忽离合

朋党兴,而人心国是如乱丝之不可理,将孰从而正之哉? 邪正无定从,离合无恒势,欲为伸其是、诎其非,画一是非以正人之趋向,智弗能知,勇弗能断。故文宗曰:“除河北贼易,去朝廷朋党难。”亦非尽暗弱之说也。

【译文】

朋党兴起,则人心和国家大政就像乱麻一样难以梳理清楚,应当听从哪一派的主张来进行纠正呢? 谁正谁邪难以确定,党派之间成员的离合变化也非常频繁,在这种情况下,想要遵从正确的主张、抨击错误的主张,确立一个统一的是非标准来引导人们的方向,则聪明的人也不知道如何办到,勇敢的人也不知道如何决断。所以文宗说:“除去河北藩镇的叛贼容易,想要消除朝廷上的朋党却很难。”这句话并不完全是暗弱无能的说法。

李宗闵、牛僧孺攻李吉甫,正也;李德裕修其父之怨而与相排摈,私也。乃宗闵与元稹落拓江湖①,而投附宦官以进,则邪移于宗闵、稹;而德裕晚节,功施赫然,视二子者有薰莸之异矣②。李逢吉之恶,夫人而恶之,德裕不与协比,正也;而忽引所深恶之牛僧孺于端揆③,以抑逢吉,而睦于僧孺,无定情矣。德裕恶宗闵，讦贡举之私以抑之，累及裴度，度不以为嫌，而力荐德裕入相，度之公也；李宗闵与度均为被讦之人，乃背度而相倾陷，其端不可诘矣。宗闵与稹始皆以直言进，既皆与正人忤，而一争进取，则稹合于德裕以沮宗闵，两俱邪而情固不可测矣。杨汝士之污浊，固已；德裕以私怨蔓延而讦之使贬，俾与裴度、李绅同条受谤，汝士之为贞邪不决矣。白居易故为度客，而以浮华与元稹为胶漆之交，稹之倾度，居易不免焉，而德裕亟引其从弟敏中④，抑又何也？李训、郑注欲逐德裕，而荐宗闵以复相，乃未几陷杨虞卿而窜宗闵于明州⑤，何其速也？聚散生于俄顷，褒贬变于眴眳⑥，是或合或离、或正或邪，亦恶从而辨之哉？上无折中之宸断⑦，下无臧否之定评，颠倒天下以胥迷乱，智者不能知，果者不能决也。揆厥所繇⑧，则自李绛恃其忠直而不知大臣之体，与小人比肩事主，而相角以言。口给之士，闻风争起，弄其辅颊⑨，议论兴而毛举起，权势移而向背乖，贸贸焉驰逐于一起一伏之中⑩，惊波反溅，罔知所届，国家至此，其将何以立纲纪而保宗祐哉⑪？

【注释】

①落拓：潦倒失意。

②薰莸（yóu）：香草与臭草。

③端揆（kuí）：指相位。

④敏中：指白敏中（792—861），字用晦，华州下邽（今陕西渭南东北）人，白居易从弟。早年曾入李听幕府，后受李德裕举荐，担任翰林学士，又迁中书舍人、兵部侍郎等职。唐宣宗继位后，白敏中以兵部侍郎同平章事成为宰相。大中五年（851），白敏中以宰

相身份出镇,讨平党项叛乱。唐懿宗继位后,白敏中回朝,再度被拜为宰相。次年在凤翔节度使任上病逝。传见新、旧《唐书·白敏中列传》。

⑤杨虞卿:字师皋,虢州弘农(今河南灵宝)人。唐中期大臣。元和五年(810)进士,累擢监察御史,后受到李宗闵器重,官至京兆尹。他性格柔佞,能阿附权幸以为奸利。太和九年(835),因得罪郑注等人,连贬虔州司马、虔州司户参军,卒于任上。传见新、旧《唐书·杨虞卿列传》。明州:治今浙江宁波。

⑥睚眦:瞋目怒视,瞪眼看人。借指微小的怨恨。

⑦宸断:皇帝的裁决、决断。

⑧揆(kuí):揣度。

⑨辅颊:上颌与面颊。泛指面颊。

⑩贸贸:纷乱的样子。

⑪宗祏(shí):宗庙,宗祠。

【译文】

李宗闵、牛僧孺攻击李吉甫弄权,这是正当的;李德裕因为其父亲李吉甫与他们两人的私怨,就排斥、打击他们二人,这是出于一己之私。可是李宗闵与元稹因为官场失意,就投靠、依附宦官以求得到拔擢,则李宗闵、元稹就转而成了邪恶的一方;而李德裕晚年,为国家立下了显赫的功劳,与这两个人相比,简直像拿香草与臭草对比一般。李逢吉作恶多端,人们都厌恶他,李德裕不与他这样的人为伍,这是正当的;可是他因此便忽然举荐自己向来十分厌恶的牛僧孺出任宰相,以抑制李逢吉,并试图与牛僧孺建立和睦关系,这就属于反复无常了。李德裕厌恶李宗闵,于是攻击他在科举中的徇私行为来打击他,这一攻击牵连到了裴度,裴度并不因此怪罪他,反而力荐李德裕入朝担任宰相,这显示了裴度的大公无私;李宗闵与裴度同样是被李德裕攻击的人,却背叛裴度,反过来构陷他,他的用心可谓险恶难测。李宗闵与元稹最初都因为直言敢谏而得到进用,等到他们得势后却与正人君子相对抗,为了争夺权势,元稹便与李德裕合作以排挤李宗闵,李宗闵与元稹都是奸邪之人,他们的心思本来就同样难以揣测。杨汝士贪赃枉法,这是事实;李德裕出于私怨而揭发科场弊案,导致杨汝士被贬,使他与裴度、李绅同时遭受弹劾,则杨汝士到底是正是邪,难以论定。白居易曾经做过裴度的宾客,可是他却因为爱慕浮华而与元稹成了如胶似漆的朋友,元稹倾轧排挤裴度,白居易也做过帮凶,可是李德裕又迅速拉拢举荐白居易的堂弟白敏中,这又是为了什么呢?李训、郑注想要驱逐李德裕,而推荐李宗闵复任宰相,可是不久就构陷杨虞卿而将李宗闵贬黜到明州,为何态度转变如此之快?聚散在很短的时间内就发生,褒贬因为很小的事情就改变,如此则或合或离、或正或邪,又怎么能够加以分辨呢?上无皇帝折中的决断,下无众人褒贬的定评,颠倒黑白,使天下人都陷入迷乱状态,聪明的人也看不清局势,果决的人也难以做出决断。考察这种情况产生的根由,则是从李绅自恃其忠诚正直而不知道作为大臣的应有格局,与小人一道事奉君王,用言论来相互对抗开始的。于是善于搬弄是非的人闻风争相而起,鼓动口舌,发出各种议论,琐碎地列举各种事情,于是权势发生转移,是非向背的标准被模糊,各派都纷乱无序地驰逐在此起彼伏中,激起的惊涛反溅起浪花,不知道其边界在哪里,国家到了这个地步,还怎么能够维持纲纪、保住宗庙社稷呢?

　　唐、宋以还,败亡一轨,人君尸居太息而末可如何①。呜呼!乱之初生,自所谓君子者开之,不但在噂沓之小人也②。吕吉甫、章惇之害未去③,而首击伊川者④,司马公之门人苏轼、苏辙也;奄党之祸未除,而特引阮大铖以倾众正者⑤,温体仁所击之钱谦益也。当王介甫恶二苏之日⑥,体仁陷谦益之时,岂料其速变之如斯哉?烈火焚原而东西不知所极,公忠体国之大臣虑之已早，镇静慎默以赞天子之独断，而人心戢、风俗醇。苟非其人，弗能与于斯也。

【注释】

①末：表示否定，相当于"未"。

②嗺(zǔn)沓：喧哗吵闹。

③吕吉甫：即吕惠卿(1032—1111)，吉甫是其字，号恩祖，泉州晋江(今福建泉州)人。北宋大臣。嘉祐二年(1057)中进士，因和王安石政治理念相合而获得他的器重和宋神宗的信任。在熙宁初年辅助王安石进行变法，王安石第一次被罢相后，吕惠卿出任参知政事，继续推动变法。但也与王安石发生矛盾，二人最终关系破裂。王安石回朝后，吕惠卿被贬出京，从此远离政治中心。哲宗亲政后，一度得到任用。传见《宋史·奸臣列传》。

④伊川：指程颐。

⑤阮大铖(chéng，约 1587—1646)：字集之，怀宁(今安徽安庆)人。明末大臣、戏曲作家。以进士身份步入仕途后，先依附东林党，后依附魏忠贤，在崇祯朝因附逆罪去职。明亡后在福王朱由崧的南明朝廷中官至兵部尚书，对东林、复社人员大加报复，南京城陷后降于清，后病死于随清军攻打仙霞关的石道上。传见《明史·奸臣列传》。

⑥王介甫恶二苏：王介甫，即王安石。据《宋史·苏轼列传》记载，王安石执政，素来厌恶苏轼的议论与自己不同。熙宁四年(1071)，王安石"欲变科举、兴学校"，苏轼上奏有所议论，王安石不悦。王安石创行新法，苏轼上书论新法不利，且见王安石"赞神宗以独断专任"，于是在试进士策时结合历史以"独断"为题。结果王安石大怒，令御史论奏苏轼的过失，苏轼于是请求外任。另据《宋史·苏辙列传》记载，青苗法施行时，朝廷内外迎合王安

石而不敢言弊。苏辙写信给王安石，竭力陈说不可行之处。王安石怒，想要加罪于苏辙，后陈升之加以劝阻。

【译文】

唐、宋以来，天下败亡的情形如出一辙，都是国君空有其位、大声长叹，眼睁睁看着国家灭亡而无可奈何。唉！祸乱的最初产生，就是由所谓君子开启的，责任并非仅应由喧哗吵闹的小人来承担。宋代吕惠卿、章惇的祸害还没有被消除干净时，率先出来攻击程颐的，正是司马光的门人苏轼、苏辙；明末阉党的祸患尚未消除，就特地把阮大铖引入朝中、使他攻击各位正直之臣的，正是被温体仁所攻击的钱谦益。当王安石厌恶苏氏两兄弟的时候，当温体仁构陷钱谦益的时候，难道能料到他们立场的转变会如此迅速吗？烈火焚烧原野，火势东西蔓延，不知道到哪里才会停下来，公忠体国的大臣如果能及早谋划，以镇静、谨慎、缄默的态度支持天子乾纲独断，则人心自然会收敛、风俗也就会淳厚起来。如果不是合适的人，是做不到这一点的。

三　文宗思讨宦竖非训注申锡无可倚任

文宗耻为弑君之宦竖所立，恶其专横而畏其害己也，且夕思讨之，四顾而求托其腹心，乃擢宋申锡为相①，谋之不克，申锡以死，祸及懿亲②，而更倚李训、郑注、王涯、舒元舆以致甘露之变③。申锡之浅躁，物望不归；训、注则无赖小人，舔宦竖以进，倾危显著，可畏而不可狎；涯、元舆又贪浊之鄙夫也。文宗即不足与于知人之哲，亦何颠越乃尔哉④？于其时，非无勋望赫奕之元臣如裴中立、英果能断之伟人如李文饶⑤；而清谨自持如韦处厚、郑覃者，犹不致危身以偾国⑥。文宗俱未进与密谋以筹善败，独决意以托匪人，夫亦有故存焉。

【注释】

①宋申锡(？—833)：字庆臣。唐朝中期大臣。敬宗时任翰林侍讲学士，因行事谨慎、不结党，得到文宗信任，任中书舍人、翰林学士，太和四年(830)拜相。他协助唐文宗谋划清除权阉，被诬勾结漳王李凑谋反，贬为太子右庶子，再贬开州司马，卒于贬所。传见新、旧《唐书·宋申锡列传》。

②懿亲：指皇室宗亲。

③舒元舆(？—835)：婺州东阳(今浙江东阳)人。元和八年(813)中进士，后被宰相裴度荐为兴元书记，累迁刑部员外郎、著作郎。文宗太和九年(835)九月被拜为宰相。与李训、郑注谋诛宦官，但机密泄露，在甘露之变中被杀，居相位仅两个月。传见新、旧《唐书·舒元舆列传》。甘露之变：太和九年(835)，不甘受宦官控制的唐文宗决定与李训、郑注等谋划诛杀宦官。十一月二十一日，李训使左金吾卫大将军韩约奏称，金吾左杖院的石榴树夜间降下甘露，以此诱骗神策中尉仇士良等前往观看，借机诛杀宦官。结果事情败露，仇士良派神策军大杀朝官，李训、郑注、王涯、贾餗、舒元舆、王璠、郭行余、罗立言、李孝本、韩约等朝官皆被族诛，因受牵连而被杀的大小官员达数百人。甘露之变后，宦官势力更为强大。事见《旧唐书·文宗本纪》《旧唐书·李训列传》等。

④颠越：废失，失误。

⑤赫奕：显赫的样子。裴中立：即裴度。李文饶：即李德裕。

⑥偾(fèn)：败坏，毁坏。

【译文】

　　文宗耻于被弑杀君王的宦官拥立，厌恶宦官的专横而惧怕他们谋害自己，每天早晚都谋划要讨伐宦官，他四下观望，希望能找到做自己心腹的人，于是拔擢宋申锡做宰相，可是他们谋划诛除宦官没有成功，宋申锡因此被贬黜而死去,而且还连累了皇室宗亲,于是文宗转而依靠李训、郑注、王涯、舒元舆这些人,最终导致了甘露之变的发生。宋申锡浅薄浮躁,并非众望所归的人物;李训、郑注则都是无赖小人,靠着巴结宦官才得以上位,他们明显是奸诈阴险的小人,让人畏惧而不可接近;王涯、舒元舆又都是贪赃枉法的腐败分子。文宗即使在知人善任方面称不上优秀,但这个时候又何至于犯下如此大的错误呢?这个时候,并非没有德高望重、功勋显赫的元老之臣,比如裴度,并非没有英武果决、能断大事的大臣,比如李德裕;而清廉谨慎、克己奉礼的臣子,比如韦处厚、郑覃这样的人,任用他们也尚且不至于危及自身、败坏国事。可是文宗完全没有与他们密谋以筹划诛除宦官的策略,而是独自下定决心,托付错了人,这种做法也是有原因的。

　　唐之诸臣,皆知有门户而不知有天子者也。宠以崇阶,付以大政,方且自诧曰:此吾党之争胜有力而移上意以从己。其心固漠然不与天子相亲,恃其朋类争衡之战胜耳。故以裴中立之誉望崇隆,为四朝之元老,而陈弘志之弑,杜口包羞;若李文饶,则假宦竖王践言以内召①;而李宗闵、元稹、牛僧孺之恃阴腐为奥援者②,又勿论也。

【注释】

①王践言:唐朝宦官。文宗时担任西川监军,与时任西川节度使的李德裕建立了交情。后来王践言回京担任枢密使,趁机在文宗面前为李德裕讲话,促成文宗召回李德裕。后因与王守澄争权失败而被贬,不久被赐死。其事见于新、旧《唐书·李德裕列传》。

②阴腐:指宦官。

【译文】

唐朝的诸位大臣,都只知道有门户派别而不知道有天子。天子赐予他们崇高的职位,让他们掌管国家大政,他们自己还会惊讶地认为:这是自己所属派别在党派斗争中占据了上风,从而使得皇帝改变意志来听从自己一派的意见。他们的心本来就冷漠地不与皇帝相亲近,只想着依仗自己同党在党争中取得胜利。所以像裴度这样在朝廷内外都享有很高声誉的四朝元老,在陈弘志弑杀宪宗后,也闭口不言,忍受羞辱;至于李德裕则凭借宦官王践言的力量才得以被天子召回朝中;而李宗闵、元稹、牛僧孺这些将宦官当作内援的臣子,就更不必说了。

外有不相下之仇敌,则内不可更有相忤之中人;争衡于一进一退之间,则不能复问大贞大邪之辨;文宗盖流览踌躇,知其无可与谋也。而宋申锡以轻狷不审去就之庶尹[①],为两党所不推;舒元舆、王涯、贾𫗧[②],则首鼠两端,持禄免咎者也;训、注之邪,上知之矣,乃其不择而击之力,一试之德裕,再试之宗闵,两党皆其所搏噬,庶谓其无所固执而可借为爪牙者耳。

【注释】

①轻狷:轻佻躁急。庶尹:百官,官僚。

②贾𫗧(sù,?—835):字子美,河南(今河南郑州)人。唐中期大臣。太和初历任中书舍人、礼部侍郎,太和九年(835)拜相。后来李训密谋诛灭宦官,事情败露,贾𫗧亦遭其祸,被灭族,世人多为其冤。传见新、旧《唐书·贾𫗧列传》。

【译文】

作为朝廷的大臣,如果在外有与自己不相上下的仇敌,在内就不可再有自己不敢忤逆的宦官;在一进一退之间与其他派别的臣子相互斗争,自然就不能再分辨清楚所谓大正与大邪;文宗大概也是遍观朝臣、踌躇不已,知道满朝大臣都不是能够与自己在一起谋划大事的人。而宋申锡因为是轻佻急躁而不能谨慎审时度势的鄙俗官吏,因而不被两党所推崇,舒元舆、王涯、贾𫗧,则首鼠两端,只求坐享俸禄、逃避灾祸;李训、郑注的奸邪,文宗是知道的,可是这两个人对在朝大臣攻击起来不遗余力,先是攻击李德裕,后又攻击李宗闵,牛、李两党都是他们搏击吞噬的对象,或许文宗就认定这两个人无党,因此可以作为自己的心腹爪牙。

　　悲夫!自长庆以来[1],所敢以一言触宦竖者,独一刘从谏而已[2],而固防其且为董卓也。则文宗不以委之申锡、训、注而谁倚乎?藉令谋之中立,而中立未必应也;谋之文饶,而文饶固不从也;谋之处厚、覃,而处厚、覃且战栗以退也;谋之宗闵、僧孺,而比于宦官以反噬也。故文宗交不敢信,而托之匪人。无他,环唐之廷,大小臣工贤不肖者,皆知有门户,而忘其上之有天子者也。弑两君,杀三相,裴中立且自逍遥于绿野[3],而况他人乎?

【注释】

①长庆:唐穆宗李恒的年号,使用时间为821—824年。

②刘从谏(? —843):唐朝藩镇将领,泽潞节度使刘悟之子。唐敬宗宝历元年(825),刘悟病卒,他以父亲遗表求为留后,通过贿赂李逢吉、王守澄等人,得到朝廷承认。太和六年(832)入朝觐见文宗,次年返回昭义军。甘露之变后,为在政变中被杀的宰相王涯上书鸣冤,矛头直指权宦仇士良。仇士良怨怒于刘从谏,扬言

他有窥伺之心,而刘从谏"亦妄言清君侧",因此与朝廷产生猜
忌。武宗时病卒。传见《旧唐书·刘从谏列传》《新唐书·藩镇
宣武彰义泽潞列传》。

③绿野:指绿野堂,裴度的私第,位于东都洛阳集贤里。

【译文】

唉!自穆宗长庆年间以来,敢于用言语来触犯宦官的人,只有一个
刘从谏而已,但朝廷又担心他会成为像董卓那样的人,因而十分防范
他。如此则文宗不把诛除宦官的大任交给宋申锡、李训、郑注,还能依
靠谁来办成这件事呢?假使文宗向裴度征求意见,裴度也未必会回应
他;假使向李德裕征求意见,李德裕也必定不会赞同文宗的做法;要是
让韦处厚、郑覃参与谋划,这两个人必定会战栗不已,请求辞退而去;如
果与李宗闵、牛僧孺谋划此事,这两个人则会勾结宦官,反咬文宗一口。
所以文宗对这些大臣都不敢相信,因此才会将大任托付给了错误的人。
这没有别的原因,整个唐朝廷上,大小臣子,无论贤能还是不肖,都只知
道有门户党派,而忘记了在门户党派之上还有天子。宦官们弑杀了两
位君王,杀害了三位宰相,裴度尚且在绿野堂逍遥自在,何况其他人呢?

四　牛李维州之辨

牛、李维州之辨①,伸牛以诎李者,始于司马温公。公之
为此说也,惩熙丰之执政用兵生事,敝中国而启边衅,故崇
奖处镕之说②,以戒时君。夫古今异时,强弱异势,战守异
宜,利害异趣,据一时之可否,定千秋之是非,此立言之大
病,而温公以之矣。

【注释】

①牛、李维州之辨:太和五年(831),吐蕃维州守将悉怛谋举城降于

西川节度使李德裕。李德裕向朝廷奏明情况,建议接受请降并伺机进攻吐蕃。宰相牛僧孺则认为"中国御戎,守信为上",不可违背长庆之盟,坚决主张不接受悉怛谋的归降。唐文宗听从牛僧孺的意见,诏李德裕遣返降者。吐蕃遂将悉怛谋及随同投降的男女老幼三百余口尽皆诛杀于境上,情形极其残酷。此事使牛、李结怨愈深。事见《旧唐书·牛僧孺列传》《旧唐书·李德裕列传》。辨,通"辩"。

②处锌(chún):附和,随和。锌,通"淳"。

【译文】

针对牛僧孺、李德裕在维州事件中的论辩,支持牛僧孺而否定李德裕的论调,始于司马光。司马光之所以持这种看法,是因为熙宁、元丰年间执政大臣轻言用兵、挑起事端,使中原遭受损失、边疆不再安宁,所以他要通过推崇、赞赏维护稳定局面的观点,从而告诫当时的君王不要轻易挑起边境战事。古今时代不同,中原与夷狄实力强弱的对比不同,是战还是和的判断自然也不同,利害关系早已发生了变化,根据一时的可否,来决定千秋的是非,这是立言的大忌,而司马光却恰恰犯了这个错误。

　　乃所取于牛僧孺之言抑德裕者,曰诚信也。诚揭诚信以为标帜,则谋臣不能折,贞士不能违,可以慑服天下之口而莫能辩。虽然,岂其然哉?夫诚信者,中国邦交之守也。夷狄既逾防而为中夏之祸矣,殄之而不为不仁,夺之而不为不义,掩之而不为不信。使恤彼相欺之香火,而养患以危我社稷、杀掠我人民、毁裂我冠裳也①,则太王当终北面于獯鬻,文王可永奉币于昆夷②,而石敬瑭、桑维翰、汤思退、史弥远允为君子矣③。

【注释】

①冠裳：指文明、礼仪制度。

②太王当终北面于獯鬻(xūn yù)，文王可永奉币于昆夷：语本《孟子·梁惠王下》："惟仁者为能以大事小，是故汤事葛，文王事混夷。惟智者为能以小事大，故大王事獯鬻，句践事吴。"太王，亦作"大王"，指先周时期周部落的领袖古公亶父，他是周文王的祖父，率领周部落迁移到了岐山周原。其事见于《史记·周本纪》。獯鬻，古族名，即北狄（秦汉时的匈奴）。相传远古时曾遭黄帝驱逐，殷周之际游牧于今陕西、甘肃北境及宁夏、内蒙西部。昆夷，亦作"混夷"，古代西北民族，即犬戎。殷、周时期，游牧于泾、渭流域，即今陕西彬县、岐山一带。

③汤思退(? —1164)：字进之，处州（今浙江丽水）人。在南宋高宗、孝宗两朝三度出任宰相。他执政期间，主张金宋议和，并奉旨割让疆土，极力排挤主战派张浚。后被罢官贬至永州，忧悸而死。传见《宋史·汤思退列传》。

【译文】

　　司马光用牛僧孺的话来贬抑李德裕，主题无外乎诚信。如果确实是把诚信当作旗帜，则谋臣无法反驳，忠贞之士也无法违抗，确实可以慑服天下人，使他们不能开口争辩。尽管如此，事实果真是那样吗？所谓诚信，是中原王朝与外邦交往的基本准则。可是夷狄既然逾越界限，给中原带来了祸患，则消灭他们也不算不仁，夺取他们的财富也不算不义，袭击他们也不算不守诚信。假如因为怜悯而对他们发慈悲，给他们留下可以继续欺压中原王朝的香火，养虎遗患，从而使他们有朝一日威胁到华夏的江山社稷、杀掠华夏人民、毁灭华夏文明，则无异于是说，周太王应当始终臣服于獯鬻，文王应该永远向昆夷贡纳财物，而石敬瑭、桑维翰、汤思退、史弥远这些人，也可以被称为君子了。

突厥、回纥，唐曲意以下之者，皆有功于唐，舍其暂时之恶，而以信绥之，犹之可也。然而且有不必然者，其顺逆无恒，驭之有制，终不可以邦交之道信其感乎也。况乎吐蕃者，为唐之封豕长蛇①，无尺寸之效，有邱山之怨，偶一修好，约罢戍兵，而于此言诚信乎？僧孺曰："徒弃诚信，匹夫之所不为。"其所谓诚信者，盖亦匹夫之谅而已矣。其以利害言之，而曰："彼若来责，养马蔚茹川②，上平凉坂③，万骑缀回中④，不三日至咸阳桥⑤。"是其张皇虏势以相恐喝也，与张仪夸秦以胁韩、楚之游辞，同为千秋所切齿。而言之不忌，小人之横，亦至此哉！

【注释】

①封豕长蛇：大猪与长蛇，比喻贪婪凶暴的人。语出《左传·定公四年》："吴为封豕、长蛇，以荐食上国，虐始于楚。"封，同"丰"，大。

②蔚茹川：又名蔚茹水，即今宁夏南部黄河支流清水河。

③平凉坂：指平凉附近的坡地。

④回中：古道路名。南起汧（qiān）水河谷，北出萧关，因途经回中宫而得名，是古代关中平原与陇东高原间的交通要道。

⑤咸阳桥：即西渭桥，是唐代由长安通往西域、巴蜀的交通要道。

【译文】

对于突厥、回纥，唐朝之所以违背本意给予他们诸多礼遇，是因为他们都曾有功于唐朝，所以可以暂时不理会他们作的恶，而用信义来安抚他们，这尚且是可以理解的。然而也有不应如此对待他们的理由：他们反复无常，只能用一定的方法去驾驭他们，而终究不可以用邦交之道来感化他们，使他们心悦诚服。何况吐蕃对于唐朝而言就像贪婪凶暴的大猪与长蛇,不但没有一点贡献,反而与唐朝结下无数仇怨,双方偶尔修好,约定罢去边境驻军,就能够用诚信原则来对待他们了吗?牛僧孺说:"白白地放弃诚信原则,这是匹夫也不会做的事。"他所谓的诚信,大概也不过是匹夫的一孔之见罢了。他分析利害,对文宗说:"如果吐蕃因为我们违背盟约来问责我们,他们就会在蔚茹川养马,登上平凉坂,他们的数万骑兵就会在回中道连绵不绝,不出三日就能攻到咸阳桥。"这是为敌人虚张声势来恐吓文宗,与当年张仪夸大秦国实力来胁迫韩国、楚国的游说之词是一样的,同样都被千秋万代的人所痛恨。而牛僧孺说这些话时毫无顾忌,小人的专横,竟然到了这样的地步!

　　夫吐蕃自宪宗以后,非复昔之吐蕃久矣。元和十四年①,率十五万众围盐州②,刺史李文悦拒守而不能下③,杜叔良以二千五百人击之④,大败而退;其明年,复寇泾州⑤,李光颜鼓厉神策一军往救⑥,惧而速退;长庆元年,特遣论讷罗以来求盟⑦,非慕义也,弱丧失魄,畏唐而求安也。其主彝泰多病而偷安⑧,不数年,继以荒淫残虐之达磨⑨,天变于上,人叛于下,浸衰浸微,而论恐热、婢婢交相攻以迄于亡⑩。安得如僧孺之言,扣咸阳桥、深入送死而无择哉?敛手颒颜⑪,取悉怛谋献之,使磔于境上⑫,以寒向化之心。幸吐蕃之弱也,浸使其强⑬,目无唐,而镟刃之下岂复有唐乎?

【注释】

①元和十四年:公元819年。

②盐州:治今陕西定边。

③李文悦:唐朝将领。宪宗元和末年任盐州刺史,吐蕃以十五万军队包围盐州,外无援兵,李文悦率士卒力战,最终迫使敌军退兵。

因功进封右金吾将军,敬宗时授丰州刺史、天德军防御使。文宗时先后出任灵武节度使、兖海沂密节度使。其事见于新、旧《唐书·吐蕃列传》。

④杜叔良:唐朝将领。长庆元年(821)三月,与吐蕃交战,击败吐蕃军队。当年十月,出任沧州刺史、横海军节度使。次年因作战不利而被贬为归州刺史。其事见于《新唐书·穆宗本纪》《新唐书·史敬奉列传》。

⑤泾州:治今甘肃泾川。

⑥厉:同"励"。

⑦长庆元年,特遣论讷罗以来求盟:唐穆宗长庆元年(821)六月,因唐与回纥和亲,吐蕃进犯青塞堡,盐州刺史李文悦发兵攻打。同年九月,吐蕃派遣礼部尚书论讷罗前来求盟。穆宗命大理卿刘元鼎为吐蕃会盟使,与吐蕃会盟。次年,刘元鼎等人又与论讷罗同赴吐蕃就盟。唐与吐蕃的此次会盟史称"长庆会盟"。事见新、旧《唐书·吐蕃列传》。

⑧彝泰:吐蕃王朝可黎可足赞普所用的年号,使用时间为815—841年,此处代指可黎可足赞普。

⑨达磨:吐蕃赞普。可黎可足赞普之弟。在位期间嗜酒好猎、残暴无道,致使国政大乱。达磨死后,吐蕃政权分裂。其事见于《新唐书·吐蕃列传》。

⑩论恐热(?—866):吐蕃晚期将领。达磨赞普死后,吐蕃王室分裂,论恐热起兵攻杀国相尚思罗。又与吐蕃鄯州节度使尚婢婢交战,屡为尚婢婢所败。宣宗时入朝于唐,不久再次叛乱。懿宗时为吐蕃将拓跋怀光所杀。婢婢:即尚婢婢。吐蕃晚期将领。达磨赞普死后,为大将论恐热所忌。二人数次交战,尚婢婢屡败论恐热。宣宗时留部将拓跋怀光守鄯州,率部就水草于甘州以西。二人之事散见于《资治通鉴·唐纪六十四·武宗皇帝·

会昌五年》《资治通鉴·唐纪六十五·宣宗皇帝·大中四
年》等。

⑪頫(fǔ)：同"俯"。

⑫磔(zhé)：斩杀。

⑬浸使：假使。

【译文】

吐蕃自唐宪宗时期以后，就早已经不再是昔日的吐蕃了。元和十四年，吐蕃出动十五万军队围攻盐州，刺史李文悦坚守城池，吐蕃无法攻下盐州，杜叔良率两千五百人进攻吐蕃军，吐蕃军大败而被迫撤退；第二年，吐蕃又入侵泾州，李光颜率领神策军一部前往救援，吐蕃人因为恐惧而迅速撤军；长庆元年，吐蕃特地派遣论讷罗来请求与唐朝结盟，并非仰慕唐朝仁义，而是因为战败导致失魂落魄，畏惧唐朝，所以希望通过结盟来求得安全。吐蕃赞普彝泰多病，所以苟且偷安，没过几年他就死了，荒淫暴虐的达磨赞普上台，上有天灾，下有民变，于是吐蕃日益衰微，而后其内部又有论恐热、尚婢婢相互攻击，最终导致吐蕃灭亡。这种情况下，吐蕃又怎么可能像牛僧孺所说的那样，不加考量地直杀到咸阳桥，深入唐朝境内来送死呢？文宗听了牛僧孺的话，低头拱手地把悉怛谋献给吐蕃，使吐蕃在边境上将其残忍杀害，从而寒了外族人士的归化之心。幸好当时吐蕃已经很衰弱了，如果吐蕃仍非常强盛，经过此事就不会再把唐朝放在眼里，那么在他们的箭镞锋刃之下，唐朝哪里还能存续下去呢？

僧孺又曰："吐蕃四面万里，失一维州，未损其势。"则其欺弥甚矣。吐蕃之强，以其尽有北境也。于宪宗之世，全力南徙，以西番重山深谷，地险而腴，据为狐兔之窟，于是而始衰，沙陀、黠戛斯、回纥侵有其故疆矣①。故韦皋一振于西川,而陇右之患以息。其南则南诏方与为难,而碉门、黎、雅之间②,乃其扼要之墟,得之以制其咽吭③,则溃散臣服,不劳而奏功。西可以收岷、洮④,南可以制南诏,北可以捍黠戛斯、回纥之东侵,而唐无西顾之忧。其在吐蕃,则大害之所逼也。而岂无关于损益哉?

【注释】

①沙陀:中国古代北方游牧民族,原名处月(朱邪),为西突厥之别部。因分布在金娑山南、蒲类海东名为“沙陀”的大沙漠一带,因此号称“沙陀突厥”,简称“沙陀”。沙陀人早期曾依附于吐蕃,后进入唐境内。在唐末迅速崛起于代北,开始对中原王朝产生影响,五代中的后唐、后晋、后汉、后周均与此部族关系密切。黠戛斯:古代中亚游牧民族,一般被认为是今吉尔吉斯人的祖先。曾在九世纪攻灭回鹘(原称回纥)。

②碉门:即碉门路,唐、宋时雅州通往吐蕃的三道之一。黎:黎州,治今四川汉源。雅:雅州,治今四川雅安。

③咽吭:咽喉,喻指要害处。

④岷:岷州,治今甘肃岷县。洮:洮州,治今甘肃临潭。

【译文】

牛僧孺又说:“吐蕃疆域广阔,四面边境各达万里,失去一个维州,无损于它的国力。”这句话更是明显的欺骗之辞。吐蕃之所以强大,就是因为它完全控制了北边的国土。在宪宗时代,吐蕃全力向南迁徙,认为西部地区山高谷深,地形险要而土地肥沃,所以将那里作为根据地,于是其势力就开始衰弱,沙陀、黠戛斯、回纥逐渐侵蚀了它的北部疆土。所以韦皋在西川一努力振作,唐在陇右遭受的威胁就得以消除。当时吐蕃在南线又正与南诏关系紧张,而碉门路、黎州、雅州之间,正是其最为要害的位置，一旦占领了这里，就可以扼住吐蕃的咽喉，则吐蕃军队必定溃散，不得不臣服于唐朝，这样唐朝不费吹灰之力，就可以收到功效。向西可以收取岷州、洮州，向南可以控制南诏，向北可以阻挡黠戛斯、回纥东侵，而唐朝也不再有西顾之忧。这对于吐蕃而言，则无疑是遭受了灭顶之灾。这怎么能说是无关得失呢？

夫夷狄聚则逆而散则顺，事理之必然者也。拒归顺者以坚其党，故婢婢曰："我国无主，则归大唐。"然与论恐热百战而终不归者，惩悉怛谋之惨，知唐之不足与也。以是为诚信，将谁欺乎？夫僧孺岂果崇信以服远、审势以图宁乎？事成于德裕而欲败之耳。小人必快其私怨，而国家之大利，夷夏之大防，皆不胜其恫疑之邪说[1]。文宗弗悟而从之，他日追悔而弗及。温公抑遽许之曰："僧孺所言者义也。"使然，则周公之兼夷狄，孔子之作《春秋》，必非义而后可矣。

【注释】

[1]恫疑：恐惧怀疑。

【译文】

夷狄聚集在一起，就容易滋生叛逆之心，分散开来，就容易归顺中原，这是必然的道理。那些拒绝归顺的少数民族，往往是为了让其同类更加团结，所以尚婢婢说："如果我国没有赞普，就可以归降大唐。"然而他与论恐热发生多次战斗后，仍未归附大唐，正是看到了悉怛谋的惨剧，知道唐朝并不值得投靠。把送回悉怛谋当作讲诚信的表现，能够欺骗谁呢？牛僧孺难道真的是推崇诚信，想要怀柔远人，通过审时度势来求得国家安宁吗？他只不过是因为悉怛谋归降一事是由李德裕促成的，所以不愿意让李德裕建立功劳而故意阻挠他罢了。小人必定要报自己的私怨，而国家的大利、夷夏之间的大防，都敌不过他的那套骇人的邪说。文宗当初没有洞察牛僧孺的奸诈，事后追悔莫及。司马光却轻率地赞许牛僧孺说："牛僧孺所说的话符合义的要求。"如果真这样，则周公兼并夷狄、孔子写作《春秋》，也都算不上"义"了。

五 宣出除郑覃御史大夫

李宗闵欲逐郑覃，而李德裕亟荐之，文宗自内宣出，除覃为御史大夫。宗闵曰："事皆宣出，安用中书①？"其妨贤之情，固不可掩。然以官守言，则职之所宜争；以国事言，则内降斜封之弊②，所宜早杜其渐也。崔潭峻以"八年天子听其行事"折之，讵足以服宗闵哉③？郑覃经术议论果胜大任，人主进一善士，昭昭然揭日月而行之，制下中书，孰敢违者？假令宗闵抗命而中沮④，即可按蔽贤之辟，施以斥逐。乃若有所重畏而偷发于其所不及觉，以与宰相争胜负之机，其陋有如此者。宗闵得持国宪官常以忿怼于下⑤，以此而求折朋党之危机，宜其难矣。故司马温公曰："明不能烛，强不能断，使朝廷有党，人主当以自咎。"其说韪矣⑥。乃又曰："不当以罪群臣。"则于君子立身事上、正己勿求之道，未协于理；而奖轻儇、启怨尤、激纷争之害⑦，不可复弭。元祐、绍圣之际⑧，猖猖如也⑨，卒以灭裂国事，取全盛之宋而亡之。一言之失，差以千里，可不慎哉！

【注释】

①中书：这里指"中书门下"，唐玄宗开元中改政事堂置，设于中书省，是宰相议政办公的地方。

②内降:指皇帝诏令不经中枢机构的议定,直接交付有关部门执行。斜封:指非由朝廷正命封授。唐制,任命官员须经一定程序。唐中宗、睿宗时,韦皇后、安乐公主、太平公主等擅权用事,常由皇帝或以皇帝名义直接降下墨敕,斜封付中书,任命官员。时人称所授之官为"斜封官"。

③讵(jù):岂,怎。

④中沮:从中阻挠,加以阻止。

⑤怼(duì):怨恨。

⑥韪(wěi):是,对。

⑦轻儇(xuān):轻佻,轻浮。

⑧元祐:宋哲宗赵煦的第一个年号,使用时间为 1086—1094 年。绍圣:宋哲宗赵煦的第二个年号,使用时间为 1094—1098 年。

⑨狺狺(yín):狗叫的声音。

【译文】

李宗闵想要驱逐郑覃出京,李德裕便急切地向文宗举荐郑覃,文宗于是从宫中直接发出谕旨,任命郑覃为御史大夫。李宗闵说:"朝廷对官员的任命都由皇上直接决定,还要中书门下干什么?"他妨碍贤人晋升的心思,通过这番话当然暴露无遗。可是以他作为中书侍郎的职责来看,这又是他应该据理力争的;从国家政事处置的角度看,由皇帝直接任命官员、发布谕旨,而不经过中书门下,是不利于制度正常运转的,确实应该尽早防微杜渐。崔潭峻以"皇上即位已经八年多了,应当让他自己决定"的话来反驳李宗闵,又怎么足以让李宗闵服气呢?如果郑覃的经学造诣、议论见解确实堪当大任,则君王任用一位贤臣,光明正大地遵照制度发下口谕,让宰相去执行,有谁敢违抗呢?假如李宗闵违抗文宗之命而从中阻挠,正好可以用阻碍贤人的罪名来将他驱逐出朝廷。可是李德裕却好像对李宗闵非常忌惮一样,直接说服文宗发下谕旨,以避开李宗闵掌管的中书省,用这种方式与宰相争夺胜负,李德裕的这一策略真是浅陋。李宗闵因此得以以国政和为官的基本准则为依据抒发自己的怨恨，李德裕想通过这种方式来化解朋党相争的危机，当然是难以做到的了。所以司马光说："既不能明辨是非，处理问题又优柔寡断，以致朝廷中出现朋党，君主应当首先自我引咎。"这一说法是正确的。可是他又说："不应当为此责备群臣百官。"这句话对于君子立身处事、事奉君王、严以律己、无所贪求之道缺乏足够认识；这就容易使人变得轻浮、引起怨愤、激发纷争，害处很大，难以挽救。宋代元祐、绍圣年间，新党与旧党相互攻击，如此狂叫不已，最终败坏国事，全盛的宋朝就此走向灭亡。一句话的失误所引起的灾祸竟然这么大，难道能不慎重对待吗？

　　黜陟之权[①]，人主之所以靖国也；格心之道，大臣之所以自靖也；进退之节，语默之宜，君子之所以立身也。居其位，安其职，尽其诚而不逾其度。故人主不审于贤奸之辨，而用舍不决，使小人与君子交持于廷，诚宰相之所深忧。然小人者，岂能矫君心之必不然者，而胁上以从己哉？则格心者本也，适人者末也。但令崇奢佞鬼、耽酒渔色、牟利殃民、狎宦竖、通女谒之害[②]，一一檃括于宫庭之嗜好[③]；则事之可否、理之得失、人之贞邪，无所蔽窒[④]，而小人自不足以群聚而争胜。若其格心之道已尽，而君惽不知[⑤]，容小人之相牴牾，则引身以退，杜口忘言，用养国家之福，而祸不自我而兴。故孔子去鲁，不争季孙之权[⑥]。孟子去齐，不折王驩之佞[⑦]。在国则忘身，去国则忘世，身之安也，天下之福也。

【注释】

　　①黜陟(zhì)：指人才的进退、官吏的升降。

②女谒:指女宠。

③檠(qíng)括:约束矫正。

④蔽窒:闭塞,堵塞。

⑤惛(hūn):同"昏"。

⑥孔子去鲁,不争季孙之权:参见卷五"成帝一"条注。

⑦王驩(huān):字子敖,战国初齐国人。齐宣王时期大臣,曾做过盖邑大夫,后官至齐国右师。此人长于溜须拍马,阿谀逢迎,因而颇得齐宣王宠信。孟子第二次来齐时,曾与他共事,对他十分厌恶。其事见于《孟子·公孙丑下》。

【译文】

对官员进行贬黜或拔擢的权力,是君王安定国家的重要工具;匡正内心的道行,是大臣使自己内心安定的重要方法;进退是否有度,言语是否合乎时宜,这关系到君子是否可以在朝廷立身。君子居于官位,要安于自身职守,尽自己的诚心办事,而不逾越界限。所以君王没办法分辨贤臣与奸臣,难以决断对大臣是用还是贬,使小人和君子交替在朝廷掌权,这确实是值得宰相忧虑的事情。然而小人又怎么可能强迫君王改变自己的主意,胁迫他听从自己的意见呢?所以匡正内心是君子立身之本,具体人事的处理则是细枝末节。只要君子能够对君王崇尚奢靡、求神拜鬼、贪恋酒色、牟利害民、亲近宦官、偏爱女宠的嗜好一一进行约束和规谏,促使其改正;则具体事务的处理、为政之道的得失、臣子是忠贞还是奸邪,君王自然会了然于心,而小人自然也就不足以结成团伙、与君子争胜负了。如果君子已经贯彻了匡正内心之道,而君王昏庸,没办法理解君子的话,让小人留在朝堂上与君子作对,则君子应当抽身而退,闭口不言,以维系国家社稷之福,即使国家遭遇灾祸,也不是君子所引发的。所以春秋时孔子离开鲁国,不与季孙氏争夺权力。孟子离开齐国,不去揭露和对抗王驩这样的奸佞之臣。在朝堂上则应忘记自身私利,离开朝堂则忘却国家政事,如此既可以使自身安全,也是天下的福分。

如或不得于君，不容于小人，乞身事外，犹且纷纭接纳，进人士而与结他日之援。为忧国计与？适以激国事之非；为进贤计与？适以贻贤者之伤。气盈技痒，愤懑欲舒，且与浮薄之士，流连于山川诗酒之中，播歌谣以泄悁疾①，抑或生而有再用之情，没而有子孙之计，树人自辅，悦己者容，乃使诡躁之夫，依附以希他日之进，党祸乃成，交争并峙，立身之不慎也，事上之不诚也，素位不安，害延于国，为人臣而若此，咎亦奚辞？乃曰"不当以罪群臣"，不已过与？

【注释】

①悁（yuān）疾：忧愁与痛苦。

【译文】

如果在朝廷时得不到君王赏识和支持，又不被小人所容，则应该请求离开朝廷，置身事外。如果仍然四处活动、结交同党，试图为举荐人才，以备他日作为党援。这是为了国家考虑吗？如果是的话，只会使国事日非；这是为了举荐贤才吗？结果反而只会害了贤才。如果心气高涨，技痒难耐，心中怀着愤懑想要抒发出来，则不如与那些轻浮不实的人士一起，流连于山川诗酒之中，创作歌谣来发泄忧愁和痛苦。如果君子有生之年总想着再次被启用，去世时也想为子孙做好打算，想树立人才辅佐自己，总想当人才的伯乐，那么那些诡诈浮躁的人，就会依附于他，以求有朝一日能被任用。这样就会酿成朋党之祸，两派对峙，这是立身不够谨慎、事奉君王不够真诚、不安分守己的表现，会使国家遭受祸害，作为大臣做出这样的事，怎么能够推卸掉自己的责任呢？司马光却说"不应当为此责备群臣百官"，难道不是太过分了吗？

即其在位之日，道在匡君，而人才之进退，国有常典，官有定司，固非好恶欲伸，唯己所任。一大臣进，而望风饰行以求当于端揆者，千百其群也。言论相符、行止相应者，不使退就衔勒①，奚必利民而卫国，特以竞胜于异己耳。苟可以取盈，然且破法而为非常之举，汲引而怀取必之心，则唯以所好者之升沉为忧喜，而君父生民或忘之矣。质之夙夜，讵可云精白乃心乎②？

【注释】

①衔勒：马嚼口和马络头。借指法纪、制度。

②精白：纯净，纯洁。

【译文】

大臣在位的时候，责任是匡扶君主，至于人才的进退，国家自然有制度规定，也有专门的部门来负责这些事宜，本来就不是大臣能凭自身好恶，根据自己的意愿就决定的。一个大臣通过特殊方式被任用，就会有成百上千的人跃跃欲试地想通过粉饰自己来求得宰相的赏识和举荐。即使其中有言论相符、行止相应的人，如果不让他们退而遵照制度来求得任用，又怎么能够真正做到利国利民，只不过是成为与异己争胜的工具罢了。即使举荐人才的大臣确实出于公心，但他的做法仍然是破坏了法度，而属于非常之举，想要提拔人才，却怀着不达目的不罢休的心情来处理人事，则他必定只会关心自己所赏识的人的浮沉进退，而君王和百姓大概早就被他忘在脑后了。这样的大臣在黑夜里扪心自问，难道能够说自己心地纯净、毫无私念吗？

夫德裕之视宗闵，其得失迥矣。而内不能却崔潭峻、王践言之奥援，外不能忘牛僧孺、杨虞卿之私怨，则使文宗推心德裕,使汲引其所好者置于要地,而宗闵不敢或违也,终不可得。其后武宗亦既独任之矣,未久而白敏中、令狐绹复起,以尽反其局。岂非德裕乘权之日,恃主知之深厚,聚朋好以充廷,而不得志者如伏火石中,得水而爆烈哉?

【译文】

　　李德裕与李宗闵相比,得失成败当然迥异。可是李德裕内不能阻止崔潭峻、王践言成为李宗闵的党援,外不能忘记与牛僧孺、杨虞卿的私怨,想要使文宗能够对李德裕推心置腹,让他招引同党,居于朝廷中重要的位置上,使李宗闵难以违抗他,终究是不可能做到的。其后唐武宗虽然也曾经把权力全交给李德裕,但不久白敏中、令狐绹这些人就再次崛起,局面一下子又翻转过来。这难道不是因为李德裕当权的时候,凭借武宗对他的深厚信赖,将自己的同党都聚集到朝堂上来,所以那些不得志的人就好像埋伏在石头中的火一样,遇到水就猛烈爆炸了吗?

　　夫元祐亦犹是也,皆为君子者进则呴呴、退犹跃跃[1],导人心于嚚讼而不可遏也[2]。以宰相之进退归人主,以卿尹之黜陟归所司,正己尽诚,可则行,否则止,绝新进之攀附,听天命之废兴,虽有小人,何所乘以自立为党? 其不然也,而曰“不可以责群臣”也,无惑乎温公之门有苏轼诸人之寻戈矛于不已也。

【注释】

　　①呴呴(xǔ):鸟鸣声,形容叽叽喳喳,喧哗不已。
　　②嚚(yín)讼:奸诈而好争讼。

【译文】

北宋元祐年间的情况也与此相似，都是因为身为君子的人在朝为官时与人相互攻击、喧闹不已，退出朝廷后仍然跃跃欲试，想要卷土重来，所以导致天下人都变得奸诈而好争讼，最终变得难以阻遏。将宰相的进退交给君王处置，将朝廷官员的升降交给有关部门处置，君子只需要端正自身、尽诚事君，君王采纳自己的建言则努力施行，不采纳则停止，杜绝新进之士攀附自己，听凭天命的安排和决断，这样，即使有小人，又怎么可能有机会自立为朋党呢？如果不这么做，却说"不应当为此责备群臣百官"，那就不妥了，怪不得司马光的门下有苏轼等人专门不停地与意见不合的大臣相互攻击呢！

六　唐初制十六卫犹胜府兵

杜牧愤河朔三镇之跋扈①，伤府兵之废败，而建议欲追复之②，徒为卮言③，贻后世以听荧耳④。牧知藩镇之强在府兵既废之后，而不知惟府兵之积弱，是以蕃兵重⑤，边将骄，欺唐之无兵，以驯致于桀骜而不可复诘也。且当太和之世⑥，岂独河北之抗命哉？泽潞、山南无非拥强兵以傲岸者⑦。而欲取区区听命之州郡，劳其农而兵之，散其兵而农之，则国愈无兵、民愈困、乱将愈起。甚矣！空言无实，徒以荧慕古者之听，而流祸于来今，未有已也。

【注释】

①杜牧(803—852)：字牧之，号樊川居士，京兆万年(今陕西西安)人。唐代杰出诗人，宰相杜佑之孙。唐文宗太和二年(828)中进士，授弘文馆校书郎。后辗转于各节度使幕府，唐武宗时先后出任黄州、池州、睦州、湖州刺史等职。传见新、旧《唐书·杜牧列

传》。河朔三镇：唐后期割据于河朔地区的范阳、成德、魏博三个
藩镇，又称"河北三镇"。

②伤府兵之废败，而建议欲追复之：杜牧愤慨于河朔藩镇跋扈，追
思业已破坏的府兵制度，曾作《原十六卫》一文。该文从兵制演
变的角度探讨唐朝治乱之因，论证了府兵制之善。杜牧言道，由
于"府兵内铲，边兵外作，戎臣兵伍，湍奔矢往，内无一人矣"，以
致"尾大中干，成燕偏重"。他认为，府兵制被破坏，募兵制下的
戍边军队逐渐强大，武臣节度使率兵驻守边境，导致京畿空虚，
形成了唐玄宗天宝年间"外重内轻"的局面，从而为安禄山起兵
谋反埋下了祸根。

③卮(zhī)言：随意之言。

④听荧：迷惑，惶惑。

⑤蕃：通"藩"，这里指藩镇。

⑥太和：唐文宗李昂的年号，使用时间为 827—835 年。

⑦泽潞：指唐代泽潞镇，领泽、潞、邢、洺、磁五州，相当于今山西沁
县沁水以东地区及河北巨鹿、丘县以西至太行山。山南：指山南
东道节度使，辖今湖北长江以北、河南西南部及重庆东部的万州
地区。

【译文】

杜牧对河朔三镇的跋扈感到愤慨，为府兵制度被破坏感到伤心，因
此建议恢复府兵制度，其实这只不过是不经思索的随意之言，只会使后
世之人感到迷惑罢了。杜牧知道藩镇的强盛是在府兵制遭到破坏以
后，却不知道正是因为府兵长期衰弱，所以藩镇之兵才显得重要，因此
边将骄横，欺负唐朝没有能打的兵，以至于逐渐变得桀骜不驯，朝廷难
以再控制他们。况且在文宗太和年间，难道只有河北三镇抗命不遵吗？
泽潞、山南这些藩镇，也都坐拥强兵而不听朝廷调遣。杜牧想要在区区
几个仍听命于朝廷、只领有少数州郡的藩镇中，征发农民来充当府兵，

分散其军队来务农,则国家能作战的军队只会越来越少、民众会越来越困苦、祸乱将会越来越严重。杜牧的话太没道理啦!他说的空话没有实际价值,只会迷惑那些喜欢追慕古制的人,从而给后世留下遗患,没有停止的时候。

　　府兵之害,反激而为藩镇,势所必然,祸所必趋,已论之详矣。乃若杜牧所言有可取,而唐之初制尚可支百年者,则十六卫是已[①]。十六卫以畜养戎臣储将帅之用者也,天下之兵各分属焉,而环王都之左右,各有守驻以待命,盖分合之势,两得之矣。分之为十六,则其权不专,不致如晋、宋以后方州抚领拥兵而篡逆莫制也[②]。统之以十六,则其纲不弛,不致如宋之厢军解散弱靡以成乎积衰也[③]。

【注释】

①十六卫:唐代府兵的一种建制。十六卫中的十二卫为府兵的领导机构,分别为左右卫、左右骁卫、左右武卫、左右威卫、左右领军卫和左右金吾卫,遥领天下数百个折冲府,居中御外,卫戍京师,是府兵和禁军的合一。另外四卫是左右监门卫和左右千牛卫,左右监门卫掌诸门禁卫,左右千牛卫统率千牛备身等,为皇帝侍从、仪卫。因十六卫官署在皇宫之南,所以史称"南衙府兵"。"南衙府兵"与守卫皇宫北门、由招募配充的兵士组成的"北衙禁军"交错宿卫宫禁,相互牵制。中唐以后,十六卫仅存虚名。

②方州:指州郡。

③厢军:即厢兵,宋代的地方军。宋太祖建隆二年(961),命诸州检阅士卒,选骁勇者送京师,充禁军,其余留驻各州,充厢兵。厢兵

不加训练,不事战斗,只充劳役。兵多来自招募,部分来自流放
罪犯,俸禄薄而劳役重。

【译文】

府兵制造成的危害,反过来激化藩镇的强盛,这是势所必然、祸所
必趋的,这一点之前已经论述得很详细了。至于杜牧话中的可取之处,
即唐初制度中尚且维持了百年时间的,则只有十六卫而已。十六卫是
培养储备武臣、将帅的地方,天下的兵马各自分属于十六卫,而环绕在
王都周围,各自驻守一方,以等待朝廷的命令,这种军事制度有分有合,
因而最为相宜。将府兵分为十六卫,则军队不容易出现将帅专权的现
象,不至于再次出现像晋、宋以后地方领兵将帅拥兵作乱、中央难以控
制的局面。十六卫统合起来也能成为一个主体,则军队的纲纪不至于
废弛,不会导致像宋代的厢军那样因为力量分散弱小而逐渐走向
衰微。

夫边不能无兵,边兵不可以更戍而无固心①,必矣。兵
之为用,有战兵焉,有守兵焉。守兵者,欲其久住,而卫家即
以卫国者也;而守之数不欲其多,千人乘城,十万之师不能
卒拔,而少则无粮薪不给之忧。战兵者,欲其遄往而用其新
气者也②;一战之勇,功赏速效,虏退归休,抑可无长征怨望
之情。然则十六卫之与边兵,互设以相济,寇小入,则边兵
守而有余,寇大入,则边兵可固守以待,而十六卫之帅,唯天
子使,以帅其属而战焉。若夫寇盗有窃发之心,逆臣萌不轨
之志,则十六卫中天下以林立,而谁敢恣意以逞狂图乎?

【注释】

①更戍:轮番戍守。

②遄（chuán）：快，急速。

【译文】

边境不能没有军队防守，守边的军队不能经常轮换以至于造成军心不稳，这是肯定的。军队的作用，既有负责作战的军队，也有负责防守的军队。负责防守的军队，要长期驻扎在边关，所以保卫自己的家即是保卫祖国；而守边军队的数量不宜过多，有千人守城，那么十万之众的军队也难以攻下，而且由于守军数量少，也不用担心粮草不足。负责作战的军队，则需要能够迅速行军，具备高昂的战意；对于每一次战斗中英勇作战的士兵，都要及时论功行赏，故军撤退后，这些军队就立即返回原驻地，这样也就不会因长期在外征战而产生疲惫抱怨的情绪。如此则十六卫与守边军队同时并存，相互支援，外敌如果小规模入侵，守边士兵便足以应付，如果敌军大举入侵，边境守军则可以固守待援，而十六卫的统帅们，只需要接受天子的命令，率领其属下军队开赴前线作战就可以了。如果敌寇、盗贼有偷偷发难的图谋，逆臣萌生叛乱的念头，则十六卫赫然居于天下之中，可以随时出击，又有谁敢恣意兴风作浪以求实现他们的狂妄图谋呢？

唯是十六卫之兵，必召募挑选，归营训练，而不可散之田亩，则三代以下必然之理势，不可以寓兵于农之陈言，坐受其弊者也。就其地食其食，无千里飞挽之劳①；就其近属其卫，无居中遥制之病；卫率巡之，所司练之，有司供亿之，皆甚便也。此则唐初之善制，不必府兵而可行之后世者也。以杜牧之时，尤可决行于一朝，非若府兵之久敝而不可再兴者，何也？河朔之叛臣不可遽夺，而内地犹可为也。且自宪宗以来，淄青、淮蔡、西川、淮南贼平之日，兵不可散，固可移矣；成德、卢龙、魏博归命之日，兵不能罢，亦可调矣。以恩

恤之,以威临之,仍使为兵,而稍移易之,固皆不安南亩习于
戎行者,又何难于措置之有哉? 朝无人焉,虑不及此,而后
天下终不可得而平。牧固不足以及此,而漫无忧国之心者,
又勿论已。

【注释】

①飞挽:即飞刍挽粟,指迅速运送粮草,供应军队。

【译文】

不过,十六卫的士兵,必须经由招募选拔而来,让他们集中在军营
里接受训练,而不能将他们分散在田亩之中,这是夏、商、周三代以来理
所必然的趋势,不能因为寓兵于农的陈旧说法,就甘愿遭受不应有的损
害。军队在驻防的地方解决给养问题,则无需民夫千里运送粮草;军队
就近归属各自的军卫,没有朝廷居中遥制的弊病;由卫官监督他们,由
军官来训练他们,由相关部门来供养他们,都相当便利。这是唐初较为
优良的制度,不是只有府兵制才适合在后世推行。在杜牧所处的时代,
尚且可以立即决意施行这种制度,并不像府兵制那样因为积弊已久而
难以再恢复,为什么这么说呢? 河朔三镇的叛臣虽难以迅速平定,但中
原内地尚且还是可以推行此制的。况且自从宪宗以来,淄青、淮蔡、西
川、淮南等镇的叛贼被平定以后,其军队难以解散,但却可以转移到内
地;等到成德、卢龙、魏博归顺朝廷的时候,他们的军队虽然不能解散,
但也可以调动到别处。用恩德来抚恤这些军队,用威严来震慑他们,让
这些人仍然做士兵,只是稍稍改变一下他们的职责、驻地等,反正他们
都是不安于农业生产而习惯了征战的人,又哪里会难以安置呢? 朝廷
中没有明智之士能够考虑到这一点,而后天下就终究不可能得以太平。
杜牧的见识固然不足以认识到这个道理,那些完全没有忧国之心的人,
就更不用提了。

七 李石郑覃受宰相之命于中尉以安社稷

甘露之变,杀生除拜皆决于中尉①,文宗不得与知,而李石、郑覃于其时受宰相之命②,二子病矣!君子之进退,必以其正;其以身任国家之大政也,必以其可为之时。血溅于独柳之下③,而麻宣于殿陛之间④,二子者,誉望素隆,而何为其然邪?曰:此未可以为二子病也。夫二子于此,虽欲辞相而义之所不许也。

【注释】

①中尉:指神策军护军中尉。唐德宗时置,分掌左、右神策军,以宦官充任,权势极盛。

②李石:字中玉,陇西(今甘肃陇西)人。唐朝宗室、宰相。李石进士及第,早年曾入李听幕府,后历任郑滑行军司马、太原节度副使、京兆尹、户部侍郎等职。甘露之变后,李石被拜为宰相。他极力稳定政局,与宦官斡旋,引起仇士良的不满。开成三年(838),李石在上朝途中遇刺,遂以使相出镇,充任荆南节度使,又改任河东节度使。因不能平定河东之乱,被部将驱逐。传见《旧唐书·李石列传》《新唐书·宗室宰相列传》。

③独柳:即独柳树,中唐以后处决政治要犯的刑场,位于长安城皇城西南角。甘露之变中,王涯、贾餗、舒元舆等人皆被腰斩于此处。

④麻宣:中唐以后在任免宰相时,由翰林学士以麻纸书写皇帝诏令,在朝廷宣布,故称"麻宣"或"宣麻"。

【译文】

甘露之变中,朝廷官员的生杀予夺、升降处置之权都由神策军护军中尉把持，文宗不得参与，而李石、郑覃在这个时候被任命为宰相，他们两人可谓交了厄运！君子的进退，必须通过正当的途径来实现；特别是担当国家重要官职，更是必须在能够有所可为的时候。当忠臣的鲜血迸溅在独柳树之下时，任命他们两个担任宰相的诏书就在朝堂上被宣布了，他们两个人都是素有声望的人物，为什么要这样接受任命呢？回答是：不应该用他们接受任命的事实来诟病他们。他们两人，即使想要辞任宰相，也是道义上所不允许的。

　　梅福之弃官，申屠蟠之辞召，位未高，君未知有我，且时已敝极而无可为也。留正出国门而宋几危①，陈宜中奔占城而宋遂亡②，偷免于危殆，以倡人心之离散，无生人之气矣。夫二子者，唐之大臣，而为文宗所矜重者也。天子不胜于宦竖，兵刃交加于繡闼③，掠夺纵横于内省，三相因系以磔徇④，天子之仅保其首领者一间耳。二李之党，分析以去；裴中立以四朝元老，俯首含羞；二子不出而薄收其溃败之局，以全天子、安社稷，将付之谁氏而可哉？幸而二李之党与宦竖之未相结纳，而训、注始事宦官而中叛之，故仇士良辈无心腹之大臣引与同恶，特循资望而授政柄于二子，是以匪人不进，诛杀止于数人而不滥及。使二子者畏避而引去，宵人乘隙投中尉之门，以骤起而执政，其祸更当何如邪？

【注释】

①留正(1129—1206)：字仲至，泉州永春(今福建永春)人。南宋宰相。历仕孝宗、光宗、宁宗三朝，官至签书枢密院事、左丞相、少师、观文殿大学士等，封魏国公。绍熙五年(1194)，宋孝宗驾崩，光宗不按礼制出席执丧，留正率百官屡次奏请光宗出宫治丧，早

正嘉王太子储位,光宗于是下手诏云:"朕历事岁久,念欲退闲。"留正悟出光宗内禅之意,心生恐惧,再向光宗请示,得不到回应,于是便离开京师。后来赵汝愚、韩侂胄等人主导绍熙内禅,宁宗即位后召留正回朝,但留正很快因当初弃国而去的罪责被弹劾。传见《宋史·留正列传》。

②占城:亦称占婆,是位于今越南中南部的一个古代王国。其疆域北起今越南河静省的横山关,南至平顺省潘郎、潘里地区。王都为因陀罗补罗。

③黼扆(fǔ yǐ):本义指古代帝王座后的屏风,上画斧形花纹,后用来借指帝座。

④磔(zhé)徇:施酷刑而死再宣示于众。

【译文】

汉代的梅福弃官不做,申屠蟠不应征召,这都是因为其地位不高,君王不知道他们的存在,而且他们所处的时代也已经无可挽救了。留正身为宰相而擅自弃职离京,几乎导致南宋陷于危亡,陈宜中出奔占城求援,南宋于是就灭亡了,他们在危难之际为保全自己而逃避危难,使得举国上下人心涣散,完全没有一点活人的生气。李石、郑覃二人,是唐朝的大臣,一向被文宗所倚重。天子难以抗衡宦官的势力,御座之前兵刃交加,宫廷之内掠夺之举肆无忌惮,三位宰相先后被囚禁并被残忍杀害,天子也仅能保全自己的性命罢了。李德裕和李宗闵两派,都分崩离析而去;裴度以四朝元老的身份,也只能低头含羞;如果李石、郑覃二人不出来尽快收拾残局,从而保全天子、安定社稷,那么这个重任还能交给其他哪个人呢? 幸好李德裕和李宗闵两派没有与宦官相互勾结,而李训、郑注刚开始时依附宦官,但中途又背叛了他们,所以仇士良这伙宦官没有心腹大臣与他们一道作恶,所以只能依据资历和威望来将行政大权交给李石、郑覃二人,于是那些为非作歹的人没能获得重用,宦官对朝臣的诛杀也局限于几个人,而没有泛滥开来。如果李石、郑覃二人出于畏惧而逃避，不接受宰相之职，则小人一定会趁机依附在神策中尉为首的宦官门下，以求骤然获得执政的地位，那样的话，所造成的祸害又会有多大呢？

　　夫二子之受相位而不辞，非乘间以希荣，盖诛夷在指顾之间而有所不避也。六巡边使疾驱入京①，声言尽杀朝士以恐喝搢绅②，李石安坐省署以弭其暴横。于斯时也，石固以腰领妻孥为社稷争存亡，为衣冠争生死，可不谓忠诚笃悱、居易俟命之君子乎③？江西、湖南欲为宰相召募卫卒，而石不许，刺客横行，刃及马尾，固石所豫知而听之者也。薛元赏之能行法于神策军将④，恃有石也；宋申锡之枉得以复伸，覃为之也。止滔天之水者，因其溃滥而徐理之，卒之仇士良之威不敢逞，文宗得以令终，而武宗能弭其乱，自二子始基之矣。皎皎硁硁之节⑤，恶足为二子责邪？唐无静正诚笃之大臣，李石其庶几乎！覃其次矣。

【注释】

①六巡边使：指宦官田全操、刘行深等六人，他们此前奉文宗诏令分赴盐州、灵武等六道巡边。

②搢（jìn）绅：插笏于绅，古代官宦的装束。借指士大夫。

③居易俟命：处于平安的境地以等待天命。语本《礼记·中庸》："故君子居易以俟命，小人行险以徼幸。"

④薛元赏：唐中期大臣。文宗太和年间累迁至司农卿、京兆尹，后出为武宁节度使。任京兆尹时，曾将一跋扈横行、对宰相李石无礼的神策军将杖杀。会昌中晋升为工部尚书，宣宗时拜昭义节度使。传见《新唐书·循吏列传》。

⑤硁硁(kēng)：理直气壮、从容不迫的样子。

【译文】

李石、郑覃二人接受相位而不加以推辞，并非是趁机想要获取荣华富贵，实际上担任宰相非常危险，随时可能付出生命，但他们甘愿冒这种风险。田全操、刘行深等六道巡边使疾驱入京，声称要杀尽朝臣，以恐吓士大夫，李石安坐于中书门下，阻止他们横行霸道。在这个时候，李石实际上是冒着自己和全家被杀的危险在为社稷争存亡，为衣冠士族争生死，难道能够不称他为忠诚正直、处在平安之地以等候天命到来的君子吗？江西、湖南两道观察使想要为宰相招募卫兵，而李石不许，结果刺客横行于长安，他们的刀刃砍到了李石坐骑的马尾，李石知道这种危险必定会出现，但他没有理会这种危险。薛元赏之所以能够依法处置神策军将领，正是凭着有李石这样正直的宰相在；宋申锡的冤屈能够得到昭雪，是郑覃促成的。想要阻止滔天的洪水，就需要根据其泛滥的情况缓缓加以治理，仇士良最终不敢再逞威风，文宗得以善终，而武宗能最终消弭仇士良带来的祸患，正是由李石、郑覃二人打下的基础。他们清白正直的节操，又怎么能够受到责备呢？唐代缺乏恬淡平和而又忠诚厚道的大臣，李石差不多算是其中一个了！郑覃则是其次。

八　杨嗣复托宦官讽用李宗闵

听言以用人，不惑于小人，而能散朋党以靖国，盖亦难矣。虽然，无难也。有人于此，而或为之言曰：是能陈善道、纠过失以匡君德者也；是能决大疑、定大计以固国本者也；是能禁奸邪、裁佞幸以清国纪者也；是能纾民力、节浮费以裕国用者也；是能建国威、思远略以靖边疆者也。如此，则听之而试之察之，验其前之所已效，审其才之所可至，而任之也可以不疑。假不如其言，而覆按之、远斥之，未晚也。

有人于此，而或为之言曰：是久抑而宜伸者也；是资望已及、当获大用、而或沮之者也；是其应得之位禄与某某等、而独未简拔者也①；是尝蒙恩知遇，而落拓不偶、为人所重惜者也。如此，则挟进退以为恩怨，视荣宠为己应得，以与物竞，而相奖于富贵利达，以恤私而不知有君父者矣，不待辨而知其为朋党之奸、小人之要结矣②。

【注释】

①简拔：选拔。

②要结：结合，邀引交结。

【译文】

听取众臣的言论而任用人才，想要不被小人所迷惑，而又能够解散朋党势力、安定国家，大概也是很困难的。虽然如此，其实说难也不难。如果有这么一个人，被别人举荐说：他是个能陈述善道、纠正君主过失，从而匡正君德的人；是个能决断大事、决定大计从而巩固国本的人；是个能禁止奸邪、制裁佞幸从而澄清国家纲纪的人；是个能爱惜民力、节省不必要开支从而使国家用度充裕的人；是个能树立国威、谋划长远方略从而使边疆安宁的人。像这样的人，则听到这种举荐的话以后，应该对他进行考察和试用，看他以前是如何做的，审视他的才能可以达到什么样的水平，从而可以不加怀疑地对其进行任用。如果他的才能配不上举荐他的话，则再治他的罪、对他加以贬黜，也不算晚。如果有一个人，别人举荐他说：这是一位长期被压抑、理应得到平反的人；是一位具备足够资历和声望、本当获得重用、却受到小人阻挠而未被任用的人；是一位应该与某某人得到相同官位和俸禄、却独独没有被提拔任用的人；是一位曾经蒙受君王知遇之恩，但如今落魄不遇、令人为其深感痛惜的人。像这样的人，实际上是将自身进退当作恩怨，将荣耀与君王的宠信视为理所应得，与别人相竞争，通过与同党共享富贵利禄，从而满足自己私利却不知道有君王的人，这样的人不需要分辨，就能知道他是在结党营私、图谋私利。

　　杨嗣复托宦官讽文宗以召用李宗闵①，而文宗欲量移之②。计其为辞，不过曰：是固陛下宰辅，流落可矜而已矣；抑不过曰：是盖李德裕之以朋党相抑，李训、郑注之以邪佞相陷而已矣。夫德裕之所逐，固无可辞于小人；而训、注之所排，岂必定为君子；抑问其昔居辅弼之任，所建立者奚若耳。若夫无益于国，而徒尸显秩，则已概可知矣，其党固不能为之辞。而但以曾充宰相，遂不可使失宠禄，将天子以天位任贤才使修天职，而止于屈者伸之、邑郁欲得者怜而授之③，是三公论道之尊，仅如黄叶以止儿啼矣④。

【注释】

①杨嗣复（783—848）：字继之，又字庆门，虢州弘农（今河南灵宝）人。唐朝宰相。杨嗣复进士擢第，二十一岁又登博学宏词科，受到宰相武元衡赏识，累迁中书舍人、尚书左丞。与牛僧孺、李宗闵情义相得，同进退取舍。开成三年（838）拜相。李德裕辅政后，被黜为湖南观察使。唐宣宗大中初，召为吏部尚书。传见新、旧《唐书·杨嗣复列传》。

②量移：指官员因罪远谪，后经一定考限或遇恩赦而复迁用于内地。

③邑郁：愁闷不安。

④黄叶以止儿啼：典出《大般涅槃经·婴儿行品》："又婴儿行者，如彼婴儿啼哭之时，父母即以杨树黄叶而语之言：'莫啼！莫啼！

我与汝金。'婴儿见已,生真金想便止不啼,然此杨叶实非金也。"

【译文】

杨嗣复托宦官向文宗讽喻进言,希望他能召李宗闵回朝加以任用,而文宗听后也确实想将李宗闵调回近处任职。杨嗣复托宦官所讲的理由,不过是:李宗闵从前是陛下您的宰辅之臣,如今流落到天涯海角,着实值得怜悯;其实他不过是在说:李宗闵大概是被李德裕一党所压抑排挤,又被李训、郑注这些奸佞之臣加以构陷,所以才落到那样的境地。李德裕所驱逐的人,当然都是一些小人;而李训、郑注所排挤的人,又哪里见得必定是君子呢;文宗或许应该问他,李宗闵当初身居相位时,他为国家做出了怎样的贡献呢? 如果他对国家没有贡献,只是白白占据重要职位,则他缺乏才能的事实也就暴露出来,他的同党自然也难以为他再说好话。而杨嗣复仅以李宗闵曾充任宰相,因此就不能让他失去宠信和富贵为理由,将天子为贤才准备、使其能够尽到天职的上天所赐的官位,当作让被压抑的人重新得以舒展、让抑郁可怜的人得以重新为官的工具,如此像三公这样治理国家的尊贵之职,也就仅仅能像黄叶止住小儿啼哭那样不值一提了。

嗣复曰:"事贵得中。"洵如其言,亦以平二李之不平,使无偏重而已;其以平其不平者,各厌其富贵利达之欲而已。天子无进贤退不肖之权,但为群臣谋爵禄之去留以消怨忌,是尚得谓天下之有天子乎? 况其所谓得中者,只以渐引小人而挠善类邪! 宋徽宗标建中之号[①],而奸邪遂逞。无他,其所谓中者,夫人欲富贵利达,两相敌而中分之谓也。上无纲,下无耻,习以成风,为君子者,亦曰是久处田间,宜为汲引者也。朋党恶得而禁,士习恶得而端,国是恶得而定乎?

【注释】

①标建中之号：指宋徽宗赵佶的年号建中靖国，使用仅一年（1101）。

【译文】

杨嗣复说："处理问题贵在适宜得当。"他这样说，不过是想要让失衡的李宗闵、李德裕两派重新平衡起来而已；而他之所以一定要构建起新的平衡，也不过是为了满足两派各自富贵通达的欲望而已。天子失去了任用贤臣、罢退不肖之臣的权力，只能以消除臣子的怨恨不平为目的，为群臣提供爵禄、决断他们的去留，这样天下还能称得上有天子吗？况且杨嗣复所谓的适宜与得当，也只不过是想要逐渐引进小人、排斥善类罢了！宋徽宗改建中靖国的年号，而奸邪之人于是得以尽情逞威。这没有其他原因，所谓处事得当，不过是每个人都想要富贵通达，两派相互抗衡而想要平分利益罢了。上无纲纪，则下面的臣民就会变得无耻，习惯逐渐累积成风气，作为君子的人，也会说某人长期被埋没在田间，应该被委以重用这样的话。如此又怎么能禁止朋党，士人的习气如何能变得端正，而国家大事又如何能够安定下来呢？

武　宗

【题解】

　　唐武宗李炎(814—846)原名李瀍(chán),是唐穆宗李恒第五子、唐敬宗李湛和唐文宗李昂的异母弟,母为宣懿皇后韦氏。开成五年(840),唐文宗病重,宦官仇士良、鱼弘志矫诏废黜皇太子李成美,拥立李瀍为皇太弟。唐文宗去世后,李瀍即位为帝,改元会昌。武宗在位期间,倚重宰相李德裕,改革积弊,对内积极削弱宦官和藩镇的势力,并发起灭佛运动,没收大量寺院土地,扩大中央政府的税源和兵员;对外则击败回鹘,一度重振国势,史称"会昌中兴"。会昌六年(846),唐武宗因服金丹而死。

　　史家普遍认为,武宗能够成就"会昌中兴",与宰相李德裕的精心辅佐密不可分。王夫之在本篇中对于李德裕同样给予了较高的评价,他认为李德裕善于"安主而防奸",是唐代除了狄仁杰以外唯一能"大有为"的相臣。王夫之为武宗与李德裕这对君相组合没能长期合作下去深感惋惜,甚至认为,如果武宗不英年早逝,李德裕不被贬逐,则唐王朝未必没有复兴的希望。

　　武宗发起了全国性的灭佛运动,毁废寺院,强令数十万僧尼还俗。但武宗去世后不过数年,佛教势力就再次兴盛起来。王夫之由此感叹,统治者想要依靠强制政策完全禁绝佛教是非常困难的。站在他一贯的辟佛立场上,王夫之认为,禁绝佛教的关键在于取消僧尼不纳田赋、不服徭役的特权,使其与编户齐民承担相同的义务,通过减轻僧尼身份的吸引力,自然可以迫使僧尼自行还俗。如此一来,也就可以消解佛教的影响力、为统一风俗和道德扫清障碍了。

一　李德裕赂遗杨钦义

呜呼！士生无道之世,而欲自拔于流俗,盖亦难矣。文宗凭几之际①,李珏等扳敬宗子成美而立之②,仇士良废成美,立武宗。武宗立,珏与杨嗣复以是窜逐,于是而李宗闵之党不容于朝,政柄之归必于李德裕,此屈伸之势所必然者也。德裕即无内援,而舍我其谁？固非一枢密杨钦义之能引己也③。然德裕终以淮南赂遗腾交通之名于天下后世,而党人且据以为口实,虽欲辞托身宦竖之丑而不可得。前此者,崔潭峻、王践言皆能白德裕之直,然则德裕之于中人,不能自立坊表以不受磷缁④,亦已久矣。

【注释】

①凭几:典出《尚书·顾命》:"相被冕服,凭玉几。"周成王病重,由侍候的近臣为他披上衮服,倚靠在玉几上。后以"凭几"指代帝王临终托付后事。

②李珏:字待价,赵郡(今河北赵县)人。唐中期大臣,文宗在位后期,他与杨嗣复一同担任宰相,颇受宠信。后因在文宗死后力推李成美继位失败而被贬。传见新、旧《唐书·李珏列传》。成美:指李成美(？—840),唐敬宗幼子、唐文宗之侄。于开成二年(837)被封为陈王。开成三年(838)庄恪太子李永薨逝,此时文宗儿子全已死去。大臣数请建东宫,杨贤妃请以皇弟安王李溶

为皇储,宰相李珏不同意,推荐李成美。开成四年(839),唐文宗立李成美为皇太子,开成五年(840)正月,正式册封仪式尚未完成,文宗便驾崩,李珏和杨嗣复欲立太子为帝,宦官仇士良不同意,立文宗的弟弟李瀍为帝,即唐武宗。李成美随即于王邸被杀。传见《新唐书·十一宗诸子列传》。

③杨钦义:唐代宦官。李德裕担任淮南节度使时,杨钦义担任监军,一次他奉召还京,坊间传言他将接任枢密使。李德裕接待他同平常一样,并无加礼,杨钦义很不满意。但不久,李德裕宴请杨钦义,情礼极厚,赠送不少礼物,杨钦义喜出望外。杨钦义行到汴州,奉旨仍回淮南,便想送还礼物,李德裕不受,杨钦义极为感动。不久,杨钦义任枢密使,立即向唐武宗举荐李德裕为相。杨钦义担任枢密使期间,谨慎朴实,很少干预朝政。其事见于《资治通鉴·唐纪六十二·文宗皇帝·开成五年》。

④磷缁(zī):比喻受外界条件的影响而起变化。磷,因受磨而变薄。缁,因被染而变黑。

【译文】

唉! 士人生活在无道的时代,想要使自己超脱流俗、一尘不染,大概也是很难的。文宗临终之际,李珏等支持敬宗之子李成美而想要拥立他为皇帝,仇士良废李成美,改立武宗。武宗即位后,李珏与杨嗣复因此被贬黜到边远地区,李宗闵一党也因此难以在朝廷中立足,执政大权必定会归于李德裕,这是两派此起彼伏斗争的必然结果。德裕即使没有内援,又有谁能代替他担任宰相呢? 所以他担任宰相,并非枢密使杨钦义一个人就能引荐、促成的。然而德裕最终因为在担任淮南节度使时向杨钦义馈赠大量财物,而落得了勾结内侍的污名,被天下后世所诟病,而他的对手牛党也把这当作攻击他的口实,李德裕即使想洗刷掉托身于宦官的污名,也做不到。在这件事之前,崔潭峻、王践言都曾向皇帝说明李德裕的正直,如此则可见,李德裕在对待宦官问题上,没办法做到清白无瑕、完全不被他们所沾染，也已经持续很久了。

　　夷考德裕之相也①，首请政事皆出中书，仇士良挟定策之功，而不能不引身谢病以去。唐自肃宗以来，内竖之不得专政者，仅见于会昌②。德裕之翼赞密勿、曲施衔勒者，不为无力，夫岂乐以其身受中人之援引者乎？然而唐之积敝③，已成乎极重难反之势。在内则中书与枢密相表里也；在外则节使与监军相呼吸也；拒之而常在其左侧，小不忍而旋受其大屈。践言与于维州之谋，潭峻藉宣郑覃之命，德裕固曰吾不为宦者用而我用宦者也。杨钦义之内召，无所屈节，而以宝玩厌其欲，德裕固曰此以待小人而使忘机，非辱也。吾行吾志，何恤于硗硗皎皎之嫌疑乎？然而以视君子立身之大防，则终玷矣。

【注释】

①夷考：考察。

②会昌：唐武宗李炎的年号，使用时间为841—846年。

③敝：通"弊"。

【译文】

　　考察李德裕担任宰相期间的政局，可以看到国家重要政务的决策都出自宰相掌管的中书门下，仇士良即使立有所谓尊立天子之功，而最终也不能不称病，抽身而退。唐朝自肃宗以来，宦官没办法专政的情况，仅出现在会昌年间。李德裕辅佐皇帝、参决机密大事、巧妙地对宦官势力施加控制，不能说没有魄力，他难道会乐于接受宦官的引荐吗？然而唐朝的积弊很多，已形成了积重难返的趋势。在内则中书与枢密互为表里；在外则节度使与监军同呼吸、共命运，要抗拒宦官势力，却会发现他们就在自己身旁，对待他们，小不忍就会招来大的麻烦。王践言参与了收复维州的谋划，崔潭峻也有宣布任命郑覃为相的功劳，李德裕自然可以说：我并不是被宦官所利用，而是我在利用宦官。杨钦义举荐李德裕，李德裕没有向他卑躬屈膝，而只是用珍宝来满足他的欲望，德裕自然可以说这是应付小人、从而使其转移注意力的一种策略，并不是一件值得羞辱的事情。我自己想要施展自己的抱负，又哪里会在乎沾染上不光彩的名声呢？然而从君子立身处事的基本原则来看，李德裕终究还是被周围环境所沾染了。

生斯世也，士君子之防，君且毁之，不可急挽也，则抱有为之志欲抒于国者诚难矣。然则如之何而可哉？洁己无可羡之赀[1]，谋国无偏私之党，以君命而接之以礼，秉素志而持之以正，进不触其深忌，退不取其欢心，俟时以得君，而无求成求可之躁愿，庶其免乎！乃德裕功名之士也，固不足以及此也。以德裕之材，当德裕之世，勿容深责焉，可矣。

【注释】

①赀：通"资"，钱财。

【译文】

生活在这样的世道下，君子的立身之道常受到挑战，连君主都想要破坏它，所以要保持这种原则就非常困难，而对那些抱着有所作为的志向、诚挚地想要挽救国家危亡的人而言就更困难了。那么怎样做才算是正确的呢？应该是洁身自好、不贪图财利，为国家谋划而不偏向某一党派，听从皇帝的命令而谨守为臣之礼，秉持自己一贯的志向、做个正派的人，进不触犯君王的深深忌讳，退不博取君王的欢心，等待被君王赏识、重用的时机，而没有追求成功与被认可的急躁愿望，大概就可以免除祸患了吧！可是李德裕是追求功名的士人，当然不足以做到这些了。考虑到李德裕的才能，以及他所处的时代，能够不对他求全责备，也就可以了。

二　仇士良等以至柔之道縻系中主

老氏曰："天下之至柔，驰骋天下之至刚①。"此女子小人滔天之恶，所挟以为藏身之固者也。

【注释】

①天下之至柔，驰骋天下之至刚：语出《老子》第四十三章："天下之至柔，驰骋天下之至坚。"意思是天下最柔软的东西，可以驾驭天下最坚硬的东西。

【译文】

老子说："天下最柔软的东西，可以驾驭天下最坚硬的东西。"这就是女子和小人犯下滔天的恶行后，赖以隐藏和保全自己的手段。

唐之宦官，其势十倍于汉、宋。李辅国驱四十年御世之天子如逸豚而苙之①。其后宪宗死焉，敬宗死焉，太子永死焉②，绛王悟、安王溶、陈王成美死焉③，三宰相、一节度、合九族而死焉。庖人之于鸡鹜，唯其操鸾刀而割之也④。文宗垂涕而叹，自比于周赧、汉献而以为不如⑤，郁郁饮醇酒以成疢而崩⑥，其凶悍之锋，不可向迩也如此。以为神策六军在其指掌，故莫之能制，是已；而未尽然也。当其时，节镇林立，大臣分阃⑦，合天下之全力，以视六军豢养之罢民，岂不相敌，而奚惴惴焉？及观仇士良之教其党曰："天子不可令闲，日以奢靡娱其耳目,无暇更及他事。"然后知其所以殴中材之主入于其阱而不得出者⑧,唯以至柔之道縻系之⑨,因而驰骋之,蔑不胜矣。

【注释】

①苙(lì):本指畜圈,这里指圈养、豢养。

②太子永:指李永(? —838),唐文宗长子,母亲为王德妃。太和六年(832),李永被立为太子。但很快就陷入了后宫斗争之中,文宗一度想要更易太子,李永深为忧虑,最终含冤而逝,谥号庄恪。传见《旧唐书·文宗二子列传》《新唐书·十一宗诸子列传》。

③绛王悟:指李悟(? —826),本名李寮,唐宪宗第六子,母为懿安皇后郭氏。元和元年(806)进封绛王。宝历二年(826)十二月,刘克明与苏佐明等共谋害死十八岁的唐敬宗,苏佐明矫制让身为敬宗叔叔的绛王李悟代理监国。枢密使王守澄、中尉梁守谦率禁军讨伐刘克明和苏佐明,李悟被其诛杀。传见《旧唐书·宪宗二十子列传》《新唐书·十一宗诸子列传》。安王溶:指李溶(? —840),唐穆宗幼子,母亲为杨太妃。文宗之子李永去世后,杨贤妃推荐李溶为皇太弟,但遭到宰相李珏反对而未果。文宗驾崩后,仇士良逼迫杨太妃和李溶自杀。传见《旧唐书·穆宗五子列传》《新唐书·十一宗诸子列传》。

④鸾刀:刀环有铃的刀,古代祭祀时割牲用。

⑤周赧(nǎn):即周赧王(? —前256),姓姬名延,东周末代国君。周赧王在位期间,周王室衰微到了极致,受到各大国欺凌。周赧王曾为出兵攻秦而向境内富户借钱,但最终不仅战败,而且无力偿还,被债主逼到高台上躲债。秦攻灭西周君后,周赧王郁愤而终。周赧王债台高筑事,出自《汉书·诸侯王表序》。

⑥疢(chèn):热病。泛指疾病。

⑦分阃(kǔn)：指出任将帅或封疆大吏。

⑧殴：同"驱"。

⑨縻(mí)系：拘禁，控制。

【译文】

唐代的宦官，其势力十倍于汉、宋两代的宦官。李辅国像驱赶豢养的猪一样驱赶做了四十年皇帝的唐玄宗，对他加以威逼凌辱。其后宪宗死于宦官之手，敬宗死于宦官之手，文宗太子李永死于宦官之手，绛王李悟、安王李溶、陈王李成美都死于宦官之手，三位宰相、一位节度使连同其九族也全都死于宦官之手。他们就像厨师手中的鸡鸭一样，只能任由宦官操刀宰割。文宗垂泪叹息，将自己比作周赧王、汉献帝，甚至认为自己还不如他们，闷闷不乐地借酒消愁，最终抑郁成疾而死，这些宦官的凶悍锋芒，使人难以接近，竟猖狂到了这个地步！如果认为是因为宦官手中掌握着神策六军，所以难以制服他们，这是有道理的；但事情也并不完全如此。当时，藩镇林立，大臣各自镇守一方，如果合天下的全力，难道还敌不过由被收买利用的游手好闲之民所组成的神策军吗？又何必需要惴惴不安呢？等到我们看到仇士良教他的党羽对付皇帝的方法时说："不能让天子闲下来，应该每天都用奢侈淫靡来引诱他，这样他就无暇顾及其他事情了。"然后我们就可以知道，仇士良这些人之所以能够把中等才能的君主驱赶到他们设好的陷阱中去，使他们无法逃脱，就是靠这种至柔之道来控制皇帝，然后自己就能肆意妄为了，这种做法没有不奏效的。

夫耳目之欲，筋骸之逸，狎而安之，顺而受之，亦曰此人主之所应得，近侍之所宜供者耳。于国无损，于事非专，即不以为彼功，而抑非可为彼罪也。乃当其骄横著见，人主亦含忿不堪而思剷涤。俄而退息于深宫，则娱乐迭进，而气不觉其渐平矣；稍定焉，而姁姁嫟嫟、百出以相靡①，竟不知厥忿之何以遽蠲也②。气一往而衰，安望其复振哉？

【注释】

①姁姁（xǔ）：安乐的样子。嫟嫟（nì）：亲密的样子。嫟，同"昵"。

②蠲（juān）：除去，消除。

【译文】

　　耳目等感官方面的欲望，筋骨形骸的享受，皇帝一旦接近这些，就会安于享乐，顺势接受这种奢侈淫靡的生活方式，并且会认为这是身为皇帝理所应当得到的享受，自己的近侍本来也应该向自己提供这种服务。他还会认为这对于国家而言没有损害，就事理而言也不会造成某人专断的情况，即使不认为这是宦官近侍们的功劳，也不会认为这是他们的罪过。等到宦官们开始显露出骄横跋扈的面孔时，皇帝也会心怀怨愤，认为不堪忍受，想要消灭那些宦官。可是不一会儿他退朝回到后宫，各种可以使心情舒畅的事物接踵而来，他的怒气在不知不觉中就消散了；等到他情绪稍微稳定些后，又会与宦官、后妃们谈笑娱乐，进出相随且言听计从，竟不知道当初冲天的怒火如何就消失无踪了。他的气既然已经衰落下来，又怎么能够指望他再次振作呢？

　　凡娈童稚女、清歌妙舞、捐烦解愤者①，皆其戈矛鸩毒之机也。正人端士沮丧而不得以时进献其忱，则皆废然返曰：出而与吾谋屏除者，入而且与之欢笑，吾恶能胜彼哉？徒自诛夷贬窜而弗能摇动之也。未有不缄口息机，听其孤危而莫恤者也。则臣非其臣，兵非其兵，狎媚旦进，而白刃夕张，莫能测焉。至柔之驰骋至刚，绰乎其有余矣。

【注释】

①娈(luán)童：被当作女性玩弄的美貌男子。

【译文】

　　诸如娈童少女、轻歌曼舞等足以消解烦闷的娱乐方式，实际上都是像戈矛、鸩毒一样瓦解人的意志的工具。正人君子为不能够及时向皇帝进献自己的忠贞、热忱而感到沮丧时，就会失落地想到：皇帝出了宫廷与我们在朝堂上谋划如何消灭宦官，可是他回到后宫又会与宦官谈笑风生，我们又怎么可能战胜那些宦官呢？如果奋力抗争，到头来只会让自己陷于被诛杀、被贬黜流放的境地，却难以动摇那些宦官的地位。有了这样的想法，则大臣都会闭口不谈是非，听任皇帝陷于危险孤立的境地而毫不怜悯。如此则臣不再是忠君之臣，兵不再是忠君之兵，宦官们白天还在向皇帝献媚，晚上就可能对他白刃相向，这都是难以测度的事情了。最柔软的东西确实可以驾驭天下最坚硬的东西，而且还绰绰有余。

　　然则群奄之势重邱山而弑逆相寻也，岂特神策之孤军哉？恃此而已矣。汉、宋之暗主受制于家奴者皆此；而唐之立国，家法不修，淫声曼色，自太宗以来，漫焉进御而无防闲之教①，故其祸为尤酷焉。口鼻非藉之不安臭味；肢体非藉之不宜清暖②；烦劳菀结非藉之不能穆耳而愉心③。林池鱼鸟、书画琴弈、张弧怒马，各有所嗜，而皆能为夺情息怒之媒。机械之张，烈于强秦，密于曹操，彼以刚争，此以柔制，虽欲如周赧、汉献而不能，果不如矣。人主而能知此，则勿曰宦官之恶不可扑也。以一念之无欲，塞滔天之横流，有余裕矣。然而知之者鲜，能之者尤百不得一也，是以难也。

【注释】

①进御：指为君王所御幸。

②清暖：冷暖。

③菀（yùn）结：郁积。菀，通"蕴"，郁结。

【译文】

那么，宦官们的势力重如大山，强大到能够接连弑杀天子，难道仅仅是依靠一支势单力孤的神策军吗？他们不过是凭借这套以柔制刚的本领罢了。汉朝、宋朝受制于家奴的昏庸君王都是因为抵御不了宦官们的以柔制刚之术；而唐代立国后，不修家法，皇帝们迷恋声色，自从太宗以来，皇帝随意御幸后妃、宠幸宦官而没有防备他们的措施，所以他们所造成的祸患格外严重。皇帝对他们的依赖，就像是口鼻离了他们就分辨不出气味；肢体离了他们就感受不到冷暖；忧愁烦恼离了他们就无法排解。山林池塘、花鸟虫鱼、琴棋书画、张弓骑马，每个君王各有嗜好，而这些嗜好都能成为宦官们趁机消磨他们意志的手段。宦官们设下的陷阱，比强秦还要强大，比曹操还镇密，那些人是用刚强来与人相争，宦官们则使用此柔弱来制服别人，文宗说他连周赧王、汉献帝都做不成，其处境确实还比不上周赧王、汉献帝。作为君王如果能明白这个道理，那么就不会认为宦官的罪恶难以扑灭了。只要能克服自己的欲望，那么要塞住滔天的横流，也是绰绰有余的。然而懂得这个道理的人太少了，能够做到的更是一百个人中挑不出一个，所以说消灭宦官势力是非常困难的。

三　李德裕决讨刘稹先许镇魏传袭

河北三镇之不戢也，岂其富强足以抗天下不可制哉？唐无以制之耳。卢龙之乱，陈行泰、张绛相继拥兵以胁节钺①，张仲武起而讨之②，问其所有士卒几何，合军士土团千余人而已③；问其兵食所出，则仰给于妫州以北而已④。卒如仲武之料，幽州下，叛人得。然则唐果制胜得理，以天下之力，举三镇如拾芥耳。而终困于不能者，庙谟不定⑤，诸帅离心，且逆党私人奔走京国，贿赂行于廷臣，皆为张皇贼势以劝姑息，嚣张不辑⑥，乱其成谋也。君暗臣偷，视蕞尔之叛臣⑦，莫之能胜，而曰河朔习乱已久，人心难化。恶！是何言也！

【注释】

①陈行泰、张绛：二人皆为卢龙镇牙将。会昌元年(841)九月，卢龙军乱，陈行泰发动兵变，杀死节度使史元忠，但众心不服，唐武宗在宰相李德裕建议下也没有批准他担任卢龙节度使。不久陈行泰即被牙将张绛诛杀。张绛慑于张仲武在军中的威名，一度请其主持军务，但后来又改变主意，上书自请为节度使。张仲武大怒，起兵进攻幽州。唐武宗任命张仲武为卢龙军兵马留后，允许他率军平乱。张仲武以精兵八百、土团五百一举攻克幽州，诛杀了张绛。其事散见于《旧唐书·武宗本纪》《旧唐书·张仲武列传》等。

②张仲武(？—849)：范阳(今北京西南)人。唐朝中晚期藩镇将领。张仲武早年投笔从戎，官至蓟北雄武军使。会昌元年(841)，率军讨平卢龙军变，次年被朝廷任命为卢龙节度使。张仲武在任内大破契丹与奚，降服回鹘，累官至检校司徒、同中书门下平章事。传见《旧唐书·张仲武列传》《新唐书·藩镇卢龙列传》。

③土团：由当地人组成的团练武装。

④妫(guī)州：治今河北怀来。

⑤庙谟(mó)：即庙谋、庙算，朝廷或帝王对战事的谋划。

⑥辑：收敛。

⑦蕞(zuì)尔：形容小。

【译文】

　　河北三镇不服从唐朝廷，难道是因为他们富强到足以抗衡整个天下，所以难以制服吗？只是唐朝廷没有制服他们的好办法罢了。卢龙之乱时，陈行泰、张绛相继拥兵作乱，趁机要挟皇帝授予他们节度使之位，张仲武起来讨伐他们，要问他手中掌握着多少军队，则正规军和地方团练加起来也不过一千多人罢了；要问他部队的粮饷从哪里来，则他的部队也不过是仰赖妫州以北地区供给粮草罢了。可是局势最终正如张仲武之料，幽州被他攻下，叛贼也被他擒获。这么看来，如果唐朝廷果真能够找到制胜的合理途径，以整个天下的力量，要收拾河北三镇就像将拾起地上的草一样容易。然而唐朝廷之所以始终无法平定河北三镇，就是因为没有确定的战略谋划，各将帅之间离心离德，而且叛贼的同党和亲信奔走于京城，贿赂朝廷大臣，受贿赂的大臣就会为叛贼虚张声势，劝朝廷姑息他们，于是河北三镇的嚣张气焰从未平息，最终得以保持割据状态。君主昏庸、群臣苟且偷安，面对小小的叛贼，也没办法战胜他们，却说这是因为河朔地区习于战乱已经很久了，所以人心难以驯化。太可恶了！这都是些什么鬼话？

　　刘稹阻兵擅立①，李德裕决策讨之，是已；而复曰："但得镇魏不与之同②，则稹无能为。"何其视镇魏之太重也！张仲武既以卢龙归命，拊镇魏之背矣；何弘敬、王元逵非有田承嗣、王武俊之枭桀③，即令纳稹赂以阴相唇齿，而朝廷宣昭义问以临之，又岂敢北不畏卢龙之乘其后，南不畏宣武之逼其前，西不畏河中之制其腋，显相抗拒，以党逆而蹶兴哉④？战即不力,亦持两端以视势所趋耳。然则刘稹既灭,移弘敬、元逵于他镇,不敢违也;召弘敬、元逵以赴阙,不敢拒也。彼虽骄蹇而悁蹙⑤,抑且念昔之负固以长子孙者,不死于天诛,则死于帐下;何如束身归阙,席富贵而保后昆。部曲虽或嚣张,帅心弛而气亦颓矣。威可服也,恩可怀也,张仲武之令图可羡,刘稹之狂谋可鉴也。区区数州之土,两竖子尸居其上,而曰终难化也,德裕之于此憯矣。乃遣重臣输悃于二镇曰⑥:"河朔自艰难以来,列圣许其传袭,已成故事。"则既明输左券⑦,授以不拔之势,俨若敌国,此言出,后其可追哉?

【注释】

①刘稹(?—844):昭义节度使刘从谏之侄,早期任牙内都知兵马使。会昌三年(843)四月,刘从谏病卒,刘稹秘不发丧,自领军务。并拒不入朝。会昌四年(844),李德裕用成德、魏博、河中等镇兵力进攻昭义,刘稹军心不稳,部将相继倒戈,刘稹也被部下杀死。传见《旧唐书·刘稹列传》《新唐书·藩镇宣武彰义泽潞列传》。

②镇魏:指镇冀(即成德)和魏博两个藩镇。

③何弘敬(?—866):本名何重顺,灵武(今宁夏灵武)人。魏博节度使何进滔之子。开成五年(840),袭父位为魏博节度使。后参与平定刘稹的泽潞之战,加同中书门下平章事,唐懿宗咸通初兼中书令,封楚国公。传见《旧唐书·何弘敬列传》《新唐书·藩镇魏博列传》。王元逵:字茂远,回纥阿布思人。成德节度使王庭凑次子。文宗太和八年(834)王庭凑病逝后被部下拥立为成德节度使。元逵在任期间对朝廷十分恭敬,贡赋不绝。开成二年(837)娶宗室寿安公主。会昌三年(843)参与讨平昭义刘稹叛乱。传见《旧唐书·王元逵列传》《新唐书·藩镇镇冀列传》。

④蹶兴:崛起,兴起。

⑤骄蹇(jiǎn):傲慢,不顺从。愲瞀(mào):昏暗而不明事理。

⑥输悃(kǔn):献纳真诚。

⑦左券:古代契约分为左右两联,双方各执一联以为凭证,左券即
左联,常用为索偿的凭证。

【译文】

刘稹凭恃军队支持擅自权领军务,李德裕决策讨伐他,这是正确的
决定;可是李德裕又说:"只要镇冀和魏博不与昭义军一道叛乱,那么刘
稹就不可能有所作为。"他把镇冀和魏博也看得太重要了!张仲武既然
已经率卢龙镇归顺朝廷,则他已经扼住了镇冀和魏博的后背;何弘敬、
王元逵也并非是田承嗣、王武俊那样骄横跋扈、桀骜不驯的人,即使他
们接受了刘稹的贿赂,暗中与他结为唇齿相依的同盟,朝廷只要向昭义
军问罪,并派军队兵临昭义境内,镇冀和魏博又怎么会不畏惧北面的卢
龙镇在自己背后趁机发动进攻,南面的宣武镇直逼自己身前,西面河
中镇趁机攻击自己的腹地呢?他们又哪里敢公然抗拒朝廷、兴兵反叛
呢?即使朝廷讨伐昭义军的作战不顺利,他们也不过是会首鼠两端,观
察双方情况来决定加入哪一方罢了。这样的话,朝廷消灭刘稹以后,就
可以将何弘敬、王元逵移到其他镇去,他们必定不敢违抗命令;如果要
召何弘敬、王元逵到朝廷去,他们也不敢拒绝。何弘敬、王元逵虽然骄
横而愚蠢,也会考虑到昔日负隅顽抗、世袭割据的人,最终不是死于上
天诛罚,就是死于帐下;与其如此,还不如乖乖接受朝廷征召,这样还能
保住富贵、泽及子孙。他们的有些部下虽然很嚣张,但主帅反叛意志不
坚定了,他们的锐气也就消散了。这样,朝廷的威力可以降服叛乱,恩
德可以怀柔人心,张仲武义举带来的丰厚回报会令人仰慕,刘稹狂妄地
叛逆作乱带来的恶果也会让人引以为戒。镇冀和魏博不过占有几个州
的土地,何弘敬、王元逵这两个家伙占据节度使之位,而李德裕却说这
两个地方最终难以被朝廷制服,李德裕在这个问题上犯了糊涂。于是

朝廷就派遣重臣向这两个藩镇表明诚意:"自安史之乱以来,历代皇帝都允许河朔藩镇的节度使世袭,已成为不成文的惯例。"如此朝廷既然已经明确做出了保证,给予两个藩镇难以被撼动的地位,他们便俨然像与朝廷并立的政权,话已经说出了口,后来还怎么能追回呢?

　　泽潞,王土也;其人,王人也;镇魏亦非北胡南蛮自为君长之国也。镇魏可,泽潞奚其不可? 又何以折刘稹而服泽潞之人心乎? 夫镇魏西扼壶关①,东连曹、郓②,南一涉河而即汴宋,中原之堂奥也③。横骨颐中,而欲食之下咽也,必不可得。唐之所以一乱而不可再兴,皆此等成之也。德裕苟且以成一时之功,曾不恤祸结兵连之无日,习之难化,岂在河朔哉? 在朝廷耳。武宗听之,诏二镇曰:"泽潞一镇,与卿事体不同。"言不顺,事不成④,呜呼! 唐终不可为矣。

【注释】

①壶关:又名壶口关,在今山西黎城东北。

②曹:曹州,治今山东曹县。郓:郓州,治今山东东平。

③堂奥:腹地。

④言不顺,事不成:言语不顺于理,事情就做不成。语出《论语·子路》:"名不正,则言不顺;言不顺,则事不成;事不成,则礼乐不兴;礼乐不兴,则刑罚不中;刑罚不中,则民无措手足。"

【译文】

　　泽潞是皇帝统辖的领土;那里的民众是皇帝的臣民;而镇冀和魏博也不是北胡、南蛮这样不服王化、拥有自己君王的野蛮之地。镇冀和魏博节度使既然可以世袭,泽潞为什么就不可以呢? 朝廷又能拿什么样的理由使刘稹折服、让百姓归心呢? 镇冀和魏博西扼壶关,东连曹州、郓州，向南一渡过黄河就到了汴宋镇，堪称是中原腹地。嘴里含着骨头，却想要再把食物咽下去，必定是做不到的。唐朝之所以一陷入混乱就再难以复兴，都是因为上述原因存在。李德裕苟且贪图一时的功劳，却不考虑会种下日后兵连祸结的祸根，风俗难以被中原文明同化，责任难道在于河朔吗？其实责任在于朝廷。武宗听信了李德裕的话，对镇冀、魏博两镇下诏说："泽潞一镇因妄求世袭而被讨伐，与你们的情况不同。"言不顺则事不成，唉！唐朝到这个时候终究已经不可能再有所作为了。

四　杨弁纳贿中使

杨弁称乱河东，逐李石，结刘稹，而其所恃者，纳贿于中使马元实①。元实归，大言于廷曰："弁有十五里光明甲②。"以恐喝朝廷，徼求节钺，李德裕折之而后沮。以此推之，凡唐之藩镇，类以数州之土，一旅之众，抗天下之威，而朝廷俛俛以从其欲③，非兵力之果强也，皆贿也。非李德裕折元实之奸，则弁之纳贿亦掩而不著，史氏亦无从记之矣。

【注释】

①"杨弁称乱河东"几句：杨弁原为河东节度使李石部将，会昌三年（843）十二月，杨弁奉命率一千五百名士卒助军讨刘稹。军至太原，李石以军用不足，把过去的军士出征给绢两匹改为一匹，引起士卒怒怨，军心不稳。杨弁见太原城内空虚，于是发动兵变。次年春，杨弁驱逐节度使李石，自据军府，释放狱囚，并与刘稹约为兄弟，收买充任朝廷使者的宦官马元实，以求得到节度使之位。宰相李德裕坚决主张进讨。河东军队闻讯发动兵变，拥监军吕义忠为帅，自取太原。不久杨弁被生擒，乱卒尽诛。事见《新唐书·武宗本纪》《新唐书·宗室宰相列传》。

②光明甲：又称"明光甲"，唐代一种制作精良的抛光铠甲。此处代
　指穿着光明甲的精锐士兵。

③俛俛（mǐn miǎn）：勤勉，努力。

【译文】

　　杨弁在河东作乱，驱逐了李石，与刘稹结盟，他敢这么嚣张，所凭恃
的，正是向朝廷派来的宦官使者马元实行贿。马元实回朝后，向朝廷夸
大情况说："杨弁有身着光明甲的精锐士兵，其队伍绵延长达十五里。"
以此来恐吓朝廷，试图为杨弁谋求节钺，幸而李德裕揭穿了他，才没有
让他得逞。以此推想，凡唐朝的藩镇，大体上都是凭借数州的土地、少
量的军队来与整个天下抗衡，而朝廷却不得不尽量满足他们的要求，这
并不是因为他们的实力果真足够强大到这个地步，而是都向朝廷行了
贿赂。如果不是李德裕揭穿了马元实的奸计，则杨弁贿赂宦官的行迹
也会被掩盖，难以被大众知晓，史家也就无从记载了。

　　贿行于中涓①，而天子慑；贿行于宰相，而百官不能争；
贿行于省寺台谏，而天子宰相亦不能胜。前此之讨淮蔡、讨
平卢，廷议纷然，唯恐兵之不罢者，此也；德宗窥见其情，厚
疑群臣，孤愤兴兵，而中外坐视其败者，亦此也。唐之乱，贿
赂充塞于天下为之耳。凡三百余年，自卢怀慎、张九龄、裴
休而外②，唐之能饰簠簋以自立于金帛之外者无有③。虽贤
者固不能保其洁清，特以未败露而不章，实固不可问也。藩
镇之叛，峙若敌国，相惎若仇雠④，且唯以金钱贸中外之心，
而天子不能自固，况州郡群有司之废置哉？

【注释】

①中涓：指宦官。

②裴休:字公美,孟州济源(今河南济源)人。唐宣宗时充诸道盐铁
　转运使,旋拜相。曾革江淮漕运积弊,立税茶法,颇有政绩。后
　罢为宣武军节度使,又历昭义、河东等节度使。懿宗咸通初年,
　入迁吏部尚书、太子少师。传见新、旧《唐书·裴休列传》。

③饰:通"饬"。簠簋(fǔ guǐ):簠与簋,两种盛黍稷稻粱的礼器。借
　指礼物、贿赂。

④惎(jì):憎恶,忌恨。仇雠(chóu):仇人。

【译文】

　　藩镇向宦官行贿,而天子会听信宦官的夸大其词,而被藩镇震慑
住;藩镇向宰相行贿,而百官难以与其抗争;如果三省、九寺以及台官、
谏官等各部门官员都收受了藩镇的贿赂,那么天子、宰相也对他们无可
奈何。此前朝廷讨伐淮蔡、征讨平卢,朝堂上议论纷纷,许多人唯恐讨
伐不能停止,就是因为这个缘故;德宗窥见了这其中的猫腻,因此对群
臣深感怀疑,怀着孤愤兴兵讨贼,而朝廷内外都漠然坐视其失败,也是
因为这个缘故。唐朝的混乱,正是因为贿赂充满了天下而造成的。整
个唐朝三百余年,除了卢怀慎、张九龄、裴休这些人外,根本就没有能够
约束自身、不接受金钱贿赂的人。即使是贤者也不能保证自己的行为
清白无暇,只是因为没有败露所以才不为人知罢了,至于实情,则根本
不可过问。藩镇反叛朝廷,俨然像是独立王国,对朝廷像仇人一样憎
恨,而且一味靠金钱来收买朝廷内外的人心,连天子都不能使自己的势
力保持稳固,何况是地方州郡和各部门的官员呢?

　　盖唐自立国以来,竞为奢侈,以衣裘仆马亭榭歌舞相
尚,而形之歌诗论记者,夸大言之,而不以为怍。韩愈氏自
诩以知尧、舜、孔、孟之传者,而戚戚送穷①,淫词不忌,则人
心士气概可知矣。迨及白马之祸②,凡锦衣珂马、传觞挟妓

之习③,燖焉销尽④。继以五代之凋残,延及有宋,膻风已息⑤。故虽有病国之臣,不但王介甫之清介自矜,务远金银之气;即如王钦若、丁谓、吕夷甫、章惇、邢恕之奸⑥,亦终不若李林甫、元载、王涯之狼藉,且不若姚崇、张说、韦皋、李德裕之豪华;其或毒民而病国者,又但以名位争衡,而非宠赂官邪之害。此风气之一变也。

【注释】

①戚戚送穷:参见卷十六"武帝一"条注。

②白马之祸:参见卷十七"梁武帝一"条注。

③珂马:佩饰华丽的马。

④燖(jiān):消失。

⑤膻风:指受少数民族影响的风俗、习气。

⑥丁谓(966—1037):字谓之,后改字公言,苏州长洲(今江苏苏州)人。北宋宰相。景德四年(1007),契丹攻河北,为知郓州兼齐濮等州安抚使、提举转运兵马巡检事。召为权三司使,加枢密直学士,累官同中书门下平章事。丁谓机敏有智谋,善于揣摩人意。真宗朝营建宫观、伪造祥异,多发自他与王钦若。寇准为相尤恶丁谓,丁谓遂极力排挤寇准,以致寇准罢相。仁宗即位后,丁谓因前后欺罔及与宦官交通,贬崖州司户参军。传见《宋史·丁谓列传》。吕夷甫:疑为"吕吉甫"之误。本卷"文宗二"曾言"吕吉甫、章惇之害未去"。

【译文】

大概唐朝自立国以来,举国上下就竞相奢侈浮夸,把华美的衣着、配饰华丽的马匹、亭台楼阁、轻歌曼舞当作时尚,并通过诗歌、文章来反映出来,其中不乏夸大的言辞,而丝毫不觉得羞愧。连韩愈这样自诩得了尧、舜、孔、孟这些圣贤真传的人，都急切地要写"送穷"之文，不忌讳淫词秽语，则人心士气的情况大概便可以知道了。等到清流们遭遇白马之祸，崇尚锦衣宝马、宴饮挟妓的风气，就消弭殆尽了。继而五代陷于凋残，等到了宋朝，胡风已然止息。所以虽然宋朝也有祸国殃民的大臣，但也不仅有像王安石这样清介自矜、务必远离金银的高尚情操；即使是像王钦若、丁谓、吕吉甫、章惇、邢恕这样的奸臣，也终究不像李林甫、元载、王涯那样声名狼藉，也不像姚崇、张说、韦皋、李德裕那样豪奢浮华；其中虽有毒害民众、祸害国家的人，也仅限于名位的争斗，而不是贿赂别人、破坏法纪。这是风气的一大改变。

乃唐之率天下以奔欲崇货而迟久不亡者，何也？朝士以贿而容奸，逆臣亦以贿而自固，志气俱偷，其欲易厌，故称兵犯顺者，皆护其金穴以自封，而无问鼎登天之志。其尤幸者，回纥、吐蕃唯以侵掠为志，浸淫久而自敝，亦无刘渊、石勒之雄心。斯以幸存而已矣。使如宋也，三虏迭乘以压境，岂能待一迁再迁三迁而后亡哉？贿赂之败人国家，如鸩之必死，未有能生之者也。

【译文】

可是唐朝统治者带领天下竞相穷奢极欲，唐朝却依然延续了很长时间而没有灭亡，这是什么原因呢？朝廷官员因为接受了贿赂而包庇藩镇逆贼，藩镇逆臣也靠着行贿巩固了自己的位置，双方都怀着苟且偷安的心理，他们的欲望就容易被满足，所以那些举兵反抗朝廷的藩镇，都是致力于保护自己的财源，往往都是自封节度使，而没有推翻唐王朝并取而代之的意愿。尤其幸运的是，回纥、吐蕃这些异族政权也都只想着侵袭和劫掠唐朝，没有颠覆其政权的想法，时间一久，他们自己都陷于衰落,也没有刘渊、石勒那样的雄心。所以唐王朝才得以存活下来。假如唐朝像宋朝一样,面临辽、西夏、金三方面外敌的交相入侵,又怎么能够在一再迁都后才最终灭亡呢? 贿赂会败坏国家,就像喝了鸠酒必定会死一样,从来没有能够幸免的人。

五　诛背刘稹之郭谊非杀降不信

杀降者不仁,受其降而杀之不信;古有其言,诚仁人君子之言也。虽然,言各有所指,道各有所宜,不揆其时^①,不察其故,不审诸顺逆之大义,不度诸好恶之公心,而唯格言之是据,则仁人君子之言,皆成乎蔽。仁蔽而愚,信蔽而贼,不可不辨也。

【注释】

①揆(kuí):揣度。

【译文】

诛杀已经投降的人是不仁的表现,接受别人的投降却又将他们杀掉是不守信用的表现;古代就有这样的说法,确实是仁人君子所说的话。虽然如此,言语各有其具体指向,道理也各自有其适用场合,如果不分辨时间,不考察具体缘由,不审视顺逆的大义,不用是非好恶的公心加以考量,而只根据这条格言来行事,则仁人君子的话,都会成为束缚手脚的言辞。仁被蒙蔽就会变成愚蠢,守信被蒙蔽就会变成奸诈,所以不能不加以辨别。

所谓杀降不仁而无信者,为两国交争,战败而倒戈,与夫夷狄盗贼之胁从而自拔者言也。或党恶之志固不坚,或求生之外无余志,则亦生全之,或且录用之,而蠲忿怒以予维新,斯允为敦仁而崇信矣。刘稹之叛,郭谊为之谋主[1],及夫四面合围,三州已下,稹守孤城而日蹙,谊与王协说稹束身归朝[2],稹既从之欲降矣,谊乘其懈杀之以自为功,武宗与李德裕决计诛之,夫岂非允惬人心之公恶者以行大法? 而司马温公讥其失信。其信也,非其所以蔽而愚且贼者乎?

【注释】

①郭谊:原为昭义军节度使刘从谏部将。会昌三年(843)刘从谏去世后,郭谊隐匿刘从谏死亡的消息,力推刘稹权领军务,并试图帮助他取得朝廷认可。但朝廷拒绝接受其要求,兴兵讨伐昭义军。会昌四年(844),郭谊设计诱杀刘稹,传首京师。但他不久后也被朝廷捕杀。其事见于《旧唐书·刘稹列传》《新唐书·藩镇宣武彰义泽潞列传》。

②王协:刘从谏、刘稹部将,时任昭义军押牙。

【译文】

所谓诛杀已投降的敌人是不仁、不守信义的行为,是针对两国交战之时,敌人战败而倒戈这种情况,以及某些人被夷狄、盗贼所胁迫,但最终得以使自己脱离他们、弃暗投明的情况而言的。如果有些人伙同恶人为非作歹的意志不坚定,或是除了求生以外别无他求,那么对于这些人也应该保全他们的性命,或是适当地进行任用,纾解其愤怒之情而给他们改过自新的机会,这也称得上是尊崇仁义和信用的行为。刘稹叛乱时,郭谊是主要的策划者,等到昭义军被四面合围,三个属州已被攻下,刘稹困守孤城、处境日益窘迫的时候,郭谊与王协劝说刘稹向朝廷投降,刘稹听从他们的建议,想要投降,郭谊却趁刘稹松懈而杀了他,以此作为自己的功劳,武宗与李德裕决定诛杀郭谊,不正是符合惩罚首犯以大快人心的原则吗? 而司马光却讥讽武宗与李德裕的做法是不守信用。那么司马光所谓的"信",难道不是被遮蔽而变得愚蠢和奸诈了吗?

　　乱人者不殄绝之,则乱终不已者也。怀以仁,而即乘吾仁以相犯;结以信,而即怙吾信以相欺者也。而唐藩镇之乱,率因此而滋。自禄山为逆以来,拥戴之者,岂果侥幸其主之成大业,而己为邓禹之效尺寸哉?人挟好乱之心,而嗾其主帅以为逆魁^①,以代利于己。故李宝臣、薛嵩、田承嗣首自反噬,而果获分土拥尊之厚利。盖当劝乱之日,已挟自私之计。上胁朝廷,下睨其主,流血千里,主族亦赤,无非可罔利之左券。而朝廷果以姑息而厚酬之,位兼将相,泽及子孙,人亦何惮而不日导人以叛逆哉?卖主之腰领以求荣,主族夷而己诧元功。计当日之为藩镇者,侧目而寒心,自非狂骏如刘稹者^②,未有不以杀王协、郭谊为大快者。频年身膏原野之鬼,与痛哭郊原之寡妻孤子,固且不怨稹而怨协、谊。故二贼伏诛,而后武、宣之世,藩镇无叛者。既有以大服其心,而裨将幕僚,知无他日幸免侥功之转计,则意亦戢,而不敢导其主以狂猘。杀一二人而全天下,仁也;杀无恒之人以行法,信也。高帝斩丁公^③,而今古称其义,况躬为逆首者乎?

【注释】

①嗾(sǒu):教唆,指使别人做坏事。

②狂骏(ái):狂妄愚蠢。

③高帝斩丁公:参见卷二"汉高帝九"条注。

【译文】

如果不彻底消灭作乱的人，则天下的动乱终究难以终结。如果用仁义怀柔作乱的人，他们就会利用朝廷的仁而更加猖狂作乱；如果用信义来结纳他们，则他们会利用朝廷的信用而对朝廷进行欺骗。而唐代的藩镇之乱，大体都是因这一原因而滋生的。自从安禄山造反以来，拥戴那些作乱者的人，难道真的是希望他们效忠的对象能侥幸成就帝业，而自己能够像邓禹为光武帝效尺寸之劳那样立下功劳吗？人们只是怀着好乱之心，而唆使其主帅成为作乱的罪魁祸首，从而为自己谋利罢了。所以李宝臣、薛嵩、田承嗣这些人首先对安史叛军反戈一击，而果然获得了相当的职位和丰厚的利益。大概当那些部下劝其主公作乱的时候，他自己早已有了自私的打算。他们上胁迫朝廷，下可以观察其主公的作为而伺机行动，哪怕流血千里，其主公全家被屠戮，在他们看来也不过是谋利的筹码罢了。而朝廷如果真的姑息他们，给予他们丰厚的回报，使他们位兼将相，泽及子孙，则人们还有什么可惧怕的而不去劝诱别人造反作乱呢？出卖自己的主公以求得荣耀，主公的家族被屠戮而自己却立下了功劳。所以当时唐朝的各藩镇节帅，都纷纷为之侧目，深感寒心，除非是像刘稹这样狂妄愚蠢的人，否则没有不因为杀王协、郭谊而感到大快人心的人。那些在多年战争中屈死于战场的冤魂，以及在荒郊原野上痛哭流涕的妇女儿童，也不会痛恨刘稹而只会怨恨王协、郭谊。所以王协、郭谊这两个奸贼伏诛，而后武宗、宣宗时代，藩镇中就没有再反叛的了。朝廷既然有了使天下心服口服的办法，则部将和幕僚，也知道煽动主帅谋反后不可能有朝一日将罪过转化为功劳，则他们也会有所收敛，而不敢引导其主帅猖狂作乱。杀一两个人而可以保全天下，这是仁；杀反复无常的人以确保法律的执行，这是信。汉高帝斩杀丁公，而古今都称赞其做了正确的事，何况唐武宗和李德裕诛杀的还是作为叛乱首领的郭谊等人呢？

　　且刘积既从谊、协之谋以欲降矣，谊可容，积独不可降乎？杀降者，谊也；杀谊者，所以杀杀降者也，而何尤焉？唯项羽施之于敌国之赤子[①]，李广施之于解辫之夷狄[②]，则诚恶矣。未可以为反覆倾危之乱人引以求曲宥也。施大仁，惇大信[③]，各有其时，各有其情，各有其理。以一言蔽千古不齐之事变，适以自蔽而已，君子所弗尚也。

【注释】

①项羽施之于敌国之赤子：指项羽在钜鹿之战胜利后，逼使秦将章邯及其部下二十余万士卒投降，随后于新安将这些秦军降卒坑杀。事见《史记·项羽本纪》。

②李广施之于解辫之夷狄：指李广在任陇西太守时，羌人反叛，李广诱骗八百多羌人投降，并用欺诈手段在一天之内将其杀光。事见《史记·李将军列传》。解辫，解散发辫。旧时少数民族多结发辫，解辫谓改用汉人服饰，以示归诚。

③惇：推崇，尊重。

【译文】

　　况且刘积既然听从了郭谊、王协的计谋而想要投降朝廷，朝廷能容得下郭谊，刘积为什么唯独不能投降呢？杀降的人，是郭谊；杀郭谊的人，是在杀诛杀降将的人，他又有什么过错呢？只是，秦末项羽坑杀投降自己的敌国士兵，李广诛杀已经投降于他的羌人，这些行为确实是可恶的。不能把这些当作曲意宽恕那些反复无常的降将的样板。行大仁，守大信，要看具体的时机，看具体的情况，根据不同情况而适用不同的道理。以一句话来概括千古以来千差万别的情况，不过是会蒙蔽自己而已，这不是君子所应该推崇的。

六　李德裕奏罢宦者监军

宦者监军政于外而封疆危,宦者统禁兵于内而天子危。监军之危封疆,李德裕言之至悉矣。乃天子之危,非宦者之统禁兵遽能胁之而死生废立之也。天子之兵,散布于天下,将皆其臣,卒皆其民也。其在内而为禁兵,如唐神策军者,但百之一耳,又非百战立功能为天下雄者也。宦者虽握固之以为己有,而势不能与天下争衡。胁君自恣,乃至弑刃横加,岂能无畏于四方之问罪乎?其无所惮而血溅宫庭、居功定策者,实恃有在外监军之使,深结将帅而制其荣辱生死之命,指麾吏士而市以呴呕宴犒之恩也①。故王守澄、陈弘志、杨承和躬行大逆②,不畏天下有问罪之师;乃至四朝元老分符持节之裴中立,亦视君父之死、噤口而不敢谁何③;独一刘从谏执言相加,而怀来又不可问。无他,诸帅之兵,皆宦者之爪牙,举天下而在其掣肘,虽仗义欲鸣,而力穷于寡助也。于是而知德裕之为社稷谋,至深远矣。其以出征屡败为言者,指其著见之害以折之,使不敢争耳。显纠其沮挠军事之失,而不揭其揽权得众之祸,使无所激以相牴牾,则潜伏之大慝④,暗消于忘言矣,此德裕之所以善于安主而防奸也。

【注释】

①呴呕(xǔ xū):指言语和悦。

②杨承和:唐代宦官,曾任神策副使、枢密使、西川监军等职。刘克明弑杀唐敬宗后,杨承和与枢密使王守澄、中尉梁守谦、魏从简及宰相裴度等人共迎江王,发左、右神策及六军飞龙兵讨伐刘克

明,杀绛王。后来因与王守澄争权失败而被贬,不久被赐死。其
事见于《新唐书·文宗本纪》《新唐书·宦者列传》。

③噤(jìn)口:闭口不言。

④慝(tè):祸患。

【译文】

宦官在京师以外监理各地军政,会使地方局势陷入危机;宦者在京师掌管禁军,则会使天子陷于危险境地。监军对地方军政的危害,李德裕已经说得很详备了。可是宦官并非仅靠着掌握禁军统帅权就能够胁迫天子,甚至决定其生死和废立,从而使其陷入危险境地的。天子的军队,散布于天下,所有的将领都是其臣子,所有的士兵都是他的子民。其中在京城内做禁军的,如唐代的神策军,只不过占到百分之一罢了,而且这些禁军将士也并非身经百战、立下赫赫战功、堪称天下之雄的人物。宦官虽然牢牢把持着禁军军权,其势力却并不足以与整个天下相抗衡。他们想要挟持君王、肆意专权,甚至敢于弑杀君王,难道就不怕四方军队前来问罪吗?他们之所以能够肆无忌惮地弑杀皇帝,造成血溅宫廷的事端,并且以定策功臣自居,实际上正是凭恃着朝廷之外也有宦官在各藩镇作为监军,与地方将帅深入勾结,并且控制了他们荣辱生死的命运,又能够通过小恩小惠来收买他们指挥下的士兵。所以王守澄、陈弘志、杨承和这些人才敢于亲自做出弑杀君王的大逆之举,而不怕天下有向他们问罪的军队;甚至身为四朝元老、手中握有兵权的裴度,也坐视君王的死而闭口不言、无所作为;只有一个刘从谏敢于仗义执言、批评宦官,但说了以后也没有起到任何作用。这没有别的原因,只因为各藩镇主帅的军队都成了宦官的爪牙,整个天下都被宦官所牵制,就是想要仗义发声,也会因为缺少后援而势穷力竭。由此可以看到,李德裕为社稷所做的谋划,是何等的深远。他用宦官监军出征屡次战败为理由,指出宦官监军的显著危害来抨击宦官,使得宦官也不敢公然与其相争。李德裕表面上只抨击宦官监军对军事行动的危害,而不

揭露他们揽权结众所带来的祸害,使得宦官没有可以争辩的借口,于是宦官潜伏的祸患,就在不知不觉中被悄然消除,这就是李德裕善于安定君王、防范奸邪的高超手段。

　　然抑岂徒其立言之善哉? 仇士良忌之而不能伤,乃乞身以去;敕监军不得预军务、选牙队①,而杨钦义、刘行深欣然唯命而不敢争②。极重之弊,反之一朝,如此其易者,盖实有以制之也。唐之相臣能大有为者,狄仁杰而外,德裕而已。武宗不夭,德裕不窜,唐其可以复兴乎!

【注释】

①牙队:卫队。

②刘行深:唐代宦官。曾任巡边使、枢密使、神策军左军中尉等职。会昌四年(844),李德裕与杨钦义、刘行深约定监军不得干预军政,并且只能从每千名士兵中选取十人作为卫队。咸通十四年(873)唐懿宗死后,与韩文约等立年仅十二岁普王李俨(即李儇)即位,是为唐僖宗。其事散见于新、旧《唐书·僖宗本纪》及《资治通鉴·唐纪六十四·武宗皇帝·会昌四年》等。

【译文】

　　虽然如此,李德裕的高明,又何止是体现在言语的高明上呢? 仇士良忌恨他却没办法伤害他,于是才乞求退休、离开了朝廷;他让朝廷下令,规定监军不得干预军务、选拔自己的卫队,而杨钦义、刘行深都欣然听从其命令,而不敢与他相争。积弊已久的宦官之害,在一日之间就被改变,事情之所以能显得这么容易,关键就是李德裕有制服他们的办法。唐代宰相中大有作为的人,除了狄仁杰以外,只有李德裕一个人而已。如果武宗不英年早逝,李德裕不被贬黜到边远之地,或许唐朝还是可以复兴的。

七　禁浮屠宜使与巫者等

后世有天下者,欲禁浮屠之教以除世蠹也良难。会昌五年[①],诏毁寺及招提、兰若四万余区[②],归俗僧尼二十六万五百人,可谓令之必行矣。然不数年而浮屠转盛,于是所谓黄檗者出[③],而教外别传之邪说充塞于天下,禁之乃以激之而使兴,故曰难也。

【注释】

①会昌五年:公元845年。

②招提:本为梵语,音译为“拓斗提奢”,省作“拓提”,后误为“招提”。其义为“四方”。四方之僧称招提僧,四方僧之住处称为招提僧坊。兰若(rě):本为梵语,音译为“阿兰若”,省作“兰若”。原意是森林,引申为寂静处、空闲处、远离处,指供修道者居住静修之用的处所,可容一人或数人。

③黄檗(bò):即黄檗希运禅师,唐代洪州鹫峰佛教僧侣。唐武宗灭佛后,黄檗坚持传教,后唐宣宗恢复佛教,以黄檗为师。

【译文】

佛教兴起后,后世统治天下的人,想要禁止佛教、为天下除去这一危害,是非常困难的。会昌五年,武宗下诏毁坏寺庙及招提、兰若等佛教建筑四万余所,勒令二十六万零五百名僧侣和尼姑还俗,可谓雷厉风行。但是没过多久佛教就再次兴盛起来,所谓黄檗这样的妖僧也重新出现,而正统佛教之外传播的邪说更是充斥于天下,禁止佛教的结果却是反而激起了佛教更广泛的传播,所以说要禁止佛教是很难的。

　　武宗听道士赵归真之说而辟佛①，以邪止邪，非贞胜之道，固也；未几而武宗崩，李德裕逐，宣宗忌武宗君相而悉反其政，浮屠因缘以复进，其势为之也。虽然，假令武宗永世，德裕安位而行志，又岂可以举千年之积害、一旦去之而消灭无余哉？何也？以一日矫千年之弊，以一君一相敌群天下狂惑泛滥之情，而欲铲除之无遗，是鲧之堙洪水以止其横流②，卒不能胜者也。

【注释】

①赵归真(？—846)：唐代道士。曾在敬宗朝充任两街道门都教授博士，出入宫掖，人呼赵炼师。唐武宗好道术修摄之事，对赵归真更为宠信。会昌四年(844)，赵归真凭恃武宗宠信，极力鼓动武宗灭佛。会昌五年(845)，赵归真与其举荐的罗浮道士邓元起、衡山道士刘玄靖紧密配合，再次鼓动武宗毁天下佛寺，武宗采纳其建议，厉行灭佛。会昌六年(846)，武宗因日服赵归真等所炼之丹药，中毒致死，赵归真遂被杖杀(一说"窜逐岭表")。其事散见于《旧唐书·敬宗本纪》《旧唐书·武宗本纪》等。

②鲧(gǔn)：传说中大禹的父亲，因治理洪水失败而被尧杀死。

【译文】

　　武宗听信道士赵归真的说辞而禁毁佛教，这是以邪止邪，本来就不是正道；禁佛开始不久武宗就驾崩了，李德裕被驱逐出朝廷，宣宗忌恨武宗和李德裕这对君相，完全推翻了他们之前的政策，佛教因此重新被允许传播，这是时势使然。虽然如此，假如武宗长命百岁，李德裕得以安稳地居于相位，尽情推行其政策，难道佛教这一绵延千年的祸害，就能够在一天之内被消除无遗吗？为何这么说呢？用一天时间来矫正千年的弊端，靠一君一相的力量来与整个天下狂妄迷惑、迷信佛教的人相抗衡，而想要将佛教的影响铲除无遗，这就像鲧想要堵塞洪水来阻止其横流一样，最终肯定无法成功。

夫群天下积千年而奔趋如骛，自有原委，亦自有消归。故天下之僧寺、兰若，欲毁之则一旦毁之，此其无难者也；勒二十余万僧尼使之归俗，将奚归哉？人之为僧尼者，类皆孤露惰游无赖之罢民也，如使有俗之可归，而晏然为匹夫匹妇，以田尔田、庐尔庐，尚宁干止也①，则固十九而不为僧尼矣。一旦压之使无所往而得措其身，则合数十万伏莽之戎，黠者很者阴聚于宵旦②，愤懑图惟，谋歧涂以旁出③，若河之决也，得蚁穴以通，而奔流千里，安可复遏哉？故浮屠之教，至大中以后④，乃益为幽眇闪烁之论、吊诡险畸之行，以耸动生人，而莫测其首尾，以相诧而翕从之，皆其摈逐无聊之日，潜身幽谷，思以争胜而求伸者也。

【注释】

①尚宁干止：语出《尚书·多士》："尔乃尚有尔土，尔乃尚宁干止。"意思是说，你们仍拥有你们的土地，仍保持安宁的生活，正常劳作和休息。干止，作息，劳作和休息。

②很者：狠毒的人。很，狠毒。

③涂：同"途"。

④大中：唐宣宗李忱的年号，使用时间为847—860年。

【译文】

佛教在天下流传千年，人们竞相信仰、趋之若鹜，自然有其原因，要解决这一问题，也自然有其途径。所以天下的佛寺、兰若，想要毁掉它们，一天之内就能办到，这并不困难；但想要让二十余万僧侣尼姑还俗，这些人又能够归于哪里呢？但凡是做了僧侣、尼姑的人，大体上都是孤寡、贫困、懒惰、游手好闲、无所事事的人，如果这些人在社会中真有存身之所，能够安然地做丈夫或妻子，种自己的田、住自己的房屋，安宁地劳作和休息，那么十分之九的人本来就不会做僧侣和尼姑。一旦用强力政策压制他们，使他们没有可以容身的地方，则他们就变成了几十万埋伏在草丛中的士兵，他们中狡黠狠毒的人就会日夜聚集在一起，发泄愤懑，想要铤而走险，试图寻找新的出路，就像河流决口的时候，靠着小小的蚁穴就足以使堤坝溃决，而洪水由此奔流千里，又如何能够再遏制呢？所以佛教到大中年间以后，越来越喜欢用精深微妙、闪烁不定的话语，鼓动诡异奇特的行为，从而耸人听闻，使人们难以抓住其要领，竟相感到诧异，因而欣然信从，这些都是那些僧侣、尼姑在被朝廷驱赶、百无聊赖的时候，藏身于幽谷之中，冥思苦想出来的能够让佛教更好地传播的方法。

　　夫欲禁浮屠氏者，亦何用深治之哉？自有生民以来，有四民则有巫，巫之为术不一，要皆巫也，先王不能使无也。浮屠之以扇动天下者，生死祸福之报应而已，则亦巫之幻出者而已。若其黠者杂庄、列之说[①]，窃心性之旨，以与君子之道相竞，而见道未审者惑之，然亦千不得一也。故取浮屠之说与君子之道较黑白，而衰王固不能保于末俗；取浮屠与巫者等而以巫道处之，则天下固多信巫而不信浮屠者，其胜负相敌也。浮屠而既巫矣，人之信之也犹巫，则万室之邑，其为巫者凡几？而人无爱戴巫如父母者，且犹然编户征徭之民也。如此，则浮屠熸矣[②]。

【注释】

①庄、列之说：庄子和列子的学说，泛指道教学说。

②熸（jiān）：消失。

【译文】

　　想要禁毁佛教的人，又何必非要采用强制性的措施呢？自从有百姓以来，有四民则有巫师，巫师的伎俩尽管不同，但都是巫师，即使先代圣王也不能使世上没有巫师。佛教之所以能煽动天下人，靠的就是生死祸福的报应之说而已，则佛教也不过是巫术的一种变异形式罢了。至于更狡猾的僧侣，则会在佛教学说中杂糅庄子、列子的道家学说，窃取儒家心性之说的要旨，从而与君子之道相竞争，而那些对于正道认识不透彻的人就会被他们所迷惑，但这种狡猾精巧的人在僧侣中连千分之一都占不到。所以将佛教的学说与君子之道相互比较、辨别黑白，则世俗大众相信哪一种尚未可知；将佛教学说与巫术等同，而将佛教视为巫道，则天下肯定大多相信巫术而不信佛教，如此则两者旗鼓相当。佛教既然成了巫术，则信佛的人就像信巫术的人一样，如此则万户人家的城邑，做巫师的又有几个人呢？而人们也肯定不会将巫师当作父母那样顶礼膜拜，而且这些佛教徒也都成了编入户籍、需要承担赋税徭役的民众。如此，则佛教自然会衰亡。

　　故寺院不容不亟毁也；范金冶铜之像①，不容不亟销也；田园之税，丁口之徭，不容不视齐民也。无广厦长寮以容之②，无不税之田以豢之，无不徭之政以逸之，无金碧丹漆以艳其目，无钟磬铃铎以淫其耳，黯淡萧条，而又验其老幼，使供役于郡邑，则不待勒以归俗，而僧犹巫也，巫犹人也。进无所安，退思自便，必将自求田庐，自畜妻子，以偕于良民。数十年之中，不见其消而自无几矣；即有存者，亦犹巫之杂处，弗能为民大病者也。禁其为僧尼，则傲岸而不听，含怨以图兴。弗禁其僧，而僧视耕夫之赋役；弗禁其尼，而尼视

织女之缕征。无所利而徒苦其身，以茹草而独宿，未有不翻
然思悔者。徒众不依，而为幽眇之说、吊诡之行者，亦自顾
而少味。先王之不禁天下之巫，而不殊于四民之外，以此而
已。然则有天下而欲禁浮屠以一道德、同风俗者，亦何难之
有哉？特未之思耳。

【注释】

①笵（fàn）金：以模子浇铸金子。笵，通"范"。

②寮：房屋。

【译文】

　　所以寺院是不能不尽早毁掉的；冶炼金和铜、浇铸而成的佛像也不
能不尽早销毁；在赋税和徭役方面，也不能不将僧侣当作编户齐民那样
对待。如果没有高大宽广的房屋来容纳僧侣，没有不征税的田地来供
养他们，没有免除徭役的优待来使他们变得安逸，没有金碧辉煌的建筑
来愉悦他们的眼睛，没有钟磬铃铎来让他们的耳朵得到享受，他们的生
活一派黯淡萧条，而又验明僧侣的老幼，使他们在所属郡县服役，则不
需要政府勒令还俗，这些僧侣自己就还俗了，而僧侣也就会变得像巫
师，巫师同普通人也就没有太大差别了。僧侣进没有安身之所，退而思
考便利之策，必然会自己向政府请求赐给田地、房屋，娶妻生子，使自己
变成良民。数十年之中，他们自然就消亡殆尽了；即使还有残存的僧
侣，也会像巫师那样与民众杂处，再也无法成为百姓的心腹大患了。如
果一味强硬禁止人们做僧侣、尼姑，则他们心中必定不服气，不愿意听
从命令，会怀着怨恨图谋再次兴起。如果不禁止男性做僧侣，而僧侣也
必须像农民那样缴纳租税和服徭役；不禁止女性做尼姑，而尼姑也必须
向民间女子那样交纳女工制品。这样做僧侣、尼姑的人无利可图，只会
让自己吃苦，吃得很差、住得也不好，则他们中没有不翻然悔悟的。徒

众既然不再皈依佛教，则那些传播虚无缥缈学说、做出奇特行为的佛教徒，自然也会觉得索然无味了。先代圣王不禁止民间的巫术，也不将巫师视为士农工商四民之外的群体，正是因为这个缘故。如此则拥有天下的统治者想要禁毁佛教，从而统一道德和风俗，又有什么困难的呢？只是他们没有仔细考虑到这些罢了。

宣　宗

【题解】

　　唐宣宗李忱(810—859)初名李怡,是唐宪宗李纯第十三子、唐穆宗李恒的异母弟。会昌六年(846),唐武宗病逝,李忱被宦官马元贽等拥立为皇帝。李忱早年经历坎坷,颇知民间疾苦。在位期间恭谨节俭,勤于政事,大力整顿吏治,限制朋党和宦官势力;对外击败吐蕃,收复河湟地区,安定塞北局势,平定安南。在宣宗治下,国家相对安定繁荣,史称"大中之治"。大中十三年(859)八月,李忱因服长生药中毒而死,在位十三年。

　　宣宗在历史上以明察英断、赏罚严明著称,刘昫、司马光等史家对宣宗多有赞誉。但王夫之却认为,宣宗的"明察"对国家反而产生了严重的负面影响:一方面,宣宗自恃机警,广布耳目探伺群臣,依据小节施予赏罚,群臣惶恐不安,想方设法蒙蔽君王以逃避责罚。君王越是猜疑,臣下越是奸诈,小节愈是严格,大贪愈加放纵,由此造成上下离心。所以在宣宗时代,许多士人不愿为朝廷效力,所谓"人君一念之烦苛,而四海之心瓦解"。另一方面,宣宗以严苛标准要求官吏,层层压力传导之下,基层官吏一面粉饰太平,一面变本加厉地剥削百姓。百姓饥寒交迫,纷纷起来反抗,唐立国后二百年间罕有农民暴动,宣宗、懿宗时代却暴动频仍,严重损耗着唐王朝的元气。在王夫之看来,这正是亡国的先兆。

安史之乱以后,各地藩镇频繁发动叛乱,而唐朝的统治却始终能维持不坠,这其中的原因何在?在本篇中,王夫之提出了一个重要的论断,即"唐立国于西北,而植根本于东南"。他认为,正是因为有东南地区作为唐王朝统治的根本,源源不断地向朝廷输送财赋,所以唐王朝才能挺过历次藩镇动乱。中唐的理财名臣第五琦、刘晏、韩滉,都是借助东南地区的资源支援朝廷,从而纾解了朝廷面临的危机。而作为反例,随着朝廷对东南地区的压榨盘剥越来越重,中唐时期保持安定的东南藩镇在宣宗时代开始频繁出现藩镇吏民驱逐观察使的情况。本来宣宗时河北、中原地区的藩镇之祸已呈平息之势,东南地区的动乱动摇了朝廷根基,最终引发了裘甫起义、庞勋兵变等连锁反应。等到黄巢起义爆发,天下鼎沸,唐王朝便无力回天了。

一　宣宗猜忌李德裕由中尉先入之言

宣宗初识李德裕于奉册之顷①,即曰:"每顾我,使我毛发洒淅②。"夫宣宗非屏主③,德裕非有趹訛之气发于声色,如周勃之起家戎伍、梁冀之世习骄倨者,岂果见之而怵然哉?有先入之言使之猜忌者在也。武宗疾笃,旬日不能言,而诏从中出,废皇子而立宣宗,宣宗以非次拔起,忽受大位,岂旦夕之谋哉?宦官贪其有不慧之迹而豫与定谋,窃窃然相嚅呢于秘密之地④,必将曰太尉若知,事必不成。故其立也,惴惴乎唯恐德裕之异己,如小儿之窃饵,见厨妇而不宁也。语曰:"盗憎主人⑤。"其得志而欲诛逐之,必矣。

【注释】

①奉册:指在新皇即位或给皇帝上尊号等场合,臣子向皇帝奉上册

书。会昌六年(846),武宗去世,宣宗即位,由李德裕在太极殿奉
上册书。

②洒淅:寒栗,寒颤。

③孱(chán):怯懦。

④嚅唲(rú ér):窃笑。

⑤盗憎主人:语出《左传·成公十五年》:"盗憎主人,民恶其上。"意
思是盗贼憎恨被他所盗窃的物主。比喻邪恶的人憎恨正直
的人。

【译文】

　　唐宣宗在李德裕向他奉上即位册书的时候与他初次相识,就说:
"李德裕每次看我,都让我毛骨悚然。"宣宗并非怯懦的君主,李德裕也
并非像起家于行伍之间的周勃、出身于显贵世家而习惯于骄横的梁冀
那样,有溢于言表的跋扈之气,宣宗难道真的会看到他就感到心里发怵
吗? 这不过是因为之前已经有人向宣宗说过李德裕的坏话,使得宣宗
对李德裕早就心怀猜忌罢了。武宗病重,十多天不能说话,而诏书从宫
中发出,宣布废皇子而立宣宗,宣宗按照原来的继承次序并没有当皇帝
的机会,忽然就登上天子之位,这难道是旦夕之间仓促谋划的结果吗?
肯定是宦官贪图他有些愚笨,而豫先与他定下谋略,宦官们与他在秘密
场所窃语欢笑,必然会说如果这件事让太尉李德裕知道了,肯定就难以
成功了。所以宣宗被立为皇帝后,惴惴不安,唯恐李德裕怀有异心,就
像小孩子偷吃了东西,见到厨娘就内心觉得不安一样。有常言说:"盗
贼憎恨被他所盗窃的物主。"所以宣宗在得势之后立即想要驱逐甚至诛
戮李德裕,也就是必然的了。

　　此抑有故,德裕当武宗之日,得君而行志,裁损内竖之
权,自监军始。监军失权,而中尉不保神策之军,于时宦官
与德裕有不两立之势。德裕为之有序,无可执以相挠,而上

得武宗之信任,下有杨钦义、刘行深之内应,故含怨毒也深而不敢发。迨乎武宗疾笃不能言之日,正其河决痈溃、可乘以快志之时也。不废皇子立宣宗,则德裕不可去;不诪宣宗以德裕威棱之可畏①,则宣宗之去德裕也不决。其君惴惴然如捍大敌之不能姑待,而后德裕必不能容。盖德裕之所能控御以从己者,杨钦义、刘行深而已,二人者,其能敌宫中无算之貂珰乎②? 皇太叔之诏一下③,德裕无可措其手足,待放而已矣。唐之亡亡于宦官,自此决矣。

【注释】

①诪(xù):恫吓。威棱:威力,威势。

②貂珰(dāng):貂尾和金银珰,古代侍中、常侍的冠饰,借指宦官。

③皇太叔之诏:会昌六年(846),武宗病危,遗诏立李怡(即李忱)为皇太叔,"权勾当军国政事"。事见《新唐书·武宗本纪》。

【译文】

之所以如此,也是有原因的:李德裕在武宗在位期间,得到君王支持而得以按自己的想法行事,他削夺宦官的权力,首先从削夺监军之权开始。监军失去了权力,而中尉也难以再保持对神策军的绝对控制,于是宦官便与李德裕成了势不两立的仇敌。李德裕削夺宦官权力是循序渐进、符合程序的,宦官没有可以阻挠的理由,而李德裕上得到武宗的信任,下有杨钦义、刘行深作为宫中的内应,所以那些宦官虽然对他含有深深的怨恨之情,却不敢公开发泄出来。等到武宗病重不能说话的时候,对宦官们而言正是河流溃堤、脓疮溃破、自己可以趁机逞一时之快的时候。如果他们不废皇子而立宣宗,李德裕就难以被驱逐;如果不吓唬宣宗说李德裕的威势令人畏惧,宣宗就不可能那么坚决地驱逐李德裕。君主既然惴惴不安,如临大敌一样地警惕李德裕,迫不及待地想对他动手,那么李德裕必定不能被宣宗所容,这是肯定的。大概李德裕能够真正控制、使其听从自己命令的,也只有杨钦义、刘行深而已,这两个人,难道能够抗衡宫中难以计数的宦官吗? 所以立宣宗为皇太叔的诏书一下,李德裕便手足无措,只能等待被流放罢了。唐朝的灭亡是亡于宦官,在此时就已经埋下了祸根。

或者谓德裕事英断之君,相得甚欢,而不能于弥留之际,请凭玉几、受顾命以定冢嗣①,使奸人得擅废立之权,非大臣卫国之谊,是已。然有说焉,武宗春秋方富,虽有疾而非必不可起之危候,方将大有所为,而不得遽谋身后;迨及疾之已笃,昏不能言,虽欲扣阁请见②,而谁与传宣以求必得哉? 所可惜者,先君之骨未寒,太尉之逐已亟,环唐之廷,无有一人焉昌言以伸其忠勋者。岂徒无为之援哉? 白敏中之徒且攘臂而夺相位,崔、杨、牛、李抑引领以望内迁③,而郑肃、李回莫能御也④。意者德裕之自矜已甚,孤傲而不广引贤者以共协匡赞邪⑤? 抑自朋党兴,唐之士风披靡于荣辱进退之间,而无贤可荐邪? 二者皆国家危乱之券也,必居一于此,宜乎唐之不复兴矣。

【注释】

①凭玉几:典出《尚书·顾命》:"相被冕服,凭玉几。"后以"凭玉几"指代帝王临终托付后事。冢嗣:嫡长子,继承人。

②阁(gé):官门。

③崔、杨、牛、李:指崔铉、杨嗣复、牛僧孺、李宗闵。四人皆为牛党领袖。

④郑肃:字乂敬,荥阳(今河南荥阳)人。早年任太常少卿,以通经学

著称。唐武宗即位后，累迁户部、兵部尚书，会昌五年（845）拜相，与李德裕同心辅政。唐宣宗即位后，罢为荆南节度使。传见新、旧《唐书·郑肃列传》。李回：字昭度，长安（今陕西西安）人。唐朝宗室、宰相。长庆初，擢进士第，又登贤良方正制科。武宗即位后，官至御史中丞。会昌三年（843）参与平定泽潞叛乱，因功拜相。武宗死后，因其曾与李德裕亲善，被牛党贬为抚州刺史。后白敏中、令狐绹罢相，李回再度入朝为兵部尚书。传见《旧唐书·李回列传》《新唐书·宗室宰相列传》。

⑤匡赞：匡正辅佐。

【译文】

　　有人说李德裕事奉英明果决的君主，君臣相得甚欢，却不能够在弥留之际，请求武宗立下遗诏，自己接受顾命，以确立合法的继承人，使奸邪之人得以专擅废立之权，这不是保卫国家社稷的大臣应该做的，这种说法是对的。但李德裕不能这么做，也是有原因的：武宗正年富力强，虽然偶患小病，却并不足以危及生命，正准备大有作为，自然难以立即为身后事预作准备。等到他的病势沉重，神志不清、难以说话，李德裕即使想入宫求见武宗，又有谁能帮他通报，使他得以见到皇帝呢？真正值得可惜的是，先皇尸骨未寒，太尉李德裕便被迅速贬逐，整个唐朝廷上，竟然没有一个人能挺身而出、仗义执言，列举他的忠诚和功勋，为他鸣不平。而且，难道仅仅是没有人支持他吗？白敏中这些人正将起衣袖、伸出胳膊准备夺取相位，崔铉、杨嗣复、牛僧孺、李宗闵也都翘首以盼，希望尽快被召回朝中，而郑肃、李回没法抵御这些人的冲击。那么是李德裕自视过高，过于孤傲，而没有广引贤者来辅助自己共掌朝政吗？或者说自从朋党兴起以来，唐代的士风在士人沉浮于荣辱进退之间日益衰落，因而根本就无贤可荐？这两个原因都是足以导致国家陷于危亡的证据，李德裕被贬至少出于其中一种原因，这也就难怪唐朝难以复兴了。

二 马植首导宣宗苛刻

宣宗初立,以旱故,命大臣疏理系囚,而马植亟以刻覈之言进[1],请官典犯赃及杀人者不听疏理[2]。夫二者之不可遽释,是已;而并不听其疏理,唯法吏之文置之辟而莫辩[3],宣宗用申、韩之术,束湿天下以失人心[4],植实首导之矣。

【注释】

①马植:字存之,扶风(今陕西扶风)人。唐宪宗元和十四年(819)进士擢第。开成初,出任安南都护、御史中丞、安南招讨使。会昌时入为大理卿,不被李德裕重用。宣宗即帝位,与李德裕有隙的白敏中任宰相,马植受到白敏中大力拔擢,于大中二年(848)年拜为宰相。大中三年(849)因交结内侍而被罢相。传见新、旧《唐书·马植列传》。刻覈(hé):苛刻。

②官典:指低级官吏。这里泛指官员。

③辟(pì):罪。

④束湿:捆扎湿物,形容驭下苛酷急切。

【译文】

宣宗刚即位时,因为天下发生了旱灾,于是命令大臣将在押的犯人重新进行审判,而马植却迅速向宣宗进刻薄之言,请求将犯有贪污罪行的官员和犯有杀人罪行的囚犯排除在重审范围之外。犯有这两种罪行的人不应该被轻易释放,这是正确的;但不允许这两种犯人申诉,只靠着主管官吏的文书来定罪,不容申辩,宣宗采用申、韩法家之术,用苛酷急切的手段驾驭天下人,从而失去了人心,正是马植首先引导他开的头啊。

唐自高宗以后,非弑械起于宫闱,则叛臣讧于肘腋,自开元二十余年粗安而外,皆乱日也,而不足以亡者,人心固依恋而不忍离,虽役繁赋重,死亡相接,抑且戴奕叶之天子于不忘①。无他,自太宗以宽容抚士庶,吞舟漏网,则游鳞各呴沫于浦屿②,即有弱肉强食之害,而民不怨其上也。罗希奭、吉温以至穷凶如侯、索、周、来③,抑但施惨毒于朝士,而以反叛为名,未尝取吏民琐细之愆,苛求而矜其聪断;马植之徒,导主以渊鱼之察④,而后太宗之遗泽斩矣。

【注释】

①奕叶:累世,世代。

②呴(xǔ)沫:以哈气和唾沫相互润湿,比喻抚慰或救助。浦屿:水中的小岛。

③罗希奭:杭州(今浙江杭州)人。唐玄宗时酷吏。天宝初,李林甫引与吉温共掌刑狱,自御史台主簿迁至殿中侍御史。排斥异己,罗织罪名,制造冤狱。诬害韦坚、杨慎矜等九人,故时称"罗钳吉网"。传见新、旧《唐书·酷吏列传》。吉温(? —755):洛州河南(今河南洛阳)人。唐玄宗天宝年间著名酷吏。天宝初,为新丰丞,后至李林甫门下,与罗希奭治狱,肆虐朝廷,以致"公卿见者,莫敢耦语"。传见新、旧《唐书·酷吏列传》。侯、索、周、来:指侯思止、索元礼、周兴、来俊臣。四人皆为武周时期著名酷吏。

④渊鱼之察:典出《列子·说符》:"察见渊鱼者不祥,智料隐匿者有殃。"意思是说,如果一个人的眼睛太好使了,不管河水是清澈还是浑浊,他都能看清水里有多少条鱼,这是非常不吉利的。

【译文】

唐朝自高宗以后,不是在宫廷中发生弑杀或拘禁皇帝的政变,就是在切近之地出现叛乱，除了开元时期二十余年间大体处于安定局面外，其他时间皆为混乱时期，唐朝在这种局势下之所以没有灭亡，是因为人心依恋唐朝而不忍背离，即使赋役繁重，百姓接连死亡，也仍然拥戴世代李唐天子而不忘君臣之义。这没有别的缘故，只是因为自从太宗以来，就制定了宽容对待天下百姓的法律，法律宽松，则百姓可以在各个角落相互帮助，即便有弱肉强食的危害，百姓也不会怨恨朝廷。罗希奭、吉温以至于像侯思止、索元礼、周兴、来俊臣这样的酷吏，也只能以涉嫌反叛的罪名对朝廷官员滥用刑罚，而不曾抓住普通百姓的小小罪过不放，对他们加以苛求，从而显示自己的聪明善断；马植这些人，引导君王过于明察天下人的微小过失，然后太宗所遗留下的对百姓的恩泽就被中断了。

植之言曰："贪吏无所惩畏，死者衔冤无告。"亦近乎情理之说也。乃上方下宽恤之政，用答天灾，而遽以综核虔矫之令参之，则有司相劝以武健，持法律以核吏民，广逮系以成锻炼，有故入而无矜疑，士怨于官，民愁于野，胥史操生死以取货贿，可胜言哉？

【译文】

马植说："如果不严惩贪官污吏而使他们无所畏惧，那么被害而死的人就无处申诉他们的冤屈。"这也是符合情理的说法。可是宣宗刚刚公布宽仁抚恤的政策，从而顺应旱灾这一天象示警，而马植就立即建议皇帝任用凶残虚伪、严厉刻薄的官吏对囚犯进行审讯，则有关部门势必纷纷相互督促，执行雄武刚健的政策，用法律来严厉审核官吏百姓，广泛逮捕、陷人于罪，以响应朝廷号召，造成被逮捕的人多，被释放的人少，士人在官府中抱怨，百姓在田野中发愁，胥吏操持百姓的生死大权，借机索取贿赂,这样的弊端说得完吗?

夫申、韩之以其术破坏先王之道者,岂不以为情理之宜,诛有罪以恤无辜乎?而一倚于法,天下皆重足而立。君子之恶其贼天下而殄人国脉者,正以其近于情理,易以惑人也。

【译文】

申不害、韩非用法家之术来破坏先王之道,难道不也正是从情理出发,想要诛戮有罪之人、抚恤无辜之人吗?可是他们完全依仗法律,使得天下人都畏惧法网,只得叠足而立,唯恐动辄得咎。君子之所以厌恶法家之术危害天下、破坏国脉,正是因为法家之术近于情理,所以容易迷惑人。

以赃吏论,古今无道之世,人士相习于贪叨①,而其得免于逮问者,盖亦鲜矣。夫苟舍廉耻以纵朵颐,则白昼攫金而不见人②,岂罪罟之所能禁乎③?无道以止之于未淫,则察之愈密,诛之愈亟,夤缘附托行贿以祈免之涂愈开④,贿不给而虐取于民者愈剧。究其抵法而无为矜宥者,一皆拙于交游、吝于荐贿、黏窭易厌之细人而已。以法惩贪,贪乃益滋,而上徒以召百官之怨讟⑤,下益以甚穷民之朘削⑥,法之不可恃也明矣。

【注释】

①贪叨(tāo):贪得。

②攫（jué）：抓取，占为己有。

③罪罟（gǔ）：法网。

④夤（yín）缘：攀附，巴结。涂：同"途"。

⑤怨讟（dú）：怨恨。

⑥朘（juān）削：剥削。

【译文】

以贪官污吏而言，古往今来无道的时代，人们习惯于贪污聚敛，但这些人中能够免于被法律制裁的人大概也是很少的。如果一个人舍弃了廉耻，放纵自己大快朵颐，就像白天偷窃金子而看不到别人一样，难道是法网所能禁止的吗？如果没有办法在贪污行为日渐风行之前加以阻止，则对贪污监督得越严，处罚得越严厉，那些攀附请托、行贿以求得免于被追究的人就越多，如果没钱行贿，他们就会更加变本加厉地盘剥百姓来筹集钱财。看看那些因贪污被惩罚而没能得到宽宥赦免的案例就知道，被处置的都是拙于与人交游、吝于行贿、欲望容易得到满足的下层官员罢了。依靠法律来惩处贪污，则贪污会愈演愈烈，上只会白白招来百官的怨恨，下只会加剧百姓被剥削的惨状，法律根本靠不住，这是很明显的。

以杀人论，人即不伏欧刀于市①，亦未有乐于杀人者也；已论如法，而苟全于疏理之下，虽不死而生理亦无几矣。若其忿懥发于睚眦，则当挥拳操刃之下，恶气薰心，固且自忘其死，抑岂暇念他日之抵法而知惩？若云死者含冤，则天地之生，业已杀一人矣，而又杀一人以益之，奚补哉？且一人抵坐，而证佐之株连，寡妻孤子之流离于寺署者②，凡几也！

【注释】

①欧刀：古时欧冶子所铸之剑，后来泛指杀人之刀或良剑。

②寺署：官署。

【译文】

以杀人而言，人们既然不愿意在闹市中被处斩，那么也没有乐于杀人的人；如果杀人者已经按照法律被定了罪，那么即使在重新审理之下苟且保全性命，虽然人没死，但活着走出监狱的可能性也非常低。如果有人因为一些小事就与别人发生矛盾，就去挥舞拳头、操持白刃杀人，那么他当时就是恶气熏心，本来就已经忘却了自己的生死，哪里会有余暇考虑到有朝一日要按照法律受到相应惩处，从而有所收敛呢？如果说死者含冤无处申诉，则作为天地之间的生命，已经有一个人被杀了，而又再多杀一个人，又有什么补益呢？况且一个人伏法抵罪，相关的人也会被牵连作证，则流离于各官署衙门之间的孤儿寡母，不知道有多少啊！

故贪吏伏法，杀人者死，法也。法立于画一，而张弛之机，操于君与大臣之心。君子之道，所为迥异于申、韩之刻薄者，不欲求快于一时之心也。心苟快，而天地和平之气已不足以存，俗吏恶知此哉？综核行，而上下相督、还相蔽也。炫明者瞀①，炫聪者聋。唐室容保之福泽，宣宗君臣销铄之而无余②，马植实首导之。苛刻一行，而莫之知止，天下粗定，而卒召吏民之叛以亡，固不如曏者之姑息③，乱而可存也。

【注释】

①瞀（mào）：眼花目眩。

②销铄：消耗，消损。

③曏（xiàng）者：从前。曏，同“向”。

【译文】

　　所以贪官污吏应当伏法，杀人者应当处死，这是法律规定。法律规定要整齐划一，而张弛的尺度，则由君王和大臣在心中进行把握。君子之道，与申、韩刻薄的法家之术所迥然不同的地方，正是不愿意贪求一时之快。如果只求心中痛快，则天地间和平之气就难以存续下去，普通的官吏又哪里能明白这个道理呢？一旦综聚考核之令施行，则上下级官员就会相互督促，也会相互蒙蔽。炫耀自己眼睛好使的人最终会老眼昏花，炫耀自己耳朵灵敏的人最终会变聋。唐朝廷长期存续所仰赖的福泽，被宣宗君臣消耗无余，正是马植首先开的头。苛刻的政策一旦施行，也就不会再去想到停止，天下刚刚初步安定下来，便又迅速招致百姓官吏的反叛而导致国家灭亡，这还不如像过去那样姑息犯罪，国家虽然混乱但不至于亡国。

三　白居易为元稹死党李德裕引用其弟敏中

　　知人之难久矣，而抑有其可知者，君子持之以为衡，而失亦鲜矣。人之为不肖也，其贪惏贼害、淫溺愦乱、得之气质者①，什不得一②；类皆与不善者习，而随之以流，因以泛滥而不可止。故君子之观人于早也，持其所习者以为衡，视其师友，视其交游，视其习尚；未尝无失，而失者终鲜。拔骍角于犁牛之中③，非圣哲弗能也。

【注释】

①惏(lán)：同"婪"。愦乱：昏乱。

②什：十。

③拔骍(xīng)角于犁牛之中：语本《论语·雍也》："犁牛之子骍且角，虽欲无用，山川其舍诸？"意思是说，耕牛所生的小牛长着赤

色的毛和端正的角,即使人们不想把它当作祭品,但山川之神难道会舍弃它吗? 犁牛,指耕牛。骍,赤色。角,指牛角长得周正。骍角比喻后裔俊拔远胜前辈。从普通耕牛中选出毛赤红、角端正的小牛,代指从芸芸众生中发现出类拔萃的人才。

【译文】

　　要了解一个人从来都是不容易的,但了解别人的办法也终究是有的,如果君子能够一贯以这种办法来了解别人,那么他的过失也就很少了。真正的不肖之徒并不多,其中天生就贪婪狠毒、放纵昏乱的人,更是连十分之一都不到;大部分不肖之徒,都是受坏人影响,随波逐流,因而日渐变得不肖,难以停止这一趋势。所以君子会在早期就对一个人进行观察和判断,将他的习惯特点作为衡量的依据,观察其师友是谁,看他与谁交往,观察他的习惯表现;这样做未必没有失误的时候,但真正失误的情况也是很少的。从芸芸众生中发现出类拔萃的人才,如果不是圣哲,是做不到的。

　　李德裕引白敏中入翰林,既为学士,遂乘武、宣改政之初,夺德裕之相,竭力排之,尽反其政,以陷德裕于贬死,而乱唐室。夫敏中之不可引而使在君侧,岂待再计而决者哉? 德裕之初引敏中也,以武宗闻白居易之名,欲召用之,居易老而德裕以敏中进。然则知敏中者以居易,用敏中犹其用居易也。居易以文章小技,而为嬉游放荡、征声逐色之倡,当时则裴中立悦其浮华而乐与之嬉;至宋,则苏氏之徒喜其纵逸于闲捡之外而推尚之①;居易之名,遂喧腾于天下后世。乃核其人,则元稹之死友也。稹闻谪九江而垂死惊坐②,胡为其然哉? 以荡闲逾捡相昵于声色,而为轻浮俗艳之词以蛊人于淫纵。当其时如杜牧者,已深恶而欲按以法矣。稹鬻身奄宦,排抑正人,以使河北终叛,而为唐之戎首;居易护为死党,不得,则托于醉吟以泄其青衫之泪③。敏中为其从弟,与居与游,因之而受君相之知,梦寝之所席而安者居易耳。若此而欲引为同心,以匡君而卫社稷,所谓放虎自卫者也④,而德裕胡弗之知也!

【注释】

①闲捡:伦理道德的规范、界限。

②积闻谪九江而垂死惊坐:指元稹所作《闻乐天授江州司马》:"残灯无焰影幢幢,此夕闻君谪九江。垂死病中惊坐起,暗风吹雨入寒窗。"

③青衫之泪:语本白居易《琵琶行》:"座中泣下谁最多,江州司马青衫湿。"青衫,唐代八品、九品官着青色官服,后以此借指失意的官员。

④放虎自卫:语本《华阳国志·公孙述刘二牧志》:"刘主至巴郡,巴郡严颜拊心叹曰:'此所谓独坐穷山、放虎自卫者也!'"放出老虎来保卫自己。比喻寻求保护不当,反而为自己招来灾祸。

【译文】

李德裕引荐白敏中进入翰林学士院,白敏中做了翰林学士,于是乘武宗、宣宗政权交替之际,夺取李德裕的相位,竭力排挤李德裕,完全推翻他以前定下的政策,陷害李德裕,使其被贬而死,最终扰乱了唐朝。白敏中这种人,是不能被引荐到君王身边任职的,这难道是需要反复衡量谋划后才能做出的决断吗?李德裕最初引荐白敏中,是因为唐武宗听闻白居易的名声,想要召他入朝予以重用,因为当时白居易年事已高,所以李德裕就转而引荐了白敏中。由此可知白敏中被天子所知晓是因为白居易的缘故,任用白敏中就相当于任用白居易。白居易靠着擅长写文章的雕虫小技，引导别人嬉游放荡、追逐声色，在唐代则裴度喜欢他的浮华而乐意与他一同嬉戏；到了宋朝，则苏轼等人喜欢他能够放纵自我、超越世俗道德规范的束缚而对他十分推崇；白居易的名声，于是在后世天下越来越显赫。可是如果仔细考察他这个人，就可以知道他是元稹的死党。元稹听说白居易被贬到九江去而垂死之际猛然坐起，为何会如此呢？因为他们两个不顾道德规范、双双沉溺于声色享受，写出轻浮俗艳的诗词来蛊惑别人放纵享受。与他们同时代的人中，像杜牧这样的人，已经对他们深恶痛绝，而想要将他们绳之以法。元稹卖身投靠宦官，排挤压抑正人君子，最终造成河北背叛朝廷，成了危害唐朝的罪魁祸首；白居易想要庇护他的死党元稹，没有成功，于是便借着醉酒吟诗来发泄自己做官失意的不满。白敏中作为白居易堂弟，与他一同生活和交游，并因为白居易的名声而受到君王、宰相的赏识，他能够安处于自己梦寐以求的位置上，靠的正是白居易。李德裕想把这样的人引为与自己同心匡辅君王、保卫社稷的同道，无异于所谓释放老虎来保卫自己一样，而李德裕竟然连这个道理都不明白！

使武宗欲用居易之日，正色而对曰：此浮薄儇巧之小人①，耽酒嗜色，以淫词坏风教者，陛下恶用此为？则国是定矣。李沆、刘健之所以允为大臣也②。而德裕不能，其尚有两端之私与？不然，则已习末端，心无定衡之可持而易以乱也。先儒谓苏轼得用，引秦观之徒以居要地，其害更甚于王安石③，唯其习尚之淫也。舍是而欲鉴别人才，以靖国家、培善类，未有能免于咎者也。

【注释】

①儇（xuān）巧：轻浮奸巧。

②刘健(1433—1526):字希贤,号晦庵,洛阳(今河南洛阳)人。明
　朝中期名臣、内阁首辅。明英宗天顺四年(1460)登进士第,明宪
　宗时担任太子朱祐樘(明孝宗)的讲官。孝宗即位后,入阁参预
　机务,弘治十一年(1498)担任首辅,他忠于职守,尽心国事,不恤
　私交,培植人才,爱惜善类。明武宗即位后,因奏请诛杀宦官刘
　瑾未成,致仕归家,刘瑾被诛后复官。传见《明史·刘健列传》。
③"先儒谓苏轼得用"几句:据《朱子语类》记载,朱熹评价王安石与
　苏轼之学,认为"二公之学皆不正",并说"东坡初年若得用,未必
　其患不甚于荆公"。

【译文】

　　假如当初武宗想要任用白居易的时候,李德裕能够严肃地回答武
宗说:白居易是个轻浮奸巧的小人,沉湎于酒色之中,专写些淫词来败
坏风俗教化,这样的人陛下您任用他有何好处呢? 那么国家大事便由
此可以确定了。招引善类、举荐贤才,是李沆、刘健之所以能称得上是
大臣的原因所在。而李德裕却做不到,是因为他还有首鼠两端的私心
吗? 如果不是这样,则是他自己的习气也并不端正,心中没有坚定的信
念操守,因而容易被外界扰乱。先代大儒曾经说如果苏轼得到重用,则
他会引荐秦观等人担任要职,其危害比王安石更严重,这正是因为苏
轼、秦观等人的习气太过恶劣。如果舍弃观察习气这一原则,而想要鉴
别人才,从而安定国家、培育善类,则没有能够免于犯错、不被指责的。

四　宰相不可无权

　　周墀为相①,韦澳谓之曰②:"愿相公无权。"伤哉斯言!
所以惩李相朱崖之祸③,而叹宣宗之不可与有为也。宰相无
权,则天下无纲,天下无纲而不乱者,未之或有。权者,天子
之大用也。而提权以为天下重轻,则唯慎于论相而进退之。

相得其人,则宰相之权,即天子之权,挈大纲以振天下,易矣。宰相无权,人才不繇以进,国事不适为主,奚用宰相哉?奉行条例,画敕以行,莫违其式而已。宰相以条例行之部寺,部寺以条例行之镇道,镇道以条例行之郡邑,郡邑以条例行之编氓④,苟且涂饰以应条例,而封疆之安危,群有司之贤不肖,百姓之生死利病,交相委也,抑互相容以雠其奸也。于是兵窳于边⑤,政弛于廷,奸匿于侧,民困于野,莫任其咎,咎亦弗及焉。宰相不得以治百官,百官不得以治其属,民之愁苦者无与伸,骄悖者无与禁,而天子方自以为聪明,遍察细大,咸受成焉,夫天子亦恶能及此哉?摘语言文字之失,按故事从违之迹而已矣。不则寄耳目于宵小,以摘发杯酒尺帛之愆而已矣。天下恶能不乱哉!

【注释】

①周墀(chí):字德升,汝南(今河南汝南)人。唐朝中后期宰相、历史学家。唐穆宗长庆二年(822)中进士,因擅长史学而被唐文宗推重,历任集贤殿学士、知制诰、翰林学士等职。他参与牛李党争,为"牛党"重要人物。唐宣宗大中二年(848),周墀出任宰相,因直言敢谏、不避权贵,不到一年即罢相。传见新、旧《唐书·周墀列传》。

②韦澳:字子斐,京兆万年(今陕西西安)人。太和六年(832)擢进士第,又登博学弘词科。周墀出任郑滑节度使时,将韦澳辟为从事。周墀入朝任宰相,私下问澳如何才能负起宰相重任,他说"愿公无权足矣"。大中十二年(858),韦澳出任河阳三城、怀孟泽节度等使。懿宗时入朝任户部侍郎,后又出为邠宁节度使。传见新、旧《唐书·韦澳列传》。

③李相:指李德裕。朱崖之祸:指李德裕被宣宗贬为崖州司户参
　军。朱崖,一作"珠崖",唐为崖州,治今海南琼山。

④编氓:编入户籍的平民。

⑤瘐(yǔ):败坏。

【译文】

　　周墀当了宰相后,韦澳对他说:"愿您作为宰相,手中不要掌握太多
权力。"这句话真是令人伤感啊!韦澳之所以这么说,是因为看到了李
德裕被贬斥到崖州的悲剧,而感叹宣宗是不可能有所作为的。宰相没
有权力,则天下没有纲纪,天下没有纲纪,就不可能不发生混乱。所谓
权,对天子而言是大有用处的。而天子要运用权力来制衡天下,则唯有
谨慎地选择和任用宰相。如果任用了合适的宰相,则宰相的权力,即是
天子的权力,抓住治理天下的总纲来振兴天下,是很容易的。如果宰相
手中没有权力,引进人才不经过宰相,处理国事也不倚重宰相,那还要
宰相有什么用呢? 恐怕宰相也就只能奉行条例、拟诏颁行、只求不违背
惯例罢了。宰相将现成的条例下达给各部门,各部门再将条例下达到
各镇各道,各镇各道将条例在各郡县施行,各郡县则把条例内容推行到
百姓头上,如此苟且粉饰来虚应条例,而国家领土的安危,各部门官员
是贤还是不肖,百姓的生死利弊,全都无人过问而相互推诿,或是相互
宽容以售卖彼此的奸邪。于是边境上兵备废弛,朝廷上政策废弛,奸臣
藏匿于君王身边,百姓在田野中忍受困苦,没有人去承担过错的责任,
责任也不会落到哪个人的头上。于是宰相没办法管理百官,百官没办
法管理属下,愁苦的百姓冤屈无处伸张,骄横悖逆的行为无法被禁止,
而天子却自以为聪明,将大小事物都加以详察,但天子又哪里能够了解
事情的真相呢? 他不过是摘取语言文字的过失,察验各个官员是否按
照成例办事罢了。如果不这样的话,就是将宵小作为耳目,从而揭发饮
酒、送礼之类的小过错罢了。这样天下又怎么可能不陷于混乱呢?

上揽权则下避权，而权归于宵小。天子为宵小行喜怒，而臣民率无以自容。其后令狐绹用一刺史，而宣宗曰："宰相可谓有权。"其夺天下之权，使散寄而无归，固不可与有为也。韦澳见之审矣。无权则焉用相哉？弗问贤不肖也，但可奉行条例，皆可相也，其视府史胥徒也，又奚以异？周墀又何用相为？生斯世也，遇斯主也，不能褰裳以去[①]，而犹贪白麻之荣[②]，墀亦不可谓有耻矣。

【注释】

①褰（qiān）裳：撩起下裳，比喻退位让贤。

②白麻：唐代由翰林学士起草、直接从禁中发出的诏令称为"内制"，用白麻纸写成。此指正式授予相位的诏令。

【译文】

君主揽权，臣下就会规避权力，而权力便会落入小人手中。天子为小人的利益而高兴或发怒，肆意行使权力，臣民便都没有了容身之地。其后令狐绹仅仅任用了一名刺史，宣宗就说："宰相可谓是很有权力的。"宣宗夺取整个天下的权力，将这些权力分散悬置，不让其他人掌握权力，则他本来就不可能有所作为。韦澳对此认识得很清楚。宰相没有权力，还任用宰相做什么呢？不要问一个人是贤能还是不肖，只要他能奉行条例，那么就都能担任宰相，如此则宰相与郡县属吏相比，又有什么区别呢？周墀担任宰相又有何用呢？生在这种时代，遇到宣宗这种君主，不能辞官离去，而仍然贪求拜相的荣耀，周墀也不能算是知道廉耻的人。

五　宣宗怀疑致祸更甚德宗

德、宣二宗，皆怀疑以御下者也，而有异，故其致祸亦有殊焉。德宗疑其大而略其小，故于安危大计，不信忠谅之言，奸邪得乘之，而乱遂起；然略于细小之过，忘人于偶然之失，则人尚得以自容。于卢杞之奸倾听之，于陆贽之忠亦倾听之，故其臣无涂饰耳目、坐酿祸原之习，其败乱终可拯也。宣宗则恃机警之耳目，闻一言而即挟为成心，见一动而即生其转念，贤与奸俱岌岌不能自保，唯蔽以所不见不闻，而上蠹国、下殃民，徼幸免于讥诛，则无所复忌。虽有若陆贽之忠者在其左右，一节稍疏，群疑交起，莫敢自献其悃忱①。其以召乱也缓，而一败则不可复救矣。

【注释】

①悃忱：忠诚，诚恳。

【译文】

德宗、宣宗两位皇帝，都是对臣下充满疑心的皇帝，但他们的疑心又有不同，所以导致的祸患也有所不同。德宗是在大处怀疑而在小处不疑，所以在关系到国家安危的大事上，不能相信忠诚恳切的言论，奸邪之徒得以趁虚而入，于是引发了天下的混乱；然而德宗对细小的过失不太在意，不计较臣下偶然的过失，所以人们尚且能够从容自处。德宗能听信卢杞的奸佞之语，也能听信陆贽的忠诚之语，所以德宗的臣子没有粉饰耳目、自酿苦果的习气，所以其败乱终究是可以被挽回的。而宣宗则自恃自己耳目机警，听到一句话就记在心里当作成见，看到一点动静就改变主意，贤能与奸佞的臣子都感到岌岌可危，难以自保，于是只能对许多事情不闻不问，于是上祸害国家、下祸害百姓，只求自己能幸免无事，便心满意足了。所以即使有像陆贽那样忠诚的人在宣宗左右，只要在小节上稍有疏忽，就会被宣宗大加怀疑，也就不敢向宣宗献上忠直与诚恳了。宣宗的做法不会立即招来祸患，但一旦祸乱爆发就无可挽回了。

马植之贬,以服中涓之带也①;萧邺之命相,旨已宣而中止,以王归长之覆奏也②;崔慎繇之罢③,以微露建储之请也;李燧之镇岭南,旌节及门而返,以萧傲之一言也④;李远之不用,以长日棋局之一诗也⑤。李行言以樵夫片语而典州⑥,李君奭以佛祠数老而遽擢⑦。举进退刑赏之大权,唯视人馨欬笑语、流目举踵之间⑧,而好恶旋移,是非交乱。荆棘生于方寸,忮害集于俄顷⑨。自非白敏中、令狐绹之恋宠喜荣,谁敢以身试其喜怒而为之用乎?天下师师,交相饰以避过,则朝廷列土偶之衣冠,州郡恣穿窬之长吏⑩,养奸匿慝,穷民其奚恃以存哉?呜呼!怀疑以察纤芥之短长,上下离心而国不亡者,未之有也。其待懿宗而祸始发,犹幸也,又恶足以比德宗哉?

【注释】

①马植之贬,以服中涓之带也:马植与神策军中尉马元贽私交甚密,马元贽私自将皇帝所赐"通天犀带"转送他,被皇帝发现,马植因此被罢相。事见《新唐书·马植列传》。中涓,指宦官。

②"萧邺之命相"几句:大中十年(856),唐宣宗以兵部侍郎、判度支萧邺为宰相,时任枢密使的王归长、马公儒奉旨宣于翰林学士院,复奏称:"邺所判度支应罢否?"宣宗认为王归长等人是在帮助萧邺,怀疑萧邺与内侍勾结,于是取消了对萧邺的宰相任命。事见《资治通鉴·唐纪六十五·宣宗皇帝·大中十年》。萧邺,字启之,南兰陵(今江苏武进)人。唐宣宗、唐懿宗时期大臣。进士出身,历任翰林学士、中书舍人等职,大中十一年(856)拜相。

传见《新唐书·萧邺列传》。

③崔慎繇：一作"崔慎由"，字敬止，清河武城(今山东武城)人。宣
宗大中初入朝，充翰林学士、户部侍郎、工部尚书，大中十年
(856)拜相。大中十二年(858)，崔慎繇因委婉建议宣宗立太子，
引起宣宗不满，与他有宿怨的萧邺借机弹劾，崔慎繇于是被罢
相。传见新、旧《唐书·崔慎由列传》。

④"李燧之镇岭南"几句：大中十二年(858)，宣宗任命右金吾大将
军李燧为岭南节度使。在任命诏书已经发出后，给事中萧倣认
为李燧不宜担任此职，就利用自己给事中的职权封还宣宗的诏
书，以示反对。唐宣宗听后也觉得任命不恰当，便急忙派人追回
诏书。事见《新唐书·萧倣列传》。李燧，一作"李璲"，唐宣宗时
将领。萧倣，字思道，南兰陵(今江苏武进)人。晚唐大臣。进士
擢第，历任给事中、左散骑常侍等职。懿宗咸通十四年(873)拜
相，为相鲠直，常为权臣所忌。传见《新唐书·萧倣列传》。

⑤李远之不用，以长日棋局之一诗也：李远，字求古，唐晚期诗人、
官员。大中十二年(858)，宰相令狐绹奏荐李远为杭州刺史。宣
宗说："我听说李远诗中有'长日惟消一局棋'这样的句子，他为
人如此疏放，怎么能当刺史？"后来经令狐绹再次推荐，李远才得
以历官忠州、建州、江州刺史，后官至御史中丞。事见《资治通
鉴·唐纪六十五·宣宗皇帝·大中十二年》及《唐才子传》。

⑥李行言以樵夫片语而典州：李行言在唐宣宗时曾任泾阳令。有
一次，宣宗外出打猎，途中遇到一位砍柴的樵夫，宣宗问是哪个
县人，答说："泾阳县人。"又问："县令是谁？"答说："叫李行言。"
再问："为官怎么样？"答说："李县令脾气固执，禀性耿直，有几十
个盗贼躲藏在一个军官家中，他去要人，军官不给，便以窝藏罪
把那个军官也一起杀掉了。"宣宗对李行言不畏豪强、敢作敢为
的品质深为赞赏。宣宗回朝后担心忘记，就把泾阳令李行言的

名字写下,贴在了寝殿的柱子上。这年十月,海州刺史员缺,宣宗即破格提拔李行言为海州刺史。李行言入朝谢恩,宣宗问他知不知道这次升迁的原因,李行言答说不知,宣宗便讲了他在行猎途中暗中考察他的事,并把贴在殿柱上的帖子揭下来让他看,李行言这才明白此中的原委。事见《资治通鉴·唐纪六十五·宣宗皇帝·大中八年》。

⑦李君奭以佛祠数老而遽擢:李君奭,唐宣宗时任醴(lǐ)泉令。宣宗打猎的时候,看见百姓在寺庙里烧香磕头,求佛祖保佑李君奭留任醴泉,因此对他心生好感。大中九年(855),怀州刺史一职空缺,唐宣宗便将此职授予李君奭。事见《资治通鉴·唐纪六十五·宣宗皇帝·大中九年》。

⑧謦欬(kài):本指咳嗽,引申为谈笑。

⑨忮(zhì)害:忌刻残忍,妒忌陷害。

⑩穿窬(yú):凿穿或爬越墙壁,喻指盗窃行为。

【译文】

马植被贬,是因为他系了宦官私自赠送给他的御赐腰带;萧邺被任命为宰相,任命诏书已经下达,宣宗却又中途变卦,只因为王归长的再次上奏;崔慎繇被罢相,只是因为他委婉地向宣宗提出立太子的请求;李燧被任命为岭南节度使,宣诏的人都快到他家门口了,却又被宣宗派人追回,只因为萧倣一句反对的话;李远不被任用,只因为他曾写过"长日惟消一局棋"这句诗。李行言因为樵夫的只言片语就被授予刺史之职,李君奭因为佛寺中几个祈祷他留任的老者就被迅速拔擢。天子手握官员升降、刑罚赏赐的大权,就因为个别人的谈笑言语、举手投足而迅速改变自己好恶,只会带来是非的颠倒混乱。荆棘生于心灵的方寸之地,妒忌陷害集中爆发于瞬间。如果不是像白敏中、令狐绹那样贪恋荣华和宠幸的人,又有谁敢亲身试探宣宗的喜怒、为他所用呢?天下人都彼此效仿,交相掩饰自己的过失,则朝廷上的官员就都成了穿着衣冠的土偶,州郡里全都是苟且贪渎的官吏,如此姑息养奸、纵容奸邪,贫苦百姓又靠什么来生存下去呢?唉!君主怀着疑心来监察官员们的细微过错,上下离心,而国家不因此灭亡的情况,是从来没有的。宣宗酿成的祸患在懿宗时期才爆发出来,尚且算是幸运的了,宣宗又哪里能够与德宗相比呢?

雷,至动也;火,至明也。以灼灼之明,为非常之动,其象为《丰》。"丰其蔀,日中见斗①。"以星之明乱日之明,则窥其户而无人。《易》之垂训显矣哉!

【注释】

①丰其蔀(bù),日中见斗:语出《周易·丰卦》爻辞:"六二,丰其蔀,日中见斗。"意思是说,遮蔽屋顶的草席被增大,遮蔽的范围更广,正午的阳光从缝隙中透过来,如同满天的星斗。蔀,覆盖于棚架上以遮蔽阳光的草席。

【译文】

雷,是最令人震动的事物;火,是最明亮的事物。以灼灼的明亮,造成非同一般的震动,其卦象正是《丰卦》。"遮蔽屋顶的草席被增大,正午的阳光从缝隙中透过来,如同满天的星斗。"星星的光亮既然足以将日光遮蔽,则足见天下无人、屋中皆空。《周易》中的警告是多么深刻啊!

六 大中五年民起为盗由有司虐害

古今之亡国者,有二轨焉,奸臣篡之,夷狄夺之也。而祸各有所自生。夷狄之夺,晋、宋是已。君昏、将懦、兵弱而无纪,则民虽帖然图安,乃至忠愤思起为之效命,而外逼已危,不能支也。奸臣之篡,则不能猝起而遽攘之也,必编民积怨，盗贼繁兴，而后奸臣挟平寇之功，以钳服天下而奉己为主，汉、唐是也。张角起而汉裂，黄巢起而唐倾。而汉则有公孙举、张婴以先之，唐则有鸡山妖贼、浙东裘甫以先之[1]。一动而戢，再动而嚣，三动而如火之燎原，不可扑矣。

【注释】

[1]鸡山妖贼：指唐宣宗时期以蓬州、果州交界处的鸡山为根据地掳掠东川、西川、山南西道的盗贼武装，于大中六年（852）被果州刺史、三川行营都知兵马使王赞弘讨平。裘甫（？—860）：一作"仇甫"，唐朝末年浙东农民起义首领。大中十三年（859）底，裘甫率众起义，屡次战败官军，浙东震动。咸通元年（860）初，裘甫攻下剡（shàn）县，并击败浙东观察使郑祗德，遂自称天下都知兵马使，建元罗平。此后陆续攻下浙东多城。当年六月，裘甫被官军围困，率军突围，兵败被俘，八月，解送长安处死。其事见于《资治通鉴·唐纪六十六·懿宗皇帝·咸通元年》。

【译文】

古往今来亡国的形式有两种，一种是被奸臣篡夺，一种是被夷狄灭亡。而这两种亡国形式各有其原因。被夷狄灭亡的事例有晋、宋两朝。君主昏庸、将领懦弱、军队战斗力低下而缺乏纪律，则即使百姓俯首听命以求安稳度日，甚至满怀忠心，出于义愤想要报效朝廷，但外敌已经逼近，国家最终也难以支撑下去。至于被奸臣篡夺，则奸臣也并不能猝然起来就夺取了政权，必然是百姓对朝廷积怨已久，盗贼蜂起，而后奸臣凭着平定贼寇的功劳，胁迫天下来推奉自己为君主，汉、唐都属于这种情况。张角率黄巾军起义而汉朝灭亡，黄巢率兵起义而唐王朝崩塌。而汉代黄巾起义前，有公孙举、张婴的起义为先导，唐代黄巢起义前则有鸡山妖贼、浙东裘甫的起义为先声。一有暴动，天下就会人心不安，再有暴动，则天下骚然，蠢蠢欲动，其后暴动再发生，就会像烈火燎原一样,最终难以被扑灭了。

　　唐之立国,至宣宗二百余年,天下之乱屡矣,而民无有起而为盗者。大中六年①,鸡山贼乃掠蓬、果、三川②,言辞悖慢,民心之离,于是始矣。崔铉之言曰③:"此皆陛下赤子,迫于饥寒。"当是时也,外无吐蕃、回纥之侵陵,内无河北、淮蔡、泽潞之叛乱,民无供亿军储、括兵远戍之苦,宣宗抑无宫室游观、纵欲敛怨之失,天下亦无水旱蚃螟、千里赤地之灾④,则问民之何以迫于饥寒而遽走险以自求斩艾乎?然则所以致之者,非有司之虐害而谁耶?李行言、李君奭以得民而优擢,宜足以风厉廉隅而坊止贪浊矣⑤,然而固不能也。君愈疑,臣愈诈,治象愈饰,奸蔽愈滋,小节愈严,大贪愈纵,天子以综核御大臣,大臣以综核御有司,有司以综核御百姓,而弄法饰非者骄以玩,朴愿自保者罹于凶,民安得不饥寒而攘臂以起哉!

【注释】

①大中六年:公元 852 年。

②蓬:蓬州,治今四川仪陇。果:果州,治今四川南充。三川:指唐代剑南西川、剑南东川、山南西道三镇。

③崔铉:字台硕,博州(今山东聊城)人。晚唐大臣。早年曾任荆南掌书记、知制诰、翰林学士承旨、户部侍郎等职。会昌三年(843),以中书侍郎之职拜相,因与李德裕不睦,被罢为陕虢观察使。大中三年(849),再次拜相,大中九年(855),崔铉罢相,改任淮南节度使。唐懿宗咸通年间,改任荆南节度使,并在就任后平

定了庞勋起义,后在任上去世。传见新、旧《唐书·崔铉列传》。

④螽(zhōng)螟:指蝗虫与螟虫,泛指虫灾。

⑤风厉:砥砺,劝勉。廉隅:棱角,比喻人的行为、品性端方不苟。

坊:同"防"。

【译文】

　　唐朝从立国到宣宗时期,已经历二百余年,天下屡次发生变乱,而百姓中并没有起来做盗贼的。大中六年,鸡山盗贼掳掠蓬州、果州乃至整个三川地区,公然喊出对唐朝悖逆不敬的傲慢口号,民心对唐王朝的背离,由此便开始了。崔铉说:"这些人都是陛下您的子民,被饥寒所逼迫才不得不做盗贼的。"当时,外没有吐蕃、回纥的侵略,内没有河北、淮蔡、泽潞这些藩镇的叛乱,百姓没有供给和转运军事物资、被抓壮丁到远方戍守的祸患,宣宗也没有大肆营造宫室楼台、纵欲敛财而惹得天下民怨沸腾的过失,天下也没有水灾、旱灾、虫灾导致千里赤地的灾害,则百姓为什么会迫于饥寒而不得不铤而走险、起兵反抗朝廷以自取灭亡呢?那么造成这种现状的原因,不是有关部门对百姓的压榨和迫害还能是什么呢?李行言、李君奭因为深得民心而被拔擢,按理说足以劝勉官吏奉公守法而制止官吏贪污渎职的行径,然而却根本没起到这个效果。君王越是怀有疑心,大臣越是狡诈,越是粉饰太平,越是会助长隐瞒欺骗的风气,小节上抓得愈严,对于巨贪就越是放纵,天子用综聚考核的办法来管理大臣,大臣用综聚考核的办法来统御有关部门,有关部门用综聚考核的办法来管理百姓,而玩弄法律、掩饰自己过失的人日渐骄横轻慢,淳朴谨慎、只求自保的人屡遭危险,百姓又怎么能够不陷于饥寒而振臂起兵、反抗朝廷呢?

　　小说载宣宗之政,琅琅乎其言之,皆治象也,温公亟取之登之于策,若有余美焉。自知治者观之,则皆亡国之符也。小昭而大聋,官欺而民敝,智攫而愚危,含怨不能言,而蹶兴不可制。一寇初起,翦灭之,一寇踵起,又翦灭之,至再至三而不可胜灭,乱人转徙于四方,消归无地,虽微懿宗之淫昏,天下波摇而必不能定。宣宗役耳目,怀戈矛,入黠吏之囮①,驱民以冻馁,其已久矣。至是而唐立国之元气已尽,人垂死而六脉齐张②,此其候矣。

【注释】

①囮(é):诱骗,讹诈。此指圈套。

②六脉:中医切脉的六个部位。人的左右手腕各分寸、关、尺三脉,合称六脉。

【译文】

　　笔记野史中记载宣宗时期的政治,言辞清朗,都是一派繁荣景象,司马光将这些记载都引用过来,书写在他编撰的史书中,似乎留有宣宗时期美政的遗风一样。可是在懂得国家治理之道的人眼中,实际上都是亡国的预兆。在细微之处明察,就会导致在大处愚昧不明,官员欺瞒成风,百姓就会凋敝,聪明人肆意攫取,愚笨的人就会陷于危险,百姓含着怨恨无处发泄,一旦起来反抗就再也不容易被压制。一伙盗贼初起,官军将他们消灭掉,又一伙盗贼接踵而起,又被官军消灭,盗贼继续接二连三地起来,最终官军就难以消灭他们了,作乱的人辗转四方,无处消散,即使不是有像懿宗那样荒淫昏乱的君王,天下也必定摇摇欲坠,难以安定下来。宣宗役使耳目,手持戈矛来对付天下,却恰恰落入狡黠官吏的圈套,将民众赶入饥寒交迫的绝境,这种情况已经持续很久了。到这个时候,唐朝立国以来的元气已经消耗殆尽,就像人将死时六脉齐张一样,这就是亡国的征兆。

七　宣宗欲除宦官韦澳谓外廷不可与谋

　　韦澳者,以藏身自固为道者也,异于贪进病国、徼幸危身之鄙夫远矣，而不足以谋国。宣宗屏左右与商处置宦官之法，而澳曰："与外廷议之^①，恐有太和之变^②，不若择其中有识者与之谋。"此其为术也甚陋，澳之识岂不足以知此之非策，而云尔者，不敢身任其事以自全而已矣。

【注释】

①外廷：国君听政的地方，相对于内廷、禁中而言。借指朝臣。

②太和之变：指唐文宗太和九年(835)发生的"甘露之变"。

【译文】

韦澳是一个把藏身自保当作立身之道的人，与那些贪图进取而危害国家、心怀侥幸而危害自身的人迥然不同，但他也不足以参与国家大计的谋划。宣宗屏退左右，与他商议处置宦官的办法，而韦澳说："如果与外廷朝臣讨论此事，恐怕会重蹈太和年间甘露之变的覆辙，不如从宦官中选择有识之士来参与谋划。"这个办法非常浅陋，以韦澳的见识，难道会不知道这不是一个好办法吗？而他故意这么说，正是因为不敢由自己来承担这件事，所以靠这种办法来自保罢了。

太和之变，所以主辱而臣死者，李训、郑注本无藉小人，舒元舆、贾𫗧皆贪庸为朝野所侧目，与宦官以机械相倾而不胜，其宜也，而岂宦官之终不可受治于外廷哉？舍外廷而以宦官治宦官，程元振尝诛李辅国矣，王守澄尝诛陈弘志矣，是以毒攻毒之说，前毒去而后毒更烈也。盖宦官之乱国而胁君也，与外廷之小人异。小人诛则其党亦离，能诛小人者，即不必为君子，而亦惩小人之祸以反其为者也。若宦官则自为一类，而与外廷争盈虚衰王之数，其自为党也，一而已矣。勿论进而与谋,谋之必泄,只以成乎祸乱;即令抒心尽力为我驱除,而诛彼者即欲行彼之事,天子恃之,外廷拱手而听之,后起之祸,倍溢于前,又将何所藉以芟夷之哉①?故曰其术陋矣。

【注释】

①芟(shān)夷:铲除,消灭。

【译文】

甘露之变,之所以造成君主受辱、大臣身死的局面,是因为李训、郑注本是无赖小人,舒元舆、贾𫗧都是贪婪平庸、被朝野所愤恨的无能之辈,他们用武力与宦官相争斗而不能取胜,是应该的,而这又怎么能说是宦官最终难以被外廷势力所击败呢?舍弃依靠外廷,而以宦官来对付宦官,则程元振曾诛杀李辅国,王守澄也曾诛杀陈弘志,所以所谓以毒攻毒的说法,只会造成前毒被除去而后毒更严重。大概宦官扰乱国家、胁迫君王,其情形与外廷的小人是不同的。外廷中的小人被杀,则其同党会四散离去,能诛杀小人的人,即使未必都是君子,起码也是鉴于小人造成的祸患而想要反其道而行之的人。至于宦官则自成一类,他们与外廷官员争成败兴衰的气数,自成一党,只构成一个派别。不要说与他们谋划诛除宦官的事情,谋划必定会泄露,只会造成祸乱;即使有些宦官能够尽心竭力地为天子除掉权宦,而这些宦官杀掉权宦是为了能像他们一样掌权,天子依赖他们,外廷官员对他们拱手听命,则后起之祸,比此前的祸患严重数倍,这样一来,又凭借谁来除掉新的权宦呢?所以说韦澳的主意是很浅陋的。

夫天子而果欲断以行法,诛不顺之奄孽,正纲维以自振也,岂患无其术哉?外廷非尽无人也,即如李文饶者,优游讽议而解诸道监军之兵柄,则使制此刑余也,优有余裕,而摧抑之以向于死。充位之大臣,则为白敏中、为令狐绹,怀禄固宠之鄙夫,既阴结内援,而不敢任诛锄之事;使其任之,又舒元舆、王涯、贾𫗧之续耳。盖其炫小明而矜小断,以纤芥之嫌疑,为转眄之刑赏①。其以为慎名器者,匹夫之吝也;其以为察吏治者,老妇之聪也。佞人亟进而端士离心,故仅一守正之韦澳,而唯计全身于事外。如使推诚待下,拔功业已著、才望可委之大臣,修法纪以饬中外。乃下明诏,申太宗之禁制②,废中尉之官;以神策之军授司马③,革枢密之职;以机要之务归中书,夺其所本无,而授以埽除之常职。是天子大臣所可昭昭然揭日月以行者,廷臣莫敢异议,百姓莫不欣悦,藩镇莫不钦仰,一二怀奸之奄竖,何所挟以相抗?亦奚用屏人私语,若大敌之对垒,力不能支,思乘瑕而攻劫之乎④!

【注释】

①转眄(miǎn):转眼。比喻时间短促。

②太宗之禁制:据《新唐书·宦者列传》记载,唐太宗曾下诏内侍省不得立三品官,宦官"不任以事,惟门阁守御、廷内扫除、禀食而已"。此制严格限制了宦官的权力。

③司马:指兵部。

④瑕:空隙,间隙。

【译文】

如果天子果真要断然施行法纪、诛除不听从命令的宦官,从而匡正纲常、自我振作,又何须担心没有办法呢?外廷并非完全没有人才可用，即如李德裕，他通过从容劝谏武宗就顺利解除了担任诸道监军的宦官的兵权，则让他来对付宦官，真是绰绰有余，而宣宗却贬斥压抑他，导致他抑郁而死。代替他担任宰相的大臣，则是白敏中、令狐绹这样贪图荣华富贵、巩固其受宠地位的庸碌之辈罢了，他们既然暗中结交宦官作为内援，则他们自然难以承担诛除宦官的大任；如果一定让他们承担此任，则他们也只会步舒元舆、王涯、贾𫗧的后尘罢了。大概宣宗炫耀自己的小聪明，凭恃自己的小决断，因为细微的嫌疑，就迅速加以刑罚或赏赐。宣宗自以为慎重对待名号和器物，实际上不过是匹夫一样的吝啬罢了；他自认为能明察官吏治绩，实际上不过是老太太一般的聪明罢了。奸佞之人得到迅速任用，而正人君子却与他离心离德，所以仅有一个守持正道的韦澳，也只一心想着置身事外以自保。假如宣宗能够诚心对待臣下，拔擢功业已然显著、才能和威望也都足够的大臣，厉行法纪以整饬朝廷内外。在此基础上颁下明诏，申明太宗皇帝定下的禁止宦官干政的旧制，废除神策军中尉一职；将神策军交给兵部管理，革除枢密使职位；将机要事务交给宰相处置，剥夺本就不属于宦官的权力，而授给他们洒扫宫殿的常职。这是天子、大臣可以光明正大地采取的正当手段，朝廷大臣没有谁敢持有异议，百姓没有不感到欢欣鼓舞的，藩镇没有不表示钦佩敬仰的，一两个怀有奸谋的宦官，又能够靠什么来与天子、大臣对抗呢？宣宗又哪里需要屏退他人，与臣下偷偷商议，就像是大敌当前，两军对垒，己方力不能支，想着趁机迅速加以进攻呢？

或曰：习已成，则其党已固；夺之遽，则其怨必深；环左右者，皆其徒也，伏弑械以求逞，宣宗所重虑者，未为过也。夫恶，唯隐而益深，故孔子成《春秋》而乱贼惧，发其所匿而正名之，则恶泄而不能再兴矣。夫宪宗、敬宗之不保其躯命，岂尝斥而夺之使激而成之乎？宪宗之弑，陈弘志虽伏辜而未正其恶;敬宗之弑,刘克明虽授首而未诛其党;内外交相匿,而后伏莽之戎有所怙以相胁。宣宗于此,正告中外,诘先君之贼,申污潴之讨①,宣发其恶,显然于天下之耳目,则使有"今将"之心②,抑知其无所匿藏而逃不赦之辟,又孰敢睥睨君父以逞其狂图哉? 太和君臣唯不知此,是以伏兵殿幄,反受大逆之名,三相骈死于独柳,非外廷与谋而事机必败也。乃宣宗之为君也,以非次为宦官所扳立③,反以贻怨于社稷之臣,故怀私恩、忍重辱,隐而不能发露耳。是以韦澳迁延自免④,而不能为之谋,知其荏苒者之有所系也。

【注释】

①污潴(zhū):指对于犯有大逆之罪的罪犯处以平毁其宅第、祖坟,掘成水池的刑罚。此指大逆不道之罪。

②"今将"之心:指弑君之心。典出《春秋·庄公三十二年》:"秋,七月,癸巳,公子牙卒。"《公羊传》云:"公子牙今将尔,辞曷为与亲弑者同? 君亲无将,将而诛焉。"后以"今将"指代臣子对君亲动了弑杀的念头。将,心志、念头。

③扳立:扶立。

④迁延:退却,后退。

【译文】

有人说:宦官专权的局面由来已久,他们的势力已经根深蒂固;如果骤然剥夺他们的权力,则他们必定怀有深深的怨恨;环绕在天子左右的,都是他们的死党,他们暗中想要行篡逆弑君之举,这正是宣宗所深切忧虑的,所以他那么谨慎也并不为过。可是所谓恶,正因为隐藏才越来越深重,所以孔子撰成《春秋》而乱臣贼子心生恐惧,正是因为孔子将隐匿起来的恶暴露出来,用正道来彰明恶,如此则恶行泄露于天下,难

以再兴起。宪宗、敬宗之所以性命不保，难道是因为斥责宦官、剥夺他
们的权柄而激怒了宦官吗？宪宗被弑杀，凶手陈弘志虽然十几年后伏
法，但其罪行却并未被向天下公布；敬宗被弑杀，凶手刘克明虽然被诛
杀，但他的同党却没有伏法；宫廷内外相互隐匿罪恶，所以其后心怀不
轨的奸诈之徒才会有所凭恃而胁迫天下。宣宗如果在此时正告朝廷内
外，讨伐弑杀先君的奸贼，申明对大逆不道之举的惩罚，揭发弑君宦官
的罪恶，让天下人都看得清楚明白，则即使宦官们有欲行大逆不道之举
的心思，也知道自己将会无处藏匿、难逃不赦之罪的惩处，那么还有谁
敢傲慢地斜视君王，使狂妄的图谋得逞呢？甘露之变时文宗君臣正是
因为不懂得这个道理，所以才在大殿帷幄后伏兵，反而遭宦官污蔑为大
逆不道，三位宰相一同死在独柳树之下，并不能说明让外廷大臣参与诛
除宦官的谋划就必定会失败。可是宣宗按继承次序是不能继位的，他
能当上皇帝是靠宦官扶立，反过来引发了社稷之臣的怨恨，所以他怀有
受宦官私恩的想法、忍受了很重的屈辱，所以只能隐而不发罢了。所以
韦澳用退却的方式求得自保，而不能为他尽心谋划，正是因为了解他这
种有所顾忌、左右为难的处境。

八　宣宗之世贤智皆全身远害不为国用

国无可用之人则必亡。国之无人，非但其君不欲用之，
抑欲用之而固无人也。铮铮表见者，非迂不适用，则小有才
而不足任大，如是者不得谓之有人。夫其时，岂天地之吝于
生才以亡人之国乎？秉道行义、德足以回天者，间世而一
出，亦安能必其有？或贤智之士，宅心无邪，而乐为君用，则
亦足以匡乱救亡，功成事定，而可卓然为命世之英，此则存
乎风尚之所移耳。故国之无人，惟贤智之士不为国用，恬然
退处以为高，以倡天下，置君父于罔恤，于是乎国乃终以

无人。

【译文】

国家如果没有可用的人才，则必定会灭亡。国家没有人才，不仅仅是指君王不愿意任用人才，也是指君王即使想任用人才也无人可用。那些表现得坚贞正直的人，不是迂阔而不切于实际，就是只有小才而不足以承担大任，得到这样的人才是称不上国家真正有人才的。这个时候，难道是天地不愿产生人才而想要使国家灭亡吗？秉持并践行道义、德行高尚到足以挽回危局的人才，隔多少代才会出现一个，又哪里能保证每个时代必定会有呢？或者是有些贤能聪明的士人，一心报效国家，乐意被君王任用，他们也足以挽回混乱局面、拯救危亡，他们取得成功后，就可以赫然被认为是时代的英才，他们是否能成功，则取决于时代的风尚如何。所有国家没有人才，正是因为贤能聪明的人不愿意为国效力，他们把安然隐退作为高尚的表现，以此为天下做楷模，丝毫不顾君王的危难，这样国家就最终无人可用了。

夫一二贤智之士不为国用，而无损于当世，似未足以空人之国，使忘君父也。乃唯贤智之士，立身无瑕，为谋多臧，天下且属望之，而以不为国用为道，其究也，置其身于是非休咎之外①，天下具服其卓识，而推以为高；于是知有其身以求免于履凶蹈危者，皆慕其风，以为藏身之固，则宗社安危生死一付之迂愚巧黠之人；而自好者智止于自全，贤止于不辱，志不广，学不博，气不昌，乃使数十年内，尽士类皆成乎痿痹泮涣之习②；自非怀禄徼幸、依附乱贼而不惭者，皆不可与有言、不可与有为之人也。于是乎天下果于无人。而狐狸昼嗥③，沐猴衣锦④，尚谁与治之哉？

【注释】

①休咎：吉凶，善恶。

②痿痹：麻木不仁，对事物漠不关心。泮（pàn）涣：自由放纵，无拘束。

③嗥（háo）：大声叫。

④沐猴：猕猴。

【译文】

一两个贤能聪明的人才不被国家所用，对当世并没有多大的损害，似乎也不足以使整个国家人才匮乏，使士人都好像忘记了君王一样。可是由于贤能聪明的人重视个人品德修养，善出嘉策良谋，所以天下对他们寄予厚望，而他们却不愿意为国家效力，究其原因，是为了置身于是非吉凶之外，天下人都叹服他们的远见卓识，推崇他们为高明之士；于是凡是想远离是非凶险以求自保的人，都仰慕他们的风采，将他们的事迹拿来做效仿以自保，如此则宗庙社稷的安危生死全都只能托付给迂腐愚蠢或是奸诈狡黠的人；而洁身自好的人运用才智仅限于自保，其贤德仅限于使自己不受侮辱，志向不够高远，才学不够广博，心气不够高涨，于是数十年之内，所有的士人都养成了麻木不仁、自由放纵的习惯；除了那些贪图富贵、只求侥幸、依附乱贼而不感到惭愧的人，其他士人都成了不能与其交谈也不足以有所作为的人。于是天下果真就无人可用了。而局势混乱到狐狸在白天嗥叫、猕猴穿着锦衣的地步，君王又能与谁一道治理天下呢？

宣宗之世，上方津津然自以为治也。而韦澳谓其甥柳玭曰①："尔知时事浸不佳乎？皆吾曹贪名位所致耳。"是其为言，夫非贤智者之言乎？于是上欲以澳判户部，且将相之，而浩然乞出镇以引去。盖澳之不为唐用，非一日矣，周墀入相，问以所可为，则曰："愿相公无权。"宣宗屏人语以将除宦官，则曰："外廷不可与谋。"其视国家之治乱，如越人之肥瘠②，而以自保其身者，始终一术也。盖于时贤智之士，周览而俯计焉，择术以自处焉，视朝廷如燎原之火，不可向迩，非令狐绹之流、容容以徼厚福者③，无不戒心于谋国矣。此习一倡，故唯张道古、孟昭图之愚忠以自危④，魏謩、马植之名高而实绌⑤，姑试其身于险而罔济；其不尔者，率以全身远害为风轨。故郑遨、司空图营林泉以自逸⑥；而梁震、孙光宪、罗隐、周庠、韦庄之流⑦，寄身偏霸以谋安⑧。其于忧世爱君之道，梦寐不及而谈笑不涉，天下恶得有人哉？

【注释】

①柳玭(pín)：京兆华原(今陕西铜川耀州区)人。唐末官员。广明二年(881)黄巢起义军攻入长安后，随唐僖宗逃亡至成都，任御史中丞。文德元年(888)，以吏部侍郎修国史，拜御史大夫。后被贬为泸州刺史，寻卒。传见新、旧《唐书·柳玭列传》。

②越人之肥瘠：语本韩愈《争臣论》："视政之得失，若越人视秦人之肥瘠，忽焉不加喜戚于其心。"后世因以"越人肥瘠"或"越瘦秦肥"比喻痛痒与己无关。

③容容：随众附和、苟且偷安的样子。

④张道古：一名觊(xiàn)，字子美，临淄(今山东淄博临淄区)人。晚唐官员，曾任右拾遗。乾宁四年(897)，直谏唐昭宗国家有五危、二乱，被贬为施州司户。后入蜀，被王建召为武司郎中，不久再次遭贬而死。其事见于《资治通鉴·唐纪七十七·昭宗皇帝·乾宁四年》。孟昭图：晚唐官员。唐僖宗时任左拾遗。僖宗逃到成都后日夜与宦官商议反攻事宜，对朝臣非常冷淡。孟昭图上

疏极谏,反对独任宦官,因而得罪了田令孜等宦官,被矫诏贬为嘉州司户。孟昭图在贬官途中被田令孜等派人在蟆颐津淹死。其事见于《资治通鉴·唐纪七十·僖宗皇帝·中和元年》。

⑤魏謩(mó):字申之,钜鹿(今河北巨鹿)人。晚唐大臣。太和七年(833)进士。历任右拾遗、起居舍人、谏议大夫等职,对文宗多有进谏。宣宗初拜相,大中十年(857)出为西川节度使。传见新、旧《唐书·魏謩列传》。

⑥郑遨(866—939):字云叟,滑州白马(今河南滑县)人。唐末至五代时期诗人、隐士。唐昭宗时,举进士不中,遂隐居于林壑,种田自给。后晋高祖召拜其为谏议大夫,他拒绝应召,因而被赐号"逍遥先生"。传见《新五代史·一行传·郑遨》。司空图(837—908):字表圣,自号知非子,又号耐辱居士,河中虞乡(今山西永济)人。晚唐诗人、诗论家。唐懿宗咸通末年擢进士第,曾被召为殿中侍御史。黄巢起义后他弃官隐居,优游田园。朱温建后梁,召他为礼部尚书,司空图佯装老朽不任事,被放还。后梁开平二年(908),唐哀帝被弒,司空图绝食而死。传见《旧唐书·文苑列传》《新唐书·卓行列传》。

⑦梁震:邛州依政(今四川邛崃)人。五代十国时期南平大臣。唐末进士及第。后梁代唐后,梁震不愿为朱温效力,于是回归家乡,途经江陵时,荆南节度使高季兴爱其才华,强行把他留下。梁震遂以前进士之名为其宾客。其后受到高季兴器重,成为首席智囊,南平政权的所有军政要务和总体规划,大都是出于梁震之手。传见《十国春秋·荆南·梁震传》。孙光宪(?—968):字孟文,自号葆光子,陵州贵平(今四川仁寿)人。五代十国时期南平大臣,累官至检校秘书监兼御史大夫。入宋后为黄州刺史。著有《北梦琐言》《荆台集》《橘斋集》等。传见《宋史·世家·荆南高氏列传》。罗隐(833—909):字昭谏,杭州新城(今浙江富

阳)人,唐代诗人。早年屡次参加科举皆不中。唐僖宗广明中,
投奔镇海节度使钱镠,辟为从事。后梁时官至给事中。传见《旧
五代史·梁书·罗隐列传》。周庠:字博雅,五代十国时期前蜀
大臣。唐光启年间任龙州司仓参军,后与时任利州刺史的王建
结识,成为其宾客,协助王建夺取两川并建立前蜀政权,官至宰
相。后主王衍时卒于武平军节度使。传见《十国春秋·前蜀·
周庠传》。

⑧偏霸:指割据一方的势力或政权。

【译文】

宣宗时代,君王尚且还自我陶醉于天下大治的美梦之中。而韦澳
就对他的外甥柳玭说:"你知道时局越来越糟糕吗? 这都是我们这些士
人贪图名位造成的结果啊。"这句话难道不是贤能聪明的人所说的话
吗? 当时宣宗想要让韦澳来兼管户部,而且准备拜他为相,可是韦澳却
毅然请求离开京城到外地去任职。大概韦澳不想为唐朝廷效力的想法
已经产生很久了,周墀入朝为相,问韦澳何以有所作为,韦澳就说:"愿
宰相大人您手中无权。"宣宗屏退左右与他谈话,打算除掉专权的宦官,
韦澳就说:"不能与外廷官员谋划此事。"他把国家的治乱看作与自己毫
无关系的事情,只求自保,其自保的手段从来也都如出一辙。大概这个
时候那些贤能聪明的士人,遍观天下局势而低头思量出路,选择自己处
世的办法,将朝廷局势视作像野火燎原那样不可收拾,觉得自己不能接
近这样的是非之地,所以若不是令狐绹这种随时浮沉、苟且偷安以求厚
福的家伙,没有不对为国谋划充满戒心的。这种风气一经提倡,就只有
像张道古、孟昭图那样愚忠的人才会使自己陷于险境,只有魏謩、马植
那样名不副实的人,才会姑且以身试险,最终于事无补;如果不是像他
们那样的人,大概就会将保全自身、远离祸害作为追求的榜样。所以郑
遨、司空图都隐居于山林以求安逸;而梁震、孙光宪、罗隐、周庠、韦庄之
辈,则寄身于割据势力之下以求自身安全。这些人对于忧世爱君这种

事,连做梦都不会梦到,平时谈话也绝不涉及,如此则天下还怎么会有人才可用呢?

　　宣宗之世,唐事犹可为也,而何以人心之遽尔也? 宣宗甫践阼,而功著封疆、谋匡宫府之李文饶,贬死于万里之外;其所进而与图政者,又于一言一笑一衣一履之间,苛责其应违;士即忘身以殉国,亦何乐乎受不令之名以褫辱哉①? 人君一念之烦苛,而四海之心瓦解,则求如李长源、陆敬舆履艰危、受谗谤以自靖者,必不可得。非唯不得,贤智之士,固且以为戒也,不亡何待焉!

【注释】

①褫(chǐ)辱:遭受侮辱。

【译文】

　　唐宣宗在位时期,唐朝局势还不到难以挽回的地步,为什么人心一下子就变成这样了呢? 宣宗刚刚登基,在封疆事务上功勋卓著、在朝廷中枢任上足智多谋的李德裕,就被贬斥驱逐,死于万里之外的蛮荒之地;宣宗所提拔的参与国家大计谋划的人,又在一言、一笑、一衣、一履之间,被苛刻地要求遵守规范;士人即便想为国家奋不顾身地尽忠,又哪里会乐意背上不好的名声、白白受辱呢? 所以国君一念之间造成的繁杂细小的失误,就会导致四海之内人心瓦解,如此则想要找到像李泌、陆贽那样身处艰难危险局面、受到诋毁侮辱也仍然忠贞不渝的人,必定是不可能的。不仅找不到这样的人,而且贤能聪明的人,还会把李泌、陆贽当作反面典型来看待,如此唐朝怎么能不灭亡呢?

九　东南称乱由观察使之残民

　　安、史作逆以后,河北乱、淄青乱、朔方乱、汴宋乱、山南乱、泾原乱、淮西乱、河东乱、泽潞乱，而唐终不倾者，东南为之根本也。唐立国于西北，而植根本于东南，第五琦、刘晏、韩滉，皆藉是以纾天子之忧，以抚西北之士马而定其倾。东南之民，自六代以来，习尚柔和，而人能劝于耕织，勤俭足以自给而给公，故不轻萌猖狂之志。永王璘、刘展一妄动而即平，无与助之者也。刘展既诛，席安已久，竭力以供西北而不敢告劳。至于宣宗之季年而后乱作。大中九年①，浙东军乱，逐李讷②，越三年而岭南乱矣，湖南逐韩悰矣③，江西逐郑宪矣④，宣州逐郑薰矣⑤，不谋而合，并起于一时。其称乱者，皆游惰之兵，非两河健战之雄；所逐者皆观察使，奉朝命以牧军民，非割据擅命之雄，倚牙兵以自立，倡偏裨以犯上，非所据而人思夺之者也。盖于是而唐之所以致此者可知矣。在昔之日，军兴旁午⑥，供亿繁难而不叛；大中之世，四海粗安，赋役有经而速反；岂宣宗之刑民而无醉饱者使然哉？观察使慢上残下，迫民于死地，民乃视之如仇雠，不问而知李讷辈之自取之也。

【注释】

①大中九年：855 年。

②李讷：字敦止，荆州（今湖北江陵）人。晚唐官员。进士及第，累升为浙东观察使。性情急躁，不以礼待士，被属下所逐，贬为朗州刺史。后又被征召为河南尹、兵部尚书。传见《新唐书·李讷列传》。

③韩悰：唐宣宗时官员，时任湖南观察使。大中十二年（858）因不以礼对待将士而被部将石载顺等驱逐。其事见于《资治通鉴·

　　　　唐纪六十五·宣宗皇帝·大中十二年》。

④郑宪：唐宣宗时官员，时任江西观察使。大中九年(855)江西军
　　乱，被部将毛鹤驱逐。其事见于《新唐书·宣宗本纪》。

⑤宣州：指宣歙镇，辖今安徽中南部地区。郑薰：字子溥。文宗太
　　和二年(828)登进士第，累官至翰林学士、知制诰、中书舍人。宣
　　宗大中十年(856)，自河南尹改宣歙观察使。他因为性格廉洁正
　　直，为将吏所不喜，被部下驱逐，遂逃往扬州。传见《新唐书·郑
　　薰列传》。

⑥旁午：交错，纷繁。

【译文】

　　安史之乱以后，河北、淄青、朔方、汴宋、山南、泾原、淮西、河东、泽
潞先后发生变乱，而唐朝之所以始终未灭亡，是因为有东南地区作为根
本。唐立国于西北，而树立根本于东南，第五琦、刘晏、韩滉，皆靠着东
南地区的财赋来纾解天子的忧患，安抚、供养西北地区的军队从而保证
唐王朝的存续。东南地区的民众，自南朝以来，以性情柔和为风尚，人
人都努力耕种纺织，生活勤劳俭朴，所以能满足自身需要，也能向官府
交纳赋税，所以他们不轻易萌生猖狂的念头。永王李璘、刘展一有轻举
妄动而迅速被朝廷镇压，是因为东南地区没有帮助他们作乱的人。刘
展之乱平定以后，东南地区承平已久，百姓竭力供应西北地区的物资需
求而不敢抱怨劳苦。到了宣宗在位末年，东南地区才开始爆发叛乱。
大中九年，浙东镇军队发生变乱，驱逐了观察使李讷，又过了三年岭南
也发生了变乱，湖南镇驱逐了观察使韩悰，江西镇驱逐了观察使郑宪，
宣歙镇驱逐了观察使郑薰，这几个地区不谋而合，在同一时间段内爆发
了变乱。发动叛乱的人，都是懒惰游荡的士兵，而非河北、河南地区雄
健善战的士兵；他们所驱逐的都是由朝廷委派、奉命统管军政和民事的
观察使，并非割据一方、不听朝廷号令、倚仗牙兵自立、导致部将效仿其
以下犯上、最终被夺去权力和位置的奸雄。大概从这一情况就可以看

出唐朝之所以会落到这种地步的原因了。昔日唐朝频繁用兵,百姓承担着繁重的供应军需的任务而不曾叛离唐朝;宣宗大中年间,四海之内大体安定,赋税徭役有一定之数,百姓反而发动叛乱;这难道是宣宗残酷虐待百姓、使他们难以温饱造成的吗?观察使对上级傲慢而又残害属下臣民,将民众逼入死地,百姓于是将他们视作仇敌,不用问也知道,被部下驱逐是李讷等人咎由自取啊。

  虽然,又岂非宣宗之纵蟊贼以害良稼哉①?观乎张潜之言曰②:"藩府财赋,所出有常,苟非赋敛过差及减削衣粮③,则羡余奏于代移之际者④,何从而致?"盖进奉者,兵民之所繇困,而即其所繇叛也。及懿宗之初,始禁州县税外科率⑤。而薛调上言⑥:"所在群盗,半是逃户。"故军乱方兴,民亦相寻而为盗。裘甫之聚众,旬日而得三万,皆当年昼耕夜织、供县官之箕敛者也⑦。货积于上而怨流于下,民之瓦解,非一日矣。王仙芝、黄巢一呼⑧,而天下鼎沸,有司之败人国家,不已酷乎!

【注释】

①蟊(máo)贼:蟊和贼,吃禾苗的两种害虫,比喻危害百姓或国家的人。良稼:好的庄稼,这里喻指百姓。

②张潜:唐宣宗时官员,时任右补阙内供奉。

③过差:过度,过分。

④羡余:唐以后地方官员以赋税盈余的名义向朝廷进贡的财物。

⑤科率:指官府在民间强制定额征购物资。

⑥薛调:河中宝鼎(今山西荣河)人。晚唐官员。懿宗时历任右拾遗内供奉、户部员外郎加驾部郎中、翰林承旨学士、知制诰等职。

⑦箕敛：用簸箕来收取，比喻苛敛民财。

⑧王仙芝(？—878)：濮州(今山东鄄城北)人。唐末农民起义军领袖。早年贩卖私盐，混迹江湖。乾符元年(874)，关东大旱，王仙芝聚众数千人，在长垣揭竿起义，并在濮阳发出檄文，斥责唐朝吏贪赋重，赏罚不平，自称均平天补大将军、兼海内诸豪都统，率领起义军攻克曹州、濮州，其后又与黄巢率领的起义军合流，南下江淮、湖北作战。乾符五年(878)，所部被曾元裕包围，王仙芝在突围途中战死。其事散见于新、旧《唐书·僖宗本纪》等。

【译文】

尽管如此，造成这种局面，难道归根结底不是因为宣宗放纵李讷等奸贼祸害百姓吗？看看张潜说的话："藩镇使府的财赋，所出有常数，如果不是对所管辖的民众聚敛得多，以及削减克扣士兵的衣甲、粮饷，那么每当政权更替之际，地方以赋税盈余之名向朝廷进献的财物，从什么地方而来？"大概所谓的进奉，就是让士兵和百姓感到困苦的原因所在，也是他们发动叛乱的原因所在。到了懿宗初年，才开始禁止州县在规定税额之外再强行向民间征购物资。而薛调上书懿宗说："地方上的群盗，多半都是逃亡的农户。"所以军队刚刚发生变乱，百姓也日渐聚集起来成为盗贼。裘甫当初聚集民众，不出十日就聚集起三万人马，这些人都是当年白天耕种、晚上纺织，以供朝廷肆意收取赋税的农民。财富在上层累积而下层百姓心生怨恨，民心瓦解，并不是一日之功。王仙芝、黄巢登高一呼，而天下纷纷响应，贪官污吏对国家的破坏，难道不是太严重了吗？

　　夫宣宗之于吏治，亦勤用其心矣，徒厚疑其臣，而教贪自己。令狐绹父子黩货于上，省寺相师而流及郡县，涂饰耳目者愈密，破法以殃民也愈无所忌。唐之亡，宣宗亡之，岂待狡童继起①，始沉溺而莫挽哉？于是藩镇之祸，且将息矣，河北诸帅皆庸竖尔,是弗难羁靮驭者②,彼昏不知,惴惴然防之,而视东南为噬肤不知痛、沥血不知号之圈豚池鹜也。"人莫踬于山,而踬于垤③",岂不信夫? 民者,兵之命也;安者,危之府也;察者,昏之积也;弱者,强之徒也。可不慎哉! 可不慎哉!

【注释】

①狡童:典出《诗经·郑风·狡童》。本诗讽刺郑昭公不能与贤臣共谋国事,致使祭仲擅权、危害国家。后以"狡童"借指壮狡昏乱的国君。

②羁靮(dí):马络头和缰绳,泛指驭马之物。

③人莫踬(zhì)于山,而踬于垤(dié):语出《韩非子·六反》:"不踬于山,而踬于垤。"意思是人很少在高山峻岭上摔倒,但却常常在小土丘上跌跤。踬,跌倒。垤,小土丘。

【译文】

宣宗对于吏治,也算是勤于用心了,但他只是深切怀疑群臣,却依然教唆他们的贪污恶行。宰相令狐绹父子在朝廷上贪污纳贿,各部门官员竞相效仿,贪污之风流及各郡县,粉饰耳目的人越多,他们破坏法纪、祸国殃民的行径就越发肆无忌惮。唐朝的灭亡,实际上是宣宗造成的,难道还需要等到继位的君王年少昏聩,国家才开始沉沦而变得难以挽救吗? 此时藩镇之祸,已经快要平息了,河北诸藩镇的节帅都是庸碌之辈,并不难以驾驭,可是宣宗昏暗无知,整天提心吊胆地对河北加以防范,而把东南地区的民众视为皮肤被咬也不知道痛、被放血也不知道号叫的被圈养的猪或鸭子。"人很少在高山峻岭上摔倒,但却常常在小土丘上跌跤。"这句话难道不正确的吗? 百姓是军队的命根子;安全是危险蓄积的地方;明察是昏聩的积蓄;柔弱是刚强的再生。能不慎重吗? 能不慎重吗?

卷二十七

懿　宗

【题解】

唐懿宗李漼(cuǐ,833—873),初名李温,是唐宣宗李忱的长子,母为元昭皇后晁氏。大中十三年(859),唐宣宗驾崩后,李漼被宦官王宗实等矫诏立为皇太子,并于次年登基,改元咸通。懿宗在位期间,游宴无度,骄奢淫逸,用人不当,国内政治腐败,民不聊生,浙东、安南、徐州、四川相继发生动乱,唐朝国势日渐衰微。咸通十四年(873),懿宗因病去世,在位十四年。

懿宗在位时,先后爆发了浙东裘甫之乱和庞勋之乱。虽然两次动乱都被武力平息,但到僖宗时又很快爆发了更大规模的黄巢之乱。王夫之通过考察历史发现,这并非孤例:东汉末皇甫嵩等平定黄巾之乱、北宋童贯剿灭方腊后不久,其国家同样迅速遭遇了更大的动乱,导致国家灭亡。他认为,剿除一时的农民动乱并不难,难的是动乱平定后如何处置参与动乱者:如果对他们斩尽杀绝,则杀降是不人道之举,且必定仍会有许多漏网者;如果放任这些投降的乱民回归原籍,他们恐怕也很难从此甘心做顺民,仍会伺机作乱。王夫之认为,宗泽将投降的叛军收入朝廷队伍中,擢用其枭雄,仍使其率领旧部曲的处置方式值得效仿。实际上,在本书中,王夫之多次针对农民起义军的处置问题展开讨论,这其中既包含着他贯通性的历史思考,也与他作为明遗民对明亡于农民军这一教训的总结密不可分。

唐王朝在平定庞勋之乱时,借助了沙陀骑兵的力量,并在叛乱平定后给予其丰厚的赏赐。王夫之对唐朝廷的这一举措给予了严厉批判,认为这种引狼入室之举使得沙陀人得以窥清唐王朝的虚弱本质,助长了其勃勃野心,埋下了唐王朝灭亡的祸根,他甚至直言,"唐之亡不可救,五代之乱不可止",都是从唐王朝借沙陀兵平乱开始的。这显然是一种"倒放电影"式的论断,是在确知其后历史走向的史实基础上反推其由来所自,然而这种带着"后见之明"的批判是否符合懿宗时代的历史情境,还需要读者见仁见智地加以判断。

一 讨平乱军叛民宜使有所归

王式之平裘甫[①],康承训之平庞勋[②],史据私家之文,张大其功,详著其略。呜呼!是亦吹剑首者之一㘜而已矣[③]。但以一时苟且收拾之近效言之,则童贯之剿方腊,且非无可纪之绩也;至于朱儁、皇甫嵩之平黄巾,则尤赫然矣。乃皆不旋踵而大乱作,国随以亡,爝火之温,不能御冰雪,久矣!饥寒之民,猝起弄兵,志不固,力不坚,大举天下之兵以临之,其必克者,势也。所难者,尽取而斩艾之,则降不可杀,即尽取而斩艾之,而其溃逃以免者犹众也。既不得为良民,而抑习于掠夺,则狂心不可卒戢,夫何能使之洗心浣虑以服勤于田亩哉!况有司之暴虐不革,复起而扰之,则乍息之火,得风而燎原,未可以贼首既俘,信烟波之永息也。

【注释】

①王式(810—874):字小年,太原祁(今山西祁县)人。初举贤良方

正科，唐宣宗大中十二年(858)出任安南都护，镇压了当地的暴动。咸通元年(860)，裘甫领导浙东农民起义，攻占了浙东大片地区。王式被朝廷任命为浙东观察使，率军前往镇压。王式击溃分路抵抗的义军，俘虏裘甫，押送长安斩首。咸通三年(862)，徐州银刀军兵变，王式以武宁节度使身份率军镇压，尽杀乱兵。后入为左金吾卫大将军，卒于任上。其事见于新、旧《唐书·懿宗本纪》。

②康承训(809—874)：字敬辞，灵州(今宁夏灵武)人。懿宗咸通五年(864)任岭南西道节度使，率军抵御南诏，因不设斥候而败。不久因小校矸营得小胜，于是伪称大捷，借机为亲信子弟求赏赐，对于真正立功者却不加赏赐。咸通九年(868)，庞勋乱起，他被任命为徐泗行营兵马都招讨使，率军镇压庞勋起义军。次年，攻杀庞勋，因功封河东节度使。后被劾作战不力而贬官。传见新、旧《唐书·康承训列传》。庞勋(? —869)：唐末桂林戍卒起义军领袖。懿宗咸通间，为桂州戍军粮料判官。咸通九年(868)，桂州戍卒因久戍不归，遂杀都将起事，推举庞勋为都头，自行北归。北上的戍卒军先后攻占宿州、徐州，杀徐泗节度使崔彦曾，庞勋自称武宁军节度使，开府库募兵，众至万人。复攻泗、濠等州，断江淮粮道。次年，康承训等率军二十万前往征讨庞勋，庞勋战败，率军自徐州西进，在濠州战败，被俘伏诛。其事见于新、旧《唐书·懿宗本纪》。

③吹剑首者之一吷(xuè)：典出《庄子·则阳》："吹剑首者，吷而已矣。"意思是吹剑环头上的小孔，发音微弱而不动听。剑首，指镶嵌在剑柄顶端的装饰品，多为环形小孔。吷，象声词，形容声音微小，比喻言论无足轻重。

【译文】

王式平定裘甫起义，康承训平定庞勋之乱，史书依据私家记载的文字,张大他们平叛的功劳,详细记录了他们平叛的谋略。唉！这些话其实都无足轻重。如果只就一时苟且之下的短期成效来看,则童贯剿灭方腊,也并非没有值得记载的功劳;至于朱勔、皇甫嵩平定黄巾起义,则功业尤其赫然可观。可是他们平定叛乱不久国家就陷入大乱,国家随之灭亡,小小火苗的温度,并不足以抵御冰雪的寒冷,这是长久以来的道理！饥寒交迫的百姓,猝然起来拿起武器作战,志向不够坚定,势力还不强大,此时大举调动天下的兵马来对付他们,则他们必然会被击破。可真正困难的是,如果将叛军赶尽杀绝,则杀降是不合适的,即使真的把叛军赶尽杀绝,则四散溃逃而免于一死的叛军余孽也是很多的。这些人既然当不成良民,而又习惯了掠夺,则他们的猖狂之心难以收敛,又如何能使他们洗心革面、尽心耕种土地呢！何况官吏对百姓的盘剥虐待没有革除,他们还会继续残害百姓,则刚刚熄灭的火焰,遇到风就会再度产生燎原之势,所以并不能把叛军首领被俘当作叛乱永远平息的标志。

　　靖康之世,京东之贼亦蜂起矣[1],宗汝霖收之而帖然者[2],使自效于行伍,而拔用其枭雄,俾仍合其部曲也。汝霖卒,贼且复溃矣,重起而收之者韩、岳也[3],咸有所归,而不复杂之耕桑市肆之中,使鞅掌而思浮动[4],故宋以宁。王式乃于裘甫之既擒,不复问数万之顽民消归何处,爪牙乍敛,而睥睨于人间,则后日之从庞勋以乱徐州,随王仙芝、黄巢以起曹、濮者[5],皆脱网之鱼,游沙汀而鼓浪[6]。式曰非吾事也。甫一擒而策勋饮至[7],可以鸣豫于当时[8],书功于竹帛矣。

【注释】

①京东:指北宋京东路,辖汴京(今河南开封)以东的今河南、山东

地区,治所在宋州(今河南商丘)。

②宗汝霖:即宗泽。帖然:顺从、俯首收敛貌。

③韩、岳:指韩世忠和岳飞。

④鞅掌:事务繁忙的样子。

⑤曹、濮:指曹州(治今山东菏泽)和濮州(治今河南范县濮城)。

⑥沙汀:水边或水中的平沙地。

⑦饮至:指奏凯庆功之宴。

⑧鸣豫:逸豫,过分得意。

【译文】

靖康年间,京东路也是盗贼蜂起,宗泽之所以能够收服他们,使他们俯首听命,靠的就是让这些投降的叛军自行在军中效力,而提拔任用叛军中的领袖,让他们仍然率领自己的旧部这个办法。宗泽死后,这些归降的叛贼再度溃散,重新将他们收服的是韩世忠和岳飞,这些叛军全都有了归所,而不再混杂于农田或商肆店铺之中,他们忙于军中事务,自然不会人心浮动,所以宋朝得以安宁。王式却在裘甫被擒以后,不再过问数万跟随裘甫起义的农民都去往了何处,实际上这些人都是暂时收敛起爪牙,在人群之中潜伏等待,日后又跟随庞勋在徐州作乱,跟随王仙芝、黄巢在曹州、濮州起义的,都是此次浙东叛军的漏网之鱼,他们在沙滩上游动,搅动了风浪。王式却认为这些事情与他无关。裘甫一被他擒获,他就获得了功劳和赏赐,在当时可谓志得意满,他的功绩也可以被书写在史册中了。

夫乱军叛民与藩镇异。藩镇之反,虽举军同逆,而必倚节度使以起伏,渠帅既诛,新帅抚之,三军仍安其故籍而不失其旧。故裴中立曰:"蔡人亦吾人也,绥之则靖矣。"乱军叛民者,虽有渠帅,而非其夙奉之君长,人自为乱,渠帅自诛,众志自竞,非有以统摄之,而必更端以起。当斯时也,非分别其强弱之异质,或使之归耕,或使之充伍,又得良将吏以安存之,则愈散而祸愈滋。以式为将,以白敏中之徒为相,居中而御之,何功之足纪哉! 徒以长乱而已矣。又况康承训之进沙陀以亡唐邪①?

【注释】

①沙陀:参见卷二十六"文宗四"条注。唐政府大规模招募沙陀军自范希朝招募沙陀骑兵开始,其后沙陀军先后参与平定庞勋之乱、黄巢起义等重大军事行动,日渐成为唐末最重要的武装力量之一。唐朝灭亡后,沙陀部落出身的李存勖建立了后唐,其后的后晋、后汉统治者均与沙陀关系密切。

【译文】

乱军叛民反抗朝廷与藩镇割据的情况是不同的。藩镇反叛朝廷,即使整个藩镇的军队都参与反叛,但其起伏却非常仰赖于节度使个人,一旦反叛的节度使被杀,新节度使对军队加以安抚,则三军将士便仍可以按原来的编制存续下去。所以裴度说:"蔡州人虽然参与反叛,但他们也是唐朝的百姓,只要对他们加以安抚,他们就会安定下来。"而乱军叛民虽然也有首领,但首领并不是他们长期侍奉的君长,他们大多按照自己的意愿反叛朝廷,即使首领被杀,反叛的众人仍会各自为战,除非有办法对这些投降的乱军叛民加以统摄,否则他们势必会另寻机会起来反叛。在这个时候,如果不区分其强弱,使弱者回家种田,将强者编入军队,再任用良将、良吏来安抚他们,则他们越是分散,祸乱就滋生得越严重。以王式为将领,以白敏中这样的人为宰相,居中指挥统御,又有什么功劳值得记载呢! 只会助长变乱罢了。何况康承训在平定庞勋之乱时还引入了沙陀军,从而间接导致了唐朝的灭亡呢?

二　奸民得逐刺史观察

古之称民者曰"民喦"[①]。上与民相依以立,同气同伦而共此区夏者也[②],乃畏之如喦也哉? 言此者,以责上之善调其情而平其险阻也。唐至懿宗之世,民果喦矣。裘甫方馘,而怀州之民攘袂张拳以逐其刺史[③];陕州继起[④],逐观察使崔荛[⑤];光州继起[⑥],逐刺史李弱翁[⑦];狂起而犯上者,皆即其民也。观察、刺史而见逐于民,其为不肖,固无可解者。虽然,贪暴之吏,何代蔑有? 一牓违其情[⑧],而遽起逐之,上且无如之何,天下恶得而不亡! 夫民既如此矣,欲执民而治其逐上之罪,是不矜其穷迫而激之乱也;欲诛观察、刺史以抚民,而民之不道又恶可长哉? 小失豪民之意,猖猖而起[⑨],胁天子以为之快志,抑不大乱不已。然则反此而欲靖之也无术,则抑追诘其所繇来,而知畏民之喦者,调制其性情于早,不可唯意以乱法也。

【注释】

①民喦(yán):指民心像岩石般参差不齐。喦,此处指像岩石般参差不齐貌。

②区夏:华夏,中国。

③怀州之民攘袂张拳以逐其刺史:指咸通八年(867),怀州百姓向官府申诉旱灾的情况,刺史刘仁规张牓禁止百姓诉灾,结果激起民愤。民众"相与作乱",驱逐刘仁规,并攻入州府宅院,"掠其家资",登上城楼击鼓,许久才安定。事见《资治通鉴·唐纪六十六·懿宗皇帝·咸通八年》。怀州,治今河南沁阳。

④陕州:治今河南三门峡。

⑤崔荛(ráo):字野夫,卫州(今河南卫辉)人。宣宗大中二年(848)进士。僖宗乾符中出为陕、虢观察使,自恃清贵,不恤百姓疾苦,因而被部下和百姓痛恨,不久即被部将驱逐,朝廷将其贬为端州司马。传见新、旧《唐书·崔荛列传》。

⑥光州:治今河南潢川。

⑦李弱翁:楚州(治今江苏淮安)人。唐文宗时宰相李珏次子。历任盐铁判官、兼监察御史、光州刺史。据《资治通鉴》记载,咸通十一年(870)五月,兴州民逐刺史李弱翁,李弱翁逃奔新息。事见《资治通鉴·唐纪六十八·懿宗皇帝·咸通十一年》。

⑧榜:张挂科举考试中第者的名单。此指为官者。

⑨狺狺(yín):狗叫的声音。

【译文】

古代,称百姓为"民碞"。君主与百姓相互依存,在华夏大地上同呼吸共命运,为什么要畏惧百姓,将其视作岩石呢? 之所以如此比喻,是在提醒统治者要善于协调百姓的状况、为百姓除去险阻。唐朝到了懿宗时,百姓果然就像岩石一样蜂起反抗朝廷了。裴甫刚刚被杀,而怀州的百姓就挥袖张拳,驱逐了他们的刺史;陕州百姓也接踵效仿,驱逐了他们的观察使崔荛;继而光州百姓也起来反抗,驱逐了光州刺史李弱翁;起来反叛的,都是这些被驱逐官员原本统治下的百姓。身为观察使和刺史,却被百姓驱逐,是因为他们自身表现拙劣,这是无可辩解的。虽然如此,贪婪残暴的官吏,哪一朝代没有呢? 一旦官吏的行为触怒了百姓,百姓就立即起来将其驱逐,皇帝对此都无可奈何,则天下如何能不灭亡呢! 百姓既然如此叛逆,想要治他们驱逐朝廷命官、以下犯上的罪,就是不体恤他们的困苦而故意激发他们起来作乱;想要诛杀这些观察使、刺史来安抚百姓,则不成了鼓励百姓的非法之举了吗? 一旦官员稍微失去民心,百姓就像狂吠的狗一样起来反抗,胁迫天子以求发泄不满、伸张正义,则不酿成大乱势必不会停止。然而除此之外朝廷也没有别的处理方式来安抚百姓,如此则追究此种困境的成因,就可以知道,要像畏惧岩石那样畏惧百姓,尽早地协调、控制百姓的性情,不能随意去践踏法律。

人君所恃以饬吏治、恤民隐者,法而已矣。法者,天子操之,持宪大臣裁之①,分理之牧帅奉若而守之。牧帅听于大臣,大臣听于天子,纲也;天子咨之大臣,大臣任之牧帅,纪也。天子之职,唯慎选大臣而与之简择牧帅。既得其人而任以郡邑之治矣,则刑赏予夺一听大臣。所访于牧帅者,实考其淑慝功罪而决行之②。于是乎民有受墨吏之荼毒者,昂首以待当宁之斧钺。即其疏脱而怨忿未舒,亦俯首以俟后吏之矜苏。而大臣牧帅既得其人,天子又推心而任之,则墨吏之能疏脱以使民含怨者,盖亦鲜矣。

【注释】

①持宪:执掌法令。

②淑慝(tè):善恶。

【译文】

君主所依赖的能够整饬吏治、体恤百姓困苦的工具,只有法律而已。法律,由天子所操持,由执掌法令的大臣加以裁断,各地治理百姓的官员则遵守法律、加以实施。地方官员听命于执法大臣,执法大臣听命于天子,这是纲;天子要向执法大臣咨询意见,执法大臣则将实施法律的责任委任给地方官员,这是纪。天子的职责,只在于慎重选择大臣,并与其一道选任地方官员。既然已经有了合适的人选,并且将地方委任给他们治理,则他们的刑赏予夺完全由大臣决断。朝廷对于地方官员，应该切实考察他们的善恶功过来决定对他们的赏罚予夺。如此则如果有受到贪官污吏荼毒的百姓，他们就可以昂着头等待朝廷的处置。即使朝廷的处置有疏脱之处，百姓的怨恨难以消除，他们也会俯首听命，等待下一任官员来为他们昭雪冤屈。而大臣和地方官员既然已经有了合适人选，天子能够推心置腹的信任和任用他们，则贪官污吏能够逃脱法网、使百姓心怀怨恨的情况，大概也是很罕见的。

　　而宣宗之为君也不然。其用大臣也，取其饰貌以求容者而已；其任牧帅也，取其拔擢自我无所推引者而已。至于州县之长，皆自我用焉，而抑不能周知其人，则微行窃听，以里巷之谣诼为朝章①。李行言、李君奭之得迁，恶知非贿奸民以为之媒介哉？乃决于信，而谓廷臣之公论举不如涂人之片唾也②。于是刑赏予夺之权，一听之里巷之民。而大臣牧帅皆尸位于中，无所献替③。民乃曰此褎然而为吾之长吏者④，荣辱生死皆操之我，天子而既许我矣。其黠者，得自达于天子，则讦奏而忿以泄，奸亦以雠；其很者，不能自达，则聚众号呼，逐之而已。曰天子而既许我以予夺长吏矣，孰能禁我哉？不曰天子固爱我，即称兵犯上而不忍加罚于我；则曰天子固畏我，即称兵犯上而不敢加刑于我。长是不惩，又何有于天子哉？耰锄棘矜以攻城掠野⑤，无不可者。民非本喦，上使之喦；既喦，孰能反之荡平哉？裘甫方平，庞勋旋起，皆自然不可中止之势也。山崩河决，周道荆榛⑥，岂但如喦哉？宣宗导之横流，非一朝一夕之故矣。懿宗又以昏顽济之，祸发迟久而愈不可息。民气之不可使不静，非法而无以静之。非知治道者，且以快一时之人心为美谈，是古今之大惑也。

【注释】

①谣诼(zhuó)：谣言，毁谤、不真实的话。朝章：朝廷的典章。

②涂人：路人。涂，同"途"。

③献替：指劝善规过，提出兴革的建议。

④襄(yòu)然：出众的样子。

⑤耰(yōu)锄(chú)：泛指农具。耰锄，耰与锄，皆为农具名。一说指锄柄。棘矜：戟柄。棘，通"戟"。

⑥周道：本指周代官修的大道，后泛指大道。荆榛：丛生的灌木，形容道路荒芜难行。

【译文】

但宣宗作为君主却不是这样做的。他任用大臣，只挑选那些懂得掩饰自己、巧妙获取君主欢心的人做官；他任用地方官员，也只选用那些拔高自己、无所推引的官吏。至于各州县的长官，虽然都是由宣宗任命，但宣宗对他们也不能完全了解，于是便微服私访、窃听民间议论，将里巷之间的谣言当作处置官员的依据。李行言、李君奭得以升迁，哪里能知道他们不是通过贿赂奸民来作为媒介影响宣宗的判断呢？可是宣宗却完全听信了那些话，而认为朝廷大臣的集体议论、举荐还比不上乡野路人的只言片语。于是刑赏予夺的大权，便完全由里巷之民来操持了。而大臣和地方官都尸位素餐，无法劝善归过，提出兴革的建议。百姓于是会认为那些赫然做自己长官的官吏，其荣辱生死都操在自己手中，天子已经把评判官吏的权力交给了他们。于是其中狡黠的百姓，便会设法使自己的意见让皇帝听到，通过攻击弹劾某些官员来发泄自己的愤怒，他们的奸计因此得逞；其中狠毒的百姓，没办法将自己的意见传达给君主，于是便聚众号呼，将地方官吏驱逐出去。他们会说天子既然已经把地方官吏的予夺之权授给了我们，又有谁能禁止我们这么做呢？不是说天子本来就爱护我们这些百姓，即使我们举兵犯上，天子也不忍心对我们施加惩罚；就是说天子本来就畏惧我们百姓，即使我们举兵犯上，天子也不忍心对我们施加刑罚。长此以往而不加以制止，则天下还会有天子吗？百姓手执农具，起兵攻打城池、掳掠郊野，无所不为。百姓本来并非像岩石那样可怕，是皇帝的失误让他们变成了岩石一般；百姓既然成了高峻的岩石，则又有谁能够荡平他们呢？裘甫起义刚被平定，庞勋之乱就迅即爆发，都是有着自然不可中止的态势。山崩河决，大道上布满荆棘，这种艰险局面，何止是像岩石一般险峻呢？宣宗引导民众，使其横流无忌，并非一朝一夕之故。加上懿宗又昏庸顽劣，于是祸乱的爆发变成了早晚必定发生的事，一旦发生就难以平息。不能使百姓之气不静，而如果不遵循法律就无法让百姓之气静下来。所以不懂得治理国家之道的人，就会将使人心一时痛快当作美谈，这是古往今来的一个大惑。

三　宣宗揽天下之利权以军帑空虚致乱

庞勋之乱，崔彦曾以军帑空虚不能发兵留戍而起[①]，盖至是而唐之所以立国者，根本尽矣。夫财上不在国，下不在民，为有国者之大蠹，而唐养天下之力以固国者，正善于用此。其赋入之富有，自军府以至于州县，皆有丰厚之积，存于其帑，而节度、观察、刺史、县令，皆得司其出纳之权。故一有意外之变，有司得以旋给，而聚人以固其封守。乃至内而朝廷乱作，外而寇盗充斥，则随所取道因便以输者，舟车衔尾而相继。而不但此也，官用所资，不责以妄支之罪，则公私酬赠宴犒、舆服傔从[②]，沛然一取之公帑，军吏不待削军饷以致军怼，守令不致剥农民以召民怨。故唐无孤清之介吏，而抑无婪纵之贪人。官箴不玷，官秩不镂，则大利存焉。

虽贪鄙之夫，亦以久于敭历为嗜欲之溪壑③，而白昼攫金、褫
夺不恤之情不起。观于李萼所称清河一郡之富④，及刘晏、
韩滉咄嗟而办大兵大役之需者可知已⑤。

【注释】

①崔彦曾(？—868)：清河武城(今山东武城)人。大中末年，历三
　州刺史。懿宗咸通七年(866)，出任徐州刺史、武宁军节度使。
　次年改为徐泗观察使。他为政刚猛，士兵和百姓对他多怀怨恨。
　当时徐州戍守桂林的士兵，到了三年戍守时限，徐州方面本应该
　派部队去接替他们，但崔彦曾以军用匮乏、难以发兵为理由，一
　再食言背约，戍兵在桂林防守六年，仍无还乡希望，戍卒愤怒，遂
　爆发庞勋戍兵起义。咸通九年(868)，起义军进逼徐州，崔彦曾
　守城抗拒起义军，城破被杀。传见新、旧《唐书·崔彦曾列传》。

②傔(qiàn)从：侍从，仆役。

③敭(yáng)历：仕宦经历。

④李萼所称清河一郡之富：参见卷二十二"宣宗二一"条注。

⑤咄嗟：霎时，短时间内。

【译文】

　　庞勋之乱，是由于崔彦曾以军费匮乏、不能发兵留戍而引起的，大
概到了这个时候，唐朝立国的根本已经不存在了。天下的财富上不掌
握在国家手中，下不储藏在百姓家中，这本是统治国家的大忌，而唐朝
养天下之力以巩固国家的，却正是靠善用这种局面。唐朝高额的赋税
收入，使得自军府以至于州县，都有丰厚的积蓄储存在府库中，而节度
使、观察使、刺史、县令，皆掌握着财政调度和使用的权力。所以一旦有
意外变故发生，有关部门就可以迅速动用财政储备，聚集人力来加固防
守。甚至像朝廷内部发生变乱，或者朝廷之外充斥盗贼，都可以就近调
发所需要的资财，运输所用的车船头尾相继、络绎不绝。而且不但如

此,官方的各种开支都可以从这些积蓄中取用,而朝廷不会用妄加支出的罪名指责官员,如此则官员公私酬赠、犒劳宴请,乃至于出行、衣服、侍从仆役的花费,都完全从官方府库中支取,军官不需要克扣军饷从而导致军队哗变,地方官员不必剥削农民从而导致民怨沸腾。所以唐朝没有孤高清廉的耿介官吏,也没有贪婪放纵的官员。官吏的守则因此不被玷污,为官的秩序不被破坏,则其中有很大的好处。即使是贪婪浅薄的人,也会因为长期为官的经历而使得自己的欲望得到一定程度的满足,不会做出公然盘剥民众、不顾百姓死活的事情来。看看当初李荟称赞清河一郡的富裕状况,以及后来刘晏、韩滉在很短的时间内就解决了浩大军队的军需开支问题的事例,就可以知道这一点了。

自德宗以还,代有进奉,而州郡之积始亏。然但佞臣逢欲以邀欢天子,为宫中之侈费;未尝据以为法,敛积内帑,恃以富国也。宣宗非有奢侈之欲,而操综核之术,欲尽揽天下之利权以归于己。白敏中、令狐绹之徒,以斗筲之器①,逢君之欲,交赞之曰:业已征之于民,而不归之于上,非陈朽于四方,则侵渔于下吏,尽掣而输于天府者,其宜也。于是搜括无余,州郡皆如悬磬,而自诩为得策,曰:吾不加敛于民,而财已充盈于内帑矣。乱乃起而不可遏矣。唯其积之已盈也,故以流艳懿宗之耳目,而长其侈心。一女子之死,而费军兴数十万人之资②。帛腐于笥③,粟陈于廪,钱苔于砌④。狡童何知,媚子因而自润⑤,狂荡之情,泰然自得,复安知天下之空虚哉? 一旦变起,征发繁难,有司据空帑而无可如何,请之于上,而主暗臣奸,固不应也。号呼已亟,而或应之,奏报弥旬矣,廷议又弥旬矣,支放转输又弥旬矣。兵杪嬴而不振⑥,贼乘敝以急攻,辇运未集,孤城已溃,徒迟回道路⑦,为贼掠夺,即捐巨万,何当一钱之用哉!

【注释】

①斗筲(shāo):斗和筲,都是很小的容器,比喻微小。

②一女子子之死,而费军兴数十万人之资:指懿宗与郭淑妃之女卫国文懿公主于咸通十年(869)薨逝。懿宗平素极喜爱文懿公主,于是自制挽歌,令百官祭以金贝、寓车。举行葬礼时,仪仗队伍绵延数十里。懿宗还下令用金子铸人俑,和各种珠宝一同埋入公主墓中,所费甚巨。

③笥(sì):一种竹编的盛用器。亦泛指匣子或箱子。

④砌:砖石筑成的台子。

⑤媚子:指宠臣。

⑥枵羸(xiāo léi):虚损瘦弱。

⑦迟回:滞留,迟滞。

【译文】

自德宗以后,各地历代都要向皇帝进奉财物,而州郡的积蓄开始变得空虚。然而进奉毕竟只是佞臣逢迎君主的爱好以讨其欢心的手段,这些钱物只会拿来供应宫中的奢侈花费;进奉制度并没有被立为常法,朝廷也并没有试图通过聚敛内库财富来富国。宣宗并非有奢侈的欲望,但他却操持所谓的综核之术,想要将整个天下的利权都揽到自己身上。白敏中、令狐绹这些人,鼠目寸光,器量狭小,一味逢迎宣宗,交口称赞说:既然各地已经从百姓那里收取了赋税,却不把这些财富交给朝廷,结果这些财物不是在各地府库中腐烂,就是被各地官吏所贪污,所以将这些财物全部转运到天子的府库中,是非常合适的做法。于是宣宗将各地府库搜刮无余,州郡府库都一干二净,而宣宗则自诩为找到了妙法,说:我不需要向民众加派赋税,内库的积蓄就已经变得非常充盈了。于是祸乱便开始爆发,并最终变得不可遏制。正是因为宣宗时期内库财富变得充盈,所以才会让懿宗的耳目都被金银珠宝迷惑,助长了他的奢侈之心。懿宗一个女儿去世,葬礼所花费的资财就足以充当数十万军队的军费。仓库中的布帛因堆积过久而腐烂在匣子里,粮食发霉在仓库中,钱币也在筑台上长出了青苔。年轻的君主昏庸无知,宠臣们也趁机中饱私囊,君臣狂妄放荡、泰然自得,又哪里会知道天下已经空虚了呢?一旦发生了变乱,出动军队需要大量资财,而相关部门由于各自府库空虚而无力作为,只能请示朝廷划拨物资,可是君主昏庸、宰相奸佞,自然不会理会。等到地方官员的请求越来越急促,朝廷或许才会回应,可是地方奏报情况就花费了十天以上,朝廷议论处置办法又花费了十天以上,从朝廷府库中下发、转运还要花费十天以上。军队羸弱不振,盗贼趁机急速发起进攻,朝廷运来的物资还没到,孤城已经失守,物资白白在路上滞留,最终被盗贼掠夺一空,即使花费数万之巨,又哪里能有一钱派上用场呢!

　　且当官而徒守空橐也①,公私之费,未能免也;贪欲之情,未可责中人之能窒也。必将减额以剥其军,溢额以夺其民。此防一溃,泛滥无涯,田野之鸡豚,不给追胥之酒食,寡妻弱子,痛哭郊原,而贪人之溪壑,固未厌也。揭竿而起,且以延旦夕之生命,而以敝襦败甲、茹草啜饤之疲卒御之②,有不倒戈而同逆者乎?官贫而民益贫,兵乱而民胥乱。徒聚天下之财于京邸,一朝失守,祇为盗资。综核之政,揽利权以归一,败亡合辙,今古同悲。然后知唐初之积富于军府州县者,诚官天府地四海为家之至术也。

【注释】

①橐(tuó):口袋。

②襦：短衣。饘（zhān）：同"馆"，稠粥。

【译文】

　　况且身为一个官员，公私花费是难免的，可是在宣宗的政策下他却只能守着空空如也的府库；贪欲每个人都有，不能要求那些宦官们遏止。如此则地方官员必将通过克扣军饷、加重农民负担中饱私囊。此例一开，盘剥贪污之风便泛滥无际，农家田野中的鸡豚，还满足不了追讨赋税的地方胥吏的酒食所需，寡妻弱子，只能在郊外原野上痛哭，而贪婪之人却欲壑难填、不知满足。于是百姓只能揭竿而起，希望能让自己生存下去，而朝廷却派衣甲破烂、食不果腹的军队去镇压起义的百姓，军队怎么可能不倒戈响应起义军呢？地方官府贫困则百姓更加贫困，军队混乱而百姓更加混乱。宣宗白白地将天下财富聚集在京城，京城一朝失守，这些财富只能变成盗贼的战利品。像宣宗这样推行所谓的综核之政，将天下利权总揽于一人，最终只会带来亡国败家的后果，古往今来都是一样的道理。然后就可以知道唐初将财富积蓄在各地军队和府、州、县中的做法，确实堪称是官天府地、四海为家的绝佳办法。

　　故曰"财散则民聚"①，散者，非但百姓之各有之也，抑使郡邑之各有之也。"财聚则民散"，聚者，既不使之在民，又不使之给用，积之于一帑，而以有用者为无用也。散则以天下之财供天下之用，聚则废万事之用而任天下之危。贪吝之说，一中于君相之心，委生人之大计，为腐草块石以侈富，传及子孙，而骄淫奢溢，为天下傻②，不亦伤乎！故有家者，恶其察鸡豚也；有国者，恶其畜聚敛也。庶人尽力以畜财，囷粟而朽蠹之，则殃必及身；窖金而土坏之，则子孙必绝。以有用为无用，人怨之府，天之所怒也，况有天下者乎？

【注释】

①财散则民聚：语出《礼记·大学》："是故财聚则民散，财散则民聚。"

②瘳(chōu)：病害，危害。

【译文】

所以说"财散则民聚"，所谓散，不仅仅是让百姓各自保有财富，也是指让各地郡邑府库都拥有一定的财富。"财聚则民散"，所谓聚，既不让财富留在百姓手中，也不让财富在各地府郡邑库中供给使用，却全部将它们集中在内库中，最终只会让有用变为无用。散是以天下之财供给天下之用，聚则是废万事之用而将天下置于危险之中。贪婪吝啬的念头，一旦在君主、宰相的脑海中萌生，那么他们就会把关系国计民生的重要物资变成府库中的无用之物传给子孙，助长他们的奢侈之心，让他们变得骄奢淫逸，成为天下的大害，这难道不令人悲伤吗！所以理家的人，忌讳连猪狗的数量都要查清；治国的人，则忌讳一味聚敛和积蓄财富。庶人尽力积蓄财富，将粮食都囤积起来，以至于腐朽变质，则势必会殃及自身；将金银贮藏在地窖中，以至于金银在土中变质，则其必定会遭遇子孙断绝的惨祸。普通人把有用变为无用，只会招致天怒人怨，何况是国家的统治者这么做呢？

四　唐亡于康承训之召沙陀

唐之亡不可救，五代之乱不可止，自康承训奏使朱邪赤心率沙陀三部落讨庞勋始①。灭唐者，朱温也，而非温之能灭唐也。温自起为贼，迄于背黄巢而降之日，未尝有窥天之志也。僖、昭以为之君，时溥、高骈以为之将②，张濬、崔胤为奥援于内③，而李克用、李茂贞、王行瑜各挟逐鹿之心④，温乃内动于恶而无所忌。若沙陀者，介吐蕃、回纥之衰，自雄于塞上，固将继二虏而与中国为敌者也。羽翼未成，而阳受羁縻，与刘渊之在河西也无以异。因其未叛，聊使傥居沙碛⑤，绝其窥觎，目不知中国之广狭，心不喻唐室之强弱，则自以为仅可鼎立于边陲⑥，而忘情于中夏。则唐之不振，虽有朱温辈之枭逆，且将与朱泚同其销归。唐即不足以自存，尚可苟延以俟命世之英以代兴，而中原之祸不极。承训乃揖而进之，使驰骋于河、淮、江、海之间，与中国之兵相参而较勇怯，平贼之功，独居最焉，祸其有能戢之者乎？

【注释】

① 朱邪赤心（？—887）：汉名李国昌，字德兴，代郡雁门（今山西代县）人。唐朝末年沙陀部首领。早年袭父朱邪执宜之职，为阴山府都督、代北行营招抚使、朔州刺史。唐懿宗咸通十年（869），任太原行营招讨、沙陀三部落军使，因从康承训镇压庞勋起义有功，被赐名李国昌。此后李国昌恃功益横恣，招致朝廷讨伐，李国昌遂与其子李克用北奔鞑靼。光启三年（887）病卒。其孙李存勖建立后唐后，追尊其为后唐献祖，谥号为文景皇帝。传见《新唐书·沙陀列传》。

② 时溥（？—893）：彭城（今江苏徐州）人。初为徐州牙将，唐僖宗中和元年（881），率兵入关镇压黄巢起义军，行至河阴，军士哗变返回徐州，被推为节度留后，不久正式出任武宁军节度使。其后率军击败黄巢，又先后与秦宗权、朱温开战。景福二年（893），朱温手下庞师古攻克彭城，时溥率全家自焚。传见新、旧《唐书·时溥列传》。高骈（821—887）：字千里，幽州（今北京西南）。高骈世为禁军将领，咸通六年（865），率军破峰州蛮，次年进兵收复交趾，出任静海军节度使。后历任天平、西川、荆南、镇海、淮南

等五镇节度使,期间多次重创黄巢起义军,被唐僖宗任命为诸道行营兵马都统。后因大将张璘阵亡不敢出战,致使黄巢顺利渡江,两京失守,被朝廷削夺兵权。黄巢平定后,高骈后悔当初未立功业,日渐消沉。晚年几近痴癫,在光启三年(887)被部将毕师铎囚杀。传见新、旧《唐书·高骈列传》。

③张濬(？—903):字禹川,河间(今属河北)人。僖宗时拜平章事、判度支。杨复恭当权时被罢免。昭宗时复用为宰相、判度支。乾宁三年(896)致仕,天复三年(903)被朱全忠密令劫杀于住所。传见新、旧《唐书·张濬列传》。奥援:暗中支持、帮助的力量,有力的靠山。

④王行瑜(？—895):邠州(今陕西彬县)人。初为邠宁节度使朱玫的部将。唐僖宗光启二年(886),朱玫立李煴为帝,令他带兵五万追击外逃凤翔的唐僖宗。同年十二月,王行瑜倒戈杀朱玫、李昌符,纵兵大掠。唐昭宗景福元年(892),与凤翔节度使李茂贞联兵攻取汉中。次年,迫使昭宗李晔杀死宦官西门君遂及宰相杜让能等。乾宁二年(895),王行瑜联合李茂贞及镇国节度使韩建攻入长安,杀韦昭度、李磎,并谋废昭宗,另立李保为帝。李克用率军南下勤王,王行瑜弃城逃往庆州,为其部下所杀。传见新、旧《唐书·王行瑜列传》。

⑤僦(jiù)居:租屋而居。沙徼(jiào):沙漠的边沿地带。徼,边界,边际。

⑥嫯(ào)立:傲立。

【译文】

唐朝灭亡的大势不可挽回,五代的动乱难以止息,都是从康承训奏请朝廷让朱邪赤心率领沙陀三部落的军队讨伐庞勋开始的。灭亡唐朝的人,是朱温,但并不是朱温一个人的力量导致唐朝灭亡的。朱温从最初跟随黄巢做盗贼,到后来背叛黄巢投降朝廷的时候,心中都不曾妄想过做皇帝。因为有僖宗、昭宗这样的君主,时溥、高骈这样的将领,张濬、崔胤这些人做他朝内的奥援,而李克用、李茂贞、王行瑜各自有逐鹿之心,朱温于是产生了篡夺唐朝的邪恶图谋而日渐无所顾忌。至于沙陀部落,在吐蕃、回纥都衰落以后,独自在塞上称雄,本来就是要继吐蕃、回纥之后而与中国为敌的。当其羽翼未丰的时候,就表面上受唐朝管束,与当初刘渊之在河西受西晋管束的情况相同。在其未反叛的时候,如果能让他们长期寄居在边境地带,断绝其窥伺中原的途径,使他们看不到华夏的疆土,看不清唐朝的强弱虚实,则他们会自以为弱小,认为自己仅能在边境立身,因此便不会再打中原的主意。如此则虽然唐朝不振,又有朱温这样的逆贼,也终将会与朱泚落得相同的下场。唐朝即使不足以延续国祚,也尚且可以苟延残喘,等待真正的时代英杰来代替其兴起,而中原就不会发生极其惨烈的祸患。康承训却延请沙陀,使沙陀骑兵驰骋于黄河、淮河、长江、大海之间,与中原的军队相互混杂、彼此比较战斗力,平定叛贼的功劳,沙陀骑兵立下了首功,这样祸乱还能够最终被平定吗?

庞勋拥数万之众横行,殚天下之师武臣力,莫能挫抑,而沙陀以千骑驰突其间,如薙靡草①,固将睥睨而笑曰:是区区者而唐且无如之何,吾介马奔之而遽成齑粉②,则唐之为唐可知矣。举江、淮、沂、泗千里之郊,坚城深池,曾不足以御藐尔之庞勋③,而待命于我,则唐之唯我所为而弗难下也,又可知矣。泽潞、淄青,所称东西之藩屏也,坐拥旌旄,据千里之疆,统甲兵以自固,坐视逆寇之披猖④,曾莫肯以一矢相加,而徒仰待于我,则中国之众叛孤立、弗为捍卫也,又可知矣。振旅而归,分茅朔野⑤,吾亦何求而不得哉? 国昌老而克用兴,目已无唐,固将奋袂而起曰:是可取而代也。沙陀可以主中国,则契丹、女直、蒙古之强倍于沙陀者,愈无不可也,而祸延于无极矣。乃论者曰:克用父子尽忠于唐,以赐姓而收为宗支,又何陋邪! 然则承训召寇以入,为灭唐之戎首,罪其可逭乎⑥? 朱温甫灭,沙陀旋窃,石敬瑭、刘知远皆其部落,延至于郭威,而中国始有得主之望,祸亦烈矣哉!

【注释】

①薙(tì):割草,除草。

②介马:驰骋。齑(jī)粉:齑、粉均呈碎末状,比喻粉碎的东西,细末。

③藐尔:小貌。

④披猖:猖獗,猖狂。

⑤分茅:古代分封诸侯,用白茅裹着泥土授予被封者,象征授予土地和权力,故谓之"分茅"。朔野:北方荒野之地。

⑥逭(huàn):免除。

【译文】

庞勋依靠数万起义军就横行无忌,唐朝动用整个天下的军队,也没能挫败其军队,而沙陀人仅以千骑骑兵就可以在其军中来回驰骋,像割草一样消灭了庞勋的军队,如此则沙陀人必定会看不起唐朝军队,会笑着说:对付如此区区敌人,唐朝尚且无能为力,我们的骑兵只需纵马驰骋就足以碾压叛军,则唐朝的强弱虚实便一目了然了。整个长江、淮河、沂水、泗水流域千里之地,坚城深池,都不足以抵御小小的庞勋,而只能仰赖我们去消灭他,则唐朝有战斗力的军队只剩下我们了,灭亡唐朝并不困难,这也是可以看出来的。泽潞、淄青,号称唐朝的东西藩屏,坐拥朝廷赐予的符节,占据千里疆土,统率大量军队仅求自保,坐视贼寇猖狂一时,却不肯出一点力气攻击叛贼,而仅仅仰赖我们进攻叛军,如此则唐王朝众叛亲离、孤立无援,不能捍卫,也是可以知道的。战胜以后率军凯旋,让朝廷授予我们北方的土地,我们要什么能得不到呢?后来李国昌老去,其子李克用兴起,他眼中已经没有唐朝,自然会挥袖而起说:唐王朝是可以取而代之的。沙陀人尚且可以入主中国,则契丹、女真、蒙古这些比沙陀强大数倍的部落,就更可以征服中原了,如此则祸乱绵延不断、没有尽头。可是议论的人会说:李克用父子为唐朝尽忠,因而被赐予了李姓、纳入了皇族分支,这种说法又是何等浅陋啊!如此则康承训召外寇进入内地,成为唐朝灭亡的罪魁祸首,能够逃脱其罪过吗?朱温建立的后梁刚刚灭亡,沙陀就迅速窃夺了政权,石敬瑭、刘知远都出自沙陀部落,一直到郭威,中原的人们才有了重掌政权的机会,可见康承训所带来的灾祸是多么惨重!

　　夫承训之力,即不足以敌庞勋,而河北诸帅,自张仲武、王元逵、何敬弘归命以来,皆有效顺之成劳,无抗衡之异志。则胡不请移镇魏、淄青之兵,下兖南①,出曹、宋,捣勋之背,承训从汝、亳以捣其膺②,少需日月,游鱼之釜,可坐待其焦也。而承训贪功亟进,当国大臣又茸鄙无谋以听之③,爇火入积薪之下,沃之以膏,待其焰发而始悔,莫能及也。故唐之灭,非朱温灭之,沙陀灭之也;非沙陀之能灭之也,唐自灭也。而承训其祸原矣。

【注释】

①兖南:指今山东南部。

②汝:汝州(治今河南汝州)。亳:亳州(治今安徽亳州)。膺:胸。

③茸鄙:浅薄无知。

【译文】

即使以康承训的力量不足以单独对付庞勋,那么河北藩镇的诸位节帅,自从张仲武、王元逵、何敬弘归顺朝廷以来,都有为朝廷效劳的实际经历,而没有与朝廷抗衡的异心。既然如此,何不让他们率领镇魏、淄青的军队,南下山东南部,从曹州、宋州直接插到庞勋的背后,康承训则率军从汝州、亳州正面进攻庞勋,两方夹击,不要多长时间,庞勋就会像在锅中游泳的鱼一样,只需要坐着等他被烤焦就可以了。而康承训却贪功急进,掌权的大臣又浅薄无能,听信了康承训的话,于是就像火炬被放入柴堆之下,再浇上油脂一样,等到火焰熊熊燃烧起来才开始感到后悔,就已经来不及了。所以唐朝的灭亡,并非朱温造成的,而是沙陀人造成的;实际上也并非沙陀人就能灭亡唐朝,实在是唐朝自取灭亡。而追根溯源,康承训就是灾祸的源头。

五　谏臣杀身以伸道

穆宗、敬宗之无道也,谏之者极言其失,虽不能行,未尝不以为允而矜全之也。至于懿宗,私路岩而流陈蟠叟于爱州[1];同昌公主死[2],欲族医官,而贬温璋为振州司马[3],使仰药以死,且寄恨于刘瞻而再贬之[4];传及僖宗,侯昌业、孟昭图、张道古皆死焉[5]。温璋临仰药而叹曰:"生不逢时,死何足惜。"呜呼! 生不逢时,而林泉可以养志,上有耽欲无人理之君,下有黩货无人心之相,以项领试之,愤不自惜,将弗过乎? 故传《春秋》者,以泄冶不去而谏死[6],为不合于默语死生之道。则此数子者,其不免于讥矣。抑考《春秋》书杀大夫泄冶于前,而记陈平国身弑国亡于后[7]。比事以观,则圣人以大泄冶之死,为陈存亡之本,固未尝以责备贤者之例责冶也。

【注释】

①私路岩而流陈蟠叟于爱州:唐懿宗不亲理政事,将处置日常政务

的权力交给宰相路岩,路岩生活奢侈豪华,经常收受贿赂,左右亲信边咸、郭筹等人也参与政事、跋扈一时。至德县令陈蟠叟为此上书给懿宗要求召对,说:"请皇上抄边咸一家,抄得的财物可用以赡养国家军队两年。"懿宗问:"边咸是谁?"陈蟠叟说:"是路岩亲任的小吏。"懿宗听后极为愤怒,将陈蟠叟流放于爱州,自后没有人再敢说话。路岩,字鲁瞻,魏州冠氏(今山东冠县)人。懿宗宠臣,三十六岁即居相位,权动天下。后因权位之争与韦保衡交恶,被贬出京城,出任剑南节度使。之后再度入京,升迁为中书令,封魏国公,重掌大权。后因被视为有"异图"坐罪,被免官、流放、抄家,最终被皇帝下诏赐死。传见新、旧《唐书·路岩列传》。

②同昌公主:唐懿宗爱女。咸通七年(866)嫁给韦保衡,于咸通十一年(870)病死。懿宗认为同昌公主之死与御医诊断不当有关,于是下令诛杀翰林医官韩宗邵等二十几个参与诊断的御医。其事见于新、旧《唐书·韦保衡列传》《唐书·温璋列传》。

③温璋(?—870):太原祁(今山西祁县)人。早年以父荫入仕。咸通初年,任宣州刺史,擢武宁节度使,不久被银刀军驱逐。咸通八年(867),改任京兆府府尹。咸通十一年(870)八月,唐懿宗诛杀医官,并将其家属三百多人下狱。温璋与宰相刘瞻上书劝谏,认为刑罚过重,唐懿宗大怒,贬温璋为振州司马,责令三日内离京。温璋叹息说:"生不逢时,死何足惜?"当晚便服毒自尽而死。传见新、旧《唐书·温璋列传》。

④刘瞻:字几之,彭城(今江苏徐州)人。宣宗大中年间进士,累拜中书舍人、河东节度使。懿宗咸通十一年(870)拜相。同昌公主事件中,因力谏懿宗释放医官家属而触怒懿宗,被贬为驩州司户。僖宗即位后,召刘瞻还朝为相,不久病死。传见新、旧《唐书·刘瞻列传》。

⑤侯昌业:唐僖宗时任左拾遗。他认为盗贼遍于潼关以东,而唐僖

宗却不亲政事，一心游戏，对臣下赏赐没有节度，宦官田令孜专权，无视皇上，使天象发生变异，社稷将有危险，因而向僖宗上疏极谏。僖宗恼羞成怒，将侯昌业召至内侍省，赐他自尽。

⑥洩冶：春秋时期陈国大夫。当时陈国国君陈灵公荒淫无道，和大夫孔宁、仪行父三人同与司马夏徵舒之母夏姬通奸，还在朝堂上穿着夏姬的汗衫炫耀嬉戏。洩冶劝谏陈灵公不要如此轻浮，陈灵公不听，并纵容孔宁、仪行父杀害了洩冶。

⑦陈平国：即陈灵公。妫姓，陈氏，名平国。春秋时期陈国第十九任国君，前613—前599年在位。陈灵公荒淫无道，和大夫孔宁、仪行父三人同与司马夏徵舒之母夏姬通奸。后来陈灵公与孔宁、仪行父在夏徵舒家喝酒，与仪行父开玩笑，互说夏徵舒长得像对方，因此激怒了夏徵舒，被夏徵舒设伏兵射杀。

【译文】

穆宗、敬宗虽然昏庸无道，劝谏他们的人极力陈述他们的过失，虽然劝谏起不到效果，但他们也未尝不以为进谏人的话是公允的，因此不会将他们置于死地。到了懿宗的时候，他因为偏爱路岩而将陈蟠叟流放到爱州去；同昌公主病死，懿宗想要将参与诊治的医官灭族，而温璋因为上书劝谏被贬为振州司马，迫使温璋最终服毒自杀，懿宗还把怨恨发泄到刘瞻身上，对他一再加以贬斥；等到僖宗的时候，侯昌业、孟昭图、张道古都因为进谏皇帝而死于非命。温璋服毒自尽前叹息道："生不逢时，死何足惜。"唉！生不逢时，尚且可以归隐林泉以寄托性情，上有沉溺欲望、不通人性的君主，下有贪污受贿、没有人心的宰相，拿自己的生命来犯险，出于悲愤而不爱惜自己，落得这样的结局又能怪谁呢？所以为《春秋》作传的人，认为洩冶不离开陈国而选择进谏陈灵公而死，是不符合语默死生之道的。如此则温璋等几位直言进谏的大臣，自然也难免被讥讽指责。考察《春秋》的文本，上面记载大夫洩冶被杀于前，而记载陈灵公身死国亡于后。通过这种记载来看，可以看出圣人将洩冶的死看作足以影响陈国存亡的根本，所以并没有用责备贤者的成例来责备洩冶。

　　夫人臣之谏君，有爱君无已而谏者，有自伸其道、自不忍违其心而谏者。君而可谏与？或有所不审而违于图存之理，或不戒而心侠于道以成乎非僻；为臣者，不忍其误入于邪，而必檠括之以归于正①。则危言亟进，不避恶怒而必争。君为重也，而身轻矣。君而不可谏矣，乃吾性之清，不能受物之浊，吾学之正，不能同世之邪。生而为士，仕其义矣，出而事君，忠其节矣，立于人之廷，与鄙夫旅进，视其淫昏而固若污涉之加于其身②，有言不可隐也，有心不可昧也，所学不可忘也。以畏祸为情而有怀不吐，笑当世之迷而全身以去，则七尺之躯，无以答上天，生我之恩，无以酬父母；内顾此心，无可容其汶沕者③，愤盈以出而不能缄。等死耳，何必三日不汗之可忍，而此不可忍也？则危言切论之，死而无憾者。心为重也，而身尤轻矣。

【注释】

①檠（qíng）括：约束使之改正。

②污涉（huì）：污秽。

③汶沕（mén wù）：昏暗，幽暗。

④三日不汗：中医认为患了热病，三日不出汗，很快就会死亡。这里泛指病死。

【译文】

　　身为人臣而劝谏君主，有的人是因为特别忠于君主而去谏诤，有的则是想伸张自己的志向、不愿意违背自己内心真实的想法而选择进谏。君主是可以劝谏的吗？有的君主是因为不够审慎而违背了图存的道理，有的则是内心缺乏警戒和修养而养成了不良的习惯；作为臣子，不忍心君主误入邪途，想要约束规谏他，使他重新走入正道。于是臣子便会直言苦谏君主，不在乎君主听了谏言后是高兴还是发怒。君主毕竟是重要的，与其相比，身为臣子，身家性命的分量要相对轻些。如果没办法去劝谏君主，则臣子自己的洁净性情不能忍受外界的污浊，自己正派的学问，不能与世间的邪说并存。自己生为士人，出仕做官就是本分，既然出仕事奉君主，则忠诚是起码的操守，在君主的朝堂上，与浅薄轻浮的人一道为官，看到君主荒淫无道，就好像自己身上也沾染了污秽一样，如此则有直言要说而无法隐讳，有良知而不能昧，自己所学的东西也不能够忘记。如果因为畏惧灾祸就不抒发自己心中的想法，嘲笑世人的迷惑而全身隐退，则自己堂堂七尺之躯，无法报答上天的恩泽，无以回报父母给予自己生命的恩情；审视自己的内心，就会发现自己心中无法容忍昏暗不清的存在，满怀愤怒，必定要发泄出来而绝不能保持缄默。既然同样是死，那么因病而死的痛苦可以忍受，直言进谏而死却哪里就不能忍受了呢？如果用直言说出了自己想说的话，那么就也死而无憾了。人的心灵是最重要的，自身性命的重要性也不如它。

韩偓、司空图处无可救药之时也[1]，君即唯我之是听，而我固无如之何也，去之可也。蟠叟诸人，君听我而乱犹可治也，亡犹可存也，望望然而去之，匪君是爱，固不可以为心矣。

【注释】

　①韩偓(840—923)：字致光，京兆万年(今陕西西安)人。晚唐至五

代时期诗人。龙纪元年(889)中进士,初在河中镇节度使幕府任职,后入朝历任左拾遗、左谏议大夫、度支副使、翰林学士。后因不依附朱全忠而被贬官。天祐二年(905),朝廷诏其官复原位,韩偓不应召,南依割据福建的王审知,直至去世。传见《新唐书·韩偓列传》。

【译文】

韩偓、司空图处在局势已经无可挽回的时代,即使君主对他们言听计从,他们也已经对时局无可奈何了,所以这个时候抽身离去是可以的。至于陈蟠叟等人所处的时代,则是君主如果能听他们的话,则天下的混乱尚可平息,危亡尚可挽救的时候,如果此时因为失望就一走了之,不对自己的君主尽忠到底,那么就称不上问心无愧。

夫洩冶当春秋之世,大夫于诸侯不纯乎为臣,故礼有不用而去之,去犹可也。四海一王,寰宇士大夫共戴一主,不能南走粤、北走胡,而即其宇内之林泉以偷生,而坐视其败,斯亦不成其丈夫矣。传《春秋》者,谓非贵戚之卿则去,亦据侯国之有世臣者言耳。后世同姓之支庶,食禄而不与国政,天子所倚为心膂股肱者,皆草茅之士也,将谁逮而可哉?故诸君子之或窜或死而不去以全身也,不系乎君之可谏与否也。

【译文】

洩冶处在春秋时代,当时的大夫对于诸侯而言,不算纯粹意义上的臣子,所以自己的话如果不被国君采纳,那么离开也是可以的。到了后世,四海之内只有一位君主,寰宇之下士大夫共同拥戴同一君主,士人不能向南远走岭南、向北远奔胡地,就在天子之下的山林中苟且偷生,而坐视君主的失败，这也称不上大丈夫所为。撰写《春秋》的人称，如果不是王族贵戚担任卿相职务的人，都可以离开君主，这也是就诸侯国贵族世袭的情况而言的。后世即使是与皇帝同宗同姓的支庶子孙，也仅食俸禄而不参与国政，天子倚为心腹的人，都是来自平民阶层，如此一来，士人还能把匡辅国家的责任推给谁呢？所以陈蕃窦等诸位君子或被贬或身死，却都没有全身而退，这与君主是否能接受进谏并没有关系。

僖　宗

【题解】

唐僖宗李儇(xuān,862—888),初名李俨,是唐懿宗李漼第五子,母为惠安皇后王氏。咸通十四年(873)七月,唐懿宗病重,李儇在宦官的支持下被立为皇太子,唐懿宗驾崩后,于枢前即位,时年仅十二岁。由于僖宗年幼,朝政大权把持在宦官田令孜手中。僖宗即位后不久,就爆发了王仙芝、黄巢起义。广明元年(880),起义军攻入长安,僖宗逃往蜀地避难,直到光启元年(885)才得以回到长安。但此后朱玫、王行瑜、李昌符等藩镇势力相继作乱,僖宗被迫在颠沛流离中度日,最终于文德元年(888)死于长安,年仅二十七岁,在位十五年。

黄巢之乱给予了唐王朝沉重的一击,使其陷于土崩瓦解之中。王夫之首先指出,唐末统治者骄奢淫逸,各级官吏残酷盘剥压榨百姓,导致民不聊生,百姓"迫于必死而揭竿以起",并非一朝一夕的缘故,而是唐末社会矛盾积累和叠加的结果。其次他注意到,尽管黄巢起义重创了唐王朝,但最终夺取唐朝江山的,却并非黄巢起义军,而是朱温、李克用。东汉末年的黄巾起义、隋末的农民起义,同样也是撼动了旧王朝却未能取而代之。王夫之认为,旧王朝虽然腐朽,但仍具有一定的正统性,起自草野的农民军缺乏取而代之的正当性,而且起义军虽然短时间内气焰旺盛,却也容易因遭遇挫败而迅速熄灭,这是此类现象的原因所在。相较于农民军的威胁,王夫之认为,来自异族野心家的觊觎对于国家造成的灾祸更为酷烈。纵观全书,王夫之屡屡强调异族之祸甚于农民暴动,这种认识的形成与其作为遗民亲身经历明清易代有着密不可分的联系。

唐末镇压黄巢起义的过程中,出现了郑畋、王铎等文臣统兵的情况,这些人在后世往往被冠以"儒将"之名。王夫之结合唐末史实指出,尽管文士统兵容易获得"儒将"之声名,但实际上文士统兵往往存在严重弊端:他们的忧国之心过于急切,容易自矜小胜而轻敌、听信慷慨之言而轻信、冒昧进攻而失利、稍遇挫折就沮丧自弃,这样的心理演变轨迹在诸多文士统兵惨败的事例中都可以得到验证,一言以蔽之,皆是缺乏处置战场机变的心理素质。"易折者武士之雄心,难降者文人之躁志",王夫之此语可谓切中文士统兵之弊。

一 有司征已蠲之税以奉上

君暴而天下尚有生也,君贪而天下尚有财也,有司违诏令以横征蠲免之税①,而后民乃无可免之死。国家重敛以毒民,而民知毒矣。乃且畏督责,避箠楚②,食淡茹草,暑而披裘以负薪,寒而衣葛以履霜,薄昏葬之情,竭耕织之力,以冀免于罪罟,犹可逃也。既颁明诏予之蠲免矣,于是而心乃释然,谓有仅存之力,可以饱一食而营一衣,而不知有司积累以督责其后者之尤迫也,夫乃无可以应,而伐木撤屋、鬻妻卖子,终不给而死于徽缰之下③,是蠲免之令驱民于死之阱也。

【注释】

①蠲(juān)免:免除。

②箠楚：本指棍杖之类，引申为杖刑或拷打。

③徽纆（mò）：缚绑俘虏或罪犯的绳索。

【译文】

　　如果君主暴虐，天下尚且还有生路，如果君主贪婪，天下也尚且还能保有一些财富，可要是有关部门不顾朝廷的命令强行征收朝廷本已免征的赋税，则百姓的死亡就不可避免了。国家征收很重的赋税来毒害百姓，百姓也知道其危害。可是百姓畏惧朝廷的督责，为了逃避刑罚，只能吃粗茶淡饭，夏天不顾炎热披着裘衣打柴，冬天身穿单薄的葛衣踏霜履雪，婚礼和葬礼都极尽节俭，竭力耕田织布，只求能免于罪责，所以尚且有逃过一死的可能。既然朝廷已经颁布了免除赋税的诏书，于是百姓心中就会释然，认为自己凭借仅存的力量，可以让自己有些吃的和穿的，却不知道有关部门会把多年积累的已经免除的赋税重新强征，百姓无力负担，只能伐木撤屋、卖妻卖子，最终仍然凑不足缴税的钱粮，死于朝廷的刑罚之下，如此则免除赋税的诏书就成了将民众驱赶到死地的陷阱了。

　　僖宗元年，关东旱饥，有司征已蠲之税倍急，卢携痛哭陈之[1]，敕已允停重征，而有司之追呼自如，是纵千百暴君贪主于天下，而一邑之长皆天子也，民其能不死，国其能不乱乎？

【注释】

①卢携（？—880）：字子升，范阳（今河北涿州）人。大中九年（855）中进士，累官至户部侍郎、学士承旨。乾符四年（877）拜相，兼任兵部尚书、弘文馆大学士。乾符五年（878），卢携与宰相郑畋争论对付黄巢起义军的方略，把砚台扔到地上，因此被罢相。乾符

六年(879)，因其举荐高骈有功，卢携得以再度拜相。广明元年(880)，起义军攻破潼关，卢携被再次罢相，当天夜晚服毒自尽。传见《旧唐书·卢携列传》。

【译文】

僖宗元年，关东发生旱灾，百姓遭遇饥荒，有关部门却加倍急迫地向百姓催征朝廷本已免除的赋税，卢携向僖宗痛哭流涕地陈述情由，使得朝廷下敕书停止重征，而有关部门却仍然自顾自地向百姓继续重征赋税，这就相当于将千百个贪婪暴虐的君主派到天下各地，而一个小小郡县的长官就会像天子一样作威作福，百姓能够不死亡、国家能够不混乱吗？

夫以天子而制有司甚易也，乃一墨敕下，吏敢于上方王命以下贼民而不忌者，何恃而然也？上崇侈而天下相习以奢，郡邑之长，所入凡几，而食穷水陆，衣尽锦绮，马饰钱珂①，妾被珠翠，食客盈门，外姻麇倚②，若一有不备，而憔悴不足以生。上吏经过之饔饩、宾客之赠贿促之于外③；艳妻逆子、骄仆汰妾谪之于内。出门入室，无往非胁之以剽夺，中人以下，且视死易而无以应此之尤难，尚何知有天子之诏？而小民之怨讟勿论已。

【注释】

①钱珂：指马笼头上的钱币状装饰物。

②麇(jūn)：成群聚集。

③饔饩(yōng xì)：接待宾客时所赠的重礼。

【译文】

以天子之尊，想要控制有关部门自然是非常容易的，但是皇帝的诏书已经下达,官吏们却敢于上违背王命、下残害百姓,无所顾忌,他们是凭恃什么敢这么做呢?皇帝崇尚奢侈,天下自然竞相仿效、追逐浮华,于是郡县长官们,他们的合法俸禄本来不多,而他们却吃遍山珍海味,穿尽绫罗绸缎,他们的马身上有钱币状的装饰,他们的妾穿金戴玉,食客盈满门庭,姻亲们都聚集其家、争相倚靠他们,一旦用度不足,就憔悴得难以生存下去。上级长官经过其所辖地域时的赠礼、对于宾客赠送的礼物,都是家庭以外的开销,妻子儿女、童仆妾室们的花销,则是家内的开支。要满足这两个方面的需求,办法无非是胁迫百姓、对其加以大肆盘剥,中等以下的人家,都认为相比于应付这种盘剥、还是死了更容易,谁还会知道有天子停止重征已经免除的赋税的诏书呢?而普通百姓的怨恨之情就更不必说了。

懿、僖之世,相习于淫靡,上行之,下师师以效之[①],率土之有司胥然,诛不胜诛,而无可如何者一也。

【注释】

①师师:相互师法。

【译文】

懿宗、僖宗在位时期,天下都沾染了奢靡的风尚,上行下效,各地各级官吏无不如此,杀都杀不完,因而对于这一问题也就无能为力了,这是皇帝的诏书竟然难以得到执行的第一个原因。

尽天下之吏,咸习于侈以贪矣,前者覆车,后者知戒,抑岂无自艾以奉法而生不忍斯民之心者?乃自令狐绹、路岩、韦保衡执政以来[①],唯货是崇,而假刑杀以立威,莫之敢抗,宰相索之诸道,诸道索之州县,州县不索之穷民而谁索哉?

执此以塞上官之口,而仰违诏旨,不得不为之护蔽,下虐穷民,不得不为之钳服,天子孤鸣,徒劳笔舌而已,此其竟不能行者二也。

【注释】

①韦保衡:字蕴用,长安(今陕西西安)人。懿宗之女同昌公主的丈夫。因迎娶公主而得以成为翰林学士,其后平步青云,不到两年即拜相。韦保衡恃宠专断,排斥异己。同昌公主去世后,懿宗对他日益冷淡。咸通末年,韦保衡被人揭发和诽谤,因而得罪,被赐死。传见新、旧《唐书·韦保衡列传》。

【译文】

整个天下的官吏,都习惯于奢侈贪婪,但是如果有被惩罚的官员作为前车之鉴,那么后面的人尚且还会将其当作鉴戒,又怎么会没有奉法自励、对百姓有恻隐之心的官员产生呢? 可是自从令狐绹、路岩、韦保衡执政以来,宰相们全都一心聚敛财货,而只会通过刑法杀戮来立威,使下级不敢违抗,宰相向诸道索取财物,诸道向各州县索取财物,于是州县不向穷苦百姓索取财物还能向谁索取呢? 他们通过强征赋税的办法搜刮民财、满足上级需要,就只能违背朝廷的诏书了,上级得了钱物,自然不得不为下级打掩护,尽力包庇穷苦民众被虐待的暴行,如此则天子孤鸣,只是徒劳口舌、笔墨而已,这是皇帝的诏书竟然难以得到执行的第二个原因。

即以情理而论,出身事主,寓家于千里内外,耕桑之计已辍,仰事俯畜①,冠昏丧祭姻亚岁时之酬酢,亦犹夫人也,又加以不时经过之贵显,晨夕相偕之上官,卮酒篚飧②,一缣一箧③,无可绝之人理,既不可傲岸自矜,而大远乎人情,又况学校桥梁舟车廨舍之修建④，愈不可置之罔闻，驲递戍屯转漕之需⑤，且相迫而固其官守，夫岂能捐家以代用哉？恃朝廷之制，储有余以待之耳。乃自宣、懿以来，括羡余以充进奉⑥，铢算尺量，尽掔而归之内府，需者仍前而给之无策，唯取已蠲之税以偿之，而贪人因求盈以自润，虽下蠲除之令，竟无处置之方，姑以虚文塞言路之口，而天子固有偷心，终不能禁之惩之，俾民受其实者三也。

【注释】

①仰事俯畜：上要侍奉父母，下要养活妻儿。泛指维持一家生活。

②卮(zhī)酒：杯酒。簋飧(guǐ sūn)：承载簋中的熟食。这里泛指食物。

③缣(jiān)：细密的绢。箑(shà)：扇子。

④廨(xiè)舍：官署。

⑤驲(rì)递：驿车传递。驲，古代驿站专用的车。

⑥羡余：地方官员以赋税盈余为名向朝廷进贡的税款，为正税外的杂敛。

【译文】

即使从情理上来说，官员出来做官事奉君主，在广袤的国土内以所任职的地方为家，自然没有纺织耕种的收入，而他要维持一家的生计，婚丧嫁娶、岁时节庆都需要相应的费用，这种需求与一般人没有不同，再加上其所辖地域中不时经过的达官显贵，与自己朝夕相处的上级官员，向他们馈赠酒食、布帛或扇子等礼物，自然是没办法避免的人情之理，显然不能够过于孤傲矜持，从而使自己显得太不近人情，又何况学校、桥梁、车船、官署的修建，更是不能置若罔闻的重要事务，驿车传递、戍守屯田、漕运的费用，也会接踵而来，这本来就属于其职责范围内的事务,官员们难道能够花自己的钱来应付公务开支吗?这种情况下就只能依赖朝廷的制度,平时将有余的物资储备起来,以备不时之需。可是自从宣宗、懿宗以来,朝廷将各地的盈余物资都当作进奉,加以精细量度,全部都转运到内库中去,而各地实际所需的花费仍与此前一样,补给没有办法,所以只能重新征收此前已经免除的赋税来添补,而贪婪的人更是趁机中饱私囊,朝廷虽然下达了停止征收已免除赋税的诏书,却没有申明违背诏书的惩罚措施,只是姑且用虚文来堵塞言路罢了,而天子本来就有苟且偷安之心,终究不能禁止、惩罚那些违诏强征的行为,这是皇帝的诏书竟然难以得到执行的第三个原因。

懿、僖之世,三者备矣。卢携虽痛哭流涕以言之,抑孰令听之哉?天子不为有司坊,而有司无坊;天子不为有司计,而有司自为天子。害之积也,乱之有源也,非一天子暴且贪之故也。是以唐民迫于必死而揭竿以起也。

【译文】

在懿宗、僖宗时代,以上三方面的原因同时都具备了。卢携即使痛哭流涕地向皇帝进言,又能够让谁去执行他的建议呢?如果天子不为地方官吏建造官舍,则官吏们便无官舍可用;如果天子不为各级官吏打算,那么各级官吏就会成为自作打算的土皇帝。祸害是长期累积的,混乱是有其根源的,并非单独一个天子残暴贪婪所能造成的。所以唐朝百姓被逼入了绝境,自然只能揭竿而起、反抗唐朝了。

二　令天下乡村各置刀兵而盗益横

秦销天下之兵而盗起,唐令天下乡村各置弓刀鼓板而盗益横,故古王者之训曰"觌文匿武"[①]。明著其迹曰觌,善藏其用曰匿。其觌之也，非能取"五礼"之精微大喻于天下也，宣昭其迹，勒为可兴而不可废之典，以徐引之而动其心。其匿之也，非能取五兵之为人用者遽使销亡也②，听民置之可用不可用之间以自为之，而知非上之所亟也。夫销之则无可藏也，无可藏非匿也；令民置之，则觌之矣，虽觌之而固不为我用也。非上能匿，亦非上能觌也，是以其速乱以亡，均也。

【注释】

①觌（dí）：显。

②五兵：指古时矛、戟等五种兵器，但说法不一。也泛指各种兵器。

【译文】

秦朝销毁了天下的兵器而后盗贼蜂起，唐朝廷下令天下各道在乡村中各自置备弓箭、刀枪、鼓板而盗贼更加猖獗，所以古代圣王的训诫说要"觌文匿武"。"觌"的意思是让大家都看到，"匿"的意思是仔细隐藏起来。所谓"觌文"，并非是能够将"五礼"的精微大义拿来，直接让天下人明白，而是通过宣扬和昭明其具体迹象，刊布为可兴而不可废的常典，从而慢慢引导民众、逐步感化他们的内心。所谓"匿武"，并不是指将战争所用的兵器都拿来销毁，而是听任民众将兵器置于可用不可用之间，由他们自己决定不去使用它们，而不是由朝廷紧急催促他们销毁武器。武器既然被销毁了，自然也就无处可藏匿，无处可藏显然并不是"匿"；让民众置备兵器，则是"显武"，尽管百姓可以光明正大地使用兵器了，但这却难以为朝廷所用。藏匿或昭明兵器的存在，都不是朝廷所能决定的，一旦朝廷决定强制执行，则都会引起动乱并导致国家灭亡。

秦并天下于一己，而信为无用武之日；唐见裴甫、庞勋、王仙芝之接迹以起,而遽惊为不可戡之乱。庸人无舒徐之识,有所见而暴喜,有所见而暴惧,事异情同,其速以乱亡,均也。秦销兵而民操耰钼棘矜以起,后世知鉴之笑之,而效之者鲜。唐令天下乡村各置刀兵以导人于乱,其为乱政,有著见之祸矣;而后世言御盗之术,以乡团保甲为善策[1],相师于不已,匪徒庸主具臣恃为不得已之计,述古昔、称先王者,亦津津焉。呜呼!无识而言政理,盈于古今,亦至是乎!

【注释】

[1]乡团:历代官绅在地方编练的乡兵,编制成团,用兵法训练,以自卫身家、防范起义、维护统治为宗旨。保甲:古时的乡兵组织和乡间基层组织。宋神宗时,实行保甲制,编制为乡兵组织,后逐渐演变为乡村基层单位。

【译文】

秦朝统一了整个天下,于是相信此后兵器便再无用武之地;唐朝廷见到裘甫、庞勋、王仙芝这些起义军接踵而起,大惊失措,认为这些起义难以被平定。平庸之人没有远见和耐心,一遇到事情就暴喜或暴惧,尽管具体状况有别,但道理都是一致的,其结果都只能是导致国家迅速陷入动乱乃至灭亡。秦毁了天下的兵器,而后百姓操持着锄头农具起来反抗秦朝,后世都知道以秦朝为鉴,嘲笑其愚蠢,而效法秦朝做法的人是很少的。唐朝廷下令天下乡村各自置备刀枪武器从而引导百姓走向暴乱,这是引发祸乱的政策,其带来的灾祸显而易见;而后世人谈论防御盗贼的办法,认为乡团和保甲制度是好办法,不断相互师法和效仿,不仅仅是昏庸的君主、无能的大臣将此视为不得已的办法,就连那些述述古昔、称引先王的人,也对乡团和保甲制度津津乐道。唉!古往今来都充斥着没有见识却要谈论治国道理的人,其荒谬竟然到了这样的地步!

　　驯良之民,授之兵而不敢持以向人,使之置兵,徒苦之而已。有司督之,猾胥里魁督之,小则罚,大则刑,辍衣食之资,弃耕耘之日,以求免于诛责,究则闭目摇手,虽有盗入其室,劫其父,缚其子,而莫敢谁何,乡邻又勿问也。其为强悍胜兵之民与? 则藉之以弄兵而争习技击,以相寻于私斗,豪右之长,又为之渠帅以号召,夺朴民,抗官吏,大盗至,则统众以应之。邓茂七之首乱于闽者①,其明验已。

【注释】

①邓茂七(? —1449):原名邓云,抚州南城(今江西南城)人。明代中叶农民起义军首领。佃农出身,在明英宗正统初年,因愤杀豪强,流亡到沙县。当地官府为防叶宗留率领的福建矿工起义军进攻,编民为甲,自制兵杖以护地方,邓茂七被推为总小甲,率领民兵负责地方防务。当时,沙县官府强令佃农把田租送进仓库,逢年过节还要送鸡鸭鱼肉,俗称"冬牲",引起农民的强烈不满。邓茂七联络众佃农拒送"冬牲",并令田主自运租归,深得民心。田主将此告到县衙,县衙派人前来,邓茂七不理,官府便派弓兵前去拘捕邓茂七,邓茂七杀死弓兵,拥众起义。他与叶宗留领导的矿工起义军相呼应,控制了大半个福建,还攻破江西石城、瑞金、广昌等地,东南一带大为震动。正统十四年(1449),邓茂七在与官军作战时阵亡,被枭首示众。其事见于《明史·丁瑄列传》等。

【译文】

　　安分守己、温驯善良的百姓,即使被授予兵器,也不敢拿着兵器对准他人,让这种百姓置备兵器,只是白白让他们受苦。地方官吏督责他们,狡猾的胥吏和里长也督促他们,如果不置备兵器,小则被罚,大则被处刑,于是百姓只好荒废赖以生存的职业,耽误耕种的时机,尽力置备兵器,以求免于被责罚,但终究也只会闭目摇手,即使有盗贼闯进家中,劫持他们的父亲,绑缚他们的儿子,这些百姓也不敢站出来抵抗,如果是乡邻遭遇类似惨祸,他们就更不敢出手援救了。如果是本身比士兵还要强悍的百姓呢?那么他们就会趁着执行朝廷命令的机会操弄兵器,争着练习技击之术,在私下争斗时加以应用,又有豪强来做他们的首领,一经号召,这些人就会胁迫淳朴的百姓对抗官吏,如果有势力强大的盗贼来了,他们就会统率部众起来响应。正统年间邓茂七首先在福建发起暴动,就是一个明显的例证。

　　受命于天以为之君,弗能绥民使弗盗也;奉命于君以为之长,弗能卫民使盗戢也;资民之食以为将为兵,盗起殃民,弗能捕馘使民安也[1];乃取廛居井牧之编氓[2],操凶器以与不逞之徒争生死,民何利乎有君,君何取于有吏,国何务于有兵哉?君不君,吏不吏,兵不卫民,瓦解竞强,不群起而逐中原之鹿,尚奚待哉?故言乡团保甲者,皆唐僖宗、韦保衡之徒也[3]。

【注释】

[1]捕馘(guó):捕杀,剿灭。

[2]廛(chán)居:城邑百姓的住房。井牧:指按土质区划田地,或为井田耕作,或为牧地畜牧,二牧而当一井,以便于授田、贡赋。

[3]故言乡团保甲者,皆唐僖宗、韦保衡之徒也:上文提到的天下乡村各置弓刀鼓板,其事在僖宗乾符三年(876)正月,其时宰相为郑畋、卢携、李蔚、崔彦昭等人,非韦保衡。

【译文】

君主受命于上天而君临天下，却不能够安抚百姓、使他们不沦为盗贼；官吏们接受君主任命而作为地方长官，却不能保卫百姓、平定盗贼；将领和士兵仰赖百姓供给衣食，盗贼起来祸害百姓，他们却不能够剿灭盗贼、使百姓能安居乐业；这种情况下，朝廷于是想让没有自卫能力的百姓拿起刀枪与盗贼拼死相斗，如此则百姓从君主那里得到了什么好处，君主设置官吏又收到了什么成效，国家要军队又有什么用呢？君主不像君主，官吏没有尽到官吏的责任，军队没能保卫百姓，国家土崩瓦解、陷入弱肉强食的残酷境地，各势力怎么能不群起而逐鹿中原，还等什么呢？所以那些称赞乡团和保甲的人，都是像唐僖宗、韦保衡一类的无能之辈。

三　唐不亡于群盗而亡于沙陀

《阴符经》[1]，术人之书也[2]，然其测物理之几，以明吉凶之故，使知思患豫防之道，则君子有取焉。其言曰："火生于木，祸发必克。"谓夫祸发于有本，资之起者，还以自贼而不可复扑也。盈天地之间皆火也，而必得木以为其所生之本，故发而相害者果也。

【注释】

①《阴符经》：又称《黄帝阴符经》，道家重要典籍。旧题黄帝撰，其作者众说纷纭。唐代李筌为《阴符经》作注，此后历代作注者多达百余家。

②术人：方士，术士。

【译文】

《阴符经》是一部方士所作的关于方术的书，然而书中对于事理变化的规律进行测定,从而昭明吉凶的缘故,使人们知道居安思危、事先预防的道理,则是君子所应该借鉴的内容。书中有句话说:"火产生于木头之中,而一旦火起,必定会将木头焚毁。"意思是说灾祸的发生必定有其源头,致使和助长灾祸产生的因素,必定会受到灾祸的反噬,而灾祸最终就会变得难以止息。整个天地之间都充盈着火,而必定要有木才能够成为火焰燃烧的本源,所以火焰开始燃烧并最终烧毁木材本身都是这一原因的后果。

　　古今亡国之祸,唯秦暴殄六国而天下怨,蒙古入主中原而民不从。则草泽之崛起者,足以相代而不必有所资。自非然也,亡汉者黄巾,而黄巾不能有汉;亡隋者群盗,而群盗不能有隋;亡唐者黄巢,而黄巢不能有唐。其为火也,非不烈也,而为雷龙之光、火井之焰,乍尔熺然而固易熸也①。唯沙陀则能亡唐而有之者也,祸发之必克也。发而克矣,不可复扑,垂之数传而余焰犹存。朱邪亡矣,邈佶烈、石敬瑭、刘知远皆其部落也②。垂及于宋太宗之世,而后刘钧之余焰熄焉③。祸之必克,岂不信夫!

【注释】

①熺(xī)然:火炽烈的样子。熸(jiān):火熄灭。

②邈佶烈:即后唐明宗李嗣源。参见卷二"汉高帝三"条注。

③刘钧(926—968):原名刘承钧,沙陀族,并州晋阳(今山西太原)人。五代十国时期北汉第二任君主,北汉世祖刘旻次子,954—968年在位。刘钧在位期间礼敬士大夫,任用郭无为参议国政,并减少南侵,境内尚属安定。他对辽国的态度不如其父恭敬,以致在位后期辽国援助渐少。天会十二年(968)去世,谥号孝和皇

帝,庙号睿宗。传见《新五代史·东汉世家·刘承钧》。

【译文】

古往今来的亡国之祸中,只有秦因为用暴力消灭了其他六国而被天下人所怨恨,蒙古入主中原时百姓不愿意顺从这些异族。如此则崛起于民间的势力,也足以取代一个王朝,不必有什么深厚的资本。但实际情况却并非如此,灭亡东汉的是黄巾军,但黄巾军并未能取代汉朝建立政权;灭亡隋朝的是关东诸盗贼,关东诸盗贼却并未能取代隋朝而建立新朝;灭亡唐朝的是黄巢,但黄巢也并未能取代唐朝统治天下。黄巾军、关东群盗、黄巢起义军,他们作为天地间的"火",燃烧得不可谓不旺盛,但他们就像雷电、火井的火焰一样,刚开始特别炽烈,但却容易熄灭。唯有沙陀人才能够灭亡唐朝并取而代之,这就是火灾发生而反噬自身。既然火灾已经发生并吞噬了自身,那就难以被扑灭,所以沙陀政权几经传递而仍然未曾灭亡。朱邪氏族虽然灭亡,但邈佶烈、石敬瑭、刘知远都是出自沙陀部落的。一直等到宋太宗时代,北汉刘钧所代表的沙陀余焰才最终熄灭。灾祸发生必定会反噬自身,难道能不相信这个道理吗!

　　如黄巢者,何足为深虑哉? 裴甫馘矣,庞勋斩矣,王仙芝死于曾元裕之刃①,黄巢亦终悬首于阙下矣。浮动之害,气已泄而还自烬,奚能必克也! 沙陀据云中、雁塞之险②,名为唐之外臣,薄效爪牙之力,而畜众缮备,秣马练士,收余蕃,结鞑靼③,聚谋臣,纠猛将,以伺中国之间,为日久矣。介黄巢之乱,聚族而谋,李尽忠、康君立、薛志勤、程怀信、李存璋所共商拥戴者④,与刘宣等之推戴刘渊也若出一辙⑤。于是而夺唐之志,或伏或兴,或挫或扬,或姑为顺,或明为逆,三世一心,群力并聚,盘踞云中,南据太原以为根本,虽欲拔之而必不胜矣。刘渊之在离石、西河也[6],尔朱荣之在六镇、秀容也[7],唐高祖之在晋阳、汾阳也[8],皆此地也。外有北狄之援,内有士马之资,而处于中国边鄙之乡,当国者置之度外,而不问其强弱逆顺之情势。岁而积之,月而渐之,狎而亲之,进而用之,虚吾藏以实之,偶一为功,而无识之士大夫称说而震矜之。使之睥睨四顾,熟尝吾之肯綮[9],幸一旦之有变,人方竞逐于四战之地,而已徐徐以起,是正所谓"厝火积薪之下"者也[10]。然且合中外之早作夜思,竭四海、疲九州之力,以与无根之寇争生死而亟求其安,夫恶知拊吾背、乘吾危以起者,火已得风而薪必尽也!木资火以生,而旋以自焚,岂有爽哉?李克用杀段文楚以据大同[11],唐不知戒,他日寇急,又延之以入,而沙陀之祸,几百年而始灭,悲夫?

【注释】

①王仙芝死于曾元裕之刃:曾元裕,晚唐将领。乾符五年(878)正月,曾元裕在申州以东大破王仙芝的部队,击杀万余人;当年二月又在黄梅击破王仙芝并将其俘虏。事见《新唐书·僖宗本纪》。

②云中:今山西大同与朔州怀仁一带。雁塞:指雁门关,在今山西代县。

③鞑靼(dá dá):唐代时泛指北方草原上的游牧民族。

④李尽忠:时任云州沙陀兵马使。康君立、薛志勤、程怀信、李存璋:皆为李尽忠牙将。

⑤刘宣等之推戴刘渊:参见卷十一"晋一四"条注。

⑥离石:今山西吕梁离石区。西河:指今山西吕梁一带。

⑦秀容:今山西忻州。

⑧晋阳：今山西太原。汾阳：今属山西。

⑨肯綮：筋骨结合的地方，比喻关键之处。

⑩厝(cuò)：放置。

⑪李克用杀段文楚以据大同：段文楚(？—878)，千阳(今陕西千
　阳)人。唐僖宗时任云州刺史、大同军防御使兼水陆发运使。乾
　符五年(878)，因代北连年荒旱，百姓饥寒，军需运输困难，段文
　楚怜悯百姓，严命缩减军士衣米。此举引起其部非议。云州沙
　陀兵马使李尽忠乘机派康君立秘达蔚州，怂恿沙陀副兵马使李
　克用起兵，以取而代之。随后李尽忠连夜率部攻入云州，扣押段
　文楚。不久，李克用率部驰抵云州，将段文楚在南城楼处死。唐
　代沙陀之乱由此而起。事见《旧唐书·从谠列传》《新唐书·沙
　陀列传》等。

【译文】

　　像黄巢这样的农民暴动，又有什么值得深切忧虑的呢？裴甫被杀，庞勋被斩，王仙芝死于曾元裕的利刃之下，黄巢的头颅也最终被高悬在阙下。像他们这种浮动的火焰，火势减弱后虽然余烬还在燃烧，但又怎么可能最终成功呢！沙陀人占据云中、雁门关的险要地势，名义上是唐朝廷的外臣，为唐朝廷略效爪牙之力，实际上却长期以来都在积蓄力量、修缮武备，厉兵秣马、训练士卒，收买番邦余部，勾结鞑靼等部落，聚集谋臣，纠集猛将，窥伺中原，等待时机。等到黄巢之乱爆发后，沙陀人全部聚在一起谋划，李尽忠、康君立、薛志勤、程怀信、李存璋这些人商议后一致拥戴沙陀首领李克用，这与当年西晋末年刘宣等人推戴刘渊简直如出一辙。于是沙陀人篡夺唐朝江山的野心，或伏或显，或挫或扬，或姑且顺从唐朝，或公开叛逆作乱，前后三代人同心协力，全族人团结一起，盘踞云中，又向南占领太原作为根本，这时唐朝廷即使想要铲除沙陀人也不可能成功了。刘渊当初在离石、西河，尔朱荣在六镇、秀容，唐高祖在晋阳、汾阳，其根据地的大致方位都在这一带。沙陀人外

有北狄援助，内有充足的士兵、马匹，又处在中国的偏远边境地带，当权的人不重视他们，也不关心他们的强弱与对朝廷的态度。日积月累，久而久之，朝廷对他们日渐熟悉和信任，开始利用他们作战，沙陀人于是隐藏实力，偶尔取得了胜利，没有见识的士大夫就对他们称赞不已。于是沙陀人日益心高气傲，又对中原局势了若指掌，一旦四方有了变故，中原各势力在四战之地相互争斗，而沙陀人已经慢慢崛起了，这就是所谓"将火种放在堆积的柴火下面"。这时中原王朝正在殚精竭虑，穷尽四海、九州之力，来与没有根基的农民军生死相拼，只求能迅速平定叛乱，又怎么能够知道在自己背后趁机而起的火焰，已经得到风的助力，而将其上面的柴火全部烧完了呢？有了木材火才能产生，而火起以后木材自身也被焚毁，这难道会有例外吗？李克用杀了段文楚，占据了大同，唐朝不知道加以戒备，日后贼寇作乱，情势紧急，又再次延请沙陀人出兵相助，而沙陀所酿成的灾祸，历经几百年才得以平息，这难道不值得悲伤吗？

四　富贵之徒情欲得而才亦穷

无忘家为国、忘死为君之忠，无敦信及豚鱼、执义格鬼神之节①，而挥霍踊跃、任慧力以收效于一时者，皆所谓小有才也。小有才者，匹夫之智勇而已。小效著闻，而授之以大任于危乱之日，古今之以此亡其国者不一，而高骈其著也。唐自宣宗以后，委任非人，以启乱而致亡也亦不一，而任高骈于淮南，兼领盐铁转运，加诸道行营都统，其尤也。

【注释】

①敦信及豚鱼：语出《周易·中孚》卦辞："豚鱼吉，信及豚鱼也。"意谓信义及于豚鱼，比喻信用卓著，及于微隐之物。

【译文】

　　如果没有舍家卫国、舍身事君的忠诚，没有连对豚鱼都讲信义、敢于仗义与鬼神格斗的节操，而只知道腾挪踊跃、凭借自己的聪明和力量收一时之效的人，都是所谓小有才能的人。小有才能的人，不过是拥有匹夫的聪明和勇敢而已。他们因为小的功绩而扬名，因而在国家遭遇危难的时候被授予大任，古往今来因此而导致亡国的事例不在少数，高骈就是其中最显著的案例。唐朝自宣宗以后，所委任的都不是合格人才，因此导致祸乱发生以致国家灭亡的情况也不在少数，而任命高骈为淮南节度使，令其兼领盐铁转运事务，还加诸道行营都统的头衔，尤其属于所托非人的典型。

　　使骈而无才可试，无功可录，则虽暗主庸相，偶一任之而不坚。而骈在天平[①]，以威名著矣；在岭南，破安南矣[②]；在西川，拒群蛮矣。计当日受命专征之将相，如曾元裕、王铎者[③]，声望皆不能与之相伉，以迹求之，郑畋且弗若也[④]。而唐之分崩灭裂以趋于灰烬者，实骈为之。

【注释】

①天平：指天平军节度使所辖的天平镇，下辖郓、曹、濮三州，治郓州（今山东东平西北）。

②安南：指今越南中北部地区。唐初在此设立安南都护府。咸通年间安南都护府被南诏攻陷，高骈于咸通七年（866）率军收复安南旧治，唐朝廷于都护府置静海军，重筑安南城，由节度使兼领都护，终唐一代不废。

③王铎（？—884）：字昭范，晋阳（今山西太原）人。会昌年间中进士，历任右补阙、户部侍郎判度支、礼部尚书等职。咸通十二年

(871)超拜司徒。乾符六年(879),王铎自请督军镇压黄巢起义军,出任荆南节度使,镇守江陵,后因不战而遁,被免职,随唐僖宗逃入西川。中和二年(882)正月,王铎出任诸道行营都统,督令各镇节度使围剿黄巢。不久其遭宦官田令孜排挤,再次被解除兵权。中和四年(884),王铎改任义昌节度使,途经魏州时,被魏博节度使乐彦祯之子乐从训杀害。传见新、旧《唐书·王铎列传》。

④郑畋(tián,825—883):字台文,荥阳(今河南荥阳)人。郑畋早年考中进士后在藩镇幕府为官,后累官至翰林学士承旨、兵部侍郎,乾符四年(877)迁吏部侍郎,进加中书侍郎,兼礼部尚书、集贤殿大学士。乾符六年(879),郑畋在招安黄巢之事上与卢携发生争执,被罢相,贬为太子宾客。广明元年(880),郑畋出任凤翔陇右节度使。长安失陷后,郑畋在龙尾陂大破黄巢军,并传檄四方,号召藩镇合讨黄巢。中和元年(881),由于部将李昌言兵变,郑畋被迫离开凤翔,前往成都。中和二年(882)冬,郑畋被田令孜排挤,罢相,前往陇州居住,不久病逝。传见新、旧《唐书·郑畋列传》。

【译文】

假如高骈没有才能可以施展,没有值得记录的功劳,那么即使是昏庸的君主和宰相,偶尔想要任用他,也不会特别坚定地力挺他。而高骈在天平军节度使任上,就树立了显赫的威名;在岭南节度使任上,他又攻破了安南;在西川节度使任上,他成功抵御了群蛮的攻击。考察当时受命专征的将相,如曾元裕、王铎等人,在声望上都无法与高骈抗衡,以功绩而论,连郑畋都比不上他。而唐朝最终分崩离析、化为灰烬,实在是由于高骈的过失而造成的。

何以明其然也?王仙芝、黄巢虽横行天下,流寇之雄耳。北自濮、曹,南迄岭海,屠戮数千里,而无尺地一民为其所据;即至入关犯阙,走天子、僭大号,而自关以东,自邠、岐以西北①,自剑阁以南,皆非巢有;将西收秦、陇,而纵酒渔色于孤城,诚所谓游釜之鱼也。使骈收拾江、淮,趋河、雒,扼其东奔之路,巢且困死于骈之掌上,而何藉乎逆蘖怀奸之朱温②,畜志窥天之李克用乎? 唐可不亡矣。即不然,而若刘宏之在荆州,又不然,而若韩滉之在江东,息民训士,峙刍粟以供匮乏③。则温与克用且仰哺于骈,而可制其生死。二凶亦不敢遽逞其欲,唐亦可不亡矣。而一矢不加于汴、蔡,粒粟不出于河、淮。夫骈固非有温与克用乘时擅窃之成谋也,贵已极,富已淫,匹夫之情欲已得,情欲得而才亦穷矣。

【注释】

①邠:邠州,治今陕西彬县。岐:岐州,治今陕西凤翔。

②逆蘖:指心怀不轨,城府很深。

③峙:通"庤(zhì)",储备。

【译文】

如何明白这一点呢? 王仙芝、黄巢虽然横行于天下,却不过是流寇中的英雄罢了。他们北从濮州、曹州出发,南到岭南,在数千里的路途上大肆屠戮,而沿途却并未能占有尺寸之地、统辖一个百姓;即使到了后来起义军进入潼关、直逼皇帝的宫殿,天子仓皇逃走,黄巢僭称大号,而自潼关以东,自邠、岐山以西以北,自剑阁以南的土地,都没有被黄巢占领;黄巢本应向西收取秦、陇地区,却在孤城长安中纵酒渔色,这就是所谓"在锅中游泳的鱼"啊。假如高骈能收复江、淮,直趋河、洛,扼住黄巢军队向东逃窜的必经之路,黄巢就将被高骈困死在掌上,那么唐朝廷还何须靠心怀不轨、包藏祸心的朱温和窥伺中原的李克用来对付黄巢起义军呢？如此则唐朝就可以免于灭亡了。即使高骈做不到这样，而只要他能够像西晋刘弘在荆州那样，再不然，就像韩滉在江东那样，安抚民众、训练士兵，储备粮草，从而向朝廷提供粮草支援。如此则朱温与李克用都将依赖高骈供应补给，则高骈就能掌控他们的命脉。如此则朱温与李克用就不敢随意轻举妄动、公然篡逆，唐朝也就可以因此而不灭亡了。而高骈却没有向汴州、蔡州发过一箭，没有向河、淮地区的朝廷军队提供过一粒粟米。高骈虽然没有像朱温、李克用那样趁机擅权窃国的成熟谋划，却因为富贵到了极点，身为匹夫的情欲已经得到了满足，情欲一旦被满足，其才华也就穷尽了。

　　骈之所统，天下之便势也。有三吴之财赋^①，有淮、徐之劲卒，而繇后以观^②，若钱镠、杨行密、王潮者^③，皆可与共功名者也。骈忠贞不足以动人，淡泊不足以明志，偃蹇无聊^④，化为妖幻，闭于闺中，邑邑以死^⑤，回视昔之悬军渡海、深入蛮中者，今安在哉？受制妖人，门无噍类^⑥，一旦而为天下嗤笑，繇是观之，才之不足任也审矣。

【注释】

① 三吴：指长江下游的江南地区。

② 繇(yóu)：通"由"。

③ 钱镠(liú，852—932)：字具美(一作"巨美")，小字婆留，临安(今浙江杭州)人。五代十国时期吴越国的创建者。钱镠在唐末跟随董昌保护乡里，抵御乱军，累迁至镇海军节度使。后因董昌叛唐称帝，受诏讨平董昌，逐渐占据以杭州为首的两浙十三州，先后被中原王朝(唐朝、后梁、后唐)封为越王、吴王、吴越王、吴越国王。钱镠因吴越国地域狭小，三面强敌环绕，只得始终依靠中

原王朝,尊其为正朔,不断遣使进贡以求庇护。他在位四十一年,采取保境安民的政策,境内较为繁荣富庶。长兴三年(932)去世,庙号太祖,谥号武肃王。传见《旧五代史·世袭列传·钱镠》《新五代史·吴越世家·钱镠》。王潮(?—898):原名王审潮,字信臣,光州固始(今河南固始)人。五代十国中闽国的奠基人。王潮在唐末任固始县佐史,中和五年(885)与弟王审知随王绪转战福建,因王绪多疑猜忌,遂发动兵变,囚禁王绪。次年攻占泉州,不久又攻下了福州,至唐昭宗景福二年(893)占领今福建省全境,被唐朝廷任命为福建观察使。乾宁四年(897),王潮病逝,唐廷追赠司空、秦国公,谥号"广武"。传见《新唐书·王潮列传》。

④偃蹇:偃卧,仰卧。

⑤邑邑:忧郁不乐的样子。

⑥噍(jiào)类:本指能吃东西的动物,后特指活着的人,亦泛指活物。

【译文】

高骈所统辖的地域,有着天下最为便利的形势。既有三吴地区的财赋可供支配,又有淮南、徐州的强劲士卒可供调遣,而从后世眼光来看,他是足以建立与钱镠、杨行密、王潮这些人一样的功名的。可是高骈的忠贞之情不足以打动别人,淡泊之情不足以昭明自己的志向,由于缺乏追求而穷极无聊,于是开始信仰妖幻,将自己关在屋子里不出门,忧郁不乐,一直到死去,这时候再回首,当年那个孤军渡海、深入蛮夷区域的名将,如今哪里去了呢?他受制于妖人,最终全家被部下囚杀,一朝被天下人嗤笑,由此来看,他的才能显然是不足以承担大任的。

但言才,则与志浮沉,与情张弛,一匹夫而已矣。童贯亦有平方腊之功,而使当女直;熊文灿亦有定海寇之效,而

使抚流贼；乃至朱儁、皇甫嵩之荡除黄巾而束缚于董卓。乱
国之朝廷所倚赖，乱世之人心所属望，皆其不可与有为者
也。然后知狄公之能存唐①，唯有保全流人、焚毁淫祠之大
节；汾阳之靖乱②，唯其有闻乱即起、被谤不贰之精忠。大人
君子，德牣于中而后才以不穷③。富贵不淫，衰老不怯。偶
然奋起之小绩，遽委以大猷，"鼎折足，覆公𫗧，其形渥"④，此
之谓已。

【注释】

①狄公：指狄仁杰。参见卷四"元帝一"条注。

②汾阳：指郭子仪。参见卷二"汉高帝一一"条注。

③牣（rèn）：充满。

④鼎折足，覆公𫗧（sù），其形渥：语出《周易·鼎卦》爻辞："九四，鼎
　折足，覆公𫗧，其形渥，凶。"意指鼎折断鼎足，把鼎中的美食弄翻
　了，鼎身沾满污物很难看，有凶险。𫗧，鼎中的食物。

【译文】

　　谈到一个人的才能，则即使有才能，也会随志向变化而浮沉，随情
感转变而张弛，不过是一介匹夫罢了。童贯也曾立下平定方腊的功劳，
而宋徽宗派他去对付女真人，导致亡国之祸；熊文灿也曾有平定海寇的
功绩，而明朝廷派他去对付流寇，结果导致了惨败；甚至东汉末年朱儁、
皇甫嵩这些将领能够荡除黄巾军，却最终无法抵御董卓。混乱国家中
朝廷所倚赖的对象，乱世之中人心所寄予厚望的对象，都是不可能真正
有所作为的人。然后可以知道狄仁杰能保存唐室，正是因为他有保全
被流放之人、焚毁淫祠的大节；汾阳王郭子仪能够平定安史之乱，正是
因为他有听闻叛乱就起来平叛、即使被诽谤也始终没有二心的精忠精
神。大人君子，正是因为心中充满了高尚的品德，所以才始终不会陷入

穷途末路。富贵不会消磨他们的德行，衰老也不会让他们变得胆怯。因为某人偶然奋起立下的小功劳，就迅速对他委以重任，其结果只能是失败，"鼎折断鼎足，把鼎中的美食弄翻了，鼎身沾满污物很难看"，说的就是这种情况。

五　武臣养寇胁上由上之不能先喻以义

刘巨容大破黄巢于荆门[①]，追而歼之也无难；即不能歼，亟蹑其后，巢亦不敢轻入两都。而巨容曰："国家喜负人，有急则抚存将士，不爱官赏，事宁则弃之。"遂逸贼而任其驰突，使陆梁于江外[②]。此古今武人养寇以胁上之通弊也。国亡而身家亦陨，皆所弗恤，武人之愚，武人之悍，不可瘳已[③]！

【注释】

①刘巨容（?826—889），字德量，徐州（今江苏徐州）人。大中八年（866），武科进士及第，选为徐州武宁军将校。曾参与庞勋之乱，后归顺朝廷，因平定浙西王郢叛乱而被授予明州刺史职位。黄巢起义后，刘巨容担任蕲黄招讨副使，驻守荆门关，击败了黄巢军队，迫使其逃遁过江。后来黄巢攻陷长安，刘巨容率诸道兵征讨黄巢，被拜为南面行营招讨使，封彭城县侯。乾符六年（879），出任山南东道节度使，抵御秦宗权作乱，并率军护驾唐僖宗，因功位列使相。龙纪元年（889），为权宦田令孜所害。传见《新唐书·刘巨容列传》。荆门：指荆门关，在今湖北荆门。

②陆梁：跳着行走的样子，引申为嚣张、猖獗。江外：长江以南。

③瘳（chōu）：治愈。

【译文】

刘巨容在荆门关大破黄巢，此时要追击并歼灭黄巢军并不困难；即使不能全歼黄巢军队,而挥师紧随黄巢军之后,黄巢军也不敢轻易攻入长安、洛阳两都。而刘巨容却说:"朝廷总喜欢辜负人,有了危难才会抚恤将士,不惜官爵和赏赐,一旦动乱平息了,国家就会把将士丢在一旁不管了。"于是便放任叛贼肆意行动,使他们得以猖獗地渡江南去。这是古往今来武人养寇以威胁朝廷的通病。国家灭亡,他们自己的身家性命也难以保全,可是武人们却全然不顾,武人的愚蠢,武人的强悍跋扈,真是不可救药!

乃考唐之于功臣也,未尝有醢菹之祸①,而酬之也厚,列土封王,泽及子孙,汾阳、临淮、西平赫然于朝右②,懿、僖无道,抑未尝轻加罪于效绩之臣,康承训之贬,固有逗挠之实③,非厚诬之也,朱邪赤心、辛谠皆褎然节钺矣④。巨容所云负人者,奸人之游辞耳,岂果负之哉? 则巨容负国之罪,无可逃于天宪矣。

【注释】

①醢菹(hǎi zū):把人剁为肉酱。汉初功臣彭越造反后,被汉高祖刘邦处以"醢菹"之刑。

②汾阳:指唐代名将、汾阳王郭子仪。临淮:指唐代名将、临淮王李光弼。西平:指中唐名将、西平王李晟。

③逗挠:指因怯阵而避敌,曲行观望。亦作"逗桡"。

④辛谠(dǎng):京兆(今陕西西安)人。庞勋之乱时辛谠寓居扬州,其友杜慆守泗州,被叛军围攻,辛谠不顾危险前往泗州援助朋友。随着围攻越来越激烈,辛谠冒死突围出城求援,求得救兵而还,最终保全了泗州。战后因功拜亳州刺史,徙曹、泗二州。乾符末年,终岭南节度使。传见新、旧《唐书·辛谠列传》。褎

(yòu)然：出众的样子。

【译文】

可是考察唐代对于功臣，并不曾诛杀过他们，而他们获得的酬劳则是很丰厚的，功臣们甚至会被赐土封王，恩泽及于子孙，汾阳王郭子仪、临淮王李光弼、西平王李晟都得到了显赫的官位和封爵，懿宗、僖宗虽然无道，却也未曾轻易加罪于有功之臣，康承训被贬，是因为他确实有怯阵避敌的过失，而不是被别人诬陷的，朱邪赤心、辛谠这些人，则赫然获得了节钺的赏赐。刘巨容所谓国家喜欢辜负人的说法，不过是奸诈之人的游说之辞罢了，国家难道真的辜负武人了吗？既然并未辜负，则刘巨容辜负国家的罪责，实在是难逃上天的责罚。

虽然，抑岂非为之君者弗能持正以正人，有以致之乎？人君操刑赏以御下，非但其权也，所以昭大义于天下而使奉若天理也。天下莫喻乎义，则上以劝赏刑威、悚动其心，而使行其不容已。故曰"上好义，则民莫敢不服"①。巨容曰："有急则抚存将士，不爱官赏。"是以官赏诱将士于未有勋劳之日，使喻于利而歆动之。寇贼方起，爵赏先行，君臣之义，上先自替以市下。唯天下有乱，不必有功，而可以徼非分之宠荣，贼一日未平，则可胁一日之富贵，恶望其知有君臣之义，手足头目之相卫者乎？巨容之情，非以防他日之见薄也，实以要此日之见重也。

【注释】

①上好义，则民莫敢不服：语出《论语·子路》："上好礼，则民莫敢不敬；上好义，则民莫敢不服；上好信，则民莫敢不用情。"意即君上热衷于道义，则百姓没有敢不服从的。

【译文】

尽管如此,这难道不是身为国君者自己不能秉持正道以使天下人皆从正道,因而导致的吗?君主操持刑罚和赏赐以统御臣下,并不仅仅是权力的体现,也是为了向天下昭明大义,使天下人像尊奉天理那样尊奉大义。若天下人不懂得大义,则君主就要用赏赐和刑罚来震动他们的内心,使其不敢做不义的事。所以说"君上热衷于道义,则百姓没有敢不服从的"。刘巨容说:"朝廷有了危难才会抚慰将士,不惜官爵和赏赐。"这是用官爵和赏赐来引诱将士尚未建立功勋时,让其贪图功利而去打仗。盗贼刚刚兴起时,君主就首先滥行赏赐,如此就把君臣关系变成了庸俗的交易笼络关系,无"义"可言。正因为天下有混乱局势,将士不必有功,就可以觊觎超越本分的宠信和荣耀,盗贼一日没有被平定,则他们就能趁机胁迫朝廷,多享受一天的富贵,怎么能指望他们懂得君臣之义,明白君臣关系就像手足、头目一样相互保护呢?刘巨容的用心,并不是为了防止他日被朝廷刻薄对待,实际上是以此来要挟朝廷,增加自己此时的身价。

如使寇难方兴之日,进武臣而责以职分之所当为,假之事权,而不轻进其爵位。大正于上,以正人心,奖之以善,制之以理,而官赏之行,必待有功之日。则义立于上,皎如日星,膏血涂于荒郊,而亦知为义命之不容已。及其策勋拜命,则居之也安而受之也荣。虽桀骜之武人,其敢有越志哉?宋太祖以河东未平,不行使相之赏,而曹彬不曰国家负人[1],诚有以服之者也。

【注释】

[1]"宋太祖"几句:北宋开宝七年(974),宋太祖赵匡胤派曹彬统领

军队讨伐南唐，对他允诺说："等攻克南唐后，任命你为使相。"曹彬率军攻克了金陵，灭亡南唐。回朝后，举行献俘仪式，赵匡胤对曹彬说："本来要授任你为使相，但是刘继元（北汉皇帝）没有攻灭，暂且稍微等待一些时候。"并赐给曹彬二十万钱。曹彬退朝后说："人生何必作使相，好官也不过多得些钱罢了。"事见《宋史·曹彬列传》。

【译文】

如果能够在贼寇叛乱刚刚爆发时，任用武臣而让他们充分明白自己的职责，授予他们临机处置的充分权力而不轻易给他们加官晋爵，就是正确的做法了。君主做得公正了，人心也就正了，再用善意来奖励武臣，用君臣之理来约束他们，对他们封官加爵，必定需要等到他们确实立下功劳以后。如此则大义在朝廷上树立，皎洁如日月星辰，武将们即使血染荒郊野外的战场，也能够知道这是义不容辞的责任。等到日后武将被朝廷授勋晋爵时，他们也会觉得安心和荣耀。如此则即使是桀骜的武人，又有谁敢有非分之想呢？宋太祖因为河东尚未平定，而没有兑现授予曹彬使相职位的允诺，而曹彬却没有说国家辜负人，这是因为宋太祖确实有能够令曹彬服气的理由和办法。

六　李克用阴谋亡唐

取亡唐之贼加之李克用，非深文也。克用父子溃败奔鞑靼，语鞑靼曰："黄巢北来，必为中原患，一旦天子赦吾罪，与公辈南向共立大功，谁能老死沙漠。"论者谓以此慰安鞑靼而自全者，非也。克用之持天下也固，而知必入其掌中，揣之深、谋之定、而言之决也。故其后所言皆验，而卒以此陵唐室[①]，终为己有，夫岂姑以此慰鞑靼之心哉？

【注释】

①陵：使衰亡。

【译文】

将灭亡唐王朝的罪责加到李克用头上，并不是求之过深、没有道理的。李克用父子被朝廷击溃而被迫投奔鞑靼，对鞑靼人说："黄巢军向北攻来，必定会成为中原的祸患，一旦天子赦免了我们父子的罪，我们就能够与诸位共同南下、立下大功，真英雄有谁会老死于沙漠呢？"议论的人认为这番话是李克用为了安慰鞑靼而保全自己所说的话，这种看法是不对的。李克用对于天下的形势了若指掌，而知道天下最终必定会落入自己手中，他揣摩得很深，早就定下了谋略，所以说得很坚定。所以其后他这番话全部应验，而最终靠着这种策略使唐王朝逐渐衰亡，自己最终窃取了天下，这难道仅仅是姑且为了安慰鞑靼人的心所说的话吗？

当李琢、李可举讨之之日①，国昌已老，克用之力未固，黄巢尚在江、淮之间，唐室尚宁，合西北之全力以攻新造之一隅，不敌也。克用知所可用者，从未挫于中国之鞑靼也，故不难舍两镇以去，而北收鞑靼以为己资；又遣李友金伪背己以降而为之内谋②；其布腹心之党于忻、代、云中以结人心者③，秘密而周悉。可举、琢一胜而幸其逃，弗能问也，赫连铎乃欲赂鞑靼以取之④，为其所笑而已。及巢已陷京，李友金募杂胡三万，睥睨偃蹇，阳不听命，而曰："若奏天子赦吾兄罪，召以为帅，则代北之人，一麾响应。"既得召命，克用果以鞑靼万人疾驱而入，士卒皆为用命。则内外合谋，玩唐于股掌，卒如其意，岂一朝一夕之能得此哉？外有鞑靼，内有友金，虽逃奔，愈于固守以抗争也多矣。此克用之险狡，人莫能测其藏者也。

【注释】

①李琢：唐僖宗时向令狐绹行贿，得以出任安南都护府都护，在安南大肆搜刮。不久遭遇段酋迁进攻，狼狈逃回中原。其后出任淄青节度使、太常卿等职。广明元年（880），由于李国昌、李克用父子袭击蔚州、朔州，李琢被任命为招讨使，会同李可举、赫连铎出击沙陀，李克用的叔父李友金携蔚、朔两州向李琢投降，李琢采取夹击战术，李克用大败，李国昌、李克用父子流亡到鞑靼。其后李琢被任命为河阳三城节度使，因消极避战而被降职为随州刺史，不久病逝。其事散见于新、旧《唐书·僖宗本纪》，新、旧《唐书·沙陀列传》。李可举（？—885）：回鹘阿布思部落人。会昌五年（845），卢龙节度使张仲武出兵攻破回鹘，其父李茂勋率众归顺唐朝，李可举也因此成为张仲武的部将。因李可举善骑射，性情沉毅，颇受张仲武的器重，乾符三年（876），李可举继任卢龙节度使。广明元年（880），李可举受命攻伐李克用，在药儿岭大败李克用军。中和五年（885），因部将李全忠反叛围攻，自焚而死。传见《旧唐书·李可举列传》。

②李友金：沙陀部首领，李克用的族父。唐僖宗广明元年（880）六月，当李克用与唐军对阵时，李友金投降于唐蔚朔节度使李琢，被任命为沙陀都督。中和元年（881），随代北监军陈景思率沙陀等部骑五千南赴长安，欲与黄巢交战。因长安陷落，遂至代州募兵，得北方胡人三万，因士卒犷悍不能制，于是向陈景思举荐李克用父子统率，获得允许后，派骑兵携诏书到阴山鞑靼处迎接李克用。李克用因此得以重返中原。其事散见于《旧唐书·僖宗本纪》《新唐书·沙陀列传》。

③忻：忻州（治今山西忻州）。代：代州（治今山西代县）。云中：治

今山西大同。

④赫连铎(? —893)：原为吐谷浑酋长，被唐朝廷封为阴山府都督。后参与讨伐庞勋叛军及讨伐李国昌、李克用父子，因功被任为云州刺史、大同军防御使。后来李克用为河东节度使，兵力渐强，屡攻云州。大顺元年(890)，赫连铎在卢龙节度使李匡威的帮助下打败了李克用。次年，李克用攻破云州，赫连铎逃入吐谷浑，景福二年(893)，李克用进攻吐谷浑，赫连铎战败被杀。其事散见于《旧唐书·昭宗本纪》《旧唐书·张濬列传》《新唐书·沙陀列传》。

【译文】

　　当李琢、李可举率军讨伐李克用父子时，李国昌已经年老，李克用的力量尚未稳固，黄巢还在江、淮之间流动作战，唐王室尚属安定，所以能整合西北地区，全力来进攻李克用父子所占据的一隅之地，李氏父子自然难以抵挡。李克用知道此时能够利用的，只有从未被中原政权挫败过的鞑靼人，所以他自然不难舍弃蔚州、朔州两镇而向北去收服鞑靼作为自己的资本；他又派遣李友金假装背叛自己投降唐朝廷而作为内应；他将自己的心腹党羽部署在忻州、代州、云中，以结纳人心，整个计划秘密而完备。李可举、李琢战胜李克用，将他逃跑当做幸事，自然就不再过问他的其他作为，赫连铎想要贿赂鞑靼人而从他们手中得到李克用父子，却被李可举、李琢等人当成了笑话。等到黄巢攻陷长安后，李友金招募杂胡三万，这些人骄横跋扈，公然抗命，于是李友金趁机说："如果能奏明天子，赦免我兄长李国昌的罪过，召他们来统率这支军队，则代北的沙陀人，肯定会一呼百应、听从调遣。"他的请求得到批准后，李克用果然率领一万多鞑靼士兵快速赶来，士兵们都愿意为他效命。如此内外合谋，将唐朝廷玩弄于股掌之中，最终达到了自己的目的，这难道是一朝一夕之功能够做得到的事情吗？外有鞑靼人为外援，内有李友金为内应，李克用虽然选择了逃奔鞑靼，但是他得到的利益却比固守两镇、负隅顽抗要多得多。所以说李克用阴险狡诈,是一般人难以测度的。

　　呜呼！使当日者,唐室文武将吏能合困黄巢于长安而歼夷之,则克用之谋夺矣,唐以存,而沙陀之祸息矣。然而克用料之而必中、图之而必成者,何也？沙陀自随康承训立功于徐、泗之日,已目空中国之无人,不能如黄巢何,而必资于己也。奸人持天下之短长,以玩而收之,至克用而极,非刘渊、石勒之能及也。所据者一隅,而睨九州如囊中之果饵①,视盈廷之将吏如痿痹之病夫,黄巢、朱温皆其借以驱人归己之鹯獭②,是之谓狼子野心,封豕之方伏、长蛇之方蛰者也③。

【注释】

①果饵:糖果、面饵之类的点心。

②鹯(zhān)獭:鹯和獭。鹯,一种猛禽,似鹞鹰。獭,一种善于捕鱼的半水栖哺乳动物。

③封豕:一种居于水泽之中的大猪,生性贪婪暴虐。

【译文】

　　唉！假如当时唐朝的文武将吏能合理地把黄巢围困在长安并予以歼灭,则李克用的谋略就无法实现,唐朝也就得以保存,而沙陀之祸也就平息了。然而为什么局势的发展完全如同李克用所预料和谋划的那样呢？沙陀人自从跟随康承训在徐、泗平定庞勋之乱时立下大功起,就早已看出中原政权无人可用,所以他们对黄巢无可奈何,最终必定要靠自己来击败黄巢。奸诈的人掌握了天下的短长,揣摩情势而趁机渔利,到李克用这里可谓到了登峰造极的地步,连刘渊、石勒都比不上他。他所占据的不过一隅之地,却能够睥睨华夏九州,将其视作袋子中的糖果点心,将满朝的文武官员看作萎靡不振的病夫,黄巢、朱温都成了被他利用、替他争夺天下的工具,这就是所谓狼子野心,就如同大猪潜伏在沼泽中准备伤人、长蛇蛰伏在巢穴中准备咬人一样。

七　郑畋遽向长安而成效毁

黄巢之乱,唐中外诸臣戮力以效节者,唯郑畋一人而已。畋以将佐不听拒贼,闷绝仆地,刺血书表,誓死以斩贼使,不可谓非忠之至;以文吏率数千人拒尚让五万之众[①],败之于龙尾陂,传檄天下,诸道争应,贡献蜀中者不绝,不可谓非勇之甚,抑不可谓非智之尤;然而一向长安,旋即溃败,凤翔内乱,孤城不保,诸镇寒心,贼益巩固,卒使王铎假手于反覆横逆之朱温、包藏异志之李克用,交起灭贼,因以亡唐,而畋忠勋之成效亦毁,则唯不明于用兵之略也。

【注释】

①尚让:唐末农民起义首领之一。乾符二年(875)在长垣追随王仙芝起兵反唐。黄巢与王仙芝分军作战后,他随王仙芝转战南方。王仙芝战死于黄梅后,他率余众至亳州附近与黄巢会师,随黄巢南下广州。广明元年(880),黄巢攻入长安,建立大齐政权,以尚让为太尉兼中书令。中和元年(881)三月,尚让率众五万进攻凤翔,在龙尾陂被郑畋击败,损失两万余人。后来尚让又率十五万之众与李克用战于梁田陂,再遭败绩,损失数万人。起义军撤出关中后,尚让继续追随黄巢作战,最终在黄巢败于王满渡后,率部投降唐感化军节度使时溥。黄巢身死后,尚让亦为时溥所杀。其事见于《旧唐书·僖宗本纪》《新唐书·逆臣列传》。

【译文】

黄巢作乱时，唐朝廷内外诸臣中竭尽全力为国家贡献忠贞的，唯有郑畋一个人而已。郑畋因为将领、佐吏不听从他的命令去抵御贼军，气愤得昏厥在地上，刺破手指用血书上表，斩杀黄巢军的使者以表示誓死杀贼的决心，不能不说是忠诚到了极点；他以文臣身份率数千人抵御尚让率领的五万军队，在龙尾陂将其击败，传檄天下，诸道争相响应，向蜀中贡献者络绎不绝，不能不说是勇敢到了极点，也不能不说是非常聪明；然而他率军进入长安后，很快就遭遇反攻而军队溃败，到了凤翔镇，军中又发生内乱，孤城也没能保住，诸藩镇都感到寒心，黄巢军力日益巩固，最终导致王铎借助反复无常的朱温和包藏祸心的李克用的力量才浇灭了黄巢军，却也最终导致了唐朝的灭亡，而郑畋原本为国家尽忠所立下的功勋也尽数被毁，这都是因为他不懂得用兵的方略。

郭汾阳之收西京、李西平之擒朱泚也，奋臂以前，气可吞贼，而迟回郑重，合兵四集，旁收其枝蔓，乃进而拔其根本，夫岂怯懦而忘君父之急、虚士民之望乎？贼之初终强弱，洞然于心目之间，如果之在枝，待其熟而扑之，易落而有余甘，斯以定纷乱而措宗社于磐石，所谓用兵之略也。

【译文】

当初郭子仪收复长安、李晟擒杀朱泚时，都是率军奋勇向前，大有直吞敌军的气势，同时行动上却很谨慎，动用大军合围，先从四周剪除敌军的分支力量，然后才进军消灭敌军的核心力量，郭子仪、李晟难道是因为怯懦而忘记了君父的危急处境、辜负了士人百姓的期望吗？他们只是对敌军的强弱虚实了解得很透彻，就好像看到果子在树枝上，等到它熟透了才打下来，这样果子容易落下来，味道也特别甜美，所以才能够平定纷乱的局面,保护宗庙社稷的安全,这就是所谓的用兵方略。

善制胜者,审之明,持之固,智无所矜,勇无所恃,静如山而后动如水,不可御矣。而畋异是。唐弘夫龙尾陂之捷①,尚让恃胜而骄,故弘夫得施其智,恶足恃为常胜哉?贼之据长安也方五月,其犷悍之气未衰,其剽掠之毒未遍,其荒淫之欲未逞,其暌离之心未生②,畋收新集之孤旅,王处存、王重荣之众方鸠③,高骈拥兵而观望,王铎迟钝而不前,乃欲遽入长安,搏爪牙方张之鸷兽④,宜其难矣。

【注释】

①唐弘夫:唐末朔方节度使。中和元年(881),率部入关中与黄巢军作战,任京城四面诸军行营行军司马。不久,在龙尾陂使用伏击战术,击败黄巢部将尚让率领的五万军队,趁势攻入长安,但很快遭到黄巢军反攻,战败而死。其事见《新唐书·僖宗本纪》。

②暌(kuí)离:背离,分离。

③王处存(831—895):京兆万年(今陕西西安)人。乾符六年(879)任义武军节度使。广明元年(880),黄巢起义军攻陷长安,王处存率领本部人马入援护卫。中和元年(881),唐弘夫率军击败黄巢将领林言、尚让,乘胜进逼京师。王处存亲选骁卒五千,乘夜入京城,但很快黄巢自灞上回军再次袭击长安,王处存大败,只得撤出长安。此后他持续参与剿灭黄巢的军事行动,乾宁二年(895)病死。卒谥忠肃。传见新、旧《唐书·王处存列传》。王重荣(?—887):河中(今山西永济)人。唐朝末年藩镇将领。初为河中节度使李都帐下马步军都虞候,黄巢攻入长安时,王重荣升任河中节度使,率军勤王,并援引李克用参与平叛,迫使黄巢撤

出长安。光启元年(885),宦官田令孜想要夺其盐池之利,王重荣抗命不从,田令孜于是派李昌符进攻王重荣,王重荣联合李克用攻入长安,致使唐僖宗出逃。邠宁节度使朱玫拥立襄王李煴称制,王重荣又诛杀李煴,拥戴唐僖宗复位。光启三年(887),王重荣为部下常行儒所杀。传见新、旧《唐书·王重荣列传》。

③鸷(zhì)兽:凶猛的鸟兽。

【译文】

善于克敌制胜的人,对战场形势审视得很清楚,能够牢牢坚持自己的作战策略,不自恃聪明和勇敢,镇静如山而后动若流水,自然就不可抵挡了。而郑畋的做法却不是如此。唐弘夫在龙尾陂取得大捷,是因为尚让自恃胜利而产生了骄傲心理,所以唐弘夫才得以施展其智谋,这又哪里能看作是常胜不败的资本呢?黄巢军占据长安才五个月,他们粗犷剽悍的气势尚未衰退,还没有做出抢夺掳掠之类的恶行,他们荒淫的欲望还没有充分发泄出来,他们士兵的离散之心尚未变得强烈,这时候郑畋收拢刚刚集中的孤军,在王处存、王重荣的军队还在集结,高骈拥兵观望,王铎迟钝不前的情况下,就想要迅速进入长安,与黄巢军这支刚刚张开爪牙的凶猛鸟兽搏斗,当然是非常困难的。

且黄巢之易使坐毙也,非禄山、朱泚之比也。禄山植根于幽、燕者已固,将士皆其部曲,结之深、谋之协矣。而自燕徂秦①,收地二千余里,逐在皆布置军粮以相给,禄山且在东都,为长安之外援,而不自试于罗网。朔方孤起,东北无援,以寡敌众,以五围十,犹似乎宜急攻而不宜围守以待其困。朱泚虽乍起为逆,而朱滔在卢龙以为之外援,李纳、王武俊与为唇齿,李希烈又梗汴、蔡以断东南之策应②,泚虽孤守一城,固未困也。则李西平以一旅孤悬,疑持久而生意外之变。若黄巢，则陷广州旋弃之矣，蹂湖、湘旋弃之矣③，渡江、淮旋弃之矣，申、蔡、汴、宋无尺地为其土④，无一民为其人，无粒粟为其馈饷，所倚为爪牙者朱温、尚让，皆非素所统御，同为群盗，偶相推奉尔。而以官军计之，王铎拥全师于山南⑤，未尝挫衄⑥，固可以遏贼之逸突。藉令畋戡其怒张之气，按兵而逼其西，处存、重荣增兵以压其北，橄铎自商雒扼同、华以绝其归路⑦，萦之维之，蹙之凌之，思唐之民，守壁坞以绝其刍粟⑧。夫黄巢者，走天子，据宫阙，僭大号，有府库，褒然南面，而贼之量已盈矣。淫纵之余，加以震叠⑨，众叛群离，求为脱钩之鱼，万不得矣。朱温即降，而魄落情穷，但祈免死，贷其命而授以散秩，且弭耳而听命。沙陀后至，知中国之有人，亦得赦前愆、复徽边镇之为厚幸，何敢目营四海，窃赐姓以觊代兴乎？斯时也，诚唐室存亡之大枢，而畋未能及此也，深可惜也。

【注释】

①徂（cú）：到。

②汴：指汴州，治今河南开封。蔡：蔡州，治今河南汝南。

③湖、湘：指洞庭湖和湘江一带，即今湖南地区。

④申：指申州，治今河南信阳。

⑤山南：指山南道，唐代十道之一，治今湖北襄樊，辖今湖北长江以北、汉水以西、陕西终南山以南、河南北岭以南、四川剑阁以东、大江以南之地。

⑥挫衄（nù）：挫败。

⑦商雒：今陕西商洛，境内有商洛山。同：同州，即今陕西大荔。

　　华：华州，即今陕西渭南华州区。

⑧壁坞：壁垒和坞堡。

⑨震叠：使震惊，使震动。

【译文】

　　况且黄巢的军队是很容易被围困而消灭的，他的情况远比不上安禄山、朱泚造反的时候。安禄山当初在幽、燕地区已经培植了深厚的根基，麾下将士都是他长期统率的部曲，与他勾结很深、相处融洽。而自燕地到关中，安禄山占领的土地多达两千余里，每到一处他都安排布置了粮草供应的据点，安禄山则在东都坐镇，作为长安的外援，他自己绝不会自投罗网，到长安去坐以待毙。郭子仪在朔方镇独自起兵时，东北方向没有援军，属于以寡敌众，以五围十，此时应当迅速进攻叛军而不适宜长期围困叛军。朱泚虽然是突然起来叛乱的，但有朱滔在卢龙作为他的外援，有李纳、王武俊与他互为唇齿相依的盟军，李希烈又横亘在汴州、蔡州从而阻断了东南方向对唐朝廷的策应，朱泚虽然是孤守一座城池，却并未陷于困境。李晟仅率一支孤军，担心持久作战会产生意外的变故，所以他才采取速战速决的策略。至于黄巢，他攻陷了广州，却很快就放弃了，蹂躏了湖湘地区后也很快就放弃了那里，渡过江、淮后又迅速放弃了江淮地区，申州、蔡州、汴州、宋州这些地方，没有一寸土地归他所有，没有一个百姓归他统辖，没有一粒粮食充作他的军粮，他所倚赖为爪牙的朱温、尚让，都不是长期归他统御的部下，这些人只是与他同为群盗，所以才偶然推奉他为领袖罢了。而从官军角度来考量，则王铎在山南地区的兵力丝毫无损，没有遭受任何败绩，所以本来就是可以防止叛军向外逃窜的。假如郑畋能够舒缓愤怒的情绪，率军从西面逼近叛军，王处存、王重荣则增兵从背面压迫叛军，再传令让王铎从商洛方向扼守住同州、华州一线以断绝叛军的归路，包围叛军而不贸然进攻，尽可能压迫叛军，则思念唐朝的百姓，自然会坚守各自的壁垒坞堡以断绝叛军的粮草。黄巢赶跑了天子，占据了宫阙，僭称皇帝，占有府库,志得意满,则此时叛贼的骄傲自满已经达到了极点。在他们荒淫放纵的时候,各路大军对其予以震慑,则黄巢势必遭到众叛亲离,他想像上钩的鱼一样逃脱,是万万不可能的。朱温即使投降朝廷,也会因穷途末路而非常落魄,只求能免一死,这时饶了他的性命,授给他一个闲职,则他必然会乖乖听从朝廷的命令。沙陀军在叛乱平定后才赶来,则知道中原还是有人才可用的,因此他们会把赦免其过往罪行、使其能再次回到边境地区安稳度日作为自己的幸事,又哪里敢再目空一切、睥睨四海,窃取赐姓的赏赐而对中原政权心怀觊觎呢? 这个时候,确实是事关唐王朝生死存亡的关键时刻,而郑畋却没有预料到这件事,这着实让人感到深深的可惜。

　　古今文臣授钺而堕功者,有通病焉,非怯懦也。怯懦者,固藏身于绅笏①,而不在疆场之事矣。其忧国之心切,而愤将士之不效死也,为怀已夙,一旦握符奋起,矜小胜而惊喜逾量,不度彼己而目无勍敌②,听慷慨之言而轻用其人,冒昧以进,一溃而志气以颓,外侮方兴,内叛将作,士民失望而离心,奸雄乘入而斗捷③,乃以自悼其失图,而叹持重者之不可及,则志气愈沮而无能为矣。易折者武士之雄心,难降者文人之躁志。志节可矜,尚不免于偾败,况其忠贞果毅之不如畋者乎? 用兵之略,存亡之介也,岂易言哉! 岂易言哉!

【注释】

①绅笏:大带与笏板,古代士大夫的装束。

②勍(qíng)敌:强敌,劲敌。

③斗捷:取胜。

【译文】

　　古往今来文臣被授予领兵之权而最终毁掉功名的,都有着相同的症结,而这种症结并不是怯懦。怯懦的人,自然会安心做文官以图安全,而不会主动参与到战争中去。这些领兵的文臣很急切地担忧国家命运,对将士不为国家效死力而感到愤慨,他们长期怀着这种想法,一旦掌握兵权,奋然起来指挥军队,就会因为小的胜利而过度惊喜,难以再准确平和地考量敌我力量对比,忽视对手的强大,听信一些人慷慨的言论而轻易重用他们,使军队贸然进攻,一旦遭遇溃败就立即心灰意冷,此时外部的敌人正准备进攻,内部的叛乱即将爆发,士兵和百姓因为失望而与这些文臣统帅离心离德,奸雄趁机而入,施展小伎俩连连获胜,于是这些文臣统帅对自己的失策感到更加痛心,慨叹自己比不上那些能够持重对敌的名帅,因而更加沮丧,对战局更加无能为力。武士的雄心最容易受到挫折,文人轻躁的情绪则最难以克服。郑畋的志向和节操值得赞赏,尚且难以免于溃败,何况是忠贞果毅比不上郑畋的其他人呢?用兵的策略关系到国家的存亡,这难道是能够轻易谈论的吗!难道是能够轻易谈论的吗!

八　克用朱温寇唐皆由王铎之假借

　　朱温夜袭李克用[①],其凶狡固不待论,虽然,克用、温之曲直,亦奚足论哉! 盖克用、温自决雌雄以逐唐已失之鹿而不两立,犹之乎袁绍、曹操之争夺汉,沈攸之、萧道成之争夺宋也。故曰其曲直不足论也。

【注释】

①朱温夜袭李克用:指中和四年(884),李克用讨伐黄巢后至汴州,朱温在上源驿宴请李克用。李克用酒醉后,朱温当夜动用军士,

欲杀李克用。恰逢大雨雷电,李克用最终逃还。新、旧《五代史》皆有所载。

【译文】

朱温夜袭李克用,其凶狠狡猾自然不需要再讨论,虽然如此,李克用与朱温之间的是非曲直,又哪里值得讨论呢!李克用和朱温是为了争夺唐朝的天下而相互争战、一决雌雄的,就像当初袁绍、曹操争夺汉朝江山,沈攸之、萧道成争夺刘宋的天下一样。所以说李克用与朱温之间的是非曲直不值得讨论。

当是时,黄巢虽败,而僖宗之不能复兴,王铎辈之不能存唐也,已全堕温与克用心目之中。温目无唐之君臣,克用之目更无温,又岂复有唐之君臣乎? 使克用不得脱于温之锋刃,则温之篡也必速。然而篡之速,则其败也可立待也。为贼初降,无功可纪,未得一见天子、受朝廷之命,但仰濡沫于王铎,一旦而袭杀援己之功臣,早已负不直于天下而为众所指攻,即逼天子而夺之,亦黄巢之续,不旋踵而亡,唐尚可存也。且沙陀之众为克用效命也久矣,存勖、嗣源俱年少而有雄才,温亦奚足以逞哉? 藉此以正温之罪,奋起而诛权藉未成之奸,而唐亡一贼矣;克用死,而唐固亡一贼矣。唯其袭杀之不克也,迟温之篡以养其奸,挫克用之逆而归谋自固,是以唐再世而后亡,一亡而不可复。若夫二人之曲直,亦恶足论哉!

【译文】

当时,黄巢虽然已经被镇压了,而僖宗却难以实现唐朝的复兴,王铎这些人也不足以使唐朝存续下去,这些事情,朱温和李克用早已看在眼里,心知肚明。朱温眼中根本没有唐朝的君臣,李克用的眼中更是连朱温都没有，又哪里还会有唐朝的君臣呢？假如李克用没能从朱温的刀下逃脱，则朱温篡夺唐朝江山的步伐必定会加速。然而他加速篡夺唐朝江山，则失败也就会来得越快。他作为投降的盗贼刚归顺朝廷不久，还没有值得记录的功绩，甚至不曾见天子一面、受到朝廷的正式任命，而只能仰赖王铎的鼻息行事，一旦他袭杀了援助自己的功臣，则他必定会受到天下人的指责，被众人所指摘和攻击，即使他能够逼迫天子、夺取其皇位，也不过是第二个黄巢罢了，很快就会失败身亡，如此则唐朝尚且可以存续下去。况且沙陀部落的人已经为李克用效命很久了，李存勖、李嗣源都是年纪轻轻就有雄才大略的人，有他们在，朱温又哪里能够最终得逞呢？正好可以借此机会向天下宣示朱温的罪行，在朱温尚未完成篡逆的时候就奋起诛杀他，如此唐朝就少了一名叛贼；李克用的死，换来的是一个唐朝叛贼的灭亡。正因为朱温袭击李克用而没能杀掉他，所以延缓了朱温篡夺唐朝的步伐，助长了他的奸诈，同时挫伤了李克用的谋逆之心，而让他回到根据地谋求自保，所以唐朝得以又往下传了两代才灭亡，但一旦灭亡就难以再复兴了。所以说李克用与朱温之间的是非曲直哪里值得讨论呢！

　　无克用而温之篡也不必成；成温之篡者，僖宗之昏，昭宗之躁，自延而进之，张濬、崔胤之徒，又多方以构成之。抑且指沙陀以为兵端，而唐君臣不慑于沙陀者，假手于温以成其恶。不然，则温且不能为董卓，而其乞降之初志，固望为田承嗣、李宝臣而志已得矣。

【译文】

　　没有李克用，朱温篡夺唐朝江山必定难以成功；促成朱温篡夺唐朝的，是僖宗的昏庸，是昭宗的急躁，是他们招降了朱温并予以任用，至于张濬、崔胤这些人，又从其他多个方面促进了此事的成功。而且他们还将沙陀人当作祸端，对沙陀心怀不满的唐朝君臣，便假手于朱温，想利用他消灭沙陀人，却最终助长了朱温的罪恶。不然的话，朱温也不可能成为第二个董卓，而他最初向朝廷投降的时候，不过是希望能够像田承嗣、李宝臣那样获得封疆授土的机会罢了。

无温而克用之为刘渊，必也。首发难于大同，其志不吞唐而不已，从鞑靼以来归，一矢未加于贼，早已矫伪诏，胁帅臣，掠太原，陷忻、代，自立根本。及其归镇也，乘孟方立之内乱①，夺取潞州，岁出兵争山东，而三州皆为俘掠，野绝稼穑。使不忌朱温之险悍，则回戈内向，僖宗之青衣行酒于其庭，旦暮事也。

【注释】

①孟方立(？—886)：邢州(今河北邢台)人。中和元年(881)，昭义节度使高浔被部将成麟所杀，时任天井关防御使的孟方立闻讯，攻杀成麟，实际控制了昭义军。随后他将昭义军首府从潞州迁到家乡邢州，引起了潞州百姓的怨恨，他们倒向了河东节度使李克用，导致孟方立最终为李克用击败，丢失泽、潞二州。孟方立于是依托太行山以东的邢、洺、磁三州军队重新组建昭义军，随后由于害怕部属造反而自杀。传见《新唐书·孟立方列传》《旧五代史·唐书·孟立方列传》《新五代史·杂传·孟方立》。

【译文】

如果没有朱温，则李克用必定会成为第二个刘渊。他首先在大同发难，其野心是吞灭唐朝，达不到目的就不罢休，他从鞑靼人那里回来，重新归顺朝廷后，尚未对农民军采取任何军事行动，就早早伪造诏书，胁迫朝廷任命的统帅掳掠太原,攻陷忻州、代州,从而为自己的势力树立根本。等到他剿灭黄巢回到本镇后,乘着孟方立遭遇内乱,夺取了潞州,同年又出兵与孟方立争夺山东,而邢、洺、磁三州都遭到了李克用的掳掠,田野中的庄稼都无法再生长。如果他不顾忌朱温的阴险强悍,则必定会回戈一击、率军直驱内敌,则僖宗像晋愍帝那样穿着青衣在其庭上为人斟酒,也不过是早晚的事情罢了。

温贼耳,狡诈而无定情,吕布之俦也。克用以小忠小信布私恩,市虚名,而养叵测之威,卒使其部落四姓代兴,以异类而主中夏,流毒数世,岂易制哉! 岂易制哉! 要此二贼之狂戁①,皆王铎无讨贼之力,委身而假借之,及其相攻,坐视而不能制,则铎延寇之罪,又出康承训之上。使二贼者,视唐为虚悬之器,相竞以夺,其曲其直,又孰从而辨之乎?

【注释】

①戁(bì):壮大。

【译文】

朱温不过是一个盗贼,狡诈而反复无常,是吕布一类的人物。李克用靠小忠小信来树立私恩,邀取虚名,私下里则心怀叵测地积聚力量,最终使得他统率的沙陀部落四姓相继建立政权,以异族身份入主中原,流毒数世,又哪里是容易控制的呢! 又哪里是容易控制的呢! 总而言之,朱温、李克用两个贼人能够狂妄无忌、日渐强大,都是因为王铎没有讨伐黄巢军的力量,所以不得不假借他们来安定局势,等到两人相互攻击时,王铎又坐视不能加以制止,如此则王铎引狼入室的罪责,比康承训还要重。使朱温、李克用两个贼人将唐朝江山看作是虚悬的神器,相互争夺,他们二人之间的是非曲直,又有谁能够分辨得清楚呢?

九 士大夫蛊忿怼之民以雠君致尽遭屠割之惨

"作善,降之百祥;作不善,降之百殃①。"善不善之分歧不一矣,而彝伦为其纲②。彝伦攸叙,虽有不善者寡矣;彝伦攸致③,其于善也绝矣。君臣者,彝伦之大者也。"君非民,罔与立;民非君,罔克胥匡以生④。"名与义相维,利与害相因,情自相依于不容已,而如之何其致之!君惟纵欲,则忘其民;民惟趋利,则忘其君。欲不可遏,私利之情不自禁,于是乎君忘其民而草芥之,民忘其君而寇雠之,夫乃殃不知其所自生,而若有鬼神焉趋之而使赴于祸。君之身弑国亡、子孙为戮,非必民之戕之也,自有戕之者矣;民之血膏原野、骴暴风日者⑤,非必君之剿绝之也,自有剿绝之者矣。故曰"百殃"。百云者,天下皆能戕之、剿绝之,而靡所止也。

【注释】

①"作善"几句:语出《尚书·伊训》。

②彝伦:伦常。

③致(dù):败坏。

④"君非民"四句:语本《尚书·太甲》:"民非后,罔克胥匡以生;后非民,罔以辟四方。"意谓人民没有君主,不能互相匡正而生活;君主没有人民,无法治理四方。

⑤骴(cī):肉未烂尽的骸骨。

【译文】

"做了善事,上天会降下百种祥瑞;做了不善的事,上天会降下百种灾祸。"善与不善之间的分歧不止一处,而是否遵从伦常是区分两者的根本依据。如果符合伦常，则即使有不好的事，也不会太多；如果违背了伦常，则善也自然就断绝了。君臣大义是伦常中最重要的部分。"君主没有百姓，无法治理四方；百姓没有君主，不能互相匡正而生活。"名与义相辅相成，利与害互为因果，君主与臣民在感情上相互依存，是不得不然的事情，又如何能够打破君臣之间的伦常呢！如果君主只顾放纵欲望，就会忘记百姓的死活；百姓如果只贪图利益，就会忘记自己的君主。欲望无法被阻遏，追求私利的感情难以克服，于是君主忘记了百姓而像对待草芥那样对待百姓，百姓忘记了君主而像仇敌那样敌视君主，于是祸害便不知从何而来，就像鬼神作祟一样，最终使君主和臣民陷于灾祸之中。君主身死国亡、子孙被杀戮殆尽，不一定是直接由百姓动手施行，自然会有动手的人；百姓暴尸荒野，不一定是由君主亲自剿灭的，但自然会有剿灭的人。所以才说是"百殃"。所谓"百"，就是天下人都能戕害君主、剿灭百姓，而这种灾难无休无止。

　　唐自宣宗以小察而忘天下之大恤，懿、僖以淫虐继之，民怨盗起，而亡唐者非叛民也，逆臣也。奔窜幽辱，未酬其怨，而昭宗死于朱全忠之手，十六院之宗子①，骈首而受强臣之刃，高祖、太宗之血食，一旦而斩。君不仁以召百殃，既已酷矣，而岂徒其君之酷哉？李克用自潞州争山东，而三州之民俘掠殆尽，稼穑绝于南亩；秦宗权寇掠焚杀②，北至滑、卫③，西及关辅，东尽青、齐④，南届江、淮，极目千里，无复烟火，车载盐尸以供糇粮⑤；孙儒攻陷东都⑥，环城寂无鸡犬；杨行密攻秦彦、毕师铎于扬州⑦，人以堇泥为饼充食⑧，掠人杀其肉而卖之，流血满市；李罕之领河阳节度⑨，以寇钞为事，怀、孟、晋、绛数百里间⑩，田无麦禾、邑无烟火者，殆将十年；孙儒引兵去扬州，悉焚庐舍，驱丁壮及妇女渡江，杀老弱以充食;朱温攻时溥,徐、泗、濠三州之民不得耕获,死者十六七。若此者凡数十年,殃之及乎百姓者,极乎不忍见、不忍言之惨。夫岂仅君之不善、受罚于天哉？不善在君而殃集于君,杀其身,赤其族,灭其宗祀,足相报也。天岂无道而移祸于民哉？则民之不善自贻以至于此极,而非直君之罪矣。

【注释】

①十六院:指唐代的"十六王宅"。初建于唐玄宗时期,用于赐给玄宗诸子集中居住,名为"十王宅",后因被赐宅皇子数量增多而改名"十六王宅"。此后历任唐代皇帝多仿效此制赐宅给皇子集中居住,其居住区域沿用"十王宅"或"十六王宅"的称呼。

②秦宗权(? —889):许州(今河南许昌)人。初为许州牙将,广明元年(880)驱逐蔡州刺史,占据蔡州。同年冬,秦宗权率军与黄巢起义军交战,中和三年(883)兵败投降黄巢。中和四年(884)黄巢在泰山兵败而死,秦宗权据蔡州称帝,四处劫掠,极其残暴。光启三年(887),秦宗权全力进攻汴州,被朱温击败。龙纪元年(889),秦宗权被部将申丛逮捕,送给朱温,同年被斩杀于长安。传见《旧唐书·秦宗权列传》《新唐书·逆臣列传》。

③滑:指滑州,治今河南滑县。卫:卫州,治今河南卫辉。

④青:指青州,治今山东青州。齐:齐州,治今山东历城。

⑤糇(hóu)粮:干粮,食粮。

⑥孙儒(? —892):蔡州(今河南新蔡)人。初为蔡州节度使秦宗权麾下,后在秦宗权与朱全忠大战时归顺朱全忠。景福元年(892),被庐州刺史杨行密杀死。传见《新唐书·孙儒列传》。

⑦秦彦(? —888):原名秦立,彭城(今江苏徐州)人。早年在徐州从军。唐僖宗乾符年间投奔黄巢。黄巢兵败后,他投降淮南节

度使高骈,积功任和州刺史。光启三年(887),扬州牙将毕师铎
囚杀高骈,迎秦彦为淮南节度使。五月,寿州刺史杨行密率兵攻
打,秦彦与毕师铎突围投奔孙儒,并为孙儒所杀。传见《旧唐
书·秦彦列传》。毕师铎(? —888):曹州冤胊(今山东曹县)人。
原是黄巢手下大将,乾符五年(878),毕师铎投降高骈。光启三
年(887),举兵反叛,囚杀淮南节度使高骈。后为杨行密所败,投
奔孙儒。光启四年(888)被孙儒杀死。传见《旧唐书·毕师铎列
传》。

⑧堇(qín)泥:黏土。

⑨李罕之(842—899):陈州项城(今河南沈丘)人。早年学文不成
而出家,后落草为寇,先后加入黄巢、李克用、朱温等势力。在朱
温手下出任昭义军节度使,后改为河阳节度使。李罕之抚民御
众无术,"率多苛暴",至河阳后出兵攻打晋州、绛州,纵部俘剽。
光化二年(899)病死。传见《新唐书·李罕之列传》《旧五代史·
梁书·李罕之列传》。

⑩怀:怀州,治今河南沁阳。孟:孟州,治今河南河阳。晋:晋州,治
今山西临汾。绛:绛州,治今山西新绛。

【译文】

唐朝自从宣宗依靠明察小节的手段而忘记了抚恤天下的大事以
来,其后继者懿宗、僖宗荒淫暴虐,导致民怨沸腾,盗贼蜂起,而最终灭
亡唐朝的人却并非叛民,而是逆臣。唐朝昭宗四处流离逃窜,以至于被
幽禁折辱,其怨恨之情难以得到发泄,最终死于朱全忠之手,十六院中
的唐朝宗室子弟,全都成了逆贼的刀下鬼,高祖、太宗的祭祀香火,一天
之间就断绝了。君主因为不行仁义而招致百种灾祸,已经够残酷的了,
但面临残酷处境的仅仅是君主吗?李克用从潞州出发与孟方立争夺山
东,而邢、洺、磁三州的百姓被掳掠殆尽,田野里庄稼荡然无存;秦宗权
四处抢掠烧杀,北至滑州、卫州,西及关中地区,东到青州、齐州,南达江

淮地区，极目千里，不见炊烟，他甚至用车载着用盐腌起来的百姓尸体充作军粮；孙儒攻陷东都洛阳后，整个城市寂静得连鸡犬之声都听不到；杨行密在扬州围攻秦彦、毕师铎时，城中百姓用黏土做饼来充饥，城内士兵遂以掳掠百姓，将其杀死并贩卖他们的肉，以至于整个市场上血流遍地；李罕之出任河阳节度使后，专门以抢掠为业，怀州、孟州、晋州、绛州数百里间，山中没有粮食作物、城中完全不见炊烟，这种局面持续了将近十年；孙儒率军离开扬州时，将城中房屋尽数烧毁，驱使壮丁和妇女渡江，杀死老人和弱者充作军粮；朱温进攻时溥时，徐、泗、濠三州的百姓没办法及时耕种和收获，死者多达十分之六七。像这样悲惨的情况持续了数十年，百姓跟着最高统治者一并遭殃，情况极度悲惨，令人目不忍睹、口不忍言。这难道仅仅是君主不善因而受罚于上天引起的吗？如果是君主不善，那么报应都集中在他身上，夺去他的性命，灭掉他的宗族，断绝他的宗庙祭祀，就足以惩罚他了。上天难道会无道到将灾祸移到百姓身上吗？由此看来，是百姓也有不善之处，因而招致了这样极端的惨祸，而不仅仅是由于君主的过错。

　　天子失道以来，民之苦其上者，进奉也，复追蠲税也，额外科率也，榷盐税茶也。民辄疾首以呼、延颈以望，曰：恶得天诛奄至①，易吾共主，杀此有司，以舒吾怨也！及乎丧乱已酷，屠割如鸡豚，野死如蛙蚓，惊窜如麋鹿，馁瘠如鸠鹄②，子视父之剖胸裂肺而不敢哭，夫视妻之强搂去室而不敢顾，千里无一粟之藏，十年无一荐之寝，使追念昔者税敛取盈、桁杨乍系之苦③，其甘苦何如邪？则将视暗君墨吏之世，如唐、虞、三代而不可复得矣。乃一触其私利之心，遽以不能畜厚居盈为大怨，诅君上之速亡，竞戴贼而为主，举天下猖猖薨薨而相怨一方，忘乎上之有君也。忘乎先世以来，延吾生以至今者,君也;忘乎偷一日之安,而尚田尔田、庐尔庐者,君也。其天性中之分谊,泯灭无余,而成乎至不仁之习也,久矣! 积不善而殃自集之,天理周流,以类应者不测,达人洞若观火,而怙恶者不能知,一旦沓至,如山之陨,如水之决,欲避而无门,故曰"百殃"也。

【注释】

①奄:忽然。

②馁瘠:因饥饿而瘦弱。鸠鹄:形容人因饥饿而很瘦的样子。"鸠形"指腹部低陷,胸骨突起;"鹄面"指脸上瘦得没有肉。

③桁(háng)杨:用于套在囚犯脚或颈的一种枷。

【译文】

自从天子失道以来,百姓怨恨君主的,是对他的进奉,是朝廷追讨之前已经命令减免的租税,是正常赋税之外的横征暴敛,是对盐和茶的高额征税。百姓大声疾呼、翘首以盼,说:什么时候上天能忽然降下惩罚,换掉我们的皇帝,杀掉贪官,为我们发泄怨气就好了! 等到动乱越来越残酷,百姓被像鸡、猪那样屠杀宰割,像青蛙、蚯蚓一样死在野外,像麋鹿一样惊惶逃窜,像鸠形鹄面一样饥饿瘦弱,儿子看着父亲被剖胸裂肺却不敢哭,丈夫看到妻子被掳掠离家却不敢回顾,千里之地连一粒存粮都没有,十年之间没有一天能睡个好觉,这个时候百姓再追忆起昔日因为朝廷横征暴敛而被官府抓捕囚禁的痛苦,究竟哪一种处境更痛苦呢? 则百姓会将昔日君主昏暗、官吏贪污的时代,看得像唐尧、虞舜、夏商周三代一样光明,眼下却连这种时代也回不去了。可是一旦触及百姓的私利之心,他们就会因自己不能过上温饱富贵的生活而怨恨,诅咒君主快点死去,竞相拥戴盗贼做自己的领袖,整个天下都吵吵嚷嚷而相互怨恨,忘记了君主的实际存在。他们忘记了自先世以来,使他们生命得以延续至今的,是君主;忘记了使自己能够偷一日之安,尚且能保住自己的土地、房屋的,是君主。其天性原有的善良泯灭殆尽,从而养成了极端不仁的习性,这种情况已经持续很久了! 积累不善之举就会给自己招来灾祸,天理昭彰,善恶分明,通达的人对此洞若观火,而坚持作恶的人却不知道这个道理,一旦灾祸降临,就像山石陨落,就像河流决口一样,想要逃避也无处可逃,所以说是"百殃"。

夫民之愚夙矣,移之以使作善者君也,则君固不得辞其咎矣。而匡维世教以救君之失,存人理于天下者,非士大夫之责乎? 从君于昏以虐民者,勿论已;翘然自好者,以诋讦为直,以歌谣讽刺为文章之乐事,言出而递相流传,蛊斯民之忿懟以诅咒其君父,于是乎乖戾之气充塞乎两间,以干天和而奖逆叛,曾不知莠言自口而彝伦攸斁①,横尸流血百年而不息,固其所必然乎! 古之君子,遇无道之君,去国出奔,不说人以无罪,故三代立国千年,而无屠割赤地之惨。作善之祥,岂徒在一人哉!

【注释】

①莠(yǒu)言:语出《诗经·小雅·正月》:"好言自口,莠言自口。"指丑恶之言,坏话。

【译文】

百姓向来都是愚昧的,应当教导他们行善的是君主,因此君主无法推脱这一责任。至于匡正世俗、维护教化以纠正君主的过失、为天下保留人生存于世的道理,难道不是士大夫的责任吗? 那些跟随君主虐待百姓的人,可以暂且不论;那些自以为优越、特立独行的人,把攻击别人当作正直的行为,把歌谣讽刺当作写文章的乐事,其言语出口以后便在天下流传，蛊惑民心，使百姓纷纷诅咒君主，引起乖戾的风气充斥于天地之间，影响正常的自然规律，鼓动叛逆之心，却不知道自己所造成的祸害已经使得伦常丧尽，天下因此横尸遍野、血流不止，惨祸持续百年之久，难道这是必然的吗！古代的仁人志士，见到君主无道，就辞别而去，见了人也不提君主的罪行，所以夏商周三代立国虽然长达千余年，但也不见发生天下动荡的惨剧。行善成祥，又怎么可能是一两个圣君自己就能做到的呢！

一〇　社稷不存以能保民者为重

孟子曰："民为贵，社稷次之，君为轻①。"因时之论也。当其时，文、武之泽已斩，天下忘周而不以为君，周亦忘天下而不自任为君，则君子虽欲自我君之而不能。若夫六王者，非篡逆之臣，则介在戎狄，无异于酋帅，杀人盈野，以求君天下而建社稷，君非君而社稷亦非社稷矣，故轻也。君与社稷轻，而天所生之人，不可以无与立命，则苟有知贵重其民者，君子不得复以君臣之义责之，而许之以为民主可也。

【注释】

①民为贵，社稷次之，君为轻：语出《孟子·尽心下》。

【译文】

孟子说："百姓是最为宝贵的，社稷为其次，君主的重要性不及前两者。"这是应时势而说的话。当时，周文王、周武王遗留的恩泽已经断绝，天下人忘记了周天子的存在，不把他当作君主，周天子也忘记了天下而不把自己当作君主，则君子即使想要把周天子当作君主也做不到。至于六国的君主，不是篡逆之臣，就是长期处在戎狄之间，与酋邦统帅无异,他们杀人遍野,追求君临天下、建立社稷,君主既然并非合格的君主,社稷也就不是真正的社稷了,所以其重要性就下降了。君主与社稷的重要性下降,而百姓作为上天所创造的生命,任何人离了他们就无法建立政权,所以只要有知道重视百姓的人,仁人君子就不能再以君臣之义来苛责他,就可以允诺他做百姓的君主了。

黄巢既灭之后,僖宗乐祸以逞志,首挑衅于河东。朱温,贼也;李克用,狄也;起而交争。高骈、时溥、陈敬瑄各极用其虐[1];秦宗权、孙儒、李罕之、毕师铎、秦彦之流,杀人如将不及。当是时,人各自以为君,而天下无君。民之屠剥横尸者,动逾千里,驯朴孤弱之民,仅延两间之生气也无几。而王潮约军于闽海[2],秋毫无犯;王建从綦毋谏之说[3],养士爱民于西蜀;张全义招怀流散于东都[4],躬劝农桑;杨行密定扬州,辇米赈饥;成汭抚集凋残于荆南[5],通商劝农。此数子者,君子酌天地之心,顺民物之欲,予之焉可矣。存其美,略其慝,不得以拘致主帅之罪罪王潮,不得以党贼之罪罪全义,不得以僭号之罪罪王建,不得以争夺之罪罪行密,不得以逐帅自立之罪罪成汭。而其忘唐之尚有天子,莫之恤而擅地自专者,概可勿论也。

【注释】

①陈敬瑄(?—893):唐朝后期四川藩镇将领,权宦田令孜之兄。出身微贱,田令孜得势后被召入左神策军,累迁为左金吾卫大将军。广明元年(880)被拜为剑南西川节度使,平定西川叛乱。唐昭宗即位后,田令孜失势,陈敬瑄拒绝入朝,起兵抗命。景福二

年(893),王建诬告陈敬瑄谋反,被杀于家中。传见《新唐书·陈
　　敬瑄列传》。

②闽海:指福建和浙江南部沿海地带。

③王建从綦毋谏之说:綦毋谏,王建的部将、参谋。据《资治通鉴·
　　唐纪七十二·僖宗皇帝·光启三年》记载,綦毋谏曾劝王建养士
　　爱民以观天下之变,王建听从了他的建议。

④张全义(852—926):初名居言,又名宗奭,字国维,濮州临濮(今
　　山东鄄城西南)人。张全义出身农家,曾参与黄巢起义,后投降
　　河阳节度使诸葛爽,诸葛爽死后,张全义在李罕之部下担任河南
　　尹,治理洛阳,政绩卓著。后因与李罕之失和而依附朱温,帮助
　　其开创后梁,累授忠武军节度使、守中令令。后梁灭亡后张全义
　　出仕后唐,于同光四年(926)去世。传见《旧五代史·唐书·张
　　全义列传》《新五代史·杂传·张全义》。

⑤成汭(? —903):又名郭禹,青州(今山东青州)人。初为秦宗权
　　部下,后降服于荆南节度使陈儒,成为牙将。陈儒被部将张瓌驱
　　逐后,成汭逐渐控制了荆南地区,被唐昭宗任命为荆南节度使。
　　他任内治理有方,使得荆南局势安定下来。天复三年(903)在交
　　战中败给杨行密,投水而死。传见《新唐书·成汭列传》《旧五代
　　史·梁书·成汭列传》。

【译文】

　　黄巢被剿灭后,唐僖宗不顾可能招来灾祸的危险,一心想要实现自
己的志向,所以首先向河东的李克用发起挑衅。朱温是投降的叛贼,李
克用是夷狄之人,这两大势力起来相互争斗。高骈、时溥、陈敬瑄这些
军阀也都各自做着极尽暴虐的事情;秦宗权、孙儒、李罕之、毕师铎、秦
彦这些人,杀人如麻,唯恐杀得不够多。这个时候,各地割据势力都自
为君主,而天下实际上没有了共同的君主。百姓惨遭屠戮,动逾横尸千
里,质朴弱小的百姓,能够幸运地存活下来的没有几个。而王潮在闽海

地区约束军队,秋毫无犯;王建听从綦毋谏的劝说,在西蜀供养人才、安抚百姓;张全义在东都洛阳招纳安抚流散的百姓,亲自鼓励百姓进行农业生产;杨行密平定了扬州,运米赈济灾民;成汭在荆南地区安抚凋残的百姓,发展商业、鼓励农业生产。这几个人,都能够顺应天地的愿望,考虑百姓的疾苦和需求,不失为动乱时期的君子。所以人们应该记住他们所做的好事,对其不当的行为不要过于苛求,不能因为王潮拘禁主帅就全盘否定他,不能因为张全义与朱温同伙就完全否定他,不能因为王建自封尊号就全面贬斥他,不能因为杨行密争夺地盘就一味贬低他,不能因为成汭驱逐主帅而自立就认为他有罪。至于他们忘记了唐朝尚有天子存在,不顾天子死活而割据一方、自行其是,是出于时局的因素,就不必再讨论了。

　　非王潮不能全闽海之一隅,非王建不能保两川于已乱,非全义不能救孙儒刃下之余民,非行密不能苏高骈虐用之子黎[1]。且其各守一方而不妄觊中原,以糜烂其民,与暴人争衰王。以视朱温、李克用之竭民肝脑、以自为君而建社稷,仁不仁之相去,岂不远哉? 呜呼! 至是而民为重矣。非倚之以安君而卫社稷之谓也,视其血染溪流、膏涂原草者,虽欲不重之,而有人心者固不忍也。君怙恶以殃民,贼乘时而行其残忍,民自不靖而旋以自戕,三者皆祸之府也,而民为可矜也。何也? 屠刈流离之民,固非尽怨上行私、延首待乱之民也。天且启数子之心,救十一于千百,而亦可以为民之主矣。

【注释】

①虐用:虐待。过度地役使。子(jié)黎:遗民,残存的百姓。

【译文】

如果没有王潮，闽海一隅之地就难以被保全，如果没有王建，两川地区的动乱就难以平息，如果没有张全义，孙儒刀下剩余的百姓就难以被拯救，如果没有杨行密，被高骈残酷役使的百姓就难以得到复苏。况且他们各守一方土地而不妄自觊觎中原，以使生灵涂炭，也不与残暴的人争夺中原的统治权。把他们的行为与朱温、李克用不惜令百姓肝脑涂地也要自立为王、建立社稷的行径相对比，仁与不仁之间的差距难道能说是很小的吗？唉！事情到了这个地步，百姓自然显得非常重要了。这并不是说要依靠百姓来安定君主的地位、巩固江山社稷，所以百姓才重要，而是眼看着百姓血染溪流、横尸荒野，即使想不重视他们，也是有良心的人所不忍心做的。君主作恶危害百姓，叛贼趁机大行残忍之事，百姓也不能自我安定下来，很快戕害了自己，这三个原因都是招致祸患的因素，而其中百姓最值得怜悯。为什么呢？因为那些被屠戮迫害、流离失所的百姓，当然不会全是埋怨君主、只求私利、翘首盼望动乱的刁民。上天可怜天下苍生，启发王潮、王建、张全义等人的内心，让他们从众多受苦的百姓中拯救一部分出来，他们这些人，自然有资格做百姓的君主。

昭　宗

【题解】

　　唐昭宗李晔(867—904)，初名李杰，是唐懿宗李漼第七子、唐僖宗李儇之弟。李晔初封寿王，文德元年(888)僖宗死后，被宦官杨复恭拥立为皇帝。此时唐帝国已经在黄巢之乱的打击下分崩离析，藩镇趁机坐大，昭宗虽试图增强军备以强化朝廷实力，但迅速引起藩镇势力的反弹，最终归于失败。此后，唐昭宗相继受制于宦官、李茂贞与朱温，难以有所作为。天祐元年(904)，李晔被朱温弑杀，共在位十六年。

　　士人在乱世中如何自处，这是一个历久弥新的话题。昭宗在位时期的唐朝局势，就是典型的危亡之世。在本篇中，王夫之观察和剖析了这一时期各色士人的举动与选择，给出了自己对于这一问题的思考和心得：大臣处在国家危难之时，想要牺牲自己来报效君主，挽救将要灭亡的国家，就必须对自己仕宦进退格外谨慎，不能因贪恋名位而苟且在位。而在王朝倾覆、君辱国亡的情况下，士人面临生死抉择时，就更要把握原则，怀着必死之心践行正道，因为践行了正道，所以能免于被侮辱；至于是否最终为此付出生命，则交给机缘和命运来决定，如此则无论生死，士人都可以问心无愧。这一认识，既是基于对历史的考察与思考，也浸透了王夫之作为遗民面对明清易代的深切体会。

　　在唐末乱世中，各地军阀势力间展开了激烈的竞争，其中也采用了贸易禁止或封锁等经济手段。王夫之认为，禁绝贸易、封锁边境的做法实际上是自困之术。他指出，贸易是互通有无的手段，金钱则是"百货之母，国之贫富所司"，禁绝贸易，则货物积滞于国内，被白白浪费，金钱也无法流入，最终只会落得民穷国困、怨声四起；而指望这种经济封锁能拖垮敌国，也完全是不现实的，唯有发展经济、积极互通有无，才能真正达到"裕国而富民"的目的。

一　衰世妖风所袭失人精魄

"国家将亡，必有妖孽①。"妖孽者，非但草木禽虫之怪也，亡国之臣，允当之矣。唐之乱以亡也，宰执大臣，实为祸本。大中以来，白敏中、令狐绹始祸者也，继之以路岩、韦保衡之贪叨无厌而已极；然其为人，鄙夫耳，未足以为妖孽也。草木之妖，亦炫其华；禽虫之孽，亦矜其异；未尝一出而即害于人。及其后也，草木之妖，还以自萎；禽虫之孽，还以自毙；无救于己，而徒以乱天下。人而如斯，其中不可测，其得失不可致诘，竭慧尽力，冒险忘身，薨薨荧荧②，唯以亡国败家为见长之地，身为戮，族为夷，皆其所弗虑也，斯则为妖孽而已矣。张濬、崔昭纬、崔胤、孔纬、李磎是已③。而萧遘、杜让能心知不可④，俛勉而从之波靡⑤，亦妖风所袭，失其精魄者也。

【注释】

①国家将亡，必有妖孽：语出《礼记·中庸》："国家将兴，必有祯祥；国家将亡，必有妖孽。"

②薨薨：众虫齐飞的声音。荧荧：光闪烁摇动的样子。

③崔昭纬(？—895)：字蕴曜，清河(今河北清河)人。唐僖宗中和三年(883)状元及第。昭宗大顺二年(891)以户部侍郎身份拜相。他内结宦官，外通藩镇，每当不利于己时，便使人密告强藩王行瑜，令其上疏反对，自己则暗地里相助，甚至借三镇势力压于皇帝之上。昭宗因此对他深恶痛绝，于乾宁二年(895)将其罢相，贬为梧州司马，不久又下诏赐死。传见新、旧《唐书·崔昭纬列传》。孔纬(？—895)：字化文，曲阜(今山东曲阜)人。唐宣宗大中十三年(859)中状元，后历任翰林学士、中书舍人、户部侍郎。黄巢之乱时，孔纬跟随唐僖宗逃往蜀地，光启元年(885)被拜为宰相。唐昭宗即位后，令孔纬依旧处理政事。大顺元年(890)夏，幽州李彦威、汴州朱全忠请求讨伐太原李克用，宰相张濬奏请自率禁军招讨，孔纬支持张濬，结果张濬军大败而还。孔纬被连坐贬官。不久，军阀王行约入京师谋乱，昭宗出逃石门。孔纬从驾至莎城，病危不肯服药而死。传见《旧唐书·孔纬列传》。李磎：字景望，江夏(今湖北武汉)人。大中末年中进士，历任翰林学士、吏部郎中、中书舍人、礼部尚书等职。黄巢起事，他携带尚书八印败走河阳。黄巢派人索要印信，他拒而不给。乾宁年间出任宰相。后被崔昭纬、李茂贞所嫉，罢为太子少师，不久被王行瑜所杀。传见新、旧《唐书·李磎列传》。

④萧遘(gòu,？—887)：字得圣，南兰陵(今江苏常州)人。咸通五年(864)进士及第，先后担任礼部员外郎、户部侍郎等要职。黄巢之乱爆发后随唐僖宗李儇逃往四川，中和元年(881)拜为司空。光启二年(886)，邠宁节度使朱玫率军入京，宦官田令孜挟持僖宗李儇逃亡宝鸡，萧遘未及跟随，朱玫主张另立新君，萧遘极力反对并拒绝草拟诏书。被罢为太子太保。光启三年(887)，朱玫之乱被平定，宰相孔纬以萧遘曾接受朱玫任命的官职为借

口诬陷萧遘附逆。上奏朝廷将萧遘贬官。不久又将萧遘赐死。传见新、旧《唐书·萧遘列传》。杜让能（841—893）：字群懿，京兆杜陵（今陕西西安东南）人。咸通年间中进士，历官中书舍人、翰林学士。唐僖宗末年，从僖宗避黄巢祸乱，拜兵部侍郎、同平章事。昭宗即位后任太尉。当时军阀李茂贞对朝廷无礼，昭宗怒而准备讨伐李茂贞，杜让能苦苦相劝也未能阻止。景福二年（892），禁军攻打李茂贞失败，杜让能主动承担责任，被赐死。传见《新唐书·杜让能列传》。

⑤俛(mǐn)勉：俯仰，指随俗沉浮。

【译文】

“国家将要灭亡的时候，必定会有妖孽产生。”所谓的妖孽，并不是仅指草木鸟虫之类的精怪，亡国之臣也称得上妖孽。唐朝之所以陷入动乱而最终灭亡，宰执大臣实际上是祸根。自从大中年间以来，白敏中、令狐绹首先开启了祸端，其后路岩、韦保衡又贪婪无度；然而这些人不过是鄙俗的家伙罢了，还不足以称为妖孽。草木中的妖精，往往会炫耀自己的华丽；鸟虫中的精怪，也往往会炫耀自己的特异之处；它们都不是刚一出现就要害人的。随着时间推移，草木中的妖精最终自行枯萎；鸟虫中的精怪，最终自行丧命；妖孽没办法挽救自己，只会扰乱天下。人中的妖孽也是如此，他们的内心不可测度，它们行为的得失一时也难以论定，他们也竭尽智慧和力量，敢于冒险而奋不顾身，让人看起来轰轰烈烈，实际上却只擅长亡国败家，最终自己被杀，家族被屠灭，这些他们都完全不顾及，这样的人，就是人中的妖孽了。张濬、崔昭纬、崔胤、孔纬、李磎这些人都是如此。而萧遘、杜让能心中明知道自己行为不当，却还是随波逐流，也属于被妖风所侵袭，失去了自己的精神和魂魄的人。

华歆、郗虑之亡汉以建魏也，刘穆之、傅亮之亡晋以建宋也，皆有为为之也。而此数人者，未尝有夹辅朱温以篡唐之定计。当张濬劝州牧以输粮，孔纬捐病妻而赴阙，不谓有效忠于国之劳而不得；其激昭宗以挑衅于晋、召祸于汴也，抑非有亡唐以成他人篡夺之心。不知其何所挟持，而唯恐兵之不起、乱之不滋、宗社之不危、生民之不死。宗社危，生民死，则身戮族夷，亦其所甘心而快志者，非妖孽而何为狂迷之如此哉？进而详核其心，有小慧而欲试耳，有小才而思雠耳，贪一日宰辅之权，使克用、温之或畏己或亲己以耸动天下而已耳。桃李不蕊而乍荣于冬，麇麚无择而游于市①，使天下知己之能为祸福于乱世，则死固不忧。呜呼！人之如斯，晋而与谋国，国欲不亡，必不可得矣。

【注释】
①麇麚(jūn jiā)：麇鹿与公鹿。

【译文】
　　华歆、郗虑灭汉以建立曹魏，刘穆之、傅亮灭晋以建立刘宋，都是抱着明确目的去做的。而张濬、崔昭纬、崔胤、孔纬、李磎这几个人，却并没有辅佐朱温篡夺唐朝的坚定想法。当张濬劝州牧向朝廷运输粮食，当孔纬抛弃生病的妻子而入朝事奉君主的时候，不说他们有效忠国家的功劳是不公平的；他们刺激昭宗挑衅李克用、招祸于朱温，也并不是出于灭亡唐朝、帮助他人篡夺社稷的心思。不知道这些人被什么所挟持，但他们却都唯恐战事不能兴起、动乱不能滋长蔓延、宗庙社稷不处于危险之中、百姓不大量死亡。宗庙社稷陷于危亡，百姓大量死亡，则他们这些人即使被杀、被灭族，也感到甘心痛快，这样的人，如果不是妖孽，为何会狂妄迷惑到了这个地步呢？进而考察他们的内心想法，他们都是有小聪明而跃跃欲试，有小才能想要施展开来，贪恋一时的宰辅权力,使李克用、朱温之辈或害怕自己或亲近自己,从而耸动天下罢了。桃李尚未含苞就在冬天突然绽放花朵,麋鹿不聚集在自己的地盘上却要招摇过市,让天下都知道自己能在乱世中招致祸福,则死了也没有忧虑了。唉!这样的人,能够得到升迁、参与到军国大事的决策中去,国家想要不灭亡,必定是不可能的。

　　僖宗未自蜀归之日,天下尚可为也。郑畋即未能定乱,而慷慨忠愤,为天下人望之归,受将相而不辞,诚有弗容辞者,非技痒热中而贪高位也,僖、昭之际,岂复得为朝廷哉?河东叛,朱邪攘臂而仍之,岐、邠构难于肘腋①,关以东,朱温、时溥、孙儒、高骈、李罕之、朱瑾战垒相望②,天子孤守一城,不能当一县令,即为宰相,如鄙夫之志欲安富尊荣者,何有于是?稍有知者,非誓以一死报宗庙,则必视为荆棘犴狴而不能一朝居③,岂忍效濬、昭纬、胤、纬、磎之奔骛如狂哉?萧遘、杜让能且以端人自命,夫亦念何忠之可效,何功之可成,而营营汲汲于平章之虚号,何为者也?非愚也,狂也,是亦桃李之荣于冬,麋麑之游于市也。妖风方熺,荡之扇之,相逐而流,自好者不免焉,亦可悲矣!

【注释】

①岐、邠:指凤翔节度使李昌符和邠宁节度使朱玫及凤翔、陇右节度使李茂贞。

②朱瑾(867—918):宋州下邑(今河南夏邑)人。唐末五代时期将领,唐末天平节度使朱瑄的从弟。他壮武勇猛,得到兖州节度使齐克让喜爱,于是假意迎娶齐氏之女,趁机驱逐齐克让,自领为兖州节度使,割据一方。后被汴州朱温击败,投奔淮南杨行密,

成为其手下大将。后因受徐温之子徐知训羞辱，怒杀徐知训，被徐温所败，自刎而死。传见《旧唐书·朱瑾列传》《旧五代史·梁书·朱瑾列传》《新五代史·杂传·朱瑾》。

③犴狴(àn bì)：监狱。

【译文】

僖宗尚未从蜀地回归长安的时候，天下局势还是可以有所作为的。郑畋虽然没能平定叛乱，但他慷慨忠义，充满激奋之情，受到天下人的敬仰，他接受将相的职位而不推辞，是因为他确实觉得义不容辞，而不是因为他技痒心热、贪图高位，僖宗、昭宗之际，朝廷哪里还称得上是朝廷呢？河东地区发生叛乱，沙陀李克用随即响应，凤翔节度使李昌符和邠宁节度使朱玫等人在关中地区发动叛乱，关东地区朱温、时溥、孙儒、高骈、李罕之、朱瑾混战不休，唐朝天子孤守长安一城，连一个县令都不如，即使做了宰相，对于满足自己追求富贵尊荣的愿望又有什么益处呢？稍微有一点智慧的人，如果不是发誓用死来报效宗庙社稷，则必将相位视作荆棘、监狱而不愿意在这个位置上待一天，怎么会像张濬、崔昭纬、崔胤、孔纬、李磎这些人一样发狂似的要做宰相呢？萧遘、杜让能自认为是品行端正的大臣，但他们为什么不考虑一下当时情况下如何效忠，如何成就功业，却只在乎宰相的虚名，这又能有什么作为呢？这并不是愚昧，而是癫狂，就像桃李在冬天盛开花朵，麋鹿招摇过市一样。在妖风正盛的时候煽动它，随波逐流，即使洁身自好的人也难以幸免，这也真是可悲啊！

生斯时也，郑遨尚矣；陈抟托游仙以自逸①，其亦可矣；司空图、韩偓进不能自靖，而退以免于污辱，其尚瘥乎②！又其下者，梁震、罗隐、孙光宪之寓食于偏方，而不为乱首；更不能然，则周庠、严可求、韦庄小效于割据之主③，犹知延祸之非，而苟免于天人之怨怒。若张濬之流，窃卫主之名，贪晨霜之势，含毒起殡以速君之死亡，而血流于天下。呜呼！至此极矣！故曰妖也。

【注释】

①陈抟（? —989）：字图南，号扶摇子，亳州真源（今河南鹿邑）人。唐末宋初隐士。早年科举不第，遂于唐末隐居于武当山、华山，修习道术。后周显德三年（956），受周世宗柴荣召见，赐号"白云先生"。宋太宗赵光义在位时两度召见陈抟，对其至为礼遇。传见《宋史·陈抟列传》。

②瘥（chài）：治愈，病情有好转。

③严可求：同州（今陕西大荔）人。五代十国时期谋士。早年在县衙做差役，后来杨行密割据淮南，严可求成为其谋士，辅佐其建立南吴政权。杨行密死后，其子杨渥继承父位，想除掉徐温和张颢，结果反被其谋杀。其后严可求辅佐徐温击败了张颢，掌握了南吴大权，徐温死后又辅佐徐温的养子徐知诰秉政。其事见于《新五代史·吴世家》。

【译文】

生活在这个时代，像郑遨那样的隐士可以称得上高尚了；陈抟假托游仙访道而优游自适，也是值得肯定的；司空图、韩偓进不能安定自己，退下来免于被侮辱，也还算是有救吧！比他们更差一些的，像梁震、罗隐、孙光宪这些人在割据势力的地盘上寓居，而自己不做导致祸乱的魁首；再差一些的，则是像周庠、严可求、韦庄这样效力于割据势力，尚且知道招祸是不对的，因而能够避免天怒人怨的结局。像张濬这些人，假借保卫皇帝的名义，贪图权势，阴险歹毒，招致祸乱，从而加速了君主的死亡，使得天下血流遍地。唉！他们对天下的危害到了极点！所以称他们是妖孽。

二　为伪以欺天下鬼神弗赦

刘巨容能烧药为黄金,田令孜求方不与而见杀,非巨容之吝于与也,其术甚陋,不可以告人也。术之甚陋者,盖即今市井小人以汞与铜为赝金银①,欺不识者以雠其奸而已矣。天下岂有能烧药为金者哉?土之可为甓也②,木之可为炭也,米之可酿为酒,铅之可炼为粉也,天下别无甓、炭、酒、粉,而待人以成之。若夫金,则既有之矣。生于矿中者,自有其质;炼于火、汰于沙者,自有其方;成乎形质者,自有其物。煮桔梗以甘香之味③,似参而固非参;炼硝石为轻白之状,似硇而固非硇④。市井小人之术,欲以欺人,则必秘之而不告人以方;告人以方,则奸穷不雠,而有识者且唾其面矣。是以方士秘之,以死护之,繇其秘可以知其奸,可以知其陋矣。

【注释】

①赝(yàn):假的,伪造的。

②甓(pì):砖。

③桔梗:一种桔梗科、桔梗属多年生草本植物。别名"铃铛花""僧冠帽""包袱花""六角荷""白药"等。李时珍《本草纲目》曰:"此草之根结实而梗直,故名桔梗。"桔梗根可药用。

④硇(náo):一种矿物。多为黄白色粉末或块状,味辛咸,是氯化铵的天然产物。

【译文】

刘巨容能够将丹药烧制为黄金,田令孜向他求取炼金的秘方,刘巨容不给他,因而被杀,并不是刘巨容吝于给田令孜秘方,而是因为所谓的炼金术实际上特别鄙陋,因此不能将其告知其他人。所谓炼金术特别鄙陋,大概就是像今天市井小人用汞与铜制造假的金银器一样,欺骗不知情的人而从中渔利罢了。天下难道真的有能将丹药炼成黄金的人吗?土能够烧成砖,木可以烧成碳,米可以酿成酒,铅可以炼成粉,除此之外,天下就再也没有其他的砖、炭、酒、粉,可以让人去生产制造了。至于黄金,则是本来就存在的物质。黄金生于矿石中,自有其本质;经过烈火冶炼或是从沙子中提取,也都自有其方法;使黄金变成各种形状,也自有其工具器物。用桔梗煮出甜香的味道,闻起来像人参,但并不是真的人参;将硝石炼成微白的粉末状,看起来像硇而实际上并不是硇。市井小人如果想要欺骗别人,就会将所谓的秘方故意隐瞒起来而不告诉他人,这是他们的惯用伎俩;如果把秘方告诉了别人,则他们的奸计就难以实现了,还会遭到有识之士的唾弃。所以方士要把所谓秘方隐藏起来,拼死保护它,从方士们隐藏秘方就可以看出他们的奸诈,也就可以知道其鄙陋了。

　　夫其奸以藏陋者,为术甚易,而理固无难辨也。自汉武帝惑于方士,而天下惑之,刘子政以儒者而淫焉[1]。施及后世,天子以服食丧身,匹夫以烧丹破产,畏死而得夭,贪富而得贫,则何如市井小人公然为伪,虽伏罪而不至于死亡哉!

【注释】

[1]刘子政以儒者而淫焉:刘子政即西汉学者刘向,"子政"是其字。刘向通晓道家方术,曾向汉宣帝进献炼金术,但花费甚巨也未能成功炼成黄金,刘向反因铸伪黄金而获罪。事见《汉书·刘向传》。淫,沉迷。

【译文】

用奸计掩藏自己鄙陋之术的人，其伎俩并不复杂，从道理上也很容易予以辩驳。自从汉武帝被方士所迷惑以后，天下人也都被迷惑了，刘向身为大儒也痴迷于炼金术。到了后世，天子因为服食丹药而身亡，匹夫因为炼制丹药而破产，因怕死而服丹药，最终却换来早死，因为贪求富贵而炼丹，最终却因炼丹而更加贫穷，与其如此，还不如像市井小人那样公然为伪，即使伏法抵罪也不至于死亡呢！

　　且夫金银之贵，非固然之贵也。求其实，则与铜、铅、铁、锡也无以异；以为器而利用则均，而尤劣也；故古者统谓之五金①。后世以其约而易赍也，遂以与百物为子母②，而持以求偿，流俗尚之，王者因之，成一时之利用，恶知千百世而下，无代之以流通而夷于块石者乎？本不足贵，而岂有神异之术化他物以成之者？然则铜、铅、铁、锡逮于块石，抑将有药术焉可化而成哉？甚矣！贪而愚者之不可瘳也。刘巨容可自致于高位，而能奋勇以破黄巢，然且身死而族灭，盖为伪金以欺天下，鬼神之所弗赦也。要其术，则市井小人为锻工者之陋技而已矣。

【注释】

　　①五金：金、银、铜、铅、铁五种金属统称，与黄、白、赤、青、黑五色相应。亦泛指各种金属。

　　②子母：本指轻重货币，此指以金银作为货币来进行衡量。

【译文】

　　况且金银的贵重，并不是本来就贵重。就实质而言，金银与铜、铅、铁、锡等金属并无不同；如果将其制造成器物，效用是一样的，而且由于金银较软,所制器物品质上还比不上其他金属;所以古时候将各种金属统称为"五金"。后世因为金银体积小,便于携带,所以将其用作衡量世间百物的工具,带在身上作为资财,因为世俗崇尚金银,所以统治者也就顺势将其作为货币,以供一时之用,我们又哪里知道,或许千百代以后,就没有代替金银作为流通物的东西产生,金银就像石块一样不值钱了呢? 金银本不足以变得贵重,哪里又有什么神奇特异的办法能用其他东西制造出金银呢? 如果能用其他物质制造黄金,那么铜、铅、铁、锡甚至石块,难道也能用其他物质来制造吗? 贪婪愚蠢的人真是不可救药到了极点! 刘巨容能够自己获取很高的官位,也能奋勇击破黄巢的军队,即使如此也最终身死族灭,大概是因为制造伪金以欺骗天下,终究是鬼神所不能予以赦免的罪行。至于他所使用的炼金方法,实际上不过是擅长锻造金属的市井小人所持有的鄙陋技术罢了。

三　朱温务构天下之乱而己亦速亡

曹操、袁绍,皆汉贼也;朱温、李克用,皆唐贼也;其争欲篡夺之心,两不相下之势,一辙也。乃曹操挟天子为名以攻袁绍而胜,张濬奉天子倚朱温攻克用而败。盖献帝之在许也,四方无一旅之可指使,一唯操之是听,故操无所掣而得行其意。昭宗犹有河朔三镇及昭义之军与韩建之众[1],濬持两端,忌温而挠之,且恐昭义为温所得,争先轻进,是以温志不决而独受敌以溃。繇此言之,则汉处必不能存之势,而唐犹可存,谋国非人,以致倾覆,所谓"匪降自天"也[2]。

【注释】

①韩建(855—912):字佐时,许州长社(今河南长葛)人。初为秦宗权部下军校,后成为忠武监军杨复光麾下"忠武八都"之一。杨

复光死后投靠权宦田令孜,出任华州刺史,后升为镇国军节度使,统治华州十六年之久。乾宁三年(896)至乾宁五年(898)间挟持唐昭宗到华州,期间曾杀戮唐朝宗室。天复元年(901),朱温进攻韩建,韩建投降,成为其部将。后梁建国后被拜为宰相。乾化二年(912)为部将张厚所杀。传见《旧五代史·梁书·韩建列传》《新五代史·杂传·韩建》。

②匪降自天:语出《诗经·小雅·十月之交》:"下民之孽,匪降自天。"意谓黎民百姓遭受灾难,这种灾难并不是从上天降下来的。

【译文】

曹操、袁绍,都是汉朝的叛贼;朱温、李克用,都是唐朝的叛贼;他们争相篡夺政权的心思,水火不容、彼此对峙的态势,都如出一辙。可是曹操挟持天子,假借其名义进攻袁绍而取得了胜利,张濬奉天子之令倚靠朱温攻击李克用却遭到了失败。大概汉献帝在许昌时,四方没有一支可以指挥的军队,完全只能听从曹操的安排,所以曹操没有掣肘的顾虑,因而可以随心所欲地行动。唐昭宗时则尚有河朔三镇、昭义军以及韩建的军队可供指挥,张濬首鼠两端,顾忌朱温的势力而想要阻挠他成功,而且也都唯恐朱温得到昭义镇,所以争先轻率进军,导致朱温在没有拿定主意的情况下独自遭遇敌军攻击而被击溃。由此而言,则东汉在献帝时已处于必定难以存续下去的态势,而唐朝尚且有被保存的可能性,只是没有合适的人来谋划国是,因而导致了国家倾覆的结局,这就是所谓的"匪降自天"。

藉令得贤主良相,怀辑未叛之藩镇①,收拾禁旅,居关中以静持之,斥汴、晋之奸交,绝其奏讦②,听其自相搏噬,乘其敝而折之,二寇之气,偾张而必竭③,不难制也。而昭宗君臣非其人也,是以速亡。

【注释】

①怀辑:怀集,招徕。

②奏讦:上奏揭发。

③偾(fèn)张:扩张突起。

【译文】

假如此时唐朝能有英明的君主和贤良的辅佐,能够安抚和怀集尚未叛乱的藩镇,整顿禁军,坐镇关中静待时机,声讨朱温和李克用的奸诈行径,断绝他们与朝廷的关系,听任他们相互厮杀,等他们两败俱伤之际一举收拾他们,则朱温、李克用两个奸贼的气势,必定会在扩张突起后逐渐衰竭,因此不难制服他们。而昭宗君臣显然并非能做到这件事的合适人选,所以唐朝才会迅速灭亡。

乃繇温、克用而言之,温岂能为曹操乎?操假名义以行,而务植根于深固;温则贼耳,凶狡以逞,利人之斗,乘之以窃利,力不足以胜天下,而挑天下以敝,乃以自雄。

【译文】

仅就朱温、李克用而言,朱温难道真的能做又一个曹操吗?曹操假借天子的名义行事,专注于将自己的根基奠定牢固;朱温则不过是个叛贼罢了,凶狠狡猾只求一逞,趁着别人争斗的机会,想要窃取利益,其力量根本不足以战胜整个天下,却挑起天下的争端,使天下陷于疲敝,自己好趁机称雄。

其与张濬合谋而攻克用也,朝廷方倚河朔以捣晋阳之东北,而温攻魏博以幸其疲而收利。盖其许昭宗以讨克用,有两利之术焉,不必其亡克用也。克用而败邪?是张濬为我灭一巨敌也；克用既亡，己乃服罗弘信于魏博[1]，收张全义于东都，扼唐而困之关中，北无晋阳之难，专力以起亡唐，此一利也。克用而胜邪？克用且负抗拒王师之辜于天下，而己可因之以饵唐而折入于己；且克用胜，唐已残而不复能振，是克用为我效驱除之力也。

【注释】

①罗弘信(836—898)：字南勋，一字德孚，魏州贵乡(今河北大名)人。晚唐藩镇将领。初为魏博节度使乐彦祯裨将。光启四年(888)，魏博军牙兵与节度使乐彦祯关系紧张，乐彦祯为避免遭遇叛乱而主动退位，其子乐从训在朱温支持下率军进攻魏州，准备武力夺位。罗弘信被牙兵推为主帅，率军击败乐从训，安定了魏博局势，被昭宗拜为魏博节度使。其后罗弘信多次与朱温交战，却屡次失败，最终于大顺元年(890)向朱温求和，降服于他。光化元年(898)卒。传见新、旧《唐书·罗弘信列传》。

【译文】

朱温与张濬合谋进攻李克用，在朝廷正依靠河朔三镇的力量准备直捣晋阳东北的时候，朱温却趁魏博疲敝的机会进攻魏博以求获利。大概朱温在答应昭宗参与讨伐李克用的时候，就已经盘算好了两头取利的计划，并非一定要消灭李克用。如果李克用被朝廷击败呢？则张濬就是为朱温消灭了一个劲敌；李克用既然被消灭，朱温自己就可以趁机收服魏博的罗弘信和洛阳的张全义，扼住唐朝东进的通道，将其困在关中，他自己北无晋阳李克用掣肘，就可以专心地来消灭唐朝了，这是一方面的好处。如果李克用战胜了朝廷军队呢？那么李克用就要从此背上公然抗拒朝廷军队的罪名，被天下人指责，而自己则可以趁机引诱唐朝与自己做交易，从而使唐朝更加依赖自己；而且李克用如果取胜，则唐朝已遭遇重创而难以重振,李克用相当于是出力为朱温消灭了唐朝廷的主要力量,使其坐收利益。

　　曹操务定天下之乱,而居功于己以收之;温则务构天下之乱,而己乘其纷以制之。利天下之乱者,未有能成者也;是以温能灭唐,仅有中原之一线,而速亡于李存勖之手。藉令温乘张濬之谋,举全力以攻克用,克用平,而河北三镇固不能与争,持定难之大功,以挟天子、令诸侯,同、华、西川孰能与竞,徐起而收曹操、刘裕之成局,温之于天下,可八九得也。夫温于时不臣之恶未著,所负不义之名于天下者,独悖援己之惠于克用耳。克用于温有恩,而于唐则固贼也。凶狡不知名义,抑无尺寸定乱之功,霸业终以不成,徒逞枭獍之心以食君父①,故曰温贼也,非曹操所屑与后先者也。

【注释】

①枭獍(xiāo jìng):古人传说枭为恶鸟,生而食母;獍为恶兽,生而食父。比喻忘恩负义之徒或狠毒之人。

【译文】

　　曹操专心于平定天下的战乱,以此作为自己控制天下的资本;朱温则专心在天下制造混乱,而自己则趁着混乱获取利益。以天下的混乱为利的人,没有能够最终成功的;所以朱温虽然能够灭亡唐朝,却仅能占有中原这一块地盘,很快就亡于李存勖之手。假如朱温能利用张濬的谋划,以全力进攻李克用,李克用被讨平,则河北三镇自然无法再与其争锋,朱温凭借平乱靖难的大功,就可以挟天子而令诸侯,同州、华州、西川的军阀都无法再与他抗争;朱温就可以慢慢地像当年曹操、刘裕那样利用既成局面而掌握权柄,可以说他已经得到了十分之八九的天下。当时朱温的不臣之心尚未完全暴露,他身上所背负的不义之名,只有对曾经救助过自己的李克用不讲信义罢了。李克用对朱温有恩,但对于唐朝廷来说则本来就是叛贼。朱温凶狠狡猾却不懂得利用名义,也没有一点平定叛乱的功劳,所以最终没能成就霸业,只会像枭獍那样吞食自己的君父,所以说朱温只是个叛贼,曹操是不屑于被拿来与他进行比较的。

国虽将亡,犹有图存之道;臣虽甚逆,犹有居胜之术;两俱不能,而后使沙陀四姓交乱中国者数十年,而契丹乘之,意者其天乎!

【译文】

唐朝虽然将要灭亡,此时却仍然有救亡图存的办法;朱温作为臣子虽然非常不忠于国家,却也仍有立于不败之地的手段;但昭宗和朱温都没能把握住机会,其后便使得沙陀四姓交相扰乱华夏数十年,然后契丹人又乘虚而入,这难道是天意吗!

四 智者非挟机取捷幸胜乱世

所谓智士者,非乘人而斗其捷以幸胜之谓也。周知于得失成败之理,而避人之所竞,弃人之所取,以立本而徐收安定之功也。李左车欲扼韩信于险,一战之克耳,非必能全赵也,未足称智也;而说韩信以不战而收河北,民以宁,军以全,保胜而服未平之寇,则真大智之用也,信能听之以成功,功归信矣。于西川、淮南得两智士焉。王先成说王宗侃以招安而下彭州[①];高勖说杨行密通商邻道[②],选守令,课农桑,而保淮南。智矣哉！非衹以成王建割据之资，赞行密定霸之业也，而救民于锋刃之下，以还定而安集之，仁亦溥矣。

【注释】

①王先成说王宗侃以招安而下彭州：王宗侃（857—923），本姓田，字德怡，许州（今河南许昌），一说雅州（今四川雅安）人。前蜀高祖王建的养子，前蜀重要将领，累爵至魏王。唐昭宗景福元年（892），威戎节度使杨晟与王建爆发冲突，王建派遣王宗裕、王宗侃等人率五万大军进攻彭州，杨晟出兵迎战失利，退入城中，王宗裕等于是包围了彭州，但久攻不下，百姓纷纷逃匿山谷，军中粮草缺乏，诸将领听任士兵四出俘掠抢掳。此时军中有一个叫王先成的军士，新津人，本来是书生，因战乱而从军，他认为诸将中唯北寨王宗侃最贤明，于是劝说王宗侃禁止军士掳掠，放还已经被掳到军中的百姓，抚恤老弱，招纳逃到山中的民众，鼓励百姓生产。王宗侃上报王建，依计而行，不仅解决了军粮问题，也最终拿下了彭州。其事见于《十国春秋·前蜀·王宗侃列传》。彭州，治今四川彭州。

②高勖（xù）说杨行密通商邻道：高勖为唐末五代时期杨行密的幕僚，在其帐下任掌书记。杨行密控制淮南地区后，财政陷入困难，经费紧张，于是想以茶叶、食盐交换民间布匹、绸缎。但当时淮南十室九空，高勖就劝阻他不要做这种杀鸡取卵的事情，他建议杨行密用军中掌握的物资跟邻道其他藩镇进行交换，对内则厉行节俭，招抚流民，减轻劳役，降低赋税，恢复民生，劝导百姓耕田种桑。杨行密依计而行，数年后淮南的社会经济得以恢复。事见《新唐书·杨行密列传》。

【译文】

所谓有智慧的人，并不是指利用自己的聪明与别人争斗以求侥幸获胜的人。而是指能够详细完备地了解得失成败的道理，而避开别人所竞争的领域，放弃别人都追逐索取的事物，从而树立根本、慢慢收取安定的功效的人。李左车想要将韩信遏制在险要的地形中，可是即使一战成功，他也未必能够保全赵国，所以这称不上有智慧的表现；而其后他劝说韩信以和平方式收取河北地区，百姓因此得以安宁，军队因此得以保全，既保证了胜利又收服了尚未归顺的贼寇，这是真正运用大智慧的表现，韩信能听从他的建议，取得了成功，功劳自然也就归于韩信了。唐末在西川、淮南也有两位有智慧的人。王先成劝说王宗侃招抚和安定百姓，从而拿下了彭州；高勖劝说杨行密与邻道通商，合理选任地方官员，鼓励农桑，因而保全了淮南。他们真是有智慧啊！不仅仅成就了王建割据四川的资本，为杨行密的霸业奠定了基础，而且将百姓从锋刃之下拯救了出来，使他们得以安居乐业，其仁义恩德可谓广博。

　　盖所谓智者，非挟机取捷之术，而是是非非之准也①。挟机取捷以雠术于乱世，一言而死者积矣，害且伏于利之中矣。是是非非者，所以推行其恻隐之大用，平英雄之气，顺众庶之欲，功不速、利不小、而益无方者也。此两者固相妨矣，小智之所争，大智之所不屑也。天下方纭纭以起，利害生于俄顷，虽有英杰之姿，目眩心荧，贪逐于利害之小数而忘其大。智者立于事外，以统举而周知之，辨仁暴之大司，悉向背之殊致，见穴中之角逐，皆鹌斗蚁争之末技②，乃以游于象外，而得其圜中。苟非其人，则且笑以为迂拙之图，而孰令听之？王建、杨行密之决从二子也，亦不可谓非智也。何也？智者之言，愚者之所笑也。

【注释】

①是是非非：语出《荀子·修身》："是是非非谓之知，非是是非谓之愚。"指能明辨是非对错。

②鹑：鹌鹑，一种东亚地区常见的地栖性鸟类。

【译文】

　　大概所谓的智慧，并不是指趁机取巧的伎俩，而是指衡量是非的准则。在乱世中趁机取巧来实现自己的伎俩，一句话就可能导致死者堆积如山，表面上有利，实际上却暗藏祸根。而衡量是非的准则，则可以调动人的恻隐之心，平息英雄的暴虐乖戾之气，顺应百姓的愿望，这种作用见效较慢、但好处很大、收益无穷。趁机取巧的伎俩与衡量是非的准则自然是相互妨碍的，有小聪明的人所孜孜追逐的事物，是有大智慧的人所不屑追求的。在天下纷乱初起的时候，利害瞬息万变，即使有英杰的姿态，也难免目眩心迷，贪图小利而忘记了更大的利害。智者置身事外，所以能纵览大势，对局势了若指掌，能分清仁义与残暴，能洞悉人心的向背，看到各势力间如同穴中蝼蚁一般的角逐，会把这当作无关紧要的细枝末节，因此能够置身其外而洞察其中。如果不是有远见的人，则必定会把有智慧的人的话当作迂腐的浅薄之见，有谁愿意听他们的话呢？王建、杨行密能够听从王先成、高勖的话，也不能说是没有智慧的人。为什么呢？因为智者的话，往往会被愚蠢的人当作笑料。

五　杨行密听高勖通商邻道江淮富庶

　　据地以拒敌，画疆以自守，闭米粟丝枲布帛盐茶于境不令外鬻者①，自困之术也，而抑有害机伏焉。夫可以出市于人者，必其余于己者也。此之有余，则彼固有所不足矣；而彼抑有其有余，又此之所不足也。天下交相灌输而后生人之用全，立国之备裕。金钱者，尤百货之母，国之贫富所司也。物滞于内，则金钱拒于外，国用不赡，而耕桑织纴采山煮海之成劳②，委积于无用，民日以贫；民贫而赋税不给，盗贼内起，虽有有余者，不适于用，其困也必也。

【注释】

①枲(xǐ)：麻。

②织纴(rèn)：纺织布帛。

【译文】

占据地盘而抵御外敌，划定疆界而进行自保，禁止向境外出售粮食、丝麻、布帛、盐、茶，这是自我束缚的办法，其中暗藏着极大的危害。凡是能够对外销售的物资，必定对自己而言是有富余的物资。某些物资自己有富余，则别人可能就不够用；而某些物资其他势力有富余，自己则未必有足够的储备。正因为天下相互交易、互为调剂补充，民众的日常用度才得以满足，国家的物资储备才得以充裕。金钱尤其是各类货物交易的媒介，其数量的多少决定着国家的贫富。如果物资积滞在自己的地盘内，则金钱也就无法流通进来，国用不足，而百姓耕种、纺织、采矿、煮盐的生产成果，也将白白堆积，变为无用之物，百姓日益贫困；百姓贫困则无力交纳赋税，境内盗贼就会兴起，即使境内有富余的物资，也无法利用起来，因此必然会陷入困境之中。

如其曰闭关以扼敌于枵乏①，言之似是，而适足为笑耳。凡诸物产之为人所待命以必求其相通者，莫米粟若矣。闭枲则敌可馁，此尤说之可据者，而抑岂其然哉？苟迫于饥馑而金钱可支也，则逾绝险以至者，重利存焉，岂至怀金以坐毙哉？即有馁而道殣者，抑其老弱耳，国固未尝乏可用之丁壮也。夫差许越枲而越灭之②，夫差之骄悖，宰嚭之奸邪，自足以亡国,而岂许粜之故乎?晋惠公背秦施而闭粜,兵败身俘,国几以亡③。剿绝生人之命以幸灾而徼胜,天之所怒,人之所怨,三军万姓皆致死于我,而吾国之民,抑以徒朽其耕获之资,不获赢余之利,怨亦归焉。欲不败亡,不可得已。米粟者,彼己死生之命,胜败之司也。其闭之也,而害且若此,又况其他余于己而待儳之货,得以转易衣被器械养生送死之具者,为立国之资,而金钱去彼即此,尤百为之所必需,以裕国而富民,举在是乎?

【注释】

①枵(xiāo)乏:匮乏,缺乏。

②夫差许越粜(tiào)而越灭之:据《吕氏春秋》记载,越国有一年发生了饥荒,越王勾践派人携带重礼向吴王夫差请求借粮,言辞十分恭敬,并贿赂吴国太宰伯嚭,终于使得吴王不顾伍子胥反对,向越国借出粮食。过了几年,吴国遭遇灾荒,吴国向越国请求借粮,越国却断然拒绝,并趁机进攻吴国,吴国最终被其灭亡。粜,卖出粮食。

③"晋惠公"三句:据《左传》记载,晋惠公四年(前647),晋国发生饥荒,晋惠公向秦国请求购买粮食,秦穆公派了大量的船只运载粮食给晋国。次年,秦国发生饥荒,向晋国请求购买粮食,晋惠公却不给秦国粮食,反而发兵去攻打秦国。秦穆公大怒,也发兵讨伐晋国,晋惠公战败被俘。

【译文】

如果说闭关断绝贸易是为了让敌国陷于物资匮乏的境地,这种说法看起来有道理,实际上却是荒谬可笑的。在人们日常生活中所必然需要、必定要通过流通来获得的物产中,没有比粮食更重要的了。如果限制粮食就能挫伤敌人的气势,这种说法看起来尤其有道理,但事实果真如此吗? 只要人们陷入饥饿而手中又有可供支配的金钱,那么逾越艰险将粮食运输过来的人就有极大的利润可图,如此人们怎么会怀揣金钱而活活饿死呢? 即使真有因饥饿而死在路边的人,也不过是老弱病残罢了,敌国并不会因此便缺乏可用的壮丁。当年夫差许诺借给越国粮食而吴国最终被越国灭亡,这是因为夫差的骄狂悖逆、宰嚭的奸诈邪恶,本来就足以导致国家灭亡,难道能把吴国灭亡的责任推给借粮这件事吗? 晋惠公不顾秦国的恩惠而拒绝借粮给秦国,结果兵败被俘,几乎导致国家灭亡。断绝了敌国百姓的生路,对他们的苦难感到幸灾乐祸,以求获胜,必将招致天怒人怨,敌国的军人和百姓都因为自己拒绝贸易而死去,而自己国家的民众,也只能看着耕种收获的粮食因堆积而腐烂,难以获得盈余的利润,也会因此而怨恨统治者。这种情况下,国家想不灭亡是不可能的。粮食对于敌我双方来说都是关系到生死存亡和彼此胜败的关键物资。禁绝粮食的交易,危害尚且如此之大,更何况是其他自己有富余而需要交易出去,以获得衣被、器械和丧葬用具等生活必需品的货物,货物是立国的资本,而金钱从敌国流通到自己手中,尤其是必需的,要富国富民,难道不全靠这样吗?

　　且不徒此也,禁之者,法之可及者也;不可禁者,法之所不可及者也。禁之于关渡之间,则其雠之也愈利,皇皇求利之民[1],四出而趋荒险之径以私相贸,虽日杀人而固不可止。强豪贵要,于此府利焉,则环吾之封域,无非敌人来往之冲,举吾之人民,无非敌人结纳之党,阑入已成乎熟径,奸民外告以腹心,间谍交午于国中而莫之能御[2],夫且曰吾禁之已严,可无虑也,不亦愚哉?

【注释】

①皇皇:匆忙的样子。

②交午:纵横交错。

【译文】

　　况且事情还不止如此,能够被禁止的贸易,是法律管辖范畴内的;无法被禁止的贸易,则是超出法律管辖范畴内的。禁止通过关卡、渡口等交易某项物资,则这种物资的利润便会愈加丰厚,急于求利的百姓会四处寻找荒芜险要的路径去私下进行贸易,即使每天都杀违禁人也不可能制止得住。权贵豪强也会从这些非法贸易中牟利,如此则整个边境地区都会成为敌人往来的要冲之地,整个国家的人民都成了与敌人相勾结的党羽,敌人来往轻车熟路,奸民又会向他们传递消息,国中到处都是间谍,简直无从控制,这个时候尚且说自己已经下达了严密的禁令,可以高枕无忧,这难道不是太愚蠢了吗?

　　夫唯通市以无所隐,而视敌国之民犹吾民也,敌国之财皆吾财也,既得其欢心,抑济吾之匮乏,金钱内集,民给而赋税以充,耕者劝耕,织者劝织,山海薮泽之产,皆金粟也,本固邦宁,洞然以虚实示人,而奸宄之径亦塞。利于国,惠于民,择术之智,仁亦存焉,善谋国者,何惮而不为也?

【译文】

　　只有与敌国相互通商、无所隐瞒,将敌国的百姓看作自己的百姓,敌国的财富看作自己的财富,相互通商既可以得到敌国百姓的欢心,也能缓解自身的物资匮乏,使金钱能够集中到自己的国家来,百姓富裕了,就可以交纳赋税,努力劝勉百姓耕种和纺织,山海湖泽中的物产,都可以化为粮食和金钱,自己的根本稳固了,国家也就安定了,将自己的虚实无所保留地展示给别人，则那些奸佞之人奸诈牟利的路径也就被堵塞了。这种行为利国利民，充满智慧也不失仁义，善于为国家谋划的人，为什么不这么做呢？

　　高勖劝杨行密悉我所有、邻道所无者，相与贸易以给军用，选守令，课农桑，数年之间，仓廪自实。行密从之，垂至于李氏有国，而江、淮之民，富庶甲天下，文教兴焉。田頵称之曰①："贤者之言其利溥。"不洵然与？

【注释】

①田頵：字德臣，庐州合肥（今安徽合肥）人。杨行密部下重要将领，曾任宁国节度使、宣州节度使。后因与杨行密产生矛盾，遂联结朱温公然反叛杨行密，最终战败被杀。传见《新唐书·田頵列传》《旧五代史·梁书·田頵列传》。

【译文】

　　高勖劝杨行密将所有自己有富余而邻近各势力所缺乏的物资，拿出来与相邻势力进行交易，从而供给军队支出，慎重选择地方官员，鼓励农桑生产，几年之内，国家的仓库就变得丰盈起来。杨行密听从了高勖的话，等到后来南唐建立时，江、淮地区的百姓富庶程度在天下首屈一指，文化教育事业也得以勃然兴起。田頵称赞高勖说："贤者的话带来的好处是很广博的。"难道事实不正是如此吗？

六　昭宗合聚诸王于孤城一败而歼

　　藩镇交横于外，则任亲军以制之，乃李茂贞以亲军跋扈尤甚于藩镇，昭宗凝目四注，无可任之人，乃出曹诚等于外①，而令诸王统兵以宿卫，盖不得已之极思耳，然亦未尝非计也。南阳诸刘,卒灭王莽矣;琅邪渡江,晋以延矣;康王南避,宋以支矣;刘焉、刘表不救汉亡,而高帝之祀后曹氏而斩者,犹豫州也②。故《诗》曰:"宗子维城③。"岂虚也哉?

【注释】

①曹诚:原为昭宗时禁军将领,后被昭宗外放为黔中节度使。

②豫州:此指刘备。刘备曾任豫州牧。

③宗子维城:语出《诗经·大雅·板》:"大邦维屏,大宗维翰。怀德维宁,宗子维城。"意即诸侯是国家的屏障,大宗是国家的主干,怀德是国家平安的保证,同姓是国家的城垒。宗子,同姓亲族子弟。

【译文】

唐末藩镇在各地割据跋扈,朝廷本应依靠禁军来制约各地藩镇,可是李茂贞却凭借禁军的力量作威作福,其跋扈程度比各藩镇还要严重,昭宗举目四望,发现没有能够任用的人,于是将曹诚等禁军将领外放,而命令诸王统率军队来拱卫宫禁,这大概也是出于不得已而想出的办法,然而也不见得就必定是错误的想法。两汉之际是南阳诸刘氏最终消灭了王莽;西晋末年琅邪王司马睿渡过长江后在江南立足,晋朝才得以延续;北宋末年康王赵构南逃避难,宋朝才得以存续;东汉末年刘焉、刘表虽然难以挽救汉朝的危亡,但高帝的祭祀在曹魏建立后仍得以延续,是因为有刘备的存在。所以《诗经》中说:"宗子维城。"这难道是虚言吗?

　　乃昭宗聚群宗子使领亲兵而任之,卒以陷之死地,至于哭呼宅家而莫之能救①,宗子尽而身随以弑,国随以亡,岂天厌李氏而不足以动天下之心乎? 朱邪、存勖以异类,徐知诰以不知谁氏之子孙②，冒宗支而号召以兴；然则李氏之裔仅有存者，人心未尽忘唐也。而骈死凶刃，至于卒斩，则昭宗实使之然，而非宗子之不可任也。任之已晚，而抑非其地也。

【注释】

①宅家：唐对皇帝的敬称，亦称官家。

②徐知诰：即李昪，五代十国南唐开国皇帝。原姓李，随养父徐温改名徐知诰。后恢复李姓，改名为昪，自称是唐玄宗第六子永王璘之裔。唐天宝末年，安禄山连陷两京，玄宗幸蜀，诏以李璘为山南、岭南、黔中、江南四道节度采访等使。李璘至广陵，大募兵甲，有图谋之意，后为官军所败，死于大庾岭北，故李昪指之以为远祖。事、传见于《旧五代史·僭伪列传》。

【译文】

可是昭宗将宗室子弟聚集起来，任用他们统率禁军，最终却让他们陷入了死地，以至于宗室子弟们哭喊昭宗，但是昭宗无法挽救他们，宗室子弟被全部诛戮以后，昭宗自己也被杀，国家也随之灭亡，这难道是因为上天厌弃了李氏，而李唐宗室的悲惨遭遇不足以打动天下人的心吗？李克用、李存勖父子身为异族，徐知诰不知道是哪一姓氏的子孙，却都冒充李唐皇族的名义而号召天下复兴唐氏；虽然如此，他们已经是李氏后裔中的仅存者了，可见人们心中仍然没有完全忘记唐朝。而李唐宗室子弟全部死于屠刀之下，则实在是昭宗的失误造成的，而不是因为宗室子弟不值得任用。昭宗任用他们的时候已经太晚了，而且也没有把他们安排在合适的位置上。

树宗子于四方，各有所据以立基，而即用其人，人皆为用也,则成败不可知,抑此仆而彼起。刘虞死于燕,刘琮降于楚,而先主可兴于蜀;南阳王败死于陇右①,而元帝可兴于吴。昭宗不早图此,而待分崩孤立之日,合聚诸王于孤城,拥乌合之罢民,号令不出于国门,以与封豕长蛇争生死,一败而歼焉,李氏安得有余烬哉? 盖至是而欲众建之方隅②,以与王室相维系也,难矣。

【注释】

①南阳王:指西晋南阳王司马模。参见卷十二"惠帝一二"条注。

②方隅:四方和四隅,借指边疆。

【译文】

将宗室子弟安置在四方,使他们各有根据地来建立根基,此时对他们委以重用,则他们都可以承担重任,如此则成败尚未可知,即使有宗室子弟失败了,也会有其他宗室子弟兴起。东汉末年刘虞死于河北,刘琮在荆楚投降曹操,而仍然有刘备能在蜀地兴起;西晋末年南阳王司马模在陇西战败身死,而晋元帝仍可以在江南兴起。昭宗不早早图谋此事,却等到天下早已分崩离析、王室陷于孤立的时候,将诸王都聚集在孤城长安中,让他们率领涣散的乌合之众,此时朝廷号令已经难以越出国门,让诸王的羸弱军队与凶残狡猾的敌人生死相拼,一旦失败就会被全部一网打尽,如此则李氏怎么可能留下残余力量以期东山再起? 大概到了这种局势下想要把宗室子弟安排到各地区,使其辅翼、拱卫王室,已经很难做到了。

　　僖宗之自蜀返也,天下虽已割裂,而山南、剑南、河西、岭南犹王土也;西川虽为逆奄之党,而车驾甫旋,人犹知有天子。于斯时也,择诸王之贤者分领节镇,收士民、练甲兵以为屏翰,尚莫之能御也。至于昭宗之世,王建据西川矣,王潮据剑南矣,刘隐据岭南矣[①],成汭、周岳、邓处讷先后分有荆南及湖南矣[②],河西为邠、岐所阻,不能达矣。即欲散置诸王为牧守,以留李氏子孙不绝之系,不可得矣。不予之以兵,则落拓民间而降于编氓;予之以兵,则召祸不敌而阖室芟夷。时非可为,地无足恃,其不如赐姓之夷族、冒宗之庶姓,犹堪以虚号诧天潢而自帝自王也[③],必矣。读史者所为览存勖、知诰之称唐,而重为李氏悲也。

【注释】

①刘隐(874—911):上蔡(今河南上蔡)人。唐朝末年和五代初岭南割据军阀,南汉政权的奠基者。封州刺史刘谦长子,在刘谦死后代任封州刺史,占领肇庆、广州,成为两广地区最大的割据势力,被任命为静海、清海节度使,进封南海王。他重用岭南士人,为后来独立建国打下了基础。他死后,其弟刘䶮建立大越(南汉)政权,追谥刘隐为襄皇帝,庙号烈祖。传见《旧五代史·僭伪列传》《新五代史·南汉世家·刘隐》。

②周岳(?—893):字峻昭,陬溪(今湖南陬市)人。晚唐割据军阀。中和元年(881),聚集人马攻打衡州,驱逐刺史徐颢,被唐僖宗任命为衡州刺史。光启二年(886),周岳攻下钦化军首府潭州,受封武安军节度使,开始割据湖南。景福二年(893),遭到邓处讷和雷满联军进攻,战败被杀。其事散见于《新唐书·僖宗本纪》《新唐书·邓处讷列传》。邓处讷(?—894):字冲韫,邵州龙潭(今湖南洞口)人。唐末割据军阀。初随江西牙将闵项驻防安南,中和元年(881),闵项撤回江西,驱逐湖南观察使李裕,自封镇南军节度使,邓处讷被任命为邵州刺史。后来周岳进攻潭州,

闵项招将领黄皓帮助其守城,反被黄皓所杀,黄皓不久也因城破被杀。邓处讷于是与朗州刺史雷满结盟,从邵州出兵攻克潭州,斩杀周岳,被朝廷任命为武安军节度使。乾宁元年(894),马殷率军奇袭潭州,邓处讷战败被杀。传见《新唐书·邓处讷列传》。

③天潢:皇族,宗室。

【译文】

当初僖宗从蜀地返回京城的时候,天下虽然已经四分五裂,但山南、剑南、河西、岭南诸镇仍受中央统辖;西川虽然受到宦官党羽控制,但由于天子刚离开那里不久,那里的民众仍然知道有天子。在这个时候,如果能选择诸王中贤能的人分别掌管各藩镇,收拢士人和百姓、训练士卒,使其藩镇成为拱卫王室的力量,则还没有能攻击朝廷的。到了昭宗在位的时候,王建已经占据了西川,王潮占据了剑南,刘隐占据了岭南,成汭、周岳、邓处讷先后分别占有了荆南和湖南,河西镇被邠宁和凤翔两藩镇所阻隔,没有办法与朝廷沟通。此时即使想要将诸王分散安置到各地做长官,以保存李氏血脉,使其不致断绝,也不可能做到了。如果不授予他们兵权,则他们只会沦落到民间,与平民无异;如果授予他们兵权,则会招来祸患,一旦战败就会被一网打尽,导致血脉断绝。时机不是能有所作为的时机,也没有可凭恃的地利,所以其遭遇最终还比不上被赐予李姓的夷族、冒认皇室宗支的平民,这些人反倒可以冒充天潢贵胄而自行称帝称王,这是必然的。读史书的人看到后唐李存勖、南唐徐知诰以唐为国号,只会更加为李氏感到悲伤。

七　王建绝觇南诏之浅蛮群蛮辑服

两国相距,而介其间者输敌情以相告,唯智者为能拒之;暗于计者,倚之为耳目,则大害伏于左侧而不知。夫于我无大德,于彼无大雠,而蹈危机以与人胜败安危之大故,不虑其泄而祸必及己也，此则何心，不待再计，知其动于利而已矣。利者，无往而不得者也。奸人窥之而知其微，因而持之而得其妙，利在此，则输彼之情以与此，利在彼，则输此之情以与彼，反掌之间而已。而不但然也，方其输彼情于我，即可得我情而输于彼。必其输我之情于彼，而后得彼之情以输于我。操之纵之，阳之阴之，可以立小信，可以诧先几，浮弋而获以侥功，夸大其辞、容易其谈以诱引，微示以利，而导敌以实其言，于彼无怨，于此无罪，悠然于凶危之地而无所忌畏。如是者，得利于我，而即得利于彼。一挑一引，迷乱人之大计，以迄于危败。乃其利则已两得之矣。此不待再计而知者也。

【译文】

　　两国相互对峙，而介于两国之间的人将敌方的情报输送给我方，此时只有智者才能拒绝接受情报；如果是缺乏谋略的人，就会将传递情报的人当作自己的耳目，如此则大害潜伏在身边，自己却浑然不知。传递情报的人并没有受我方大的恩德，对于敌方也没有大的仇恨，却甘愿冒着危险向我方传递关系到胜败安危大局的重要情报，完全不顾虑此事一旦泄露必将连累自己，则传递情报的人是何居心，不需要再三考虑就能知道他们是纯粹为了利益而行动的。而利益是到处都可以得到的。奸诈的人窥探双方情势而得到详细的情报，然后将情报攥在自己手中以获取利益，如果我方有利可图，则将敌方的情报输送给我方，如果能从敌方获利，那就将我方的情报输送给敌方，这简直是反掌之间的事。而且他们的伎俩还不止如此，当他们将敌方情报输给我方的时候，就可以趁机刺探到我方的情报，然后再输送给敌方。他们必然是先将我方的情报输送给敌方，然后才能从敌方那里刺探到情报输送给我方。他们两方讨好、明暗操纵，可以通过树立小诚信，提前预测事态等方式侥幸获得功效，而且用夸大其词、轻描淡写的方式来引诱双方，通过展示一点好处，而从双方那里获取货真价实的情报，两方都不得罪，因此可以悠然自得地在凶险的局势中坐收渔利，毫无畏忌。如此一来，他们从我方得利，也就相当于从敌方得利。通过挑拨和引诱，他们可以扰乱别人的大计，从而陷于危险和失败当中。而他们却可以从两方都获取利益。这是不需要考虑太多就能明白的事情。

　　言兵者曰"知彼知己"，恃吾之知而已。其大势如此，其要归如此耳，恶用此喋嚅耳语、乍惊乍喜者哉？是以智者坚拒之，而不使乱我之耳目。自非怀忠感德、得当而为内应者，与夫猝至不期问而答者，勿容听也。此两敌相距、勿贰尔心之枢要也。而中国之用夷也，为尤甚焉。与为难者一夷也，介于其侧、伏而未动者又一夷也，则且两持其命而蛊我以效顺之忱，实欲倾我而姑与我通以市利于彼，间输彼浮薄之情以坚吾之信。我进则老之，我守则诱之，我大败而不能责彼之相误。至愚者诧为秘密之机而自矜外助，卒之小以残我边疆，大则害及宗社。古今之庸主暗臣、堕其阱中者，败亡相积，而倾覆之后，徒增追论之痛哭。使能早却其游词而绝之，岂至是哉？

【译文】

　　兵法上说"知彼知己"，意谓凭自己的智慧要对敌我双方都有所了解。也就是说要了解大势，其关键也是如此，那么哪里用得着那些小声耳语、两面讨好、故弄玄虚的小人呢？所以智者对这种小人是坚决排斥的，不给他们扰乱我方耳目的机会。除了对我方怀着坚定的忠诚和感恩戴德之心、从情理上有正当做内应理由的人，那些猝然而来、主动送情报上门的人，都不应当听信。这是两军对阵时不使自己内心受到干扰的关键所在。而中原对于夷狄之人的使用，尤其应当注意这一方面。直接与华夏为敌的是一个夷狄部族，而处在其身旁、潜伏着尚未行动的则是另一个夷狄部族，这个部族会在我方和敌方之间两面周旋，表面上对我方表示效忠，实际上却是想要损害我方，他们姑且与我方通好，实际上却是想要从敌方那里牟取利益，所以他们会向我方输送一些无关紧要的敌方情报来让我方信任他们。如果我方要进攻敌方，他们就会拖延我们的行动；如果我方打算坚守，他们就会引诱我方进攻，这样我方遭遇了大败也没办法责备他们误导了我方。那些最愚蠢的人会惊讶地认为这些输送情报的夷狄掌握了敌方的机密情报，于是将它们视为外援，最终小则导致我方边疆受到损失，大则危及我方宗庙社稷的安全。古往今来落入他们陷阱中的昏庸君主和愚蠢大臣数不胜数，败亡相积，等到失败亡国以后，只增后悔莫及地痛哭不已。如果能够早些拒绝那些夷狄输送的情报，与他们断绝关系，怎么会落到这个地步呢？

于是而王建之识，不可及矣。黎、雅三部浅蛮岁赐缯帛①，使觇南诏蛮，反取赂南诏，诇我虚实②，建绝其赐而斩部将之与蛮交通者，自此群蛮戢服，而终五代以迄宋，南诏不入寇扰，皆建之善谋善断以窒乱源也。

【注释】

①浅蛮：古代对南方发展程度、生活习俗等比较接近汉族的少数民族的泛称。

②诇（xiòng）：侦察，刺探。

【译文】

因此可以说王建在这一方面的见识是无人能及的。黎、雅三个浅蛮部落每年接受朝廷赏赐的丝绸，朝廷令他们刺探南诏的情报，他们却反而接受南诏的贿赂，反过来刺探我方的虚实，王建断绝对这三个部落的赏赐，斩杀与这些蛮族相互勾结联络的部将，从此以后各蛮族都乖乖听从管理，从唐末到五代乃至宋朝，南诏都没有再侵扰四川，这都是因为王建善于谋划和决断、堵塞了导致祸乱的源头。

呜呼！岂徒守边御夷、阻关拒敌者之宜然哉？君有不听令之臣，父有不若训之子[1]，上有交相构之友，顺则绥之，逆则折之，存乎情与理而已。宵小居中，乘吾恶怒以居间，而发其隐慝以相告者，皆乐人之祸以取利者也。且此暮彼，递相诇扇，固无恒也。以此而贼恩酿祸，如陈侯溺之于公子招、隋文帝之于杨素[2]，身死其手，而犹以为忠者，古今相积，不可胜道。则拒塞游说以一军心，岂徒将兵者之宜然？而瑱纩以塞耳目[3]，又岂徒为君父者之当慎哉？

【注释】

①若训：顺从。

②陈侯溺之于公子招：据《左传·昭公八年》记载，春秋时陈哀公妫弱（即陈侯溺）虽然已经立公子偃师为世子，但却很宠爱公子留，将其托付给弟弟公子招、公子过两人。公子招为公子留策划，杀死了公子偃师，陈哀公闻讯后，怒而发兵想要诛杀公子招，但公子招反而先发兵，将陈哀公团团围住，陈哀公本身就患有废疾，再加上这件事情对他的打击，不久便自缢身亡。

③瑱纩（tiàn kuàng）：古人用来塞耳的用具。"瑱"指塞耳的玉，

"纩"指丝绵。

【译文】

唉！这个道理又哪里是仅仅适用于把守边关，抵御夷敌的时候呢？君主会有不听令的臣下，父亲会有不服管教的儿子，自己会有与自己相互产生龃龉的朋友，对于他们，应当在他们顺从时加以安抚，在他们忤逆自己时予以批评、使其折服，这完全应当遵循情与理的要求。凡是有在我们两方之间周旋，趁着我方气愤难平而趁机告状，将对方的隐私情报报告给我方的人，都是乐于看到别人遭遇灾祸而自己想趁机从中渔利的人。这些人朝此暮彼，在两方之间来回刺探情报、煽动怒火，本来就是反复无常的小人。他们靠这种手段来获取利益、制造灾祸，就像春秋时陈侯溺听信公子招的话、隋文帝信任杨素一样，自己分明死在他们手上，却仍然把他们当作忠臣，这样的例子，古今很多，说也说不完。如此则守卫边关的将领应当拒绝听信游说情报以统一军心，难道仅仅是带兵的将领应当遵循这个道理吗？而被奸佞小人堵塞了耳目，又难道仅仅是君父应当加以警惕的吗？

八　温克用不能为曹操

挟天子以令诸侯而威服天下，自桓、文始。曹操袭其迹，因以篡汉，二袁、吕布、刘表不能与之争，此奸雄已试之成效，后起者所必袭也。乃克用连兵入寇，朱温方构难徐、郓而不问[①]；王行瑜、韩建、李茂贞劫逐天子，朱温坐视而不恤；李克用既讨平之，乃听盖寓之言，不入见而还镇[②]；李茂贞犯顺，昭宗如华州，困于韩建，全忠在汴，扣关以奔驾也甚易，而方南与杨行密争，不一问也；及刘季述以无援之宦竖废天子幽之，崔胤召温以入，而尚迟回不进，让复辟之功于孙德昭[③]；克用则方治城自保，而念不及此。何此二凶者，置天子于三数叛人之手，不居之以为奇货；而善谋如盖寓，亦不能师荀彧之智，以成其主之篡夺；岂其智之未逮而力之不能也与？

【注释】

①徐：徐州。这里指徐方镇(即武宁军)。郓：郓州。这里指天平军。

②"李克用"三句：盖寓(? —905)，蔚州(今河北蔚县)人。担任左都押牙、检校左仆射，常参与谋划，深得李克用信任。乾宁二年(895)，盖寓跟随李克用入关讨伐王行瑜，胜利后还师渭北，遇上连日暴雨，诸将请求李克用入觐天子。李克用犹豫不决，盖寓认为，叛乱刚刚平定，京城流言蜚语很多，此时入朝觐见，可能会平添世人的疑虑，引起朝廷警觉，不如不觐见。李克用于是即日班师。事、传见《旧五代史·唐书·盖寓列传》。

③孙德昭：盐州五原(今陕西定边)人。唐末神策军将领。光化三年(900)，宦官刘季述等预废昭宗，另立太子李裕。宰相崔胤暗中游说孙德昭，劝他迎昭宗复位。天复元年(901)，孙德昭发兵打败了刘季述，昭宗重新复位，孙德昭因功任同平章事，充静海节度使，赐姓名李继昭。晚年拜为金吾大将军。传见新、旧《唐书·孙德昭列传》。

【译文】

用挟天子以令诸侯的办法来威服天下的做法，是从齐桓公、晋文公开始的。曹操因袭齐桓公、晋文公的做法，从而篡夺了汉朝的天下，袁绍、袁术、吕布、刘表都无力与他抗衡，这种办法既然已经被奸雄证明有效，那么后世怀有野心的人必定会加以效仿。可是当李克用连续兴兵入侵中原的时候，朱温却因为正在对付武宁军、天平军而无暇加以过问；王行瑜、韩建、李茂贞劫持、驱逐天子，朱温却坐视不管；李克用在率军讨平王行瑜等人后，却听从盖寓的话，不入见天子就班师回本镇；李茂贞犯上作乱,昭宗逃到华州,被韩建围困,此时朱温身在汴梁,如果要扣关而入、勤王护驾是很容易的,可是他此时正在向南与杨行密争斗,所以根本对昭宗的处境不闻不问;等到刘季述这么一个没有外援的宦官公然废黜天子并将其幽禁起来的时候,崔胤召朱温入京勤王,而朱温尚且徘徊不想入京,将复辟的功劳拱手让给了孙德昭;李克用则正致力于守护自己的城池,无暇顾及勤王一事。为什么朱温和李克用两个枭雄,愿意数次将天子丢弃在叛贼手中,而不将天子控制在自己手中居为奇货;而像盖寓这样善于谋划的人,也不能效仿荀彧的智慧,帮助主公完成篡夺的事业;难道是因为他们的智慧不足、力量不够吗?

天下之理,顺逆而已。顺者,理之经也;逆者虽逆,而亦有逆之理焉。溯危滩而上者,楫折牵绝而可济①,以其所沿之流,犹是顺流之津也。夫桓、文之津,岂温与克用之所可问哉?桓、文定王嗣,反王驾,北讨戎,南服楚,通诸侯之贡于周京,故召王受锡而诸侯敛衽,诚有以服天下之心,固非温、克用之所可企及已。

【注释】

①牵:挽船的绳索。

【译文】

天下的道理,无非顺从和叛逆而已。顺从朝廷和天子,是常理;而叛逆的人虽然是逆贼,却也有叛逆的道理。在危险的河滩中撑船渡河,即使船桨折断、纤绳断开,也仍能渡过河去,这是因为渡河的路线终究是顺流而下的。齐桓公、晋文公当年渡河的路线,难道是朱温与李克用所能过问和追随的吗?齐桓公、晋文公确定了周王位的继承人,将周天子送回都城,向北讨平了戎狄,向南威服了楚国,使得诸侯的贡品能够顺利到达周朝都城，召天子来参加会盟，接受天子的赏赐，而诸侯都俯首顺从，其作为确实能使天下人心归服，这本来就不是朱温、李克用所能企及的。

即若曹操，奋起以讨董卓，几捐生于荥阳，袁绍、韩馥欲帝刘虞，而坚于西向，退居许下，未尝敢以一言忤天子也。献帝为李、郭诸贼所逼，露处曹阳①，茕然一夫耳②，汉室群臣救死不遑，而奚问天子？董承、杨奉微弱，而徒然骄蹇，操以礼奉迎，使即一日之安；虽心怀逆节，而所循之迹，固臣主之名义，是逆而依理之顺以行，以其初未有逆也。

【注释】

①曹阳：今河南灵宝东北。

②茕（qióng）然：孤单的样子。

【译文】

即使是曹操，当年也曾奋起讨伐董卓，为此几乎在荥阳丧命，袁绍、韩馥想要立刘虞为皇帝，而曹操坚决不同意，向西勤王，后来退居许昌，始终不曾说一句忤逆天子的话。汉献帝被李傕、郭汜等贼寇所逼迫，在曹阳露宿，形单影只、孤苦无依，汉朝的群臣却各自忙于自保，哪里有心思顾及天子呢？董承、杨奉虽然势力微弱，却骄横不敬，曹操以礼尊奉和迎接献帝，使他能够获得一日的安宁；虽然曹操心怀逆节，但他所依循的轨迹，依然符合君臣的名义，所以他虽然叛逆却能够依照天理而行事，因为他最初并没有逆心。

李克用以异类而怀野心，父子承恩，分受节钺，忽动刘渊之逆志，起而据云中以反。既败而走，结鞑靼以窥中国，幸黄巢之乱以阑入，寸效未展，先掠河东，黄巢困蹙已极，薄收收复之绩，结王重荣以拊长安之背，流矢及于御座，公为国贼而莫之忌。其偶胜岐、邠斩行瑜也，天下固知其非为国讨贼而衹以自雄也。乃欲袭义以奉天子、制雄藩，立败之术耳。盖寓知而止之，克用亦自知其非曹操矣。

【译文】

李克用身为外族人而怀有篡夺天下的野心，父子二人深受朝廷恩典，分别被朝廷授予节钺，却忽然像刘渊一样起了逆心，起兵占据云中，公然反叛。被朝廷击败逃走后，又交结鞑靼来窥伺中原，趁着黄巢之乱重新进入中原，还没建立一点功勋，就先掳掠河东地区，等到黄巢的势力已经极度衰弱时，他才趁机捞取了一些讨伐叛贼的功劳，结好王重荣，与其一同进攻长安，导致流箭都射到了御座上，公然做了国贼而无所顾忌。即使他后来偶然战胜了凤翔、邠宁叛军，斩杀了王行瑜，天下人也都清楚地知道他并非为国讨贼而只是为了壮大自己的实力罢了。所以他想要效仿齐桓公、晋文公、曹操等人尊奉天子以钳制各地实力雄厚的藩镇，只会使自己迅速失败罢了。盖寓知道这一点，因此阻止李克用觐见天子，李克用也知道自己并非是曹操那样的人，所以就没有觐见天子。

朱温则盗耳，王铎无识，而假之以权，掠击自擅，无丝发之功于唐室。若令遽起乘危，握天子于股掌，天下群起而攻之，曾王行瑜、韩建之不若也。故温自知其不可，而李振、敬翔亦不以此为之谋。假义者，必有在己之义可托；身为叛贼之魁，负大不义于海内，而奚托哉？故唯坐待人之亡唐而后夺之，其志决也。

【译文】

朱温则不过是个盗贼出身的家伙罢了，王铎没有见识，轻率地给予他权力，他擅自征伐掳掠，不听调遣，对唐王室没有一丝一毫的功劳。如果朱温趁着局势危机立即起来行篡逆之举，将天子掌握在股掌之中，则天下人势必群起而攻之，则朱温的下场会比王行瑜、韩建还要悲惨。所以朱温自己知道不能做挟天子以令诸侯的事，而李振、敬翔也不这样为他谋划。要假托大义名分，自己必须首先行有可供依托的名义；而朱温身为叛贼首领，在四海之内已经背上了大不义的名声，又哪里有什么可供依托的名义呢？所以他必须静静等待别人来篡夺唐朝江山，然后自己再抢夺过来，这就是他的既定策略。

以势言之，温与克用所呕争者，河北也。河北归汴，则扼晋之吭；河北归晋，则压汴之脊。刘仁恭、王镕、罗弘信、李罕之、朱瑄、朱瑾横亘于其间①，温屡败矣，克用则危矣。藉令竭全力以入关中而空其巢穴，温入长安，则克用会河东以牵河北，渡河以捣汴，而温坐毙。克用入长安，则温率雒、蔡、山南以扣关，而燕、赵、魏、潞捣太原以拔其本根，而克用立亡。义不可假，名无可尸，而抑失形势以自倾，故皆知其不可。且畜力以求功于河北，置孤危之天子于狡竖奄人之手，使促之以亡而后收之。是以刘季述之逆，温且迟回不进，朱温之篡弑，李克用不兴缟素之师。温利克用之逆，克用亦利温之弑，其情皆穿窬也②。岂徒不能托迹桓、文哉？曹操之所为，抑其不能以身任之者也。故崔胤已为内主，李振谏使入讨，温尚聊遣蒋玄晖因胤以谋③，而自引兵向河中，置长安于缓图，如此其不遽也。然且篡唐而仅得天下八九之一,不十年而遽亡。不能如曹操,则固不能如其雄峙三分而传之数世也。

【注释】

①刘仁恭(? —914):深州(今河北深州)人。唐末藩镇割据将领。本为卢龙节度使李可举旗下将领,攻易州时,以挖地道进城的方法攻陷城池,因此军中号为"刘窟头"。后来因卢龙军变而投奔李克用,借助其力量掌控了卢龙镇。后遭其子刘守光幽禁。刘守光败于后唐李存勖后,刘仁恭也被俘,遭处死。传见《新唐书·刘仁恭列传》。王镕(873—921):又名王姝(zhōu),回鹘阿布思人。中和二年(881),其父王景崇去世,王镕继位为成德节度使。景福二年(893),王镕被迫归附李克用。光化三年(900),朱温进攻成德,王镕又归附朱温。朱温建立后梁后,王镕被封为赵王。开平四年(910),后梁进攻成德,王镕再次归附李存勖。后梁贞明七年(921),张文礼发动政变,王镕被杀。传见《旧五代史·唐书·王镕列传》《新五代史·杂传·王镕》。朱瑄(? —897):宋州下邑(今河南夏邑)人。晚唐割据军阀、天平军节度使。他和同母弟泰宁军节度使朱瑾、感化军节度使时溥一起与朱温长期交战。后来朱温部将庞师古攻陷郓州,朱瑄被俘后遭处死。传见《旧五代史·梁书·朱瑄列传》。

②穿窬(yú):凿穿或爬越墙壁进行盗窃。此指苟且渔利。

③蒋玄晖:朱温的心腹部下。朱温控制朝廷后,蒋玄晖被任命为枢密使。他在朱温指使下,先后杀害昭宗及其妃嫔、诸子,后因反对朱温立即称帝,被人诬告,被朱温车裂处死。传见《新唐书·奸臣列传》。

【译文】

就形势而言,朱温与李克用所迫切争夺的焦点是河北。河北如果归于朱温,则朱温就可以扼住占有三晋地盘的李克用的咽喉;河北如果归于李克用,则李克用就能压制住以汴宋为根据地的朱温的脊梁。此时刘仁恭、王镕、罗弘信、李罕之、朱瑄、朱瑾这些势力横亘在朱温、李克用两大势力之间,朱温屡次击败这些势力,李克用的处境已经很危险了。如果此时双方中有一方竭尽全力进入关中,则其老巢必定空虚,朱温率军进入长安,则李克用会联合河东镇来牵制河北,渡过黄河直捣汴州,而朱温只能坐以待毙了。如果李克用率军进入长安,则朱温会率领洛、蔡、山南等藩镇的军队扣关攻击李克用,而卢龙、成德、魏博、昭义藩镇军队则会直捣太原以攻陷李克用的根据地,则李克用无疑会迅速败亡。无法假托大义,也没有可利用的名分,而草率入京只会令局势变得不利于自己,所以朱温和李克用都知道挟天子以令诸侯是不可行的。所以双方都积蓄力量以求在河北取得优势,将孤立的天子丢弃在狡猾奸诈的宦官手中而不顾,想利用宦官来灭亡唐朝,而自己再趁机坐收渔利。所以刘季述公然行篡逆之举,朱温尚且犹豫,不想率军入京,而朱温弑杀昭宗、篡位自立时,李克用也没有兴师为朝廷报仇雪恨。朱温利用李克用的叛逆之心,李克用亦也想利用朱温的篡夺来坐收渔利,他们的想法都是苟且渔利。他们难道仅仅是无法仿效齐桓公、晋文公的做法吗? 即使是像曹操那样的作为,他们自己也是无法做到的。所以尽管朝中已经有崔胤做内应,李振也建议朱温起兵讨伐宦官,而朱温也只是姑且派遣蒋玄晖去与崔胤谋划相关事宜,而自己则率军向河中进攻,把进军长安当作次要的事,完全不急于去做。他这样做,最终虽篡夺了唐朝社稷,但仅得到了天下的八九分之一,后梁不到十年就迅速灭亡。朱温既然不能像曹操那样作为,则他自然不可能像曹操一样在三分天下的格局中占据一席之地并将皇位相传数代之久了。

　　至仁大义者起,则假仁假义者不足以动天下,商、奄之所以速灭也[①]。无至仁大义之主,则假仁义者犹足以钳制天下,袁绍之所以不能胜曹氏也。至于欲假仁义而必不得,然后允为贼而不足与于雄杰之数,视其所自起与其所已为者而已。以曹操拟桓、文,杜蘅之于细辛也^②;以朱温、李克用拟曹操,瓦砾之于碔砆也^③;此其不可强而同者也。

【注释】

①商、奄之所以速灭也:参见卷二"惠帝一"条注。

②杜蘅:一种马兜铃科的多年生草本植物。细辛:一种苗和叶子都很像杜蘅的植物,但气味不同,有较高的药用价值。

③碔砆(wǔ fū):似玉的美石。

【译文】

大仁大义的人兴起以后,假仁假义的人就不足以打动天下人了,这是商、奄之所以迅速灭亡的原因。如果没有大仁大义的君主,则假仁假义的人尚且足以钳制天下,这是袁绍之所以不能胜过曹操的原因。至于想要假托仁义而必定无法成功,最后成为奸贼、不足以跻身英雄豪杰之列的人,其成功与否,就要看他发迹的方式和后来的作为了。用曹操来与齐桓公、晋文公相比,就好像用杜蘅比拟细辛一样;而用朱温、李克用来与曹操相比,就好像用瓦砾来比拟似玉的美石一样;这都是根本不可同日而语的。

九 克用自保晋阳训兵劝农以待变

李克用按兵自保,大治晋阳城堑^①,刘延业谏其不当损威望而启寇心^②,克用赏以金帛,而修城之役不为之辍。夫自处于不亡之势,以待天下之变,克用之处心择术,以此为谋久矣。其明年,朱温果陷泽、沁、潞、辽,直抵晋阳城下,攻不能克而返。克用知温之志,固思灭己而后篡唐,抑知温之

所急者在篡唐，固不能持久以敝我也，城坚不可拔，而温且
折矣。

【注释】

①城堑：护城的城墙和壕沟。

②刘延业：李克用的部下，时任押牙。其事不详。

【译文】

李克用拥兵自保，大力修缮晋阳的城墙和堑壕，刘延业劝谏他不应
当只顾晋阳而不顾四境，这样既损害自己的威望，又会使敌人起侵犯之
心，李克用赏赐给他金帛，而修城的工事却并没有因此而停止下来。使
自己处于不会被灭亡的态势，以等待天下局势的变化，李克用处心积
虑，长久以来一直在做这种谋划和打算。到了第二年，朱温果然攻陷了
泽州、沁州、潞州、辽州，其军队直抵晋阳城下，却无法攻克晋阳，只得撤
军。李克用知道朱温的打算本来就是要先消灭自己再篡夺唐朝江山，
也知道朱温毕竟急于篡夺唐朝社稷，所以肯定不能跟自己持久作战，等
待自己陷入疲敝，所以他才大修城墙，使其坚固到无法被攻克的地步，
朱温自然就遭受挫折了。

李茂贞之劫驾，温篡之资也；温挟主以东而篡之①，克用
之资也。幸之以为资，而克用之为谋也尤固。身既数为叛
逆，不能假存唐之名以利于篡；威望未张，又不能尸篡唐之
名以召天下之兵；迟回敛翼，置天下于不问，以听其陆沉，而
可谢咎以持温之短长，克用之狡也。然至是而克用为稍循
于理矣。修守备、休士卒以自强，而纳李袭吉之言②，训兵劝
农，以立开国建家之本，则不但李茂贞、韩建辈之所弗逮，朱
温亦远出其下矣。训兵务农者，图王之资也；修城治堑者，

保国之本也;刘延业恶足以知之？ 而曰"宜扬兵以严四境",枵于内而张于外③,亡而已矣。

【注释】

①温挟主以东:指天祐元年(904),朱温表请昭宗迁都洛阳,挟持昭宗东迁。朱温缢杀昭宗左右,进一步掌控昭宗。事见新、旧《唐书·昭宗本纪》。

②李袭吉(? —906):洛阳(今属河南)人。乾符年间举进士,为河中节度使李都榷盐判官。后归附李克用,任为掌书记。传见《旧五代史·唐书·李袭吉列传》《新五代史·唐臣传·李袭吉》。

③枵(xiāo):空虚。

【译文】

李茂贞劫持昭宗,这为朱温篡夺天下制造了机会;朱温挟持天子东迁洛阳并最终灭亡唐朝,这为李克用提供了大义名分和机会。李克用既然把这当作可供利用的良机,那么他就更会坚持自己长期以来的计划了。李克用自己既然数次做出叛逆之举,自然不能假借保存唐王室的名义来为自己篡夺天下提供便利;自己既然尚不具备足够的威望,又不能假借保卫唐朝的名义来召集天下的军队;那么他就只能暂且徘徊蛰伏,对天下不闻不问,听任其升降浮沉,从而使自己免除责任,并趁机抓住朱温的把柄,这就是李克用的狡猾谋略。然而至此李克用的做法也稍稍符合道理了。他修缮防御工事、修养士卒以强化自身实力,采纳李袭吉的谏言,训练士兵、劝勉农桑,从而树立开创国家的资本,这种做法不仅李茂贞、韩建这些人无法企及,就连朱温也远远比不上他。训练军队、鼓励农桑,是图谋称王的资本;修筑城墙、挖掘堑壕,这是保卫国家的资本;刘延业又哪里能够明白这个道理呢？他说"应当分派军队去保卫各个边境",这种会导致外强中干、内部空虚的做法,其结果只能是灭亡而已。

　　然而克用之赏延业者,何也? 其自保以观变之心,不可令部曲知之;知之则众志偷矣。延业能为夸大之言,以作将士之气,故赏之以劝厉士心,此克用之所以狡也。己不然,而怒之;己所然,而喜之;则庸人之所以危亡也。

【译文】

　　然而李克用却仍然重重赏赐了刘延业,这是为什么呢? 因为他自保以静观天下之变的心思,是不能让自己的部下知道的;如果部下们知道了他的这一想法,必然会产生苟且懈怠的情绪。刘延业能够说出夸大其词的言论,从而提升将士的士气,所以李克用赏赐他,来鼓励士气,这正是李克用的狡猾之处。别人说的话不符合自己的想法就发怒,符合自己的想法就高兴,这是庸人之所以陷于危亡之中的原因。

一〇　王抟进言似陆敬舆而非其等伦

　　王抟之为相也[①],以明达有度量见称于时,观其进言于昭宗者,亦正大明恺而有条理[②],似有陆敬舆之风焉。呜呼! 唐于是时,敬舆在,亦必不欲居密勿以任安危,不能也,故不欲也,而况于抟乎?

【注释】

①王抟:字昭逸,雍州咸阳(今陕西咸阳)人。擢进士第,乾宁初,为中书侍郎、同中书门下平章事,又迁司空。唐昭宗时,多有谋划,明达有度量,时称良相。与他同时为相的崔胤忌妒他,弹劾王抟为宦官外应。光化三年(900),王抟被罢为工部侍郎,贬溪州刺史。不久又贬为崖州司户参军,最终被赐死于蓝田驿。传见《新唐书·王抟列传》。

②明恺:明达和易。

【译文】

　　王抟做宰相的时候,因为明白通达、宽宏大量而被当时的人所称赞,看他对昭宗的谏言,也都光明正大而有条理,颇有当年陆贽的风范。唉! 唐朝到了这个时候,即使陆贽生活在这个时代,也必定不愿意身居相位,掌管机密要务,担负国家的安危,因为根本做不到,所以不想去做,陆贽尚且如此,何况是王抟呢?

　　德宗多猜而信谗矣,然遇事能思,不至如昭宗之轻躁以无恒也。德宗之廷,奸佞充斥矣,然心存固宠如卢杞、裴延龄耳,不至如张濬、崔昭纬、崔胤之外结强藩以鬻国也。德宗之侧,宦竖持权矣,然恶正导欲如霍仙鸣、窦文场耳,不至如刘季述、韩全海之握人主死生于其掌也①。德宗之叛臣,交起纵横矣,然蹶起无根如朱泚、李希烈耳,不至如朱温、李克用之植根深固必于篡夺也。而德宗抑有李晟、浑瑊、马燧之赤心为用,故李怀光虽叛,不敢逼上而屏跡于河中;而昭宗则无人不起而劫之,曾无一旅之可依也。夫时异而势殊,既如此矣。然则敬舆而处昭宗之世,君笃信之,且不能救唐之亡,况抟之于敬舆,其贤愚之相去,本非等伦,不可以言之近似而许之也乎!

【注释】

①韩全海(? —903):唐末宦官。唐昭宗时监凤翔军,与凤翔节度使李茂贞有深交,后入朝担任左神策中尉。他党于李茂贞,反对宰相崔胤。天复元年(901),他听说崔胤与朱温合谋,准备引朱温军队入京诛杀宦官,于是挟持昭宗逃往凤翔倚靠李茂贞。后

来李茂贞兵败,与朱温和解,韩全诲被杀。传见《新唐书·宦者列传》。

【译文】

德宗多疑而且容易听信谗言,然而他遇到事情能够动脑思考,不至于像昭宗那样轻率浮躁、反复无常。德宗的朝廷中,充斥着奸佞之臣,然而大多是像卢杞、裴延龄那样一心想要保住君主对自己宠信的臣子罢了,不至于像张濬、崔昭纬、崔胤那样私下勾结藩镇势力、卖国求荣。在德宗身旁,也有把持权力的宦官,但大多是像霍仙鸣、窦文场那样厌恶正直之士、引导德宗纵欲的家伙罢了,不至于像刘季述、韩全诲那样将君主的生死存亡玩弄于自己的股掌之中。德宗在位时藩镇叛乱此起彼伏,然而这些反叛者中大多是像朱泚、李希烈那样突然起事、缺乏根基的叛臣,不至于像朱温、李克用那样树立起牢固根基、势必要篡夺唐朝天下。而德宗时也尚且有李晟、浑瑊、马燧这样忠心耿耿为朝廷效力的将领,所以李怀光虽然发动叛乱,却不敢直接进兵威逼君主而是退居于河中一隅之地;而昭宗时则叛贼没有不起来直接劫持天子的,也没有一支值得信赖和依靠的军队。时代已经不同了,形势相差悬殊,正如上文所述的那样。如此则即使陆贽生活在昭宗时代,深受君主的信任,也难以挽救唐朝的危亡,何况王抟与陆贽相比,其才能上的差距本来就悬殊,因此不能因为他的话与陆贽近似就轻易将二人相提并论!

　　敬舆之为学士管中制也[①],一言出,一策行,中外翕然以听[②]。卢杞之奸,莫之掣曳,岂徒其言之得哉?有以大服其心者在也。抟之筮仕不知几何时[③],而一旦跻公辅之列,天下初不知有其人,则素所树立者可知;德不如也,则威不如矣。敬舆于扶危定倾之计,规画万全,上自君心,下达民隐,钱谷兵刑、用人行法,皆委悉其条理,取德宗之天下巨细表里，一一分析而经理之。而抟则唯一计之得耳，其曰"宜俟多难渐平，以抟消息"，是已。顾问多难何恃以渐平，则抟亦穷矣；才不如也，则权不如矣。敬舆之得君也至矣，然逐卢杞、吴通玄而敬舆仍守学士之职，匪直让邠侯于首揆已也④，并窦参、董晋而不欲躐居其上⑤。抟德威不立，才望不著，一旦而立于百僚之上，于时天子虽弱，而宰相犹持天下之权，逆臣且仰其进止，固有恩怨交加、安危系命之巨责焉；不揣而遽任之，与顽鄙无藉之李磎、朱朴旅进而不惭⑥，是亦冒昧荣名、不恤死辱者耳。以视敬舆之栖迟内制、不易爰立者何如？节不如也。节不如，而以任扶危定倾之大计，"负且乘，致寇至，盗思夺之"⑦，凶，其可免乎？

【注释】

①制：制书。

②翕(xī)然：一致貌。

③筮仕：初次为官。

④首揆：首辅，首相。

⑤躐(liè)居：跃居。

⑥朱朴：襄州襄阳（今湖北襄阳）人。初为荆门令，后历任著作郎、国子博士。当时道士许岩士出入禁中，对昭宗说朱朴有经邦济世之才，朱朴于是得到昭宗召见，受到昭宗赏识，即日拜为谏议大夫、同中书门下平章事。数月后，许岩士为韩建所杀，朱朴被贬为郴州司户参军，不久去世。传见新、旧《唐书·朱朴列传》。

⑦"负且乘"三句：前两句语出《周易·解卦》爻辞："六三：负且乘，致寇至，贞吝。"意谓卑贱者背着人家的财物，又坐上大马车炫耀，就会招致强盗来抢。后以此言比喻居非其位，才不称职，就

会招致祸患。后一句语出《周易·系辞传》："小人而乘君子之器,盗思夺之矣。"语意同上。

【译文】

陆贽作为翰林学士为朝廷起草诏令,他每次建言献策或发布命令,朝廷内外的人都会一致遵从。即使是像卢杞这样的奸臣,也没法公然掣肘,这难道仅仅是因为陆贽的言语和计策起到了作用吗? 是因为陆贽有令人们大为心悦诚服的地方。王抟不知是在何时入仕的,忽然之间就跻身宰辅之列,天下最初都不知道有王抟这个人,可见王抟平素缺乏建树和声望;既然王抟德行比不上陆贽,则其威望自然也比不上他。陆贽在拯救国家安危方面的计谋可谓周密详备,上能打动天子,下能体恤百姓疾苦,在钱粮、军事、刑罚、用人、实施法令等方面都处理地有条不紊,将德宗的天下无论大小事宜,都一一条分缕析、梳理得井井有条。而王抟则只在一件事情上有所建树,他说"应当等候各种灾难渐渐平息,通过正当途径逐渐消灭",这句话是有道理的。但是如果问他既然灾难众多,那么要依靠什么来逐渐平息它们,则王抟就无法回答了;既然王抟的才能比不上陆贽,则他所获得的权力自然也比不上陆贽。陆贽极受君主信任,然而卢杞、吴通玄被驱逐后,陆贽仍然在担任学士之职,不仅仅是将首辅位置让给李泌,也不愿意跃居于窦参、董晋等本来与自己并列的大臣之上。王抟缺乏足够的威望和才能,忽然之间就跃居于百官之上,此时天子虽然微弱,但宰相仍掌握着天下大权,叛逆之臣会依据宰相的表现来决定自身进退,所以宰相自然负有关系到藩镇与国家关系乃至国家生死存亡的重大责任;王抟不假思虑而贸然就任宰相,与顽劣粗鄙、近乎无赖的李磎、朱朴等人一同进位宰相而不觉得惭愧,则他也不过是一个贪图荣华和声名、不在乎羞辱的人罢了。将他与甘心长期做翰林学士、不愿意晋升为宰相的陆贽相比,其高下如何呢? 王抟的节操远不如陆贽。他的节操比不上陆贽,而朝廷却将匡扶国家、拯救危亡的重任交给他,这就像是"卑贱者背着人家的财物,又坐上大马车炫耀,就会招致强盗来抢夺",这种糟糕的结局难道能够避免吗?

人臣当危乱之日,欲捐躯以报主,援亡国而存之,抑必谨其进退之节,不苟于名位。而后其得也,可以厌服奸邪之心;即其不然,身死国亡,而皎然暴其志行于天下。今置身其列,凝目而视之,居此位者,非崔胤之逆,则朱朴辈之蝇营狗苟者①,而屑与之并立于台座哉②?且即其言而论之,以止昭宗之躁率,置宦寺于缓图,昭宗弗听,惑于崔胤以召祸,抟乃伸其先见之明耳。然令如抟之言,养宦官之奸,姑任其恶,又将何所底止邪③?激李克用之反者,田令孜也;成韩建之恶、肆囚主之凶者,刘季述也;通李茂贞以劫驾者,韩全诲也。至此时,而宦官与外镇逆臣合而相寻于祸乱,唐不亡,宦官不自趋于杀尽而不止,安得有外难平而以道消息之日乎?其言似也,而又验。虽然,抑岂有可采之实哉?

【注释】

①蝇营狗苟:像苍蝇那样到处乱飞,像狗那样摇尾乞怜、苟且偷生。

②台座:指宰相之位。

③底(dǐ)止:至,终。

【译文】

大臣处在国家危难之时,想要牺牲自己来报效君主,挽救将要灭亡的国家,就必须对自己仕宦进退格外谨慎,不能因贪恋名位而苟且在位。只有这样做,才可以压制奸邪之心;即使无法成功,身死国亡,也可以将自己的志向和节操明明白白地昭示于天下。像王抟那样身居宰辅之列,向四周注目望去,同样居于相位的,不是崔胤这样的逆贼,就是朱朴等蝇营狗苟的小人，王抟怎么能屑于跟这伙人同时在朝为相呢？暂且仅就王抟对昭宗的谏言而论，他的目的是要匡正昭宗轻率急躁的毛病，让他在宦官问题上不要急于求成，而是稳妥地慢慢谋划，昭宗不听他的话，被崔胤所迷惑，最终招来了大祸，因此才显现出王抟有先见之明。然而即使按照王抟的谏言，对宦官姑息养奸，姑且纵容他们作恶，那这种姑息放纵哪里是尽头呢？刺激李克用使之谋反的人是宦官田令孜；帮助韩建作恶、大逆不道地囚禁昭宗的是宦官刘季述也；勾结李茂贞劫持昭宗圣驾的是宦官韩全诲。到了这个时候，宦官与外面的藩镇逆臣相互勾结、发动祸乱，唐朝一天不灭亡，宦官就不会停止恶行，非有人将他们斩尽杀绝不可，哪里会有天下太平以后慢慢处理宦官问题的时间呢？王抟的话看似有道理，后来也得到了验证。虽然如此，他的话又哪里有真正值得采纳的地方呢？

一一　韩偓蹈死道以抗群凶

唐之将亡，无一以身殉国之士，其韩偓乎！

【译文】

唐朝将要灭亡的时候，没有一个以身殉国的士大夫，非要找一个的话，大概也只有韩偓了吧！

偓之贬也，昭宗垂涕而遣之。偓对曰："臣得贬死为幸，不忍见篡弑之辱。"斯闻者酸心、见者裂肝之日也。而偓不仰药绝吭以死于君侧，则偓疑不得为捐生取义之忠矣。然而未可以责偓也，君尚在，国尚未亡，无死之地；而时方贬窜，于此而死焉，则是以贬故死也，匹夫匹妇之婞婞者矣①。

【注释】

①婞婞(xìng)：愤恨不平的样子。

【译文】

韩偓被贬官的时候，昭宗流着泪为他送行。韩偓对昭宗说："臣把被贬黜至死当作幸运的事，因为臣不忍心见到皇上您蒙受被篡位、被弑杀的屈辱。"这句话足以令听到的人心酸不已，这一君臣诀别的场景足以令见到的人肝胆俱裂。而韩偓并没有饮药自杀，让自己死在君主的身边，是因为他深刻怀疑即使这样做，也不可能起到舍生取义、为国尽忠的效果。然而我们并不能因他没有选择自杀而责备他，因为当时君主尚在人世，国家还未灭亡，他并没有选择死亡的余地；而且他是被贬黜到远方去，如果此时死去，就会被认为是因为被贬心怀愤懑而死，那就与为自身遭遇愤恨不平的普通人无异了。

偓去国而君弑，未几而国亡，偓之存亡无所考见，而不闻绝粒赴渊以与国俱逝①，此则可以死矣，建文诸臣，所以争光日月也，而偓不逮。乃以义审之，偓抑可以无死也。伪命不及，非龚胜不食之时，而谢枋得卖卜之日也。湮没郁抑以终身，则较家铉翁之谈经河上为尤遂志耳②。纣亡而箕子且存，是亦一道也。

【注释】

①绝粒：绝食。

②家铉翁之谈经河上：指家铉翁在宋亡后守志不仕，于河间教授《春秋》。事见《宋史·家铉翁列传》。

【译文】

韩偓离开京城不久，昭宗就被弑杀，不久国家也随之灭亡，其后韩偓的生死已经无从考证，并没有听到他绝食或投水而死、与国俱亡的消息，其实这个时候正是他可以死去的时机，明代建文帝的诸位忠臣，就是因为与国俱亡而足以与日月争光的，而韩偓的行为是比不上他们的。可是如果从大义上考虑，韩偓也是可以选择不死的。当时篡逆王朝的诏令并没有加到他身上，与汉朝龚胜因面临伪令而选择绝食，宋代谢枋得不愿出仕元朝而为人卜卦度日的情况不同。韩偓湮没于历史中，抑郁不乐地默默死去，比南宋家铉翁在河间教授经学的行为要更符合自己的志向。商纣王虽然死去，但箕子却选择活下来，也是一样的道理。

人臣当危亡之日，介生死之交，有死之道焉，有死之机焉。蹈死之道而死者，正也；蹈死之道而或不死者，时之不偶也；蹈死之机而死者，下愚而已矣。

【译文】

大臣身处国家危亡之日，面临生死抉择的时候，既有赴死的正道，也需要赴死的时机。遵循赴死的正道而死的，是死得其所；遵循赴死的正道而未能死去的，这是没有遇到合适的时机；遇到合适的赴死时机就去赴死，而不顾赴死的正道的，这是愚蠢的选择。

昭宗反辟①，刘季述伏诛之谋，偓与赞焉，蹈死之道一也。王抟请勿听崔胤之谋，杀宦官以贾祸，胤怒而诬杀之；偓为昭宗谋，亦云"帝王之道，当以重厚镇之，此曹不可尽诛以起祸"，其忤胤也与抟同，蹈死之道二也。韦贻范求宦官与李茂贞②，起复入相，命偓草制，偓坚持不草，中使曰："学士勿以死为戏。"茂贞曰："学士不肯草制，与反何异？"蹈死之道三也。从昭宗于播迁幽辱之中，白刃之不加颈者一线耳,而守正不挠,季述不能杀,崔胤不能杀,茂贞不能杀,非偓可取必于凶人之见免也,偶然而得之也。乃偓之终不蹈死之机,则爱其生以爱其死,固有超然于祸福之表者也。

【注释】

①反辟:反正,复位。

②韦贻范(? —902):字垂宪。曾任龙州刺史、给事中工部侍郎、同中书门下平章事等职。天复元年(901),唐昭宗被军阀凤翔节度使李茂贞及以韩全诲为首的宦官控制时,他被拜为宰相,不久即病死。

【译文】

昭宗拨乱反正后,韩偓参与了诛杀刘季述的谋划,这是足以导致他被杀的第一件事。王抟请求昭宗不要听从崔胤的谋略,诛杀宦官以招来祸患,崔胤大怒而诬陷王抟,最终将他迫害致死;韩偓为昭宗出谋划策时,也说过"帝王之道,应当是用优厚的待遇安定宦官,不能将这些人斩尽杀绝,那样只会招来祸患",他与王抟一样忤逆了崔胤,这是足以导致他被杀的第二件事。韦贻范私下请求宦官和李茂贞,想能够重新出山担任宰相,昭宗命令韩偓草拟诏书,韩偓坚持不肯草拟,负责监察学士院的宦官说:"学士您不要把死当作儿戏。"李茂贞说:"韩偓你身为学士不肯草拟诏书,公然抗旨,此举与谋反有什么不同?"这是足以导致他被杀的第三件事。韩偓跟从昭宗四处流离,乃至被幽禁折辱,离死亡仅一线之隔,而他坚守正义绝不屈服,刘季述不能杀他,崔胤不能杀他,李茂贞也不能杀他,这并不是韩偓有能够从逆贼手中逃命的办法,只是偶然造成的幸运结果罢了。韩偓始终没有陷于死亡的命运,他虽然不惜赴死,却反而保全了性命,这本来就是有超然于祸福表象之外的东西在起作用。

姚洎之将入相也①，谋于偓，而偓告以不就，为人谋者如是，则自为之坚贞可知矣。苏捡欲引为相②，而怒曰："君奈何以此相污！"昭宗欲相之，则荐赵崇、王赞以自代③。其时之宰相，皆汴、晋、邠、岐之私人，树以为内主者也。权虽倒持于逆藩，而唐室一即一离之机犹操于宰相，尸其位，则已入其彀中，而奸贪之小人趋入于阱中，犹见荣焉，此所谓死之机也。偓惟坚持必不为相之节，抑知虽相而无救唐亡、衹以自危之理；且知虽不为相而可以尽忠，唯不为相而后可尽忠于主之势。故晋人不疑其党汴，汴人不疑其党岐，宦官不疑其附崔胤，胤不疑其附宦官。立于四虚无倚之地，以卫孤弱之天子而尽其所可为，疑忌浅，怨毒不生，虽茂贞且愧曰："我实不知书生礼数。"而恶亦息矣。此其可生、可死、可抗群凶而终不蹈死之机者也。

【注释】

①姚洎：唐昭宗天复年间任翰林学士，与韩偓相友善。宦官想任命他为宰相，韩偓认为不可，他于是借口生病推辞任命，被贬为景王府咨议。后梁建立后官至中书侍郎、同中书门下平章事。

②苏捡：一作"苏检"，字圣用，武功（今陕西武功）人。唐昭宗时曾任洋州刺史、中书舍人等职。天复二年（902）被拜为宰相。后为崔允、朱全忠所害，流放环州，不久被赐死。

③赵崇（？—905）：韩偓的恩师。朱温进军关中后，唐昭宗想要拜韩偓为宰相以牵制崔胤。韩偓便推荐自己恩师赵崇、王赞，说赵崇"劲正雅重，可以准绳中外"。天复三年（903），赵崇被拜为宰相，但因崔胤反对，不久即被免职。天祐二年（905）六月，在滑州白马驿被朱温杀害。王赞（？—905）：韩偓的恩师。与赵崇一道被韩偓

举荐为宰相,后同在滑州白马驿被朱温杀害。

【译文】

姚洎将要被任命为宰相的时候,询问韩偓的意见,韩偓告诉他不要出任宰相,韩偓为别人这样谋划,则可见他自己更是坚贞守正、不愿意出任宰相。苏捡想要拉他一同担任宰相,他发怒说:"您为什么要用担任宰相这件事来侮辱我呢!"昭宗想要任命韩偓担任宰相,韩偓就推荐赵崇、王赞来代替自己。当时的宰相,都是朱温、李克用、李茂贞、李昌符、朱玫等藩镇势力安插在朝中作为耳目的死党。此时大权虽然把持在藩镇手中,但唐朝日常政务的处置之权却仍在宰相手中,如果担任了宰相,就等于踏入了藩镇的陷阱之中,而奸诈贪婪的小人踏入了陷阱,还会觉得荣耀,这就是所谓的赴死之时机。韩偓坚持不做宰相,也是知道即使担任宰相也挽救不了唐朝的灭亡,只会让自己陷入危险;而且他知道不担任宰相也可以为国尽忠,他看清了正是因为不担任宰相,反而可以向君主尽忠的局势。所以李克用不怀疑韩偓党同朱温,朱温不怀疑韩偓党同李茂贞,宦官不怀疑韩偓依附崔胤,崔胤不怀疑韩偓依附宦官。韩偓立身于四周毫无依托的地方,以保卫孤弱的天子,尽力而为,收到的猜疑和嫉妒就比较少,不会被别人过分怨恨,即使是李茂贞这样的跋扈之臣,也会惭愧地说:"我实在是不知道书生的礼数。"他伤害韩偓的念头也就消失了。这就是韩偓能生、能死、能对抗一群凶恶的逆贼却没有被杀的原因。

无死之机,是以不死;履死之道,是以不辱。若偓者,其以处危亡之世,诚可以自靖焉矣。其告昭宗曰:"万国皆属耳目,不可以机数欺之! 推诚直致,日计不足,岁计有余。"其奉以立身也,亦此道也夫!

【译文】

因为没有赴死的时机，所以才没有死去；践行赴死的正道，所以能够免于被侮辱。像韩偓这样的人，处在国家危亡的乱世中，也确实是可以保持自我操守的。他对昭宗说："凡治理天下的人，天下都将耳目对准了他，他哪里能够用心机权术欺骗蒙蔽天下人呢！不如推心置腹直截了当地对待他们，这样，虽然按日计算不充足，但按年计算就有剩余了。"韩偓自己立身处世，不也正是遵循这一道理的吗！

一二　僖宗以来求入相者乐以身试祸

宰相数易，则人皆可相，人皆可相，则人皆可为天子之渐也。宰相之于天子，廉陛相蹑者也[①]，下廉夷而上陛亦陵。唐高宗用此术也，以轻于命相，故一妇人谈笑而灭其宗祀，替其家嗣，裴炎、傅游艺夷之，武三思、承嗣因而陵之，相因之势也。高宗承全盛之宇，戴太宗之泽而不保其子，况昭宗当僖宗丧败之余，强臣逆奄交起相乘之世乎？

【注释】

①廉陛：厅堂前的台阶。

【译文】

宰相如果频繁更易，那么就会让人觉得人人都可以做宰相，人人都可以做宰相，则难免使人们渐渐觉得人人都可以做皇帝。宰相对于天子而言，就像是厅堂前的台阶一样，如果台阶变低，那么厅堂的高度也会受损。唐高宗采用频繁换相的办法，轻率地任命宰相，所以武则天身为一个妇人，却在谈笑间就倾覆了唐朝的统治，改了朝换了代，裴炎、傅游艺这种人出任宰相，降低了宰相的威严，继而武三思、武承嗣相继谋夺太子之位，使朝廷威严扫地，这是一脉相承的。高宗承继全盛时期的大唐疆土,继承太宗的恩泽却连自己儿子的性命都保不住,何况是昭宗这样继承僖宗时期混乱衰弱的天下,处在跋扈外藩和内廷宦官交相威逼朝廷的时代呢?

自龙纪元年至唐亡天祐三年①,凡十九岁,而张濬、孔纬、刘崇望、崔昭纬、徐彦若、郑延昌、杜让能、韦昭度、崔胤、郑綮、李磎、陆希声、王抟、孙偓、陆扆、朱朴、崔远、裴贽、王溥、裴枢、卢光启、韦贻范、苏捡、独孤损、柳璨、张文蔚、杨涉,或起或废者二十七人,强臣胁之,奄人制之,而朝廷不能操黜陟之权,固矣;抑昭宗轻率无恒,任情以为喜怒,闻一言之得,而肝胆旋倾,幸一事之成,而营魂不定②,乃至登进可惊可愕之人,为天下所姗笑③,犹自矜特达之知,悚覆无余,而犹不知悔,其识暗而自用,以一往之情为爱憎,自取灭亡,固千古必然之偾轨也④。

【注释】

①龙纪元年:公元889年。天祐三年:公元906年。

②营魂:魂魄。

③姗笑:讥笑,嘲笑。

④偾轨:覆辙。

【译文】

从龙纪元年到天祐三年唐朝灭亡之时,一共经过了十九年,而期间共有张濬、孔纬、刘崇望、崔昭纬、徐彦若、郑延昌、杜让能、韦昭度、崔胤、郑綮、李磎、陆希声、王抟、孙偓、陆扆、朱朴、崔远、裴贽、王溥、裴枢、卢光启、韦贻范、苏捡、独孤损、柳璨、张文蔚、杨涉等或起或废,二十七人担任过宰相,由于外藩强臣的胁迫和宦官的挟制,朝廷根本不可能将宰相的任免权掌握在手中;而且昭宗性格轻率无常,由着自己的性情而或喜或怒,听到别人一句话可取,就会动心,看到一件事取得成效就高兴地忘乎所以,以至于屡屡任用一些令人惊愕的人做宰相,被天下人所嘲笑,而昭宗却自以为智慧通达,造成了恶劣后果也仍然不知道后悔,昭宗才智不足而刚愎自用,将自己一厢情愿的情感当作爱憎的标准,自取灭亡,这本来就是千古以来必然的覆辙。

　　抑就诸人言之,人之乐居尊位者,上之以行其道,次之以成其名,其下则荣利之餍足耳。当高宗之世,天下方宁,而宰相尊。名之所归,利之所擅,贸贸然群起而相凌夺以觊得,鄙夫之情类然,无足怪者。自僖宗以来,天子屡披荆榛,两都鞠为茂草①,国门之外,号令不行,虽有三台之号,曾无一席之安,计其恫喝涂人而招纳贿赂者,曾不足当李林甫、令狐绹之傔从,不安而危,不富而贫,其尊也,藩镇视之如衙官,其荣也,奄宦得加以呵詈②。一旦有变,则天子以其颈血而谢人,或杀或族,或斥远方而毙于道路。此诸人者,稍有识焉,何乐以身试沸膏之鼎而思沾其滴沥乎?故苏捡欲经营韩偓入相,而偓怒曰"以此相污",诚哉其污也!而一时风会所淫,如饮莨菪之酒③,奔驰恐后,而莫之能止,前者殊死,后者弹冠,人之无良,亦至是哉!

【注释】

①鞠(jū)为茂草:杂草阻塞道路。鞠,通"鞫",穷尽。

②呵詈(lì):呵斥,责骂。

③莨菪(làng dàng):一种多年生草本植物,有剧毒,可入药。若服

食过量，会引起行动狂乱或腹泻等症状。

【译文】

再从出任宰相的诸人来看，凡是乐于身居尊位的人，有较高追求的是想借相位来践行自己的志向，其次一点的是想要成就自己的名声，最次的则只是贪图荣华富贵而已。在高宗时代，天下安宁，宰相地位尊贵。宰相不仅拥有极致的名声，也有丰厚的利益可图，所以天下人才会纷纷起来彼此争斗以求夺取相位，这是浅薄之人的普遍想法，不足为怪。自从唐僖宗以来，天子屡次身陷险境，长安、洛阳荒芜残破，杂草阻塞了道路，都城以外，朝廷的号令难以推行，即使身居宰辅，也难有容身的一席之地，宰相对普通人的威慑力以及招权纳贿的实际得利，还比不上当年李林甫、令狐绹的随从，宰相之位不再安全，而是充满危险，不再有利可图，而是变得贫苦落魄，宰相所谓的尊贵，不过是被藩镇视为属官小吏而已，宰相所谓的荣耀，就连宦官都敢对他们加以呵斥责骂。一旦发生变故，天子就会用宰相的血来向天下人谢罪，宰相或被杀或被灭族，或被贬斥到远方而死在路途上。这些身居相位的人，只要稍微有些见识，怎么会乐于用自己的身体去试探滚沸的汤汁并希望能沾些汤汁呢？所以苏捡想要拉拢韩偓共同担任宰相，而韩偓发怒说"这是在侮辱"他，这句话是对的，确实是在侮辱他啊！而人们却在当时的风尚引导下，就像喝下了莨菪毒酒一样发了狂，争先恐后地奔向相位，不能阻止，前者刚死于非命，后者就弹冠相庆，人没有良心，竟然到了这个地步！

呜呼！士贵有以自立耳。无以自立，而寄身于炎寒之世局，当塾教之始，则以利名为鹄矣①；当宾兴之日②，则以仕宦为津矣；一涉仕宦之涂，进而不知所终，退而无以自处，则紫阁黄扉③，火城堂食④，人拟为生人之止境；而自此以外，前有往古,后有来今,上有高天,下有厚地,仰有君父,俯有黎民,明有名教,幽有鬼神,凡民有口,妻子有颜,平旦鸡鸣,有不可自昧之恻隐羞恶,皆学所不及,心所不辨,耳闻之而但为声响,目见之而但为文章,漠不相关,若海外三山之不我即也⑤。呜呼! 士若此,而犹不以宰相为人生不易得之境,鼎烹且俟之崇朝,鼎食且侥于此日,其能戒心戢志如韩偓者,凡几人也? 世乱君昏,正其逞志之日,又何怪焉? 世教衰,民不兴行,天下如狂,而国以亡、君以屠、生民以殄。是以先王敦廉耻、尚忠孝、后利先义,以养士于难进易退之中,诚虑周而道定也。

【注释】

①鹄(gǔ):目标,目的。

②宾兴:本为周代一种举贤之法,指乡大夫自乡小学荐举贤能而宾礼之,使其升入国学。后来在科举制下则指地方当局招待乡试应举者的一种礼仪。

③紫阁黄扉:宰相、三公办公的场所。唐代曾改中书省为紫微省,中书令为紫微令,因称宰相府第为紫阁。魏晋时丞相、三公等高官办事的地方以黄色涂于门上,故称黄扉。

④火城:古代宰相出行时的火炬仪仗。堂食:唐代政事堂(宰相办公处)的公膳。

⑤海外三山:指道教传说中位于海外的方丈、蓬莱、瀛洲三座神山。

【译文】

唉! 士人的可贵之处就在于有自己立身处世的准则。如果没有这种处世准则,那么他置身于变化无常的世界中,早在接受私塾教育的时候,就会把名利当作追逐的目标;当他参加乡试的时候,就已经将出仕做官当作自己的未来方向了；一旦他踏上仕宦之路，就会感到进取是没有止境的，一旦后退就无以自处，如此则他们会把身居宰辅之职当作人生的至高境界；而除此以外，前有古人，后有来者，上有蓝天，下有黄土，抬头有君父，低头有黎民，明处有名教，暗处有鬼神，百姓皆有口齿，妻子皆有容颜，天明时有鸡鸣报晓，自己则有无法掩盖的恻隐羞恶之情，凡此种种，他都不再将其置于学习范围之内，心中不再对这些东西加以辨析，耳朵听见的都只当作声响，眼睛看到的只有文章，其他的事情完全与他漠不相关，就像是海外三座神山那样虚无缥缈自己摸不到。唉！士人到了这个地步，仍不把宰相当作普通人一生中难以企及的位置，而是怀着侥幸心理，过一天宰相的瘾就算一天，真正能够像韩偓那样约束欲望、收敛野心的，又有几个人呢？身处乱世，君主昏庸，在这些人看来正是一逞其志向的好时机，又有什么值得奇怪的呢？人世间的正气衰竭，百姓不注意自己的品行，天下人如同发狂，最终国家灭亡、君主被屠戮、百姓生灵涂炭。所以先王敦尚廉耻、推崇忠孝、教人们先义后利，从而培养士人知难而进、见机而退的意识，确实是思虑周密、谋划详备的。

一三　昭宗求救李王杨三镇

昭宗为朱温所劫迁，流离道左，发间使求救于李克用、王建、杨行密[①]，是垂死之哀鸣，不择而发，惟足悲悼而已。夫三镇者，其可以抗朱温遏其篡弑之恶而责以君臣之大义者乎？使三镇犹然唐之臣子，而兵力足以胜温也，则温亦不敢遽图凶逆；王行瑜、李茂贞、韩建之无成，温稔知之，故迟回而待之今日，则熟审彼己之形势，目中已无三镇，知唯予志而莫违矣。

【注释】

①间使：密使。

【译文】

昭宗被朱温劫持而被迫东迁，颠沛流离，私下派密使求救于李克用、王建、杨行密，这是临死前的哀鸣，因而显得慌不择路，只能让人觉得非常可悲罢了。这三个藩镇，难道可以抗衡朱温、阻遏其篡位弑君的恶行、用君臣大义来责求他们吗？如果这三个藩镇仍然是唐朝廷的臣子，而且兵力足以胜过朱温，则朱温也不敢立即谋划篡位弑君的恶行；王行瑜、李茂贞、韩建最终都没能成大事，朱温是熟知这一事实的，所以他才会再三徘徊，等到现在才开始行动，可见他已经审视清楚了彼此之间的形势，早就不把三镇放在眼中了，他知道三镇都会服从自己的意志而不敢违抗。

克用而可抗温邪，岂一日忘温者？昭宗尝和解之而不听，而况有言之可执，卷甲疾趋，岂待间诏之求援乎？克用于时方修城堑，保太原、泽、潞、邢、洺之不遑恤，其必不能逾太行以向汴、雒，明矣。王建北倚剑阁，东扼瞿唐①，乘人之所不争，据险以自存，身未习百战之劳，而所用者两川之土著，不能出穴以斗者，如之何其能与强暴之朱温争生死也？杨行密虽尝挫温矣，而舟楫之利，失水则困，故仅可以保江、淮，而不能与骑步争逐于平野；新得朱瑾兖、郓之余众，骑兵稍振，而瑾又温所鱼肉之残耳；且使出汝、亳而西讨，钱镠乘其东陲，马殷乘其南界②，田頵之徒又从中而讧，进不利而退失守，为温之擒而已。是三镇之力不足以进取为昭宗而兴师也，明矣。

【注释】

①瞿唐：也称"夔峡"，即瞿塘峡，为长江三峡之首。西起奉节白帝城，东至巫山大溪。两岸悬崖壁立，江流湍急，山势险峻，自古号称西蜀门户。

②马殷（852—930）：字霸图，许州鄢陵（今河南鄢陵）人。五代十国时期南楚开国君主。马殷早年以木匠为业，后投入秦宗权军中，隶属于孙儒部下。孙儒战死后，马殷作为刘建锋的先锋，南下湖南，攻占潭州等地，成为马步军都指挥使。乾宁三年（896），刘建锋被杀，马殷被推为主帅，逐步统一湖南全境，先后被唐政府任命为湖南留后、武安军节度使。此后，马殷逐渐扩大地盘，兼并静江军，夺取岭南数州。开平元年（907），后梁太祖朱温封其为楚王，天成二年（927），后唐封其为南楚国王。马殷在位期间，对内发展农业生产，很少主动对外交战，致力于保境安民。传见《旧五代史·世袭列传·马殷》《新五代史·楚世家·马殷》。

【译文】

　　李克用是能够对抗朱温的人吗？他难道有一天曾忘记朱温吗？昭宗曾经试图劝他与朱温和解，而他根本不听从劝告，何况如今他有了昭宗被朱温劫持的理由，本来就可以率军疾速前来救驾，哪里需要等昭宗用密旨去求援呢？这个时候李克用正忙于修筑城池和堑壕，以保住太原、泽州、潞州、邢州、洺州的地盘，无暇他顾，所以很明显他不可能越过太行山向朱温的老巢汴州、洛阳进军。王建北倚剑阁，东扼瞿塘峡，占据无人争夺之地，凭借险要地势来自保，他自己没有经历多次战争的劳顿，而他手下的将士多为四川地区的土著，难以脱离巢穴而出川作战，他又如何能够与强横暴虐的朱温生死相拼呢？杨行密虽然曾击败过朱温，但他的优势在于水军，离开了水就会受困，所以他仅能够保全江淮地区，而不能够与朱温的骑兵、步兵在平原地区争夺胜负；虽然他新得到了朱瑾在兖、郓地区的残部，骑兵有所加强，但朱瑾也不过是朱温的手下败将罢了;而且假如杨行密从汝州、亳州出兵而向西讨伐朱温,那么吴越的钱镠就会趁机威胁杨行密的东部边境,马殷则会威胁南部边境,田頵等人又在军中发起内讧,如此则杨新密进则作战不利,退则失守要地,最终只能被朱温俘获。所以三镇的力量根本不足以为昭宗兴兵讨贼、有所建树,这是很明显的。

抑以君臣之义责望三镇,夫三镇又何足以言哉?克用之思夺唐,其与朱温先后之间耳,委唐之亡于温,以嫁不道之辜,而己徐起以收之,克用之怀挟久矣;浸令其力可任,假密诏以兴师,胜温而挟天子,亦温之于茂贞也,况乎其处心积虑之固不然也。王建得蜀,而早有公孙述、刘备、李特之全局在其意中,羁縻于唐,不敢先发以招天下之弹射耳;其逼顾彦晖、逐韦昭度而走之[1],逆节已著,昔固尝托勤王之名而阳出兵以掠地,非李茂贞阻之,则乘长安之虚而收洮、巩[2],临秦、凤以称西帝[3],岂复于唐有源本之思,以效桓、文之绩乎?

【注释】

[1]顾彦晖(? —897):唐朝末年任东川节度使。自乾宁二年(895)起,他与西川节度使王建相互攻伐,混战不休。唐昭宗派遣使节为两川讲和,但王建假装同意,却并不收兵。最终在乾宁四年(897),顾彦晖被王建团团围困,突围无望,只得命养子将自己杀死。其事散见于新、旧《唐书·昭宗本纪》。韦昭度(? —895):字正纪,京兆杜陵(今陕西西安)人。早年历任兵部侍郎、翰林学士承旨、同中书门下平章事、中书舍人、户部侍郎等职。唐昭宗文德元年(888),受命接替陈敬瑄为西川节度使,但陈敬瑄拒绝

交出兵权,于是他联合王建和顾彦朗围攻成都,久攻不下。大顺二年(891),王建为逼走韦昭度以独霸四川,暗中指使将领唐友通等人残忍杀害韦昭度的亲信官吏骆保,称其私盗军粮。韦昭度非常恐惧,只得把兵权交给王建,返回京师,被罢为东都留守。乾宁二年(895),王行瑜、李茂贞迫近京师,韦昭度惨遭王行瑜杀害。传见新、旧《唐书·韦昭度列传》。

②洮、巩:指洮州(治今甘肃临潭)和巩州(治今四川珙县)。

③秦、凤:指秦州(治今甘肃天水)和凤州(治今陕西凤县)。

【译文】

　　而如果用君臣大义来要求三镇,那么三镇又如何担得起这份期望呢?李克用早就想要篡夺唐朝天下,他与朱温不过是先后篡逆的区别罢了,他试图让朱温灭亡唐朝,从而将灭亡唐朝的罪责加给朱温,这样自己就不会背上不道的恶名了,然后他就可以慢慢起来收拾局面、夺取天下,这是他筹谋已久的计划;假如他的力量足以与朱温对抗,借着昭宗密诏的名义来兴兵讨伐朱温,战胜朱温后也会自己挟持天子,就像当初朱温战胜李茂贞后效仿他挟持天子一样,何况李克用处心积虑,原本就不打算这么做。王建得到了蜀地,心中早就有了像公孙述、刘备、李特那样割据蜀地的宏伟谋划,只是因为还在受唐朝的羁縻,所以不敢首先发难,以避免被天下人指摘和攻击罢了;他逼迫顾彦晖自杀,将韦昭度逐出四川,叛逆的行迹已经暴露无遗,以前他也曾假托勤王的名义出兵争夺地盘,如果当初不是李茂贞阻止了他,则他必定已经乘着长安空虚而占领洮州、巩州,兵临秦州、凤州,自称西帝,怎么会再对唐朝怀有饮水思源的感恩之心,从而效仿齐桓公、晋文公来建立匡扶天子的功绩呢?

　　克用,狄也;王建,奄宦之私人也。不足援名教以望之,所固然矣。然昭宗妄亿而号呼①,犹有说也。沙陀承恩三世,李国昌起骑将而分节钺,克用逋逃朔漠②,赦其族诛之辜,而赐以国姓;王建随驾奔蜀,负玺以从③,艰难与共之君臣,亲若父子;则克用、建自逆,而唐固笃恩义以为之君,当危急之秋,迫而呼之,非过望也。

【注释】

①妄亿:妄想。

②逋(bū)逃:逃亡,逃窜。

③王建随驾奔蜀,负玺以从:据《新唐书·前蜀世家》记载,光启元年(885),王重荣与田令孜争夺盐池,王重荣召晋兵进犯京师,唐僖宗至凤翔避难。次年,僖宗转至兴元,任命王建为清道使,"负玉玺以从",牵马蹈火,僖宗枕王建膝而眠。

【译文】

李克用是夷狄之人,而王建是宦官培植的私人。他们本来就不配被援引名教来加以要求。然而昭宗对他们心存幻想,向他们大呼求援,也是有原因的。沙陀人三代承受朝廷的恩泽,李国昌从一介骑兵将领起家而被朝廷授予节钺,李克用逃亡到漠北,朝廷赦免了他足以灭族的罪行,还赐给他国姓;王建随僖宗车驾奔往蜀地,背负玉玺跟随天子,他与唐僖宗算是艰难与共的君臣,亲如父子;如此则李克用、王建虽然自己有叛逆之心,但唐朝对他们仍然是曾有过恩义的,所以昭宗在危急的情况下向他们紧急求救,也并非过分的期望。

若夫杨行密者,于昭宗何有哉? 高骈据千里之腴壤,一矢不加于贼,而坐拥富贵,土芥其人民,使无所控告,毕师铎、秦彦、孙儒竞起争夺,血流盈壑,弥望蒿莱①,唐弗能问也。行密足未尝履王都,目未尝见宫阙,起于卒伍,无尺寸之诏可衔,削平之而抚仅存之生齿,是草泽崛起,无异于陈胜、项梁之于秦也。霸局已成，唐不能禁，授以爵命而姑为维系，其君臣之义，盖已浅矣。天下已非唐有，而人民必有恃以存，力捍凶锋，保江、淮之片土，抗志崛立，独能不附逆贼，甘奉正朔，如王师范、罗绍威、韩建之所为②，亦可谓之丈夫矣。唐一日未亡，行密一日不称王，而帝制赏罚之事，听命于朝，循分自揣，安于其位，而特不屑臣服于逆贼之廷，亦可谓之不安矣。唐何德以及行密，而望其为郭子仪、李晟之精忠，以抵触凶人争一线之存亡哉？

【注释】

①弥望：充满视野。蒿莱：杂草。

②王师范（874—908）：青州（今山东青州）人。唐朝末年藩镇割据将领，平卢节度使王敬武之子。龙纪中，王敬武去世，王师范平定卢宏叛乱，继承平卢军节度使之职。一度忠于唐王室，联合杨行密共同对抗朱温。后被朱温部将杨行厚击败，不得已投降朱温，被迁为河阳节度使。开平二年（908），因朱温之子朱友宁妻子哭诉当年朱友宁在讨伐王师范时战死，朱温遂派人将王师范灭族。传见《旧五代史·梁书·王师范列传》《新五代史·杂传·王师范》。罗绍威（877—910）：字端己，魏州贵乡（今河北大名）人。唐末魏博节度使罗弘信之子。其父死后继任魏博节度使。天祐初，进封邺王。天祐二年（905），因魏博牙兵叛乱，罗绍威向朱温求援，在朱温的援助下诛杀魏博牙兵，根除了牙兵之患。但自己也元气大伤，只得依附朱温。开平四年（910）病逝。传见《新唐书·藩镇魏博列传》《旧五代史·梁书·罗绍威列传》《新五代史·杂传·罗绍威》。

【译文】

至于杨行密,他与昭宗之间又有什么恩义可言呢? 高骈占据江淮千里膏腴之地,不曾出一点力气对抗叛贼,却坐拥富贵,将境内百姓当作泥土草芥一般虐待,使百姓的冤屈无处申诉,他死后毕师铎、秦彦、孙儒等人竞相起来争夺地盘,鲜血流满沟壑,大地上荒草丛生,唐朝廷对此却无力过问。杨行密一生不曾到过唐朝的都城长安,从未见过天子的宫阙,他起家于行伍之间,没有一点朝廷的恩泽或名义可供凭借,他讨平了毕师铎、秦彦、孙儒等人,抚恤江淮地区仅存的百姓,他是典型的崛起于草泽之中的英雄,与秦末的陈胜、项梁是一样的。等到他称霸江淮的大局已定时,唐朝廷无力禁止,于是授予他爵位和正式任命,姑且维系双方的关系,彼此之间的君臣之义,大概已经很浅了。天下已不再是唐朝的天下,而百姓却必须有所依靠才能生存下去,杨行密奋力抵挡逆贼朱温的锋芒,保全了江淮这片土地,而且意志坚定,天下藩镇唯独他能够坚持不依附逆贼,甘心尊奉正朔,不像王师范、罗绍威、韩建一样最终屈服于朱温,也可以称得上是大丈夫了。唐朝一日不灭亡,杨行密就一日不称王,而仪制、赏罚之类的事物,也都听命于朝廷,不逾越规制,安于自己的位置,尤其不屑于向逆贼建立的朝廷屈服,也可以称得上是不狂妄的明智之士了。那么唐朝对于杨行密有什么样的恩德,而有资格希望他做一个像郭子仪、李晟那样精忠报国的臣子,与凶残的朱温殊死搏斗,从而为唐王朝拼得一线生机呢?

如曰溥天率土[①],义不可逃也,汤、武且有惭德矣。项羽不弑怀王,汉高岂终北面? 行密保境息民以待时变,唐可再兴,则为窦融;唐不可兴,则为尉佗;而但不为枭獍之爪牙,斯已足矣。既不可以君臣之义苛求其效死,而昭宗又奚望其援己哉?

【注释】

①溥天率土：典出《诗经·小雅·北山》："溥天之下，莫非王土；率土之滨，莫非王臣。"指整个天下、四海之内。

【译文】

如果说普天之下、四海之内，作为臣子为君主尽忠的大义不容逃避，那么商汤、周武王恐怕也必须感到惭愧了。如果项羽不弑杀怀王，汉高祖难道能够最终登上皇位吗？杨行密保境安民，坐待时势的变化，如果唐朝可以复兴，他就会像东汉初的窦融投奔朝廷；如果唐朝不能复兴，那么他就会像秦末尉佗一样割据自保；无论如何，只要他不助纣为虐、甘做逆贼的爪牙，这就足够了。既然不可以用君臣大义来苛求他为朝廷效死，那么昭宗又哪里能指望他援救自己呢？

　　故三镇者，无一可倚者也。昭宗先无自固之道，祸至而周章"谓他人昆，亦莫我闻"①，势之所必然者也。屠门之悲号，不如其喑矣②。

【注释】

①谓他人昆，亦莫我闻：语出《诗经·王风·采葛》："绵绵葛藟，在河之漘。终远兄弟，谓他人昆。谓他人昆，亦莫我闻。"整句诗的意思是葛藤绵延长又长，爬到河边陆地上。远离自己的亲人和兄弟，面对他人喊兄长。即使每日喊兄长，别人也像没有听见一样。

②喑（yīn）：哑，无声。

【译文】

所以三镇当中其实没有一个是昭宗可以倚靠的。昭宗事先没有保全自我的办法，等到灾祸降临以后才大费周章地四处求援，其结果只能如《诗经》所云"谓他人昆，亦莫我闻"，这是势所必然的。即使是屠宰市场上牲畜的悲惨号叫，也不如昭宗的求援那样绝望惨淡。

昭宣帝

【题解】

唐哀帝李柷(chù,892—908),原名李祚,是唐昭宗李晔第九子,唐朝末代皇帝。天祐元年(904),唐昭宗遇害后,朱温假传遗诏,拥立李柷即位。哀帝在位期间,毫无实权,一切大权都被朱温把持。天祐四年(907),李柷被废,唐朝正式宣告灭亡。次年李柷被朱温毒杀。后唐明宗李嗣源追谥其为"昭宣光烈孝皇帝",故后世称其为"唐昭宣帝"。

天祐二年(905)六月,朱温在亲信李振和宰相柳璨的鼓动下,将裴枢、独孤损、崔远等朝廷清流三十多人集中到黄河边的白马驿全部杀死,投尸于河,制造了惊人的"白马之变"。后世普遍认为"白马之变"标志着门阀士族的末路。欧阳修在《新五代史》中对于裴枢等"清流"的死深感惋惜,但王夫之认为,裴枢等所谓"清流"在国家危亡、奸逆跋扈的情势下,尸位素餐,醉生梦死,只在乎维护自身的"流品"和地位,"游于浊而自炫其清",实在担不起清流之誉。在王夫之看来,士大夫是否忠孝,将名位看得是重还是轻,这才是区分清、浊的重大标准。

一 朱温所沉非清流

嬴政坑儒,未坑儒也,所坑者皆非儒也;朱温杀清流,沉之河,未杀清流也,所杀者非清流也。信为儒,则嬴政固不能坑之矣;信为清流,则朱温固不能杀之矣。

【译文】

　　历史记载嬴政坑儒,其实他并不曾坑杀儒生,他所坑杀的人都不是真正的儒生;历史记载朱温诛杀清流,将他们沉在黄河中,其实朱温并没有诛杀过清流,因为他所杀的并不是真正的清流。如果真是儒生,则嬴政本来也不可能将他们坑杀掉;如果真是清流,则朱温也本来就不能将他们杀死。

　　温诚诛锄善类不遗余力,而士大夫无可逃之彀中邪?乃于韩偓弗能杀也,于司空图弗能杀也,于郑綮亦弗能杀也[1];又下而为梁震、罗隐之流,且弗能杀也。凡此见杀者,岂以身殉国而与唐偕亡者乎? 抑求生于暴人之手而不得其术者耳。天下不知其谁氏之士,天子不知有几日之生;情逆而恣炰烋者[2],腥臊之臭味逼人;无赖而充班行者[3],醉梦之眉目疑鬼;犹且施施然我冠子佩[4],旦联缀以充庭,夕从容而退食。若此之流,谓之清也,则谁复为浊流邪?

【注释】

①郑綮(? —899):字蕴武,郑州荥阳(今河南荥阳)人。唐昭宗时官至礼部侍郎、同中书门下平章事。光化二年(899),被拜为宰相后数月即以生病为由请求辞官,以太子少保身份致仕,卒于家。传见新、旧《唐书·郑綮列传》。

②炰烋(páo xiāo):指嚣张跋扈的人。炰,通"咆"。

③班行:班次行列。指在朝做官的位次。

④施施然：喜悦自得貌。冠子佩：古代官吏的冠和佩饰。指官吏。

【译文】

朱温确实在诛杀善良之士方面不遗余力，但士大夫就真的完全没办法逃脱他设下的陷阱了吗？实际上朱温并没能杀掉韩偓，也没能杀掉司空图，郑綮他也没能杀掉；再往下，像梁震、罗隐这样的隐士，他也同样无法诛杀殆尽。而那些被朱温杀掉的人，难道都是以身殉国、誓与唐朝共存亡的人吗？或许他们也只是想从残暴之人那里求得一条生路，只是没找到正确的方法罢了。天下不知道以后会落入哪一姓的手中，天子也不知道还能再活几天；一心篡逆而恣意胡作非为的人，身上的腥臊臭味逼人；在朝堂上滥竽充数的无赖之臣，醉生梦死，如同行尸走肉；这种情况下，那些在朝为官的所谓清流仍旧志得意满地做着官，白天前后相继地立在朝堂上，晚上从容地退朝就餐。像这样的人，如果他们能被称为清流，那么又有谁是浊流呢？

朱温为之主，李振为之辅，必杀矣；明天子在上，贤执法在列，亦未可贳而弗诛也①。游于浊而自炫其清，斯所谓"静言庸违"者②，四裔之投，其可宥乎？而欧阳永叔谓裴枢等惜一太常卿不与伶人③，使其不死，必不以国与人，过矣。

【注释】

①贳（shì）：宽纵，赦免。

②静言庸违：语出《尚书·尧典》："静言庸违，象恭滔天。"意即语言善巧而行动乖违，形容言行不一。

③欧阳永叔谓裴枢等惜一太常卿不与伶人：据《新五代史·唐六臣传》记载，天祐三年（906），梁王朱温想封自己宠爱的从官张廷范为太常卿，宰相裴枢认为按照传统太常卿多由清流担任，张廷范

作为梁王的客将,不能担任此职。朱温因此大怒,非常痛恨裴枢等清流。当年四月,出现彗星,朱温趁机宣布天象示警,罪在大臣,将裴枢、独孤损、崔远、赵崇、王赞、王溥、陆扆等赐死于白马驿,并大肆株连,朝廷为之一空。欧阳修因此感叹说:"夫一太常卿与社稷孰为重?使枢等不死,尚惜一卿,其肯以国与人乎?虽枢等之力未必能存唐,然必不亡唐而独存也。"

【译文】

有朱温做君主,李振在旁边辅佐,这些人自然必定被杀;如果是圣明的天子在位,贤能的执法大臣当权,他们这些人也未必能免于被杀。这些人本就生活在浊流之中,却自炫清高,这就是所谓的"语言善巧而行为乖违",他们理应被流放到边远之地去,难道他们能逃脱这样的惩罚吗?而欧阳修评论说裴枢等人吝惜区区一个太常卿的官位,而不肯将此官位交给朱温宠幸的伶人,如果裴枢等人不死,必定不会把国家交给他人,他的这个说法是不对的。

晋、宋、齐、梁之护门第,唐人之护流品,其席荣据要之习气耳。门第、流品横亘其肺肠,而怙众以喧呶①,仰不知有君父,俯不知有廉隅②,皆此念为之也。王谧解玺绂以授桓玄,不欲自失其华族耳。枢等不死,劝进朱温者,岂待张文蔚、杨涉哉③?但使不失其清流之品序,则人人可奉之为天子矣。忠孝之存去,名位之重轻,则清浊之大界也,非永叔之所知也。

【注释】

①喧呶(náo):吵嚷,吵闹。

②廉隅:棱角,比喻端方不苟的行为、品性。

③张文蔚(？—908)：字右华，瀛洲河间(今河北河间)人。天祐元
　　年(904)被拜为中书侍郎、同平章事，兼判户部。天祐四年
　　(907)，朱温篡唐，张文蔚与杨涉等总率百僚，奉禅位诏书到大
　　梁。后梁建立，仍居相位。开平二年(908)在任上暴卒。传见
　　《旧五代史·梁书·张文蔚列传》。杨涉：华阴(今陕西华阴)人。
　　唐昭宗时任吏部尚书。唐哀帝即位后拜中书侍郎、同中书门下
　　平章事。唐朝灭亡后在后梁担任门下侍郎、同中书门下平章事。
　　在位三年，无所作为，被罢为左仆射，数年后逝世。传见《新五代
　　史·唐六臣传·杨臣》。

【译文】

　　东晋、宋、齐、梁时期的士大夫重视和维护门第，唐代的士人则重视
和维护流品，都不过是为了保住自己的荣耀与地位而产生的习气罢了。
门第和流品的观念已经存在他们体内，他们倚仗势力而大肆鼓吹门第、
流品，仰不知有君父，俯不知有廉耻和操守，都是出于维护门第、流品的
想法。东晋末年，王谧将皇帝的印玺和绶带解下来授给桓玄，是不想因
触怒桓玄而丧失自己高门华族的地位。裴枢等人如果不死，恐怕也会
劝朱温篡位登基，哪里还需要等张文蔚、杨涉等人劝进呢？只要不让裴
枢等人失去其清流品序，则无论是谁，他们都可以将其尊奉为天子。士
大夫是否忠孝，将名位看得是重还是轻，这才是区分清浊的重大标准，
这一点，不是欧阳修所能知道的道理。

二　罗绍威听朱温计坑杀牙兵以弱魏博

　　强国非安天下之道，而取天下之强摧残之、芟夷之、以
使之弱，则天下之乱益无已。故养天下之力于不试，不见其
强而自不可弱者，王道也；国方弱而张之，相奖以武健而制
之以其方，使听命者，霸功也；因其强而强之，莫之能戢而启

其骄，乱之所自生也；畏其民之强而摧之夷之，乃至殄灭之以使弱，则既以自弱而还以召乱。无强无弱，人皆可乱，则天下瓦解而蜂起以相残，祸之最烈者也。

【译文】

使国家变得强大并不是安定天下的正确方法，而将天下的强者都加以摧残、加以铲除、使其变得弱小，则天下的混乱会变得越发不可收拾。所以，不以使用为目的而积蓄天下的力量，国家虽然看上去不强大实际上却难以被削弱，这就是王道；当国家处于微弱态势的时候努力强化国家的力量，鼓励人们崇尚武勇并以合理的方法来对其加以控制，使人人都能听命于国家，这是霸主的功业；如果人们中有强大的人，就放任其变得更强大，没有办法约束控制这些强者，使其滋生骄傲的心理，则混乱就会产生；畏惧百姓的强大而摧残和压制强者，甚至消灭强者，使民众的力量变弱，最终只会使自己变得衰弱而招致祸乱。百姓既然没有了强弱之别，那么自然人人都能作乱，则天下必定土崩瓦解，人们会蜂拥而起、相互残杀，这是造成灾祸最严重的情况。

战国之强也，天下以乱。嬴政恶其强而思弱之，既弱六国之众，并弱其关内之民，销其兵刃，疲以力役，强者虔刘殆尽①，而耰锄棘矜之徒以起，椎埋黥配之夫②，尸王号而长吏民，天下一无可畏而皆可畏矣，民乃争趋于死而莫之救矣。

【注释】

①虔刘：杀戮。

②椎埋：以椎杀人并埋尸。泛指杀人越货。黥配：在脸上刺字并发配。

【译文】

战国时期列国强盛,天下因此陷入大乱。嬴政厌恶列国的强大,想要削弱它们,于是不仅削弱关东六国的力量,也削弱关中百姓的力量,销毁民间的武器,用劳役使百姓陷入疲劳,天下的强者被杀戮殆尽,而手执锄头等农具的百姓却起来反抗秦朝,因杀人而被刺配流放的罪犯刑徒,也得以自称王号、统领民众,天下人没有了可畏惧的对象,则天下人人都变得可怕,百姓因此争相趋于死亡而无人能够挽救他们。

　　唐之乱,藩镇之强为之也。藩镇之强,始于河北,而魏博为尤。魏博者,天下强悍之区也。自光武用河北之兵以平寇乱,遂屯兵黎阳①,定为永制,而东汉以强。故其民习于强而以弱为耻,天下资之以备患。垂及于唐,上未加以训练,而骄桀之习,未尝替也。然亦何尝为天下患哉?安、史之平,代宗不能抚有,田承嗣起而收之以自雄,为藩镇之戎首。幽、燕、沧、冀、兖、郓、淄、青之不逞,皆恃魏博之强,扼大河以亘塞河南而障蔽之,田兴一受命,而河北瓦解,其为天下重久矣。广明以后②,黄巢横行天下,而不敢侧目河朔,恃此也;汴、晋交吞以窥唐室,而王镕、刘仁恭既不敢南向以争天下,抑不至屈于汴、晋而为其仆隶,恃此也。罗绍威以狂狡竖子听朱温之蛊③,一夕而坑杀牙兵八千家,于是而魏博为天下弱,天下蔑不弱也。

【注释】

①黎阳:今河南浚县。

②广明:唐僖宗李儇的年号,使用时间为880—881年。

③狂駿（ái）：狂妄愚蠢。

【译文】

唐朝的动乱，是由于藩镇力量的强大导致的。藩镇力量强大的局面始于河北藩镇，而其中尤其以魏博最强大。魏博管辖的区域是天下以强悍著称的地方。自从东汉初光武帝依靠河北的军队平定天下动乱以后，便在黎阳屯兵，并将此立为定制，而东汉由此变得强盛。所以这里的百姓都习惯于争强好胜，以弱小为耻辱，天下也因此依靠这里来防备祸乱。等到了唐代，虽然朝廷并未对这里的百姓加以训练，但此地骁勇强悍的风气并没有发生改变。然而这里又何曾成为天下的祸患呢？安、史之乱被平定后，代宗不能安抚此地，田承嗣便起来占据了这里，作为割据称雄的资本，成为藩镇作乱的祸首。幽州、燕、沧州、冀州、兖州、郓州、淄、青等势力反抗中央，都是凭恃魏博强盛，扼守黄河要冲，堵塞了河北与河南的交通，从而成为这些叛乱藩镇的屏障，田兴一接受朝廷的命令，河北藩镇的力量就纷纷瓦解，可见魏博作为天下重镇的情况已经持续很久了。广明年间以后，黄巢横行于天下，却不敢觊觎河朔地区，也是因为魏博的存在；朱温、李克用相互攻伐、窥伺唐王室，而王镕、刘仁恭既不敢向南争夺天下，也不至屈服于朱温、李克用而成为其仆从，也是因为有魏博藩的存在。罗绍威狂妄愚蠢，听从朱温的蛊惑，一夜之间坑杀牙兵八千家，于是魏博的力量大为削弱，整个天下也因此都变得衰弱不堪。

呜呼！岂徒绍威之自贻幽辱危亡也哉？天下之一治一乱也，其乱则上激下之怒而下以骄，骄气债张，无问强弱也，强者力足以逞而怨愤浅，弱者怨毒深，藻聚萍散，不虑死亡，以姑尝试其诪张①，而蜂起以不可遏。《诗》云："无拳无勇，职为乱阶②。"唯无拳勇者之乱，乱不可弭也。有强者以制其左右,则犹有惮焉。天下胥弱,而骄固不可戢也。无藉以兴,旋灭而旋起,既无所惮,何人不可踔跃以为难哉③?

【注释】

①诪(zhōu)张:虚诳放肆。

②无拳无勇,职为乱阶:语出《诗经·小雅·巧言》。意谓没有武力与勇气,只会为祸乱创造条件。

③踔(chuō)跃:跳跃。

【译文】

唉!难道只有罗绍威是在自取屈辱、使自己陷于危亡境地吗?天下治乱相继,其动乱是由于上面的统治者激起了下面百姓的愤怒和骄横,骄横之气表露出来,无论强弱都会造成祸害,强者的力量足以求得一逞,但他们的怨恨愤怒之情也要浅一些,弱者的怨恨之情更强烈,他们像浮萍、水草一样时聚时散,不顾虑死亡,以姑且要实现自己的目的才罢休,因此他们会蜂拥而起,不可阻遏。《诗经》中说:"无拳无勇,职为乱阶。"正是因为挑起动乱的人是没有力量也没有勇气的人,所以动乱才难以被平定。如果有强者在左右控制这些乱民,那么他们尚且还有所忌惮。如果整个天下都陷于衰弱,那么这些乱民的骄横之气就难以收敛。这些乱民不需要凭借什么资本就能起来作乱,起事后迅速被消灭又迅速起来,既然他们无所忌惮,那么又有谁不跃跃欲试地要去作乱呢?

故自魏博牙兵之歼也,而朱温之计得,于是一时割据之雄,相奖以为得计,日取天下智计勇猛之将吏军卒而杀之,唯恐强者之不尽也。故迨乎温、存勖交争之世,而天下皆弱。蹶然而起者,猝然而仆,不能一朝自固也。胥天下而皆弱矣，勿待强者之骄，而弱者无不骄也。于是而割天下而裂之，苟有十姓百家可持白梃、张空拳者[1]，皆弃耒耜以谊呼[2]。高季兴、孟知祥、王延政、董昌、刘龑、锺传、马希萼、雷满、张文表、危全讽之琐琐者[3]，翦妇人之衣绣以为袜袷[4]，伐空山之曲木以为戈矛，或以自帝，或以自王，或以自霸。而石敬瑭羸病之懦夫，刘知远单寒之孤雏，且褎然宅土中以称元后[5]。呜呼！勿论其不足以君也，抑勿论其不足以霸也，即与群盗齿，曾不足与张角、齐万年、方腊争雄长[6]，皆无惮而自诧为刘、项、孙、曹也。风淫草靡，乃进契丹而为君父，弱天下者之召乱于无已，固如是夫！

【注释】

①白梃：大木棍。

②谊（xuān）呼：喧闹呼叫。

③王延政：光州固始（今河南固始）人。闽太祖王审知之子，五代十国时期闽国末代君主。在位三年，称恭懿王，国亡后被俘，不知所终。传见《新五代史·闽世家·王延政》。刘龑（yǎn）：一名刘岩，泉州（今福建泉州）人。五代时南汉的建立者。乾化元年（911），继承其兄刘隐静海军节度使之职。贞明三年（917）称帝，都番禺，国号大汉，史称南汉。据有今广东、广西及云南一部分。传见《旧五代史·僭伪列传》。锺传（？—906）：洪州高安（今江西上高）人。唐末军阀。唐僖宗时期起担任江西观察使兼团练使、镇南军节度使，割据江西近三十年。传见《新唐书·锺传列传》《旧五代史·梁书·锺传列传》《新五代史·杂传·锺传》。马希萼（900—953）：许州鄢陵（今河南鄢陵）人。五代十国时期南楚末代君主、楚武穆王马殷的庶子。他在位时期南楚被南唐

灭亡。其事见于《永乐大典》引《五代史补》。雷满（？—901）：字秉仁，朗州武陵（今湖南常德）人。唐末割据军阀。本为高骈部将，高骈移镇淮南时，雷满袭杀广陵刺史崔蕘，占据朗州，被授予武贞军节度使之职。此后长期占据湖南常德一带。传见《新唐书·雷满传》《旧五代史·梁书·雷满列传》《新五代史·杂传·雷满传》。张文表：朗州武陵（今湖南常德）人。后周显德年间在割据湖南的周行逢手下担任朗州大都督、武平军节度使。周行逢死后，其子周保全年幼，张文表趁机作乱，战败后被斩于朗州。其事见于《新五代史·南平世家》。危全讽（？—909）：字上练，又字忠练，南城（今江西黎川）人。黄巢起义时以自卫乡党为名起兵，逐步据有抚州全境，割据称雄，主政抚州二十七年。其事散见于《新唐书》《新五代史》。

④韎韐（mèi gé）：泛指皮革铠甲。韎，指用茜草染成赤黄色的革制品。韐，指蔽膝。

⑤土中：四方土地之中。指中原地区。

⑥齐万年（？—299）：关中氐族人，西晋末年关中农民起义首领。元康六年（296），赵王司马伦残酷诛杀关中羌族酋长数十人，激起了各少数民族强烈义愤。身为关中氐族首领的齐万年乘势在雍州聚众起义，自立称帝，先后击败司马伦、司马彤。但不久关中地区发生极其严重的灾荒，大批民众外逃，齐万年部缺少支援，最终被击败，齐万年被俘后牺牲。其事散见于《晋书·孟观列传》等。

【译文】

所以自从魏博的牙兵被消灭、朱温的计谋得逞以后，一时间各地割据称雄的军阀们，纷纷加以效仿，认为找到了好办法，整天杀害其手下有勇有谋的将领和士兵，唯恐不能杀尽强者。所以等到后来朱温和李存勖争夺天下时，整个天下的力量都已经非常微弱。猝然兴起的势力，很快便会归于消亡,根本无力巩固自己的位置。整个天下都陷于衰弱,不需要等待强者变得骄横,弱小的势力就先骄横起来了。于是这些势力割裂天下、分据一方,只要手下能有数百个手执木棍、挥舞拳头的人,都会放下农具而大声喧哗呼叫、挑起祸乱。高季兴、孟知祥、王延政、董昌、刘龑、锺传、马希萼、雷满、张文表、危全讽这些琐屑卑微之徒,裁减妇女的衣服拿来当铠甲,砍伐山上弯曲的树木当作戈矛,或是自称帝号,或是自立为王,或是称霸一方。而石敬瑭这样羸弱患病的懦夫,刘知远这样孤单无助的小儿,都尚且占据了中原而自立为君主。唉!暂且不论他们根本没资格做皇帝,也不论他们根本不足以称王称霸,即使拿他们与历史上的盗贼相比,他们也不足以与张角、齐万年、方腊一较短长,但他们却都肆无忌惮,自比为刘邦、项羽、孙权、曹操。在这种恶劣风气的熏染下,无耻之徒甚至公然将契丹人当作君父,削弱天下的人最终招来了无穷的祸患,其祸患之惨烈竟然到了这个地步!

　　"赳赳武夫,公侯干城①。"文王之仁也,且求武夫于中林中逵之下②,曾是抚有果毅强御之众,而可屠割俾尽,以启不量力者之骄悖乎?绍威之愚,朱温之惨,不足诛也。天有大乱之数,强者先歼焉,匪寇匪雠,杀之若将不及,亦衰气之使然与!

【注释】

①赳赳武夫,公侯干城:语出《诗经·周南·兔罝(jū)》:"肃肃兔罝,椓之丁丁。赳赳武夫,公侯干城。肃肃兔罝,施于中逵。赳赳武夫,公侯好仇。肃肃兔罝,施于中林。赳赳武夫,公侯腹心。"意谓武士气概威武雄健,是公侯们的好护卫。

②中林:林中。中逵(kuí):四通八达的道路岔口。

【译文】

"赳赳武士,公侯干城。"像周文王这样的仁君,尚且会在林野中、在四通八达的道路岔口寻求勇武之士,那么手下拥有果敢坚毅、强健善战之士的统治者,难道能够将这些勇武之士屠戮殆尽,从而使得不自量力的人滋长骄横悖逆的野心吗?罗绍威愚蠢,朱温狠毒,他们实在罪不容诛。天下将有大乱发生时,必定会使强者先被消灭,即使他们不是贼寇也不是统治者的仇敌,都会被迫不及待地屠杀,这恐怕也是衰微之气造成的吧!

三　丁会受朱温举拔而不忍戴贼

昭宗虽暗不足以图存,而无淫虐之慝足以亡国。朱温起于群盗,凶狡如蛇虺①,无尺寸之功于唐,而夺其三百年磐石之社稷。乃盈天下世胄之子、荐绅之士、建牙分阃之帅,无有一人感怆悲愤、不忍戴贼以为君者,而独得之丁会②。会之帅泽潞也,温胁昭宗授之旄节,则固温之私人,而于昭宗无恩礼之孚、倚为腹心者也。帅昭义者六年,温拔潞州而授之,乃闻昭宗凶问③,帅将吏缟素流涕,幸李嗣昭之来攻④,而降河东。曰:"虽受梁王举拔之恩,诚不忍见其所为。"盖汉、宋之亡,忠节不胜书,而唐之亡也,唯此一士耳。

【注释】

①虺(huǐ):一种毒蛇。

②丁会(?—910):字道隐,寿州寿春(今安徽寿县)人。早年参加黄巢起义,在朱温麾下效力,后随朱温归降唐朝,屡立战功,被朱温任命为昭义军节度使。因不满后梁代唐,率三军为唐昭宗发丧致哀,转而归附于晋王李存勖。传见《旧五代史·唐书·丁会

列传》《新五代史·杂传·丁会》。

③凶问：死讯，噩耗。

④李嗣昭（？—922）：本姓韩，原名进通，字益光，汾州太谷（今山西太谷）人。李嗣昭精悍有胆略，沉毅不群，先后奉侍李克用、李存勖父子，参与大小战役数十场，备受李克用父子信任。后唐庄宗即位后，晋封其为太师、陇西郡王。天祐十九年（922），在征伐镇州节度使张文礼时中箭身亡。传见《旧五代史·唐书·李嗣昭列传》《新五代史·义儿传》。

【译文】

昭宗虽然昏庸，不足以保存唐朝的江山社稷，但他也没有做过足以导致亡国的奢侈暴虐之事。朱温起家于盗贼，像毒蛇一样凶狠狡猾，没有为唐朝立下一丁点功劳，却篡夺了唐朝三百年来坚如磐石的社稷。可是整个天下之中的官宦子弟、文武百官、藩镇将帅，没有一个为此感到悲怆愤怒、不忍心拥戴叛贼做君主的人，而唯独丁会做到了。丁会被朱温任命为泽潞节度使时，是朱温胁迫昭宗授予他节度使的旌节，则他本来就是朱温的亲信，而与昭宗之间并没有恩义可言，也从未被昭宗倚赖为心腹。他统率昭义军六年，朱温攻下潞州后也交给了他管辖，可是他听到昭宗遇害的噩耗后，率领将士为昭宗戴孝痛哭，正好遇到李嗣昭来进攻泽潞，他便投降了李存勖。他说："我虽然受梁王朱温举荐和拔擢的恩情，但我确实不忍心看到他弑君篡位的行为。"大概汉朝、宋朝灭亡时，臣下为国家尽忠守节的不计其数，而唐朝灭亡时，只有丁会这一个尽忠守节的人。

或曰：克用亦唐贼也，去温而即克用，奚愈焉？曰：会于此时无可归矣。以独力而思讨贼，昭宣帝刀俎之余肉，无能辅矣。保境以自固，汴、晋夹焉，而必不可以终日，则兵民且歼于凶人之刃。乃在温篡弑未成之日，则克用之去温也无几,在温弑主之后,则克用犹未有此滔天之逆,而相依以自全焉可矣。不北面以推戴弑君之贼、为佐命之勋臣,而身亦可以无辱矣。项羽杀韩王,而张良归汉。韩王不死于项羽,汉抑岂能分天下以王韩者? 归其为我报君父之雠者,则虽不能存我故国,而志亦可以伸。况乎篡弑之贼,覆载不容之大憝①,虽有其心,未有其事,君子可许其改而弗亟绝之,则克用可归,会亦舍此而奚归乎? 知有君而为之哀,知其贼而不为之臣,天下无君,而聊以谢党逆之罪,志士忠臣之处此,亦如是而已。唐之亡,盈天下而唯一士也,会奚让焉?

【注释】

①大憝(duì):大恶之人,极被人所怨恶的人。

【译文】

有人说:李克用也是觊觎唐朝社稷的叛贼,离开朱温而投降李克用,又有什么区别呢? 回答是:丁会在这个时候除了李克用没有可以投靠的地方。如果要依靠自己的力量来讨伐叛贼朱温,则昭宣帝作为砧板上待割的剩肉,根本没办法加以辅佐。如果想拥兵自保,则他夹在朱温和李克用两大势力中间,必定支持不了多久,而且这样一来,自己手下的士兵和百姓也会受到叛贼朱温的屠戮。而且在朱温尚未篡位弑君的时候,李克用的叛逆确实与朱温相差无几,可是在朱温弑杀昭宗后,李克用相比之下并未犯下这种滔天的罪行,所以依附李克用来保全自己是可以的。不拥戴弑杀君王的叛贼并面向北方向其称臣、做所谓辅佐天命的功臣,则丁会自己也可以免于受辱。当年项羽杀了韩王,而张良选择归降汉高祖刘邦。如果韩王不死于项羽之手,汉朝难道会分给他一块土地、让他继续做韩王吗? 张良是选择归附了能够为自己君父报仇雪恨的人,如此则即使不能再保存自己的故国,而自己的志向也终究可以得到伸张。何况怀有篡位野心的叛贼，固然是被人痛恨的奸邪之人，但在真正实施篡逆之举以前，仅有野心，并未有篡逆之实，则君子也是可以期待他痛改前非的，不应该立即与他断绝关系、视其为无药可救，如此则李克用是可以归附的对象，除了他，丁会还能归附谁呢？丁会知道有君王而能够在君王身死时为其感到悲哀，知道叛贼的恶劣行迹而不愿意做他的臣子，天下没有真正的君王，就姑且投奔晋国来声讨叛贼的恶行，仁人志士、忠臣处此同样的环境里，也只能这样做。唐朝灭亡时，整个天下只有丁会这一个忠臣，他哪里值得责备呢？

卷二十八

五代上

【题解】

随着唐王朝的崩溃，先后出现了五个定都于中原地区的政权，即朱温建立的后梁、李存勖建立的后唐、石敬瑭建立的后晋、刘知远建立的后汉和郭威建立的后周，后世史家将其合称为"五代"。与此同时，在中国南方和山西、陕西等地，则存在着前蜀、后蜀、南吴、南唐、吴越、闽、楚、南汉、南平(荆南)、北汉、武平、岐等十余个割据政权，它们被《新五代史》及后世史学家统称为"十国"。从唐朝灭亡到北宋建立之间的这段历史时期，也因此被称为"五代十国"时期。本卷中王夫之主要评论的是五代初期即后梁至后唐庄宗时期的史事。

如何看待五代政权的正统性，是一个历史上聚讼纷纭的问题，自宋代起就涌现出"五代正统论""后唐正统论""五代绝统论""五代无统论"等观点。王夫之在本卷开篇，也旗帜鲜明地表明了自己对这一问题的看法——五代政权均不具备正统性，不具备称"代"的资格。这一看法基于三方面的理由：首先，五代开国之君皆得位不正，或出身盗贼、夷狄，或靠篡权夺位上台，缺乏足够的合法性和正当性。其次，五代政权所统治的范围狭窄，根本不曾切实"得有天下"，自然不足以被称为天下之主。再者，五代的君王不曾"尽君道"，甚至连这样的志向都不具备，一心争权夺利、毒害民众，天下人自然不会将他们视为真正的君主。概言之,真正的朝代,必然是与之前的正统王朝"统相承,道相继",且在制度层面既有沿革又有损益,五代政权显然不符合这一要求。基于这种看法,王夫之严厉批评宋人滥许正统的五代史观。王夫之所秉持的王朝正统观,在书末叙论中有更为系统的阐发,读者不妨对照参看。

五代十国时期既是华夏内部各势力彼此争斗的时期,也是所谓夷狄与华夏碰撞与融合的时期。王夫之在本卷中重点关注了契丹这一尤为活跃的夷狄政权。他指出,夷狄以劫杀为长技,而华夏理想化的抵御手段是"信义"。然而"信义"的实施又谈何容易?通过分析李克用处理契丹问题的失误,王夫之再次强调了他一贯的观点:对待夷狄,"欺之而不为不信,杀之而不为不仁,夺之而不为不义",决不能因贪图仁义之名而养虎遗患、贻害华夏。对于夷狄学习、参用"中国之道"的行为,王夫之认为"利害相半",虽有利于夷狄占据对中国的优势,但也容易使其自身被削弱,韩延徽帮助契丹仿效汉制的后果就是一个典型案例。就此意义而言,夷狄与华夏分处,才是"顺天之纪,因人之情"的"各安其所之道"。对于那些招引夷狄入寇的华夏"叛徒",以及像许衡、虞集那样用圣人之道装点夷狄政权、"为沐猴之冠"的行为,王夫之则怒斥其使得"道丧于天下",悲愤之情溢于言表。这种情感不仅是因史事而发,也饱含他对于叛徒引女真而亡明朝、士人接受清朝招抚而为其服务这一现实的沉痛思考。

在五代这样的乱世,士人当何以自处,是一个颇具现实性的问题。王夫之首先表达了对于"生乱世之末流"的五代士人的同情,理解他们为了保全自身,确实难以无所保留地伸张"直道"。不过,在王夫之看来,乱世中依然有士人不能妥协的原则和操守存在,士人决不能以乱世为借口降低对自身志向的要求。对于士人与那些残暴统治者的相处之道,王夫之直言"不仁者不可与言",君子要摒弃侥幸之心,主动远离不仁之君,绝不助纣为虐。

合称五代者,其所建之国号,皆不足称也。朱温,盗也,与安禄山等,李存勖、石敬瑭、刘知远,沙陀三部之小夷,郭威攘窃无名,故称名。周主荣,始不与谋篡逆,受命为嗣,而有平一天下之志,故称周主,愈于夷盗之流,要之皆不足以为天子。

【译文】

之所以将唐宋之间这段历史合称为五代,是因为各政权所建的国号,都不值得单独标举出来。朱温出身于盗贼,与安禄山这样的叛贼是一路货色;李存勖、石敬瑭、刘知远是出身于沙陀三部落的小小夷狄;郭威窃夺政权而缺乏正当名义,所以直接称呼他的名字。直到后周世宗柴荣才开始不参与谋划篡逆之事,他受命成为储君而有统一天下的志向,所以称他为周主。他比夷狄和盗贼要强一些,但总而言之,这些人都不足以被称为天子。

一　五代不足称代

称五代者,宋人之辞也。夫何足以称代哉? 代者,相承而相易之谓。统相承,道相继,创制显庸相易[①],故汤、武革命,统一天下,因其礼而损益之,谓之三代。朱温、李存勖、石敬瑭、刘知远、郭威之琐琐,窃据唐之京邑,而遂谓之代乎? 郭威非夷非盗,差近正矣,而以黥卒乍起,功业无闻,乘人孤寡,夺其穴以篡立,以视陈霸先之能平寇乱,犹奴隶耳。若夫朱温,盗也;李存勖、石敬瑭、刘知远,则沙陀犬羊之长也。温可代唐,则侯景可代梁、李全可代宋也[②];沙陀三族可代中华之主,则刘聪、石虎可代晋也。

【注释】

①显庸:显明,显著。

②李全(1190—1231):潍州北海(今山东潍坊)人,金末地方武装集团首领。金至宁元年(1213)蒙古军进攻山东,李全之母、长兄都被乱兵杀害,于是与其兄李福聚众数千,起兵响应"红袄军"首领杨安儿,与重返山东地区的金兵作战。其部队逐步成为一支强劲的地方武装,占据鲁南、苏北一带。兴定元年(1217)宋宁宗下诏伐金,李全接受南宋招抚,率所部继续与金军作战。宝庆二年(1226)蒙古军再度进攻山东,李全与蒙古军作战之时,南宋趁机袭击其属地楚州,李全怒而降于蒙古。其后李全一度与南宋修好,但双方很快再度兵戎相向。金正大八年(1231)李全在与南宋的战争中兵败而死。传见《宋史·李全列传》。

【译文】

将唐宋之间这一时期称为五代,是宋代人的说法。但实际上这些政权哪里能称得上朝代呢?所谓朝代,是对依次承继而又迭相更易的政权的称呼。各政权间相互承继正统地位,相互承继道统,各自创立新制度取代旧制度以昭明自身,所以商汤、周武王革除前代的天命,统一天下,根据前代的礼制加以损益变革,故而我们称夏、商、周为三代。朱温、李存勖、石敬瑭、刘知远、郭威这些卑微的凡夫俗子,窃据了唐朝的都城,于是我们就要称他们的政权为朝代吗?郭威不是夷狄也不是盗贼,差不多算是近于正统了,但他毕竟是从受刑的士兵猝然起家,在还没有建立广为人知的功业的时候,就乘机欺负孤儿寡母,夺取了人家的政权而自立为皇帝;将他与陈霸先能够平定贼寇动乱的功勋相比,只能算是人家的奴仆罢了。至于朱温,则是个盗贼。李存勖、石敬瑭、刘知远,则是沙陀部落的小头目。如果说朱温可以取唐朝而代之,那么侯景也可以取代梁、李全也可以取代宋了。沙陀三部族的夷狄尚且可以取代中华政权的君主,那么刘聪、石虎也能取代晋朝了。

且此五人者,何尝得有天下哉? 当朱温之时,李克用既与敌立,李茂贞、刘仁恭、王镕、罗绍威亦拥土而不相下,其他杨行密、徐知诰、王建、孟知祥、钱镠、马殷、刘隐、王潮、高季兴,先后并峙,帝制自为,分土而守,虽或用其正朔,究未尝奉冠带、祠春秋、一日奔走于汴、雒也。若云汴、雒为王者宅中出治之正①,则舜、禹受禅,不仍陶唐之室②,汤、武革命,不履夏、商之都,而苻健、姚兴、拓拔宏奄有汉、晋之故宫③,将以何者为正乎? 倘据张文蔚等所撰之玉册④,而即许朱温以代唐,则尤奖天下之逆而蔑神器矣。

【注释】

①出治:治理国家,统治。

②舜、禹受禅,不仍陶唐之室:尧、舜、禹接受禅位后定都皆有不同。尧定都平阳,舜定都蒲坂,禹定都安邑(亦有阳城、平阳、晋阳之说)。

③奄有:全部占有。

④玉册:亦作"玉策"。中国古代的一种册书,形似简牍,用玉制成。多用于帝王即位、册命或上尊号等场合,以示帝王承天受命。

【译文】

况且这五个人,又何曾真正拥有过天下呢? 在朱温称帝的时候,既有李克用与他相互敌对,也有李茂贞、刘仁恭、王镕、罗绍威等人各自割据一方,与朱温分庭抗礼,不相上下。其他如杨行密、徐知诰、王建、孟知祥、钱镠、马殷、刘隐、王潮、高季兴等人,相继建立起与中原并立的政权,自封帝王,割据自保。虽然其中有一些政权使用中原政权的正朔,但终究不曾采用其礼仪制度、在春秋两季进行祭祀、到汴梁或洛阳进行朝贡。如果说汴梁、洛阳是古代君王居中驭外、统治天下的正统根据地，则舜、禹皆受禅让后，并不是居于尧的旧宫殿中，商汤、周武王发动易代革命，也并不是仍以前代都城为首都，而苻健、姚兴、拓跋宏虽然完全占有汉、晋的旧都城，难道就能把他们的政权视作正统了吗？倘若依据张文蔚等人所撰写的玉册，就承认朱温是取代唐朝而统治天下的，那么必然会大大鼓励天下的篡逆行为而使人们越发蔑视君位。

且夫相代而王天下者，必其能君天下而天下君之，即以尽君道也未能，而志亦存焉。秦、隋之不道也，抑尝立法创制，思以督天下而从其法令，悖乱虽多，而因时救弊者，亦有取焉。下至王莽之狂愚，然且取海宇而区画之，早作夜思，汲汲于生民之故。今石敬瑭、刘知远苟窃一时之尊，偷延旦夕之命者，固不足论；李克用父子归鞑靼以后，朱温帅宣武以来，觊觎天步[①]，已非一日，而君臣抵掌促膝、密谋不辍者，曾有一念及于生民之利害、立国之规模否也？所竭智尽力以图度者，唯相搏相噬、毒民争地以逞其志欲。其臣若敬翔、李振、周德威、张宪之流[②]，亦唯是含毒奋爪以相攫。故温一篡唐，存勖一灭温，而淫虐猥贱，不复有生人之理，迫胁臣民，止供其无厌之求，制度设施，因唐末之稗政，而益以藩镇之狂为。则与刘守光、孟知祥、刘龑、王延政、马希萼、董昌志相若也，恶相均也，纭纭者皆帝皆王，而何取于五人，私之以称代邪？初无君天下之志，天下亦无君之之心，燎原之火，旋起旋灰，代也云乎哉？

【注释】

①天步：天之行步，指时运、国运等。

②周德威（？—918）：字镇远，小字阳五，朔州马邑（今山西朔州）
人。唐末五代时期晋国名将。先后辅佐李克用、李存勖父子，屡
经战阵，以骁勇著称。曾率军攻灭燕国，抵御契丹。天祐七年
（910）周德威在柏乡之战中力挽狂澜，逆转了梁晋争霸的形势。
天祐十五年（918）李存勖征调诸镇军，大举攻伐后梁。周德威统
率幽州军参战，战死于胡柳陂。传见《旧五代史·唐书·周德威
列传》《新五代史·唐臣传·周德威》。张宪（？—926）：字允中，
晋阳（今山西太原）人。五代时期后唐大臣。以文辞才能得到李
存勖的赏识，任天雄军节度使掌书记。后唐建立后，张宪任刑部
侍郎、东都副留守、太原尹、北京留守等职，以精于吏事著称。后
在魏州兵变中被乱兵杀害。传见《旧五代史·唐书·张宪列传》
《新五代史·唐臣传·张宪》。

【译文】

　　况且能迭相取代而统治天下的人，必然是要有君临天下的德行与
能力，天下人才能将其当作君王，即使不能完全尽君王之道，也必须要
有努力去做的志向。秦朝、隋朝虽然无道，但也都曾创立法度，想要督
促天下服从其法令。虽然其制度中有许多悖乱之处，但其中适应时势、
革除积弊的内容，也还是有可取之处的。再往下比如王莽，虽然狂妄愚
蠢，但会将天下装在心里以筹划治理之策，每天早早起来，晚上还在思
索，急切地想要为百姓做些事情。如今像石敬瑭、刘知远这样苟且窃取
一时的尊贵地位、只求苟延残喘的统治者，本来就不值得加以讨论。李
克用父子自从归降鞑靼以后，朱温自从成为宣武节度使以后，就开始觊
觎天命，不轨之心早已持续很长时间。而他们和手下大臣促膝密谈、不
断谋划的时候，难道曾经考虑到一点百姓的利害、立国的规制吗？他们
竭尽智慧和力量所谋划、追求的，只不过是相互争斗和吞噬、毒害百姓、
争夺地盘，以满足自己的欲望。他们的臣子，比如敬翔、李振、周德威、
张宪这些人，也都只知道怀着歹毒的心思、张牙舞爪地去祸害别人以攫

取利益。所以朱温刚一篡夺了唐朝社稷,李存勖刚一消灭了朱温,就立刻滥施淫威、虐待百姓,表现得猥琐卑贱,不再有一点人性,一味胁迫臣民,只求满足自己贪得无厌的追求;在制度方面,因袭唐末的弊政,再辅以藩镇胡乱创设的一些制度。如此则他们与刘守光、孟知祥、刘龑、王延政、马希萼、董昌志这些人是很相似的,其罪恶是相等的。自行称帝称王的人纷杂繁多,而又何必一定要从中挑出朱温等五个人建立的政权,私自称其为朝代呢? 朱温等人最初就没有君临天下的志向,天下人也没有将他们当作君王的心思,他们就像燎原的野火一样,迅速燃起、迅速熄灭,怎么能称得上是朝代呢?

必不得已,于斯时也,而欲推一人以为之主,其杨行密、徐温、王建、李昇、钱镠、王潮之犹愈乎! 尚有长人之心,而人或依之以偷安也。

【译文】

　　如果迫不得已,在这个时候,必定要推举一人作为君主,那么杨行密、徐温、王建、李昇、钱镠、王潮难道不比朱温等人稍好一点吗! 他们起码尚且有为人君长的心思,而百姓依附他们也可以偷安一时。

周自威烈王以后①,七国交争,十二侯画地以待尽,赧王纳土朝秦②,天下后世固不以秦代周,而名之曰战国。然则天祐以后③,建隆以前④,谓之战国焉允矣,何取于偏据速亡之盗夷,而推崇为共主乎? 中国不可无君,犹人不可无父也。孤子未能克家,固无父矣,不得晋悍仆强邻而名之曰父。是以有无父之子,有无君之臣民。人之彝伦,天之显道,不可诬也。

【注释】

①威烈王(？—前402)：姬姓，名午，东周君主，前426—前402年在位。公元前403年，威烈王封晋国大夫韩虔、赵籍、魏斯分别为韩景侯、赵烈侯、魏文侯，此即"三家分晋"。这普遍被视为春秋和战国的分界线。

②赧王(？—前256)：姬姓，名延，亦称王赧，东周最后一位君主，前314—前256年在位。公元前256年，宗周遭秦军进攻，周赧王崩，宣告东周覆灭。

③天祐：唐朝最后一个年号，唐昭宗李晔自904年开始使用，一直使用到907年昭宣帝禅位于朱温。唐朝灭亡后，前蜀王建、南汉刘隐、南吴、晋李克用、吴越钱镠等割据政权仍行用唐天祐年号。

④建隆：宋朝的第一个年号，960年宋太祖赵匡胤接受后周恭帝禅位登基后即改元建隆，一直使用到963年改元乾德为止。

【译文】

周朝自威烈王以后，七国之间相互争斗，十二诸侯将周朝的土地瓜分殆尽，周赧王被迫向秦国献上土地并前往朝见秦王。即使如此，天下后世也不会认为此时秦国已经取代了周朝，而仍然将这一时期视为战国。如此则唐天祐年间以后、宋建隆年间以前的这段时间，也称之为战国是很允当的，为什么要把朱温等偏居一隅之地、迅速归于灭亡的盗贼和夷狄找出来，将其推崇为当时天下的共主呢？中国不可以没有君主，这就像人不能没有父亲一样。孤儿无法单处支撑家庭，他固然没有父亲，却也不能将强悍的仆人或邻居当作父亲。因此有无父的儿子，也有无君的臣民。人伦纲常，是上天所昭示的明道，是容不得虚假和扭曲的。

　　宋之得天下也不正，推柴氏以为所自受，因而渖之①，许朱温以代唐，而五代之名立焉。名不可以假人，天下裂而不可合,夷盗窃而不可纵,夺其国号,该之以五代,聊以著宋人之滥焉云尔。

【注释】

①㳅:通"溯"。

【译文】

宋代得天下的途径也不算正当,因此推奉北周柴氏,将他们的禅让作为本政权的来源。循着这一思路向上追溯,也就承认朱温取代了唐朝,所以五代的名称就成立了。名义是不能轻易假借给人的,天下处于分裂状态,就不能视为统一。夷盗窃取政权,是不能放纵他们、默认这一事实的,因此要剥夺后梁等政权的国号,将唐宋之间这段时期统称为五代,姑且以此来凸显宋朝人在时代命名方面的泛滥无当。

二　御戎狄难言信义

夷狄以劫杀为长技,中国之御之也以信义。虽然,岂易言哉?获天之祐,得人之助,为天下君,道周仁至,万方保之,建不试之威,足以服远,于是奋赫然之怒,俘系而殄灭之,弗能拒也,乃可修信义以绥之,任其来去而与相忘,弗能背也。李克用之在河东,奚足以及此哉!

【译文】

夷狄之人长于攻杀劫掠,中原王朝则靠诚信仁义来驾驭他们。尽管如此,这难道是能够轻易说说的吗?只有获得上天的庇佑,得到众人的帮助,作为天下的君主,治理之道周全无遗,做到仁至义尽,才能得到各方的支持和辅助,建立不可抵挡的威势,足以慑服远方的人。在此时怀着愤怒之心,兴兵讨伐不顺从的夷狄,将其俘虏甚至消灭,使对方无力抵抗,这个时候才可以用信义来安抚他们,任由他们来去而与他们相忘于江湖,这样夷狄就不会再背叛了。李克用在河东的时候,又哪里做得到这样呢!

　　沙陀之与契丹,犹麔之于鹿也①,捷足者先耳。阿保机背七部更代之约而踞汉城②,克用父子受大同之命而窥唐室,其以变诈凶狡相尚,又相若也。素所怀挟者无以相逾,而克用为李可举所挫,投命鞑靼,素为殊族所轻,威固不足以相制。阿保机帅三十万之众以来寇,目中已无克用,克用与之连和,力屈而求安耳。克用短长之命,阿保机操之,而东有刘仁恭与为父子,南有朱温遥相结纳,三雄角立,阿保机持左右手之权,以收其垄断之利,以其狡毒,不难灭同类世好之七部,而何有于沙陀之杯酒? 当是时,朱温强而克用弱,助温以夹攻克用,灭之也易,助克用以远攻温,胜之也难,克用乃欲以信结之,约与灭温,直一哂而已③。契丹于时未可得志于河东,姑许之而弗难旋背之,克用乃曰:"失信夷狄,自亡之道。"拒谋臣之策,不擒之于酬饮之下,何其愚也!

【注释】

①麔(jūn):同"麇"。指獐子,一种生活在森林和灌丛中的小型偶蹄类食草动物。

②阿保机:指辽太祖耶律阿保机(872—926)。辽朝开国皇帝。阿保机出身于契丹迭剌部,善于射骑,明达世务,以武力先后兼并契丹其他七部,于916年建立契丹国,自称皇帝。他任用汉人韩延徽等人,制定法律和官制,改革契丹习俗,创造契丹文化,发展

农业与商业。天显元年(926)在出征渤海还皇都途中病逝于扶余。传见《辽史·太祖本纪》。汉城:涓盐县(今河北滦平南)。

③哂:讥笑。

【译文】

沙陀与契丹比起来,就像是獐子与鹿相互竞争一样,谁跑得快谁就取得领先优势。阿保机背弃与契丹其他七部轮流交替担任可汗的约定而盘踞汉城,李克用父子则接受朝廷命其镇守大同的命令而趁机窥伺唐朝江山,他们都崇尚狡诈多变、凶狠狡猾的习性,这一点又是很相似的。他们平时就各怀奸谋,只是因暂时缺乏时机才相安无事,而李克用被李可举挫败后,投奔了鞑靼,素来被异族所轻视,其威望自然不足以制约夷狄。阿保机率领三十万大军入寇内地,他眼中早已没有李克用,李克用与契丹交好,只是因为力量弱于对方,暂时求得安全罢了。李克用的生死实际上操纵于耶律阿保机之手,而东有刘仁恭与阿保机亲如父子,南有朱温与契丹遥相联合,李克用、刘仁恭、朱温三雄鼎立、相互角逐,阿保机利用左右操控的优势坐收垄断的利益。以阿保机的狡猾狠毒,消灭与其同属契丹、世代交好的七个部落都不算难事,又哪里会有沙陀人的好果子吃呢? 当时,朱温强大而李克用弱小,契丹人如果帮助朱温一起夹攻李克用,要消灭李克用也很容易,要帮助李克用来远征朱温,想取胜就很难了。李克用竟然想要靠信义来结纳契丹人,与其相约共同消灭朱温,这真是令人讥笑的想法。契丹在此时还没有在河东地区得志,所以姑且答应了李克用的联合请求,而很快就毫不困难地背弃了约定,李克用这时竟说:"失信于夷狄,是自取灭亡之道。"拒绝了谋臣的计策,不肯在与阿保机酣饮的时候一举将其擒获,这是多么愚蠢啊!

阿保机初并七部,众心未固,德光孤雏耳,突欲暗弱而莫能为主①,阿保机死,则七部各怀其故主,分析以去,而契丹之势衰,李从珂、石重贵之败亡不速②,赵宋无穷之祸亦以早捐,岂非中华之一大幸与? 以克用之机变雄桀,而持老生之常谈,假帝王之大义,以成乎三百余年中原之毒螫,意者其天邪? 不然,何其愚也!

【注释】

①突欲:指耶律倍(899—936)。辽太祖耶律阿保机长子,辽太宗耶律德光长兄,辽世宗耶律阮生父。神册元年(916)被立为皇太子。天赞五年(926)契丹灭亡渤海国后,被封为东丹国王,号"人皇王"。辽太祖病逝后,述律皇后欲拥戴耶律德光即位,耶律倍迫于形势,只得接受。后见疑,弃国投奔后唐,被明宗赐名东丹慕华。天显十一年(936)为后唐末帝李从珂所害。后来其长子耶律阮夺取契丹皇位,追谥其为文献钦义皇帝,庙号义宗。传见《辽史·宗室列传》。

②李从珂(885—936):本姓王,小字二十三,镇州平山(今河北平山)人。五代时期后唐末代皇帝,后唐明宗李嗣源的养子。李从珂自幼随李嗣源征战,在后唐灭后梁之战中屡立战功,在李嗣源起兵争夺皇位时也出力甚多。应顺元年(934)李从珂从凤翔出发直攻洛阳,废黜后唐愍帝后即帝位,改元清泰。清泰三年(936),因无力抵挡石敬瑭与大辽军队的进攻,自焚于洛阳。传见《旧五代史·唐书·末帝纪》《新五代史·唐本纪·废帝》。石重贵(913—974):晋阳(今山西太原)人。后晋高祖石敬瑭的养子,后晋末代皇帝。天福七年(942)后晋高祖石敬瑭去世后,石重贵继位。石重贵在位期间不肯向契丹称臣,导致契丹进攻后晋,于开运三年(947)占领开封,后晋灭亡,石重贵被俘。北宋开宝七年(974)病死于契丹。传见《旧五代史·晋书·少帝纪》《新五代史·晋本纪·出帝》。

【译文】

阿保机当时刚刚兼并其他七部不久,其部众的心思还没有安定下来,耶律德光不过是一个孤单无助的小孩子罢了,突欲又昏暗懦弱,做不了契丹君主。阿保机一死,则七部各自怀念其故主,便会分崩离析各自离去,而契丹的势力就衰弱了,李从珂、石重贵也就不会败亡得那样迅速了,赵宋王朝无穷的灾祸也可以早日断绝,这难道不是中华的一大幸事吗?像李克用这样机智多变的人,却秉持着老生常谈的信条,假借帝王的大义,最终酿成夷狄祸害中原三百多年的恶果,这难道不是天意吗?不然的话,李克用是多么愚蠢啊!

以帝王之惇信义也,三苗来格矣①,舜必分北之;昆夷可事矣②,文王必拒骏之③;东夷既服矣,周公必兼并之;未尝恃硁硁以姑纵也④。晋文公弃楚之小惠,败之于城濮⑤,而《春秋》大之,宗周以安,宋、郑以全,所繇异于宋襄远矣。故曰:夷狄者,欺之而不为不信,杀之而不为不仁,夺之而不为不义者也。以一夫擒之而有余,举天下之全力经营二百余年而终不克,无可归咎,而不容已于重惜,故曰:意者其天也。不然,克用之狡,岂守老生之谈、附帝王之义者哉?

【注释】

①格:用至诚感动对方而使其前来投归。

②昆夷:即犬戎,古代西北少数民族。殷、周时期,游牧于泾、渭流域,即今陕西彬县、岐山一带。《孟子·梁惠王下》记载,文王曾服事昆夷。

③骏(tuí):马受惊奔跑。引申为疾行、奔窜。

④硁硁:浅薄固执。

⑤城濮：今山东鄄城西南。

【译文】

　　像上古帝王那般重视信义的人，在三苗被其至诚感动而归附时，舜也必定要将其分化并流放到远方；文王固然曾经可以服事昆夷，但最终还是会抵御和驱逐他们；东夷已经归服了周朝，周公也必定要兼并他们。他们都没有自恃浅薄固执而姑且放纵夷狄。晋文公放弃报答楚国曾给予的小恩小惠，在城濮击败了楚军，而《春秋》称颂他的行为，宗周依靠他得以安定，宋国、郑国因为他得以保全，这与宋襄公的区别是非常大的。所以说，夷狄之人，欺骗他们也不算不守信义，杀戮他们也不算不仁，掠夺他们也不算不义。当用一个人便能擒杀夷狄的时候没有这样做，到了后来用尽天下的全力，经营二百多年而始终难以消灭夷狄，这件事没有可归咎的对象，而不得不令人为之深感痛惜。所以说这大概是天意啊。不然的话，以李克用的狡猾，他怎么会墨守老生常谈的信条、附会帝王的大义呢？

三　罗隐梁震冯涓能自伸其志

　　士之不幸，生乱世之末流，依于非所据之地，以保其身，直道不可伸也，而固有不可屈者存。不可伸者，出而谋人之得失也；必不可屈者，退而自循其所守也。于唐之亡，得三士焉。罗隐之于钱镠，梁震之于高季昌①，冯涓之于王建②，皆几于道矣。胥唐士也，则皆唐之爱养而矜重者也。故国旧君熸灭而无可致其忠孝，乃置身于割据之雄，亦恶能不小屈哉？意其俯仰从容于幕帟者，色笑语言，必有为修士所不屑者矣！以此全身安土，求不食贼粟而践其秽朝已耳。至于为唐士以阅唐亡，则幽贞之志无不可伸者，镠、建、季昌亦且愧服而不以为侮，士苟有志，亦孰能夺之哉？

【注释】

①高季昌：即高季兴。

②冯涓：字信之，婺州东阳（今浙江东阳）人，一说信都（今河北冀州）人。唐宣宗大中十一年（857）登进士第，后因为时危世乱而隐居商山。唐昭宗景福年间被王建任命为西川节度判官，多次直言进谏王建，意见多被采纳。后梁篡唐，王建也自立为帝，冯涓对此强烈反对，从此杜门不出。后官至前蜀御史大夫。传见《十国春秋·前蜀列传·冯涓》。

【译文】

　　士人的不幸，在于生活在混乱时代的末尾，依托于不合适的地方，以求保全自身。这个时候虽然无法伸张直道，却也固然有必定要坚守而不屈服之处。直道不能得以伸张，是因为士人要出来为别人谋划得失；必定坚守而不屈服，则是指士人退而遵循自己所坚守的原则。唐朝灭亡时，就有三个士人做到了这一点。罗隐之于钱镠，梁震之于高季昌，冯涓之于王建，都差不多算是恪守了正道。他们全都是唐朝的士人，则他们都是受到唐朝爱惜培养而倚重的对象。他们的故国和旧君都遭到消灭而无处尽忠尽孝，于是置身于割据的群雄之下，又哪里不能稍微屈服呢？当他们身为幕僚从容为主公出谋划策时，其谈笑和语言必定有被修士所不屑一顾的地方。他们以此来保全自身、求得立足，只求不享受贼寇的俸禄、不踏上贼寇的朝廷罢了。至于身为唐朝士人，目睹了唐朝的灭亡，则他们高洁坚贞的节操没有不可伸张的。钱镠、王建、高季昌尚且都对他们感到惭愧、佩服而不认为是屈辱，士人只要有志向，又有谁能改变他呢？

　　冯涓尚矣！为建参佐，抗建称帝之妄曰："朝兴则未爽臣节，贼在则不同为恶。"迪建以正①，而以自守其正也。建不从，而杜门不出，建弗能屈焉，则其素所树立有以服建者深矣！

【注释】

①迪：引导，开导。

【译文】

冯涓真算得上高尚啊！他作为王建的僚属，对王建妄图称帝的打算抗议道："只有不称帝，才能在唐朝复兴时算是未曾丧失臣节，在乱臣贼子存在时算没有和他们一起作过恶。"他能够引导王建走向正途，是因为他自己的操行就很端正。王建不听从他的意见，他就闭门不出，王建始终不能令他屈服，这是因为他平时就有许多令王建深为叹服的言行啊！

梁震无能规正季昌使拒贼而自立，非震之计不及此也，季昌介群雄之间，形势不便，而寡弱固无能为也。震居其国，自全焉足矣。以前进士终老于土洲①，季昌屈而己自伸，袛恤其躬，而不暇及人，是亦一道也。

【注释】

①土洲：指蛮荒之地。

【译文】

梁震没有办法规劝高季昌使他抗拒乱臣贼子的命令而自立，这并不是因为梁震没有这方面的谋划，而是因为高季昌的荆南处于群雄之间，形势不利，因而势单力薄，在对抗乱臣贼子方面无能为力。梁震生活在高季昌治下的荆南，只要保全自我就足够了。他以前进士的身份终老于蛮荒之地，尽管高季昌屈服于乱贼，但梁震自己能够伸张志向。只能要求自己恪尽士节而无暇顾及他人，这也是士人在乱世中的一条生存道路。

罗隐之说钱镠讨朱温也，曰："纵无成功，退保杭、越^①，可自为东帝。"隐非欲帝镠也，动镠以可歆，冀雪昭、哀之怨，而正君臣之义也。其曰"奈何交臂事贼，为终古羞"。伟哉其言乎！正名温之为贼，不已贤于后世史官之以梁代唐，而名之曰帝、曰上乎？隐固诙谐之士，而危言正色，千古为昭；镠虽不用，隐已伸矣。

【注释】

①杭：指杭州，今浙江杭州。越：指越州，今浙江绍兴。

【译文】

罗隐劝钱镠讨伐朱温，说："即使没能成功，您也可以退保杭州、越州，可以自立为东帝。"罗隐并非想要拥立钱镠为帝，而是试图用这样的办法打动钱镠，期望能洗雪唐昭宗、哀宗的冤屈，昭显君臣大义。他说："怎么能拱手事奉盗贼，成为永远的耻辱呢！"这句话真是伟大啊！他正式用贼来称呼朱温，难道不比那些以梁代唐，称朱温为帝、为上的后世史官强得多吗？罗隐固然是诙谐的士人，但他也能以严正的态度说出刚直的言论，足以光照千古。钱镠虽然没有采纳他的建议，但罗隐已经伸张了自己。

唐之重进士也，贵于宰辅。李巨川、李振之流，皆以不第而生其怨毒。涓既起家幕佐，隐与震皆以不第无聊，依身藩镇，而皎皎之节，炎炎之言^①，下视天祐末年自诧清流之奸辅，犹豚鹙然。一列为士，名义属焉，受禄与否何较哉？天秩之伦，性植之正，周旋曲折，隐忍以全生，而耿耿清宵者不昧也，唐之亡，三士而已。公卿大夫恶足齿乎？司马子长有言：“伯夷虽贤，得孔子而名益著^②。”三子者，降志辱身，非可望伯夷之清尘者也，而能自标举于浊乱之世，不易得也。后世无称焉。宋人责人无已而幽光掩，可胜叹哉！

【注释】

①炎炎：形容语言有气势。

②伯夷虽贤，得孔子而名益著：语出《史记·伯夷列传》：“伯夷、叔齐虽贤，得夫子而名益彰。”

【译文】

唐代重视进士，把他们看得比宰辅还要贵重。李巨川、李振这些人，都是因为未能考中进士而产生了怨恨唐朝的歹毒心理。冯涓既然起家于幕僚，可见也没有功名，罗隐与梁震都因为没考中进士而陷入困窘，只得托身于藩镇。而他们皎洁的志向、铮铮不屈的言论，天祐末年那些自诩为清流的奸诈宰辅比起他们来，简直就像是猪狗鸡鸭一样卑贱。一旦被列入士籍，名义上就属于自己的国家，是否接受国家的俸禄又有什么区别呢？遵循上天所定下的伦理秩序，秉持根植于天性之中的正直，尽管周旋曲折，隐忍以求保全自己，但仍然足以在清冷的黑夜中坚守节操，不泯灭自己的良知。在唐朝灭亡时，天下也只有他们三个真正的士人而已。那些公卿大夫们又何足挂齿呢？司马迁曾经说过：“伯夷虽然贤德，但因为得到孔子的称赞，才使自己的名声更加显著。”这三位士人，降低自己的志向，屈身事奉他人，与伯夷相比自然是望尘莫及，但他们能够在浑浊混乱的时世中保持高尚节操，也是很难得的。但是后世却没有人称赞他们。宋朝人无休止地责求别人，因而掩盖了他们的幽暗光芒，真是值得为之叹息啊！

四 严可求不惧张颢凶威

极乎凶顽不逞之徒，皆可守吾正而御之以不迫。然则孔北海抗曹操而不胜，亦其恢廓不拘之有以致之[1]，况裴枢、赵崇辈之以轻薄犯朱温哉？张颢、徐温公遣牙兵攻其主而杀之[2]，庭列白刃，集将吏而胁以奉己，其暴横不在曹操、朱温下也。严可求以幕僚文笔之士，从容而进，折张颢吼怒之气，使之柔以悦从；颢之凶威，不知何以遽若春冰之消释，唯其羁靮而莫之能违[3]。勿谓淮南小国也，杨渥非天子也[4]，张颢无董卓、萧道成之位尊权重也。白刃当前，一叱而腰领已绝，奚必卓、道成而后能杀人哉？可求所秉者正，所忘者死，夷然委命，而不见有可惧者，即不见有可争，其视颢犹蜂虿耳，不触之，不避之，徐用其割制而怒张之气自消。朱瑾曰："瑾横戈冲犯大敌，今乃知匹夫之勇不及公远矣。"无他，瑾虽勇于杀人，而不能无畏死之心，愤然一往，理不及而莫持其终也。

【注释】

①恢廓：宽宏，博大。

②张颢（？—908）：五代时期南吴将领。本为杨行密部将，杨行密死后，以淮南左牙指挥使身份与右牙指挥使徐温共同专断军政事务。南吴君主杨渥心中不平，想要除掉他们，张颢、徐温自感不安，遂于天祐五年（908）发动兵变，派遣其党羽纪祥等杀死杨渥，立其弟杨隆演为君。不久张颢因与徐温有矛盾，被徐温派心腹锺泰章袭杀。传见《十国春秋·吴列传·张颢》。

③羁靮：本指马络头和缰绳，此处指驾驭。

④杨渥（886—908）：字奉天，庐州合肥（今安徽合肥）人。南吴太祖杨行密长子、五代十国时期南吴君主，905—908 年在位。杨行密去世前指定徐温、张颢辅佐他。杨渥喜好游玩作乐，其亲信又不断欺压元勋旧臣，张颢、徐温等人于是发动兵变，派人将杨渥杀死。传见《旧五代史·僭伪列传》《新五代史·吴世家》。

【译文】

即使面对极其凶残顽劣的为非作歹之徒，也都可以通过坚守自己的正义原则而从容不迫地抵御他们。然而孔融对抗曹操却不能取胜，也是由于他过于宽宏、不拘小节导致的，何况裴枢、赵崇之流因为个性轻薄而触怒了朱温，从而招致灾难呢？张颢、徐温公然派遣牙兵攻击其主公并将其杀死，在朝堂上布置全副武装的士兵，召集将领和官吏前来，胁迫他们尊奉自己，其暴虐专横不在曹操、朱温之下。严可求身为从事文笔工作的一介幕僚，从容进入朝堂，折服了张颢怒吼咆哮的狂妄气焰，使其心平气和地欣然接受自己的意见。张颢凶残蛮横，不知道他为何竟然像春天的冰凌那样迅速消融，完全听从严可求的操纵而不能违抗他。不要说淮南是小国，杨渥不是天子，张颢也不像董卓、萧道成那样位尊权重，刀枪锋刃就在眼前，只要一声令下，对方便会身首异处，又哪里必定要是董卓、萧道成然后才能杀人呢？严可求所秉持的是正道，毫不顾及的是自己的死活。他毅然冒着生命危险伸张正义，而看不见有什么值得恐惧的东西，自然也看不见有什么要争夺的东西。他不过是把张颢看作是螫人的毒虫罢了，既不触怒他，也不躲避他，慢慢地施展自己的制约手段，使其勃发的怒气渐渐消解。朱瑾说："我在战场上敢于横戈直面敌人的大军，今天才知道我的匹夫之勇，是远远比不上您的勇敢的。"这没有别的原因，朱瑾虽然勇于杀人，却不能没有怕死之心，他只是怀着愤怒之心一往而前，由于缺乏正义之理的支撑，勇气难以始终维持。

呜呼！乱世岂乏人杰哉？可求当之矣。神闲则智不穷，志正则神不迫，卒使杨隆演不丧其世家①，乃至感刺客而敛刃以退②。汉、唐之将亡，而得若人焉，郗虑、柳璨无所施其蠚蛓③，操、温之焰亦将扑矣。唐不能用可求，可求不为唐用，而小试之淮南，仅为霸府之砥柱④，则何也？朝廷多嚣沓浮薄之士⑤，沮贤才而不达，而割据偏安之小国无之也。

【注释】

①杨隆演(897—920)：字鸿源，初名杨瀛，又名杨渭，庐州合肥(今安徽合肥)人。南吴太祖杨行密次子，五代十国时期南吴君主。天祐五年(908)，徐温、张颢弑杀杨渥后，拥立杨隆演继位。杨隆演在位期间，屡受权臣徐温欺侮，最终忧郁而死。传见《旧五代史·僭伪列传》《新五代史·吴世家》。

②感刺客而敛刃以退：严可求挫败了张颢自立的图谋，张颢怀恨在心，于是夜里派刺客去杀他。严可求知道难免一死，就请求给杨隆演写封信。刺客持刀在一旁看见严可求的信言辞忠贞，语气豪壮，感动地说："您是长者，我不忍杀您。"于是拿了些财物回去交差了。

③蠚蛓(hē cì)：毛虫、蜂、蝎子等螫人或动物的毒腺。

④砥柱：本指屹立在黄河急流中的砥柱山，后比喻艰险环境中的支柱、栋梁。

⑤嚣沓：喧哗吵闹。

【译文】

唉！乱世之中难道缺少人杰吗？严可求就称得上是人杰。他气定神闲而智谋无穷，志向端正而神情从容不迫，最终使得杨隆演没有丧失其家族世袭的王位，甚至感动了刺客而使其收起凶器主动离去。汉、唐快要灭亡的时候,如果能有像严可求这样的人,则郜虑、柳璨就不可能施展他们的歹毒伎俩,曹操、朱温的嚣张气焰就会被扑灭。唐朝廷不能重用严可求,严可求不能为唐朝廷所用,而在淮南小试牛刀,仅仅成为割据势力中的栋梁和支柱,这是什么原因呢?唐朝廷上有太多只会喧哗吵闹的轻浮之徒,阻碍了贤才升迁的道路,而割据一方的偏安小国里则没有这样的轻薄之徒。

五　高郁说马殷以茶易缯纩战马

高郁说马殷置"回图务"运茶于河南北①,卖之于梁,易缯纩战马,而国以富,此后世茶马之始也。古无茶税,有之自唐德宗始。文宗时,王涯败,矫改其政而罢之。然则茶税非古,宜罢之乎?非也。古之所无,后不得而增,增则病民者,谓古所可有而不有者也。古不可以有,而今可有之,则通古人之意而推以立法,奚病哉?

【注释】

①高郁(? —929):扬州(今江苏扬州)人。五代十国时期楚国谋臣。乾宁二年(895)马殷担任湖南留后,任用高郁为谋主,高郁劝马殷对中原政权修藩镇之礼,训卒厉兵,以图霸业;又建议在汴京等地设置"回图务"售茶,鼓励通商,发展蚕桑。湖南由此富强。但高郁很快遭到同僚妒忌,被罢为行军司马,后被马殷之子马希声矫令诬杀。其事见于《新五代史·楚世家》。

【译文】

高郁劝说马殷设置"回图务",专门负责将茶运输到黄河两岸地区,卖给后梁,换取布帛丝绸和战马,国家因此变得富裕,这是后世茶马交易的开端。古代没有茶税,茶税的征收是从唐德宗时开始的。唐文宗时,宰相王涯在政治斗争中失败,他所推行的茶税政策也被废止。如此,则茶税的征收并非沿袭古制,所以应该取消茶税吗? 不是这样的。古代所没有的政策,后世也不应该增加,增加了就会对百姓造成危害,这是指古代本可能有而实际却没有的政策。古时候根本不可能有,而如今有了可能性,则通晓古人的意图而推及开来,设立新法,又有什么坏处呢?

茶者,古所无也,无茶而何税也?《周礼》仅有六饮之制[1]。孟子亦曰"冬则饮汤,夏则饮水"而已[2]。至汉王褒《僮约》[3],始有武都买茶之文[4],亦仅产于蜀,唯蜀饮之也。六代始行于江南,而河北犹斥之曰"酪奴"[5]。唐乃遍天下以为济渴之用,而不能随地而有,唯蜀、楚、闽、粤依山之民,畦种而厚得其利[6],其利也,有十倍于耕桑之所获者矣。古之取民也,耕者十一,漆林之税则二十而五,以漆林者,非饥寒待命之需也。均为王民,不耕不桑,而逸获不赀之利,则天下将舍耕桑而竞于场圃;故厚征之,以抑末务、济国用,而宽吾南亩之氓。则使古而有茶,其必厚征之以视漆林,明矣。

【注释】

①六饮:也称"六清"。周代宫廷中的六种饮料。据《周礼》记载,其名为:水、浆、醴、凉、医、酏。

②冬则饮汤,夏则饮水:语出《孟子·告子上》:"公都子曰:'冬日则饮汤,夏日则饮水,然则饮食亦在外也。'"

③王褒(前90—前51):字子渊,资中(今四川资阳)人。西汉时期著名的辞赋家,与扬雄并称"渊云"。著有《僮约》一书,记奴婢契约。后因以"僮约"泛称主奴契约或对奴仆的种种约束规定。传

见《汉书·王褒传》。

④武都：西汉郡名，治所在今甘肃西和西南。

⑤酪奴：茶的别称。据《洛阳伽蓝记》记载，南齐王肃奔降北魏后，最初不习惯北人喜吃羊饮酪的生活，而仍按南方习惯吃鱼饮茶。数年后他于朝宴上吃羊饮酪，孝文帝元宏问他"茗饮何如酪浆"，王肃将羊比为齐鲁"大邦"，鱼为邾莒"小国"，"唯茗不中，与酪作奴"。彭城王元勰对王肃说："卿明日顾我，为卿设邾莒之食，亦有酪奴。"

⑥畦种：一种在土地上设置沟垄以栽培作物的农业技术。

【译文】

　　茶是古代所没有的事物，没有茶又哪里来的茶税呢？《周礼》中仅有所谓"六饮"的制度。孟子也说"冬天则喝汤，夏天则饮水"而已。到了汉代，王褒的《僮约》一书中，才开始有关于武都买茶一事的记载。当时茶也仅仅出产在巴蜀地区，只有蜀地才有饮茶的习惯。东晋南朝时茶开始在江南流行，而河北地区仍然蔑称茶为"酪奴"。到唐代时，整个天下才开始普遍用茶来解渴，但也不是到处都有出产，只有四川、湖南、湖北、福建、广东等地的山区民众，才能够开辟沟垄种植茶叶，从而获取丰厚的利润。种茶的利润，是耕田种桑所能获得利益的十倍。古代向民众征税，耕田的人收取十分之一的税，而对漆树征收的税率则是二十分之五，因为漆树林并不是解决温饱问题的必需品。同样是王朝的子民，如果不耕田不种桑，就能够安逸地获取高额利润，则天下人都将放弃耕田种桑，而竞相去种植漆树等经济作物以求获利。所以要对种植漆树者征收重税，从而抑制末业、补贴国家用度，减轻普通农民的负担。假如古代就有茶，那么当时的朝廷也必定会像对待漆树林那样对其征收重税，这是显而易见的。

府其利于仅有之乡，而天下日辇金钱丝粟以归之不稼不穑之家，其豪者笼山包阜而享封君之奉。乃天下固无茶，而民无冻馁之伤，非有大利于民，而何恤其病？诚病矣，废茶畦而不采，弗能税也；虽税之，而种者不休，采者不辍，何病之有哉？即其病也，亦病夫射利之黠民，而非病吾旦耕夕织、救死不赡之民也。则推漆林之法，重税而以易缯马于不产之乡，使三代王者生饮茶之世，未有于此而沾沾以市恩也。

【译文】

　　仅有出产茶叶的地方才能在茶叶贸易中获利，而全天下每天都要向那些不耕种庄稼的人家输送金银、丝帛和粮食，种茶者中势力强大的甚至能垄断整片山林而享受封君一般的供奉。可是天下本来就没有茶，而百姓也没有因此就陷于饥寒交迫之中，茶并非对百姓有大利，又何必要顾忌征茶税会给茶农带来困扰呢？如果茶农确实受到困扰，他们完全可以放弃种茶、采茶，这样朝廷就没法向他们征税了。实际情况是，即使征收重税，种茶的人也仍坚持种茶，采茶的人也继续采，那么征收茶税又有什么所谓的危害呢？即使有危害，危害的也是那些追逐财利的刁民，而不是那些白天耕种、晚上纺织、只把自己从死亡中救出来还唯恐做不到的农民。如此则推广向漆林征税的制度，征收高额茶税，而在不产茶的地方用茶叶换取丝绸布帛和马匹，假如让三代的圣王生活在饮茶的时代，是不会像这样沾沾自得、用小恩小惠来邀买人心的。

　　故善法三代者，法所有者，问其所以有，而或可革也；法所无者，问其何以无，而或可兴也。跙遵而步效之①，黠民乃骄，朴民乃困，治之者适以乱之。宽其所不可宽者，不恤其所可恤，恶足以与于先王之道乎？

【注释】

①跬(kuǐ)：指一脚向前迈出后着地的距离。古称一举足的距离为跬，两举足的距离为步。

【译文】

所以善于效法三代的人，对于三代时已经有的法令制度，要探寻之所以有这些制度的缘由，而其中或许有可以加以变革的地方；对于三代所没有的法令制度，要探究为什么当时没有，而其中或许便有一些新制度可以创建。如果亦步亦趋地盲目仿效三代的做法，则狡诈的人会变得更加骄横无忌，淳朴的百姓则会更加困顿，本来想要治理好天下，结果却是使天下变得更加混乱。宽纵不应该宽纵的刁民，不体恤应该体恤的民众，又哪里足以与先王之道相提并论呢？

六　朱温不能抚绥魏博以北临镇定幽燕

汴、晋雌雄之势，决于河北，故李克用坐视朱温之吞唐而莫之能问，以河北未收，畏其乘己也。朱温下兖、郓以西临赵、魏，势亦便矣。乃河北者，自天宝以后，倔强自立，不可以勇力机谋猝起而收之者也。魏博为河北强悍之最，罗绍威愚骇而内猜①，欲自戕其心膂。温于斯时，抚魏博而绥之，发绍威之狂谋，顺众志而逐之，择军中所悦服者授以节钺，则帅与兵交感以乐为用。以此北临镇、定②，乘刘仁恭父子之乱，荡平幽、燕，则克用坐困于河东，即得不亡，为卢芳而已矣。而温固贼也，残杀之心，闻屠戮而心喜，乌合之众，忌胜己而唯恐其不亡，八千家数万人之命，黄口不免，于是而镇、定、幽、燕，人忧骈死，而怨温彻骨矣。石公立曰③："三尺童子，知其为人。"王镕虽愚，通国之人，无有不争死命者，罗绍威且悔而离心，王处直不待谋而自合④，西迎克用，下井陉以抚赵、魏，而伪梁之亡必矣。

【注释】

①愚骏：愚笨，愚蠢。

②镇：指镇冀镇，即唐之成德军，其首府在镇州（今河北正定）。定：指易定镇，即唐之义武军，首府在定州（今河北定州）。

③石公立：五代时期成德军节度使王镕的部将。

④王处直（863—923）：字允明，京兆万年（今陕西西安）人。唐末五代时期藩镇将领，义武军节度使王处存之弟。乾宁二年（895）王处存去世后，其子王郜继任义武军节度使。光化三年（900），朱温派大将张存敬进攻定州，王郜派王处直在沙河抵抗张存敬，结果大败于张存敬，死者过半。随即部队发生哗变，众将领推举王处直为留后，率兵回定州驱逐节度使王郜。王郜逃奔晋王李克用，王处直成为义武节度使。开平三年（909）后梁太祖朱温封王处直为北平王。开平四年（910）王处直转而归附于晋王李存勗。后梁贞明七年（921），其养子王都发动兵变，王处直被囚禁，两年后死去。传见《旧五代史·唐书·王处直列传》《新五代史·杂传·王处直》。

【译文】

朱温和李克用两大势力孰强孰弱，取决于谁掌控了河北，所以李克用坐视朱温吞灭唐朝无法加以干预，是因为当时还未收服河北，害怕河北势力趁自己与朱温作战而攻击自己。朱温攻下了兖州、郓州，向西逼近成德和魏博，在形势上也处于有利地位。可是河北地区自天宝年间以后，就始终保持割据自立的状态，难以靠勇气、力量和智谋在短时间内就加以收服。魏博镇堪称河北藩镇中最强的势力，罗绍威愚蠢而心怀猜忌，想要将作为自己心腹的牙兵消灭掉。朱温在这个时候本应努力抚慰魏博,使其保持平静,揭发罗绍威的狂妄图谋,顺从众人的意愿而将其驱逐,选择在军中得到广泛支持的人,授予其节钺。如此则新的藩镇统帅和普通士兵都会感激朱温,乐意为其所用。凭借魏博的力量向北逼近镇冀和易定,乘刘仁恭父子内乱之际荡平幽燕地区,如此则李克用将会被围困在河东,即使不会立即灭亡,也不过是像卢芳那样割据一方罢了。而朱温本来就是盗贼,残忍好杀,听到有屠戮之事就心生欢喜,面对乌合之众,忌恨其胜过自己,因而唯恐这些人不灭亡,于是八千家牙兵、数万人都惨遭屠戮,连小孩子也没能幸免于难。于是而镇冀、易定、卢龙、沧德等河北藩镇的将士,人人担忧自己像魏博牙兵那样死于非命,都对朱温恨之入骨。石公立说:"即使是三尺高的孩童,都知道朱温为人多么狠毒了。"王镕虽然愚蠢,但整个藩镇上下没有不争相为他效命以对抗朱温的,罗绍威也尚且感到后悔而与朱温离心离德,王处直也与李克用不谋而合,向西投靠了李克用。两军攻下井陉关以安抚成德、魏博,而伪梁的灭亡也就成了势所必然。

　　弱魏博以失辅者,温自取之也;激镇、定以离心者,温自取之也;魏博弱而镇、定无所惮者,温自取之也;隔刘守光于冀北,使骄悖而折入于晋者,温自取之也。祸莫大于乐杀人,危莫甚于杀强以自弱,而盗以此为术,恶足以容身于天地之间哉?温之亡,不待群雏之还相翦灭也。惜乎无命世之英起而收之也[1]。

【注释】

①命世之英:指顺应天命而降世的人才。英,才智过人的人。

【译文】

弱化魏博从而使自己失去了辅助力量,是朱温自讨苦果;激怒镇冀、易定从而使他们与自己离心离德，也是朱温自讨苦果。因为魏博变弱而镇冀、易定无所忌惮，同样是朱温自找的。将刘守光隔绝在冀北，使其骄横悖逆而最终投靠晋国，还是朱温自讨苦果。没有比乐于杀人更大的祸患了，没有比消灭强者而使自己变弱更危险的事情了，而盗贼却把这种做法当作自己的策略，那他还如何能够立足于天地之间呢？朱温归于灭亡是必然的，根本不需要他的儿子们自相残杀而自取灭亡。可惜的是当时没有真正顺应天命而降世的人才来消灭他。

七 孙鹤谏刘守光称帝

不仁者不可与言，非徒谓其无益也，言之无益，国亡家败，而吾之辩说自伸于天下后世，虽弗能救，祸亦不因我而烈，则君子固有不忍缄默者。而不仁者不但然也，心之至不仁也，如膏之沸于镬也①，噀之以水②，而焰乃益腾。唯天下之至愚者，闻古人敢谏之风，挟在己偶然之得，起而强与之争，试身于沸镬，焚及其躬，而焰延于室，则亦可哀也已。若孙鹤之谏刘守光是已③。守光囚父杀兄，据弹丸之地，而欲折李存勖，南而称帝，与朱温争长，不仁而至此极也，尚可与言哉？孙鹤怀小惠而犯其必斩之令，屡进危言，寸斩而死，鹤斩而守光之改元受册也愈坚，鹤之愚实酿之矣。

【注释】

①镬：古代煮牲肉的大型烹饪铜器。

②噀(xùn)：喷水。

③孙鹤：本为刘守光之兄、义昌军节度使刘守文的部下，刘守光杀死刘守文后，孙鹤成为其部下。后来刘守光意欲称帝，朱温和李存勖派来的使者对此表示异议，刘守光于是下令把使者押进监

狱,在庭中设刑具,下令说:"敢谏者死!"孙鹤谏阻说:"沧州失败,臣感谢大王您不杀的大恩,现在的事,不敢不谏。"刘守光大怒,将孙鹤残忍杀害。其事见于《旧五代史·僭伪列传》。

【译文】

对于不仁义的人,根本就不应该向他进言,不仅是说这样做徒劳无益。如果向其进言没有好处,反落得国破家亡,而自己的论辩和说辞得以彰显于后世,即使不能挽救危局,但祸害也不会因为自己的进言而变得更加惨烈,则君子本来也是不忍心保持缄默的。然而不仁之人的危害不止于此,他们的心灵不仁到了极点,就好像油在锅里沸腾一样,如果此时向锅中喷水,火势会变得更加猛烈。只有天下最愚蠢的人,听闻古人敢于进谏的风范,坚信自己一时偶然的见解,起来强行与不仁之人争辩。用自己的身体去试探沸腾的油锅,火焰不仅会烧到自己,还会蔓延到屋子里,如此也是非常令人感到悲哀的。像孙鹤劝谏刘守光就是这样的事例。刘守光囚禁父亲、杀害兄长,占据弹丸之地而想要折服李存勖、面向南方而称帝、与朱温一争短长,不仁到了极点,怎么能够向这种人进谏呢?孙鹤因为感念他对自己的小恩惠而触犯刘守光所谓"定斩不饶"的命令,屡屡直言进谏,最终被刘守光千刀万剐而死。孙鹤被杀后,刘守光改元、受册命的决心更加坚定,这着实是由于孙鹤的愚蠢造成的。

　　罗隐之谏钱镠,镠虽不从,而益重隐,惟其为镠也;冯涓之谏王建,建虽不从,而涓可引去,惟其为建也。镠与建犹可与言,言之无益,而二子之义自伸,镠与建犹足以保疆土而贻子孙,夫亦视其心之仁尚有存焉者否耳。至不仁者,置之不论之科,尚怀疑畏;触其怒张之气,必至横流戈矛,乘一旦之可施,死亡在眉睫而不恤。是以箕子佯狂,伯夷远避,不欲自我而益纣之恶也。况鹤与守光无君臣之大义，而以腰领试暴人之白刃乎？

【译文】

　　罗隐劝谏钱镠，钱镠虽然没有听从他的建议，但却更加器重罗隐了，这是因为罗隐进谏的对象是钱镠；冯涓劝谏王建，王建虽然没有采纳他的意见，而冯涓可以选择辞职离去，因为他进谏的对象是王建。钱镠和王建都还是可以进谏的对象，即使向他们进言没有好处，但罗隐和冯涓二人所秉持的道义得以彰显，钱镠和王建都尚且足以保全疆土，将其传给子孙，这也是上天看在他们心中尚且有仁义的份上做的安排。不仁到了极点的人，即使不向他们进言，尚且要心怀疑虑和畏惧；如果触犯了他们的暴怒之气，必然会招致祸端。他们趁机大发淫威，进谏者必定会难以保全性命。所以当年箕子要佯装发狂，伯夷要远走避祸，都是不希望因为自己而加剧商纣王的罪恶。况且孙鹤与刘守光之间本就没有君臣大义，为什么要拿自己的腰和脖颈去试探暴君的刀锋呢？

　　且夫罗隐、冯涓之说，以义言之也；鹤之说，以势言之也。以义言，言虽不听，而义不可屈，且生其内愧之心；以势言，则彼暴人者，方与天下争势，而折之曰汝不如也，则暴人益愤矣。匹夫搏拳相控，告以不敌，而必忘其死。守光有土可据，有兵可恃，且为天子而夕死，鹤恶能谅以不能哉？鹤，小人也，不知义而偷安以徼幸之智也，徒杀其身，激守光而族灭之，与不仁者相暌，投以肺肠，则亦不仁而已矣。故曰"不仁者不可与言"。戒君子之凤远之，以勿助其恶也。

【译文】

况且罗隐、冯涓劝谏钱镠和王建，是从道义的角度来说的；孙鹤进谏的话，则是从形势方面来讲的。从道义的角度进言，即使意见不被采纳，自己的道义也不会屈服于人，而且会使进言对象的内心产生愧疚；从形势的角度进言，则那些残暴的人正在与天下争夺形势，而此时贬低他们，说他们在形势上不如别人，则残暴的人会更加气愤。一般人打架，挥拳对峙的时候，如果说他打不过对方，而他必定会拼死搏斗。刘守光有土地可占据、有军队可凭恃，即使早上当了天子晚上就死去，孙鹤又怎么能知道他不会那样做呢？孙鹤是个小人，不知晓道义而苟且偷安，想要侥幸耍小聪明，结果白白断送了自己的性命，激怒刘守光将其灭族。与不仁义的人相亲近，即使对他掏心掏肺，对方也依然是不仁之人。所以说"不能向不仁义的人进言"。这是告诫君子平时就要远离不仁之人，不要助长他们的罪恶。

八　李存勖遣使贺刘守光

张承业请李存勖遣使贺刘守光之称帝以骄之[①]，唐高祖骄李密之故智也。密终降而授首，守光终虏而伏诛，所谓兽之搏也必蹲其足，禽之击也必戢其翼，权谋之险术，王者所弗尚也。

【注释】

①张承业（846—922）：本姓康，字继元，同州（今陕西大荔）人。唐末五代时期晋国大臣。张承业自幼成为宦官，乾宁三年（896）出任河东监军，因执法严明而得到晋王李克用器重，并接受遗命辅佐李存勖。唐朝灭亡后，张承业拒绝李存勖的加官进爵，仍旧担任唐朝官职。他在梁晋争霸时期留守太原，执掌后方军政，为李

存勖灭梁建国提供了后勤保障。龙德二年（922）李存勖执意称帝，张承业劝谏他不被采纳，忧愤得病，最终死于晋阳。传见《旧五代史·唐书·张承业列传》《新五代史·宦者传》。

【译文】

张承业请求李存勖派人去祝贺刘守光称帝，从而使刘守光变得骄傲自大起来，这是效仿当初唐高祖故意骄纵李密来麻痹他的谋略。李密最终投降李渊并被他杀死，刘守光则最终被李存勖俘虏而死在其手下，这就是所谓野兽在与敌人搏斗前必定先弯曲前腿，猛禽在攻击猎物前必定先收敛翅膀，这是阴险的权谋之术，王者是不予推崇的。

存勖闻守光之自尊，欲伐之矣。然则伐之为正乎？可伐之罪在彼已极，执言申讨，师则有名矣。而徒恃其名以责人之逆，反之于己，既无天与人归之实，亦无拨乱安民之志，且于固本自强之术未有得也，凭气而争，奚必胜之在己哉？

【译文】

李存勖听说刘守光要自立为帝，想要讨伐他。但是讨伐刘守光是正义的吗？刘守光当然有值得被讨伐的极大罪行，仗义征讨他，算得上师出有名。但如果仅仅依靠这种名义去谴责别人谋逆作乱，而反观自身，却既不是众望所归的人，也没有平乱安民的志向，而且也没有找到巩固根本、强化自身的方法，只凭着气势与别人争斗，那么又何以见得必定能取胜呢？

王者以义兴师，而四方攸服，非徒以其名也。唐高初定长安，残隋未翦，怒李密之妄而挑之，密且扼关以困己，而内受刘武周、薛举之逼，则唐高之事败矣。李存勖孤处河东，镇、定之交未固，朱温之势方张，空国以与狂骏之竖子争虚名于幽、蓟，镇、定疑而河中起捣其虚，则存勖之亡必矣。

【译文】

　　王者用兵，要兴正义之师，而四方之人心悦诚服，并不仅仅因其正当的名义。当初唐高祖刚平定长安，隋朝残余的势力尚未被剪灭，如果因李密的狂妄而感到愤怒，贸然出兵挑战他，李密就会扼住潼关，将唐高祖围困在关中，而唐高祖在关内又会受到刘武周、薛举的进逼。如此则唐高祖无疑会陷于失败。李存勖孤零零地拒守河东，他与镇冀、易定的联盟尚未稳固，朱温的势力正强盛，此时如果竭尽举国之力与刘守光这样狂妄愚蠢的家伙在幽州、蓟州争夺虚名，那么镇冀和易定必定心怀疑虑，而河中的势力便会乘虚而入攻击河东，如此则李存勖就必定会灭亡了。

　　繇是言之，推尊以骄之，非义之所许；愤怒而攻之，抑为谋之不臧；使王者而处此，将如之何哉？王者正己而不求于人者也。彼枵然自大者，何足比数乎？脆弱者必折，暴兴者必萎，冥行者必踬①，天怒人怨者必见绝于天人，知之既审，视之如蠕动之虫，无待吾之争而抑无容骄之也。其来也，以非礼加我而未甚也，姑应之以礼，而告之以正可也；其以非礼加我而不可忍也，闭关以绝其使命而已。欲犯我而我无启衅之端，欲狎我而我居是非之外，秉义以自强，固本以待时，饬边陲之守，杜小利之争，凝静不挠，而飘风疾雨坐视其消散，或人亡之而为我驱除，或恶已穷而徐申吾天讨，则两者之失亡，而贞胜之理得矣。天下莫敢不服，后世无得而诇矣^②。张承业何足以及此哉？克用父子之终以诈力穷而不能混一区宇，国祚不延，与假义挑兵者均之失也。

【注释】

①踬：被东西绊倒。

②訾（zǐ）：同"訾"，诟病，指责。

【译文】

由此而言，推举尊崇别人以使其变得骄傲自大，是道义所不容许的；出于愤怒而攻击别人，也是智谋不足的表现。假如让真正的王者处于相同的境地下，他又将如何应对呢？他必定会首先确保自己合乎正道，而不会责求别人。那些妄自尊大的人，哪里值得与王者相提并论、加以比较呢？其中脆弱的人必定会被摧折，骤然兴起的人必定会陷于萎缩困顿，在夜里走路的人必定会被障碍物绊倒，引起天怒人怨的人必定会被上天和民众所抛弃。清楚地明白了这一点，就可以将那些妄自尊大的人看作蠕动的虫子，不需要我方与其相争，也没有必要特意让其变得骄傲自大。如果对方前来与我方交涉，用非礼的态度对待我方，只要不是太过分，就可以姑且依照礼数来回应他们，告诉他们正道的要求；如果对方用过分非礼的态度对待我方，使我方忍无可忍，那么我方也只需要闭关自守、断绝与对方的来往。对方想要侵犯我方，却找不到挑衅的借口，想要亲近拉拢我方，我方又始终居于是非之外、秉持道义以自强、巩固根本以等待时机、整顿边境地区的防守、杜绝为小利而与敌人争斗、保持平静而不受干扰，则即使遇到暴风骤雨，也可以坐看其自然消散。要么敌方被别的势力灭亡，则别人等于为我方剪除了祸患；要么敌方的罪恶达到了极点，然后我方再兴起正义的讨伐之师，则我方可以避免两败俱伤的局面，在道义和军事上取得双重胜利。天下没有敢不服从我方的，后世也没办法加以诟病。张承业又哪里能想到这些呢？李克用父子最终因为狡诈和力量都穷尽而不能统一华夏，国祚无法长期延续，他们与那些假借仁义之名起兵的人的过失是一样的。

　　庄生曰："人莫鉴于流水，而鉴于止水①。"勇而悻怒②，智而诈谖③，皆流水之波也。稍静以止，而得失昭然，岂难知哉？唐高姑以一纸报李密，差贤于存勖之往贺，虽非王者之道，而犹足以兴，毫厘之差，亦相悬绝矣。

【注释】

①人莫鉴于流水，而鉴于止水：语出《庄子·德充符》："人莫鉴于流水，而鉴于止水，唯止能止众止。"意思是说人不能从流水中照到自己，只能从静止的水面上照见自己的倒影。

②悻怒：愤怒。

③诈谖：欺诈。

【译文】

　　庄子说："人不能从流水中照到自己，只能从静止的水面上照见自己的倒影。"勇敢但容易发怒，有智慧但多诡诈，都像流水一样无法照见得失。稍稍安静下来，变成静止的水面，得失就能清楚地被映照出来，又有什么难以了解的呢？唐高祖当初姑且用一纸贺信回报李密，略强于李存勖直接派使者前去祝贺刘守光称帝的做法，虽然并非王者之道，但仍然足以使唐朝兴起。即使是做法上微小的差距，造成的结果相差也是悬殊的。

九　冯道挟小慧以卖主

　　李存勖据河东与朱温争天下，亦已久矣。所任者皆搏击之雄，无有人焉赞其大计为立国之规者也。其略用士人参帷幕者，自冯道始，沙陀之不永，四易姓而天下终裂，于此可知已。

【译文】

　　李存勖占据河东，与朱温争夺天下，这种局面已经持续很久了。而他所任用的都是擅长搏斗和征战的勇士，其中没有人能够帮助他规划大计、确定立国的基本规制。他略微任用士人来参与决策，是从冯道开始的。沙陀最终难以长久掌握政权，经历四次改朝换代后天下最终分裂，从这件事就可以知道原因所在了。

　　刘守光之凶虐，触之必死，其攻易、定①，犯强晋，道谏之而系狱，然免于刀锯，逸出而西奔者，何也？ 孙鹤之流，力争得失，是以灭身；道之谏也，其辞必逊，且脂韦之性②，素为守光所狎，而左右宵人固与无猜，是以全也。守光囚父杀兄而道不言，其有言也，皆舍大以规小，留余地以自全，而聊以避缄默之咎者也。

【注释】

　　①易：易州，治今河北易县。定：定州，治今河北定州。
　　②脂韦：油脂和软皮，比喻阿谀或圆滑。

【译文】

　　刘守光十分凶狠暴虐，凡是触犯他的人必定会死。他率军进攻易州、定州，触犯强大的晋国，冯道劝谏他，被他投入监狱，但最终却免于被杀，得以逃出监狱，向西投奔晋王李存勖。这是什么缘故呢？ 孙鹤等人极力在刘守光面前争辩得失，因此被刘守光杀害；冯道对刘守光进行劝谏，其言辞必然谦逊委婉，而且由于他圆滑软弱的个性，素来被刘守光所轻视，而刘守光左右的小人也本来就不会对冯道产生猜忌之心，所以冯道得以保全性命。刘守光囚禁父亲、杀害兄长，冯道不出来劝谏，他但凡有所劝谏，都是舍弃刘守光的大错不论而只规劝他的一些小过失,只是为保全自己而留下余地,姑且用这种方式来避免被别人指责为遇事保持沉默、不能尽职尽责。

岂徒于守光为然哉? 其更事数姓也,李存勖之灭梁而骄,狎倡优、吝粮赐也,而道不言;忌郭崇韬,激蜀兵以复反,而道不言;李从珂挑石敬瑭以速祸,而道不言;石重贵不量力固本以呕与虏争,而道不言;刘承祐狎群小、杀大臣①,而道不言;数十年民之憔悴于虐政,流离死亡以濒尽,而道不言;其或言也,则摘小疵以示直,听则居功,不听而终免于斥逐,视人国之存亡,若浮云之聚散,真所谓谀谄面谀之臣也。刘守光不能杀,而谁能杀之邪? 克用父子经营天下数十年,仅得一士焉,则道也,其所议之帷帘而施之天下者②,概可知矣。

【注释】

①刘承祐(930—951):即后汉隐帝,沙陀人。后汉最后一位皇帝,948—950 年在位,高祖刘知远之子。后汉乾祐元年(948)刘知远死后,刘承祐即位,沿用后汉高祖年号乾祐。他缺乏执政经验,朝内也缺乏德才兼备的宰辅,导致国内叛乱频发。后来他为收回军权而诛杀权臣,引发了郭威叛乱。乾祐三年(950)叛军攻入开封,刘承祐被杀。传见《旧五代史・汉书・隐帝纪》《新五代史・汉本纪・隐帝》。

②帷帘:帷幄。

【译文】

冯道难道仅仅对于刘守光是这样的态度吗? 他先后改事数代王朝,李存勖灭梁以后变得骄奢淫逸,宠爱倡优、吝惜将士的粮饷和赏赐,而冯道却不去劝谏；李存勖猜忌郭崇韬，最终引起征蜀军队叛变，冯道也没有去谏争；李从珂挑衅石敬瑭从而加速了亡国之祸的来临，冯道也没有加以劝阻；石重贵不自量力，不致力于巩固根本，却急于和契丹争斗，冯道也没有加以匡谏；刘承祐宠信小人、杀害大臣，冯道还是没有进言劝阻。数十年间，百姓因为暴虐的统治而日益憔悴，流离失所、纷纷死亡，几乎到了灭绝的边缘，而冯道却始终没有站出来为他们说过话。他有时候也会进言，但都是指摘皇帝的一些小过失来显示自己的正直。皇帝如果采纳了他的建议，他就自居有功；即使皇帝不听，他也最终可以免于被贬斥和放逐。他把国家的生死存亡当作浮云聚散一样毫不在意，真是所谓不折不扣的阿谀奉承之臣。刘守光不能杀他，那还有谁能杀他呢？李克用父子经营天下几十年，仅仅得到了一个士人，那就是冯道，他在晋国幕府之中所筹划并最终在天下推广开来的各项政策是什么样，大概也就可以想见了。

　　呜呼！人知道之堕节以臣人，不知其挟小慧以媚主，国未亡而道已雠其卖主之术，非一日矣。此数主者，颠倒背乱于黼扆①，道且尸位而待焉，不知其何以导谀也？然而不传者，摘小过以炫直自饰而藏奸，世固未易察也。

【注释】

①黼扆(fǔ yǐ)：本义指古代帝王座后的屏风，上画斧形花纹，后用来借指帝王。

【译文】

唉！人人都知道冯道是丧失节操而随便向别人称臣的人，却不知道他怀着小聪明来讨好君主，国家尚未灭亡而冯道就已经开始实施其出卖君主的计策，并不是一天两天的事情。冯道所服侍的以上几位君主,在皇位上都屡屡出现失误,冯道却尸位素餐、听之任之,不知道他是靠什么手段来诌媚君主的? 然而他的这一名声却并未传扬开来,因为他依靠指摘君主的小过失来炫耀自己的正直、隐藏自己的奸诈,这是世人本来就不容易察觉到的。

一〇　朱温易于剿绝

篡弑以叨天位,操、懿以下,亦多有之,若夫恶极于无可加,而势亦易于剿绝,无有如朱温者,时无人焉,亟起而伸天讨,诚可叹也。

【译文】

通过篡权弑君来夺取皇位,曹操、司马懿以后,还有很多这样的人,但却没有像朱温这样穷凶极恶到了无以复加的地步、从形势上讲却也很容易被剿灭的。当时没有真正的英雄迅速起来顺应上天的意志来声讨和消灭他,真是令人感到可悲可叹。

其弑两君也,公然为之而无所掩饰;其篡大位也,咆哮急得而并废虚文;其禽兽行遍诸子妇也,而以此为予夺;其嗜杀也,一言一笑而流血成渠;尔朱荣、高洋、安禄山之所不为者,温皆为之而无忌。乃以势言之,而抑不足以雄也。西挫于李茂贞,东折于杨行密,王建在蜀,视之蔑如也;罗绍威、马殷、钱镠、高季昌,虽暂尔屈从,而一兵尺土粒米寸丝不为之用。其地,则西不至邠、岐①,东不逾许、蔡②,南不过宛、邓③,北不越宋、卫④,自长安达兖、郓⑤,横亘一线,界破天中,而四旁夹之者,皆拥坚城、率劲卒以相临。其将帅,则杨师厚、刘郭、王彦章之流⑥，皆血勇小慧，而不知用兵之略。其辅佐，则李振、敬翔，出贼杀，入谄谀，而不知建国之方；乃至以口腹而任段凝为心膂⑦，授之兵柄，使抗大敌而不恤败亡。取具君臣而统论之，贪食、渔色、乐杀、蔑伦，一盗而已矣。而既篡以后，日老以昏，亦禄山在东都、黄巢踞长安之势也。于是时也，矫起而扑灭之，不再举而功已就矣。所难者，犹未有内衅之可乘耳。未几，而朱友珪枭獍之刃，已刓元恶之腹⑧，兄弟寻兵，国内大乱，则乘而薄之，尤易于反掌。然而终无其人焉，故曰诚可叹也。

【注释】

①邠：邠州，治今陕西彬州。岐：岐州，治今陕西凤翔。

②许：许州，治今河南许昌。蔡：蔡州，治今河南汝南。

③宛：宛州，治今河南南阳。邓：邓州，今属河南。

④宋：宋州，治今河南商丘。卫：卫州，治今河南卫辉。

⑤兖：兖州，今属山东。郓：郓州，治今山东东平。

⑥杨师厚（？—915）：颍州斤沟（今安徽太和）人。五代时期后梁名将。原为李罕之部将，后归顺朱温，逐步受到重用。曾击破凤翔李茂贞，迫降青州王师范，击败襄阳赵匡凝。开平三年（909）被封为弘农郡王，率军奇袭长安，击破刘知俊，大败李存勖，解除晋邢之围，被拜为魏博节度使，建立银枪效节军，割据河朔地区。后梁末帝朱友贞即位后加封其为邺王。乾化五年（915）病逝。传见《旧五代史·梁书·杨师厚列传》《新五代史·梁臣传·杨师厚》。刘郭（857—920）：密州安丘（今山东安丘）人。五代时后梁名将。初为青州节度使王敬武、王师范部将，后被朱温击败，归附后梁。此后参与收复长安、抗击晋王李存勖等军事行动，屡

立战功。后梁末帝即位后，刘郡受命率军与李存勖作战，他不愿听从末帝命令贸然出击，而尹皓、段凝等人向来忌恨他，于是在末帝面前诋毁他，刘郡最终被逼服毒而死。传见《旧五代史·梁书·刘郡列传》《新五代史·梁臣传·刘郡》。

⑦段凝(? —928)：本名明远，开封(今河南开封)人。唐末五代时期将领。初为渑池主簿，后投靠宣武节度使朱温，逐渐得到器重。历任右威卫大将军、怀州刺史、郑州刺史等职，受命随同王彦章抵抗李存勖进攻，但胜少负多。李存勖攻入汴梁后，段凝率军投顺，被赐名李绍钦，先后任滑州、兖州和邓州节度使。天成三年(928)，后唐明宗将其流放到辽州，不久又将其赐死。传见《旧五代史·唐书·段凝列传》《新五代史·杂传·段凝》。

⑧刉：割断，截断。

【译文】

朱温弑杀昭宗、哀帝两任国君，都是公然行凶而毫不掩饰；他篡夺皇位时，咆哮放肆，急不可耐，连起码的礼仪程序都舍弃了；他禽兽般地对自己的诸儿媳发泄兽欲，并以此为依据来决定对各个儿子的赏罚予夺；他嗜好杀戮，谈笑说话之间，天下早已血流成河。尔朱荣、高洋、安禄山都做不出来的事，朱温却能无所顾忌地做出来。可是如果从当时形势而言，他也并不足以称雄。在西方他曾受挫于李茂贞，在东方他被杨行密击败过，王建在蜀地对他不屑一顾；罗绍威、马殷、钱镠、高季昌虽然曾短暂臣服于他，但他们辖境内一个士兵、一尺土地、一粒粮食、一寸丝帛都不为朱温所用。朱温的地盘，则西不到邠州、岐州，东不超过许州、蔡州，南不超过宛州、邓州，北不超过宋州、卫州。从长安到兖州、郓州，横向连成狭窄的一条线，孤零零地处在中间，四周环绕的各个势力都坐拥坚城、各率强劲士兵，对其虎视眈眈。其麾下的将帅，则是杨师厚、刘郡、王彦章之流，都不过有些血气之勇和小聪明，而不懂得用兵的韬略。至于他的辅佐之臣，则是李振、敬翔，只知道出门残杀忠良，入朝阿谀奉承,却不懂得建国的方略。以至于为了满足口腹之欲而任用段凝作为心腹,授给他兵权,让他去对抗强大的敌人,完全不顾及他是否会兵败身亡。将朱温君臣拿过来一并加以审视,都贪财好色、残忍好杀、蔑视人伦,不过是一群盗贼而已。而朱温篡权以后,随着年纪变大日益昏聩,也与当年安禄山在东都、黄巢盘踞长安时的态势相似。在这个时候,如果有人起兵来消灭他,不需要费多大力气就能取得成功。值得担心的是,在后梁内部当时还没有发生动乱,外界没有可乘之机。不久,朱友珪就弑杀了自己的亲生父亲朱温,和自己的兄弟刀兵相见,后梁国内大乱。此时如果趁机大兵压境,成功推翻他们易如反掌。然而最终却没有能做到这一点的人,所以说确实是值得叹息的。

李存勖方有事于幽、燕,而不遑速进,天讨之稽①,有自来矣。盖存勖一将帅之才耳,平一海宇之略,讨逆诛暴之义,非其所可胜任也。使能灭朱温父子,定汴、雒,刘守光琐琐狂夫,坐穷于绝塞,将焉往哉? 困吾力以与守光争胜负,朱友贞乃复以宽缓收离散之众,相持于河上,梁虽灭而存勖之精华已竭矣。

【注释】

①稽:停留,延迟。

【译文】

李存勖当时正在幽、燕地区兴兵作战,因而没有余力迅速发兵讨伐朱温。上天使朱温灭亡的时机被推迟,这是有其缘由的。大概李存勖只有做一个将帅的才能罢了,至于统一海内的大略,讨伐逆贼、诛灭暴君的大义,都不是他所能胜任的。假如他能够消灭朱温父子,平定汴梁、洛阳地区,刘守光一介平庸狂妄的家伙,困守于荒远边塞之地,又能够逃到哪里去呢？李存勖将自己的力量都投入到与刘守光争胜负上去，朱友贞于是得以重新用宽松缓和的政策收拢离散的部众，与晋军相持于黄河之上。后来后梁虽然被后晋所灭，但李存勖的精华力量也在此过程中衰竭了。

　　呜呼！杨行密不死于朱温淫昏之前，可与有为者，其在淮南乎？乘彼自亡之机，掩孤雏于宛、雒，存勖弗能抗也。行密死，杨渥弑，隆演寄立人上，徐温挟内夺之心，不能出睢、亳以行天讨①，尚谁望哉？行密者，尚知安民固本、任将录贤，非存勖之仅以斩将搴旗为能者也②。故天祐以后，天下无君，必欲与之，淮南而已。然而终弗能焉，故曰诚可叹也。

【注释】

①睢：睢州，治今河南睢县。亳：亳州，今属安徽。

②搴（qiān）：拔取。

【译文】

　　唉！如果杨行密不是死于淫乱昏庸的朱温之前，那么群雄之中可以有所作为的，大概就是淮南的杨行密吧？杨行密如果乘着朱温的儿子们相互残杀、自取灭亡的机会，在南阳、洛阳地区攻击朱友贞，则李存勖也难以与其抗衡。杨行密死后，杨渥被部下弑杀，杨隆演实际上是被人操纵的傀儡。徐温怀着夺权篡位之心，不能出睢州、亳州以代替上天来讨伐后梁，那么还能指望谁来做成这件事呢？杨行密尚且知道安抚民众、巩固根本、任用善战的将领和贤能的人才，并非李存勖这样仅仅将斩将夺旗当作本领的人所能比拟。所以天祐年间以后，天下没有真正的君王，如果一定要找到符合条件的一个人，也只有淮南的杨行密而已。然而最终他也没能完成统一大业，所以说这确实是值得为之叹息的。

一一　善谋之名不可有

夫人无一可恃者也，已恃之，人亦以名归之，名之所归，人之防之也深，御之也力，而能终有其所恃者，无有。以勇名者，人以勇御之，而死于勇；以谋名者，人以谋御之，而死于谋；二者俱自亡之道也，而谋为甚。何也？勇者，一与一相当者也，万刃林立，而所当者一二人，其他皆疏隔而不相及者也，故抑必以谋胜之，而不易以勇相御。谋则退而揣之者，尽人可测也；合千万人一得之虑，昼忖而夕度之，制之一朝，而非一朝之积也；一人有涯之机智，应无涯之事变，而欲以胜千万人之忖度乎？夫惟明于大计者，其所熟审而见为然之理势，皆可与人共知之而无所匿，持之甚坚，处之甚静，小利不争，小害不避，时或乘人之瑕，而因机以发，其谋虽奇，人且玩之而不觉，事竟功成，而人乃知其不可测也。此之谓善谋。若夫机变捷巧，自恃其智而以善谋名矣，目一瞬而人疑之，手一指而人猜之，知其静者非静而动者非动也，于是此谋方起，人之测之也已先，既已测之，无难相迎而相距，犹且自神其术曰，吾谋不可测也。其不败也鲜矣。

【译文】

人本身是没有什么真正可以凭恃的东西的。一个人自己凭恃某项才能，别人就会拿这种才能来赞誉他；一旦他有了这种名声，别人就会深深提防他的这种才能，不遗余力地暗中抵御他。这样一来，最终能够真正凭恃并发挥作用的才能或长处,其实是不存在的。以勇敢而闻名的人,别人也会依靠勇敢来抵御他,最终他会因勇敢而死;以智谋而闻名的人,别人也会依靠谋略来对付他,他最终会因为谋略而死。勇敢和谋略都是自取灭亡之道,而其中谋略的危害更大。为什么呢?所谓勇敢,是与敌人一人对一人,即使面前有万千锋刃对准自己,而自己所直接面对的终究只有一两个人,其他人都因为距离较远而无法妨害,所以敌人也必定要运用计谋来对付他,而不容易靠勇敢来抵御他。至于谋略,只要退下来加以思忖,每个人都可能想出谋略来。将千万人的智慧合起来,昼夜加以思忖、揣度,最终就能在一朝之间制服敌人,实际上这并非一朝一夕之功。以一个人有限的机智,要应付无穷无尽的变化,又怎么可能胜过千万人思忖、揣度而得出的谋略呢?唯有明晓大计的人,他所熟悉和认为势所必然的道理,都是可以与别人共同分享而无所隐瞒的。他对此能够坚定奉行,冷静地处置各种变数,不争小利,不避小害,抓住敌人没有防备的时机,乘势发难。其谋略虽然奇妙,但敌人却因为轻忽而没能察觉,等到他的计策取得了成功,别人才知道他的谋略深不可测。这就是所谓的擅长谋略。至于富于机变和敏捷灵巧的思维、凭恃智慧而以擅长谋略出名的人,他眼睛一转别人就会生疑,手一指别人就会产生各种猜测,知道他做出静的姿态并不是真的安静、做出动的架势并不是真的要行动,于是他的谋略刚开始实施,别人已经预测到了。既然他的计谋被识破,自然不难应付他的行动、轻松对付他。这个时候他还自认为谋略高明,别人无法识破,这种情况下不失败是不可能的。

　　刘郭与晋兵相距于魏[①],郭乘虚潜去以袭晋,奇谋也。然使郭素以持重行师,御堂堂正正之众,无谖诈出没之智名[②],则晋人抑且与相忘,偶一用谋,而晋阳且入其彀中矣[③]。乃郭固以谋自恃,而人以善谋之名归之也。存勖曰:"吾闻刘郭一步百计。"呜呼！斯名也，而讵可当哉！语亦人窥之，默亦人窥之，进亦人窥之，退亦人窥之，无所不用其窥，虽有九地九天之变计④，无不在人心目中矣。无不见制于人，而遑足以制人乎？

【注释】

①魏：魏州，今河北大名东北。

②谖（xuān）诈：即诈谖。欺诈。

③彀（gòu）：圈套，牢笼。

④九地九天：典出《孙子兵法·形篇》："善守者藏于九地之下，善攻者动于九天之上，故能自保而全胜也。"比喻高深莫测的谋略。

【译文】

　　刘郭与晋军在魏州对峙，刘郭乘晋军防备空虚而派兵偷袭晋军老巢晋阳，这当然是奇谋妙略。然而假如刘郭平时就以用兵稳重谨慎著称，总是率军堂堂正正地作战，没有善于欺诈、神出鬼没的足智多谋之名，则晋军可能就会松懈对他的提防，他偶尔一使用谋略，晋阳就会轻易落入他的手中。可是刘郭平时就自恃足智多谋，而别人也都称赞他富有谋略。李存勖说："我听说刘郭走一步就能想出一百条计策。"唉！这种名声，刘郭怎么能承受得了呢？他说话别人会窥伺，他沉默别人也会窥伺，他进军别人会窥伺，他撤退别人还会窥伺。别人对他的窥伺无所不在，他即使有极其高深莫测的谋略，别人心目中也全都有所防备了。他的一举一动都会受制于人，又哪里谈得上制服别人呢？

　　是以小勇者，大勇之所不用；小智者，大智之所不事；固吾本，养吾气，立于不可胜之地，彼且自授我以胜，而我不劳，王者之用兵，无敌于天下，唯此也。故《牧誓》之戒众也^①，唯申以步伐之法，作其赳桓之气^②，而谋不与焉。夫岂但用兵为然哉？兵，险道也，而犹然；况乎君子之守身涉世，以出门而交天下，其可使人称之曰此智士也乎？

【注释】

①《牧誓》：《尚书·周书》中的一篇，记载牧野之战前周武王的誓师词。其中有关于前进征伐时步伐、队形、节奏整齐一致的要求。

②赳桓：雄壮威武。

【译文】

所以小的勇敢，是有大勇的人所不屑拥有的；小聪明是有大智慧的人所不愿使用的。巩固自己的根本，涵养自己的精气，立于别人不可战胜的境地，别人自然会为我方的胜利提供机会和条件，我方可以不费辛劳地取得胜利。王者用兵无敌于天下，正是因为这个原因。所以周武王在牧野誓师时训诫部众，只强调行军作战的步伐节奏，鼓起士兵英勇作战的威武气势，而不提及任何谋略。难道仅仅是用兵应该遵循这个道理吗？用兵是危险的事情，尚且如此；何况君子处身涉世，要走出家门而与天下人交往，难道他可以被别人称为机智多谋的人吗？

一二　韩延徽拘留契丹贻毒中国

夷狄之强也，以其法制之疏略，居处衣食之粗犷，养其驵悍之气^①，弗改其俗，而大利存焉。然而中国亦因之以免于害。一旦革而以中国之道参之，则彼之利害相半矣。其利者，可渐以雄长于中国；而其害也，彼亦自此而弱矣。

【注释】

①驵（zhǐ）悍：凶暴强悍。

【译文】

夷狄强盛的原因，是其法令制度粗疏简略，衣食居所简陋豪放，使他们养成了凶暴强横的习气。不改变这种习气，对于夷狄而言具有很大的好处。然而华夏政权也因此而免受夷狄的损害。一旦夷狄变革其风俗制度、引入中原的制度文化，与原有文化相结合，则对于夷狄而言，利弊各占一半。有利的方面，是可以渐渐变得强大，甚至超越华夏政权；弊端则是夷狄自身也会因这种变革而变弱。

故曰："鱼相忘于江湖，人相忘于道术①。"彼自安其逐水草、习射猎、忘君臣、略昏宦、驰突无恒之素，而中国莫能制之。乃不知有城郭之可守，墟市之可利②，田土之可耕，赋税之可纳，昏姻仕进之可荣，则且视中国为不可安之丛棘③；而中国之人被掠以役于彼者，亦怨苦而不为之用。两相忘也，交相利也，此顺天之纪，因人之情，各安其所之道也。

【注释】

①鱼相忘于江湖，人相忘于道术：语出《庄子·大宗师》："故曰：鱼相忘乎江湖，人相忘乎道术。"

②墟市：乡村市集。

③丛棘：古时囚禁犯人的地方，四周用荆棘堵塞，以防犯人逃跑，故称。

【译文】

所以说："鱼儿在江河湖海中彼此相忘，人们在道术中彼此相忘、各安其所。"夷狄之人自己安于逐水草而居、习练骑射打猎、不知君臣大义、忽视婚姻和仕途、纵马四处驱驰的习俗，而华夏政权也难以控制他们。他们不知道有城郭可以防守，有集市可以牟利，有土地可以耕种，有赋税要缴纳,不知道婚姻和仕宦晋升带来的荣耀,就会把中原地区当作无法安稳待下去的监狱。而来自中原地区、被夷狄掳掠过去加以奴役的人们,也怨恨夷狄、深感痛苦,不会为他们所用。华夏与夷狄相互忘记,对彼此都有利,这就是所谓顺应上天的纲纪、顺应民众的情感、使人们得以各安其所的道路。

中行衍说匈奴不贵汉之缯帛[①],而匈奴益强,然其入寇之害,亦自此杀矣。单于虽有不逞之志,而中国之玉帛子女,既为其俗之所不贵,城郭宫室,既为其居之所不安,则其名王大人至于部众[②],咸无所歆羡,而必不效死以为单于用。匈奴自强,而汉亦以安,此相忘之利也。

【注释】

①中行衍:此处为"中行说"之误。中行说,西汉文帝、景帝时人,原为宫廷宦官,后来因汉文帝强迫中行说陪送公主到匈奴和亲,对汉王朝怀恨在心,转而投靠匈奴,成为老上单于、军臣单于的谋主。他劝说匈奴不要太看重汉朝衣服食物的精美,增加匈奴对自己食物、器械、风俗的自信心,还教给匈奴人记数方法。在中行说的谋划下,单于对汉朝采取强硬政策,索要钱物金银,并时常以军事入侵相威胁。其事见于《汉书·匈奴传》。缯帛:丝织品的总称。

②名王:指匈奴诸王中名位尊贵者。

【译文】

中行说劝说匈奴人不要过分看重汉朝的丝绸等物品,而匈奴变得日益强大;然而匈奴入寇的危害,也从此开始减弱。单于虽然有吞并天下的野心,但中原的玉器、布帛、人口既然是匈奴风俗中所不看重的东西,城郭宫室匈奴也无法住惯,则上至匈奴诸王中名位尊贵的人,下至一般百姓,都不会对这些加以艳美,因而必定不会为单于效死。匈奴自己变得强大起来,而汉王朝也得到了安定,这就是匈奴与华夏相忘而不相及的好处。

曹操迁匈奴余众于河西,婚宦寝食居处变其俗,而杂用中国之法,于是乎启怀、愍之祸;然而刘、石、慕容、苻、姚、赫连之族,亦如朝菌之荣,未久而萎。其俗易,其利失,其本先弱也。

【译文】

曹操击败匈奴后,将其残余部众迁徙到河西地区,改变他们的衣食住行、婚姻仕宦等习俗,杂用华夏的制度和风俗来管理他们,于是造成了永嘉之乱的悲剧。然而匈奴刘氏、羯族石氏、鲜卑慕容氏、氐族苻氏、羌族姚氏、匈奴赫连氏等部族,也都像早晨长出的菌类那样,没过多久就枯萎消亡了。夷狄的风俗一旦改变,其原本的好处也就丧失了,其根本自然就被削弱了。

韩延徽为刘守光所遣①,入契丹,拘留不返,因教以建牙、筑城、立市、垦田、分族类、辨昏姻、称帝改元②,契丹以是威服小夷,而契丹之俗变矣;阿保机之悍,亦自此而柔矣。非石敬瑭延而进之,莫能如中国何也。杂华夷而两用之,其害天下也乃烈。中国有明君良将,则夷以之衰;无人焉,则导之以中国之可欲,而人思掠夺,则中国以亡。延徽虽曰:"我在此,契丹不南牧。"然其以贻毒中国者,不如中行衍之强匈奴即以安汉也。

【注释】

①韩延徽(882—959)：字藏明，幽州安次(今河北安次)人。辽开国功臣。韩延徽早期在刘仁恭、刘守光父子手下任职，后奉命出使契丹时被耶律阿保机留用，成为他身边的主要谋士。辅助耶律阿保机建立辽国，倡导"胡汉分治"。传见《辽史·韩延徽列传》。

②建牙：指少数民族建置王庭。

【译文】

韩延徽受刘守光派遣，出使契丹，被契丹人拘留而无法返回中原，于是教契丹人建立王庭、修筑城郭、设立市场、开垦田地、区分族类、辨别婚姻、称帝改元。契丹因此得以威服周边的弱小部族，而契丹的风俗也由此改变了；连阿保机这样强悍的人，也从此变得柔和了。如果不是石敬瑭引契丹人进入中原，契丹也没办法对中原政权造成损害。将华夏与夷狄的风俗制度交杂使用，对天下的危害才会变得严重。中国如果有明君良将，则夷狄会因此衰弱；如果没有这样的人，则夷狄的贪欲一旦被引起，人人都会想要侵略中原，华夏政权就会灭亡。韩延徽虽然说："我在契丹，契丹人就不会向南进行侵略。"然而他实际上还是给华夏带来了危害，不如中行说使匈奴变强的同时也使汉朝得到了安宁。

女直之陷汴，张毅、郭药师之使之也①；蒙古之灭宋，吕文焕、刘整之使之也②。阿骨打、铁木真，强悍可息也，宋之叛臣以朝章国宪之辉煌赫奕者使之健羡，则彼且忘其所恃，奔欲以交靡。乱人之害，亦酷矣哉！又况许衡、虞集以圣人之道为沐猴之冠③，而道丧于天下，尤可哀也夫！尤可哀也夫！

【注释】

①张毂(jué,？—1123)：又名张觉，平州义丰(今河北滦州)人。辽、金之际将领。辽保大二年(1122)金军攻陷辽中京，张毂被辽任命为辽兴军节度副使，负责镇守平州。张毂招兵买马、练兵聚粮，据平州自保。不久张毂受金招抚，但很快又复称辽保大年号，据城叛金。宋徽宗派人接触张毂，张毂又投向宋朝，任泰宁军节度使。其后与金军交战，一度取胜，但最终被金太宗击败，逃亡北宋内地。金人坚持向北宋索要张毂，宋将王安中怕得罪金人，将张毂缢杀。传见《金史·叛臣列传》《宋史·奸臣列传》。

②吕文焕：安丰(今安徽寿县西南)人。南宋降元将领。咸淳三年(1267)，以功累擢知襄阳府兼京西安抚副使，抵御蒙古阿术、刘整围攻，坚守襄阳达五年之久。后受元阿里海牙招降，以襄阳附元，并为元策划攻鄂。至元十三年(1276)伯颜受宋降表，派遣吕文焕入临安城阅视城堑、抚谕军民。刘整(1213—1275)：字武仲，邓州穰城(今河南邓州)人。南宋降元将领。自金避乱投宋，累迁潼川安抚使、知泸州。景定二年(1261)因蜀帅俞兴诬构，投降蒙古。至元四年(1267)刘整献策指出若要图宋，需先攻襄阳，撤宋屏障，并与阿术督军围襄阳。后又为元军督建水军，招降吕文焕。传见《元史·刘整列传》。

③虞集(1272—1348)：字伯生，号道园，世称邵庵先生。临川崇仁(今江西崇仁)人。元代著名学者、诗人。在元成宗、文宗时代官至奎章阁侍书学士，曾领衔修撰《经世大典》。传见《元史·虞集列传》。沐猴：猕猴。

【译文】

　　女直攻陷汴梁，是张毂、郭药师两人引起的；蒙古灭亡宋朝，则是吕文焕、刘整等人引起的。阿骨打、铁木真，他们的强悍之气本可以渐渐变弱，但宋朝的叛臣用汉王朝典章制度中辉煌显赫的因素引起了他们的艳美和贪欲,他们便忘记了自己部族原本的习俗制度,为了满足私欲而祸害了中原。乱臣贼子造成的祸患,也真是太残酷了!又何况许衡、虞集这些人,用圣人之道来美化和涂饰夷狄,就像给猕猴戴上帽子一样,王道便因此在天下丧失了,这尤其令人感到悲哀啊!尤其令人感到悲哀啊!

一三　刘岩拥海曲一隅自号为帝

刘岩曰[①]:"中国纷纷,孰为天子。"此唐亡以后五十余年之定案也。岩既已知之矣,而又拥海隅一曲之地,自号为帝。赵光裔、杨洞潜、李殷衡之琐琐者[②],冒宰辅之荣名。郑絪曰:"歇后郑五为宰相[③],时事可知矣。"而终就之,然后乞身而去,则亦归田之相矣。自知之,自哂之,复自蹈之,苟徼一日之浮荣,为天下僇、为天下笑而已矣[④]。

【注释】

①刘岩:即刘龑,南汉高祖。

②赵光裔(? —939):字焕业,京兆奉天(今陕西乾县)人。唐末进士,后出仕后梁。开平二年(908)奉命出使岭南,从此留在刘隐帐下。乾亨元年(917)刘岩称帝建大越国,赵光裔担任宰相,为相二十余年,时称贤相。杨洞潜:字昭元,始兴(今广东始兴)人。初为刘隐帐下判官,南汉建立后出任宰相。他任相期间广立学校,开科取士,制定典章制度,岭南因而大治。李殷衡:赵郡(今河北邯郸)人。李德裕之孙。初仕后梁太祖,为右补阙。开平二年(908)以副使身份出使岭南,被刘隐留在幕府中。刘岩称帝后,拜其为礼部侍郎、同平章事。不久病逝。三人《十国春秋》皆有传。

③歇后郑五:郑絪在家族中排行第五,作诗风格诙谐,常故落格调,

故时人称其诗为"郑五歇后体",郑綮因此以"歇后郑五"自嘲。

④傔：侮辱。

【译文】

　　刘岩说："中原地区纷纷扰扰，有谁是真正的天子呢？"这是唐朝灭亡以后五十多年局势的真实写照。刘岩既然已经知道了这一点，却又依靠其所占据的海边一隅之地自称皇帝。赵光裔、杨洞潜、李殷衡这些平庸猥琐之辈，也都得以窃居宰辅之位，享受荣耀。郑綮说："连我歇后郑五都能当宰相了，时事有多混乱可想而知。"然而他最终还是就任了南汉宰相，然后又乞求辞官而去，但也算是归田的宰相了。他自己明明知道此事的荒谬性，也自我嘲讽，最终还是自己陷进了时局的泥潭。苟且想要博取一时的虚名，最终只会被天下人侮辱和耻笑而已。

　　呜呼！人可不自念也哉？于人则智，自知则愚，事先则明，临事而暗，随世以迁流，则必与世而同其败，人可不自念也哉！勿论世也，且先问诸己；勿徒问之己也，必有以异乎世。桀、纣方继世以守禹、汤之明祀①，而汤、武之革命不疑；周敬王方正位于成周②，齐、晋且资其号令，而孔子作《春秋》，操南面命讨之权；夫岂问世哉？若其不可，则孙权劝进，而曹操犹知笑之；唐高祖推戴李密，而为光禄卿以死；皆夫人之炯鉴也③。

【注释】

①明祀：对重大祭祀的美称。此指社稷、香火。

②周敬王(？—前477或前476)：姬姓，名匄，生于雒邑(今河南洛阳)。东周君主，周景王之子、周悼王之弟。周景王死后，周悼王继位。其弟子朝攻击并杀害周悼王，晋国攻打子朝而拥立周敬王。此后敬

王与子朝不时仍有冲突。后来子朝逃到楚国,楚国被吴国击败后,周敬王趁机派人在楚地杀死子朝。不久子朝支持者起兵举事,敬王出逃,直到周敬王十七年(前503)才在晋国帮助下回到成周。传见《史记·周本纪》。

③炯鉴:明显的鉴戒。

【译文】

唉!人难道能不自念吗?看待别人的事情显得很聪明,轮到审视自己的事情就变愚蠢;事情发生之前很明智,事到临头却变得糊涂起来。随着时势而沉浮,则必然会与时势一同走向衰败,人怎么能不自念呢!不要只议论世事,在议论前先反躬自问;不要仅仅反躬自问,也必定要看看自己与世人有什么真的不同。桀、纣二人是继承禹、汤香火的君主,而汤、武在革除他们天命的时候并没有什么疑虑。周敬王刚刚在成周得以正式登上天子之位,齐、晋两国就已经开始假借天子号令而统帅诸侯了;而孔子则编撰《春秋》,掌握口诛笔伐的大权。人难道能仅仅适应时势吗?如果不可以的话,则孙权劝曹操称帝,而曹操尚且知道嘲笑孙权的阴谋而不接受劝进;唐高祖推戴李密,而李密被高祖任命为光禄卿,最终死于高祖之手。这些都是明显的鉴戒。

无德而欲为君,无道而欲为师,无勇而欲为将帅,无学而欲为文人,曰:天下纷纷,皆已然矣,吾亦为之,讵不可哉?始而惭,继而疑,未几而且自信,无患乎无人之相诱以相推也。鉴于流水者,固无定影也。童子见伎人之上竿而效之①,或悲之,或笑之,虽有爱之者,莫能禁也。悲夫!

【注释】

①伎人:女性歌舞或杂技艺人。

【译文】

没有德行却想要做君主，没有道德却想当老师，没有勇气却想做将帅，没有学识却想要当文人，说：天下纷纷扰扰，都已经到了这种地步，我也像别人一样乱来，有什么不可以的呢？刚开始的时候感到惭愧，继而感到怀疑，过不多久就会变得自信，也就不担心没有人来引诱或推戴自己了。以流水为镜子的人，当然照不出固定的影像。小孩子看见女艺人爬上竿头，想要效仿她，有的人为他感到悲哀，有的人笑话他，即使有爱惜他的人，也没办法禁止他这么做。真是悲哀啊！

一四　王建以枢密使授士人可师后世

汤缵禹服①，武反商政②，王道以相师而底于成。夫汤岂但师禹，武岂但师汤哉？必师禹者其祗台③，必师汤者其圣敬也，德不可降也。若夫立法创制之善者，夏、殷之嗣王，不必其贤于我，而可师者皆师也。故曰"君子不以人废言"④。《尚书》录秦穆之誓，《春秋》序齐桓之绩，以为一得之贤，可以为万世法也。必规规然守一先生之言，步之趋之，外此者皆曰不足法也，何其好善之量不弘，择善之情不笃也。

【注释】

①缵（zuǎn）：继承。禹服：大禹所统辖的九州之地。

②武反商政：语出《尚书·武成》："乃反商政，政由旧。"意思是废除商纣王的恶政，而采用商代先王的善政。

③祗台：典出《尚书·禹贡》："祗台德先，不距朕行。"意思是各方诸侯须敬重我的德行。祗，敬。台，我，天子自称。

④君子不以人废言：语出《论语·卫灵公》："君子不以言举人，不以人废言。"意思是君子不因为别人的品德不好就废弃他的正确

意见。

【译文】

商汤继承大禹的疆土，周武王克商后，废除商纣王的恶政，而采用商代先王的善政。王道是靠相互师法而最终取得成功的。商汤难道仅仅效法了禹，周武王难道仅仅师法于商汤吗？必定要效法大禹的是他的德行，必定要师法商汤的是他的圣明庄敬，德行是不可以降低的。至于夏、商两代所建立的法度、创设的制度中值得效仿的部分，无论其出自夏、商哪位继承大禹、商汤的君王，这些君王不必比自己更贤能，都可以加以效仿。所以说"君子不因为别人的品德不好就废弃他的正确意见"。《尚书》记录秦穆王的誓词，《春秋》叙述齐桓公的功绩，这是认为只要有所成就的贤者，都可以作为万世的典范。如果有人一定要严格按照某位圣贤的话去做，亦步亦趋，认为除了他之外任何人都不值得效仿，那么他从善的度量是多么不宏大、择善而从的精神是多么不真诚啊！

唐始置枢密使以司戎事，而以宦官为之，遂覆天下。夫以军政任刑人，诚足以丧邦；而枢密之官有专司，固法之不可废者也。王建割据西川，卑卑不足与于王霸之列[1]。而因唐之制，置枢密使以授士人，则兵权有所统，军机有所裁，人主大臣折冲于尊俎[2]，酌唐之得失以归于正，王者复起，不能易也。于是一时僭伪之主多效之，而宋因之，建其允为王者师矣。

【注释】

①卑卑：微不足道。

②尊俎：原指诸侯国会盟的宴席，后泛指朝堂等议事场合。

【译文】

唐代时开始设置枢密使来掌管军事，而以宦官充任枢密使，于是唐朝的社稷被颠覆了。将军事要务交给宦官来统辖，确实是足以亡国的；但枢密使专司军事这种制度，又是本来就不能废除的制度。王建割据西川，虽然势力微小，不足以跻身王者或霸主行列，但他因袭唐朝制度，设置枢密使一职，将此职授给士人，如此则兵权有了统一的管理机构，军机事务有了裁断的渠道。君王和大臣共同商议讨论，斟酌唐朝的得失而使得枢密使制度重回正轨。即使后来王者再次兴起，也不能改变这种制度。于是一时之间各地僭伪的政权多效法王建的做法，而宋朝也因袭了这一制度。王建堪称是王者的老师了。

兵戎者，国之大事，泛然而寄之六卿一官之长，执其常不恤其变，变已极，犹恐不守其常，文书期会^①，烦苛琐屑，以决呼吸之安危，兵无异于无兵，掌征伐者无异于未尝掌矣。属吏各持异议，胥史亦握枢机，奏报会议喧腾于廷，间谍已输于寇，于是天子有所欲为而不敢泄者，不得不寄之奄人。故曰无异于无兵，无异于无掌征伐者也。

【注释】

①期会：谓在规定的期限内实施政令。多指有关朝廷或官府的财物出入。

【译文】

军事事务，是国家的大事，将其随便交付给六部之一的兵部长官去管理，因袭着一成不变的制度而不顾及实际情况的变化，即使变化已经剧烈到极点，还是担心不能遵守常规来处置事务。文书和政令繁琐细碎，要靠兵部这种体制来决断前线将士的生死安危，那么军队无异于没有士兵，掌管征伐的人无异于根本不曾掌管。兵部属吏各自持有异议，小吏们也可以掌握枢机大权，相关的奏报和商议在朝堂上搞的喧闹沸腾,他国的间谍们早已把消息传回了外国,于是天子想要有所作为而不敢泄露给外人,不得不把枢密使之任寄托给宦官。所以说有军队无异于没军队,有掌管征伐的人无异于没有掌管征伐的人。

宋设枢密使而不救其弱丧者,童贯等擅之耳。高宗以后,惩贯之失,官虽设而权不归。藉令建炎之世①,有专任恢复之事者,为韩、岳之宗主,而张俊、刘光世之俦②,莫敢不听命焉,秦桧、汤思退恶得持异议以沮之哉?

【注释】

①建炎:南宋高宗的第一个年号,使用时间为 1127—1130 年。

②张俊(1086—1154):字伯英,凤翔成纪(今甘肃天水)人。南宋名将,"中兴四将"之一。高宗时任御营前军统制。后守明州城,击退来犯金兵,获高桥之捷。绍兴年间参与镇压各地起义军,宣抚淮西,并力赞和议,首请纳兵权,官拜枢密使,备受高宗宠遇。因排挤刘锜,参与谋害岳飞,为后世所唾弃。传见《宋史·张俊列传》。刘光世(1089—1142):字平叔,保安军(今陕西志丹)人。南宋名将,"中兴四将"之一。曾随父都统制刘延庆镇压方腊起义,因攻辽失律而降官。高宗即位,迁行在都巡检使,后加官至少师。金兵大举南侵时,曾与韩世忠等共守江南,屡立战功。但他律身不严,驭军无法,不肯为国任事,并无克复之志。传见《宋史·刘光世列传》。

【译文】

宋朝设有枢密使,却没能挽救其积贫积弱的命运,这只是由于童贯等人把持枢密使之职罢了。宋高宗以后,吸取此前让童贯担任枢密使的教训,虽然仍设有枢密使,却不再授予其军政大权。假如在建炎年间有专门主持复兴大业的人，做韩世忠、岳飞的宗主，则张俊、刘光世之流就不敢不听命，秦桧、汤思退又哪里能够操持异议来阻挠恢复故土的大业呢？

　　宋季之虚设，犹不设也。自是以还，竟废之，而以委之次登八座、株守其职之尚书①，与新进无识之职方②。将无曰此唐之敝政，王建之陋术，不足取法，而吾所师者，《周官》之王道也。以之钳天下言治者之口则足矣，弱中国，孤天子，皆所弗恤。石敬瑭废之，而速亡于契丹，庸徒愈乎？

【注释】

①八座：亦称"八坐"。东汉称六曹尚书及尚书令、尚书仆射为八座，三国魏与南朝宋、齐仅有五曹尚书，和尚书令与尚书左、右仆射为八座。隋、唐以六部尚书及尚书令、尚书左右仆射为八座。明清称六部尚书为八座。株守：比喻拘泥守旧，不知变通。

②职方：指明代兵部职方司。职方司是兵部四清吏司中最重要的一个，掌管领兵将官的选任和考察，以及天下地图、城隍、镇戍、营操、武举、巡逻、关津等事务。

【译文】

　　宋朝末年虚设枢密使一职，与不设此职没有区别。宋朝末年以后，枢密使一职直接被废除，其职权交给了位列八座、拘泥守旧、不知变通的兵部尚书，以及新设置的、缺乏远见卓识的职方司。废除此制的人恐怕是认为设置枢密使是唐朝的敝政、王建的鄙陋小计不值得效法，而我们所师法的是《周官》中的王道。要用这个理由来钳制天下谈论治理之道的人的嘴是足够了，但这会削弱华夏的力量，使天子陷入孤立，他们就都完全不管不顾了。石敬瑭废除了枢密使之职，结果后晋很快被契丹灭亡,这难道不是很好的例证吗?

一五　丁税悉输谷帛惟可行于割裂之水国

宋齐邱请徐知诰除输钱代折之法①,令丁税悉输谷、帛,繇是江、淮旷土益辟,国民两富,其故何也? 杨氏之有国也,西北不逾淮,东不过常州②,南不过宣州③,皆水国也。时无冬夏,日无昼夜,舟楫可通,无浃旬在道之久④,无越山闸水之难,则所输粟、帛,无黦敿红朽之患⑤,民固无推穀经时之费⑥,无耗蠹赔偿之害⑦,恶得而不利也? 地无几,税亦有涯,上之受而藏之也,亦不致历年未放、淹滞陈腐之伤,上亦恶得而不利也? 且于时天下割裂,封疆各守,战争日寻,商贾不通,民有有余之粟、帛,无可贸迁以易金钱,江、淮之间,无铜、铅之产以供鼓铸⑧,而必待钱于异国,粟、帛滞而钱穷,取其有余,不责其不足,耕夫红女⑨,得粒米寸丝而可应追呼,非四海一家,商贾通而金钱易得之比也。是以齐邱言之,知诰行之,因其时,就其地,以抚其人民,而国民交利,岂虚也哉?

【注释】

①宋齐邱(887—959):字子嵩,庐陵(今江西吉安)人。五代时期南唐烈祖李昪(即徐知诰)的谋士,辅佐李昪建立南唐,官至司徒、知尚书省。南唐元宗李璟即位后拜其为太傅,宋齐邱请求退居九华山,得到允许。后受其友陈觉叛国之事牵连,被赐死。其事见于《新五代史·南唐世家》。

②常州:今属江苏。

③宣州:治今安徽宣城。

④浃旬:一旬,十天。

⑤斁(yuè)敝:污损破败。

⑥推毂:推车,此指运输。

⑦耗蠹:耗费损害。

⑧鼓铸:鼓风扇火,冶炼金属、铸造钱币或器物。

⑨红女:从事纺织的妇女。

【译文】

　　宋齐邱请求徐知诰免除百姓缴纳钱币来代替实物的法令,让丁税全部改交谷物、布帛,由此江、淮地区空旷的土地得到开垦,国家和百姓都变得富裕,这是什么原因呢? 杨行密所占据的领土,西北不超过淮河,东不过常州,南不过宣州,都是多河流湖泊的地方。不论冬夏或昼夜,舟船都可以在水路通行,运输物资不需要一旬之久,也没有跨越大山大河的艰险。如此则百姓所缴纳的粮食、布帛没有污损破败的风险,百姓也不会因推车运输、旷日持久而背上沉重负担,也不必担心赔偿路途上的耗费损害,怎么能不有利于百姓呢? 占据的领土不够广大,税收总额也是有限的,朝廷将实物征收上来并加以贮藏,也不至于因为多年不使用、堆积在仓库中变得朽坏,怎么能不有利于朝廷呢? 况且当时天下处于分裂之中,各地军阀割据自守,战争频繁发生,商贾难以通行各地,百姓手中即使有多余的粮食、布帛,也难以交易以换取金钱;江、淮之间,也没有铜、铅等矿产以供铸钱,必须从他国获取钱币。粮食、布帛有余而金钱不足,则收取有余的粮食、布帛,而不要求百姓缴纳不足的金钱,耕田的农夫和纺织的妇女,只要得到一粒米、一寸丝就可以完成交税义务,这不是天下统一、商贾通行全国而金钱容易得到时所能比拟的。所以宋齐邱提出了这个建议,徐知诰将其付诸实施,充分利用当地、当时的条件,安抚其百姓,而国家和百姓都获得好处,这难道是虚言吗?

惟然,而不可以为古今天下之通法,亦较然矣。转输于数千里之外,越崇山,逾绝险,堰洇水,犯狂涛,一石之费,动逾数倍,漂流湿坏,重责追偿,山积薮藏,不堪衣食,谓齐邱、知诰为良法而师之,民以死,国以贫,岂有爽乎? 舟行而汲者以盂斛水①,林居而樵者以手折薪,市廛而欲效之②,其愚也,不待哂也。十亩之农,计粒而炊乃不馁,鬻蔬之子,以囊贮钱乃不失,陶、猗而欲师之③,其穷也,可立待也。闻古人一得之长,据陈言而信为良法,若此类者众矣! 困天下以自困,不足与有言,久矣。

【注释】

①斛(jū):舀取。

②市廛(chán):街市上的商店。此处指城市居民。

③陶、猗:指陶朱公和猗顿。二人皆为春秋战国之际著名的大商人。

【译文】

正因为如此,宋齐邱的办法不可以作为古今天下的通行办法,也是很明显的。让百姓将实物从数千里之外转运到指定地点,中间要翻越高山峻岭,跨过惊涛骇浪,运输一石粮食的花费,动辄超过数倍;途中如果实物遭遇风吹雨淋等而发霉变质,朝廷还要从重责罚、让民众赔偿;收上来的实物像大山大湖一样堆积,最后腐烂朽坏,没办法再食用或穿着。认为宋齐邱、徐知诰的办法是良法而效仿他们,百姓会难以活命,国家会陷于贫困,难道不会这样吗? 生活在船上的居民会用小器皿汲水,居住在山林中的樵夫会直接用手砍柴,城市居民想要效仿他们,其愚蠢自然是不值得嘲笑的。家里有十亩土地的农民,做饭的时候需要计算米粒数量才能保证全家不饿肚子;卖蔬菜的小贩,要用囊来装钱才不会丢失。陶朱公、猗顿这样的大商人如果效仿农民和小贩的做法，肯定会迅速变得贫穷。听到古人曾有一些取得成效的办法，根据陈词滥调就相信那是值得效仿的好办法，像这样愚蠢的人太多了！他们既使天下陷于困顿，也使自己陷于困顿，这样的人根本不值得与他们交谈，历来都如此。

一六　据江淮之杨行密徐温先后戢兵息民

徐温大破钱镠，知诰请乘胜东取苏州，温念离乱久而民困，因镠之惧，戢兵息民，使两地各安其业，而曰"岂不乐哉"？蔼然仁者之言乎！自广明丧乱以来[1]，能念此者谁邪？而不谓温以武人之能尔也。

【注释】

[1]广明：唐僖宗李儇的年号，使用时间为880—881年。

【译文】

徐温大破钱镠，徐知诰请求乘胜向东攻取苏州，徐温考虑到战乱已久、百姓陷于困顿，决定趁着钱镠恐惧的时机，收兵回朝，与民休息，使南吴和吴越的百姓都得以各安其业，而说："这难道不令人感到快乐吗？"这句话真是和蔼的仁者所说的话啊！自广明年间天下大乱以来，能有谁顾念到这些事情呢？更何况徐温还是一介武人，却做到了这一点。

均与人为伦，则不忍人之死，人之同心也，而习气能夺之。天方降割于民，于是数不仁之人倡之，而鼓动天下，以胥流于残忍，非必有利存焉，害且随之如影响。而汶汶逐逐[1]，唯杀是甘，群起以相为流转。乃习气者，无根株者也。

有一人焉，一念之明，一言之中，一事之顺，幸而有其成效，则相因以动，而恻隐羞恶之天良复伸于天下，随其力之大小、心之醇疵，以为其感动之远近，苟被其泽，无不见功于当时，延及于数世，则杨行密是已。

【注释】

①汶汶：蒙受尘垢的样子。逐逐：奔忙的样子。

【译文】

把别人看作与自己一样的生灵，就不会忍心让别人死去，这是人们普遍的同理之心，但习气却能将这种同理心瓦解掉。上天给百姓降下苦难，这时候有几个不仁之人倡导不仁，鼓动天下人心，那么天下的人就会变得残忍，这未必能给人们带来好处，危害却随之而至，如影随形。而天下人都昏聩奔走，只知道杀人，群起而相互仇杀、相互报复。可是这种习气终究是缺乏根基的。只要此时有一个人，在某一方面有远见、有一句话符合道理、有一件事顺应天理，幸运地取得成效，则其他人就会以此为契机加以仿效，而恻隐羞恶的天良之心便得以在天下再次得到伸张。根据其人力量的大小、心思醇正的程度，决定了其感动周围人的范围远近；只要被他所润泽，就会在当时发挥作用，其余泽甚至能延续数代。杨行密就是一个这样的人。

当行密之时，朱温、秦宗权、李罕之、高骈之流，凶风交扇于海内。乘权者既忘民之死，民亦自忘其死；乘权者既以杀人为乐，民亦以相杀为乐。剽夺争劫，有不自知其所以然而若不容已者，莫能解也。行密起于卒伍，亦力战以有江、淮，乃忽退而自念，为固本保邦之谋，屡胜朱温，顾且画地自全，而不急与虎狼争食。于是江、淮之寡妻弱子幸保其腰领，以授之徐温。温乃以知全民之为利，而歆动以生其不忍昧之心①。盖自是江、淮之谋臣战士，乘暴兴之气，河决火延，以涂人肝脑于原野者，皆废然返矣。故抚有江、淮，至于李煜而几为乐土。温之所谓乐者，人咸喻焉而保其乐，温且几于仁者，要皆行密息浮情、敛狂气、于习气炽然之中所培植而生起者也。则行密之为功于乱世，亦大矣哉！

【注释】

①歆动：欣喜动心。

【译文】

在杨行密所处的时代，朱温、秦宗权、李罕之、高骈等人将凶恶残忍的风气散布到了海内外。当权者既然忘记了民众的死活，百姓自然也就不在意自己的生死；当权者既然以杀人为乐，百姓自然也以相互残杀为乐。他们彼此抢劫掠夺，甚至不知道自己为什么这样做，就仿佛不容许不这样做似的，无法解释自己的行为。杨行密起家于行伍之间，也是通过力战才得以占据了江淮地区，却忽然退下来自己进行思考，谋划巩固根本、保全领土的办法，屡次战胜朱温，却只是据土自保，而不急于与虎狼争夺食物。于是江淮地区的寡妇孤儿得以幸运地保全性命。杨行密将这套理念授给了徐温。徐温于是得以知道保全民众是有大利的，欣喜动心，有了不忍残害百姓的恻隐之心。大概从此以后，江、淮地区的谋臣和战士，凡是乘着暴怒之气，像河水决口、烈火蔓延一样，致力于在原野之上杀戮别人的，都只能失望而返。所以徐温能够安抚江、淮地区，到了南唐后主李煜的时候，这里几乎成了百姓的乐土。徐温所谓的快乐，人们都能够理解和继承以保护这份快乐，徐温是近乎可以被称为仁者的人，而这都是杨行密通过平息浮薄之情、收敛狂妄之气、在炽然的习气之中所培植而使之产生的。如此则杨行密在乱世中做出的贡献,也真是巨大啊!

　　呜呼! 习气之动也,得意则骄以益盈,失势则激而妄逞,仰不见有天,俯不见有地,外不知有人,内不知有己。《易》曰:"迷复,凶①。"唯其迷,是以不复,有能复者,然后知其迷也。"十年不克"②,"七日而反"③,存乎一人一念而已矣。当乾坤流血之日,而温有是言,以留东南千里之生命于二十余年,虽一隅也,其所施及者广矣! 极乱之世,独立以导天下于恻隐羞恶之中,勿忧其孤也,将有继起而成之者,故行密之后,必有徐温。此天地之心也,不可息焉者也。

【注释】

①迷复,凶:语出《周易·复卦》爻辞:"上六,迷复,凶,有灾眚。"意思是不能迷途知返,必然遭遇凶险。

②十年不克:语出《周易·复卦》爻辞:"用行师,终以大败;以其国,君凶。至于十年不克征。"意思是征战十年也不能战胜对方,比喻长期无法取得成功。

③七日而反:语本《周易·复卦》爻辞:"反复其道,七日来复。利有攸往。"意思是反复探索道路,经过七日反复探索,才终于得以前进。

【译文】

　　唉! 习气的变化,是在得意时则变得骄横,气焰更加满盈;失势时则被刺激,变得狂妄而想要一逞。仰不见有天,俯不见有地,外不知道有他人,内不知道有自己。《周易》中说:"不能迷途知返,必然遭遇凶险。"正是因为处于迷乱之中,所以难以回返,有了能够回返的人,然后才能知道当初自己处于迷乱之中。"征战十年也不能战胜对方","经过七日反复探索,才终于得以前进",这些都取决于一个人、一个念头而已。当天下血流成河的时候,徐温能够说出这样的话,使东南地区方圆千里之内的百姓得以在二十多年间安静地生活。虽然只是一隅之地,但他的善念所影响的范围也是很广大的!在极度混乱的时代,能够独自引导天下百姓萌生恻隐羞恶之情,是不必担心自己形单影孤的,必然将会有继他而起、完成其事业的人。所以在杨行密之后,必然有徐温这样的人。这正是天地之心的体现,是不可能在此停息的。

一七　杨廷式按县令受赃请先械系取财转献之张崇

严下吏之贪,而不问上官,法益峻,贪益甚,政益乱,民益死,国乃以亡。群有司众矣,人望以廉,必不可得者也。中人可以自全,不肖有所惮而不敢,皆视上官而已。上官之虐取也,不即施于百姓,必假手下吏以为之渔猎,下吏因之以雠其箕敛,然其所得于上奉之余者亦仅矣。而百姓之怨毒诅咒,乃至叩阍号愬者^①,唯知有下吏,而不知贼害之所自生。下吏既与上官为鹰犬,复代上官受缧绁^②,法之不均,情之不忍矣。

【注释】

①叩阍(hūn):指古代平民或案件当事人直接向皇帝申诉冤抑。阍,皇宫正门。号愬:号诉,哭诉。

②缧绁(léi xiè):古时捆绑犯人的绳索。引申为监狱。

【译文】

严格惩处下层官吏贪污,却不追究上层官员的责任,那么法令越严峻,官吏贪污的情况越严重,政治越混乱,百姓越活不下去,国家就会因此灭亡。各级官吏数量很多,指望每个人都清正廉洁,必然是不现实的。中等德行的人可以保全自己的操守,不肖之人有所忌惮而不敢贪污,都取决于上层官员的表现而已。如果上层官员贪婪暴虐,他不会直接将其施加到百姓头上,必然会假借手下官吏的手去鱼肉百姓。下层官吏趁机大肆盘剥百姓,但他搜刮得来的钱物,在进奉上司之余,也没剩下多少。而百姓怨恨诅咒的对象都是下级官吏,以至于当他们号哭着向皇帝申诉冤抑时,也知道下层官吏贪赃枉法,却不知道这一危害产生的根源何在。下层官吏既然做了上层官员的鹰犬,又代替上层官员遭受牢狱之苦,这就使得法律实施不够平等,在情理上也是不容许的。

　　将责上官以严纠下吏之贪,可使无所容其私乎?此尤必不可者也。胥为贪,而狡者得上官之心,其虐取也尤剧,其馈献也弥丰;唯琐琐箪豆之阘吏①,吝纤芥以封殖②,参劾在前而不恤,顾其为蠹于民者,亦无几也。且有慎守官廉,偶一不捡而无从置辩者矣。故下吏之贪,非人主所得而治也,且非居中秉宪者之所容纠也,唯严之于上官而已矣。严之于上官,而贪息于守令,下逮于簿尉胥隶,皆喙息而不敢逞③。君无苛核之过,民无讼上之愆,岂必炫明察以照穷檐哉④?吏安职业,民无怨尤,而天下已平矣。

【注释】

　　①阘(tà)吏:小吏。阘,小户,引申为卑下。

　　②封殖:聚敛财货。

　　③喙息:喘息。

　　④穷檐:茅舍,破屋。

【译文】

　　如果责令上层官员严格纠核下级官吏的贪污行为,是不是就能使其私情无处容身了呢？这种办法尤为不可行。同样是贪污，而狡猾的人能够讨上级官员的欢心，那么他们鱼肉百姓的程度必然更剧烈，他们奉献给上级官员的财物必然更丰厚。只有那些琐屑卑微的小吏，才会贪图一点小利而去敛财，即使面临弹劾也不管不顾。这种人中真正对百姓造成很大损害的，也没有几个。况且还有谨慎守法、廉洁奉公的官吏，只是因为偶尔一两次不检点的行为就被惩罚，完全没办法加以申辩。所以下层官吏的贪污，不是皇帝所应直接治理的问题，也不是身居中枢、秉持监察大权的大臣所应该加以纠核的问题，只需要严格地惩罚上层官员的贪污就可以了。严格地惩罚上层官员的贪污，则郡县地方官员的贪污之风就能止息下来，他们之下一直到主簿、县尉、胥吏、衙役，也都能屏息而立，不敢肆无忌惮地贪污。这样国君不会被批评严苛刻薄，百姓也不必再告发官吏。君王何必一定要炫耀自己的明察，证明自己的光芒普耀了底层百姓的破屋呢？官吏安于职守，百姓没有怨言，天下就已经太平了。

　　下吏散于郡邑，如彼其辽阔也，此受诛而彼固不戁，巧者逃焉，幸者免焉。上官则九州之大，十数人而已，司宪者弗难知也；居中司宪者，二三人而已，天子弗难知也。顾佐洁身于台端[1]，而天下无贪吏，握风纪之枢，以移易清浊之风者，止在一人。慎之于选任之日，奖之以君子之道，奚必察于偏方下邑而待小民之评讼其长上乎？杨廷式按县令之受赇[2]，请先械系张崇，而曰"崇取民财，转献都统"，归责于徐知诰也。可谓知治本矣。

【注释】

①顾佐（1376—1446）：字礼卿，太康（今河南太康）人。明朝官员。

永乐年间官至应天府尹,为官刚正不阿,被人比作北宋包拯。顾佐曾考察发现不称职的御史十五人,将他们或降职或罢免。平时入内廷办公,独处一间小夹室,不是议政不与官员们群坐,人称"顾独坐"。传见《明史·顾佐列传》。台端:指御史任上。

②杨廷式:泉州(今福建泉州)人。五代时期徐知诰的部下,担任御史知杂事。南吴将领张崇在庐州贪暴不法,百姓上诉说庐江县令接受贿赂,徐知诰派杨廷式前往检查。杨廷式说:"杂端推事官,体制上非常重要,本职工作不可不做。"徐知诰说:"怎么办呢?"杨廷式说:"给张崇戴上刑具,派一个官吏去升州,反复诘责都统。"徐知诰说:"现在查办的不过是一个县令,何至于如此!"杨廷式说:"县令虽然是个小官,但张崇让他收取的民财都转献给了都统,难道可以舍去大官而去诘责一个小官吗?"徐知诰道歉说:"本来知道小事不足以麻烦你。"徐知诰因此更加器重杨廷式。事见《资治通鉴·后梁纪六·均王下·贞明六年》。

【译文】

下层官吏分散于各个郡县中,因为分布范围很广,所以此处有贪污官吏被惩处,其他地方的官员也不会因此而有所收敛。奸巧的官吏会趁机逃避,幸运的人则免于被惩处。至于上层官员,则整个国家也不过十几个人而已,则负责司法的大臣也就不难了解他们;在朝中负责监察的大臣,不过两三个人而已,天子也不难了解他们。顾佐在御史任上洁身自好,而天下因此没有贪官污吏。掌握风纪的关键,能够改变清浊风气的,不过在于一个人罢了。在选任官员的时候保持慎重,用君子之道来激励官员,又哪里一定需要派人去考察偏僻地区的郡县,等着百姓来起诉、告发自己的地方长官呢?杨廷式调查县令接受赃物的事情,请求先拘捕张崇,而说"张崇让县令收取民财,都转献给了都统",这是将责任归于徐知诰。他可以称得上是了解治国之本的人了。

一八　张承业非忠于唐

张承业之忠，忠于沙陀耳，或曰"唐之遗忠"，岂定论哉？李存勖得传国宝[1]，将称帝，承业亟谏止之，欲其灭朱氏，求唐后复立之，削平吴、蜀，则天下自归，虽高祖、太宗复生，不敢复居其上，以立万世之基，此其以曹操、刘裕处存勖，而使长有天下也明甚，岂果有存唐复辟之心乎？使能求唐后以立邪，则朱温篡夺之日，可早立以收人心，承业嘿不一语[2]，而必待朱氏既灭之后，此则何心？

【注释】

①李存勖得传国宝：据《资治通鉴》记载，蜀主、吴主以及将佐、藩镇多次劝李存勖称帝，于是他准备称帝并令有司购买玉石制作传国宝物。黄巢攻破长安时，魏州僧人传真的师父得到传国之宝并珍藏了四十年，而传真以为是一块普通的玉石，准备把它卖掉。这时有人认出这块宝玉来，告诉传真这是传国之宝，最终传真将它献给了李存勖。

②嘿：闭口不作声。

【译文】

张承业的忠诚，不过是忠于沙陀人罢了。有人说他是"唐朝的遗忠"，这难道是定论吗？李存勖得到了传国之宝，将要自称皇帝，张承业赶忙劝谏，阻止他立即称帝，希望李存勖能灭掉后梁，访求唐朝宗室后裔立其为皇帝，派军队平定吴、蜀地区，则天下自然会归服，即使唐高祖、唐太宗复生，也不敢再居于李存勖之上，从而为自己立下延续万世的根基。张承业这是让李存勖效仿曹操、刘裕的模式，目的是为了让他能够长久地统治天下，这是非常明显的，他难道果真有保存唐王朝、使其复辟的想法吗？假如他真的能够访求唐朝皇室后裔并立其为皇帝，那么在朱温篡夺皇位的时候，他完全可以提早立皇帝以收买人心，但当时张承业却闭口不言；而他主张一定要等到后梁灭亡以后再立皇帝，这又是什么居心呢？

　　恶莫大于弑君，而篡国次之。篡者，北面称臣而又攘夺之之谓也。若夫故主已亡，乘天下无君以自立，则抑可从末减矣。使沙陀灭逆贼，定天下，而退守臣服，洵忠臣之效也。沙陀即不能然，而承业以此为志，功虽不就，自不损其孤忠。乃承业不然，阳奉李氏，为沙陀欺天下之囮①。藉令果如其言，朱氏灭，吴、蜀平，建不世之功，拥震主之威，然后胁赘疣之君，奉神器以归己；为之君者，柔懦而安于亡，则如晋恭帝之欣然执笔而终不免于鸩，如其挟不平以图存，则成济之刃且剚其胸②，存勖之果成乎篡弑，而李氏之子，以颈血易一日之衮冕③，不已惨乎？

【注释】

①囮(é)：诱骗，讹诈。

②剚(zì)：用刀刺。

③衮冕：即衮衣和冕，古代皇帝及上公的礼服和礼冠。

【译文】

　　没有比弑君更大的罪恶了，而篡国是仅次于弑君的恶行。所谓篡国，是指原本向别人称臣却又最终夺取了其君位。如果从前的君主已经死亡，乘着天下没有君主的时机自立为君王，则还可以减轻一些罪孽。假如沙陀人能灭掉逆贼，平定天下，而后退回原地，继续臣服于唐朝，那这确实是忠臣的做法。即使沙陀人做不到这一点，而张承业能把这件事当作志向，即使没能成功，也不会减损他作为唐朝孤忠之臣的形象。可是张承业却没有这样做，他表面上尊奉李氏，却是为了帮助沙陀人欺骗天下之人。假如果真像他所说的那样，后梁被李存勖灭掉，吴、蜀被讨平，李存勖立下了不世之功，坐拥震动君主的威势，然后再胁迫已经成为无用累赘的君主将皇位让给自己。名义上作为其君王的人，如果柔和懦弱而安于国家灭亡，则像晋恭帝那样欣然执笔写下禅位诏书最终却仍然难免被毒死；如果他心中怀着不平之情想要保存其政权，则他的胸膛就会被曹魏时的成济那样的逆贼用锋刃刺穿。李存勖果真能够弑君篡位，则原来被立为皇帝的唐朝皇室后裔，相当于用自己的鲜血来换取了一两天的皇位，这不是太悲惨了吗？

躁人之意计，偷求一旦之尊荣；奸人之权谋，敢窃欺天之名义。承业奄人耳，尽心于沙陀，而欲欺天下，无足怪者，君子固不可罔也。存勖不从其策，犹得免于篡弑之元恶，而李氏之苗裔，不致如元魏、宇文之赤族。饰虚名以伏隐慝，犹且谓承业之忠于唐也。导天下以伪而贼仁义，必斯言也夫！

【译文】

轻浮狂躁之人的心思，往往是追求一时的尊贵和荣耀；奸诈之人的权谋，则敢于窃取足以欺骗天下人的名义。张承业不过是个宦官罢了，他尽心为沙陀人效劳而想要欺骗天下，不足为奇，但君子却不应该被他欺骗。李存勖不遵从他的策略，尚且得以免于成为篡位弑君的元凶，而李唐皇室的苗裔，也不至于像北魏元氏、北周宇文氏那样整个家族都被屠灭。张承业用虚名粉饰自己来掩盖其邪恶目的，却仍然有人说张承业是忠于唐朝的。引导天下人变得虚伪，从而戕害仁义的，一定就是这句话吧!

一九　相轻则君不重

朱温灭后,五姓之主中土者,皆旋夺于握兵之臣,即不能夺,而称兵以思夺者,此扑而彼兴,无他,唯无相而已。无相者,非必其时之无人也。抑非偏任武人,而相不能操国柄也。藉令有其人,欲授之国柄,固将不能。何也?崛起之日,初不与闻大计,一旦称帝,姑且求一二人以具员而置之百僚之上,如仗象然,谁从而听之哉?

【译文】

朱温的后梁被灭亡后,相继统治中原的五个王朝,都很快被手握兵权的臣下篡夺了政权;即使不能夺取其政权,而兴兵想要篡夺其政权的人,也是此起彼伏。这没有别的原因,只是因为这些王朝没有宰相罢了。所谓没有宰相,并不是说当时必定没有能担任宰相的人;也不是说因为当时偏任武将,而宰相不能操持国家大权。即使有人能够担任宰相,朝廷想要将国家大权授给他,也本来就不可能做到。为什么呢?这些政权崛起的时候,最初就没有士人参与谋划大计,一旦称帝以后,姑且找一两个人充当宰相,将其置于百官之上,就像装饰用的仪仗一样,有谁会服从他们、听他们的话呢?

李存勖之欲为帝久矣,日率将士以与朱氏争存亡,而内所任者故奄张承业,外则姑以冯道司笔墨而已。未尝一日运目游心于天下士,求一可任者,与定大谋、经画天下之治理。至于梁势将倾、众争劝进之日,乃就四镇判官求一二人以为相①。大谋非所与闻，大任非所夙拟，其主虽闻名而非所矜式，其将相虽觌面而不与周旋②，一旦加以枚卜之虚名③，使处百僚之上。彼挟百战之功匡扶以起者，固曰：何从有此忽起在位之人居吾上邪？彼固藉我以取富贵，而恶能不唯我是从乎？汉高相萧何，乃至叱诸将之功为狗而不怒者，实有大服其心者，非一朝一夕之故也。豆卢革、卢程依戎幕以起家④，恶足胜其任哉？名之曰相，实均于无相，枢密得操其行止，藩镇直视为衙官，天子孤立，心膂无托，夺之也如吹槁，弗复有难焉者矣。

【注释】

① 四镇：指河东、魏博、易定、镇冀四镇。

② 觌（dí）面：见面，当面。

③ 枚卜：指选用官员。

④ 豆卢革（？—927）：五代时期官员。唐末战乱时避居中山，后进入义武担任节度判官。李存勖建立后唐后，豆卢革因出身名门高第被征拜为行台左丞相。但他并无实学，引用同样是庸才的韦说为相，致使政事多有所错乱。李存勖死后，豆卢革先后被贬为辰州刺史、费州司户参军，最终被明宗李嗣源赐死。传见《旧五代史·唐书·豆卢革列传》《新五代史·唐臣传·豆卢革》。卢程（？—923）：唐末五代时期士族。昭宗天复年间登进士第，担任巡官，昭宗被逼东迁洛阳后，卢程避居河朔，变服为道士，游弋于燕赵之间。后被豆卢革荐为河东节度判官。同光元年（923）李存勖置百官，卢程因其范阳卢氏的身份而被拜为行台右丞相。同年七月因忤逆李存勖而险些被赐死，最终被贬为右庶子，不久病卒。传见《旧五代史·唐书·卢程列传》《新五代史·

唐臣传·卢程》。戎幕:军府。

【译文】

　　李存勖很久以来就想当皇帝。他每天率领将士以与后梁作战,在内委任宦官张承业处理政务,在外则姑且以冯道来掌管笔墨事务而已。他不曾有一天留意过天下的士人,从中选择一两个合适的人,与其一同确定谋划军国大事、规划治理天下的方略。等到后梁将要灭亡、众人争相劝他登上皇位时,他才决定从河东、魏博、易定、镇冀四镇的判官中选择一两个人做宰相。最终选出来的宰相,既不曾参与过国家大事的谋划,也没有担当大任的经历,君主虽然听闻过他的名声却对他缺乏敬重,文武官员虽然每天与他碰面却不曾与其周旋。一旦被选任为名义上的宰相,使他处于百官之上,那些屡立战功、帮助皇帝建立王朝的开国功臣们就会认为:这个人是从哪里来的,其官位居然超过了我们? 他们本来就是靠着我们才取得富贵的,又哪里能不完全听从我们的话呢? 汉高祖以萧何为丞相,以至于将萧何比作猎人而将诸将贬斥为猎人指挥下的狗,诸将却没有因此而发怒,这实在是因为萧何有能够令他们大为信服之处,不是一朝一夕的缘故。豆卢革、卢程以幕僚身份起家,又哪里足以胜任宰相呢? 把他们树为名义上的宰相,实际上等于没有宰相。他们的行动受到枢密使的操控,藩镇只将他们看作衔官。天子孤立无援,没有可以托付的心腹亲信,篡夺其政权就像吹倒枯木一样容易,几乎没有一点困难。

　　天下可无相也,则亦可无君也。相轻于鸿毛,则君不能重于泰山也。故胡氏曰:"人主之职,在论相而已。"大有为者,求之夙,任之重,得一二人,而子孙黎民世食其福矣。

【译文】

　　天下可以没有宰相,则也可以没有君王。宰相轻于鸿毛,则君王必定不能重于泰山。所以胡三省说："君主的职责，只在于选任好的宰相而已。"能够大有作为的宰相，君王要孜孜不倦地访求他们，对他们委以重任，只要能找到一两个这样的人，子孙黎民就能世代享受其带来的福泽了。

二〇　李存勖徐知诰冒号李唐

君臣、父子，人之大伦也。世衰道丧之日，有无君臣而犹有父子者，未有无父子而得有君臣者也。自朱温以至柴氏，七姓十五人，据中土而称帝，天下后世因而帝之。乃当时之臣民，固不倾心奉之以为君，劫于其威而姑号之曰天子，君臣之伦，至此而灭裂尽矣。尤可悯者，并其父子而乱之。漫取一人而子之，遂谓之子；漫推一鬼而祖考之，遂谓之祖考；于是神怒于上，人迷于下，父子之恩，以名相假，以利相蒙，其与禽兽之聚散也奚别？如是而犹望天下之有君臣也，必不可得之数矣。

【译文】

君臣、父子，这是人伦纲常中最重要的关系。在世道衰乱的时候，会出现没有君臣而仍然有父子的情况，却从未出现没有父子却能够有君臣的情况。自从朱温一直到柴氏，七个姓氏的十五个皇帝先后占据中原而称帝，天下后世因此而将他们当作帝王。可是当时的臣民本来就不是完全诚心诚意尊奉他们为君王的，只是被他们的威势所逼迫而不得不姑且称他们为天子。君臣之间的伦常，至此已经完全泯灭了。其中尤其值得怜悯的，是连父子之间的伦常也一并被破坏了。随意找一个人当作自己的儿子，于是便称他为儿子；随意找一个已死去的人当自己的祖先，于是便称呼他为祖先。于是神在天上发怒，人在地上迷茫,父子之间的恩义用名义来相互假借,用利益来相互蒙蔽,这与禽兽之间的聚散又有什么区别呢? 如此而仍然指望天下有君臣,必然是不可能实现的。

　　沙陀夷酋耳,唐蔑天逆理而赐之姓,遂假以竞于朱温曰:吾李氏子也。存勖称帝,仍号曰唐,以高祖、太宗、懿宗、昭宗杂朱邪执宜、朱邪赤心之中而祖之①,唐之祖宗,能不恫怨于幽乎②? 嗣是而徐知诰者,不知为谁氏之子,乃自撰五世名讳,选吴王恪而祖之③。呜呼! 蔑论陇西之苗裔,犹散处于人间;天之弗祐,亡则亡耳,绝则绝耳,何忍取夷狄盗贼之子而以为子孙哉? 所谓辱甚于死亡也。后世史官犹从而奖之,曰:此唐也,可以绍李氏之统者也。天理无余,人心尽椓④,至此而人不足以存矣。《诗》不云乎?“谓他人父,终莫我顾⑤。”逆风所煽,号为天子者且然,又何怪乎贾谧、秦熺之熺乱天常也⑥。

【注释】

①朱邪执宜、朱邪赤心:李存勖的曾祖父与祖父。

②恫怨:哀痛怨恨。

③吴王恪:指唐太宗之子吴王李恪。

④椓:毁坏。

⑤谓他人父,终莫我顾:语出《诗经·王风·葛藟》:“谓他人父,亦莫我顾。”意思是即使称别人为父母,依旧得不到眷顾。

⑥秦熺(1117—1161):字伯阳,江宁(今江苏南京)人。本为南宋权相秦桧之妻王氏之兄王晚的儿子,后被秦桧收为养子。在秦桧扶持下,官至知枢密院事。秦桧死后,秦熺想继承相位,但遭到

宋高宗拒绝，被迫致仕，数年后病死。其事见于《宋史·秦桧列传》。燏(yuè)乱：炫惑扰乱。

【译文】

沙陀不过是夷狄部落罢了，唐朝统治者蔑视天理、违背天意而赐他们姓李，他们于是假借这一名义来与朱温相抗衡，说：我是大唐皇室李氏的后裔。李存勖称帝，仍然将国号称作唐，把唐高祖、太宗、懿宗、昭宗夹杂在朱邪执宜、朱邪赤心之中而一并当作自己的祖先，唐朝的列祖列宗能不在九泉之下哀痛怨恨吗？在这之后，徐知诰不知是哪一姓的后裔，却自己杜撰五代祖先的名讳，选择吴王李恪当作自己的先祖。唉！且不论陇西李氏的皇族苗裔尚且散居于民间，即使上天不保佑他们，要灭亡就灭亡好了，要宗族断绝就断绝好了，如何忍心把夷狄盗贼的后裔当作李唐皇室的子孙呢？这就是所谓的侮辱比死亡更残酷。后世的史官却仍然认同后唐与南唐的说法，肯定他们说：这也是唐，可以承继李唐皇室的正统。天理被破坏无余，人心沦丧殆尽，至此人已经不足以存活在世上了。《诗经》里不是说吗："谓他人父，终莫我顾。"在逆乱风气的煽动下，连号称天子的人尚且如此，像贾谧、秦熺这样扰乱伦常的冒牌家伙存在也就不足为奇了。

二一　存勖用兵如韩信

李存勖不可以为天子，然固将帅之才也，知用兵之略矣，得英主而御之，与韩信齿。

【译文】

李存勖不足以做天子，但他确实是将帅之才，懂得用兵的方略，如果能有英明的君主来驾驭他，他是能够与韩信并驾齐驱的。

奚以明其然邪？麕之走也捷于虎[1]，卒为虎获者，数反顾也。规规恃其穴以为所据[2]，其偶败也，急奔而护其穴，其胜也，复虑人之乘己而内荧，于是内未溃而外失可乘之机，敌且蹙之使自毙于穴中，未有不败者也。存勖知此矣。

【注释】

①麕：同"麇"，獐子，一种生活在森林和灌丛中的小型偶蹄类食草动物。

②规规：浅陋拘泥的样子。

【译文】

何以明白这一点呢？獐子跑动比老虎要敏捷，但最终却被老虎擒获，是因为它多次回头看，影响了速度。它总是浅陋固执地自恃占据了一个巢穴，一旦偶然被击败，就急速奔回以保护巢穴；若是战胜了，又会担心有人趁机侵犯自己的巢穴。于是在内部没有溃败的情况下，对外就丧失了可乘之机，敌人只要逼迫它，就能将其困死在巢穴中。这种做法没有不失败的。李存勖是懂得这个道理的。

自克用以来，太原其根本也，则泽、潞其喉吭也；太行之险一失，则井陉之道且危。存勖殚全力以图东方，澶、郓悬隔千里之外[1]，间以赵、魏，潞州叛，泽州陷，太原内蹙，而东出之师，若脊断而不能举。于斯时也，不知兵者，必且舍澶、郓以旋师而西顾，乃一受其掣，而踉跄以返，王彦章之流，蹑其迹而乘之，太原其委命之墟矣。而存勖之计此决矣，李继韬之内叛[2]，视若疥癣；泽州之失，唯惜裴约[3]，而弃若赘疣；急攻杨刘，疾趋汴、雒，一战而朱氏以亡，其神矣哉！太原自克用修缮城隍以来④，非旦夕可拔者，大兵集于东方，继韬虽狡，梁人虽鸷，必不敢遽尔合围，不忧归师之夹逼。敌见吾视泽、潞之乱若罔闻，则益不测吾之所为，胆先自破，沮其乘虚之计，而河上之师终恃此以为挠我之令图，则虑我之情缓，而相防之计疏。此一举而袭梁都、夷友贞、平河南，规恢之大略也。微韩信，孰足以及此？谓存勖为将帅之才，非虚加之矣。

【注释】

①澶：澶州，治今河南濮阳。

②李继韬（？—923）：字留得，汾州太谷（今山西太谷）人。五代十国时期将领，晋陇西王、昭义军节度使李嗣昭次子。李嗣昭死后，他承袭父爵，但很快便以泽、潞二州投降后梁，被拜为匡义军节度使、同平章事。李存勖平定河南后，他归顺后唐，不久再次图谋反叛，事泄后被杀。传见《旧五代史·唐书·李继韬列传》。

③裴约：后唐将领，官至潞州牙将。李继韬以泽、潞叛降于梁，裴约不肯跟从其背叛李存勖，坚守泽州城，顽强抵抗梁将董璋的进攻，最终城陷被杀。李存勖为他的死深感愧惜。传见《旧五代史·唐书·裴约列传》。

④城隍：指城墙和护城河。城，挖土筑的高墙。隍，没有水的护城壕。

【译文】

自李克用以来，太原就是晋国的根本，而泽、潞两州则是其咽喉要地。太行山的险峻屏障一旦丧失，井陉关的通道就会陷入危险。李存勖竭尽全力以经略东方，攻击悬隔在千里之外的澶州、郓州，中间隔着镇冀和魏博两镇。李继韬在潞州发动叛乱，泽州失陷，太原危急，而李存勖东征的军队就好像断了脊梁一样无法再举起头。在这个时候，不

懂用兵之道的人，必定会先放弃进攻澶州、郓州而向西回撤。于是一旦
被敌人掣肘，就踉跄着想要返回老巢，王彦章等后梁将领跟在其后面趁
机发动攻击，太原就会成为李存勖的丧命之地。而李存勖此时的战略
则非常明确，他将李继韬的叛乱看作无足轻重的小问题；泽州失陷了，
他也只为裴约的死感到惋惜，而像割去赘瘤一样放弃了泽州。他率军
急攻杨刘渡口，迅速插向汴梁、洛阳，一战就灭亡了后梁，简直是用兵如
神！太原自从经过李克用修缮城墙和护城河以来，已经不是旦夕之间
可以攻克的据点了。李存勖大兵集中在东方，李继韬虽然狡猾，后梁军
队虽然勇悍，却必定不敢立即合围太原而不担心遭遇回撤的晋军发动
内外夹击。敌人见李存勖将泽、潞的叛乱置若罔闻，则更加摸不清李存
勖的真实意图。敌军已经先吓破了胆，对于趁虚攻击晋军丧失了信心，
而黄河岸边的后梁军队却把泽、潞叛乱当作扰乱我方的条件，对晋军的
顾虑不够充分，防备晋军的心理处于松弛状态。这就是李存勖一举袭
破后梁都城、杀掉朱友贞、平定河南地区的恢宏战略。如果不是韩信那
样的军事才能，有谁能想出这样的战略呢？所以说李存勖有将帅之才，
并不是加给他的虚名。

　　纳其身于内，而外日陵乘而不能御；投其身于外，则内
虽未固而自可无虞；大略可以不倾，则姑置之，而纵横游
衍[1]，无不可以自得，此处身之善地，即安心之妙术也。呜
呼！知此者鲜矣。项羽急返西楚，而汉追之；唐置太原，听
刘武周、梁师都之侵犯，以亟攻东都，而三寇皆夷[2]；得失之
机，决于此耳。庸人怙其所已得，志士忘其所已能，志量之
不齐，善败之所自殊也。知此者，可与立功，可与定乱，可与
进善，可与广业。明此者哲，昧此者愚，岂徒用兵为然哉？

【注释】

①游衍：指从容自若、不受拘束。

②"唐置太原"几句：王夫之此处说法不准确。刘武周进围太原，事在武德二年（619），李世民在武德三年（620）四月击败刘武周，迫使其逃入突厥；梁师都在武德二年九月、武德三年七月两次入寇灵州，均被唐军将领段德操等击败。而李世民东出讨王世充始于武德三年七月，此时刘武周已败、梁师都也威胁不到太原，所以说不上是不顾太原、对二人的进犯听之任之。

【译文】

如果藏身于巢穴之内，而来自外敌的压力会日益增大，最终变得无法抗拒；如果置身巢穴之外，则内部尽管不稳固，但仍可暂且保证安全。大体上可以不至于倾覆则姑且置之不理，而自己则可以从容不迫地纵横驰骋，自己的意图便没有无法实现的。这是安置自身的好办法，也是安抚众心的好办法。唉！懂得这个道理的人是很少的。当初项羽急切地撤军回西楚，而汉军就在后面追击他；唐初置太原于不顾，听任刘武周、梁师都侵犯太原，而集中力量急攻东都，最终将王世充、窦建德、刘武周三方势力都消灭了。是得是失，都取决于是否懂得这个道理。庸人总是吝惜已经拥有的东西，有志之士则能够忘掉自己已经掌握的本领。两种人的志向和气量不同，成败自然也不同。懂得这个道理的人，可以立下功劳，可以平定乱局，可以进举贤善之人，可以拓展事业。明白这个道理的人是智者，不明白这个道理的人则是蠢货，难道仅仅用兵才遵循这一道理吗？

二二　存勖量不足以持胜

成而不倾，败而不亡，存乎其量之所持而已，智非所及也。量者心之体，智者心之用。用者用其体，体不定，则用不足以行；体不定而用或有所当，惟其机也。机者发而可中，而不足以持久，虽成必败，苟败必亡。故曰非智所及也。项羽、李存勖战而必胜，犯大敌而不挠，非徒其勇也，知机之捷亦智矣，然而卒以倾亡者，岂智之遽穷乎？智则未有不穷者也。

【译文】

　　成功后能够保持住好局面而不倾覆，失败后能不至于灭亡，这取决于个人所拥有的气度，而不是智力所能影响的。所谓气量，是心灵的主体；智慧，则是运用心灵的体现。运用心灵自然是要运用其主体，主体无法确定，则自然也就无从运用；主体不定而才能想要有所施展，就只能看时机如何了。时机到了也许可以成功，但却不足以持久，即使成功也会转为失败，只要失败就必定会灭亡。所以说这不是智慧所能左右的。项羽、李存勖都战无不胜，面对强大的敌人也毫不退缩，这不仅仅是因为他们的勇敢，而是因为他们对时机的把握同样很敏锐。然而他们最终还是没能逃脱灭亡的命运，这难道是他们的才智耗尽的缘故吗？其实才智没有不耗尽的时候。

　　项羽不足以持败，一摧于陔下，遂愤恚失守而自刭[1]，量不足以胜之也。藉令戢惵惵之怒，渡江东以为后图，韩、彭、英布非不可移易而必忠于汉者，收余众，间群雄，更起而角死力，汉亦疲矣。而羽不能者，量止于一胜之威，败出于意外而弗能自固也。羽可以居胜而不可以持败，故败则必亡，存勖可以忍败，而不足以处胜，故胜则必倾，一也。李嗣源定入汴之策，既灭朱友贞，一入汴而以头触嗣源曰："天下与尔共之。"卒为嗣源所迫，身死国亡，量不足以受之也。藉令忍沾沾之喜，以从容论功而行赏，人且喻于君臣之义，虽有大勋,亦分谊所当尽,嗣源虽挟不轨之心,无有为之效命者,自敛雄心以俯听。而存勖不能者,量尽于争战之中,胜出于意外而弗能自抑也。

【注释】

①愤恚(huì):痛恨,怨恨。

【译文】

　　项羽不足以承受失败,一在垓下遭受挫折,就满怀怨恨、不知所措,于是自刎而死,他的气量根本不足以取胜。假如项羽能够收敛他愤愤不平的极端情绪,东渡乌江以图东山再起,则韩信、彭越、英布不一定会忠心不渝地始终忠于汉王朝;项羽收拢余部,离间群雄之间的关系,再度起来与刘邦拼死相争,那么汉朝也会陷入疲惫之中。而项羽却做不到这一点,他的气量只限于打胜仗以后抖威风,一旦遭遇意料之外的失败,就会自己乱了方寸。项羽可以应付战胜的局面,却无法忍受战败带来的打击,所以一旦战败就必定灭亡。李存勖则是可以忍受失败的考验,却不足以应对战胜后的局面,所以一旦取胜后就会倾覆。他在气量不足这方面与项羽是一样的。李嗣源为李存勖制定了袭取汴梁的策略,在消灭了朱友贞以后,李存勖一进入汴梁就用头碰着李嗣源说:"我要与你共享天下。"他最终被李嗣源所逼迫,身死国亡,是因为他的气量不足以承受成功的考验。假如他能克制沾沾自喜的情绪,从容地对功臣论功行赏,那么别人就能明晓君臣大义,即使立下大功,也会认为这是自己应尽的义务;李嗣源即使心怀不轨,没有愿意为他效命的人,也只能收敛自己的雄心,对李存勖俯首帖耳。而李存勖却做不到这些,他的气量全部在战争之中耗尽了。由于胜利出乎意料,他难以压抑自己的狂喜,因而被冲昏了头脑。

汉高一败于彭城，再败于荥阳，跳身孤走[1]，而神不为沮，故项羽终屈其难折之锋；宋祖端居汴京，曹彬为下江南，收六十余年割据不服数千里之疆土，而不轻授以使相，故功臣终安臣节而天下定；成大业者，在量而不在智，明矣。量者，定体于恒者也。体定于百年之长虑，而后机不失于俄顷之利钝。忧喜变迁，须臾不制，转念知非，而势已成乎莫挽，唯定体之不立故也。败则唯死而已，胜则骄淫侈靡，无所汔止[2]，羽、存勖之以倾败终也，决于此耳。

【注释】

①跳身：轻身逃走。

②汔止：止尽，停止。

【译文】

汉高祖先在彭城被击败，又在荥阳战败，孤身逃走，精神上却没有消沉下去，始终不畏惧项羽，所以项羽尽管锋芒难以摧折，最终还是被高祖击败。宋太祖端坐于汴京，曹彬为他攻下了江南，收复了割据六十多年、不服从中央政府管理的数千里疆土，而太祖却不轻授给他使相之职，所以功臣能始终安守臣节，天下得以平定。人要成就大业，取决于气量而不是才智，这是很明显的。气量，是使主体保持恒定的内在因素。只有主体保持恒定，不动摇长远的谋划和打算，然后才能抓住转瞬即逝的时机。如果不能控制须臾之间喜怒的变化，那么转念之间就会知道自己犯下的错误，但形势已经变得难以挽回了，这正是因为主体没能保持恒定的缘故。所以战败了就只能灭亡而已，胜利后则会变得骄奢淫逸，无休无止，项羽、李存勖最终归于失败，根本原因正在于此。

生之与死，成之与败，皆理势之必有，相为圜转而不可测者也①。既以身任天下，则死之与败，非意外之凶危；生之与成，抑固然之筹画。生而知其或死，则死而知其固可以生；败而知有可成，则成而抑思其且可以败。生死死生，成败败成，流转于时势，而皆有量以受之，如丸善走，不能逾越于盘中。其不动也如山，其决机也如水，此所谓守气也。气守而心不动，乃以得百里之地而觐诸侯、有天下，传世长久而不危。岂徒介然之勇，再鼓而衰，不足恃哉？智足以制胜，而俄顷之间，大忧大喜之所乘，声音笑貌传其摇荡无主之衷，倾败即成乎莫挽。豪杰之与凡民，其大辨也在此夫！

【注释】

①圜转：转换，循环。

【译文】

生与死，成与败，都是合乎事理和情势而不可避免的，他们之间会相互转化，难以测度。既然以自己的生命来承担天下大任，那么死亡与失败，就不应该是意料之外的危险；生存与成功，也本来就是筹划之内的事情。在活着的时候能够知道有死亡的风险，则在面临死亡时也能知道仍有生存的机会；在失败的时候知道仍有成功的机会，则在成功之后也会想到还有失败的可能性。生死、死生、成败、败成，都随着时势而流转，而必须有气量去承受以上所有这些变化和结果，就像圆球善于滚动，但无论如何无法脱离它所在的圆盘一样。在不动的时候像山一样稳重，在时机到来的时候行动就像流水一样迅捷，这就是所谓的"守气"。保守气势，内心坚定不动摇，就可以依靠方圆百里之地而使诸侯来朝、最终占有天下，长久地传给后世子孙而不会陷入危险。这难道只是一时的表面勇气，一鼓作气、再鼓而衰竭不足以凭恃吗？才智足以取胜,而在转瞬之间,大悲大喜的情绪袭来,声音笑貌传达出内心摇荡不安、六神无主的状况,倾覆和失败很快就会变得无可挽回。豪杰与普通人之间的区别,大概就在于此吧!

卷二十九

五代中

【题解】

本卷中王夫之主要评论五代中期（从李嗣源登上皇位到石敬瑭建立后晋）的史事。

后唐明宗李嗣源在位期间，农业连年丰收，中原罕有战事，出现了五代时期难得的"粗为小康"（《永乐大典》引《五代史补》）的局面。后世史家多认为，明宗虽出自沙陀、久经战阵，但纯厚仁慈，俭朴寡欲，施政颇有可取之处。王夫之在本卷中也用了较多篇幅评论李嗣源的功过。对于李嗣源登上皇位的正当性，王夫之予以了一定程度的肯定，认为李嗣源身处昏乱的朝廷，面临死亡的威胁，不求脱身归镇、拥兵待乱，而是坦荡从容地将命运交予上天，这种气概值得钦佩，所以尽管李嗣源是"僭伪之主"，这方面却也有可取之处。不过，王夫之也指出，李嗣源"不折一矢，不需旬月"，轻而易举地就登上帝王之位，实际上开了五代兵变夺位的先河，使得五代的政局更趋混乱。对于李嗣源的治理功绩，王夫之整体评价不高。尽管他承认李嗣源"得国以后，举动多中于理"，此前的残酷政策有所改善，风俗教化有所起色，但他认为，明宗"一言一事"的"惠泽"无异于杯水车薪，何况李嗣源将酒曲税、农具税摊入田亩的做法变相增加了民众负担，其对于儿子、女婿的处置失当更是间接招致了契丹的入寇，所以历代史家称明宗"有仁心而几于小康"，实为过誉。

五代时期的大臣冯道,历事四朝、先后被六位帝王任命为宰相,历代史家对其褒贬不一。王夫之从李从珂篡位后冯道说的"事当务实"一语切入,对所谓"务实"的实质加以剖析,指出冯道的"务实"实际上意味着弃绝"一念之羞恶"、罔顾天理,在"国危君困之际,邀荣畏死,不恤君父之死亡",这无异于从人堕落为禽兽。后来的不肖之人效仿冯道,以"务实"为借口,结果就是天理丧尽,教化和道德秩序崩解。王夫之认为,就此而言,冯道的罪恶实则比纣王、盗跖还要严重。对于力劝石敬瑭向契丹割地称臣的桑维翰,王夫之同样予以了严厉挞伐,认为桑维翰出于自身私利的算计,给国家和百姓带来巨大的灾难,"以一念之恶"而"祸及万世",成为绝无仅有的"万世之罪人"。从王夫之对于冯道、桑维翰的激烈批评,不难看出其对于士人操守与道德责任的高度重视。不过,这种基于道德准则和观念的评价是否在某种程度上忽略了评价对象所处的具体历史环境,显然尚需要读者认真加以思考。

一　郭崇韬自全之计适以自灭

伐蜀之役,郭崇韬谏止段凝为帅①,议正而事允矣;其复止李嗣源之行,则崇韬之自灭与灭唐也,皆在于此。

【注释】

①郭崇韬谏止段凝为帅:段凝本为后梁将领,后梁灭亡后投降李存勖。他为人狡黠,交结李存勖身边的人,让他们为自己说好话,称他堪当大任。郭崇韬对此很不满,上书李存勖说:"段凝是亡国败军之将,他的奸诈诡媚无法用言语来形容,不要相信他。"事见《新五代史·杂传·段凝》。

【译文】

后唐发动讨伐前蜀之战时,郭崇韬谏劝李存勖不要任命段凝为主帅,他的议论很有正当性,其请求也得到了允许;可是后来他又阻止李嗣源出任伐蜀统帅,郭崇韬自取灭亡、同时也使后唐灭亡,其原因都在于此。

　　崇韬请遣继岌①,固知继岌之不可独任,而必需己副之,名为继岌,实自将也。崇韬之辞镇汴州也,曰:"臣富贵已极。"至此而又贪平蜀之功利,岂冒昧不止哉? 盖以伐蜀为自全之计。而反以此自灭者,何也? 位尊权重,其主已疑,内有艳妻,外多宵小,稍稍裁正,众方侧目,故忧内之不可久居,而欲息肩于阃外,上挟冢嗣,下结众将,相倚以安,冀可远谖人之怨以自立于不拔之地,可谓谋之已工矣。乃不知谗佞交加之日,顾离人主左右,握重兵,据腴土,成大功,媢忌益深②,在廷者又以睽离不亲,心皆解散,固将益附奸邪而听其嗾噬③;况乎奄有王建畜积之藏,多受降将邀欢之贿,蹑锺会之已迹而益以贪④,则必罹卫瓘之网罗而弗能辩⑤,诛死在眉睫而不悟,其工也,正其愚矣。

【注释】

①继岌:指李继岌(? —926),代州雁门(今山西代县)人。五代时期后唐庄宗李存勖长子。庄宗即位后,担任北都留守,同光三年(925)晋封魏王。同年受命带兵攻伐前蜀,以郭崇韬为都招讨使,灭亡前蜀。班师回朝时,行至渭南,听闻庄宗死讯,兵卒溃散,自缢而死。传见《旧五代史·唐书·魏王继岌列传》《新五代史·唐太祖家人传》。

②媢(mào)忌:嫉妒。

③嗾(sǒu)噬:吞噬,撕咬。嗾,指使狗的声音。

④锺会(225—264):字士季,颍川长社(今河南长葛)人。三国时期
　　曹魏大臣。历任黄门侍郎、司隶校尉、司徒等职。时政损益,当
　　世与夺,锺会无不典综,为司马昭的重要谋臣。景元四年(263),
　　与邓艾等率军灭蜀。灭蜀后,锺会心怀异志,向司马昭密告邓艾
　　有反状。邓艾被擒,锺会得以"独统大众",举兵反叛。最终兵变
　　被杀。传见《三国志·魏书·锺会传》。

⑤卫瓘(220—291):字伯玉,河东安邑(今山西夏县北)人。三国曹
　　魏后期至西晋初年重臣、书法家。卫瓘出身官宦世家,年轻时仕
　　官于曹魏,官至廷尉。后以镇西军司、监军身份参与伐蜀战争。
　　蜀汉亡后,先与锺会一道逮捕邓艾,不久锺会谋反,他又成功平
　　息叛乱,命田续杀邓艾父子。西晋建立后,出任征东大将军等
　　职。晋惠帝即位后,因与贾皇后对立,在政变中满门遇害。传见
　　《晋书·卫瓘列传》。

【译文】

　　郭崇韬请求李存勖派魏王李继岌为主帅伐蜀,是因为他本来就知道李继岌不可能独自承担这一大任,必须由自己作为副将辅佐他,所以他名义上是推荐李继岌,实际上却是想自己担任伐蜀主将。郭崇韬推辞李存勖让他镇守汴州的命令,说:"臣已经富贵到了极点。"到这个时候,他却又贪图平蜀的功劳和利益,难道是真的愚昧而贪得无厌吗?他大概是将伐蜀当作了保全自我的策略。但他最终却因此让自己丢了性命,这是为什么呢?因为他位尊而权重,已经受到了君王的怀疑,庄宗内有美艳的妻子,外面又有很多小人蛊惑他,郭崇韬稍稍制裁宫内宫外的这些人,众人正对他怨恨不已,所以郭崇韬担忧不可以长久待在朝内,而想要到前线去带兵,以使自己喘口气,上裹挟庄宗之子做靠山,下结好众将领,与他们相互倚靠,以求安全,希望以此来远离奸人的谗言,使自己立于不败之地,可以说他是工于心计、用心良苦。可是他却不知道,在受到其他人谗言交相攻击的时候,离开君王的身边,手握重兵,占

据肥沃而重要的土地,立下大功,只会使别人对他的嫉妒更深,在朝廷的人又因为没办法与他亲近,日益与他离心离德,所以本来就会日益依附于奸邪之人,而听任奸人攻击和诋毁他;何况他完全占有了王建多年来积蓄的财富,又多接受降将用来取得他欢心的财宝,效仿三国时锺会的做法而日益变得贪婪,则他必然会像当年锺会陷入卫瓘的陷阱一样,无法为自己申辩,死到临头也无法醒悟,他的工于心计,正是他的愚蠢之处。

　　李嗣源有河上先归之衅①,载入汴决策之功②,假之以兵,资之以蜀,则且为王建,而为朱邪氏树一劲敌于西方;故崇韬身任之以抑嗣源,损其威望,而使易制,俾存勖无西乡之忧③,其为存勖谋也,亦可谓工矣。而不知蚕丛一隅④,以叛易,以守难,若欲窥秦、陇出剑阁以争衡于中国,则诸葛且不能得志,故曹丕曰:"囚亮于山。"嗣源即怀异志,恶能度越重险以犯顺? 何似擅河朔之富强,拊汴、雒之项背,建瓴南下,势无与遏邪? 畏虎豹之在山林,乃驱之以居园垣之右,便其噬攫,而崇韬不知也。

【注释】

①河上先归之衅:后梁贞明四年(918),梁晋胡柳陂之战中,李存勖先败后胜。在晋军大败时,李嗣源和其麾下万余部队仓皇中直接逃过了黄河,没有能参加其后李存勖反败为胜的冲锋。此事在李嗣源和李存勖之间造成了一定的隔阂。事见《资治通鉴·后梁纪五·均王中·贞明三年》。

②入汴决策之功:指后唐同光元年(923),李存勖攻占郓州、中都后,诸将都认为应先攻占青州等地,再乘机而动。李嗣源却力排

　　众议，建议奔袭汴州，攻取后梁国都。他率军攻城，梁帝朱友贞
　　自杀，梁将王瓒开门迎降，后梁正式灭亡。事见《旧五代史·唐
　　书·明宗纪》。

③西乡：即"西向"。乡，通"向"。

④蚕丛：传说中蜀地首位称王的上古部落首领。此处代指川蜀
　　地区。

【译文】

　　李嗣源曾经因在胡柳陂之战中擅自率军先撤过黄河而与庄宗产生
裂隙，后来又为庄宗定下趁虚奔袭汴州的大策，如果把军队交给他，让
他占据了蜀地，那么他就会成为又一个王建，割据称雄，这就等于为后
唐皇室树立了一个西方的劲敌；所以郭崇韬想亲自担任伐蜀主将，以抑
制李嗣源，减损其威望，从而使他变得更容易被制服，使得李存勖不用
担心西方的局势，他为李存勖所做的谋划，也称得上是工于心计了。可
是他却不知道，川蜀一隅之地，在此发动叛乱容易，想要守住蜀地却很
难，所以李嗣源要是想窥伺秦、陇地区，兵出剑阁以与后唐在中原争锋，
则以诸葛亮的才能尚且不能如愿，所以当初曹丕说："我们成功地把诸
葛亮困在了群山之中。"李嗣源即使真有异心，又哪里能越过重重险阻，
侵犯中原呢？这与李嗣源专擅河朔富强的地区，控制汴梁、洛阳的侧
背，以高屋建瓴之势南下，完全没办法加以阻遏相比，哪个危害更大呢？
这相当于畏惧虎豹在山林中游荡，于是将它们驱赶到自己家的院墙边
上，以方便它们吞噬自己，但郭崇韬却不明白这个道理。

　　朱邪氏之寇，深于腹心矣。继岌，欲使立功以定储者
也，而杀崇韬者继岌；董璋、孟知祥，所倚以镇抚诸将而定蜀
者也，而乱蜀者璋与知祥；抒忠而逢怒，推信而召逆，自后观
之，其愚甚矣。乃一皆崇韬之夜思早作，自谓十全之远虑

也。繇此思之，退而全身，进而已乱，岂智计之能胜任哉？抑强止逆、弭妒消嫌之术，岂有他焉？勿尸功，勿府利，靖诸己以立于危乱之中，则猜主佞臣与震主之权，皆翕伏于镇定之下①。崇韬固不足以与于斯也，祸不速于反掌，足为永鉴已！

【注释】

①翕伏：收敛。

【译文】

后唐朱邪氏的敌寇，已经深入其腹心之中了。郭崇韬本来是想让李继岌通过伐蜀立下功劳，从而确定其储君之位的，但杀死郭崇韬的却正是李继岌；郭崇韬本来是想要倚靠董璋、孟知祥来镇抚诸将、安定蜀地的，但最终在蜀地作乱的却正是董璋与孟知祥；郭崇韬本来想对李继岌表达忠心，却反而招致了他的恼怒；本来想对董璋、孟知祥表现信任，却最终招致了他们的反叛，从后世视角来看，他是非常愚蠢的。可是这全都是郭崇韬每天日夜思量，自认为十全十美的万全之策。由此想到，退而保全自身，进而平定祸乱，难道是智慧和谋略所能胜任的吗？抑制强者、制止叛逆、消弭妒忌、解除嫌疑，难道还有别的办法吗？只有不贪图功劳，不私藏财货，安分守己，使自己在危乱之中能够立身，则猜疑的君主、奸佞的臣子以及震动君主的权势，都会在镇定之下有所收敛。郭崇韬自然是不足以明白这个道理的，所以他很快就遭受了灾祸，他的遭遇足以作为后世的镜鉴！

二　崇韬灭蜀货宝充庭而以谗死

受命专征，伐人之国而灭之，大功之所归，尤大利之所集也。既已据土而有国，其畜积必饶；既已有国而又亡之，其黩货而宝珠玉也，必多藏以召夺；且其权贵纳款，欲免诛夷而徼新宠，其荐贿也①，必辇载以凑大帅之门；其为大利之所集也，必矣。大功不可居，而非不可居也。曹彬与平西蜀，独下江南，而任兼将相，世享荣名，大功灼然在己，而岂容逊避？所以自免于危者，利耳。

【注释】

①荐贿：奉献财物。

【译文】

　　受君王之命而作为主将讨伐敌国，成功灭掉了敌国，不仅是立下了大功，也能得到极大的利益。既然已经占据了敌国土地，敌国积蓄的财富必定很多；既然敌国统治者曾统治一国而又归于灭亡，则其必然是聚敛珠宝财货的人，他们聚敛来的这些财富肯定会招致别人的侵夺；况且被灭掉国家的权贵会向其表示忠诚，想要求免于被杀并获取占领者的欢心，则他们必定会用车载运大量财宝，送到占领军主帅的营帐前；所以作为占领军主帅能获得极大的利益，这是肯定的。不能自居大功，但也不是完全不能居功。曹彬参与平定西蜀，独自为宋太祖攻下江南，而身兼将相，世代享受荣誉和声名，既然有显赫的大功，又哪里能够谦逊避让呢？曹彬能够使自己免于危险，靠的只是利益罢了。

　　且夫功成而上为主忌、下召人疑者，唯恐其得众而足以兴也。十夫之聚，必以豚酒；蛊民归己，必以私恩；笼络智谋勇力之夫，必以馈赠；兵甲刍粮之费，必以家藏。藉令功成归第之日，车还甲散，行橐萧然，游士无所觊而不蹑其门，百姓与相忘而不歆其惠，应门皆朴樕之人①，宴会无珠玑之客②，则虽猜主忮臣，亦谅其不足有为而坦然信之；左右佞幸,亦知其无可求索而恩怨两消;虽有震主之功名,亦何不逌然于旷夷之宇哉③?

【注释】

①朴樕(sù):本义指丛木、小树。比喻浅陋、平庸。

②珠玑:比喻有文采。

③逌(yóu)然:闲适自得的样子。旷夷:旷达坦荡。

【译文】

成就功业的人,常常上被君主猜忌、下招小人猜疑,因为这些人唯恐他得到了众人的支持而足以兴起。要聚集十个人以上,必定需要准备酒肉;想要蛊惑民众归服自己,必定要用私恩来笼络他们;要笼络具有智谋、勇气、力量的人,必定要靠馈赠礼物;兵器、铠甲、粮草的费用,必定要靠自己家中储藏的资财来支付。假如将领在成就功业、回到自己家中的时候,解散军队和仪仗,行囊空空,游士无所觊觎,就不会再登他的门,百姓与他彼此相忘,不会再感念他的恩惠,家里的仆人都是浅薄、鄙陋之人,被宴请的宾客里也没有富于才华之士,则即使是好猜疑的君主、居心险恶的奸臣,也会认为他不足以有非分之举,而会坦然相信他;君王身边的佞幸之臣,也会知道他别无所求,因此消泯与他的恩怨;如此,则即使真的立下足以震动君主的功劳,为何不逍遥自得于坦荡旷达之境呢?

诸葛公曰:“淡泊可以明志。”故薄田株桑,所以践其言而允保忠勋之誉,岂虚也哉! 夫郭崇韬者,恶足以知此乎? 其主既已忌之矣,哲妇壬人又争变黑白以将置之死①,而灭蜀之日,货宝妓乐充牣其庭②,以此而欲求免于死也,必不可得之数也。

【注释】

①壬人：指巧言谄媚、不行正道的人。

②充牣：充满。

【译文】

诸葛亮说："淡泊可以明志。"所以他家里的资财只有一些薄田和几株桑树，这是他践行自己的话，最终得以保全自己尽忠勋绩的美名，他的话难道是虚言吗！郭崇韬这样的人，又哪里能懂得这个道理呢？他的君主已经猜忌他了，君主身边的阴险妇人和小人又混淆黑白，想要将他置于死地，而在他灭蜀的时候，财货、宝物、歌妓、乐工等充斥了他的庭院，他这样做，想求能免于一死，当然是不可能做到的。

　　呜呼！岂徒为人臣者受命专征以亡国之货宝丧其身哉？人主之不以此而贻子孙黎民之害者，盖亦鲜矣。汉高帝之入关也，秦并六国，举九州数百年之货宝，填委于咸阳，古今之大利，亦古今之至危，不可居者也。樊哙一武夫耳，知其不可据而斥之如粪土，帝听其言，为封府库，非但当时消项羽之恶怒、远害于鸿门也，且自羽焚宫以后，秦之所积，荡然四散，而关中无钩金尺帛之留，然而既有天下，古今称富者，莫汉若也。唐起太原，而东都之藏，已糜于李密、王世充之手；江都之积，又尽于宇文化及之徒；荡然一虚枵之天下，唐得之而海内之富上埒于汉①。宋则坐拥郭氏世积之资，获孟昶、李煜、刘𬬮之积②，受钱俶空国之献③，其所得非汉、唐之比也；乃不数传而子孙汲汲以忧贫，进王安石、吕惠卿以夺民之锱铢，而不救其亡。合而观之，则贫者富而富者贫，审矣。

【注释】

①埒(liè)：同等，相等。

②刘𬬻(943—980)：原名刘继兴。五代十国时期南汉末代君主。南汉乾和十六年(958)，在其父刘晟去世后继位。刘𬬻在位期间，荒淫无度、统治昏庸，朝政糜烂不堪。宋开宝三年(970)，宋朝派潭州防御使潘美攻南汉。次年，宋军逼近兴王府，刘𬬻纵火焚毁宫殿、府库，逃亡未果后被迫投降，南汉灭亡。太平兴国五年(980)在汴梁去世。传见《旧五代史·僭伪列传》《新五代史·南汉世家》《宋史·刘𬬻列传》。

③钱俶(chù,929—988)：原名钱弘俶，临安(今浙江杭州)人。五代十国吴越国最后一任国王。后汉天福十二年(947)其兄钱倧在政变中被废黜，胡进思等将领拥立钱俶为吴越王。他在位三十余年间，恭敬事奉后汉、后周和北宋。宋太宗太平兴国三年(978)，钱俶奉旨入汴京，被扣留，不得已自献疆土于宋，吴越灭亡。端拱元年(988)八月，钱俶暴卒。传见《旧五代史·世袭列传》《新五代史·吴越世家》《宋史·钱俶列传》。

【译文】

唉！难道仅仅只有臣子受命作为主将讨伐别国，才会因为贪图被灭亡国家的财宝而丧命吗？君主贪图敌国财宝而不给子孙后代和黎民带来祸害的情况，大概也是非常罕见的。汉高祖入关后，见到秦朝吞并六国后聚敛而来的整个九州数百年所积累的财宝，全都被堆积在咸阳，这是古今罕见的大利，也是古往今来最为危险的局面，是万万不能被这些财富所迷惑的。樊哙不过是一介武夫，但他知道这些财宝是不能占据的，所以将它们贬斥为粪土，汉高祖听了他的话，将秦朝府库都封存起来，这一做法不仅在当时消除了项羽的盛怒、使自己在鸿门宴上免于被害，而且自从项羽焚烧秦朝宫殿以后，秦朝所积累的财宝，都四散而去、荡然无存，关中几乎没有留下金银财宝、绫罗绸缎，然而汉朝统治了天下后,古往今来号称富裕的王朝,没有能超过汉朝的。唐朝起自太原,而隋代东都储藏的财物,全都已经落入了李密、王世充之手;江都积累的物资,又被宇文化及等人耗尽了;唐朝得到了这个荡然一空、无所储积的天下,经过发展,最终唐朝的富裕程度直接可以比肩汉朝。宋朝则坐拥后周郭氏世代积累的物资,又获得了后蜀孟昶、南唐李煜、南汉刘铱积累的财富,还接受了吴越王钱俶几乎耗尽国力而奉献的财物,宋朝所得到的财富绝不是汉唐所能比的;可是没经过几代,宋太宗的子孙们就开始不得不为国家贫弱而担忧了,任用王安石、吕惠卿来与民争利、锱铢必较,最终也难以挽救其灭亡。将这些案例综合起来看,会发现贫穷者最终会变富而富者最终却会变得贫穷,这是很明显的。

　　所以然者何也? 天子以天下为藏者也。知天下之皆其藏,则无待于盈余而不忧其不足,从容调剂于上下虚盈之中,恒见有余,而用以舒而自裕。开创之主,既挟胜国之财为其私橐,愚昧之子孙,规规然曰①:此吾之所世守也。以天子而仅有此,则天下皆非其天下,而任之贪窳之臣②,贪者窃而窳者废,国乃果贫;则虐取于民,而民乃不免于死。侈者既轻于纵欲,吝者益竞于厚藏;侈犹可言也,至于吝而极矣。朽敝于泥土之中,乾没于戚宦之手③,犹且羡前人之富而思附益之。卒有水旱,民填沟壑,或遇寇乱,势穷输挽,乃更窃窃然唯恐所司望吾私积,而蔽护益坚。若田野多藏之鄙夫,畏人之求贷而蹙额以告匮,恶知有天下之为天子哉! 守其先世之宝藏以为保家之懦夫而已。匹夫而怀是心,且足以亡家而丧其躯命,况天子乎?

【注释】

①规规然：惊恐自失的样子。

②贪窳(yǔ)：贪婪。

③乾没：侵吞公家或别人的财物。

【译文】

为什么会这样呢？因为天子将整个天下当作自己的财富。天子知道天下的财富都是君王的财富，则不需要等到有盈余才敢去耗费，也不担忧财富不足，他可以从容地调剂天下的财富，总是能看到有盈余，于是便会舒服地花费这些财富，使自己过得很宽裕。开国之主，既然把被他灭掉国家的财富装进私人的口袋，那么愚昧的子孙，就会唯恐失去它们，而说：这是我们世代所保有的财富。身为天子而仅仅抓住这些财富不放，则天下便不再是他的天下，而他又任命贪婪的臣子，这些贪婪之臣盗窃、挪占国家的财富，国家必然变得贫穷；这样一来统治者就会虐待百姓、加紧盘剥他们，而百姓便难以免于死亡。奢侈的人既然轻易纵欲，吝啬的人则更竞相多藏财物；奢侈浪费尚且说得过去，出于吝啬而聚敛财富简直是糟糕至极。财物在泥土之中腐朽凋敝，被外戚宦官所侵吞窃夺，统治者尚且羡慕前人的富有而想着超过他们。最终遇到水旱灾害，百姓都因饥饿而死去，尸体填满沟壑，或者遇到贼寇发动叛乱，没办法再让民间输送财物，于是便更加惴惴不安，唯恐相关部门窥伺自己的私藏物资，而更加坚决地要隐藏和保护它们。这就像乡野之中那些有钱的鄙陋之人一样，害怕别人向自己借钱，于是便皱着眉头告诉别人自己很缺钱，这种统治者又哪里能知道天下都是天子的呢！他们不过是守护着先祖留下的宝藏，做着保守家业的懦夫罢了。匹夫怀有这种心理，尚且足以导致家破人亡，何况是天子呢？

汉、唐之富，富以其无也；宋之贫，贫以其有也。国亡身戮，更留此以为后起败亡之媒，哀哉！武王散鹿台、钜桥之积^①，非徒以仁民也，不使腐秽之藏教子孙以侈吝也。李存勖之为君，郭崇韬之为将，斗筲耳，以利相怨，而交啮以亡，又何足算哉！

【注释】

①鹿台、钜桥：参见卷二"汉高帝一"条注。

【译文】

汉、唐的富有，是因为它们最初的匮乏；宋代的贫困，则是因为其最初积聚了很多财富。国亡身死，又把财富留下来，成为导致后来朝代灭亡的媒介，真是悲哀啊！武王将鹿台、钜桥积累的财物散发给民众，并不仅仅是要向民众施加恩惠，也是为了不让这些腐秽的财物引导子孙走向侈吝。李存勖作为君主，郭崇韬作为将领，都不过是气量狭小的家伙罢了，他们因为利益而相互怨恨，最终相互争斗而死，这样的人哪里值得计较呢！

三　李嗣源祸福委之于命

有一言可以致福，有一言可以召祸，听其言知其所以言，吉凶之几决矣。言固有饰为之者焉，从容拟议而撰之以言，行固不践，心固不存；又有甚者，假义以雠利，假仁以雠忍，是非不生于心，吉凶固不应也。至于危困交于身，众论摇于外，生死存亡取舍趋避间不容发之际，于此而有言，则其心无他，而言非伪饰，此则吉凶之几所自决也。李嗣源当郭崇韬、李存乂、李继麟骈首夷族之日^①，朱守殷戒以震主之勋^②，劝为远祸之策，而嗣源曰："吾心不负天地，祸福之来无可避，委之于命耳。"斯言也，可以全身，可以致福，终以奄有

朱邪氏之国,不亦宜乎?

【注释】

①李存乂(?—926):晋王李克用六子。同光三年(925)被封为睦王。其妻是郭崇韬之女。郭崇韬被灭族后,宦官趁机诬陷李存乂对郭崇韬父女被杀感到不满,纵酒狂言,庄宗大怒,派兵包围其宅邸,将其诛杀。传见《旧五代史·唐书·宗室列传》《新五代史·唐太祖家人传》。李继麟(?—926):初名朱简,字德光,河南许州(今河南许昌)人。唐末五代时期大臣。早年依附朱温,被朱温录为养子,更名朱友谦,官至中书令,封冀王。朱友珪弑父篡位后,转而暗中依附晋王李存勖,李存勖灭梁入洛后,赐名李继麟,任命其为太师、尚书令。同光四年(926),李继麟因得罪宦官、伶人,被李存勖诛杀。传见《旧五代史·唐书·朱友谦列传》《新五代史·杂传·朱友谦》。

②朱守殷(?—927):小名会儿。五代时期将领。早年在晋王李存勖手下为奴,为人阴险有计谋,也有勇力,立下军功,被任命为长直军使,后唐建立后出任镇武军节度使。郭崇韬被杀后,李存勖怀疑李嗣源有异心,密令朱守殷伺察其动静。朱守殷私下派人告诉李嗣源:"位高人臣者身危,功盖天下者不赏,您可谓位高而功显。应该早点回到本镇,以免不测!"李嗣源回答说:"我不过是洛阳的一介匹夫罢了,又能如何呢?"后来李嗣源即位,任命朱守殷为宣武军节度使,朱守殷不久即据城反叛,最终战败身死。传见《旧五代史·唐书·朱守殷列传》《新五代史·杂传·朱守殷》。

【译文】

一句话可以招致福泽,一句话也可以引来祸患,听到别人的话而知道他为什么那么说,是吉是凶就可以看出端倪了。语言本来就是可以刻意掩饰的,有些人从容地编织议论之辞而将其变成语言,但行动上却从不去践行这些话，也压根没把这些话放在心中；更有甚者，假借义来逐利，假借仁来掩饰自己的残忍，完全言不由衷，自然无法作为判断吉凶的依据。至于身处艰险环境、外有他人的谣言攻击、面临生死存亡的取舍抉择，局势万分紧急，此时说出的话，则是心中没有其他杂念的体现，言语真诚而没有掩饰，这就可以作为判断吉凶的依据了。在郭崇韬、李存乂、李继麟先后被灭族的时候，朱守殷因为李嗣源已经立下震动君主的功劳，劝他早做逃避祸患的打算，而李嗣源说："我的良心没有对不起天地的，不管是祸是福，都没有什么可躲避的，全看命运的安排了。"这句话，可以保全自身，可以招致福泽，他最终能够取得后唐的政权，难道不是应该的吗？

奚以知其言之从心，而非中怀毒螫姑为委命之说以欺世邪？李存勖耽乐昏昧，伶人操生死之柄，功臣之危，且不保夕。于斯时也，嗣源非暗于术者，而思惟之路已绝，旷然远念，惟有委命之一道可以自安。郭崇韬任气于先而营私于后，祸已见矣，固有以知其无可奈何之下，唯宅心镇定以不纷也。

【译文】

如何能够知道他的话是发自内心，而不是心中怀着毒计，姑且抛出听天由命的说法来欺骗世人呢？李存勖日夜沉溺于享乐，昏庸愚昧，伶人掌握了决定臣下生死的权柄，功臣们都陷入险境、朝不保夕。在这个时候，李嗣源并不是不懂得自保之术，而是考虑到其他的路都已经断绝，从广阔的视角进行长远审视，发现唯有听天由命这一条路可以保全自己。郭崇韬先是意气用事，之后又营私敛财，他遭受灾祸的事例就在眼前，李嗣源因此本来就知道在无可奈何的情况下，只有保持内心镇定才能不至于被纷乱的局面所吞噬。

奚以知其行之能践也？委身昏乱之廷，死亡在旦夕，终不求脱身归镇拥兵而待乱，受命讨邺，乃从容以去。唯无求去之心，故廷臣得以推毂[1]，存勖释其猜疑，而晏然以行也。则当其正告守殷之日，嗣源之心，无疑无隐，昭然揭以示人，消无妄之灾，获陨天之福，皆非以意计幸得，而终始所守者，委命之一言也。充斯言也，即许以知道焉可矣。故其得国以后，举动多中于理。而焚香告天，求中国之生圣人[2]，盖亦知天之所佑，必不在乘虚据位之异类，廓然曙于天命之常，而目睫之纷纭，不为目眩而心荧也。

【注释】

①推毂：推车前进。古代帝王任命将帅时的隆重礼遇。

②焚香告天，求中国之生圣人：据《资治通鉴·后唐纪七》记载，李嗣源性不猜忌，与物无竞，年过六十登基，每夕于宫中焚香并对上天告祝说："我是个胡人，由于动乱被众人推举出来继位；愿上天早降圣人，成为生民百姓的君主。"

【译文】

如何能够知道李嗣源能够践行自己的话呢？他委身于昏乱的朝廷，性命危在旦夕，却始终不求脱身而去、回归自己的本镇，拥兵自保、等待局势变得混乱，他受命讨伐邺城，于是便从容率军出发。正因为他没有想求得离开汴梁的想法，所以朝廷大臣们才会推举他做讨伐军主帅，李存勖才会打消自己的猜疑，李嗣源因此得以安然上路。则当李嗣源严正向朱守殷表明心迹的时候，李嗣源的心思，已经没有可隐藏或值得怀疑之处了，完全可以明白地向天下人展示，以消除无妄之灾，获得上天的福泽，他最终登上帝位不是仅仅出于幸运，而是他始终遵守当初听天由命的想法。如果将他的这句话往大了说，也可以承认他已经懂得道了。所以他取得政权以后，举动大多合乎道理。而他焚香向上天祷告，祈求中原能产生圣人，大概也是知道上天所护佑的对象，必定不是乘虚占据天子之位的异族，李嗣源对天命的常道有通阔的理解，因此眼前的纷纷纭纭，都不会让他变得头晕眼花而辨不清方向。

君子于僭伪之主有取焉者，唯嗣源乎！苻坚、拓拔宏伪饰以诬天而罔人，其善也，皆其恶也，何足论哉！夫不知命而饰为之说曰"吾知命也"，有之矣；不信有命而饰为之说曰"吾委命也"，未之有也。若嗣源者，信之真，故言之决也。

【译文】

在所有僭伪之君中，被君子所称道的，大概只有李嗣源一个人了吧！苻坚、拓跋宏都是虚伪地掩饰自己，欺骗上天、蒙蔽百姓，他们的所谓善，其实都是他们罪恶的体现，哪里值得讨论呢！明明不懂得天命却非要掩饰说"我懂得天命了"，这样的人是有的；不相信有天命而能够假装说"我听凭天命的安排"，这样的人是不存在的。像李嗣源这样的人，因为诚挚地相信天命，所以他说听天由命时是很坚决的。

四　嗣源迫于石敬瑭以愚而受大恶

李嗣源之不欲犯顺以攘国，非伪也。朱守殷劝其归镇而不从，赵在礼帅诸将迎奉而泣辞之[①]，皆死生之际也。乃置身于宵小之中而不惧，跳出以集兵雪耻而不遑，固可信其立志之无他矣；然而终不免于逼君篡国之逆者，为诸将所迫，而石敬瑭其魁也。敬瑭曰："安有上将与叛卒入贼城而他日能免者？"此言出而嗣源穷矣。既不能保其腰领与妻子,而抑受从逆之罪以伏法,名实交丧,取生平而尽弃之,天高地厚,嗣源无余地以自容。敬瑭所为持其肯綮要以必从者,机深而言厉,嗣源恶得而不从邪? 惟其然,而嗣源之昧于事几以失断,亦愚矣!

【注释】

①赵在礼(882—947):字干臣,涿州(今属河北)人。初事刘仁恭,后投李存勖,为效节指挥使。同光四年(926)魏州发生兵变,赵在礼被强行推为首领,自称兵马留后。李嗣源受命讨伐赵在礼,不久讨伐军也发生了叛乱,赵在礼迎接李嗣源入城,与诸将联合起来拥立李嗣源为帝,合兵南下攻入洛阳。李嗣源即位后拜其为邺都留守。此后他先后出任十余镇节度使,所至横征暴敛、强行搜刮、民不堪命,被称之为"眼中钉"。后晋灭亡后,赵在礼前去拜见契丹将领,遭到侮辱,日夜惶恐,自尽而死。传见《旧五代史·晋书·赵在礼列传》《新五代史·杂传·赵在礼》。

【译文】

李嗣源不愿意以下犯上来夺取政权,并不是虚伪的表现。朱守殷劝他早日回归本镇,他没有听从朱守殷的劝告,赵在礼率领诸将迎接李嗣源入邺城,尊奉他为皇帝,而他哭泣着推辞了,这都是他在生死之际进行的表态。他置身于小人之中时不畏惧,离开汴梁、集结军队后,也没有急于用武力报仇雪耻,因此可以相信他确实没有异心;然而他最终仍不能免于做出逼君篡国的叛逆之举,是因为被诸将所逼迫,其中石敬瑭尤其起了带头作用。石敬瑭说:"哪里有上将与叛兵共同进入叛贼的城池而他日能免于一死的情况呢?"这句话一说出来,李嗣源也词穷而无法反驳了。既然不能保全自己和妻子儿女的性命,还要背负随从叛逆的罪名伏法,可以说是名实俱丧,平生所积累的资本全都被丢弃,天高地厚,李嗣源竟然没有一处容身之地了。石敬瑭这句话戳中了李嗣源的要害，要挟他必须顺从自己，机谋深沉而语气严厉，李嗣源哪里能不顺从呢？正因为如此，李嗣源对事情发展的判断不够准确，也真是愚昧啊！

敬瑭之强使举兵也，岂果尽忠效死戴主帅以定大业哉？自唐亡以来，天下之称帝称王者，如春雨之蒸菌①，不择地而发，虽名天子，实亦唐之节度使焉耳。李存勖灭梁而奄有之，地差大于群雄，而视刘岩、钱镠、王延翰也②，亦无以异。主无恒尊，臣无恒卑，民亦初无恒向，可夺也，则无不可夺也。以存勖之百战成功如此其炎炎也，不数年而已熸③，则嗣源一旦卷甲犯主以横有其国，又岂有长存之理？其旋起而可旋灭，人皆知之，而敬瑭料之熟矣。嗣源不反，存勖虽亡，乌必止于他人之屋。敬瑭辈部曲偏裨，望浅力微，安能遽为弋获乎？康义诚、李绍虔、王建立、李绍英咸有此心④，而敬瑭以子婿之亲⑤，握牙之重⑥，固将曰嗣源之后，舍我其谁邪？盖亦如史宪诚、朱希彩、朱滔之相因以夺节钺耳。嗣源亦微测之，故祝天求生圣主以绝此凌夺之逆，自知其国不可永，而敬瑭决策犯顺之邪心，必不能保之身后，顾低回顾盼无以自主⑦，荏苒而从之⑧，识者固怜其柔以愚也。

【注释】

①蒸菌：泛指地面上野生的菌类。因菌类多在雨后萌发，古人认为菌乃水气蒸腾上升的产物，故称"蒸菌"。

②王延翰（？—927）：字子逸，光州固始（今河南固始）人。闽太祖王审知长子，闽国国君。王延翰初任威武军节度副使。王审知

病重时,命其暂管军府事务。王审知去世后,王延翰继节度使职位,自称大闽国王,仍向后唐称臣。927年,王延翰的弟弟王延钧以及王审知养子王延禀联手反叛,进军闽国都城福州,王延翰被其抓获并斩杀。史称闽嗣主。传见《旧五代史·僭伪列传》《新五代史·闽世家》。

③熸(jiān):熄灭。

④康义诚:字信臣,代北(今山西大同)沙陀人。早年追随晋王李存勖,曾任本军都指挥使。指挥使赵在礼据魏州谋反时,康义诚随大将李嗣源讨伐,到达魏州城下后,康义诚却在李嗣源面前指责李存勖的过失,劝他起兵。李嗣源即位后封他为捧圣指挥使,领汾州刺史。秦王李从荣欲反,康义诚与之结纳。愍帝李从厚继位不久,李从珂起兵反叛,愍帝派康义诚率禁军主力抵抗李从珂军,结果康义诚迅即倒戈投降。李从珂攻入都城、自立为帝后,认为康义诚反复无常,于是将其灭族。传见《旧五代史·唐书·康义诚列传》《新五代史·唐臣传·康义诚》。李绍虔(?—932):字莹之,又名杜晏球、王晏球,洛阳(今河南洛阳)人。五代时期后梁至后唐名将。初隶宣武节度使朱温帐下,任厅子都指挥使、行营马军都指挥使等职。同光元年(923),归降后唐。天成三年(928),任北面招讨使,率兵进讨王都之乱,并在曲阳、唐河两次大破契丹援军。因功授天平节度使。后移镇青州,加兼中书令。传见《旧五代史·唐书·王晏球列传》《新五代史·杂传·王晏球》。王建立(871—941):字延绩,辽州榆社(今山西榆社)人。唐末五代时期大臣。出身行伍,骁勇善战,精于骑射。初随李嗣源,拜虞候将,屡同契丹和后梁作战,屡建奇功,升任镇州节度副使,入为右仆射、中书侍郎、同平章事,充集贤殿大学士,封开国公。后晋石敬瑭即位后,先后封其为临淄王、东平王、韩王,优礼有加。传见《旧五代史·晋书·王建立列传》《新五代

史·杂传·王建立》。李绍英(？—936)：原名房知温，字伯玉，兖州瑕丘(今山东兖州东北)人。五代后唐时将领。少年时以勇力闻名，在魏博节度使麾下担任亲随军指挥使。晋王李存勖攻取魏博后，喜爱其骁勇，收其为部将。后唐明宗李嗣源在魏州起兵时，李绍英前往投奔，李嗣源称帝后，以其为泰宁军节度使，此后又转任武宁、天平、平卢节度使。李绍英为人贪婪，在镇期间，经常厚敛其民，积财巨万，整修青州南城的府第，出入皆以声妓自随，游嬉不理政事。传见《旧五代史·晋书·房知温列传》《新五代史·杂传·房知温》。

⑤子婿：指女儿的丈夫，女婿。

⑥握牙：掌管牙兵。

⑦低回：徘徊。顾眄：回视，喻指犹豫。

⑧荏苒(rěn rǎn)：柔弱，软弱。

【译文】

　　石敬瑭强逼李嗣源起兵，难道真的是愿意尽忠效死以拥戴主帅、帮助他奠定大业吗？自唐朝灭亡以来，天下称帝、称王的人，如春雨过后的菌类，无视地形四处萌发，虽名为天子，实际上也不过相当于唐朝的节度使罢了。李存勖灭梁而占据其疆土，其地盘稍微比群雄大一些，但和刘岩、钱镠、王延翰等人相比，也没有什么区别。君主没有长久的尊贵，臣下也不总是处于卑微地位，百姓最初也没有固定支持、效忠的对象，政权都可以被篡夺，实际上已经没有不能篡夺的政权了。像李存勖这样身经百战而取得成功，其功勋与威势如此强盛，尚且没经过几年就气焰消颓，则李嗣源一旦率军侵犯主君、陡然间夺得政权，其政权又哪里有长存的道理呢？能骤然兴起，就能骤然败亡，人人都知道这一点，而石敬瑭对此早已预料得很清楚了。李嗣源若不反叛，则即使李存勖死了，后唐政权也必定会落入他人之手，如同乌鸦落到别的屋子上一样。石敬瑭之流身为偏裨部曲，声望浅薄、力量微弱，怎么可能迅速捕获乌鸦,也就是获取政权呢? 当时康义诚、李绍虔、王建立、李绍英都有夺取政权的心思,而石敬瑭身为李嗣源的女婿,又有掌管牙兵的大权,自认为在李嗣源死后,除了他还有谁能继承其位置呢? 大概他也是像唐代史宪诚、朱希彩、朱滔等人一样,想通过因袭的方式夺取节钺罢了。李嗣源也大概察觉到了这一点,所以向上天祷告,求上天赐予人间圣明君主,来杜绝篡夺君位的叛逆行为,他自知自己的政权难以长久维持,而以石敬瑭决策造反的悖逆邪心,自己死后子孙必定难以免受其祸害,只是他徘徊犹豫再三,终究难以自己下定主意,只能软弱地听从了石敬瑭的意见,有见识的人当然会为他的软弱愚蠢感到可怜。

　　夫嗣源之处此,一言而决耳,斩石敬瑭以息浮议,悉力以攻赵在礼而平之,待继岌之归而定其储位,则乱亦自此而息。若存勖忌深而犹不免,则嗣源固曰"无负于天地,委之于命",又何忧惧之有哉?

【译文】

　　李嗣源处于这种情况下,只需要一句话就能做出决断,他应该斩杀石敬瑭以平息浮议,全力攻击赵在礼以讨平叛乱,等待李继岌从蜀地回到洛阳,确立其储君的地位,则混乱也就自此而平息了。如果李存勖对他的猜忌实在太深,这样做也无法幸免于难,则李嗣源本来就说过"我对天地无所辜负,听凭天命的安排",那他又有什么值得忧虑的事情呢?

　　唐之乱甚而必亡也,朱温竭其奸谋十余年而后篡;朱温之虐也,存勖血战几死几生而后灭之。乍然蹶兴,不折一矢,不需旬月,而即帝于中土,自嗣源始。敬瑭、知远、郭威皆旦北面而夕黼宸[1],如优俳之冠冕[2],以成昏霾之日月[3],

嗣源首受其恶，以成敬瑭之奸。呜呼！惟其愚也，辞大恶而不得矣。

【注释】

①黼扆(fǔ yǐ)：本指古代帝王座后的屏风，上画斧形花纹，后用来借指帝王。

②优俳(pái)：指表演杂戏的艺人。

③昏霾：昏暗不明。

【译文】

唐代混乱到了极点而必定要灭亡，朱温尚且竭尽他的奸诈计谋，花费了十多年才得以篡夺了唐朝政权；朱温暴虐无道，李存勖经过几度生死血战后才得以消灭了后梁。猝然兴起，不费一根箭矢，不需要一旬或一月，就能够在中原称帝，这是从李嗣源开始的。石敬瑭、刘知远、郭威，都是早上还为人臣子，晚上就登上了皇位，就像唱戏的伶优变换帽子一样，使世道变得昏暗不明，李嗣源自己就首先遭受了这一恶果，成全了石敬瑭的奸计。唉！正因为李嗣源的愚昧，所以他想摆脱大恶也无法做到。

五　嗣源诏诸使贡奉毋敛百姓禁刺史以下不得贡奉

李嗣源即位之初，诏诸使贡奉毋得敛于百姓，禁刺史以下不得贡奉。然则自此以前，诸使立贡奉之名以虐取于民，下至守令，亦可以财贿交于人主，久矣。

【译文】

李嗣源在即位不久，下诏各镇节度使向朝廷贡奉时不得向百姓搜刮财物，禁止刺史以下的官员向朝廷贡奉。那么可见在此以前，各镇节度使假借贡奉名义来搜刮百姓，下至各地方长官，也可以输送财物贿赂以巴结皇帝，这种情况已经持续很久了。

进奉始自唐德宗，至宣宗以后而愈滥。其始官有余财，小人不知散于州府之固为天子有，而以之献谀。庸主惩于播迁之贫，而恃为非常之备，因而不拒，日加甚焉。及乎官不给而索之民，贡有涯而取无艺[1]。庞勋之乱，起于军府之虚；黄巢之乱，起于掊敛之急[2]；垂至唐亡，天下裂，民力尽，而不能反。则其俯首剸肉以充献纳，盖不知其流祸之何若矣。乃其率天下以无忌惮，蔑上下之等，视天子若亭长三老之待食于鸡豚，则置之废之、奉之夺之易于反掌者，亦缘此为致祸之源。何也？天子者，以绝乎臣民而尊者也，故曰"天险不可升也"[3]。刺史以下微贱之吏，得以锱铢上交于殿陛，则所谓天子者，亦下吏交游之侪伍耳[4]。置之废之，奉之夺之，又何忌乎？

【注释】

①无艺：没有限度。

②掊（póu）敛：聚敛，搜刮。

③天险不可升也：语出《周易·坎卦》之《象辞》："天险不可升也，地险山川丘陵也，王公设险以守其国。"意思是天险高远，如日月天空不可得而升。

④侪（chái）伍：伙伴，同列。

【译文】

进奉制度是从唐德宗时开始的，到宣宗以后变得越发泛滥。刚开始是官府有了余财，小人不知道分散于各州府的财富本来就属于天子所有,而用这些财物进献给朝廷以谄媚皇帝。昏庸的君主鉴于朝廷屡次颠沛流离,于是把这些财物当作预备不测之需的资本,接受供奉而不拒绝,于是贡奉之风愈演愈烈。等到各地官府财富不足,便向百姓索取财物,供奉的数额有限,而向百姓的索取却没有限度。庞勋之乱,起源于军府储备空虚;黄巢之乱,起源于官府急于搜刮百姓;等到唐朝灭亡时,天下陷于分裂,百姓财力耗尽,局势已经积重难返。则百姓只能低头剜肉来充抵献纳的财物,官吏们根本不知道有一天会酿成怎样的灾祸。他们使得整个天下都变得无所忌惮,蔑视上下之间的等级次序,将天子看作是像亭长、三老那样等待喂食的鸡和猪,如此,则废立天子、篡夺政权变得易于反掌,也是因为这一招致灾祸的源泉。为什么会这样呢?天子,是远远凌驾于臣民之上而保持尊贵地位的,所以说"天险高远,如日月天空不可得而升"。刺史以下的微贱小吏,都能用些微财物直接贡献给皇帝来巴结他,则所谓的天子,也就沦落到跟下层官吏为伍的地步了。既然如此,废立皇帝、篡夺政权,又有什么忌惮的呢?

或曰:三代之王天下也,方五十里之小国,亦得以币玉上享于王[①],四海交媚于一人,一人未尝轻也,进奉何病哉?曰:即此而推之,三代之法,不可挟以为名,治后世之天下,非一端而止矣。古之诸侯,虽至小弱,然皆上古以来世有其土,不以天子之革命为废兴,非大无道,弗能灭也。新王受命,虽有特建之国,亦必视此而不容独异。故天子者,亦诸侯之长耳。列国取民之制,各从其旧,而不尽奉新王之法。其与诸侯以兄弟甥舅相往来,颉颃上下[②],法不能伸,故唯恃礼以绥之,使其宾服,大要视今安南、缅甸之称臣奉贡而已[③]。使享使聘,以财相接,亦王者因时服远之权宜,非可必行于万世者也。天下而既一王矣,上以禄养下而下弗能养上,揆之于理,亦法天之显道也。天养万物,而物莫能致其养,以道相临而交以绝,交绝而后法伸,法伸而后道建,清虚在上,万汇咸受其裁成。使三代王者处后世之天下,宪天出治,亦如此而已。何事踧踧然受下邑小臣之壶觞箪笥哉④?

【注释】

①享:进献贡品,进奉。

②颉颃(xié háng):原指鸟上下翻飞,引申为不相上下,互相抗衡。

③安南:今越南。

④踧踧(chuò):局促、拘谨的样子。箪笥(dān sì):竹或苇制的圆形和方形盛饭器。

【译文】

有人说:三代时君王统治天下,即使方圆五十里的小国,也得用帛和玉来向天子进奉,四海之内争相讨好天子一人,天子也没有因此变得被轻视,那么进奉又有什么毛病呢? 回答是:由此而推想,三代时的法度,不能被拿来当作正当的名目,来治理后世的天下,这一道理不仅适用于一个方面。古代的诸侯,即使至为弱小,也都是自上古以来便世代统治其疆土,不因为改朝换代而随之废兴,除非大逆不道,否则是不能将这些诸侯国灭绝的。新王受命即位后,虽然会新建立诸侯国,但也必定要用同样的观念和方式对待它们,不能搞特殊待遇。所以天子也只是诸侯之长罢了。各诸侯国向民众索取财物的方式,各自遵从其旧制,而不完全要依奉新天子的法度。天子与诸侯以兄弟甥舅的亲戚身份相互往来,彼此不相上下,法度不能伸张,所以只能用礼来安定各诸侯,使其服从于天子,当时的诸侯大体上就像是今天的安南、缅甸那样向天朝称臣奉贡而已。让各诸侯向天子聘问献纳,用财物来相互交结,也是天子根据实际情况来使远方诸侯归服自己的权宜之计,并不是必定可以在千秋万代以后仍施行的制度。帝制时代天下既然归服于皇帝一人,皇帝用俸禄供养臣下,而臣下不能供养皇帝,从情理上考量,也是师法上天的显道。上天滋养万物,而万物无法反过来滋养上天,天人之间以道来相处,断绝天人的交集,交集断绝后法度便可以伸张,法度伸张后,人间的道便可以建构起来,清净虚远的上天在上,万事万物都要受上天的规划和裁度。如果让三代的圣王生活在后世的天下,效法天道来治理国家,也不过是如此行事罢了。天子怎么能够接受地方小吏那微薄的些许财物供奉呢?

　　且天下之赋税,皆天子之有矣,不欲私之,而以禄赐均之于百官。既已予之,则不可夺之以归己。于是而廉隅饬焉①,风教行焉。推此而定上下之章,以内临外,以尊临卑,以长临属。司宪者,秉法以纠百职,百职弗敢亵也;奉使巡宣者,衔命以行郡邑,郡邑弗敢黩也;君子之廉以奖,而小民之生以遂。故为之禁制以厚其坊②,督抚监察郡守,不敢奉其壶飧③;方面监司邑令,不敢呈其竿牍④;以法相裁,以义相制,以廉相帅,自天子始而天下咸受裁焉。君子正而小人安,有王者起,莫能易此矣。而何得藉口三代之贡享上交以训贪而启渔民之祸哉?

【注释】

①廉隅:棱角,比喻端方不苟的行为、品性。

②坊:同"防",防范。

③壶飧:用壶盛的熟食。此处引申为下级向上级进奉的礼物。

④竿牍:书札。此指以说情或巴结为目的的书信。

【译文】

况且天下的赋税,都是天子所有的,天子不愿意私用,所以用俸禄的形式将其分给百官。既然已经将其给予了百官,则不能再从他们手中夺回这些财物。正因如此,廉洁之风才能盛行,风俗教化才得以推进。由此推广开来,确定上下等级之间的章程,以内来统御外,以尊来统御卑,以长官来统御僚属。负责监察的大臣,依据法律来纠察百官,百官便不敢贪污渎职;奉使巡抚地方的官员,受君王命令巡行郡县,郡县官员就不敢贪污渎职;廉洁的君子被奖赏,而百姓也获得了生路。所以要出台禁令和制度来严加防范,督抚监察各州郡官员,地方官员不敢向其奉上礼物;州郡官员统御县级官吏,县级官吏不敢呈上说情或讨好的书札;上下级之间用法来相互裁度,用义来相互制约,靠廉洁来做表率,自天子开始,而整个天下都要受其裁度制约。君子行事端正,则小人可以安心,有王者兴起,也不能改变这种情况。那又怎么能用三代诸侯向天子进贡当作借口来引导贪贿,从而带来官员鱼肉百姓的祸害呢?

　　且三代之衰也,天子求金车[①],而中肩之难作[②];大国索骖马,而鞭尸之怨深[③];禹、汤、文、武承上古之流,不能遽革,其流弊亦可见矣。继此而兴者,塞源唯恐不严耳。通古之穷,乃可以御今;酌道之宜,乃可以制礼;故曰"所损益可知也"[④]。使古有之,今遂行之,因流滥而莫之止,则唐、宋之进奉,何以遽召败亡?而嗣源之禁,其上下不交之否道乎?

【注释】

①金车:用铜做装饰的华贵车子。

②中肩之难:指春秋时周桓王因郑庄公不服从天子驱使,联合卫国、蔡国率军攻打郑国,结果三军尽败,周桓王被郑庄公的手下祝聃射中了肩膀,天子的权威荡然无存。事见《左传·桓公五年》。

③鞭尸之怨：指春秋时伍子胥在楚国遭受楚平王等人迫害而被迫
　　出逃到吴国，后来协助吴国击败楚军，攻入郢都，掘开楚平王墓，
　　鞭挞尸体，以泄其愤。事见《史记·伍子胥列传》。

④所损益可知也：语出《论语·为政》："子曰：'殷因于夏礼，所损益
　　可知也；周因于殷礼，所损益可知也。其或继周者，虽百世，可知
　　也。'"意思是对前朝制度所减少和所增加的内容是可以知道的。

【译文】

　　况且三代衰落时，天子向诸侯国索求金车，结果被诸侯射中肩膀而
威风扫地；大国向小国索取裘衣和良马，结果引来小国击败大国、鞭尸
泄愤的灾祸；大禹、商汤、周文王、周武王上承上古的风气，不能立即加
以变革，其流弊也是清晰可见的。承继他们而兴起的朝代，堵塞贪婪的
源头尚且唯恐不能堵严实。只有通晓古代制度的弊端，才可以用古制
来统御当今的事物；斟酌适宜的治国之道，才能够以此来制定礼法；所
以说"对前朝制度所减少和所增加的内容是可以知道的"。假如古代有
什么制度，今天就必定要实施，任凭其弊端泛滥而无法制止，则唐、宋时
代的进奉制度，为什么就很快招致了王朝灭亡呢？而李嗣源的禁令，难
道不是保证上下之间不交相以利益来结纳的好办法吗？

六　赵凤谏止召术者

　　李嗣源召术者周玄豹①，赵凤谏止之②，曰："术者妄言，
杀人灭族多矣。"伟哉！不易之论也。杀人灭族者，就谋逆
不成者而言，凤有所讳而偏举之耳。谋而成，则李存勖毙于
一矢、焚于乐器以亡国矣。谋而成，至于亡人之国；不成，则
以自灭其族，固多有之。然天下之欲图神器者无几，而时之
可乘、力之可乱者，尤不数有。则术者之害，疑于未烈，若不
必严斥而厚禁之也。

【注释】

①周玄豹：燕(今属河北)人。少时曾为僧,习相面卜算之术,后还乡归俗。周玄豹以相法言人事,多有所中,尤为庄宗信重。曾言明宗将会"贵不可言"。明宗即位,赐以金帛,授光禄卿致仕。传见《旧五代史·唐书·周玄豹列传》。

②赵凤(? —935)：幽州(今北京)人。五代时期后唐官员。先后侍奉庄宗和明宗,官至中书侍郎、平章事,多所匡谏。明宗欲召周玄豹赴京时,赵凤劝谏明宗慎重好恶,不要轻信术士妄言,以致危害社稷。后为安重诲辨诬,罢安国军节度使。传见《旧五代史·唐书·赵凤列传》《新五代史·唐臣传·赵凤》。

【译文】

李嗣源召用术士周玄豹,赵凤进谏阻止,说:"术士喜欢妄言,由此而导致身死族灭的情况是很多的。"这句话真伟大啊! 堪称不易之论。导致身死族灭,是针对谋逆不成的人而言的,赵凤因为有所忌讳,所以举例时有所偏重。如果谋逆成功,则李存勖会被一支箭矢射死、会在一堆乐器中自焚而死,导致国家灭亡。谋逆成功,会导致别人的国家灭亡;不成功,则会使自己遭遇灭族之祸,这种情况本来就是很多的。然而天下想要追逐江山社稷和皇位的人并不多,而有时机可以利用、力量也足以造成动乱的人,尤其稀少。如此则术士的危害,看起来并没那么严重,似乎不必对他们严加斥责、严厉禁止。

虽然,奚必如玄豹之许嗣源以贵不可言,导以反逆,而后为天下祸哉? 举古今,尽天下,通士庶,苟信术者,无不受其陷溺;而蔑天理,裂人伦,趋利而得害,图安而得危,无有不然者也。故《王制》曰:"假于时日卜筮以疑众,杀①。"夫术者志尽于衣食,非有大慝焉,而使服上刑,不已过与? 乃观其惑民之流害所极，而后知先王之法，以正人心、维风教，齐民以礼而全其恩义，诚至矣哉！

【注释】

① 假于时日卜筮以疑众，杀：语出《礼记·王制》："假于鬼神时日卜筮以疑众，杀。"意思是经常用蓍草占卜的迷信举动来蛊惑民众的人应该被处死。

【译文】

尽管如此，术士的危害，又何必非要像周玄豹那样许诺李嗣源会变得贵不可言，引导他造反谋逆，最终给天下带来祸患呢？古往今来，整个天下无论士人还是庶民，只要是相信术数的人，没有不被迷惑而沉溺其中的；最终导致他们蔑视天理，摒弃人伦，想要趋利而招致祸害，想求得安全而陷入危险，没有不这样的。所以《礼记·王制》中说："经常用蓍草占卜的迷信举动来蛊惑民众的人应该被处死。"术士不过是想用占卜穿衣吃饭罢了，并非有大的罪恶，却一定要让他们受重刑，不是太过分了吗？可是如果观察他们迷惑百姓，所造成的危害有多剧烈，就可以知道先王的这一法令，是为了端正人心、维护风俗教化，用礼来引导百姓，保全其恩义，可以说是至为诚挚的啊！

星相也，葬法也，壬遁时日也①，火珠林、观梅、河雒之数兆也②，鬻之以受愚人之濡沫，乃使婚者失其配偶，居者去其乐土，死者暴其骸骼③，兄弟相疑以相害，邻里相轧以相吞，狱讼繁兴，杀伤相踵，生人之祸，至此而极，非杀之何足以当其辜哉？然则杀人灭族之祸，非徒图谋不轨者为然，身以之杀、族以之灭而不知者多矣！身幸不杀，族幸不灭，而冒昧以趋于禽行，则尽古今天下之愚者胥然也。善推赵凤之言，以极其情事之必然，术者之可畏，有如是哉！

【注释】

①壬遁：指六壬与遁甲，皆为运用阴阳术数预测吉凶的方法。

②火珠林：也称"六爻卦法"，唐宋时期流行的一种卜筮之法，因载于《火珠林》一书而得名。观梅：指宋代邵雍所创的一种占卜方法，因灵感来源于观赏梅花而得名。河雒之数：指根据所谓河图洛书而推演出的一种数字占卜方法。

③骴（cī）骼：骸骨。

【译文】

星相也好，葬法也好，用六壬与遁甲推算时日也好，或者是用火珠林、观梅、河洛之数等占卜方法也好，都是术士们向愚昧的人兜售其诡计、骗术的方式，却会造成已经结婚的人失去其配偶，有住处的人失去其乐土，死者暴露骨骸，兄弟之间相互怀疑、相互残害，邻里之间相互倾轧，诉讼争端变得繁多，百姓受伤或被杀的事件会接踵而至，民众所受的祸害，至此惨烈到了极点，不诛杀那些术士，如何能抵偿他们的罪过呢？如此则身死族灭的惨祸，不仅图谋不轨的人会遇到，其他遭遇身死族灭却不知缘故的人同样多得是！即使侥幸自己没被杀，家族没有被诛灭，却愚昧地像禽兽般生活，则古往今来愚蠢的人都是如此。好好推敲赵凤的话，可以看到事物发展到极致的必然性，术士们值得畏惧，真的是到了这个地步啊！

解缙庖西封事①，请废大统历建除宜忌之文②，以绝术者之源，诚卓论也。凤与缙非能知道者，而秉正以拒邪，守先王之典训，贤于蔡西山远矣③。

【注释】

①解缙庖西封事：洪武二十一年(1388)，解缙在光禄寺大庖西室随侍朱元璋，朱元璋对解缙说："我和你从道义上是君臣，而从恩情上如同父子，你应当知无不言。"次日，解缙即呈上万言书，主张应当简明律法、并赏褒善政，史称"大庖西封事"。事见《明史·解缙列传》。

②大统历：明初以元代郭守敬授时历为基础而创制的新历法，此后长期沿用。

③蔡西山(1135—1198)：即蔡元定，字季通，学者称西山先生，建州建阳(今福建建阳)人。南宋理学家。一生不涉仕途，潜心著书立说。长于天文、地理、乐律、历数、兵阵之说，兼涉风水、占卜之学。传见《宋史·蔡元定列传》。

【译文】

解缙在"大庖西封事"中请求删除大统历中关于每日吉凶、宜忌的内容，以杜绝占卜术士泛滥的根源，这确实是卓越的议论。赵凤与解缙都不是能够懂得道的人，却能够秉持正论以拒斥邪说，遵守先王的典章和规训，他们比蔡元定要贤明得多。

七　王环存荆南为楚扞蔽

王环为马殷攻高季兴①，大败之，薄江陵城，敛兵而退。谓荆南为四战之地，宜存季兴以为楚扞蔽，策之善者也。季兴虽存，不能复为殷患，而委靡以苟存于吴、蜀、汴、雒之交，以间隔长沙而不受兵，故殷得以保其疆土。虽然，藉此而图固本自强之术，息民训兵以待天下之变，则虽大有为焉可矣。无以善其后，而徒幸兵之不我及，以安旦夕，则所谓"无敌国外患者国恒亡"也②，殷之陋也，非环之失计也。

【注释】

①王环：马殷的部将。

②无敌国外患者国恒亡：语出《孟子·告子下》："入则无法家拂士，出则无敌国外患者，国恒亡。"意思是一个国家没有与之匹敌的邻国和来自外国的祸患，就常常会有覆灭的危险。

【译文】

王环为马殷攻打荆南的高季兴，取得大胜，逼近江陵城，却又收兵退回了湖南。他对马殷说荆南是四战之地，应该保存高季兴这一势力，来作为楚国的屏障，这是很好的策略。高季兴即使存在，也无法再成为马殷的心腹大患，而荆南委靡地在吴、蜀、汴、洛之间苟延残喘，可以将这些强敌与楚国的长沙隔开，避免楚国遭受战火，所以马殷得以保全其疆土。虽然如此，借助这一环境而筹划巩固自身的自强之道，使民众休养生息，训练士卒，等待天下格局发生变动，则即使想要大有作为也不是不可以。马殷没有善后的策略，而只是庆幸战火不会波及自己，获得短暂的安宁，这就是所谓的"一个国家没有与之匹敌的邻国和来自外国的祸患，就常常会有覆灭的危险"，这种局面是马殷的鄙陋造成的，而不是因为王环的失策。

天下当战争不定之世，所甚患者，受天下之冲以犯天下之难，力未完，业不及远，骤得胜而扼吭挟脊以召敌之攻，其败也可立而待，而愚者幸之以居功。越之与楚，不相及也，句践灭吴，而后越受楚兵以亡。契丹灭而女直之祸中于汴，女直灭而蒙古之祸中于杭，皆弱不自量，撤藩篱而欣幸以召攻者。夫岂但弱者为然哉？齐桓公而知要冲之地不可争也，姑置江、黄为不侵不叛之国以隔楚①，则陈、蔡、郑、许可以安于北向；急收江、黄，授楚以兵端，而二国灭，于是楚一伸臂而旋及于泗上②,无所碍矣。

【注释】

①江、黄:即江国、黄国。春秋时期的诸侯国,最终都被楚国所灭。

②泗上:指古代泗水流域,春秋时这里有十二诸侯国。

【译文】

　　天下处于风云莫测的战争时代时,最值得忧虑的,是处于天下各方之间的要冲之地而触犯各方的利益,自身还没有形成足够强的力量,创立的基业还难以支撑长远,骤然间取得胜利,而占据了天下的枢纽之地,招致敌人的攻击,那么就会迅速遭遇失败,而愚蠢的人却还自以为幸运,居功自傲。越国与楚国,本来并不接壤,句践灭掉了吴国,其后越国就遭受楚国的攻击以至于灭亡。契丹被女真消灭后,女真很快又攻陷了北宋都城汴梁,女真被蒙古灭亡后,蒙古很快就攻陷了南宋都城临安,越国和两宋都是处于弱势地位而不自量力,自己撤除了屏障势力,而兴奋地自我庆幸,招来了别人的攻击。难道仅仅是处于弱势的国家才会如此吗?齐桓公如果懂得要冲之地是不能争夺的,就应该姑且将江、黄两国作为不侵不叛之国来靠他们隔绝楚国,如此则陈、蔡、郑、许都可以安心地向北事奉服从齐国;可是齐国却急于征服江、黄两国,给了楚国动兵的借口,江、黄两国被消灭了,楚国一伸胳膊其势力就能毫无阻碍地伸展到泗水流域。

　　强弱之积,非一旦之复;偶然之胜,非持久之术;故曰“地有所不争”①,非散地之谓也。散地者,敌视之如赘疣,而我收其实利,得之也可以厚吾力,而不犯敌之全力以相逼。唯夫南北之襟喉②,东西之腰领,忽为我有而天下震惊,得则可兴,失则必危,兴者百一,而危者十九,竭吾财、殚吾力以保之，一仆而瓦解。策士无识，乃曰：此要地也，所必争者也。不揣而听之，致死以争之，可为寒心矣。

【注释】

①地有所不争：语出《孙子兵法·九变》："城有所不攻，地有所不争。"意思是有的地方虽然可以争夺，但不应该去争。

②襟喉：衣领和咽喉，比喻要害之地。

【译文】

强弱的累积，不是一朝一夕的事；偶然的胜利，不是能够持久的办法；所以《孙子兵法》中说"有的地方虽然可以争夺，但不应该去争"，这并不是指那些散地。所谓散地，是敌人将其视作赘疣，而我方占领后能获取实在的利益，得到这些地方后可以增强我方的实力，而不会惹得敌人倾尽全力来侵袭我方。唯有处于南北之要冲，东西之枢纽的地方，忽然被我方所控制，而天下都会为之震惊，得到了这个地方就能兴起，失去了这个地方就必然陷入危险，能兴起的人占不到百分之一，而陷于危险的人有十分之九，竭尽我方的财富和力量来保护这个地方，只要一失败，国家就会陷于瓦解。谋士们缺乏见识，却说：这是战略要地，是兵家必争之地。如果不加以考虑便听信了他们的话，拼尽死力来争夺这些地方，结果自然是令人寒心的。

善用王环之谋，以养吾全力，使强敌相忘而可大得志于天下，惜乎马殷之不足以及此也，为怯而已矣。虽然，犹可以不亡，待之再世也。

【译文】

所以要善加运用王环的谋略，以培养、保持自己的全力，使强敌忘记自己势力的存在，这样就可以在天下实现自己的志向，可惜马殷不能做到这一点，他不过是胆怯罢了。尽管如此，他的楚国仍然可以不灭亡，以等待下一代统治者来实现这一谋略。

八　听民造曲铸农器按亩收钱

　　唐亡以后，不知始于何日，禁民造麹①，官造卖之以收息。既自号为帝王，而所行若此，陋无以加矣。又其甚者，禁民铸铁，官铸农器，强市于民，则尤不仁之甚者也。虽然，犹未甚也。李嗣源天成三年②，听民造麹，而于秋税亩收五钱，又三年，听民铸农器，于夏秋税二亩收农具三钱，自谓宽政，而不知其贼民之益甚也。造麹者非必有田，有田者方待麹于人而不知造，无端而代鬻麹者以输税，其税之也何名？至于铸农器者，不耕而获农人之粟，哀此贫农，辍餐褫衣以博一器，而又为冶人代税。二者横征，而后农民之苦日积而月深矣。

【注释】

　　①麹(qū)：同"曲"，指把麦子或白米蒸过，使其发酵后再晒干。可用来酿酒。

　　②天成三年：公元928年。

【译文】

　　唐朝灭亡以后，不知从哪天起，朝廷开始禁止百姓酿造酒曲，统一由官府制作，然后卖给百姓以获利。既然号称自己是帝王，却做出这样的事，其鄙陋真是无以复加。更过分的是，禁止百姓铸铁，由官府铸造铁农具，强行卖给百姓，则更是尤其不仁的政策。尽管如此，这仍不是最糟糕的。李嗣源在天成三年下诏听任百姓酿造酒曲，而在秋天收取田赋时多收五钱，又过了三年，下令听任百姓铸造农具，而在夏秋两季收取田赋时每两亩增收农具钱三钱，李嗣源自认为这是宽大的政策，却不知道这对百姓的危害更严重。酿造酒曲的人不一定有田地，有田地的人往往等着买别人造的酒曲，而自己不知道去酿造，农民无端要代替卖酒曲的人交税，这种税收有什么正当名义呢？至于铸造农具的人，不需要耕种就能获得农民的粮食，可怜贫苦的农民，不吃不穿只为买一件农具，如今却又要代替别人缴纳农具税。酒曲税和农具税都属于横征暴敛，而其后农民所受的苦难就日益深重了。

作此俑者，其情易知也。居于上而号为帝王，则民皆惟吾所取而无不可得也。而工贾善为规避，则取之也，劳心力而不能必得。唯农民者，越陌度阡而不知所往，舍稼穑而无以为生，人虽逃而田不移，田即芜而额固存，宗族里井苟在籍者，皆可责以代输而无可避，奚暇问名之所宜、实之所允哉？简易便捷，悬桁杨以拟其项背①，取盈焉而已矣。

【注释】

①桁（háng）杨：套在囚犯脚上或颈上的刑具。

【译文】

始作俑者，其想法是很容易知晓的。既然他居于万民之上而自称帝王，则他认为百姓的财富都任由他取用，没有什么他得不到的。而工商业者善于逃避税收，要从他们那里取得税收，劳心劳力还不一定能最终得到。只有农民，离开土地就不知道往哪里去，舍弃耕种就无以为生，即使人能逃走，土地也无法跟着转移，田地即使荒芜了，所应交纳的税额仍然不变，其宗族乡里中只要还有在籍的人，都可以让他们代替逃走者交税，他们根本无法逃避，又哪里会去问这种税收是否有正当名义、是否为现实所允许呢？这种收税方法简易便捷，官府只要用枷锁来恐吓农民，就可以从他们那里得到财富了。

造麹铸器者，居赢以宴处；而经年不见麹、称贷以买器者，俯首而唯其箕敛。呜呼！是尚有所控告乎？乃为之说曰：亩五钱耳，二亩三钱耳，无大损于民，而合以成多。哀哉！日益之，岁增之，不见多而已积矣。至不仁者，自矜其得利之易，合并以责之田亩。此法一立，相仍者累积而不已，明主弗能察也，惠主弗能蠲也，延及数百年，而户口盐钞桑丝钱息车船木竹之税，一洒散之于田亩。喑不能言①，蹇不能去②，坐受工贾山泽之征，习焉而莫测其所以，皆自嗣源始之。孰谓嗣源为有仁心而几于小康乎③？

【注释】

①喑(yīn)：声音嘶哑，有音无字。

②蹇(jiǎn)：跛足。

③嗣源为有仁心而几于小康：据新旧《五代史》《资治通鉴》记载，明宗在位七年，于五代之君，最为长世。李嗣源应运君临，力行王化，"政皆中道，时亦小康"。当时兵革粗息，年屡丰登，使得生民得以休养生息。

【译文】

酿造酒曲和铸造农具的人，获取了利益而安然自得；那些经年累月见不到酒曲、必须借贷才能买得起农具的人，却要俯首听命，任凭朝廷横征暴敛。唉！这还有什么可控诉的呢？可是又有人辩解说：每亩不过增收五钱酒曲税罢了，每二亩不过增收三钱农具税罢了，对百姓没有大的损害，而收上来的税合起来数量就很可观了。唉！日日长，年年增,虽然短时间不见增加,但时间一久就积累得很多了。至为不仁的人,自恃得利容易,将各种杂税合并到田赋之中征收。这种法令一立,沿袭这一政策的人不断增多,英明的君主也无法察觉其弊端,仁惠的君主也不能加以免除,延续数百年,而户口、盐、钞、桑、丝、钱息、车船、木竹等杂税,全部都被摊派到了田赋当中。百姓说不出话,像跛子一样逃离不了,只能坐受本来针对工商业者和山泽的税收,因为习惯了而不会再去追问为何如此,这些都是从李嗣源开始的。是谁说的李嗣源有仁爱之心,在他统治下国家几乎达到了小康水平呢?

九　嗣源托国安重诲

不能谋身而与之谋国,其愚不可瘳;不能谋国而许之以安民,则论史者之耳食而涂说者也[1]。李嗣源胡人之铮铮者耳,其篡夺也,年已老矣,骄奢淫泆之事,以血气衰而且息,于是或一言焉,有恤民之辞,间一念焉,有苏民之志,乃其所托国者,则安重诲也[2]。夫重诲之奸与忠勿论,而举生杀予夺一任其喜怒,胁持其主以钳制群僚,激董璋、孟知祥而唯恐不为祸先,其主厌之而不戢,上下胥切齿怨之而不忧,碎首横尸而不知祸之所自发,其谋身之愚也如此,而嗣源所与托国者,则重诲也。流血溅于宫庭,攘夺悬于眉睫,如是而欲求斯民一日之安,其可得乎?

【注释】

①耳食:指不加审察,轻信传闻。

②安重诲(? —931):河东应州(今山西应县)人,沙陀族。五代十国时期后唐大臣。安重诲自少年时代就开始随从后唐明宗李嗣源征战,为人明敏谨恪,逐渐成为李嗣源的亲信。明宗即位后,

安重海被任命为左领军卫大将军、枢密使，总揽政事。但安重海不通文墨，掌权后刚愎专断，力主削藩，激反孟知祥、董璋等将领，诬杀宰相任圜等，在处理李从珂的问题上与后唐明宗发生了意见分歧，被罢职致仕，最终于长兴二年(931)被诛杀。传见《旧五代史·唐书·安重海列传》《新五代史·唐臣传·安重海》。

【译文】

与不能谋身的人一道谋划国家大事，其愚蠢是不可救药的；明明不能谋国，却被赞许为能够安民，则是评论历史的人蒙昧不明，听信了道听途说的缘故。李嗣源不过是个刚强的胡人罢了，他篡夺皇位时，年纪已经大了，所以骄奢淫逸的事情因为血气已衰而做得少，他在位期间或许确实有一两句体恤百姓的话，或许确实有一两个让百姓得以复苏的念头，但他托付国家的对象，却是安重海。暂且不论安重海是奸臣还是忠臣，他完全凭借自己的喜怒来决定对别人的生杀予夺，胁持君主以钳制百官，激怒董璋、孟知祥而唯恐他们不首先反叛以带来祸患，连皇帝都厌恶他了，他也不加以收敛，朝廷上下全都对他恨得咬牙切齿，他也不为此担忧，后来他被击碎头颅、横尸家中，却不知道灾祸是自己招致的，他在为自己打算方面是如此愚蠢，而李嗣源却把国家托付给了他。宫廷之中流血争斗不止，政权被篡夺的危险迫在眉睫，像这样还想要求得百姓能安稳生活一天，怎么可能做到呢？

当其时，天地闭，龙蛇争，固乏贤矣。然文臣则如任圜之尽力以忧公[1]，张文宝之秉礼以重国[2]，赵远之见祸于几先[3]；武臣则如康福之外迁而宣力[4]，姚洪之抗节以致命[5]；善用之皆可以任大，而重海媢疾以间之，嗣源弗能用也。孙晟、韩熙载且南走吴以思反噬[6]。夫岂无人哉？以权谋与同起者亲之，以粗犷与相叶者狎之[7]，故久知重海之恶，而复与相持泣下。詹詹之智，得国而已穷；呴呴之仁，昵爱而难割。乃至从璨血重诲之刃⑧，为从珂乞命于重诲，而幽辱无聊，血胤之不保，尚能推恻隐之心以施于邦国乎？且非徒重诲也，重海诛，而范延光、赵延寿踵之而进⑨，奸顽且出重诲右矣，而后国以必亡。民之死者，不知其几千万矣，尚曰可以安民也哉？

【注释】

①任圜（？—927）：京兆三原（今陕西三原）人。五代十国时期后唐大臣。明宗即位后官至宰相。天成二年（927），宣武军节度使朱守殷阴谋叛变，安重诲借机诬陷任圜与朱守殷通谋，矫诏赐任圜自尽。任圜受命后，聚族酣饮，饮药自尽。传见《旧五代史·唐书·任圜列传》《新五代史·唐臣传·任圜》。

②张文宝：后唐大臣，官至吏部侍郎。明宗时奉命出使浙江，在海上遭遇事故，被风吹到淮南地界。淮南杨溥对他礼遇有加，赠送许多钱币、食物。张文宝受其食物，返其钱币，吴人很佩服他，送他到杭州完成使命。张文宝回到后唐不久病卒。传见《旧五代史·唐书·张文宝列传》。

③赵远：字上交，幽州（今北京）人。后唐官员，在李嗣源次子李从荣手下担任六军判官、司谏郎中。李从荣行为不合常道，赵远劝谏他说："大王您居于优先嗣业的地位，应该经常修养德行，为什么尽干这样不妥当的事！不要以为有父子至亲的关系可以依恃无恐，难道您没有看到春秋时晋献公杀了恭世子和汉武帝杀了戾太子的事例吗？"李从荣听了恼火，把他贬放为泾州判官。后来李从荣谋反失败被杀，赵远因为讲过这些话而声名流播。

④康福：蔚州（今河北蔚县）人。原为后唐磁州刺史，因擅长胡语而常被明宗召见议事，安重诲对此很厌恶。康福请求外调，被明宗

任命为朔方节度使,其后屡立战功,先后讨平保静镇叛乱和党项叛乱。传见《旧五代史·晋书·康福列传》。

⑤姚洪:本为后梁将领,曾为董璋部将,后归顺后唐。董璋在蜀地发动叛乱,暗地给他写信诱降,姚洪把信丢入厕所。城陷后,董璋抓住姚洪,责备他辜负自己,姚洪痛骂董璋背叛后唐、不忠不义,董璋大怒,将他残忍处死,姚洪至死骂声不绝。传见《旧五代史·唐书·姚洪列传》。

⑥孙晟、韩熙载:本为后唐官员,后投奔南唐,均官至宰相。

⑦叶(xié):相合,相洽。

⑧从璨:指李从璨,李嗣源的侄子(一说儿子)。被安重诲诬陷而遭明宗赐死。传见《旧五代史·唐书·宗室列传》。

⑨范延光:字子环,相州临漳(今河北临漳)人。后唐、后晋时期将领。明宗时率军平定朱守殷之乱,被任命为枢密使。石敬瑭建立后晋后归降,天福二年(937),在邺城反晋,兵败投降,不久为河阳节度使杨光远所害。传见《旧五代史·晋书·范延光列传》《新五代史·杂传·范延光》。赵延寿(?—948):本姓刘,常山(今属河北)人。初为卢龙节度使赵德钧养子,后仕后唐,娶后唐明宗兴平公主,出任枢密使,镇守徐州。后晋天福元年(936),为契丹俘获,出仕契丹,官至中京留守、大丞相。传见《旧五代史·晋书·赵延寿列传》。

【译文】

在这一时期,天地闭合,龙蛇争斗,本来就缺乏贤才。但文臣则有像任圜那样尽力忧心公事的人,像张文宝那样秉持礼节以使国家受到尊重的人,有赵远那样能提前看到灾祸征兆的人;武臣则有像康福那样外调以后为国家出力建功的人,有像姚洪那样坚守节操而死的人;只要善用人才,这些人都可以被重用,而安重诲却出于妒忌而离间这些人与李嗣源的关系,李嗣源便无法任用这些人了。孙晟、韩熙载这样的后唐官员便向南投奔南唐,谋划反过来吞噬后唐。难道此时真的没有人才吗?李嗣源因为安重诲多年参与自己的权谋规划,与自己共同起家,因而将他当作亲信,因为粗犷的性情与安重诲合得来而亲近他,所以他很早就知道安重诲的恶行,却仍然会与他相抱流泪。李嗣源琐碎的智慧,在夺取政权时便已经耗尽;他仁慈心软,出于昵爱而难以割舍对安重诲的感情。以至于李从璨因为安重诲而被赐死,李嗣源为李从珂向安重诲请求生路,而李从珂仍然被幽禁和羞辱,李嗣源连自己的血脉都保不住,又怎么能推广自己的恻隐之心,将其加给整个国家呢?而且有问题的大臣也不仅有安重诲,安重诲被杀后,范延光、赵延寿继他之后被明宗任用,他们的奸诈顽劣比安重诲还严重,所以其后国家必定灭亡。百姓因此而死去的,不知道有几千万,如此,李嗣源也称得上能安定百姓吗?

呜呼!民之有生也,恃上之不绝其生也;上能保民之生也,必先知自保其生也。忘其身之死亡,则无复念人宗社之存亡,任一往之气,乘须臾之权,何不可为也?愚者日与之居,臭味相移,则念偶动于慈柔而辄为中沮,己在陷溺之中,何暇援人之溺也?风愆稍艾[1],虐政稍苏,暂觉其有小康之德,而身死国乱,孽子悍婿猘争于中,而契丹乘之以入[2],皆自重海启之,嗣源召之。一言一事之惠泽,杯水之于车薪,孰能许之以仁邪?

【注释】

①风愆:风俗教化。

②孽子悍婿猘争于中,而契丹乘之以入:清泰三年(936),李嗣源的养子李从珂调李嗣源女婿石敬瑭徙镇天平,欲图削弱石敬瑭兵

权。然而石敬瑭拒绝调任并质疑李从珂即位的正当性，随后起兵造反。李从珂于是削夺石敬瑭官爵，令张敬达等人发兵讨伐。后石敬瑭向契丹求援，约为父子，得到契丹增援。事见《旧五代史·晋书·高祖纪》《新五代史·晋本纪·高祖》。

【译文】

唉！百姓能够有生路，要仰赖在上位者不断绝他们的生路；在上位者能保全百姓的生路，必须要先懂得保住自己的生路。忘记了自身的生死，就不可能再念及别人宗庙社稷的存亡，凭恃一往无前的气势，利用手中短暂拥有的权柄，有什么事情做不出来呢？与愚蠢的人每天相处，臭味相投，即使偶尔动了仁慈温柔的念头，也会很快被蠢人所阻挠，自己都处于溺水状态，哪里有余暇去拯救其他溺水的人呢？风俗教化稍有起色，暴政稍有缓解，暂时让大家觉得李嗣源有建成小康的德行，而他死后国家迅速陷于混乱，他的不肖之子与强悍女婿在朝中拼死争斗，而契丹人乘机而入，这些都是安重诲引发的，是李嗣源自己招致的祸患。即使他有一句话、一件事的恩惠福泽施与百姓，也不过是杯水车薪罢了，谁能认可他是仁慈之君呢？

一〇　钱氏孝友传家保世滋永

仁者，有生之类所必函也；生者，上天之仁所自荣也。故曰"本立而道生"①。仁动于天，厚植于心，以保其天性之亲，于是而仁民爱物之德，流行于天下，人道之生也；于是而传世永久之福，垂及于百世，天道之生也；于吴越钱氏有足深取者。

【注释】

①本立而道生：语出《论语·学而》："君子务本，本立而道生。"意思

是树立道德的基础、根本（即孝悌），道才能够随之产生。

【译文】

仁爱是所有生灵所必定包含的品质；生命则是在上天的仁德恩赐下自然繁荣的事物。所以说"树立道德的基础、根本，道才能够随之产生"。仁爱之心萌发于上天的赐予，深植于生灵的内心，以保全其出于天性的亲情，于是仁爱百姓、进而爱惜万物的品德，便在天下流行开来，这就是人道的产生；于是世代永久传续的福泽，便垂及后世百代，这就是天道的产生；在此方面，吴越钱氏有值得别人深刻肯定和学习的表现。

钱镠与董昌为流匹，起群盗之中，其殴人争战，戕民逞志，屈志逆贼，受其伪册，与高季兴、马殷、刘岩、王延政、孟知祥互有长短，而无以大异。则爝火之光，宜其速熸耳。而延及宋世，受爵王廷，保世滋永，垂及于今，犹为华族，子姓蕃衍，遍于江东，夫亦何道而致然哉？

【译文】

钱镠与董昌相似，都是出身于盗贼，在与人殴斗争战、戕害百姓以求一逞，向逆贼屈服、接受逆贼给予的伪册命方面，与高季兴、马殷、刘岩、王延政、孟知祥等互有长短，而没有大的不同。如此则他不过是像爝火之光一样，理应迅速熄灭罢了。然而吴越的国祚一直延续到宋初，还在北宋朝廷接受了爵位，并得以世代绵延福泽，一直到今天，仍然是名门望族，其子孙后代繁衍兴旺，遍布于江东地区，是什么原因导致这种局面的呢？

仁莫大于亲亲[①]，非其私之之谓也。平夷其心，视天下之生,皆与同条共贯②,亦奚必我父兄子弟之必为加厚哉?此固不可深求于物理,而但还验其心之所存、与所必发者而已。均之为人,而必亲其亲者,谁使之然也? 谓之天,而天未尝诏之;谓之道,而道亦待闻于讲习辩说之余矣。若其倏然而兴、怵然而觉、恻然而不能忘者③,非他,所谓仁也。人之所自生,生于此念,而习焉不察耳。释氏斥之为贪爱之根,乃以贼人而绝其类。韩愈氏曰:"博爱之谓仁④。"言博也,则亦逐流而失其源也,博则其爱也弛矣。

【注释】

①仁莫大于亲亲:语出《礼记·中庸》:"仁者,人也,亲亲为大;义者,宜也,尊贤为大。"

②同条共贯:谓行事相仿,可以相提并论。

③倏(shū)然:忽然。怵然:惊惧的样子。恻然:悲伤惆怅的样子。

④博爱之谓仁:语出韩愈所作《原道》。

【译文】

没有比亲爱亲人更大的仁爱了,这不是指私心偏爱自己的亲人。将自己的心放平,把天下苍生,都视作与此情理相通,那么又何必对于自己的父兄子弟格外加以厚待呢? 这本来就是不能够以深入探求事理的方式去追索,而只能从这种仁爱之心存于何地、发于何时去验证。同样是人,每个人都必定亲近自己的亲人,是谁让他们这样的呢? 如果说是上天,则上天也不曾直接昭示这一点;如果说是道,则道也是需要通过讲习辩说来了解的。像这种忽然产生、猛然察觉、怅然难忘的亲亲之心,没有别的解释,就是所谓仁爱而已。人本来出生时,都存在这一观念,只是因为习惯了而难以觉察罢了。佛教将其斥责为贪爱的祸根,这是佛教戕害民众、断绝其生路的体现。韩愈说:"博爱叫作仁。"他谈论博，也是随波逐流而丢失了本源，一旦爱变得广博，它也就因此而废弛了。

　　有人于此，可生也，亦可杀也，见为可生，而生之也快，见为可杀，而杀之也亦快，即见为不可杀，而卒不能不杀也，则亦置之矣。至于父子兄弟，即不容已于杀，而必戚然以终身，如其见为可生，则必不如他人之唯力是视，尽吾道而付之无可奈何者。以此思之，仁天下也有穷，而父子兄弟之仁，则不以穷而妨其爱也。唯不仁者，舍其约以务于博，即有爱焉，亦散漫以施，而自矜其惠之溥；如其穷矣，则视父子兄弟亦博爱中之一二人而已。置之可也，杀之又奚不可哉？故与人争名，名不两归而杀心起；与人争利，利不两得而杀心起；乃至与人争国、争天下，势不两立而杀心愈熺^①。

【注释】

①熺：炽热，炽盛。

【译文】

　　假如有一个人，可以让他活着，也可以杀死他，看到他值得存活的一面，就会把让他活着当作快事，看到他值得杀死的一面，则会把他被杀当作快事，即使看到他是不能杀的，而最终却不能不杀死他，则也不过对此置之不理罢了。如果这个人是自己的父亲、儿子或兄弟，则即使他非杀不可，自己也必定终生为其伤心，如果看到他有值得活下来的原因，则必定不会像其他人那样只是尽力去保全他不被杀，尽到了自己的义务后，对结果便感到无可奈何了。由此来考虑，对于天下的仁爱是有限度的，而父子兄弟之间的仁爱，则不会因为这种限度而妨碍彼此之间的亲情。唯有不仁的人，才会舍弃父子兄弟之间的爱而去贪求博爱，即使真的有博爱,也不过是散漫地施加于他人,而自夸自己的恩惠有多广博罢了;如果这种爱穷尽了,则看待父亲、儿子、兄弟也不过就是博爱中的一两个人而已。可以将他们置之不理,那么杀了他们又有什么不可以的呢? 所以与人争名,名分无法归于双方,那么就会产生杀心;与人争利,无法双方都得利,就会产生杀心;以至于与人争国家、争天下,双方势不两立,杀心只会变得更加炽盛。

呜呼! 汉文帝之贤也,且以尺布斗粟致不容之怨[1],况下此者! 于是而曹丕、刘彧、高湛、陈蒨,自不欲全其本支,而本支亦如其意焉以斩。天道之不忒[2],仁不仁一念之报焉耳。朱友珪、李从珂僭主中国,为不仁之倡,而徐知诰、马殷之子孙相效以自殄其族。夫此数不仁者,抑岂无爱以及人哉? 爱之无择而穷矣。视其属毛离里者[3],皆与天下之人物无以异,无妨于己则生之,有碍于己则杀之。墨、释之邪,韩愈氏之陋,实中于不肖者之心,以为天理之贼,不可瘥也[4]。

【注释】

①尺布斗粟:西汉淮南王刘长因谋反被其兄汉文帝废黜王位,迁徙到蜀郡。刘长在迁徙途中绝食而死。民间为此事创作歌谣云: “一尺布,尚可缝;一斗粟,尚可舂;兄弟二人不相容。”

②不忒:没有差错,不会变更。

③属毛离里:典出《诗经·小雅·小弁》:“靡瞻匪父,靡依匪母。不属于毛,不离于里。”意思是外和皮毛相接,里和心腹血肉相连。比喻子女与父母关系密切。

④瘥(chài):治愈。

【译文】

唉！以汉文帝的贤德，尚且因为小的嫌隙而最终造成兄弟间彼此无法相容的惨剧，何况是不如他贤德的人呢！于是魏文帝曹丕、宋明帝刘彧、北齐武成帝高湛、陈文帝陈蒨，自己不愿保全自己的同族，而同族也就如他们所愿被斩尽杀绝了。天道不会出差错，仁与不仁都是对一念之差所给予的回报。朱友珪、李从珂靠窃夺取得了中原的帝位，成为不仁的倡导者，而徐知诰、马殷的子孙相继效仿他们，最终使得自己的家族被诛灭。这几个不仁之人，难道是没有爱给予人吗？他们只是因为没有选择爱的对象而使得爱穷尽了。他们把与自己有血肉联系的亲人，都看得与天下其他的人和生物一样，对自己没有妨碍就让他们活着，阻碍了自己就将他们杀掉。墨家、佛教的邪说，韩愈的浅陋之见，都恰好迎合了不肖者的心理，所以他们都成为悖逆天理的贼人，不可救药。

　　而钱元瓘独全友爱以待兄弟①。钱镠初丧，位方未定，而元瓘与兄弟同幄行丧，无所猜忌，陆仁章以礼法裁之②，乃不得已而独居一幄。其于元璙也③，相让以诚，相对而泣，盖有澹忘富贵、专致恻怛者焉④。故仁风扇而天性行。施及弘俶⑤，群臣废兄立己，众将不利于其兄，而弘俶以死保之，优游得以令终。自古被废之主，昌邑而后，未有能如是者。孝友传家，延于奕世⑥，亦盛矣哉！推其源流，皆元瓘一念之仁为之也。此一念者，爱之所凝，至约而无所穷也，非墨、释之所与知也。

【注释】

　　①钱元瓘(887—941)：字明宝，原名传瓘，杭州临安(今浙江杭州临

安区)人。五代十国时期吴越国第二任君主,吴越太祖钱镠之子。天成三年(928),钱元瓘被钱镠立为继承人,长兴三年(932)钱镠去世,钱元瓘继承父位,并与兄弟们共同在一个帐幄内守丧,内牙指挥使陆仁章说:"令公继承先王的霸业,将吏们早晚要进见,应当与诸位公子分开住。"便命令主事的人另设一帐,扶着钱元瓘住进去,并向将吏宣告:"从今以后,这里只能谒见令公,禁止诸公子的随从未经允许随便进入。"后晋天福二年(937),钱元瓘被后晋封为吴越国王。天福六年(941),钱元瓘因府署着火,惊惧得病,同年去世。传见《旧五代史·世袭列传》《新五代史·吴越世家》。

②陆仁章:吴越大臣。本为园丁,钱镠发掘其才能,委以重用,官至内牙指挥使。钱元瓘即位后,任命陆仁章为衢州刺史。传见《十国春秋·吴越列传·陆仁章》。

③元璙:指钱元璙(887—942),字德辉,原名传璙,杭州钱塘(今浙江杭州)人。钱镠之子,钱元瓘的哥哥。钱元瓘即位,改传璙名为元璙。钱元璙性格简约,谙熟弓马。钱元瓘和他喝酒时对他说:"吴越王本是哥哥的位置,小弟能坐上是兄长所赐。"钱元璙俯伏感泣。后来他作金谷园烟雨楼养老,在苏州三十年,天福七年(942)去世。传见《十国春秋·吴越列传·广陵郡王元璙》。

④澹:恬静、安然的样子。

⑤弘俶:即钱俶。

⑥奕世:累世,世代。

【译文】

而钱元瓘却唯独能够保全对待兄弟的友爱之情。钱镠去世后刚举行葬礼时,王位尚未正式确定,而钱元瓘与他的兄弟们同处一座帷帐中守丧,无所猜忌,陆仁章根据礼法对他提出要求,他才出于不得已而独居一座帷帐。他对钱元璙,用诚心来推让王位,兄弟二人相对哭泣,大概确实有淡泊富贵、专心致志地沉浸于悲伤的恳切情感。所以吴越宗室内部仁爱之风盛行,而兄弟友爱的天性得以保全。等到钱弘俶的时候,群臣废黜他的兄长而立他为王,众人将对其兄长做出不利举动,而钱弘俶以死为兄长担保,使他最终得到善终。自古以来被废的君主,自昌邑王刘贺以后,没有能得到这样的好结局的。以仁孝友爱的精神作为传家宝,世代相传,也真是堪称兴盛啊! 推究其源流,都是钱元瓘的一念之仁所造成的后果。这一念头,是由仁爱所凝结而成的,至为简约而不会穷尽,这不是墨家、佛家所能理解的道理。

一一　康澄不足惧之说为王安石作俑

天人之际难言矣! 饥馑讹言、日月震电、百川山冢之变,《诗》详举而深忧之;日食、地震、雪雹、星孛、石陨、鹢飞之异[①],《春秋》备纪而不遗;皆以纳人君于忧惧也。乃其弊也,或失之诬,或失之鬼。其诬也,则如刘子政父子分析五行以配五事[②],区分而凿证之,变复不惟其德而唯其占[③],有所倚而多所贷,宽猛徇其臆说,而政愈淫。其鬼也,依附经义以乱祀典,如董仲舒土龙祈雨之术[④],徒以亵天而导淫祀,长巫风,败风教,则惧以增迷,人事废而天固不可格也。夫为诬为鬼,既以资有识者之非笑,于是如康澄者[⑤],乃为之说曰:"阴阳不调,三辰失行[⑥],小人讹言,山崩川涸,蟊贼伤稼,不足惧也。"王安石之祸天下而得罪于名教,亦此而已矣。

【注释】

①鹢飞:典出《春秋·僖公十六年》:"十有六年春,王正月戊申朔,陨石于宋五。是月,六鹢退飞过宋都。"《左传》云:"十六年春,陨石于宋五,陨星也。六鹢退飞过宋都,风也。"杜预注曰:"鹢,水

鸟,高飞遇风而退,宋人以为灾,告于诸侯,故书。"鹢,一种像鹭的水鸟。

②刘子政:即刘向。

③变复:以祭祀祈祷来消除灾祸,恢复正常状态。

④土龙:用泥塑的龙。据《论衡·乱龙篇》记载,董仲舒曾"申《春秋》之雩",设土龙以招雨。

⑤康澄:后唐官员,时任大理少卿。

⑥三辰:指日、月、星。

【译文】

　　天人之间的关系是很难说清楚的!饥荒谣言、日月雷电、百川大山的变故,《诗经》中都详细列举而深深为之感到担忧;日食、地震、大雪、冰雹、星辰逆行、陨石、鹢鸟倒飞等灾异现象,《春秋》中都详细加以记载而不曾遗漏;《诗经》和《春秋》这样做的目的都是希望能够使君主为灾异感到担忧和恐惧。可是其弊端则是,要么失之于虚构,要么失之于迷信。所谓虚构,就如刘向父子将五行分别匹配五事,对其进行区分并穿凿附会地予以解释,他们主张以祭祀祈祷来消除灾祸,却以占卜而不是德行为依据,他们的学说因为有所倚重,所以也就多有宽贷之处,是宽松还是严猛完全依据其主观臆想,只会使政事更加混乱。至于失之迷信,则是依附经义以搅乱祭祀典礼,比如董仲舒所谓的土龙祈雨之术,只会亵渎上天而引导祭祀虚妄泛滥的风气,助长巫术之风,败坏风俗教化,则恐惧会助长迷信,人事因而陷于废弛,自然就更无法求得天道了。这些灾异学说中的虚构和迷信因素,既然已经令有识之士感到荒谬可笑了,于是像康澄这样的大臣,便站出来说:"阴阳不协调,日、月、星运行失常,小人传播讹言,山崩塌、河干涸,害虫伤害庄稼,这些都不值得畏惧。"王安石给天下带来祸患,从而得罪于名教,也是因为这个原因。

夫人主立臣民之上,生杀在己,取与在己,兴革在己。

而或益之以慧力，则才益其骄；或相习于昏虐，则淫荡其性；所资以息其敖辟而纳于檠括者^①，唯惧之一念耳。故明主之于天下，无不惧也。况灾异有凋伤之实，讹言乃播乱之媒，饥馑系生民之命，而可云不足惧乎？民情何以定而讹言永息；饿殍何以苏而饥馑不伤；三辰失轨，川决山崩，当其下者，沴气足以戕生^②，凶征足以召乱，何以镇抚而不逢其害；岂徒惧而已哉？又岂如《五行志》之随征修复，自诩以调燮而安其心^③；《春秋繁露》之媟用术法^④，苟求营祷而亡其实哉？

【注释】

①敖辟：形容乐音倨傲放肆而又邪辟。檠（qíng）括：约束矫正。

②沴气：恶气，灾害不祥之气。

③调燮：调和阴阳。

④《春秋繁露》：董仲舒阐述"春秋学"理论的重要著作，今通行本共十七卷，八十二篇。内容以《公羊》学理论为基础，糅合了阴阳五行、黄老道家及法家思想，发挥《春秋》"大一统"之旨。对自然和人事做各种牵强比附，建立了"天人感应"论的神秘主义思想体系。媟（xiè）用：杂用，轻薄地使用。

【译文】

君主立于臣民之上，掌握生杀予夺、兴办革除的大权。如果他还拥有智慧和力量，那么这种才华就会使他变得更加骄傲；也有的君主习惯于昏庸暴虐，那么淫乱便会荡涤他的品性；能够让君主免于变得倨傲放肆、约束矫正他的行为的，就只有让他在观念上有所惧怕这个方法了。所以英明的君主对于天下事物，没有不恐惧的。何况灾异有凋零损伤的实情，谣言是传播混乱的媒介，饥荒关系到百姓的死活，怎么能说不值得恐惧呢？民情如何安定下来从而使谣言平息；饥饿的百姓何以复苏从而减轻灾荒带来的损伤；日月星运行轨道异常，河决山崩，处于这种异象之下，灾害不祥之气足以戕害生灵，凶险的征兆足以招致祸乱，如何镇抚才能够避免受到其损害；这些都需要去思考，怎么能仅仅恐惧而已呢？又怎么能像《五行志》那样根据征兆的变化而随意编排灾异记载，自诩为调和阴阳以使人安心；或者是像《春秋繁露》那样杂用巫术，苟且想要用祷告的方式消除灾异本身呢？

　　夫仲舒、子政，惟不知惧而已。谓天地鬼神之可以意为迎合，而惧心忘矣。诚知惧者，即澄所谓"畏贤人之隐，畏民业之荒，畏上下之相蒙，畏廉耻瀽而毁誉乱，忠言不进，谄谀日闻"者也。唯其惧之在彼，而后畏之在此。天人之应，非一与一相符，而可以意计揣度者也。一惧而天在人之中，万理皆繇此顺矣。澄何足以与于此哉？王安石之学，外申、韩而内佛、老，亦宜其憪焉而为此无忌惮之言也。孔子曰："畏天命①。"《诗》《春秋》见诸行事，非意计之能量，久矣！

【注释】

　　①畏天命：语出《论语·季氏》："君子有三畏：畏天命，畏大人，畏圣人之言。"

【译文】

　　董仲舒、刘向，都只是不懂得畏惧罢了。他们认为对天地鬼神都可以用自己的意志来加以迎合，也就忘记保持畏惧之心了。确实懂得畏惧的人，就会像康澄所说的那样，"畏惧贤人隐匿不出，畏惧士农工商变换职业、不安于本业，畏惧君臣相互迎合，畏惧廉耻之道消亡而诋毁、赞誉真伪混淆，正直的言论得不到采纳，谄媚阿谀之言每天都能听到"。

正因为畏惧那些事情,然后才会畏惧灾异。天人之间的感应,并不是一一相符、可以让人用自己的想法去加以揣测的。只要有畏惧之心,天意就在人心之中了,那么世间万般道理也就因此而显得顺畅了。康澄又哪里足以理解这些道理呢?王安石的学说,表面上效法申、韩而实际上师法佛教、道教,自然也就不奇怪他懵懂无知而能说出"天变不足畏"这样无所忌惮的话了。孔子说:"要畏惧天命。"《诗经》《春秋》将天变与人事结合起来,不是个人的想法所能揣测的,长久以来就是如此!

一二　李彝超挟盗术以强固其国

银、夏之乱①,终宋之世,勤天下之力,困于一隅,而女直乘之以入,其祸自李彝超之拒命始②。彝超之地无几,亦未能有战胜攻取之威力也,而负嵎以抗天下,挟何术以自固而能然乎?

【注释】

①银、夏之乱:指银州(今陕西横山)、夏州(今陕西靖边)党项族的叛乱。

②李彝超(? —935):夏州(今陕西靖边)人。五代十国时期党项族首领。长兴四年(933)接替其父李仁福定难军节度使之位。后唐明宗李嗣源试图调任李彝超为延州刺史、彰武军节度使,撤销党项在定难军的世袭割据。但李彝超紧闭城门,拒不办理交接,并击败了前来讨伐的后唐军队。后唐清泰二年(935)去世。

【译文】

银州、夏州的叛乱,一直困扰着北宋政府,直到其灭亡,北宋倾尽天下之力,却困于西北一隅之地,给了女真人趁虚而入的机会,西北党项的祸患正是从李彝超抗拒后唐明宗改封的命令开始的。李彝超占据的地盘不大,也没有能够在战争中取胜、攻无不克的威力,而只是凭借险要的地势来与天下对抗,他是凭借什么办法稳固自身并做到这一点的呢?

天下而已裂矣,苟非有道之主,德威足以服远,则有无可如何之人,操甚卑甚陋之术,而智勇交受其制。高季兴以无赖名,而孤立群雄之中,处四战之地,据土不亡者两世;彝超亦用此也,而地在绝徼①,为中国之所不争,士马尤强焉,欲殄灭之,其可得乎?中国之乱也,十余年而八姓十三君,倏兴倏废,彝超父子无所归命,亦无所抗衡,东与契丹为邻,又委顺以为之间谍。不但此也,中国有反叛之臣,无论其成与不成,皆挟可左可右之势,而利其赂遗;薄侵边鄙而不深入以犯难,讨之则城守坚而不下,抚之则阳受命而不来。如是者,虽大定之世,未易治也,而况中国无君之天下,尤得以日积月累而滋大乎?是与荆南高氏仿佛略同而情势异②,中国之雄桀,鄙夷而姗笑之,乃不知其窃笑群雄者之尤甚也。

【注释】

①绝徼:极远的边塞之地。

②荆南高氏:指五代十国时期的荆南政权,由高季兴建立。虽地域狭小,却左右逢源,在夹缝中求得生存。

【译文】

天下已经陷于分裂,如果不是存在有道的君主,其德行和声威足以震服远方之人,那么就会有一些让人无可奈何的人,用非常卑劣浅陋的手段,使得智慧和勇敢的人都要受他们钳制。高季兴因无赖而出名,孤立于群雄之中,处在四战之地,却能够保全自己的地盘,传续两代而不灭亡；李彝超也是采用这种手段，而他的地盘又处于极远的边塞之地，是中原政权所不乐于争夺的地方，且尤为兵强马壮，想要消灭他，能做得到吗？中国陷于乱世，十几年间更换了八个姓氏的十三位君主，政权时兴时废，李彝超父子没有能够归服的对象，也没有抗衡的对象，东与契丹为邻，又顺从契丹而充当他们的间谍。不仅如此，只要中原政权内有反叛的臣子，无论其是否能成功，李彝超都以左右逢源的态势，从他们那里获取贿赂和馈赠；他只在边境线侵掠而不深入内地，以免身陷险境。若加以讨伐他就坚守城池，难以攻取；若加以招抚他就假装接受诏命，却不赴朝就职。像他这样的势力，即使在太平时代，也难以制服，何况是在中原地区没有真正君主的情况下，他得以日积月累、逐步坐大呢？所以李彝超与荆南高氏看起来略有相同之处，而情势实际上有所区别，中原地区的英雄豪杰都鄙夷、嘲笑他们，却不知道他们更偷偷嘲笑中原群雄。

　　夫其为术，抑有可以自立之道焉。季兴以盗掠诸国之贡享而得货，彝超以两取叛臣之贿赂而收利，其以缮城郭、修甲兵、养士卒者，皆取给于他国无名之馈遗，而不尽苦剥其民，则民得以有其生而兵不匮。君子以大义裁之，则曰此盗术也。然当生民流亡憔悴之日，僭窃以主中国者，方日括民财以养骄卒，以媚黠虏，用逞其不戢之凶威，至于釜甑皆强夺以充赏[①]。而季兴、彝超夺彼不道之余，以苏境内之民，则亦苟焉自全之便术也，恶亦浅矣。

【注释】

①釜甑：釜和甑。皆为炊具。

【译文】

李彝超和高季兴，也都有可以自立的办法。高季兴靠劫掠各国进贡中原的财物而获利,李彝超则靠收取叛臣和中原政权两方的贿赂而得利,他们用以修缮城郭、购置兵器装甲、供养士卒的花费,皆取自于他国各种无名的馈赠,而不完全靠盘剥本国的百姓,如此则百姓得到了活路,而其军队粮饷物资也不至于匮乏。君子以大义来裁断他们的行为,认为他们的伎俩是盗贼之术。然而当百姓流离困顿时,那些窃夺政权、统治中原的人,每天都在搜刮民财来供养骄横的士兵,讨好狡黠的异族,从而一逞自己肆无忌惮的凶恶威势,以至于连百姓的炊具都要抢来充作对军队的赏赐。而高季兴、李彝超抢夺这些政权靠不正义手段获取的钱物,从而使境内民众得到复苏,则也是暂且保全自我的权宜之术,造成的危害要浅一些。

季兴所处,必争之地耳,不然,与彝超均渐渍以岁月,虽宋全盛之天下,得韩、范以为将相,亦累立而不可下矣①。彝超敛兵聚利,为谋已深,李嗣源位未固,势未张,遽欲挑之,其将能乎? 徒以益其强固、而为百余年之大患已耳。制无赖者,非大有为之君,未易易也。

【注释】

①累(áo)立:傲立。

【译文】

高季兴所处的是兵家必争之地,不然的话,他完全可能与李彝超一样长久保持独立状态,即使到了北宋全盛时期的天下,有韩琦、范仲淹作为将相,他们也仍能屹立不倒。李彝超收敛军队、汇聚财物,早已深入谋划好,李嗣源地位尚未稳固,势力还没有得到伸张,便想要挑动李彝超,怎么能成功呢? 只会使李彝超的势力更加坚强稳固、最终成为绵延一百多年的祸害罢了。要制服无赖,除非是大有作为的君王,否则是很不容易办到的。

一三　冯道劝进篡贼告卢导以事当务实

李从珂之入篡也，冯道遽命速具劝进文书，卢导欲俟太后命①，而道曰："事当务实。"此一语也，道终身覆载不容之恶尽之矣。

【注释】

①卢导（866—941）：字熙化，范阳（今河北涿州）人。后唐大臣，明宗时官至中书舍人。应顺元年（934），潞王李从珂起兵反叛，直攻洛阳，后唐闵帝出奔，宰相冯道集合百官出迎潞王，请卢导草拟劝进笺，但卢导坚持要等太后诏令再拟诏。后晋时卢导官至吏部侍郎。传见《旧五代史·晋书·卢导列传》《新五代史·杂传·卢导》。

【译文】

李从珂攻入洛阳将要篡位时，冯道立即命令卢导等人草拟好劝进的文书，卢导想要等待太后的命令再草拟，而冯道说："做事情要务实。"这句话，淋漓尽致地体现了冯道一生天地不容的大恶。

实者，何也？禽心兽行之所据也。甘食悦色，生人之情，生人之利用，皆实也。无食而绤兄臂①，无妻而搂处子②，务实而不为虚名所碍耳。故义者，人心之制，而曰名义；节者，天理之闲，而曰名节；教者，圣人率性以尽人之性，而曰名教；名之为用大矣哉！宰我以心安而食稻衣锦③，则允为不仁；子路以正名为迂④，而陷于不义；夫二子者，亦务实而以名为缓者也。一言之失，见绝于圣人。推至其极，曾元务实以复进养亲⑤，而不可与事亲。贤者一务实，而固陋偷薄，贼天理，灭风教。况当此国危君困之际，邀荣畏死，不恤君父之死亡，而曰此实也，无事更为之名也。其恶岂有所艾哉？

【注释】

①紾（zhěn）：扭，拧。

②无妻而搂处子：语出《孟子·告子下》："逾东家墙而搂其处子则得妻，不搂则不得妻，则将搂之乎？"

③宰我以心安而食稻衣锦：据《论语·阳货》记载，孔子的弟子宰我问孔子："一个人的父母死了，守孝三年，时间不是太长了吗？君子三年不习礼，礼义必定会毁坏；三年不演奏音乐，音乐一定会败坏。一年间，陈旧的谷子吃完了，新的谷子又成熟了，钻木取火的木材换遍了，守丧一年也就可以了。"孔子说："只守丧一年，你内心安不安呢？"宰我回答说："心安。"孔子说："你既然感到心安理得，你就这样做吧。君子守孝期间，即使吃美味的食品也感觉不到甜美，听到动听的音乐也感觉不到高兴，所以君子才不这样做呀。"宰我退了出去，孔子说："宰予不是个仁人君子啊！孩子生下来三年，才能脱离母亲的怀抱。为父母守孝三年，是天下共同遵行的礼仪啊。"宰我，一名宰予，字子我，鲁国（今山东西南部）人。

④子路以正名为迂：据《论语·子路》记载，子路说："如果卫君等待老师您来治理国家，您将先做什么呢？"孔子说："那一定是先正名分吧！"子路说："老师的迂腐竟然到了这种程度！那名分有什么可正的？"孔子说："好粗野啊！子由！君子对于他不了解的事情，就不应该发表意见。名分不正，说话就不顺当；说话不顺当，事情就办不成；事情办不成，礼乐制度就不能够兴起；礼乐制度不能够兴起，刑罚就不能够得当；刑罚不得当，老百姓就无所适

从。所以,君子有一个名分就一定要说出和它相应的话来。说出话来就一定要实行。君子对于自己说出来的话是一点也不马虎的!"

⑤曾元务实以复进养亲:据《孟子·离娄》记载,曾子赡养父亲曾晳的时候,一定要有酒有肉;在将要撤去饭菜之前,一定请示父亲剩下的饭菜给谁;询问是否还有多余的饭菜,一定会说有。曾晳死了之后,曾元赡养曾子,一定也有酒有肉;在将要撤去饭菜之前,不请示父亲剩下的饭菜给谁;曾子询问是否还有多余的饭菜时,曾元却说没有了,准备将剩饭留下来,再给父亲吃。这是人们所说的那种从满足口腹和身体方面来赡养父亲。

【译文】

什么是"实"? 就是为禽兽般的心思和行动所寻找的依据。美食美色,人的各种自然情感,人逐利的本能,这些都是"实"。没有食物就把兄长的胳膊拧下来吃,没有妻子就去搂抱处女行乐,这都是务实而不被虚名所阻碍的表现。所以义是人心的自我控制,称之为名义;节是天理的规范,称之为名节;教是圣人以率性的方式来尽数展现和发挥天性,称之为名教;名的作用是很重要的呀! 宰我因为在守丧期间仍能心安理得地吃稻米、穿锦衣,所以成了不仁之人;子路将正名之举当作迂腐行为,因而陷于不义;这两个人,也都是务实而将名当作是不重要的事物。他们因为一句话的过失,便被圣人否定。将这一道理推向极致,则曾元务实而靠把饭再拿给父亲吃来尽孝,他不是能够与之一起侍奉双亲的人。贤者一旦务实,就会变得浅薄鄙陋,戕害天理,破坏风俗教化。何况在这个国家处于危急状态、君王陷于困顿的时候,邀取荣誉声名、贪生怕死,不体恤君父的死亡,却把这称为务实,那就没什么事情能够合乎名义了? 这种行为造成的恶难道会有所消退吗?

夫所谓实者,理之不容已,内外交尽而无余憾之谓也。

有其实,斯有其名矣。若卢导者,心摇而无所执,理不顺而无能守,然幸有此一念之羞恶,不敢以人臣司天子之废立,故欲调停掩饰以稍盖其恶,而示天下以君之不可自我而予夺,则亦实之仅存者耳。道乃并此而去之,不灭尽其实而不止。

【译文】

　　所谓"实",是指在情理上处于不得已的境地,里里外外能做的事都穷尽了,因而没有遗憾。有这样的"实",就有相应的名。至于卢导,他内心动摇而没有可坚持的信念,在道理上也不具有正当性,没办法坚守正理,然而幸亏他还有一点羞恶之心,不敢以人臣身份来决定天子的废立,所以想要借调停来稍稍掩饰自己的恶行,从而向天下宣示皇帝的废立不是由自己所操控的,这也是仅存的一点"实"了。可是冯道连这点"实"也要一并抛弃,不把所有的"实"都泯灭殆尽绝不停止。

　　呜呼!岂徒道之终身迷而不复哉?此言出,而天下顾锱铢之利,求俄顷之安,蒙面丧心,上不知有君,内不知有亲,公然以其贪猥亡赖、趋利耽欲之情,正告天下而不泚其颡[1],顾欣然自得曰:吾不为虚名所误也。亲死而委之大壑,曰吾本无葬亲之实心,勿冒孝名也;穴墙而盗邻粟,曰吾本有得粟之实情,勿冒廉名也;则人类胥为禽兽,尚何嫌乎?但务实而不知有名者,犬豕之食秽以得饱也,麋鹿之聚麀以得子也[2]。道之恶浮于纣、祸烈于跖矣。

【注释】

　　①泚颡(cǐ sǎng):额头上冒汗,表示羞愧。泚,出汗。颡,额头。

②聚麀(yōu)：指母鹿与长幼公鹿发生的共同生殖行为。麀：母鹿。

【译文】

　　唉！难道只有冯道才终身执迷不悟吗？他这句话一说出口，天下人都只顾追求锱铢小利，求得短暂的安宁，蒙上面目，丧失良心，上不知有君王，内不知有双亲，公然将自己贪婪猥琐、顽劣无赖、趋利避害、沉溺欲望的思想向天下宣布，而一点都不羞愧，反而欣然自得地说：我不被虚名所误导。双亲死了，就把他们的遗体丢弃在大沟壑里，说我本来就没有埋葬父母的实心，所以还是不要冒充孝子以博得名声了；挖坏墙壁来偷邻居家的粮食，说我本来就想要得到别人家的粮食，还是不要假装廉洁正直来获取名誉了；如此则人类全都变成了禽兽，还有什么可嫌弃厌恶的呢？只求务实而不知道有名义这回事的人，就像猪狗吃污秽食物来填饱肚子、麋鹿靠共同与母鹿交配来繁衍后代一样。冯道比纣王还要恶劣，造成的祸患比盗跖还要严重。

　　道死而擿之者起，顾未有穷其立念之差于务实之一言者，于是李贽之徒，推奖以大臣之名①，而世教愈乱，亦憯矣哉！

【注释】

①于是李贽之徒，推奖以大臣之名：李贽曾在《焚书》中称赞冯道是"吏隐"，认为他之所以"历事五季之耻"，是因为"不忍无辜之民日遭涂炭"。

【译文】

　　冯道死后，对他进行攻击讨伐的人，却没有一个能够深入指出，冯道树立信念的差错之处在于他所说的要务实这句话，于是李贽等人，推崇和赞誉冯道，称他是有担当的大臣，而世间教化变得更加混乱，其祸害也是很严重的呀！

一四　李从珂便殿密谈敬瑭速反

《节》之初九曰："不出户庭，无咎①。"而夫子赞之曰："几事不密则害成②。"乃所谓密者，难言之矣。缄之于心，杜之于口，筹虑既审，择老成能断之士而决之，一言而定矣。不审于此，嗫嗫嚅嚅，两三促膝，屏人窃语，夜以继日，而但不令人知其所言者何事，则戈矛丛于墙阴，猜防遍于宇内，何成之有哉？速败而已矣。

【注释】

①不出户庭，无咎：语出《周易·节卦》爻辞："初九，不出户庭，无咎。"意思是不出庭院，没有危害。喻指行事机密、谨慎，可以避免祸患。

②几事不密则害成：语出《周易·系辞上》："君不密则失臣，臣不密则失身，几事不密则害成。"意思是机密的事情不能保密就会影响成功。

【译文】

《周易·节卦》的初九爻辞说："不出庭院，没有危害。"而孔子赞成这一观点，说："机密的事情不能保密就会影响成功。"可是所谓的保密，却是很难说清楚的。在心中打定主意保密，言语上绝不泄露，等到事情筹划得很成熟了，就选择性格老成、善于决断的人来进行决断，一句话就确定方针。如果做不到这一点，而是嘀嘀咕咕，两三个人促膝而谈，屏退别人悄悄讨论，夜以继日，而只是不让别人知道自己究竟在谈论什么事，如此则戈矛就在墙角阴影处悄然树立，整个天下都陷入猜忌和防范之中，哪里还能把事情办成呢？只会迅速归于失败。

宋文帝以君臣私语彻旦不休，而逆子推刃；李从珂屏侍臣于便殿，与冯赟、卢文纪等密谈[1]，而敬瑭速反；皆自谓密而以召祸者也。夫子固曰："乱之所繇生，则言语以为阶[2]。"窃窃然密谈尽日而不已者，非言语乎？使其言之于大廷而众闻之也，其机亦止此而已。终日言而人不知其何所云也，然后虽一欬一笑[3]，人皆见为深机。是以两人闭户下帷，妇姑附耳之智，敌群策群力之交加，其不相敌，久矣。今日言之，他日更言之，所图度者未见之施行，则奸雄抑窥其言愈多而心愈惑，无能为也，必矣。故密者，缄之于心，杜之于口，审虑而决以一言，必不以窃窃之谈相萦聒者也。

【注释】

①冯赟：太原（今山西太原）人。后唐大臣。受到后唐明宗李嗣源的宠信，官至三司使。明宗去世后，作为顾命大臣，所用非人，政策不利，终为安从进所杀。传见《新五代史·唐臣传·冯赟》。卢文纪（876—951）：字子持，京兆万年（今陕西西安）人。后唐大臣，明宗时任御史中丞，末帝李从珂在位时担任宰相。传见《旧五代史·周书·卢文纪列传》《新五代史·杂传·卢文纪》。按：刘毓崧校勘记指出，冯赟因离间李从珂与朝廷关系，在闵帝时已经被杀，不曾出仕李从珂。据《资治通鉴》记载，与卢文纪一同受末帝召见、讨论对付石敬瑭事宜的宰相是姚顗、张延朗。王夫之此处所言有误。

②乱之所繇生，则言语以为阶：语出《周易·系辞上》："乱之所生也，则言语以为阶。"意思是祸乱的发生，很多时候是由于说话不谨慎而引起的。

③欬（kài）：咳嗽。

【译文】

宋文帝与大臣们整天无休止地私下谈论废黜太子，最后招致逆子将他弑杀；李从珂在便殿屏退侍臣，与冯赟、卢文纪等人秘密交谈，而石敬瑭很快就起来造反了；这些都是自以为保密而招来了祸患的例子。孔子本来就说过："祸乱的发生，很多时候是由于说话不谨慎而引起的。"宋文帝、李从珂等人每天不停地偷偷交谈，这不就是言语吗？假如让他们在大庭广众之下公开谈论这些事，让大家都听见，那么他们所谓的机密也就保密不下去了。他们终日谈论而别人无法知道他们在谈什么，那么其后他们即使咳嗽一声、笑一下，别人看到后也会以为其中深有玄机。所以两个人关上窗户、拉上帷幕，像婆媳一样咬着耳朵窃窃私语，与别人群策群力的集体决策相抗衡，自然是敌不过的，历来如此。今天谈论，明天还谈论，所图谋筹划的事情还没有付诸实施，奸雄看到他们说的越多，心里就越感到疑惑，最终他们必将一事无成。所以所谓机密，心中打定主意不说，言语上不泄露一点信息，考虑成熟就一句话做出决断，必定不能无休无止地窃窃私语。

石敬瑭之必反也，可抚而服之，一言而毕耳；可讨而定之，一言而毕耳。以廓达无猜抚敬瑭[1]，而敬瑭无辞以起衅；以秉顺攻逆讨敬瑭，而敬瑭亦无挟以争。若疑若信，若勇若怯，计其所密谋者，皆迂疏纤曲，以茅缚虎、以油试火之术耳，而后从珂之死亡终不可救。宋昌拒周勃之请间[2]，而中外帖然，斯则善于用密者与！

【注释】

①廓达：豁达，通达。

②宋昌拒周勃之请间：据《史记》《汉书》记载，汉文帝在诸吕之乱后

被群臣拥立为天子，他从代地出发，来到长安时，周勃等大臣前往迎接，周勃请求与汉文帝私下说几句话，汉文帝在代国的近臣宋昌拒绝了这一请求，说："如果您要跟皇帝说公事，请公开说。如果您要说私事，那么王者是没有私事的。"

【译文】

石敬瑭必定会反叛，如果可以安抚他，使他服从朝廷，只需要一句话决定就完了；如果可以讨伐他来平定叛乱，同样只需一句话决定就完了。如果用豁达大度、无所猜忌的态度对待石敬瑭，则石敬瑭就没有托辞来造反了；如果秉持正义、讨伐叛逆，武力征讨石敬瑭，那么石敬瑭也没有什么凭据可以支持他与朝廷相争。李从珂对石敬瑭若疑若信，似乎勇敢又似乎胆怯，看李从珂君臣密谋的计划，都是迂阔浅薄，就像试图用茅草绑住老虎、用油来试火一样，所以其后李从珂最终身死，无法挽回局面。西汉文帝时宋昌拒绝周勃要与汉文帝私下对话的请求，而朝廷内外都顺从，这大概就是善于运用机密的表现吧！

一五　刘知远劝敬瑭反为己先驱

刘知远之智，过于石敬瑭也远甚，拒段希尧、赵莹移镇之谋而亟劝敬瑭以反[①]，其情可知也。当其时，所谓天子者，苟有万人之众、万金之畜，一旦蹶起，而即褎然南面，一李希烈、朱泚之幸成者而已。范延光、赵延寿、张敬达之流[②]，智力皆出知远下，而知远方为敬瑭之偏裨，势不足以特兴，敬瑭反，而后知远以开国元功居诸帅之右，睨敬瑭之篡而即睨其必亡，中州不归己而奚归邪？呜呼！人之以机相制，阴阳取与伏于促膝之中，效死宣力，皆以自居胜地，而愚者不悟，偷得一日之尊荣以亡其族，亦可愍矣哉！

【注释】

①段希尧(878—956)：河内(今河南沁阳)人。石敬瑭的幕僚，后唐末帝李从珂将石敬瑭调任为天平节度使时，他主张遵从末帝旨意。后晋建国后官至户部、兵部侍郎。后来又出仕后汉、后周。传见《旧五代史·周书·段希尧列传》《新五代史·杂传·段希尧》。赵莹(885—951)：字玄辉，华阴(今陕西华阴)人。五代时期大臣。后梁时代进士，后担任后晋宰相，奉命组织编撰唐朝历史。后来后晋被辽所灭，赵莹被辽国俘虏，辽太宗任命他做辽国皇子的老师，后来他向辽世宗请求死后归葬故里，得到同意，死后灵柩南归，葬在华阴。传见《旧五代史·晋书·赵莹列传》《新五代史·杂传·赵莹》。

②张敬达(？—936)：字志通，小字生铁，代州(今山西代县)人。五代时期将领。早年追随李存勖屡立战功，逐渐升迁为节度使。石敬瑭反唐之后，他率军围攻太原，后被来援的契丹军击败，困守晋安寨，拒不降敌，坚守数月，最终为部下杨光远杀害。传见《旧五代史·唐书·张敬达列传》《新五代史·死事传·张敬达》。

【译文】

刘知远的智慧，远远超过了石敬瑭，他拒绝了段希尧、赵莹主张遵从朝廷旨意移镇天平军的谋划，而力劝石敬瑭马上起来反叛，从这就能看出他的聪明之处了。当时，所谓的天子，只要拥有万余人的军队和万金的储蓄，一旦起来造反，就能迅速登上皇位，一如李希烈、朱泚那样侥幸获得成功。范延光、赵延寿、张敬达这些人，智力上都不如刘知远，而刘知远此时只是石敬瑭手下的偏裨将领，他的势力还不足以使他超乎其他人之上，石敬瑭一旦造反，成功后刘知远就能以开国元勋身份自居，地位居于各将帅之上，他看出了石敬瑭篡位能成功，也预料到他必定迅速灭亡，到时候中原不归自己掌握还能归谁呢？唉！人与人之间以机谋相互制约,在表面亲密的关系之下隐藏着相互利用的实质,都希望对方为自己效死力,都认为自己占据了有利的位置,而愚蠢的人执迷不悟,只为了苟且偷得一天的尊荣就赔上了全族人的性命,这也是太可悲了!

　　知远之于敬瑭,杨邠、郭威之于知远①,一也。杨邠贪居于内,自速其祸耳。敬瑭不知倚知远为腹心,愚已甚也。知远知邠与威之将效己,而不早为之防,事势已然,未可急图也。知远早殂,不及施菹醢之谋耳②,使天假以年,邠、威之诛,岂待郭允明哉③?然而树刘崇于晋阳以延其血食④,则知远之智,果远过于敬瑭矣。称臣纳土于契丹,知远固争不可,亦自为计也。故缮城治兵,屹立晋阳以观变,而徐收之。李存勖之后,其能图度大谋以自立者,唯知远耳。而终不能永其祚者,虽割据叨幸之天子,亦不可以智力取也。

【注释】

①杨邠(? —950):魏州冠氏(今山东冠县)人。五代时后汉大臣。刘知远即位后,他被拜为枢密使、宰相。他任贤荐能,直言敢谏。隐帝刘承祐想立爱妃耿夫人为后,因杨邠力谏而未立。耿夫人死后,隐帝想要以皇后礼安葬她,杨邠又持反对态度。隐帝大怒,加之左右乘机诬陷,杨邠于是被杀害。传见《旧五代史·汉书·杨邠列传》《新五代史·汉臣传·杨邠》。

②菹醢(zū hǎi):一种酷刑,将人剁为肉酱。

③郭允明(? —950):河东(今山西永济)人。后晋大臣。初为后晋高祖刘知远牙将,后来隐帝即位,受到宠信,跋扈一时,曾诛杀杨邠一家。后来郭威起兵反叛,郭允明在逃跑途中杀死隐帝,随即

自杀。传见《旧五代史·汉书·郭允明列传》《新五代史·汉臣传·郭允明》。

④刘崇(895—954):又名刘旻,晋阳(今山西太原)人。五代十国时期北汉开国君主,后汉高祖刘知远堂弟。后汉建立后,官至北京留守、河东节度使,镇守河东地区。乾祐四年(951),郭威灭亡后汉,建立后周,刘崇随即在太原称帝,建立北汉,仍沿用后汉乾祐年号,治下有十二州之地。他在辽国的援助下,与后周进行了不少战争,但胜少败多。乾祐七年(954),刘崇在高平之战中被柴荣击败,逃回太原后又被柴荣围困在城中两个多月。刘崇忧愤成疾,不久去世。传见《旧五代史·僭伪列传》《新五代史·东汉世家》。

【译文】

刘知远对于石敬瑭,杨邠、郭威对于刘知远,其作用和角色是一样的。杨邠因为贪图待在朝中,因而自己加速了灾祸的到来。石敬瑭不知道倚靠刘知远作为心腹,真是愚蠢之极。刘知远知道杨邠与郭威将效仿自己当初的做法,却没有早做防备,等到事态真的发展到了那一步,就已经没办法再紧急做谋划了。刘知远死得早,因而来不及施展他消灭杨邠、郭威的谋略罢了,假如上天让他多活几年,那么诛杀杨邠、郭威,哪里还需要等郭允明来动手呢?然而他能将弟弟刘崇安排在晋阳,以延续刘氏血脉和社稷,则刘知远的智慧,果然还是远远超过石敬瑭的。石敬瑭向契丹称臣献土,刘知远力争不能这么做,却没成功,便也只能自己做打算了。所以他修缮城墙、训练士兵,屹立在晋阳以观察局势变化,而慢慢地收服各地势力。李存勖死后,能够图谋大计以自立的,也只有刘知远罢了。然而刘知远最终却不能持久保全其国祚,可见即使是侥幸割据成功的天子,也不可能纯靠智力来取胜。

一六　桑维翰请事契丹为万世罪人

谋国而贻天下之大患,斯为天下之罪人,而有差等焉。

祸在一时之天下，则一时之罪人，卢杞是也；祸及一代，则一代之罪人，李林甫是也；祸及万世，则万世之罪人，自生民以来，唯桑维翰当之。刘知远决策以劝石敬瑭之反，倚河山之险，恃士马之强，而知李从珂之浅软无难摧拉，其计定矣；而维翰急请屈节以事契丹，敬瑭智劣胆虚，遂从其策，称臣割地，授予夺之权于夷狄，知远争之而不胜。于是而生民之肝脑，五帝三王之衣冠礼乐，驱以入于狂流。契丹弱而女直乘之，女直弱而蒙古乘之，贻祸无穷，人胥为夷，非敬瑭之始念也，维翰尸之也。

【译文】

为国家做谋划，却给国家带来巨大的祸患，这种人就是天下的罪人，而这些人的罪过也是有等级之差的。给一时的天下带来祸患，就是一时的罪人，卢杞就是如此；给一代人带来祸患，就是一代的罪人，李林甫就是如此；给千秋万世带来祸患，就是万世的罪人，自从人类产生以来，只有桑维翰堪称是万世的罪人。刘知远做出决策，力劝石敬瑭起来造反，倚靠河山的天险，凭恃军队的强悍，而且李从珂根基浅薄、为人软弱，不难摧枯拉朽般地消灭他。而桑维翰却急着要石敬瑭不顾气节、自降身份地事奉契丹，石敬瑭智力低劣、胆小心虚，因而迅速采纳了他的策略，向契丹称臣割地，将予夺的权力拱手交给夷狄，刘知远力争不能这样，却没有成功。于是百姓肝脑涂地，五帝三王所订立的衣冠礼乐，都被桑维翰等人驱赶着裹挟进了狂奔的洪流之中。契丹变弱后，女真人又趁机崛起，女真人衰落后，蒙古又趁机崛起，贻祸无穷，民众都成了夷族，这不是石敬瑭最初所秉持的念头，而是桑维翰引导的结果。

夫维翰起家文墨，为敬瑭书记，固唐教养之士人也，何雠于李氏，而必欲灭之？何德于敬瑭，而必欲戴之为天子？敬瑭而死于从珂之手，维翰自有余地以居。敬瑭之篡已成，已抑不能为知远而相因以起。其为喜祸之奸人，姑不足责；即使必欲石氏之成乎，抑可委之刘知远辈而徐收必得之功。乃力拒群言，决意以戴犬羊为君父也，吾不知其何心！终始重贵之廷，唯以曲媚契丹为一定不迁之策，使重糜天下以奉契丹，民财竭，民心解，帝昺厓山之祸①，习为固然，毁夷夏之大防，为万世患，不仅重贵缧系客死穹庐而已也。论者乃以亡国之罪归景延广，不亦诬乎？

【注释】

①帝昺（bǐng，1272—1279）：即赵昺。宋朝最后一位皇帝，宋度宗第三子。景炎三年（1278）四月被群臣拥立为皇帝。祥兴二年（1279）三月，宋军被元军击败于崖山，左丞相陆秀夫背着赵昺跳海而亡，南宋覆灭。传见《宋史·瀛国公二王附本纪》。

【译文】

桑维翰以文墨起家，担任石敬瑭的书记，本来就属于后唐教育和培养出来的士人，他跟后唐李氏有什么样的仇怨，以至于非要灭亡后唐不可呢？石敬瑭对他又有什么样的恩情，以至于非要拥戴石敬瑭做天子不可呢？如果石敬瑭死于李从珂之手，桑维翰其实也有可回旋的余地。石敬瑭已经篡位成功，他不能够像刘知远那样随之崛起。他是一个喜欢制造灾祸的奸人，这姑且不足以深加责备；即使他必定想要石敬瑭篡位成功，也完全可以将此事委任给刘知远等人，慢慢获取必定能取得的成功。可是他却奋力拒绝群臣的意见，下定决心要拥戴狗、羊一样的异族当自己的君父，我不知道桑维翰到底安的什么心！在后晋出帝石重贵在位时期，桑维翰唯独把屈身讨好契丹当作不能改变的国策，不惜极度耗费天下物力来事奉契丹，造成百姓财富枯竭，民心瓦解，像南宋末帝昺在崖山亡于蒙古人之手那样的灾祸，逐渐变得习以为常，毁坏了夷狄与华夏间的大防，成为千秋万世的大患，不仅造成了石重贵作为俘虏客死漠北异乡的悲剧而已。议论的人却把亡国的罪责归于景延广，这难道不是诬陷之辞吗？

延广之不胜，特不幸耳；即其智小谋强，可用为咎，亦仅倾枭掾鸡徼幸之宗社[①]，非有损于尧封禹甸之中原也。义问已昭，虽败犹荣，石氏之存亡，恶足论哉？正名义于中夏者，延广也；事虽逆而名正者，安重荣也[②]；存中国以授于宋者，刘知远也；于当日之俦辈而有取焉，则此三人可录也。自有生民以来，覆载不容之罪，维翰当之。胡文定传《春秋》[③]，而亟称其功，殆为秦桧之嚆矢与[④]！

【注释】

①枭掾鸡：石敬瑭的父亲，沙陀人。

②安重荣（？—942）：小字铁胡，朔州（今山西朔州）人。五代十国时期将领。后唐末年跟随石敬瑭起兵，授为成德军节度使，通晓文吏，勤于政事。天福七年（942），反对后晋高祖石敬瑭向契丹妥协，起兵反晋，兵败被杀。传见《旧五代史·晋书·安重荣列传》《新五代史·杂传·安重荣》。

③胡文定（1074—1138）：即胡安国，字康侯，号青山，谥号文定。建宁崇安（今福建武夷山）人。北宋学者，开创了"湖湘学派"。著有《春秋传》，宣扬"尊王攘夷之大义"。传见《宋史·胡安国列传》。

④嚆（hāo）矢：响箭。因发射时声先于箭而到，故常用以比喻事物

的开端或先声。

【译文】

景延广无法战胜契丹军队,只是特别不幸罢了;即使说他智力不足却偏要强行谋划大事,是他的罪过,但他最多也不过是造成枭捩鸡后代侥幸得来的宗庙社稷倾覆而已,对于尧、禹时代一直传续下来的中原地区并没有什么损害。他通过拒绝继续事奉契丹已经昭明了夷夏大义,虽败犹荣,后晋政权的存亡,哪里值得讨论呢?在华夏重新端正名义的,是景延广;虽然所做的事情属于叛逆,但却有正当名义的,是安重荣;保存中国,最终将其传授给宋朝的,是刘知远;如果想从当时那些人中选出有可取之处的人,则这三个人是值得被记录的。自从人类产生以来,犯下天地不容的大罪的,只有桑维翰。胡文定为《春秋》作传,却屡次称颂桑维翰的功劳,胡文定的话大概是秦桧这种奸臣的先声吧!

一七　维翰贪可贱不足贵之宰相

贵奚有定哉?当世之所不能有而有之者,安富尊荣则贵也;太上以行其道,其次以席其安,其下以遂其欲,至于遂欲而已贱矣。然利在其身,施及其子孙,犹得以有其荣利,犹流俗之贵也。无此数者,当时耻与为从,后世相传为笑,身危而如卧于棘丛,子孙转眄求为庶人而不可得①,则亦无可欲之甚者,然且耽耽逐逐以求得之②,其狂愚不可药已。

【注释】

①转眄:转眼,转动目光。

②耽耽逐逐:瞪目逼视而急欲攫取。形容贪婪追逐的样子。耽耽,亦作"眈眈"。威严或贪婪注视的样子。

【译文】

所谓"贵"难道是固定不变的吗？当世其他人所无法拥有的东西，一个人能够拥有，安于富庶、地位尊贵，这就是"贵"；最上等的人是利用"贵"来推行自己心中的道，其次是用"贵"来维持自己的安稳生活，更低层次的则是利用"贵"来满足自己的欲望，到了满足私欲这种地步，"贵"也就变成"贱"了。然而这种"贵"能给自己带来利益，还能传给子孙，使其也能享受利益和荣耀，仍然算得上世俗意义上的"贵"。如果以上几个层次一个人都达不到，当时的人们都耻于跟随他，后世互相传播他的事迹，当作笑谈，自己身处危险境地，就如同卧在荆棘丛中一样，子孙转眼间就遭殃，即使想做庶人也无法办到，则这种人也实在是太没有欲望了，然而即使如此，他却还是沉溺于追求所谓的"贵"，其狂妄愚蠢真是不可救药。

至贵者，天子也；其次，则宰相也。朱友贞、李从珂、石敬瑭、刘知远皆自曰吾天子也。悲夫！一日立乎其位，而万矢交集于梦寐，十年之内，幸鬼祸之先及者，速病以死，全其腰领，而子姓毕血他人之刃；其未即死者，非焚则馘，一如犴狴之戮民①，待秋冬而伏法耳。刑赏不得以自主，声色不得以自娱，血胤不得以相保，贱莫贱于此焉。而设深机、冒锋刃，以求一日之高居称朕。袭优俳之衮冕，抑无其缠头酒食之利赖，夫亦何乐乎此邪？于是既号为天子矣，因而有宰相焉。其宰相者，其天子之宰相也。利禄在须臾，辱戮在眉睫，亦优俳之台辅而已矣，冯道、卢文纪、姚顗、李愚、刘昫、赵莹、和凝、冯玉之流皆是也②。尸禄已久，磐固自如，其君见为旧臣而不能废，其僚友方畏时艰而不与争，庸人忘死忘辱，乘气运之偶及，遂亦欣然自任曰"吾宰相也"。无不可供人姗笑也。

【注释】

①犴狴:监狱。

②姚颉:字伯真,京兆万年(今陕西西安)人。五代时大臣,后唐末帝时担任宰相,后晋建立后任户部尚书。李愚(? —935):字子晦,渤海无棣(今山东庆云)人。后唐末帝时担任宰相。刘昫(xù,887—946):字耀远,涿州归义(今河北容城)人。后唐废帝即位后,任吏部尚书、门下侍郎,监修国史《唐书》。后晋高祖时出任宰相。和凝(898—955):字成绩,郓州须昌(今山东东平)人。后晋天福五年(940)被拜为宰相。冯玉:字璟臣,定州(今属河北)人。其姐为后晋出帝石重贵的皇后,因而冯玉得以在出帝时出任宰相。后被契丹掳掠至北方,死在契丹境内。五人传皆见《旧五代史》《新五代史》。

【译文】

　　最尊贵的,是天子;其次尊贵的,则是宰相。朱友贞、李从珂、石敬瑭、刘知远都自称是天子。悲哀啊!待在皇位上一天,梦中就有万支箭矢射向自己,十年之内,要是鬼神之祸侥幸先降临到他们身上,迅速因病死去,他们得以保全自己的身体,而子孙却难免被其他人屠戮殆尽;而那些没有能及时死去的"天子",则不是自焚就是被杀,一如监狱中等待处决的囚犯一样,只等到了秋冬季节就得伏法。刑罚、赏赐自己无法做主,声色犬马也不足以娱乐自己,自己的子孙后代无法保全,没有比这更卑贱的了。而这些人却还是设下深重的机谋、冒着生命危险,以求有朝一日能登上皇位。穿上像优伶一样的礼服皇冠,却不能像优伶一样得到别人的赏钱、酒食,又为何乐意做这种事呢?既然这些人自称为天子了,那自然也要有宰相。宰相,是天子的宰相。得到了须臾的功名利禄,羞辱杀戮便已经迫在眉睫,也不过是优伶在台上的配角罢了,冯道、卢文纪、姚顗、李愚、刘昫、赵莹、和凝、冯玉这些人都是如此。他们长期尸位素餐，牢牢把持相位，皇帝看到他们是旧臣而不能罢黜他们，他们的同僚看到时事艰难，不与他们相争，庸人们便忘记了死亡和被羞辱的危险，乘着偶然的运气，便也欣然认为自己是真宰相。这些都足以令别人耻笑。

虽然，犹未甚也。桑维翰一节度使之掌书记耳，其去公辅之崇既悬绝矣，必不可得，而倒行逆施者无所不至，力劝石敬瑭割地称臣，受契丹之册命。迫故主以焚死，斗遗民使暴骨，导胡骑打草谷①，城野为墟，收被杀之遗骸至二十馀万，皆维翰一念之恶，而滔天至此，无他，求为相而已。耶律德光果告敬瑭曰："维翰效忠于汝，宜以为相。"而居然相矣。人恫于明，鬼哭于幽，后世有识者推祸始而怀余怒：即在当日者，刘知远、杜重威、景延广亦交诋其非②，杨光远且欲甘心焉③。荼毒已盈，卒缢杀于张彦泽之半组④。计其徼契丹之宠，自号为相之日，求一日之甘食、一夕之安寝也，而不可得。而徒以残刘数十万之生灵，毁裂数千年之冠冕，以博德光之一语，旦书记而夕平章，何为者邪？

【注释】

①打草谷：指契丹官兵以牧马为名，四出劫掠，充为军饷。

②杜重威（？—948）：又名杜威，朔州（今山西朔州）人。五代十国时期后晋大臣，后晋高祖石敬瑭的妹夫，在后晋官至成德军节度使。契丹南下时，率十万兵马投降。后汉高祖刘知远称帝后，杜重威不敢受命，固守城池，最后被迫举城投降。乾祐元年（948），被后汉朝廷处死。传见《旧五代史·汉书·杜重威列传》《新五

代史·杂传·杜重威》。

③杨光远(？—944)：字德明。五代时期沙陀将领,后唐末石敬瑭在太原起兵,杨光远受命征讨,却反而率军投降石敬瑭。后晋出帝封杨光远为寿王,后来起兵造反,最终战败被杀。传见《旧五代史·晋书·杨光远列传》《新五代史·杂传·杨光远》。

④张彦泽(？—947)：太原(今山西太原)人。后晋高祖石敬瑭的姻亲,官至彰义军节度使,迁右武卫大将军。后来他主动投降契丹,引导契丹军队攻入汴梁。后被契丹皇帝诛杀。传见《旧五代史·晋书·张彦泽列传》《新五代史·杂传·张彦泽》。组：丝带。

【译文】

虽然如此,这样的行为还不算最过分的。桑维翰不过是一个节度使的掌书记罢了,三公宰辅之位对他而言遥不可及,他必定无法得到,因而便倒行逆施,无所不用其极,力劝石敬瑭向契丹割地称臣,接受契丹人的册命。逼迫故主自焚而死,使遗留的百姓陷于战火、暴尸野外,引导夷狄骑兵打草谷,使得城市、乡村都变为废墟,事后收拢被杀害者的遗骸,竟多达二十多万具,这都是桑维翰一念之恶的结果,酿成了如此滔天的罪恶,没有别的原因,就是因为他想做宰相而已。耶律德光果然对石敬瑭说："桑维翰效忠于你,应该任命他为宰相。"而桑维翰居然便因此当上了宰相。人在世间经受恫吓,鬼在阴间痛哭,后世有识之士追溯祸患的源头,对桑维翰心怀余怒：即使在当时,刘知远、杜重威、景延广也都交相攻击桑维翰的过失,杨光远也非要杀了桑维翰才甘心。等到桑维翰荼毒天下、恶贯满盈,最终被张彦泽用半截绳子勒死了。算算他从邀取契丹人的宠信,自称为宰相那天起,想要吃一天的好饭、睡一个好觉都做不到。却白白残害了数十万的生灵,毁裂数千年的文明,只为博得耶律德光推荐他做宰相的那一句话,早上是书记,晚上变成了宰相,又是何苦呢？

　　夫维翰以文翰起家成进士，即不能如梁震、罗隐之保身而不辱；自可持禄容身，坐待迁除，如和凝、李崧之幸致三事①。乃魂驰而不收，气盈而忘死，以骤猎不可据之浮荣，其实不如盛世之令录参佐也。而涂炭九州、陆沉千载②，如此其酷焉。悲夫！天之生维翰也，使其狂狾之至于斯③，千秋之戾气，集于一人，将谁怨而可哉？乞者乞人之墦④，非是而不能饱；盗者穴人之室，非是而不能获。维翰不相，自可图温饱以终身；维翰即相，亦不敌李林甫、卢杞之掾史；即以流俗言之，亦甚可贱而不足贵，明矣。处大乱之世，君非君，相非相，揽镜自窥，梦回自念，乞邪盗邪？君邪相邪？贵邪贱邪？徒以殃万民、祸百世，胡迷而不觉邪？

【注释】

①李崧（？—948）：小字大丑，深州饶阳（今河北饶阳）人。五代时期后晋大臣。后晋建立后被拜为宰相，兼任枢密使。他在少帝年间执掌朝政，将国家兵权交于杜重威，最终使得后晋亡国，后随辽太宗北上契丹，被留在镇州。后汉建立后，李崧南下归国。乾祐元年（948），李崧因得罪宰相苏逢吉，被诬陷谋反，满门遇害。传见《旧五代史·汉书·李崧列传》《新五代史·杂传·李崧》。

②陆沉：比喻国土沦陷于敌手。

③狂狾（zhì）：凶猛。

④墦（fán）：坟墓。这里指坟前的祭品。

【译文】

　　桑维翰凭借文墨成为进士，即便不能像梁震、罗隐那样保全自身而不被侮辱；也完全可以领着俸禄，暂且在朝廷安身，坐等升迁，像和凝、李崧那样侥幸登上相位。可是他的魂魄却飞驰太远而无法收回，意气满盈而忘记了死亡的危险，骤然想要猎取根本无法占据的相位，其实当时的宰相甚至不如太平盛世时的地方僚属。而最终他却造成了九州涂炭、国土沦陷这样的残酷结果。悲哀啊！上天让桑维翰来到人世，使他狂妄凶残到这个地步，以至于千年的戾气，都集中在一人身上，又能够怨谁呢？乞丐靠祈求坟墓前的供品生活，不这么做就填不饱肚子；盗贼侵入别人的房间，不这么做就得不到钱财。桑维翰不做宰相，也完全可以自求温饱以度过一生；桑维翰即使当了宰相，也不如李林甫、卢杞的掾史那样有权势；即使以流俗眼光来看，也是明显非常卑贱而完全不尊贵的。处在天下大乱的时代，君主不是君主，宰相不是宰相，照镜子看自己，在梦中念念自问，自己究竟是乞丐还是强盗？是君主还是宰相？是尊贵还是卑贱？只是白白地祸害万千百姓、贻害百世，为什么就沉迷其中而无法觉醒呢？

卷三十

五代下 自石敬瑭称号之年起

【题解】

本卷中王夫之主要评论五代后期即后晋至后周时期的史事。

公元936年夏,后唐重臣石敬瑭以割让幽云十六州,认契丹皇帝耶律德光为父为代价,换取了契丹的支持和册命,在太原登基称帝,建立后晋,不久攻入洛阳,灭亡了后唐。后晋的统治相当脆弱,诚如王夫之所言,"君非君,将非将,内叛数起,外夷日逼,地蹙民穷"。王夫之指出,石敬瑭作为平庸驽钝的"武人",完全"不知治理为何物",占据一隅之地而造反,其成功不过是侥幸罢了。他在位八年,没有一言合乎大道,没有一项政策有利于百姓,其见识和气量都"不足以服人"。面对手握重兵、心怀鬼胎的各地将领,石敬瑭惴惴不安,完全没有天子的自信,只得曲意迁就。因此,王夫之认为,石敬瑭窃据皇位,与张邦昌、刘豫这样的傀儡伪政权君主相仿,甚至比不上安禄山、黄巢之流,宋人视其为正统,实在荒谬可笑。

开运四年(947),后晋被契丹灭亡后,石敬瑭的部将刘知远趁机在太原称帝,建立了后汉政权。王夫之认为,刘知远器量与见识宏阔,思谋缜密深沉,远胜于石敬瑭,面对混乱的局势,能够做到"持重以待变",精准拿捏称帝的时机,"摈契丹以全中夏",所以自朱温以来,在志向与谋略方面接近豪杰的,只有刘知远一人,有资格"长人",即为人君长者,也只有刘知远一人。其实王夫之对于刘知远有如此高的评价,关键就在于刘知远"摈契丹以全中夏"的这一功绩,其在华夷矛盾上的表现甚至足以使王夫之忽略其在"君臣之义"方面的不足。不难看出,王夫之心目中,华夷矛盾是高于君臣矛盾的。不过后汉的国祚只有四年,是中国历代王朝中最为短命的。王夫之认为,后汉的速兴速亡,主要是因为沙陀刘氏毕竟也是出于异族,既然天地纲常尚未完全崩坏,他们自然不足以长期延续。更为具体的原因,则是沙陀刘氏既缺乏强大的宗室势力作为辅翼力量,也没有延揽到有才能和德行的大臣。

自唐以来,强横之臣拥兵自重,时刻图谋篡权夺位,国无宁日。而到了五代后期,天下渐渐有了安宁的趋势。在王夫之看来,这种趋势的重要表现,就是君王之于权臣的权威得到重塑,拥兵之臣无法再肆意妄为。后世常认为,后汉的灭亡,直接原因之一就是后汉隐帝刘承祐擅杀大臣,激反了郭威等人。但王夫之却认为,郭威、杨邠、史弘肇等人专权欺君,不除掉他们,后汉同样无法生存,所以处死杨邠、史弘肇等人,彰显了君王不可挑战的权威,使得天下的风气开始发生改变。即使后汉因此而灭亡,这一改变也仍然是有意义的。遵循这一思路,郭威登上皇位后处死王殷、王峻等权臣,尽管王殷、王峻未免受到冤屈,但对于强化君主权威,打击强横权臣,仍然意义非凡。在这种持续的努力下,风气渐渐得到扭转,周世宗柴荣得以能够阵前处死大将樊爱能、何徽,赵匡胤得以"杯酒释兵权",轻易地解除石守信、高怀德等宿将的兵权,都是这一趋势的体现。

五代末期,随着后周力量的增强,重新统一分裂的天下逐渐被提上了日程。那么应该以怎样的战略来完成统一呢?后周大臣王朴提出了"先下江南,收岭南,次巴蜀,次幽、燕,而后及于河东"的方略,后来宋朝平定诸国,所采取的策略同样是先南后北,但"先蜀后江南,晚收河东,而置幽、燕于不复"。王夫之认为,从理势的角度分析,两种策略互有得失:宋人"先蜀后吴"的策略比王朴"先吴后蜀"的策略更合理,但王朴主张先收复幽燕再消灭后汉,比宋人先攻河东却置幽、燕于不顾的方略要好得多。整体而言,宋人的失误更严重。可以看出,王夫之在评判两种策略优劣时,非常重视如何对待契丹这一威胁,并将其视为首要的威胁。就此意义而言,王夫之最为欣赏的方略实际上是周世宗柴荣的策略:先攻南唐,夺取其江北之地,免除南顾之忧,而后亲自讨伐契丹,契丹被击破,其他割据势力自然皆可以轻易被消灭。正因如此,王夫之对于世宗的英年早逝感到异常惋惜,认为若"天假之年",中原便可以"底定"了。

一　石敬瑭戴契丹为君父

契丹之于石敬瑭,为劳亦仅矣。解晋阳之围败张敬达者[①],敬达师老[②],而无能如晋阳何也。敬瑭南向,而耶律德光归,河南内溃,张彦泽迎敬瑭以入,初未尝资契丹之力,战胜以灭李氏而有之。且德光几舍敬瑭而立赵德钧[③],其待敬瑭之情,亦不固矣,曾不如突厥之于唐也。乃敬瑭坚拒众议,唯桑维翰之是听,以君父戴之,而为之辞曰信义也。呜呼!敬瑭岂知人间之有信义者哉?

【注释】

①晋阳之围:指石敬瑭起兵造反后,李从珂命张敬达为太原四面招讨使,征讨石敬瑭。张敬达兵围太原,石敬瑭于是请求契丹援兵。事见《新五代史·死事传·张敬达》。

②师老:军队长期在外以致兵士疲惫,士气低落。

③赵德钧:本名赵行实,后唐庄宗赐姓名曰李绍斌,幽州(今北京)人。后唐将领,曾任沧州节度使、幽州节度使等职,后唐末累官至检校太师兼中书令,封北平王。石敬瑭在晋阳造反,末帝以

赵德钧为诸道行营都统,率军讨伐石敬瑭。当时范延光领二万
军于辽州,赵德钧想吞并其军,没有获得朝廷允许,于是遣使向
契丹请求立自己为帝,契丹人权衡再三,没有答应。石敬瑭登上
皇位后,赵德钧被契丹掳至塞北,最终死在契丹。传见《旧五代
史·晋书·赵德钧列传》。

【译文】

　　契丹对于石敬瑭的帮助是十分有限的。契丹能解晋阳之围,击败
张敬达,是因为张敬达的军队已经很疲惫,因而对晋阳无可奈何。石敬
瑭向南进攻后唐时,耶律德光就已经率军北归了,后唐的河南地区发生
内部溃乱,张彦泽迎接石敬瑭进入中原,石敬瑭最初并不曾借助契丹人
的力量,而是独自战胜了李从珂而得到了天下。况且耶律德光一度要
舍弃石敬瑭而立赵德钧为皇帝,他对待石敬瑭的态度,并不是坚决支
持,还不如当年突厥对唐朝的支持。可是石敬瑭却坚决拒绝众人的议
论,只听桑维翰的建议,向耶律德光称儿、称臣,还美其名为遵守信义。
唉! 石敬瑭哪里可能知道人间有信义呢?

　　古今逆臣攘夺人国者,类有伟伐以立威,而后人畏以服
从而不敢动。无大功而篡者,唯萧道成、萧衍与敬瑭而已。
然道成、衍遇淫昏之主,臣民不保其死,于是因众怨以兴,而
为节俭宽容之饰行以结纳中外之心,天下且属心焉。李从
珂无刘子业、萧宝卷之淫虐,敬瑭一庸弩之武人①,杳不知治
理为何物,资妇势以得节钺,其据一隅以反也,自唐季以来,
如梁崇义、刘稹之徒,无成而县首阙下者非一矣②,敬瑭幸得
不伏其辜耳。在位八年,固无一言之几道、一政之宜民,其
识量之不足以服人,自知之,桑维翰亦稔知之,即与之四海
一王之天下,亦不能一朝居,而况此岌岌摇摇、不宁不令之

宇？仅守国门以垂旒乘辂哉！故甫篡位而范延光、张从宾、符彦饶、李金全、安从进、安重荣蜂起以争③，杨光远、张彦泽杀人于前而不能诘，刘知远且挟密谋以俟时而动，敬瑭盖惴惴焉卧丛棘之上，不能自信为天子也。

【注释】

①庸骀：平庸无能。

②县："悬"的古字。

③张从宾、符彦饶、李金全：张、符二人皆原为后唐将领。后晋建立后，范延光据邺城反叛，两人便相继起兵反叛，最终兵败被杀。事见《新五代史·杂传·范延光》《新五代史·唐臣传·符彦饶》。李金全：后唐时任泾州、沧州等镇节度使，以聚敛为务。后晋时平定安州乱军，被授为安远军节度使。石敬瑭命马全节代他镇守，他害怕追究此前杀使臣一事，于是投奔南唐，被任命为宣润节度使，卒于江南。传见《新五代史·杂传·李金全》。

【译文】

古往今来逆臣篡夺别人政权的时候，大多是凭借他们曾立下的大功来树立威信，然后众人就会因为敬畏而服从他们，不敢动反抗的心思。没有立下过大功却能篡位的，只有萧道成、萧衍与石敬瑭而已。然而萧道成、萧衍是遇到了淫乱昏庸的君主，臣民没有生路，于是他们趁众人怨恨前朝的时机，做出节俭宽容的姿态来邀买朝廷内外的人心，使天下都归心于他们。李从珂没有像刘子业、萧宝卷那样淫乱暴虐的举动，石敬瑭不过是个平庸无能的武夫，根本不知道治理为何物，靠着娶了明宗的女儿获得节制一方的权势，占据一隅之地造反。自唐末以来，像梁崇义、刘稹这样，反叛不成而首级被悬挂在宫阙下的人很多，敬瑭只是侥幸没像他们一样伏法罢了。他在位八年，没有说过一句有道理的话，没有发布过一条对百姓有利的法令，他的见识和气量都不足以使人信服,他自己知道,桑维翰也清楚地知道这一点,即使将一个统一的天下交给他,他也没办法做好一天的皇帝,何况是这样一个摇摇晃晃、岌岌可危、不安宁也不太平的天下呢?他也仅能把守国门、尸位素餐罢了!所以他刚一篡位,范延光、张从宾、符彦饶、李金全、安从进、安重荣等人就蜂拥而起,与他争夺天下,杨光远、张彦泽在他面前杀人,他都无法诘问和责备这两个人,刘知远也怀着密谋伺机而动,石敬瑭大概就像是惴惴不安地卧在荆棘之上,不能相信自己就是天子。

德不可恃,恃其功;功不可恃,恃其权;权不可恃,恃其力;俱无可恃,所恃以偷立乎汴邑而自谓为天子者,唯契丹之虚声以恐喝臣民而已。故三镇继起,张皇欲窜,而刘知远曰:“外结强虏,鼠辈何能为?”则契丹以外,敬瑭无可依以立命也可知矣。张从宾将逼汴州,从官汹惧,而桑维翰神色自若,夫岂有谢傅围棋之雅量哉[①]?心目之间,有一契丹隐护其脰领耳[②]。而藉口曰信义,将谁欺乎?惟其无以自主而一倚于契丹,故人即持其长短以制之。赵延寿、杜重威皆效之,而国以亡,血胤以斩,则维翰之谋,适以促其绝灭而已矣。敬瑭之窃位号也,与张邦昌、刘豫也正等,又出于安禄山、黄巢之下,宋人奖之以绍正统,无惑乎秦桧之称臣构而不怍也。

【注释】

①谢傅围棋:指淝水之战中,谢安在前秦大军压境之时,临危不惧,仍与客人从容下围棋。由于他沉着指挥,出奇制胜,在淝水之战中取得大捷。

②脰(dòu)领:脖领。

【译文】

德行不足以凭恃，就凭恃自己的功劳；功劳不足以凭恃，就凭恃自己的权力；权力不足以凭恃，就凭恃自己的力量。以上这些石敬瑭都不足以凭恃，他在汴梁篡权自立、自称天子，所能凭恃的只有依靠契丹虚张声势来恐吓臣民罢了。所以魏州、潞州、洛阳三镇相继起来叛乱，他张皇失措，想要逃窜，而刘知远说："对外交结强大的契丹，那些造反的鼠辈能做成什么事呢？"由此可见，除了契丹以外，石敬瑭已没有其他可以凭恃以安身立命的事物了。张从宾将要逼近汴梁时，侍从官员们都惊慌恐惧，而桑维翰却神色自若，难道他真的是有东晋谢安面对敌军压境仍从容下围棋那样的雅量吗？不过是在心和眼睛之间，有一个契丹隐隐护住他的脖领罢了。而他却借口说遵守信义，又能骗得了谁呢？正因为石敬瑭无法自主，完全依赖契丹人，所以别人能抓住其短处来制约他。赵延寿、杜重威都效仿石敬瑭的做法，国家因此灭亡，其子孙也被斩尽杀绝，如此则桑维翰的谋略，正好促成了石敬瑭的绝灭而已。石敬瑭窃国称帝，与张邦昌、刘豫的所作所为是一样的，还不如安禄山、黄巢，宋人却肯定他建立的后晋是承继了正统，这也就难怪南宋时秦桧能够代表高宗赵构向女真人称臣而毫不感到愧疚了。

二 黄讽决死直谏而不肯受杖

《礼》曰："刑不上大夫①。"古之大夫，方五十里之国，有三人焉，次国倍之，大国四之。周千八百国，计为大夫者万人以上，盖视汉之亭长，今之仓巡驿递耳，而不以刑辱之，则所以养廉隅而厚君子小人之别至矣。天下恶得而不劝于善邪？

【注释】

①刑不上大夫：语出《礼记·曲礼上》："礼不下庶人，刑不上大夫。"

意思是:礼制不下及庶人,刑罚不上及大夫。

【译文】

《礼记》中说:"刑罚不上及大夫。"古代的大夫,在方五十里的小国内,有三个,中等国家有六个,大国则有十二个。周朝有一千八百个诸侯国,大夫总计有一万人以上,大概与汉朝的亭长相仿,也就相当于今天主管仓储、邮驿事务的小官罢了,不用刑罚来侮辱这些人,是为了培养他们树立高尚节操,明晰君子小人之间的区别。这样做,天下怎么会都不学好呢?

刑者,非大辟之谓也,罪在可杀,则三公不贷其死,而况大夫?唯是宫、刖、劓、墨之刑,不使夷于小人,褫衣而残肢体耳。汉以杖代肉刑,则杖之为刑亦重矣哉!匍伏之,肉袒之,隶卒之贱凌蹴而棰之,于斯时也,烦冤污辱之下,岂复有君子哉?王昶之僭号于闽也①,淫虐不拟于人类,其臣黄讽诀妻子以进谏②,不恤死也。至于昶欲杖之,则毅然曰:"直谏被杖,臣不受也。"昶不能屈,黜之为民。充讽之志,岂黜是恤哉?触暴人而死,则死而已矣,而必不受者辱也。于此而知后世北寺之狱③,残掠狼藉,廷杖之辱,号呼市朝,非徒三代以下虐政相沿,为人君者毁裂纲常之大恶;而其臣惜一死以俯受,或且以自旌忠直,他日复列清班为冠冕之望者,亦恶得而谢其咎与?

【注释】

①王昶(? —939):原名王继鹏,祖籍光州固始(今河南固始)。闽太宗王延钧长子,五代十国时期闽国君主。闽永和元年(935),发动政变,杀其父王延钧而自立称帝,在位期间卖官鬻爵,横征

暴敛。闽通文四年(939年),其在政变中被杀。传见《旧五代
史·僭伪列传·王昶列传》《新五代史·闽世家·王继鹏》。

②黄讽:五代十国时期闽国谏议大夫。黄讽认为王昶荒淫暴虐,与
妻子诀别后入朝进谏。王昶欲用廷杖责处他,他说:"我若是迷
乱国家且不忠,即使死了也没有怨言;若是因为直言进谏而被杖
罚,我不能接受。"最终被罢黜为民。传见《十国春秋·闽列传·
黄讽》。

③北寺:指北寺狱。东汉黄门署属下的监狱。主要囚禁将相大臣。
因署在宫省北,故名。

【译文】

所谓"刑",并不是指死刑,如果犯了死罪,则即使贵为三公也不能
免死,何况是大夫呢?只是在宫刑、刖刑、劓刑、墨刑方面,不让这些"大
夫"与小民一样受罚,遭遇被剥去衣服,残损肢体的侮辱罢了。汉代以
杖刑代替肉刑,但是杖刑实际上也是很重的了!受刑时要匍匐在地上,
脱去衣服,被隶卒踩在脚下,用木杖击打,这个时候,受刑人含冤受辱,
哪里还有君子风范呢?王昶在闽国僭称帝王,淫乱暴虐,简直泯灭人
性,他的臣子黄讽诀别妻子,直言进谏,不畏惧死亡。等到王昶想对他
施以杖刑时,他毅然表示:"因为直言进谏而被处以杖刑,我不愿接受这
样的惩罚。"王昶不能使他屈服,最终将他贬黜为庶民。从黄讽的志向
来看,他难道会在乎被贬黜吗?触怒暴虐的君王而死,也不过赴死而
已,但却必定不能忍受刑罚侮辱。由此可以知道后世的北寺监狱中,对
犯人进行残酷拷打,还对大臣处以廷杖之刑以羞辱他们,惨叫之声响彻
市场和朝廷,这不仅是因为三代以下暴政相继延续,作为君王的人毁裂
纲常造成的大恶;而且也是因为臣子吝惜一死而忍受刑罚,甚至以此来
表彰自己忠诚正直。受刑之后,他日再度跻身朝臣行列,成为士人所推
崇和瞩目的对象的人,又哪里能推卸自己的责任呢?

"士可杀不可辱^①",非直为君言,抑为士言也。高忠宪公于缇骑之逮^②,投池而死,曰:"辱大臣即以辱国。"韪矣。立坊表以正君臣之义,慎遗体以顺生死之常,蔑以尚矣。其次则屏居山谷,终身不复立于人之廷可也。士大夫而能然,有王者起,必革此弊政,而明盘水加剑之礼^③,人道尚足以存乎!

【注释】

①士可杀不可辱:语本《礼记·儒行》:"儒有可亲而不可劫也,可近而不可迫也,可杀而不可辱也。"意思是:士人宁可被杀也不愿受辱。

②高忠宪公:即高攀龙。缇骑:本指明代锦衣卫下属,身穿红色服装的骑士。也泛指捉拿犯人的吏役。

③盘水加剑:按照上古礼制,大夫以上的阶层,遭遇天子谴责、质问的时候,本人要手托一盘,盘内有水(喻示公平),盘上放剑(喻示法律制裁),称为"盘水加剑",请天子公正裁决。

【译文】

"士可杀不可辱",这不仅仅是对君王所说的话,也是对士人所说的话。高攀龙面对前来逮捕他的役卒,选择投入池塘而死,说:"侮辱大臣就是辱国。"这句话是非常有道理的。用自己的行为树立道德丰碑以端正君臣大义,慎重选择死法以保全遗体,从而顺应生死常道,没有比这更高尚的了。其次则是隐居山谷,终身不在朝廷上再做官。士大夫如果能做到这些,遇到真正的王者崛起,必定能革除杖刑的弊政,而重新申明盘水加剑的古礼,如此则人道尚可以得到保存!

三　刘知远用子罕专宋之故智

刘知远之图度深密也,石敬瑭其几俎间物耳,恶足以测之哉！始而决劝敬瑭以反，为己先驱也。三镇兵起，敬瑭问计，而曰：“陛下抚将相以恩，臣戢士卒以威。”盖子罕专宋之故智也①。

【注释】

①子罕专宋：子罕是春秋时宋国权臣，以贤德著称，具有很高的声望，在宋平公、宋桓侯时代逐渐掌握了国家大权，甚至隐隐架空了宋国国君。

【译文】

刘知远的谋划深沉周密，石敬瑭简直就像是他案板上的一块肉罢了，又哪里足以测度刘知远的图谋呢？刚开始他坚决劝石敬瑭造反，从而为自己充当先驱。等到后来三镇相继起兵叛乱，石敬瑭向他询问应对之计，他说：“陛下您要用恩义来安抚将相，用威严来约束士卒。”刘知远大概也是在效仿春秋时子罕在宋国专权的老办法。

自唐以来，人主之速趋于亡者，皆以姑息养强臣而倒授之生杀之柄，非其主刚核过甚而激之使叛也。今欲使敬瑭以呴沫之仁假借将相①，则当时所宜推心信任、恣其凌轹而不问者②，莫知远若矣。恩遍加于将相，而可独致猜防于知远乎？柔而召侮，躁人先凌之，以乱其心志，故安重荣之流，急起以疲敬瑭之力，知远乃乘其后席卷而收之已耳。威移于己，则三军所畏服者，知有知远而忘有敬瑭；戢兵以卫民，则百姓所仰戴者，不感敬瑭而唯感知远。兵从令而民归心，故可以安坐晋阳，而俟契丹之倦归，以受人之推戴。此知远之成算，使敬瑭入其中而不觉者也。藉令石重贵而不为契丹之俘虏邪？亦拱手而授之知远尔。

【注释】

①呴(xǔ)沫：用口沫互相湿润，比喻抚慰或救助。

②凌轹：欺压，侵犯。

【译文】

自唐代以来，凡是迅速趋于灭亡的君主，都是因为对强大的臣子加以姑息纵容，将生杀大权拱手交给他们，而不是因为君主刚强严苛而激怒了臣下，促使他们发动叛乱。如今刘知远想让石敬瑭用微薄的仁义来抚慰将相，则当时石敬瑭应当推心置腹地加以信任，听凭其胡作非为而不加以过问的人，没有比刘知远更切合的了。对将相普遍施以恩惠，石敬瑭又怎么可能单独再猜疑刘知远呢？因柔弱而招来侮辱，急躁邪僻的人就会凌驾于他之上，扰乱其心志，所以安重荣这些人，就迅速起来反叛，使石敬瑭筋疲力尽，刘知远于是趁其虚弱，席卷天下而取得政权。权威既然已经转移到刘知远手中，则刘知远就成了三军所畏服的对象，他们只知道有刘知远而忘记了有石敬瑭；约束士兵以保卫百姓，则百姓所敬仰拥戴的对象就是刘知远，他们不会感谢石敬瑭而唯独感谢刘知远。士兵听令、百姓归心，所以刘知远才可以安坐于晋阳，等待契丹军队因疲倦而北归，接受别人的推戴而登上帝位。这就是刘知远的既定打算，他使石敬瑭进入自己的计划之中却难以察觉。假如石重贵没被契丹人俘虏，会是什么结局呢？也不过是拱手将政权交给刘知远罢了。

傲岸不受平章之命，重为其主之疑怒，而赵莹为之拜请，感其恩抚大臣之言也。敬瑭忍怒而使和凝就第劝谕，假借之恩宠者已素，而威不足以张也。范延光、杨光远、张彦泽骄横以速石氏之亡,知远收之也不待劳矣。契丹中起而乱之,故知远之得之也难。当桑维翰献割地称臣之计,知远已早虑之矣,虑己之难乎其夺之竖子之手也。而卒能自保,以逐夷而少息其民。故自朱温以来,许其有志略而几于豪杰者,唯知远近之矣。

【译文】

　　刘知远傲慢地不接受宰相的任命,导致石敬瑭的严重怀疑和愤怒,而赵莹为他向石敬瑭拜请谢罪,正是因为感激他建议石敬瑭用恩义来安抚大臣的话。石敬瑭强忍愤怒而派和凝到刘知远府上劝谕他接受任命,但由于石敬瑭一贯对大臣施以恩宠,所以他的权威也就无法得到伸张了。范延光、杨光远、张彦泽骄横跋扈,加速了石氏的灭亡,刘知远收拾他们叛乱造成的残局一点也不费力气。只是因为契丹中途发兵进入中原,扰乱了刘知远的计划,所以刘知远难以得到天下。当桑维翰献上割地称臣之计的时候,刘知远早已经考虑清楚了,他考虑到直接从这些人手中夺取政权是很困难的。所以他最终能先自保,然后驱逐契丹人,使百姓稍稍得以休养生息。所以自朱温以来,有志向和谋略,几乎达到了豪杰标准的人,大概也只有刘知远了。

四　李昪彼民安吾民亦安之言几于道

　　石氏之世,君非君,将非将,内叛数起,外夷日逼,地蹙民穷,其可掩取之也,八九得也。江南李氏之臣,争劝李昪出兵以收中原,而昪曰:"兵之为民害深矣! 不忍复言,彼民安,吾民亦安。"其言,仁者之言;其心,量力度德保国之心也。盖杨行密、徐温息兵固国之图,昪能守之矣。

【译文】

后晋统治时期,君王没有君王的样子,将领没有将领的样子,内部数度爆发叛乱,外部还有契丹人的威逼,国土狭小,百姓穷困,此时如果有人趁机攻击后晋,十有八九可以成功。南唐李氏的大臣,争相劝李昪出兵收复中原,而李昪说:"战争给百姓造成的危害太严重了!我不忍心再谈论战争了,这样对方的百姓能得到安宁,我方百姓也能得到安宁。"李昪的话,是仁者之言;李昪的心思,是在衡量自身力量与德行的基础上设法保全自己的国家。大概杨行密、徐温止息战争以巩固国家的策略,李昪是能够遵守的。

兴衰之数,不前则却。进而不能乘人者,退且为人所乘。图安退处,相习于偷,则弱之所自积也。李氏惟不能因石氏之乱而收中原,江、淮之气日弛,故宋兴而国遂亡,此盖理势之固然者;而揆之以道,则固不然。若使天下而为李氏所固有,则先祖所授,中叶而失之,因可收复之机,乘之以完故土,虽劳民以求得,弗能恤也,世守重也。非然,则争天下而殄瘁其民,仁人之所恶矣。徐知诰自诬为吴王恪之裔,虽蒙李姓,未知为谁氏之子,因徐温而有江、淮,割据立国,义在长民而已。长民者,固以保民为道者也。社稷轻而民为重,域外之争夺,尤非其所亟矣。以匹夫奄有数千里之疆,居臣民之上,揣分自全,不亦量极于此乎?苟为善,后世子孙以大有为于天下者,天也;知其弱不足立而浸以亡者,亦天也;非可以力争者也。李昪于是而几于道矣。当其时,石敬瑭虽不竞,而李氏诸臣求可为刘知远、安重荣之敌者,亦无其人。陈庆之乘拓拔之乱以入雒阳,而髡发以逃[①];吴明彻乘高齐之亡以拔淮北，而只轮不返②；皆前事之师也。即令幸胜石氏，而北受契丹之勍敌③，东启吴越之乘虚，南召马氏之争起，外成无已之争，内有空虚之害，江、淮亘立于中以撄众怒，危亡在旦夕之间，而夸功生事者谁执其咎乎？故曰量力度德，自保之令图也。

【注释】

①陈庆之乘拓拔之乱以入雒阳，而髡发以逃：南朝梁大通二年（528）十月，陈庆之以飙勇将军身份，奉梁武帝之命护送降梁的魏北海王元颢北还。陈庆之以数千之众，攻取北魏三十二城，护送元颢进入洛阳，威震中原。后因北魏遣重兵进攻陈庆之军，陈庆之孤军兵少，终遭惨败，只得剃发化妆为僧人，只身潜返江南。事见《梁书·陈庆之列传》。

②吴明彻乘高齐之亡以拔淮北，而只轮不返：太建九年（577）十月，南朝陈宣帝听闻北周灭北齐，意图乘机争夺淮北地区，于是诏令吴明彻进军北伐。吴明彻的部队围攻吕梁城，并引水灌城。北周派上大将军王轨率军救援。王轨轻装从清水进到淮口，在水中竖起木头，用铁锁穿住车轮，截断水流，阻断船的通道。陈军将领们惊慌害怕，商议劈开拦河坝，移动军营，用船载马。吴明彻同意此提议，派人掘开拦河坝，趁着水势退军，希望获得成功。但撤军途中水势渐渐小下来，船舰都不能渡过，陈军部队皆溃散，吴明彻走投无路，最终被擒。北周封吴明彻为怀德郡公，不久后，吴明彻因为忧愤加重病情，死于长安。事见《陈书·吴明彻列传》。

③勍（qíng）敌：强敌。

【译文】

如果不前进就会倒退，这是兴衰的规律。进不能乘人之危而取胜，则退却时必定被别人趁机攻击而落败。如果贪图安逸而选择退居一方，习惯于苟且偷安，则会使国家变得越来越弱。李氏正是因为不能趁后晋混乱的时机收复中原，江、淮地区的民心、士气日渐松弛，所以宋朝兴起后，南唐最终亡国，这大概是大势所趋、理所当然的。而如果从道的方面来衡量，则事情并非如此。假如天下本身就是李氏所固有的，则先祖所授予自身的疆土，中途丢失，趁着可以收复失地的机会，趁机收复故土，恢复旧版图，那么即使会使百姓陷于疲惫，也在所不惜，因为夺回祖宗所传承的基业极其重要。如果不是这样，则为争夺天下而使百姓疲惫甚至灭绝，这是仁义之人所厌恶的事情。徐知诰自己诈称是吴王李恪的后裔，虽然号称李姓，实际上不知道到底姓什么，依靠徐温而占据江淮地区，割据一方以立国，其大义只在于抚养百姓而已。抚养百姓，自然要以保卫民众为根本之道。社稷为轻而百姓为重，国家之外的疆土争夺，尤其不是需要急于处理的事务。以匹夫身份起家，而占有数千里的疆土，位居臣民之上，从自己的本分考量，难道不是已经达到了应当极其心满意足的地步了吗？如果能做得好，那么后世子孙得以在天下大有作为，这就是上天的赏赐和回报；知道自身弱小而最终难免归于灭亡，同样是上天的定数。这不是人力所能与之抗争的。李昪在这方面几乎已经达到了懂得"道"的境界。当时，石敬瑭虽然不强，但南唐诸臣中能够作刘知远、安重荣等人的敌人的人，也是没有的。当年陈庆之乘北魏内乱之机攻入洛阳，最终却只能剃发化妆成僧人逃回江南；吴明彻乘北齐灭亡之际北伐，攻下淮北，最终却全军覆没。这些都是前事之师。即使南唐能侥幸战胜后晋，北面就会受到契丹这一强敌的直接威胁，东面会给吴越乘虚而入的机会，南面会招致马楚政权的起兵侵犯，外部征战不休，内部空虚，危害很大，届时南唐孤立于各方势力中间，危亡就在旦夕之间，而当初那些试图夸耀功劳、滋生事端的人有谁出来承担责任呢？所以说衡量自身的力量和德行，是自保的良策。

其仁民也，虽不保其果有根心之恻惝，而民受其赐以延生理，待宋之兴，全父老、长子孙、受升平之乐，不可谓非仁者之泽矣。《诗》不云乎？"民亦劳止，汔可小康①。"人之情也，劳不可堪也，死愈不忍言也。杨行密、徐温、李昇予民以小康，可不谓贤哉？高季兴之猥也，天下笑其无赖，而视王曦、刘龑之贼杀其民以自尊②，愈矣；况江南之奠残黎，使安枕于大乱之世，数十年民不知兵也乎！

【注释】

①民亦劳止，汔(qì)可小康：语出《诗经·大雅·民劳》。意思是：人民实在太劳苦，但求可以稍稍舒服些。

②王曦(？—944)：又名王延羲、王羲，光州固始(今河南固始)人。闽太祖王审知少子、五代十国时期闽国君主，939—944年在位。王延羲在位期间骄傲奢侈，荒淫无度，猜忌宗族，残杀大臣。后晋天福九年(944)，王延羲被臣下朱文进、连重遇刺杀。传见《旧五代史·僭伪列传·王延羲列传》《新五代史·闽世家·王延羲》。

【译文】

对百姓施以仁义，虽然不能保证百姓必定发自内心地认同和眷恋本政权，但百姓获得本政权的恩赐而得到生路，等到宋朝兴起后，父老得以保全，子孙得以安然成长，享受太平盛世的快乐，不能说这不是仁者的恩泽。《诗经》里不是说"民亦劳止，汔可小康"吗？人之常情，就是不能忍受劳苦，更不忍心去提死亡的事情。杨行密、徐温、李昇能够给予百姓小康的生活，难道能说他们不贤德吗？高季兴行事猥琐，天下人都笑话他是无赖，而如果看闽国王曦、南汉刘龑残害百姓来彰显自身尊贵的行为，高季兴还是要好得多。何况南唐能够安抚幸存的百姓，使他们能够在天下大乱的时代里保有安宁,以至于数十年百姓都见不到战争!

五　江南按田定税

江南李氏按行民田之肥瘠以定税,凡调兵兴役、非常事而猝求于民者,皆以税钱为率。宋平江南,承用其法,延及于今,一用此式,故南方之赋役所以独重,此《春秋》所谓"用田赋"也[①]。

【注释】

①用田赋:语出《春秋·哀公十二年》:"春,用田赋。"指公元前483年,鲁卿季康子推行按田地多少征收军赋的制度。

【译文】

南唐统治者按照百姓土地的肥沃程度来确定税额,凡是遇到调动军队、征用劳力等非常事件而猝然向百姓征收赋税时,都以此税额为征收标准。宋朝平定江南后,继承这一制度,一直到今天还是沿用这一税制,所以南方的赋役负担在全国都显得尤其沉重,这就是《春秋》中所谓的"用田赋"。

古者以九赋作民奉国[①],农一而已,其他皆以人为率。夫家之征[②],无职事者不得而逸。马牛车器,一取之商贾。役,则非士及在官者,无不役也。是先王大公至正、重本足民之大法,万世不可易者也。是故民乐有其恒产而劝于耕。苟非力不任耕、世习工贾者,皆悉安于南亩。无弃土,无游民,不俾黠巧惰淫者,舍其先畴以避征徭,而坐食耕夫之粟。

民食足而习驯,无或冻馁流离而起为巨寇。财足用,器足修,兵足使,而夷狄不能为患。其为天下利亦溥矣哉!今变法而一以田税为率,已税矣,又从而赋之。非时不可测度之劳,皆积堕于农。而计田之肥瘠以为轻重,则有田不如无田,而良田不如瘠土也。是劝民以弃恒产而利其莱芜也③。民恶得而不贫,恶得而不堕,恶得而不奸,国恶得而不弱,盗贼恶得而不起,戎狄恶得而不侵哉?故自宋以后,即其全盛,不能当汉、唐之十一,本计失而天下瘠也。

【注释】

①九赋:周代的九种赋税,其中前六种赋税(邦中之赋、四郊之赋、邦甸之赋、家削之赋、邦县之赋、邦都之赋)皆以地区远近为区别,征土地产物;"关市之赋"征商旅税;"山泽之赋"征矿、渔、林业税;"币馀之赋"指不属以上各类的其他赋税。

②夫家之征:"夫税"与"家税"的合称。先秦时以个体家庭为单位征派的田税和军赋。夫家即一夫一妇。

③莱芜:荒芜。

【译文】

古时候向百姓征收九种赋税以满足国家用度,农赋只是其中一种而已,其他的赋税都以人口为征收标准。"夫税"与"家税"的征收,凡是没有职事的人都不得免除。马牛车器,都是从商贾那里取得。徭役,则只要不是士人及在官府任职的人,没有不需要服徭役的。这是先代圣王大公至正、重本足民的根本大法,是万世不可更易的。因此百姓都乐于拥有固定的财产,勤于耕作。只要不是无力耕作,世代从事工商业的人,都安心于耕种土地。天下没有被荒废的土地,没有游民,不允许狡猾懒惰的人舍弃祖先的产业来逃避税收和徭役,却坐着享受农夫生产的粮食。百姓粮食充足而驯服于朝廷,不会因为饥饿寒冷而起来成为盗贼。国家财政储备充足,武器装备得到保养,有足够的军队,夷狄就不能给国家造成祸患了。这对于天下的好处是很广博的!如今改变传统的税收制度而完全以田地为征税标准,已经征收了田税,还要再在田赋中征收徭役税。那些不定期的、非常规的劳役,都由农民来负担。而统计土地的肥沃程度来作为征税轻重的标准,则有田地还不如没有田地,肥沃的良田还不如贫瘠的土地。这等于变相引导百姓放弃土地而任其荒芜。百姓怎么能不贫困,怎么能不堕落,怎么能不变奸诈,国家怎么能不衰弱,盗贼怎么可能不兴起,戎狄怎么可能不趁机侵扰呢?所以自从宋朝以后,即使在全盛时期,国家的力量也不如汉、唐时期的十分之一,农业这一根本生计丧失了,天下自然随之变的贫困。

　　夫有民不役,而役以田,则等于无民。据按行之肥硗^①,为不易之轻重,则肥其田者祸之所集,而肥者必硗。有税有役,则加于无已,而无税则坐食游闲之福,民何乐而为奉上急公之民?悖道拂经之政,且有甚于商鞅者。乃相承六百年而不革,无他,君偷吏窳,据地图税籍而易于考索。若以人为登耗,则必时加清理以调其损益,非尽心于国计民生者不能也。简便之法,易以取给,而苟且以自恣。不知天子之允为元后父母,命官分职,以共天职,将何为邪?王者起而厘正之,莫急于此矣!

【注释】

①肥硗(qiāo):指土地肥沃与贫瘠。硗,贫瘠。

【译文】

有百姓在,不让他们服徭役,却要从田税中征收代替徭役的税钱,这就等于没有百姓。根据土地的肥沃程度，来确定不能变易的征税轻重的标准，则肥沃的土地反而带来更多的灾祸，最终肥沃的土地必将变得贫瘠。凡是要交田税，就得交代替徭役的税钱，如此叠加没有尽头，而那些不用交田税的人反而可以坐享游手好闲、不劳而获之福，则百姓还怎么会乐意作奉公守法、急朝廷之所急的良民呢？这种违背国家治理常道的政策，比商鞅立下的政策还糟糕。可是这一制度却沿袭六百年而不曾变革，这没有别的原因，全都是因为君王苟且偷安，官吏懒惰卑劣，认为依据地图税籍容易征收赋税。如果以人口为征税标准，则必定要及时调整税额以适应人口的增减，除非是为国计民生尽心尽力，否则根本做不到。简便的方法，容易征上来税，因此朝廷上下都苟且因循、放纵自己。不知道天子作为百姓的父母，任命官员、分设职位，以共同履行天职，又能办成什么事呢？如果有王者兴起而想要订正天下制度，那没有比订正这一制度更紧要的事情了！

六　石氏之亡在桑维翰不在景延广

景延广抗不称臣，挑契丹之怒，而石晋以亡，古今归罪焉，流俗之论无当于是非，若此类者众矣。

【译文】

景延广拒不向契丹称臣，挑起了契丹的怒火，后晋因此灭亡，古往今来都因此归罪于景延广，流俗的议论不能公正地评判是非，像这样的例子是很多的。

石氏之亡不亡，奚足为有无哉？即以石氏论，称臣称男，责赂无厌，丑诟相仍，名为天子，贱同仆隶，虽得不亡也奚益？重敛中国之所有，以邀一日之欢，军储不给而军怨于伍,流离载道而民怨于郊,将吏灰心,莫为捍卫,更延之数年,不南走吴、楚以息肩,则北走契丹以幸利,一夫揭竿而四方瓦解,石氏又恶保其不亡乎? 石氏之亡,桑维翰实亡之,而奈何使延广代任其咎也!

【译文】

　　后晋即使不灭亡,又哪里足以有所作为呢? 即使从后晋统治者角度而言,他们向契丹称臣称子,契丹对他们索取无度,频繁地侮辱他们,他们名为天子,实际上卑贱得如同奴仆,即使不灭亡,又有什么益处呢? 对中国民众征收重税来聚敛财富,从而邀取契丹人一日的欢心,军队粮饷不足而导致士兵怨声载道,百姓颠沛流离而在郊野埋怨朝廷,将领和官吏都灰心丧气,不愿意挺身捍卫后晋政权,这种情况延续数年,民众不是向南投奔吴、楚以减轻负担,就是向北投奔契丹以侥幸取利,一个人揭竿而起,境内四方就陷于瓦解,后晋又哪里能保住政权而不灭亡呢? 后晋的灭亡,实际上是桑维翰导致的,怎么能让景延广来代替他承担罪责呢?

　　称臣、割地、输币之议,维翰主之,敬瑭从之;二人以往,唯依阿苟容之冯道、安彦威而已①。刘知远已异议于早,吴峦、王权或死或贬而不甘为之屈②,安重荣则不难刿敬瑭之首、刿心沥血以谢万世者也③。延广与知远对掌马步、为亲军之帅,知远怀异心以幸其败而不力争,延广扶孱主以耻其亡而独奋起,延广之忠愤,虽败犹荣,而可重咎之以折中国生人之气邪?

【注释】

　　①依阿:曲从,附顺。安彦威(? —945):字国俊,代州崞县(今山西

崞县)人。五代十国时期将领。后唐时曾统帅禁卫军,遥领镇州节度使。后晋高祖即位后,拜为北京留守,加同平章事。安彦威面对契丹时屈节侍奉,殷勤备至,石敬瑭加以慰劳,安彦威表示石敬瑭为天下苍生而侍奉契丹,自己并不觉得屈节可耻,由此深得石敬瑭欢心。传见《新五代史·杂传·安彦威》。

②吴峦(? —944):字宝川,郓州卢县(今山东聊城)人。后晋高祖时任大同镇节度判官。不愿将云州交给契丹,率军民坚守云州,抵抗了契丹长达七天的围攻。后被石敬瑭召回京城,后晋出帝即位后任命其权知贝州军事,在贝州保卫战中战死。事见《新五代史·晋臣传·吴峦》。王权(864—941):字秀山,太原(今山西太原)人。后晋吏官。石敬瑭派他出使契丹,王权认为自己累世任中原朝廷的将相,为此感到羞耻,对人说:"我已经老了,怎能向穹庐下跪!"便说年老有病,推辞不去。石敬瑭发怒,罢免其官职。传见《旧五代史·晋书·王权列传》。

③刲(kuī):刺,割。

【译文】

向契丹称臣、割地、输送金钱这些提议,都是桑维翰主张的,石敬瑭听从了他的意见。除了他们两人,就只有阿谀曲从、苟且偷安的冯道、安彦威等人支持而已。刘知远早已提出过异议,吴峦、王权或战死,或被贬,却都不甘心向契丹屈服,安重荣则恨不得割下石敬瑭的首级,剖取其心以使其滴血,从而让他向千秋万世谢罪。景延广与刘知远分别掌管马步两军,均为亲军统帅,刘知远怀有异心,乐于看到后晋败亡,所以不去力争,景延广扶持孱弱的君主,耻于亡国而独自奋起,景延广怀着忠诚悲愤之心,虽败犹荣,怎么能够对他重加责备,从而使中原百姓的勃勃生气遭受挫折呢?

夫契丹岂真不可敌而以鸿毛试炉火哉? 敬瑭所倚以灭

李氏者,徒晋阳解围一战耳。又张敬达已老之师也,遇险而惧,不敢渡河而返。从珂自溃,非胡骑之果能驰突也。杨光远诱之,赵延寿导之,而中国水旱非常,上下疲于岁帑①,乃敢举兵南向。然且伟王败而太原之兵遁②;石重贵自将以救戚城③,而溺杀过半,恸哭而逃;高行周拒之于澶洲④,而一战不胜,收军北去;安审琦救皇甫遇、慕容彦超于榆林店而自惊以溃⑤;阳城之战⑥,符彦卿一呼以起⑦,倾国之众,溃如山崩,弃其奚车⑧,乘驼呕走。当是时也,中国之势亦张矣;述律有蹉跌何及之惧⑨,气亦熸矣。而延广罢去,留守西京,悲愤无聊,唯自纵酒;桑维翰固争于重贵,复奉表称臣以示弱,然后孙方简一叛⑩,大举入寇,而重贵为俘。繇此观之,契丹何遽不可拒? 延广何咎? 而维翰之贻害于中国,促亡于石氏,其可以一时苟且之人情,颂其须臾之安,而贳其滔天之罪哉?

【注释】

①岁帑:指中原政权每年向契丹等少数民族政权交纳的金帛。

②伟王:指契丹贵族耶律安端。辽太祖耶律阿保机的弟弟。耶律德光命他进攻后晋的太原,他被后晋军队击败,被斩首三千余人,只得率军逃回契丹。事见《旧五代史·汉书·高祖纪》。

③戚城:在今河南濮阳北。

④高行周(885—952):字尚质,妫州怀戎(今河北怀来)人。五代时期将领。少时效力燕王刘仁恭和刘守光父子,后归附晋国,在后唐灭梁战役中屡立战功。后晋建立后被授予使相之职。出帝即位后,以北面行营都部署身份,坐镇澶州抵御契丹南侵。一度

被困于戚城,石重贵亲自率兵援救,最终得以脱困。后来又历仕后汉、后周。传见《旧五代史·周书·高行周列传》《新五代史·杂传·高行周》。澶洲,当为"澶州"。

⑤安审琦(897—959):字国瑞,代北(今山西代县)沙陀族人。五代时名将。后晋建立后,历任天平节度使、忠武节度使等职,领兵抗击契丹入侵,在榆林店力救被围的后晋大将皇甫遇、慕容彦超。显德六年(959),安审琦为仆人所杀害。传见《旧五代史·周书·安审琦列传》。

⑥阳城之战:指后晋开运二年(945),后晋北伐军在阳城(今河北保定清苑西南)以少胜多,击败契丹军,迫使其北撤的战役,后晋军主帅为杜重威、李守贞、符彦卿等人。事见《新五代史·四夷附录》。

⑦符彦卿(898—975):字冠侯,陈州宛丘(今河南周口店淮阳)人。五代至北宋初年将领。历仕后唐、后晋、后汉、后周、北宋五朝,累封魏王。他的三个女儿分别为周世宗、宋太宗的皇后。阳城之战中,后晋军被契丹骑兵包围,晋军且战且退,营地没有水源,士兵及战马都极渴,将士纷纷请求出战。杜重威主张先待风势渐小视情况而定,符彦卿、李守贞等则认为与其束手待毙,不如乘风力莫测而奋力还击。于是晋军乘狂风大作、天昏地暗之际,以万骑之势横冲契丹军,契丹大败而逃,势如土崩,丢弃的马匹铠仗遍野,后晋步骑兵并进追击二十余里,耶律德光只身而逃。传见《宋史·符彦卿列传》。

⑧奚车:北方少数民族所用的一种车子。

⑨述律:指当时的契丹太后述律平。她对耶律德光说:"你现在虽然取得了汉地,不能居留,万一有了差失,后悔也来不及!"

⑩孙方简:五代时期定州(今河北定州)地方武装首领。最初依附后晋,后因索求得不到满足而投靠契丹,作为向导引契丹灭晋,被

任命为义武节度使。后来契丹调其担任大同节度使，孙方简拒
不奉命，转投后汉，仍任义武节度使。事见《旧五代史·晋书·
少帝纪》。

【译文】

契丹难道真的不可阻挡，对抗他们就像用鸿毛来试探炉火一样吗？
石敬瑭在消灭后唐过程中依赖契丹的，只有晋阳解围战那一场战争而
已。其后面对张敬达所率领的已经疲惫的后唐军时，契丹军遇到危险
而心生恐惧，不敢渡河而返回北方。李从珂的军队自己内部发生溃乱，
并非是契丹骑兵当真善于突击冲锋而击败了后唐军。杨光远引诱、赵
延寿引导契丹军再度南下，而当时中原地区又遭遇水旱灾害，朝廷上下
都疲于应付岁币，于是契丹才敢举兵南下。然而伟王耶律安端一被击
败，太原的契丹军就赶紧逃遁；石重贵亲自率军来救援戚城，而契丹军
被溺死大半，恸哭着向北逃窜；高行周在澶州抵御了契丹军，契丹军一
战不能取胜，就收兵北撤；安审琦在榆林店成功救援皇甫遇、慕容彦超，
而契丹军因为自相惊扰而溃败；阳城之战中，符彦卿一呼而起，契丹倾
国之众，如同山崩一样溃败，耶律德光丢弃了自己的战车，乘骆驼迅速
逃跑。当时，中国的气势已经得到了伸张，契丹太后述律平因此担心居
留汉地会有差失，气焰已经变弱了。而景延广被罢去主帅之职后，奉命
留守西京洛阳，悲愤无聊，于是只好纵酒发泄；桑维翰顽固地与石重贵
争执，力劝他再次奉表向契丹称臣以示弱，然后孙方简一叛变，契丹军
再次大举入寇，而石重贵就成了俘虏。由此看来，契丹军又哪里不可抗
拒了？景延广又有什么罪责呢？而桑维翰给中国带来了祸害，加速了
后晋的灭亡，难道可以因为一时苟且的人情，就称颂他带来的须臾安
宁，从而赦免他的滔天大罪吗？

　　韩侂胄挟鹰犬之功，杀忠贞，逐善类，恶诚大矣，而北伐
非其罪也。成败，天也；得失，人也；或成而败，或败而成，视

其志力而已。宋即北伐而小挫,自可更图后效;乃以挑衅渝盟为侂胄之罪①,然后人心靡,国势颓,至于亡而不复振。故延广逐而石氏之亡决,侂胄诛而赵宋之衰成。身为大帅,知有战而不知有降,其官守也。延广蒙讥,则岳鹏举之杀,其秦桧再造之功乎?

【注释】

①渝盟:背叛盟约。

【译文】

韩侂胄凭恃自己为皇帝奔走效劳的功绩,杀害忠贞之臣,驱逐善良之辈,他的罪恶确实很严重,但北伐却并非他的罪过。成败是由上天决定的,得失则是人力所决定的。有的人先成功而后失败,有的人先失败而后能成功,这都取决于个人的志向和力量而已。南宋即使在北伐时遭遇小挫折,也完全可以再接再厉以图后效。可是南宋朝廷却把挑衅背盟当作韩侂胄的罪过,然后南宋人心便日渐萎靡,国势衰颓,最终导致亡国而无法再度振作起来。所以景延广被驱逐就已经决定了后晋的灭亡,韩侂胄被诛杀,赵宋王朝的衰亡就已经成了定局。身为统帅,只知道奋力作战而不知道有投降这回事,这是其职守所在。景延广蒙受后人讥讽,则岳飞被杀害,难道也算是秦桧再造宋朝社稷的功劳吗?

七 刘知远持重待变

石敬瑭起而为天子,于是人皆可为,而人思为之。石敬瑭受契丹之册命为天子,于是人皆以天子为唯契丹之命,而求立于契丹,赵延寿、杨光远、杜重威,皆敬瑭之教也。欲为天子,而思反敬瑭之为,拒契丹以灭石氏者,安重荣耳,虽兵败身死、蒙叛臣之号,而以视延寿辈之腥污,犹有生人之气矣。

【译文】

石敬瑭能够起兵反叛当上天子,于是天下人人都能起来做天子,人人都想着起来做天子。石敬瑭接受契丹的册命,被封为天子,于是人人都认为要当天子,只能由契丹人来任命,于是都请求契丹立自己为天子,赵延寿、杨光远、杜重威,都是在效仿石敬瑭的做法。想要作天子,却反对石敬瑭的做法,反其道而行之,想要抗拒契丹以消灭后晋政权的人,只有安重荣罢了,虽然安重荣最终兵败身死,蒙受叛臣的污名,但他和赵延寿等身上沾满血腥臭味的家伙相比,好歹还算是有活人的骨气。

刘知远持重以待变,尤非可与敬瑭辈等伦者也。今且责知远之拥兵晋阳,不以一矢救重贵之危,而知远无辞。虽然,岂尽然哉?李守贞、杜重威、张彦泽[1],兵力之强,与不相上下,而交怀忮害之心;桑维翰居中持柄,怙契丹以制藩帅;石重贵轻躁以畜厚疑,前却无恒,力趋于败;天之所坏,不可支也,徒以身殉,俱碎而已。

【注释】

[1] 李守贞(? —949):河阳(今河南孟州)人。五代十国时期后晋大臣。初为河阳牙将,后得到晋高祖敬瑭器重,升任宣徽使。出帝石重贵时,平定杨光远叛乱,被拜为同平章事、兵马都监。率军参与北伐契丹之战,但不久即投降契丹,迁天平军节度使。后汉建立后,被拜为河中节度使,在后汉隐帝刘承佑时,割据陕西反叛,自封为秦王。乾祐二年(949),为枢密使郭威所败,举家自焚而亡。传见《旧五代史·汉书·李守贞列传》《新五代史·杂

传·李守贞》。

【译文】

刘知远谨慎持重,坐拥军队以等待局势变化,尤其不应被与石敬瑭等人相提并论。今天的人尚且责备刘知远在晋阳拥兵自守,不发一兵一卒来解救石重贵的危难,刘知远当然没有言辞去为自己辩解。尽管如此,事情难道完全是这样吗?李守贞、杜重威、张彦泽,他们兵力的强盛程度,与刘知远不相上下,却彼此怀着暗害对方的心思;桑维翰在朝中把持权柄,倚靠契丹人的支持以制约藩镇将领;石重贵为人轻躁而疑心很重,前进后退没有章法,使局势一步步走向衰败。这是上天要灭亡后晋,不是人力所能抗拒的,刘知远如果贸然出兵去救石重贵,也只是白白地以身殉国,只会换来全部力量都被瓦解的结局而已。

若夫君臣之义,固有不必深求以责知远者。当日之君臣,非君臣也。知远之器识,愈于敬瑭远矣。为其偏裨,以权势而屈居其下,相与为贼,以夺李从珂之宗社,一彼一此,衰王相乘,岂尝受顾命辅重贵以保固石氏之邦家乎?敬瑭不推心以托,知远亦不引以自任也,久矣。则护河东片土,休兵息民,免于打草谷之掠杀,而待契丹之退,收拾残疆,慰安杀戮之余民,知远之于天下也,不可谓无功。杜重威、李守贞、张彦泽之恶已播而不可掩,桑维翰媚虏以虔刘天下而自杀其躯,于是人喻于从夷之凶危;而重贵已俘,国中无主,始徐起而抚之,知远之成谋决矣。摈契丹以全中夏而授之郭氏,契丹弗敢陵也。盖自朱温以来,差可许以长人者,唯知远耳。嗣子虽失,而犹延河东数十年之祀,亦其宜矣。然而不足以延者,知远亦沙陀也。于时天维地纪未全圮也①,

固不可以为中国主也。

【注释】

①坼(chè)：裂开。

【译文】

　　至于君臣大义，本来就不应该过分深究而以此来责备刘知远。当时的所谓君臣，根本就不是真正的君臣。刘知远的才能和见识，远超过石敬瑭。刘知远作为石敬瑭手下的偏裨将领，因为权势的关系而屈居石敬瑭之下，与他一同做叛贼，从李从珂手中夺取宗庙社稷，一彼一此，兴衰相继，石敬瑭难道曾经把刘知远当作顾命大臣，让他辅佐石重贵以保全后晋政权吗？石敬瑭不推心置腹地将此事托付给刘知远，刘知远当然也不会把这当作自己的使命，这种情况由来已久。如此则刘知远能保护河东这片土地，使百姓和士兵得到休养生息的机会，免于被契丹人掳掠杀害，而坐等契丹军队退回北方草原，再出来收拾残破的河山，抚慰在杀戮之下幸存的百姓，刘知远对于天下而言，不能说没有功劳。杜重威、李守贞、张彦泽的恶名已广为传播，无从遮掩，桑维翰讨好契丹人，荼毒天下，自取灭亡，于是人人都认识到追随夷狄势力是极其凶险的事情。而当时石重贵已经被俘，国中没有君主，刘知远才开始慢慢起来安抚百姓，刘知远之前早已经谋划清楚了。他排斥契丹，统一中原地区，后来将其授给后周郭威，契丹人不敢再度侵犯中原。大概自朱温以来，差不多可以被赞许为足以为人君长的人，也只有刘知远罢了。他虽然失去了本应继位的嫡子，但其弟仍能在河东延续数十年刘氏的祭祀，也是理所应当的。然而后汉政权不能长期延续，是因为刘知远也是沙陀人。当时天地纲纪还没有完全垮掉，所以沙陀人自然不能长期做华夏的君主。

八　刘知远安集自保之民贤于散兵

　　兵聚而散之，平天下者之难也。汉光武抚千余万之降贼,使各安于井牧①,遐哉②! 自武王戢干櫜矢之后③,未有能然者矣。无仁慈之吏以抚之,无宽缓之政以绥之,无文教之兴以移之;则夫习于憍悍、狃于坐食者④,使之耕耘,不耐耰钼之劳⑤,使之工贾,不屑锱铢之获;朵颐肥甘、流连饮博之性,梦寐寄于行间;小有骚动,触其雄心,即如螽蝗之蔽日,无有能御之者矣。

【注释】

①井牧:指按土质区划田地,或为井田耕作,或为牧地畜牧,二牧而当一井,以便于授田、贡赋。

②遐:远,长久。

③戢干櫜矢:将干戈和弓箭等武器收起来。

④憍(jiāo)悍:骄横凶悍。憍,同"骄"。

⑤耰钼:农民的锄具,借指耕种土地。

【译文】

要让已经聚集起来的军队重新解散,对于平定天下的人来说是非常困难的。汉光武能够安抚千余万投降的盗贼,使他们重新成为国家管辖的编户齐民,真是高不可及的成就啊! 自从周武王灭商后将干戈和弓箭等武器收进府库封存以来,就没有人能够再做成这样的事了。没有仁慈的官吏来抚慰,没有宽舒缓和的政策来安抚,没有文化教育事业兴起来感化,则要让那些习惯了骄横凶悍、不劳而食的士兵去重新耕种土地,他们必定难以忍受耕种的辛劳,让他们从事工商业,他们也不屑于赚取微薄的利润。他们大快朵颐、大吃大喝,流连于喝酒、赌博的习性根本改变不了,连做梦都是在军队中的这种生活。一有小的骚动,就能触动他们的雄心,他们便会像蝗虫一样遮天蔽日地起来,没有人能够抵御他们。

河北自天宝以来,民怙乱而不安于田庐久矣。魏博之牙兵已歼,不能惩也。石晋置天威军而不可用①,遂罢之。乃虽不可用,而跃冶之情②,仍其土习,则一动而复兴。罢之,亦问其何所消归邪?而抑不为之处置。无赖子弟,业已袴褶自雄于乡里③,无有余地可置此身,能合而不能离,为盗而已矣。梁晖起于相④,王琼起于澶⑤,其起也,契丹掠杀之虐激之;即无契丹之掠杀,亦安保其为井牧之驯民乎? 敬瑭父子之为君,虚中国以媚虏,纵骄帅以称兵,而草泽之奸,能朝耕而暮织乎?

【注释】

①天威军:后晋设置的乡兵。从农民中挑选兵士,加以教习演练,号称"天威军"。尽管训练多时,村民们还是不熟悉军旅作战,结果不能使用,于是又下令解散,只让每七户交钱十千,原来的兵器铠甲全部交纳官府。而乡兵中的无赖子弟,不再肯干农活,于是占据山林成为盗贼。

②跃冶:比喻自以为能,急于求用。

③袴褶:一种便于骑乘的军中戎服。

④梁晖:滏阳(今河北磁县)人。后晋末地方武装首领。辽大同元年(947),梁晖率数百人投奔在河东称帝的刘知远,刘知远命其取相州,梁晖乘相州辽军无防备,夜袭成功,杀辽兵数百人,驱逐辽守将,夺取了相州。耶律德光本欲退军,听闻相州城中空虚,于是再次率军进攻相州,破城后掳掠居民北还。事见《旧五代史·外国列传·契丹》。

⑤王琼:后晋末年地方武装首领。辽军攻占澶州后,镇守节度使耶律郎五残虐无道,王琼组织起一支义军,率千余人进攻州牙城,

后来兵败为辽军所杀。事见《契丹国志·耶律郎五传》。

【译文】

　　自天宝年间以来,河北地区的民众就早已习惯了战乱,不愿安心从事农业生产。魏博的牙兵被集体消灭,也没有能够给他们足够的警醒。石晋选拔乡兵设置天咸军,最终却发现这支军队不可用,于是将其解散。可是这支军队虽然不可用,其成员却个个自以为能、急于求用,延续着河北地区沿袭已久的旧习,一有风吹草动就会起来蠢蠢欲动。将他们解散了,也要考虑下他们能去往何处容身吧?可是后晋朝廷却没有注意处置此事。那些无赖子弟,本已经在乡里穿着戎服洋洋自得地称雄,现在没有余地可以容身,军队可以聚合而无法离散,便只能做盗贼了。于是梁晖在相州崛起,王琼在澶州起兵,他们起兵,是被契丹人劫掠残杀百姓的恶行所刺激。但即使没有契丹人掳掠残杀百姓,又哪里能保证他们便从此能够安心作顺民呢?石敬瑭父子作为君王,倾尽中原之力来讨好契丹人,纵容骄横的藩镇统帅拥兵自重,而草泽中的奸狡之徒,怎么可能安于早上耕种,晚上纺织的生活呢?

　　民不富,不足以容游惰之民;国无教,不足以化犷戾之俗。自非光武,则姑听其著伍以待其气之渐驯①,而后使自厌戎行以思返,乃可得而徐为之所。刘知远安集民之保山谷者,定其志气以渐思本计,自是以后,盗乃渐息;集之也,故贤于散之也。

【注释】

　　①著伍:在军队中服役。

【译文】

　　百姓生活不富裕,就无法容得下那些游手好闲的懒惰之人;国家不推行教化，就无法改变粗犷暴戾的风俗。如果不是光武帝那样的君主，则只能姑且听任这些人留在军队中，等待他们逐渐变得温驯，之后使他们逐渐厌倦军队的生活，自己提出离开军队回归乡里，这个时候才可以慢慢为他们找好安置之所。刘知远对那些战乱中聚集在山谷地带自保的民间武装加以安抚，集中安置，安定他们的志气，使他们逐渐考虑恢复农业生产，从此以后，盗贼开始渐渐得以平息。所以将地方武装集中起来，比直接将他们解散要好。

九　沙陀刘氏无亲贤之助

得国而速亡，未有如沙陀刘氏者也；反者一起，兵未血刃，众即溃，君即死，国即亡，易如吹槁，亦未有如沙陀刘氏者也。其后宋夺柴氏而尤易，亦迹此而为之耳。

【译文】

得到政权而迅速灭亡，没有比沙陀刘氏建立的后汉更短命的政权了。造反的人一起来，兵器还未沾染鲜血，后汉军队就崩溃了，君王当即被杀，国家迅即灭亡，就像吹断枯木一样容易，这样的情况，除了后汉以外，再找不出相似的案例了。这之后北宋夺取柴氏的后周政权也非常轻松，大概也是效仿之前郭威取代后汉的做法。

刘氏之代石晋也，以视陈霸先而尤正。二萧、石、郭皆怀篡夺之谋，兴叛主之甲。知远虽不救重贵之亡，而不臣之迹未著。重贵已见俘于契丹，石氏无三尺之苗裔可以辅立者，中原无主，兆人乐推①，而始称大号，以收两都，逐胡骑。然且出兵山左②，思夺重贵，不克而始还。若是者，宜其可以代兴而永其祚，然而不能者，其故有二：《诗》曰："宗子维城，大宗维翰③。"先王亲亲以笃天伦,而枝干相扶之道即在焉。《易》曰:"开国承家,小人勿用④。"先王尊贤以共天职,而心膂相依之道即在焉。汉、唐之兴,其亲也,不能如周、召之一心,而分土为侯王者,固不可拔也;其贤也,不能如伊、吕之一德,而居中为宰辅者,固不可乱也。

【注释】

①兆人:兆民,百姓。

②山左:指太行山以东地区。

③宗子维城,大宗维翰:语出《诗经·大雅·板》:"大邦维屏,大宗维翰。"意思是:诸侯是国家的屏障,大宗是国家的主干。宗子,同姓亲族子弟。

④开国承家,小人勿用:语出《周易·师卦》爻辞:"上六,大君有命,开国承家,小人勿用。"意思是:君王受命于天,要开创新的王朝,并努力确保王朝代代相承,就不能任用不称职的小人。

【译文】

刘知远取代后晋石氏而登上皇位,与陈霸先相比更具正当性。萧道成、萧衍、石敬瑭、郭威都怀着篡夺政权的阴谋,兴兵反叛自己的君主。刘知远虽然不能挽救石重贵于危亡之中,但他的反叛迹象并不显著。石重贵已经被契丹人所俘虏,石氏已经没有值得被辅佐和拥立的继承人了,中原地区没有君主,众臣民都乐意推戴刘知远为皇帝,刘知远这才自称尊号,收服东西二都,驱逐契丹军队。然而他仍然尝试出兵山东地区,试图重新夺回石重贵,未能成功而只得撤军。像这样的表现,他自然理应取代后晋石氏而建立政权,并将政权长久传续下去,但他却没能使政权长期延续,有两个原因。《诗经》中说:"宗子维城,大宗维翰。"先王亲善亲戚而笃重天伦,使枝叶和主干相互扶持的大道就蕴含在这句诗中。《周易》中说："要开创新的王朝,并努力确保王朝代代相承,就不能任用不称职的小人。"先王尊重贤人而与其共同履行天职,彼此相互信任扶持的道理就蕴含在这句话中。汉、唐兴起,其王室内部的亲善程度,不如周公、召公那样亲密无间,但他们能分封土地建立王侯,所以国家不会被打垮;他们的贤臣,虽然不如伊尹、吕望那样与君王同心同德,但能够在朝廷中发挥宰辅的职能。所以国家不至于陷入混乱。

　　刘氏起于沙陀,以孤族而暴兴,承祐之外,仅一刘崇父子,而威望不能与郭威、杨邠、史弘肇相颉颃①。举国之人,知孤雏一禽而其宗熸矣。郭氏亦犹是也。柴氏虽有宗党,然不能正名为皇族,亦一夫而已矣。一旦拥他姓以代之,孰相难者,而又何劳再举乎?

【注释】

①史弘肇(? —950):字化元,郑州荥泽(今河南郑州西北)人。五代时期后汉名将。后晋时开始追随刘知远,累功至侍卫亲军马步军都指挥使,领归德军节度使、同中书门下平章事,以统军有方著称。后汉高祖临终时,与苏逢吉、杨邠共同受命辅佐嗣君。隐帝刘承祐即位后,史弘肇逐渐与其产生矛盾。乾祐三年(950),史弘肇被隐帝与李业等谋杀于广政殿。传见《旧五代史·汉书·史弘肇列传》《新五代史·汉臣传·史弘肇》。

【译文】

　　后汉刘氏兴起于沙陀,作为孤立的一族而骤然兴起,刘承祐以外,仅有刘崇父子这一支亲族血脉,而威望却不能与郭威、杨邠、史弘肇等相抗衡。举国之人,都知道刘承祐这个孤立的嗣君一旦被剪除,刘氏宗族就会随之消亡。后周郭氏也是如此。柴氏虽然有宗族亲党，但却不能被正名为皇族，所以实际上也是孤家寡人而已。一旦有人拥立他姓来取代其皇位，那么起来发难的人，又哪里需要费什么力气呢？

亲不可恃，天也，则庶几恃有贤辅以左右之耳。知远之命相，竟求之于军幕执笔之客佐，天下贱之恶之，狎而蔑之，倏起旋灭，无为太息者，尤无足怪矣。故刘氏之亡，亡于苏禹珪、苏逢吉之为相[1]，王章之为三司使也[2]。是郭威、杨邠、史弘肇所睥睨叱咤而使濡毫待命如胥史者也[3]。四年而刘氏之庙荡为寒灰，尚谁拯哉？

【注释】

[1] 苏禹珪(895—956)：字玄锡，高密(今山东高密西南)人。五代时期后汉大臣。刘知远做河东节度使时，他担任兼判。刘知远建立后汉后，他由观察推官被擢为宰相。刘知远死后，他作为顾命大臣，拥立隐帝刘承祐。后来杨邠为相，苏禹珪失权。后周建立后，他仍居相位，显德三年(956)暴病身亡。传见《旧五代史·周书·苏禹珪列传》。苏逢吉(? —950)：京兆长安(今陕西西安)人。五代时期后汉大臣。刘知远做河东节度使时，他担任节度判官，后汉建立后被擢为宰相。刘知远死后，他作为顾命大臣，拥立隐帝刘承祐。后来他与史弘肇、郭威等人矛盾日趋尖锐，说服隐帝诛杀史弘肇，郭威遂举兵进攻汴京，苏逢吉随隐帝逃亡，于途中自杀。传见《旧五代史·汉书·苏逢吉列传》《新五代史·汉臣传·苏逢吉》。

[2] 王章(? —950)：大名南乐(今河南南乐)人。早年在刘知远账下担任沔阳粮料使、都孔目官等职。后汉建立后出任三司使、检校

太傅。隐帝即位后，王章与史弘肇等人关系密切，因而被隐帝、
李业等设计诛杀。传见《旧五代史·汉书·王章列传》《新五代
史·汉臣传·王章》。

③濡毫：沾墨于笔。

【译文】

亲族的力量不可以凭恃，这是天意，那么也就只能期盼有贤能的宰
辅来在君王身边辅佐他了。刘知远任命宰相，竟是从军队幕府中执笔
的幕僚中挑选，天下人都轻视和厌恶他们，侮辱和蔑视他们，所以这些
宰相兴起得快，灭亡得也快，没有为他们叹息的人，这不足为怪。所以
刘氏的灭亡，亡于苏禹珪、苏逢吉这样的人都能当宰相，王章都能当三
司使。郭威、杨邠、史弘肇完全看不起他们，对他们随意呵斥，将他们当
作执笔待命的胥吏一般。所以仅过了四年刘氏的宗庙社稷就遭到倾
覆、化作灰烬，又有谁能拯救后汉政权呢？

天之下，民所仰者君也；君之下，民所仰者相也。君非
君，则天不能息其乱；相非相，则君不能保其国。开国承家，
小人勿用，人之所鄙，天之所弃，不能一朝居矣。二苏从幕
中贱士躐辅弼之荣①，即求如敬翔、任圜、和凝而不可得，乃
欲伸弱主以折强臣，其待四年而亡犹晚矣。

【注释】

①躐(liè)：超越次第。

【译文】

天之下，百姓所敬仰的是君王；君王之下，百姓所敬仰的是宰相。
君王没有君王的样子，则天下的动乱就没办法平息；宰相没有宰相的样
子，则君王不能保住自己的国家。开创王朝，要确保政权代代相承，却

急于任用小人,自然会受到人们的鄙视,遭到上天的厌弃,自然不能在皇位上安坐一天。苏禹珪、苏逢吉由幕僚而迅速被超越次第地拔擢为宰辅,即使想做敬翔、任圜、和凝那样的宰相也做不到,却想要扶持弱势的君王而折服强横的权臣,后汉维持了四年才灭亡,已经够晚的了。

郭氏之相,虽德不称位,而范质、李穀之视二苏①,则云泥也,是以后亡。而承祐既灭,刘崇犹能保一隅之祀者数十年,愈于郭、柴之顿斩,则同姓存亡之故也。亲贤之得失,国祚之短长,岂不一如符券与②?

【注释】

①范质(911—964):字文素,大名宗城(今河北威县)人。五代后期大臣。后唐长兴四年(933)登进士第,后周建立后,历任兵部侍郎、枢密副使等职。显德六年(959),周世宗病危,托孤于范质等人。陈桥兵变后,范质与宰相王溥、魏仁浦被迫拥立赵匡胤为天子。乾德二年(964)被罢相。传见《宋史·范质列传》。李穀(903—960):字惟珍,颍州汝阴(今安徽阜阳)人。五代至北宋初大臣。历仕后晋、后汉两朝,累官至权判三司。后周建立后出任宰相。为人厚重刚毅,善谈论,能识人。建隆元年(960)去世。传见《宋史·李穀列传》。

②符券:古时各种通行、发兵、传令用的信物证件的通称。

【译文】

后周政权的宰相,虽然其德行与其职位无法匹配,但范质、李穀与苏禹珪、苏逢吉相比,依然有云泥之别,所以后周的灭亡比后汉晚很多。而刘承祐被消灭后,刘崇仍能保全山西一隅之地,延续刘氏祭祀数十年,不像郭威、柴荣的后周那样突然被篡夺政权,那是因为刘崇属于同姓相承,而后周则不是如此,这就是决定存亡的原因所在。亲族和贤臣的得失,与国祚的长短,难道不正像符券一样吻合吗?

一〇　刘氏杀大臣而速亡

李业、郭允明导其主以杀大臣①,而刘氏速亡。人心未固,主势不张,而轻用不测之威,剪推戴之臣,杨邠、史弘肇、王章虽死,郭威拥重兵,据雄藩,恩结将吏,权操威福,遽欲以一纸杀之,其以国戏也,愚不可诘矣。虽然,刘氏之存亡,恶足系天下之治乱哉? 杨邠等就诛,而天下始有可安之势,则此举也,论世者之所快也。

【注释】

①李业(? —950):榆次鸣李(今山西晋中榆次)人。后汉高祖李皇后的弟弟,后汉隐帝刘承祐的舅舅。隐帝在位时,他力主诛杀史弘肇、杨邠等实权大臣,并遣供奉官孟业以诏书杀郭威,结果招致郭威举兵谋反,后汉官军战败,李业在逃跑途中被杀。传见《新五代史·汉臣传·李业》。

【译文】

李业、郭允明引导其君主杀害大臣,而刘氏迅速归于灭亡。人心尚未稳固,君主势力尚未得到伸张,却轻易动用自己的不测之威,剪除推戴自己的大臣,杨邠、史弘肇、王章虽然被杀死,但郭威手握重兵,占据强大的藩镇,用恩义结纳将领和官吏,操持作威作福的权力,李业等人却想用一道诏令就把郭威杀死,他们把国家大事当作儿戏,简直是愚蠢得不可救药。即使如此,刘氏政权的存亡,哪里足以与天下的治乱相联系呢? 杨邠等被杀以后,天下开始有能够安定下来的趋势,如此则李业等人的这一举动,确实是能令议论世事的人感到高兴的。

　　自唐以来,强臣擅兵以思篡夺者相沿成习,无有宁岁久矣。朱温、李克用先后以得中原,而李嗣源、石敬瑭、刘知远踵之以兴。盖其间效之蹶起,或谋而不成,或几成而败者,锋刃相仍,民以荼毒也,不可胜纪。当其使为偏裨与赞逆谋也,已伏自窃之心。延及于石、刘之代,而无人不思为天子矣。安重荣、安从进、杨光远、杜重威、张彦泽、李守贞虽先后授首,而主臣蹀血以竞雌雄①,败则族,胜则帝,皆徼幸于不可知之数。幸而伏诛,国亦因是而卒斩。流血成川,民财括尽,以仅夷一叛臣,而叛者又起。彼固曰:与我并肩而起者,资我以兴,恶能执法以操我生死之柄? 况其茕茕孺子②,而敢俨然帝制,秉铁钺以临我乎?

【注释】

　　①蹀(dié)血:血流遍地。

　　②茕(qióng)茕:形容孤孤单单,无依无靠。

【译文】

　　自唐末以来,强悍的大臣专擅兵权,思谋篡夺政权,已经变成了世代沿袭的伎俩,天下已经很久得不到安宁了。朱温、李克用先后靠着这一伎俩得到了中原,而李嗣源、石敬瑭、刘知远又接踵而起,紧随其后。大概在此期间,想要仿效他们而猝然兴起的势力,或是有图谋而未成功,或是几乎成功而功亏一篑,战争和叛乱不断,百姓遭受荼毒,这种情况难以计数。当一个将领作为偏裨将校,参与其主帅的篡逆之事时,心中早已埋下有朝一日自己窃夺政权的念头。等到了石敬瑭、刘知远称帝的时代,就没有人不想着自己做天子了。安重荣、安从进、杨光远、杜重威、张彦泽、李守贞这些人,虽然先后被杀,但君主与臣下之间兵戎相向、血流成河,一决雌雄,失败了就被灭族,胜利了就能称帝,都是抱着侥幸来做无法预料结果的事情。即使侥幸消灭了叛贼，国家也会因为内部消耗而难以维持国祚。血流成河，百姓的财富被搜刮殆尽，却仅仅才讨平了一个叛贼，而其他的叛乱者又会起兵作乱。那些叛乱者都会说：与我并肩而起的家伙，依靠我才取得了天下，怎么能让他操持法律来决定我的生死存亡呢？何况他的继承人只是孤单无援的小孩子，却敢俨然自称皇帝，操持生杀之权来威胁我的生存呢？

自杨邠等以羽翼刘氏之宿将，威振朝廷，权行疆内，而一旦伏尸阙下，如圈豚之就烹；于是而所谓功臣者，始知人主自有其魁柄，不待战争，而可刈权奸若当门之草。故郭氏之兴，王峻、侯益之流①，不敢复萌跋扈之心；而李穀、范质、魏仁浦乃得以文臣衔天宪制阃帅之荣辱生死②。柴氏承之，樊爱能等疾趋赴市③，伏死欧刀，而人不惊为创举，邠、章、弘肇之诛，实倡其始也。有邠、章、弘肇之诛，而后樊爱能等之辟，伸于俄倾，而众心允服；有爱能等之戮，而后石守信辈以得释兵保禄位为幸，宋之中外载宁者三百载。呜呼！业、允明之不量而亟杀权臣也，殆天牖之以靖百年飞扬盘踞之恶习乎④！抑事会已极，无往不复，自然之数也。

【注释】

①王峻（902—953）：字秀峰，相州（今河南安阳）人。五代时期将领。后汉建立后，王峻官至兵马都监。河中节度使李守贞等反叛，王峻与枢密使郭威统军将其击败，升任宣徽北院使。郭威发动政变，反叛后汉，王峻积极配合。后周建国后，王峻被拜为枢密使兼同中书门下平章事。后来王峻因触怒郭威而被贬，不久病卒。传见《旧五代史·周书·王峻列传》《新五代史·杂传·

王峻》。侯益(885—965)：平遥(今山西平遥)人。五代至北宋初
将领。早年效力李嗣源、李从珂、石敬瑭，契丹灭亡后晋之后，曾
接受契丹任命的伪职。后汉建立后，入朝觐见，被拜为开封尹。
郭威起兵反叛，侯益归降郭威，参与建立后周。北宋乾德三年
(965)去世。传见《宋史·侯益列传》。

②魏仁浦(911—969)：字道济，卫州汲县(今河南卫辉)人。五代后
周至北宋初年大臣。初为后晋小吏，后周时官至枢密都承旨、中
书侍郎、平章事，身居高位而不念私怨。宋初担任右仆射，在从
征太原途中病死。传见《宋史·魏仁浦列传》。

③樊爱能(？—954)：后周大将。显德元年(954)高平之战中，樊爱
能与何徽临阵逃遁，造成后周东厢骑军大乱，最终遭遇惨败。战
后，周世宗柴荣将樊爱能、何徽等七十余名将校斩首。事见《新
五代史·周本纪·世宗》。

④牖：通"诱"，诱导，劝导。

【译文】

　　自从杨邠等人身为辅佐刘知远建立后汉的宿将，威震朝廷，在国内
权势熏天，却在一天之内就被诛杀于宫阙之下，就好像被圈养的猪只能
等待被杀一样，于是所谓的功臣，才开始知道君王自有其至高权柄，不
需要动用战争手段，就能够将权奸铲除，就像是割掉门前的草一样容
易。所以后周兴起后，王峻、侯益之流，就不敢再萌生跋扈之心了；而李
毂、范质、魏仁浦等人，于是得以以文臣身份，口衔天宪，控制藩镇将帅
的生死荣辱。后周世祖柴荣承继了这一做法，大将樊爱能等在战败后
被迅速押往刑场，死于屠刀之下，而人们却并不惊讶地将此做法视为创
举，杨邠、王章、史弘肇等人被杀，实际上是开了这种情况的先河。有杨
邠、王章、史弘肇被杀的案例在前，而后樊爱能等被杀，在很短时间内就
发生了，而众人却都心悦诚服；因为樊爱能等被杀，所以而后石守信等
人才会把放弃兵权、保住俸禄和官位当作幸事，宋朝朝廷内外的安定局

面维持了三百多年。唉！李业、郭允明不自量力地要诛杀权臣，这大概是上天诱导为之，用以杜绝百余年来军阀飞扬跋扈、盘踞一方的恶习吧！大概事情到了极致的地步，没有不往复的，这是自然的规律。

郭威以一头子黜王守恩①，用白文珂②，而盈廷不敢致诘。杨邠、史弘肇斥其主以禁声③，而曰"有臣等在"。此而不诛，刘氏其足以存乎？刘氏即存，天下之分崩狂竞以日寻锋刃也，宁可小息乎？邠、章、弘肇死，于是风气以移，内难不生，而国有余力，然后吴、蜀、楚、粤可次第而平。故此举也，天下渐宁之始也。刘承祐之死生，国之存亡，不足论也。

【注释】

①头子：文书名。指五代、北宋时期枢密使不经由中书而直行下达的札子，所涉事务不大者称"头子"。王守恩（？—955）：字保信，太原（今山西太原）人。后汉大将。隐帝时官至西京留守。枢密使郭威平定赵思绾、李守贞等三镇叛乱后，返京路过洛阳，王守恩自恃位高，坐着轿子前去迎接。郭威因其不恭大怒，拒绝接见，并迅即书写"头子"公文，派白文珂取代他为西京留守。传见《旧五代史·周书·王守恩列传》。

②白文珂（875—954）：字德温，太原（今山西太原）人。五代时期将领。历仕后唐、后晋、后汉、后周四朝，后汉隐帝时，以河中府行营都部署之职参与平定河中李守贞之叛。后周时以太子太师之衔致仕。传见《旧五代史·周书·白文珂列传》。

③杨邠、史弘肇斥其主以禁声：指隐帝渐渐长大，厌恶被大臣所制约。杨邠、史弘肇曾在隐帝面前议论政事，隐帝说："仔细考虑，不要让人有闲话！"杨邠、史弘肇却对隐帝说："陛下但禁声，有臣

等在。"事见《资治通鉴·后汉纪四·隐皇帝下·乾祐三年》。

【译文】

郭威用一张头子就罢黜了王守恩，用白文珂来取代他，而整个朝廷都不敢对此加以过问。杨邠、史弘肇呵斥隐帝不要说话，而说"有我们这些臣子在"。这样的人不加以诛杀，那么刘氏政权还能维持得下去吗？即使刘氏宗族得以保存，天下也会陷于分崩离析，各势力之间疯狂竞争，彼此刀戈相向，难道能够得到短暂的喘息吗？杨邠、王章、史弘肇被杀后，风气开始发生变化，内乱不再产生，而国家就有了余力，然后就可以渐次消灭吴、蜀、楚、粤等地的割据政权。所以隐帝诛杀杨邠、王章、史弘肇等人的举动，实际上是使天下渐渐走向安宁的开端。至于刘承祐本人的生死，后汉政权的存亡，根本不值得讨论。

一一　郭氏毁宫中宝器可正人心端好尚

耳目口体之各有所适而求得之者，所谓欲也；君子节之，众人任之，任之而不知节，足以累德而损于物。虽然，其有所适而求得之量以任之而取足，则亦属厌而止，而德不至于凶，物不蒙其害；君子节情正性之功，未可概责之夫人也。况乎崇高富贵者，可以适其耳目口体之需，不待损于物而给，且以是别尊卑之等，而承天之祐，则如其量而适焉，于德亦未有瑕也。

【译文】

耳朵、眼睛、嘴巴、身体各自有所喜好而产生需求，这就是所谓的欲望。君子节制欲望，普通人放任欲望，一味放纵而不知道加以节制，就会危害德行而对他人构成损害。虽然如此，如果有欲望而只是适量地索求，满足了就停止，那么也不至于败坏德行，他人也不会蒙受损害。

君子有节制性情、端正品行的能力，不能够要求人人都像他们一样。何况地位崇高或是家庭富裕的人，完全可以满足自己耳朵、眼睛、嘴巴、身体的各种需求，不需要损害他人就能满足欲望，而且还会以此来区分尊卑的等级，他们既然受到上天的护佑，那么只要坚持适量的原则，就不会使自己的德行出现瑕疵。

天下有大恶焉，举世贸贸然趋之，古今相狃而不知其所以然①，则溢乎耳目口体所适之量，而随流俗以贵重之，所谓宝器者是已。耳目口体不相为代者也，群趋于目，而口失其味、体失其安，愚矣。群趋于耳，而目亦不能为政，则其愚愈不可言也。宝之为宝，口何所甘、体何所便哉？即以悦目，而非固悦之也。唯天下之不多有，偶一有之，而或诧为奇，于是腾之天下，传之后世，而曰此宝也；因而有细人者出，摘其奇瑰以为之名，愚者歆其名，任耳役目口四体以徇传闻之说，震惊而艳称之曰此宝也。是举五官百骸心肾肺肠一任之耳，而不自知其所以贵之重之、思得而藏之之故。呜呼！其愚甚矣。

【注释】

①狃（niǔ）：拘泥，因袭。

【译文】

天下在这方面有大恶，举世之人却都急急忙忙地争着趋向这种大恶，古往今来人们因袭这一陋习，而不知为何要这么做，他们所追求的东西明显超出了满足耳朵、眼睛、嘴巴、身体所需的程度，而随着流俗将某些东西看得特别贵重，这些东西就是所谓的"宝器"。耳朵、眼睛、嘴巴、身体各感官是不能相互替代的，如果一味追求眼睛的愉悦，则嘴巴就尝不出味道，身体就得不到安宁了，这是很愚蠢的。如果一味追求耳朵的享受，则眼睛也就无法充分发挥其作用了，如此则更是愚蠢。宝物之所以是宝物，是因为能够让嘴巴感到甘甜，身体感到便利吗？即使用宝物来愉悦眼睛，也并非本来就能使其愉悦的。只是因为这些东西天下少有，偶尔出现，有人就会惊异于其奇特，于是在天下宣扬，传之后世，说这是宝物。这个时候有见识短浅的小人出现，选择这些物品的奇特瑰丽之处为其命名，愚蠢的人喜欢这些名字，任由耳朵役使眼睛、嘴巴、身体来屈就传闻的说法，因为震惊而称赞这些物品是真的宝物。这不过是放任五官百骸心肾肺肠等器官来迎合世俗传闻罢了，自己却不知道这些宝物贵重在何处，为什么自己想要得到并贮藏它们。唉！这真是太愚蠢了。

　　《传》曰："匹夫无罪，怀璧其罪①。"孟子曰："宝珠玉者殃必及身②。"何也？愚已甚，耳目口四肢不足以持权，则匹夫糜可衣可食之膰产以求易之；或且竞之于人，而戕天伦、凌孤寡，皆其所不恤。崇高富贵者，则虚府库、急税敛、夺军储以资采觅，流连把玩，危亡不系其心；"殃必及身"，非虚语也。乃试思之，声音可以穆耳乎？采色可以娱目乎？味可适口，而把玩之下，四体以安乎？于阗之玉③，驰人于万里；合浦之珠④，杀人于重渊；商、周之鼎彝，毁人之邱墓；岂徒累德以黩淫哉？其贻害于人也，亦已酷矣！从吠声之口，荡亡藉之心⑤，以祸天下，而旋殃其身，愚者之不可致诘，至此而极矣。郭氏始建国，取宫中宝器悉毁之，尽万亿之值，碎之为泥沙，不知者且惜之，抑知其本与泥沙也无以异；不留之于两间以启天下之愚，亦快矣哉！

【注释】

①匹夫无罪,怀璧其罪:语出《左传·桓公十年》:"周谚有之:'匹夫无罪,怀璧其罪。'"意思是:百姓本没有罪,因身藏璧玉而获罪。比喻拥有财宝能致祸。

②宝珠玉者殃必及身:语出《孟子·尽心下》:"诸侯之宝三:土地,人民,政事。宝珠玉者,殃必及身。"意思是:贪爱珠宝玉器的人,一定会招祸受害。

③于阗:古代西域的一个国家,大致在今新疆和田一带,以盛产宝玉而著称。

④合浦:今广西浦北南泉水镇旧州村。古时以盛产高品质珍珠而闻名。

⑤亡藉:无所凭借。

【译文】

《左传》中说:"百姓本没有罪,因身藏璧玉而获罪。"孟子说:"贪爱珠宝玉器的人,一定会招祸受害。"为什么呢? 愚蠢到了一定的地步,耳朵、眼睛、嘴巴、身体便不足以理智地权衡利弊,如此则普通人会倾尽足供自己吃穿的丰裕财富来谋求交易得到那些宝物。或者是与别人争夺宝物,连戕害天伦、欺凌孤寡都在所不惜。而拥有崇高地位和富贵环境的人,则会倾尽府库财力,急于征税敛财,夺取军队储备的物资以供访求、寻觅宝物,流连于把玩宝物,完全不把国家危亡放在心上。"一定会招祸受害",这并不是虚言。可是试着思考一下,声音可以使耳朵愉悦吗? 美色可以使人眼睛感到享受吗? 味道可以让嘴巴感到舒适,而把玩宝物,能让身体得到安逸吗? 于阗的宝玉,可以使人驱驰万里去访求;合浦的珍珠,可以使那些采珍珠的人死在深渊里;商、周时期留下的鼎彝,足以毁掉别人的祖坟。这难道仅仅是损害道德而使风气变坏吗? 宝物给人带来的祸患,也真是酷烈啊! 跟随世人众声喧哗,任由自己本来就无所凭借的心摇摆不定,从而祸害天下,很快就会危及自身,愚蠢的人不值得反驳，至此到了极致。郭威建立后周后，将宫中的宝物器具都拿出来毁掉，其价值大约有万亿，全部都化为了泥沙，不了解内情的人还会为此感到痛心，可是如果知道这些所谓的宝物本来就与泥沙无异，那么不将其留在世间从而使愚蠢的人受到启发，这也是大快人心的事啊！

夫岂徒宝器为然乎？书取其合六书之法[①]，形声不舛而已；画取其尽山川动植之形，宫室器服之制，知所考仿而已；典籍取其无阙无讹，俾读者不疑其解而已。晋人之字，宋、元之画，澄心堂之典籍[②]，尽取而焚之，亦正人心、端好尚之良法也。

【注释】

①六书之法：古人把汉字的结构和造字法则归纳为六类，即指事、象形、形声、会意、转注、假借。

②澄心堂：南唐先主李昪的堂名。南唐后主李煜特别喜爱南唐生产的一种精美的纸，特意用自己读书批阅奏章的处所——澄心堂来贮藏，供宫中长期使用，因藏于澄心堂，所以称这种纸"澄心堂纸"。

【译文】

难道仅仅宝物是这样吗？书法只要合乎六书的法则，形声不至于舛误就可以了；画只要画尽山川和动植物的形象，以及宫室、器具、服装的制度，使后世进行考证和仿效的时候有所依据就可以了；典籍要选择没有缺漏和讹误的版本，使得读者不能怀疑其解释就可以了。晋人的书法，宋、元时期的画作，用澄心堂纸制作的典籍，都拿来全部烧掉，也是端正人心，端正崇高品德的好办法啊。

一二　郭氏禁车舟运枲淮南

闭枲以杀邻国之民，至不仁也；徒杀邻民而朽吾民之粟以趋于贫,至不智也。李氏淮南饥,周通粜以济之,二者之恶去矣。其后复大旱,民度淮争籴,李氏遂筑仓多籴以供军,周乃诏舟车运载者勿予。夫禁舟车而但通负担,则所及者近,而力弱不任负者死相积矣。郭氏方有吞并江、淮之计,不欲资敌粮以困之,自谓得算,而不知此斗筲之智,徒损吾仁而无益也。

【译文】

通过禁止粮食贸易而杀害邻国的居民,这是至为不仁的事情。只会导致敌国的百姓被害死,自己国内百姓的粮食变得腐烂,百姓陷于贫困,所以这是极为不聪明的做法。南唐淮南地区发生了饥荒,后周通过向其出售粮食来救济灾民,两国的恩怨得以化解。后来南唐再次遭遇大旱,百姓争相渡过淮河向后周购买粮食,南唐朝廷于是筑起粮仓,多买粮食以供军需,后周于是下诏凡是驾着舟车来买粮食的,都不要卖给他们。禁止舟车买粮而允许用人力肩扛的方式买粮,这一政策对靠近边境的百姓有利,而那些因为力气不足而无法背负粮食的人却只能陷于死亡了。后周当时正有吞并江淮的谋划,不想供给南唐军队粮食,想让其陷于困乏,自认为得计,却不知道这些微的小聪明,只会损害自己的仁德而没有什么好处。

旱饥即至于县罄①,岂有馁死之兵哉?所馁死者民耳。立国则必有积储矣,即不给,而民之仅存者严刑迫之,无求不得也;又不给,而坐食于民,或纵之掠夺而不禁也;则使其主多籴以为军食,亦以纾民之死尔。禁舟车之运,勿使粜充军食者,亦适以重困其民也,岂果于救民者之所忍为乎?

【注释】

①县罄：悬挂的磬，喻空无所有，贫困之极。

【译文】

干旱带来的饥荒，即使严重到民间粮食储备告罄的地步，难道会有饿死的士兵吗？会饿死的只有百姓罢了。凡是立国必定会有粮食储备，即使这些储备不够用，那么用严刑来逼迫百姓交出仅存的粮食，也不会得不到粮食。如果还是不够用，那么军队就公然就食于百姓，或者放纵军队劫掠百姓而不加以禁止。如此则即使南唐买入的粮食多被其君主当作了军粮，也可以缓解百姓死亡的风险。禁止舟车买粮，不想让自己卖出的粮食变成敌国军队的食粮，这种做法只会加剧百姓的困境，这难道真的是致力于拯救百姓的人所忍心做的事吗？

即以制胜之策言之：两敌相压，丰凶各异，所隔者一衣带水耳。淮南之民，强欲籴者，转斗而北，不可禁御，饥瘠濒死，睨饱食之乡，欲与争一旦之命，死且不恤，弱瘠无制之民且如此矣。如使兵食不继，彼且令于众曰：誓死一战，则禾粟被野者唯吾是饱。而兵之奋臂以呼，争先而进，以自救死亡，复何易捍哉？

【译文】

即使从克敌制胜的策略而言：两军相互对峙，国内庄稼收成的好坏不同，他们之间只不过隔着一条衣带宽的河流罢了。淮南的百姓，如果身强力壮而又有强烈买入的欲望，就会争相北上取食，后周根本无法禁止其涌入境内，那些因饥饿而濒临死亡的灾民，艳美能够吃饱肚子的后周百姓，想要与他们拼命以抢夺食物，连死都不惧怕，弱小饥饿而不受控制的百姓尚且会如此。如果南唐军队的粮食果真供应不足，那么南唐朝廷就会对士兵们说：只要你们誓死一战，则后周境内满地生长的稻米和谷子就都任由我们享用了。于是士兵们会振臂高呼，争先恐后地杀向后周境内，以挽救自己即将饿死的命运，那么后周又如何能防御呢？

　　无德于民，不足以兴；积怨于兵，则足以亡。晋惠公闭籴而秦师致死①，身为俘囚。大有为者，不与人争一饥一饱之利钝也。故唯深研于人情物理之数者，而后可与尽智之用、全仁之施。郭氏固不足以及此，为德不永，而功亦不集。唯保天下者可以有天下，区区之算奚当哉！

【注释】

①晋惠公闭籴而秦师致死，身为俘囚：据《左传》记载，晋惠公四年（前647），晋国发生饥荒，晋惠公向秦国请求购买粮食，秦穆公派了大量的船只运载粮食给晋国。次年，秦国发生饥荒，向晋国请求购买粮食，晋惠公却不给秦国粮食，反而发兵去攻打秦国。秦穆公大怒，发兵讨伐晋国，晋惠公战败被俘。

【译文】

　　对百姓没有恩德，不足以兴起；与军队结怨，则足以招致灭亡。晋惠公拒绝卖给秦国粮食，而秦国军队便拼死作战，晋惠公最终沦为俘虏。大有作为的人，不会与人争夺一饥一饱的小利。所以只有对人情物理深有研究的人，才能完全发挥智慧的作用，保全仁义的施为。郭威本来就不足以做到这一点，不能长久地施展恩德，因而也就没能取得明显的功绩。只有保全天下的人才能统治天下，为一点小利而施展谋划，又如何能承担得起这种大任呢？

一三　有法胜于无法

法不可以治天下者也,而至于无法,则民无以有其生,而上无以有其民。故天下之将治也,则先有制法之主,以使民知上有天子、下有吏,而己亦有守以谋其生。其始制法也,不能皆善,后世仍之,且以病民而启乱。然亦当草创之际,或矫枉太甚,或因陋就简,粗立之以俟后起者之裁成。故秦法之毒民不一矣,而乘六国纷然不定之余,为之开先、以使民知有法,然后汉人宽大之政、可因之以除繁去苛而整齐宇内。五胡荡然蔑纪,宇文氏始立法,继以苏绰之缘饰,唐乃因之为损益,亦犹是也。

【译文】

如果法律起不到治理天下的作用,到了如同没有法律一样的地步,则百姓就没有了生路,而君王也就等于没有了臣民。所以想要天下被治理好,就必须先有制定法律的君主,从而使百姓知道上有天子、下有官吏,而自己也有需要遵守的规则,以安居乐业。最初制定法律时,肯定不能做到尽善尽美,后世因袭这些制度而不改,就会给百姓造成损害、开启祸端。然而毕竟是在草创之际,有时会矫枉太甚,有时会因陋就简,大略树立起规则而等待后世之人加以调整完善。所以秦代的法令大多毒害民众,但毕竟是在终结六国纷乱的基础上所立,为后世开先河,从而使百姓知道有法律,然后汉代人施行宽大政策,在继承秦制的基础上除去其中的繁苛内容,因而使天下井然有序。五胡蔑视法纪,法令荡然无存,直到北周宇文氏的时候才开始重新立法,之后苏绰加以缘饰修整,唐朝在此基础上进行损益,也是与汉改秦制相似的情况。

　　自唐宣宗以后,懿、僖之无道也,逆臣盗贼,纷纭割据,天子救死不遑,大臣立身不固,天下之无法,至于郭氏称周,几百年矣。唐之善政,无一存者,其下流之蠹政,则相沿而日以增。盖所谓天子者,强则得之,弱则失之;所谓宰相者,治乱非所任,存亡非所恤,其令于民也,桎梏之以从令,渔猎之以供军;如此,则安望其有暇心以问法纪哉?叛臣而天子矣,武人而平章矣,幕客而宰相矣;则其所为庶司百尹、郡邑长吏者,举可知也。其薄涉文墨者,则亦如和凝之以淫词小藻、取誉花间而已①。及郭氏之有国也,始有制法之令焉。然后为之君者,可曰:吾以治民为司者也;为之民者,亦曰:上有以治我,非徒竭我之财、轻我之生、以为之争天下者也。

【注释】

　　①花间:指花间词派。是奉温庭筠为鼻祖而进行词的创作的一个文人词派,出现于晚唐五代时期,得名于赵崇祚编辑的《花间集》。和凝即是一重要代表人物,以制曲著名,当时称为"曲子相公"。主要的词人还有孙光宪、李珣、牛希济等。这一词派题材狭窄、情致单调。大都以婉约的表达手法,写女性的美貌和服饰,以及她们的离愁别恨。

【译文】

　　自唐宣宗以后,唐懿宗、僖宗昏庸无道,逆臣和盗贼纷纷起来,割据一方,天子甚至无暇挽救自己,大臣难以安稳立身,天下处于没有法律的状态,到郭威建立后周时,这种情况已经持续几百年了。唐代的善政,没有一条保存下来,而其下流的坏政策,却沿袭下来,而且数量与日俱增。大概所谓的天子,也不过是势力强便能夺取皇位,势力弱就难以保住政权;所谓的宰相,无法承担治理社会的大任,不顾社稷的存亡,他们对百姓下达的命令,都是以枷锁逼迫百姓听命,搜刮渔猎百姓以供应军需。既然如此,又哪里能指望他们有闲暇去过问法纪呢?叛臣当上了天子,武人当上了平章,幕僚做了宰相;则那些担任各部门官员、各地方长官的人是什么样,大概也就可以知晓了。其中稍微通一点文墨的人,也不过是像和凝那样用淫词小藻来赢得花间词人的虚誉而已。等到郭威建立后周后,才开始有制定法令的命令。然后作为君王的人可以说:我是将治理百姓当作自己职责的。作为民众的人,也可以说:皇上是依照法律来管理我们的,并不仅仅是要榨干我们的钱财,不把我们的性命放在眼里,让我们为他卖命打天下而已。

　　夫郭氏之法,固不可以与于治者多矣。其宽盗一钱以上之死也,罢营田赋赋民而使均于民赋也①,除朱温所给民牛之租也,皆除民之大蠹而苏之,亦救时之善术矣。若其给省耗于运夫,则运者甦而输者之苦未蠲也;禁民之越诉,而弗能简良守令以牧民,则奸民乍戢,而州县之墨吏逞,民弗能控告也;讼牒不能自书,必书所倩代书者姓名②,以惩教讼,而讼魁持利害以胁人取贿,奸民益恣,而弱民无能控告也;其除卖牛皮者之税,令田十顷税一皮,徒宽屠贾,而移害于农、加无名之征也。凡此皆以利民而病之,图治而乱之,法之所立,弊之所生矣。

【注释】

①菅田:指开垦土地或经营田产。

②倩代:请人代替。倩,请,央求。

【译文】

　　郭威所订立的法令,固然有许多是不能被拿来治理好国家的。他取消了盗窃一钱以上就判死刑的规定,废除了向百姓征收的营田赋,使耕种营田的百姓与其他农民一样缴纳田赋,废除了朱温将耕牛分给百姓后所收的牛租,这些都是消除损害百姓的弊政而使他们得到复苏的政策,也是匡救时局的好办法。至于他将搬运工原本需要缴纳的正税之外的"省耗"废除,则运输税赋的人固然得到复苏,缴纳加税的人的痛苦却没能得以缓解;禁止百姓越级诉讼,却不能选择好的地方长官来管理百姓,则奸诈的民众才有所收敛,各州县的贪官污吏就开始徇私舞弊,而百姓却无法对他们加以控告;诉讼状不能自己写,必须在状纸上写上代写者的姓名,这是为了惩罚那些教唆别人诉讼的讼棍,而那些讼棍却反过来胁迫那些求他写状纸的人给他贿赂,奸诈的百姓更加嚣张跋扈,而贫弱的百姓却无法控诉申冤;郭威废除了卖牛皮要交的税,下令每十顷田缴纳一张牛皮,这只给屠夫和商人缓解了压力,却把损害转嫁到了农民身上,给他们增加了没有正当名目的税收负担。这些政策都是为了便利百姓,却反而给百姓造成了损害,追求治理好国家却反而扰乱了国家,法令的设置,却成了弊端产生的根源。

　　盖其为救时之善术者,去苛虐之政,而未别立一法,故善也。其因陋就简而生弊者,则皆制一法以饰前法,故弊也。法之不足以治天下,不徒在此,而若此者为尤。虽然,以视荡然无法之天下,则已异矣。君犹知有民而思治之,则虽不中而不远;民犹知有法而遵之,则虽蒙其害而相习以安。盖郭氏惩武人幕客之樵苏其民而任其荒芜[①],标揩克之成格以虐用之于无涯[②],于是范质、李毂、王溥诸人进[③],而王峻以翼戴之元功,不能安于相位,故有革故取新之机焉。枢密不能操宰相之进止,宰相不复倚藩镇以从违,君为民之君,相为君之相,庶几乎天职之共焉。嗣是而王朴、窦俨得以修其文教④,而宋乃因之以定一代之规。故曰:天下将治,先有制法之主,虽不善,贤于无法也。

【注释】

①荒芟(huì):荒芜。

②掊克:聚敛,搜刮。

③王溥(922—982):字齐物,并州祁(今山西祁县)人。五代宋初大臣。历任后周太祖、周世宗、周恭帝、宋太祖四朝宰相。曾编撰《世宗实录》《唐会要》《五代会要》等史籍。传见《宋史·王溥列传》。

④王朴(906—959):字文伯,东平(今山东东平西北)人。五代时后汉、后周名臣。后汉时一度依附枢密使杨邠,广顺元年(951),担任镇宁节度使柴荣的节度掌书记。柴荣即位后,王朴献《平边策》,并规划汴梁、修订历法、考证雅乐,深受柴荣重用,累官至枢密使。传见《旧五代史·周书·王朴列传》《新五代史·周臣传·王朴》。窦俨(919—960):字望之,蓟州渔阳(今天津蓟州)人。后晋天福六年(941)举进士,历仕后晋、后汉、后周各朝。后周显德四年(957),上疏陈奏"礼、乐、刑、政、劝农、经武"治国六纲,被周世宗采纳。北宋建隆元年(960),任礼部侍郎,奉旨撰定祠祀乐章、宗庙谥号。传见《宋史·窦俨列传》。

【译文】

　　大概那些救治时弊的好办法,都是去除了苛刻暴虐的政令,而没有别立一法,所以才是善政。那些因陋就简而产生弊端的政令,都是制定一项新的政策以修饰之前的政策,所以是弊政。不足以治理好天下的法令,当然不仅限于这一方面,但像这种情况的危害尤其严重。虽然如此,如果将这些政策与完全没有法令的天下相比,则已经是大不相同了。君王尚且知道有百姓而思谋管理好他们,则即使无法做到最好,也不至于相差太远;百姓尚且知道有法令而乐于遵守,则即使蒙受法令的危害,也能够因为渐渐习惯而安于现状。大概郭威鉴于武人、幕僚当政时只会宰割百姓而对他们的死活不管不问,标明聚敛搜刮的规格来无止境地压榨百姓,于是范质、李谷、王溥等人得到重用,而王峻虽有拥戴郭威称帝的首功,却不能安于相位,所以天下才有了革故取新的契机。枢密使不能再操纵宰相的进退,宰相也不再唯藩镇马首是瞻,君王是百姓的君王,宰相是君王的宰相,差不多人人都能各尽其天职了。自此以后,王朴、窦俨得以推进文化教育事业,而宋朝正是在其基础上订立了一代之规。所以说:天下将要得到治理时,先要有制定法令的君主,即使他做得不够好,也总比没有法令的局面强。

汉承秦之法而损益之,故不能师三代;唐承拓拔、宇文之法而损益之,故不能及两汉;宋承郭氏、柴氏之法而损益之,故不能踰盛唐。不善之法立,民之习之已久,亦弗获已,壹志以从之矣①;损其恶,益之以善,而天下遂宁。唯夫天下方乱而未已,承先代末流之稗政以益趋于下,而尽丧其善者;浸淫相袭,使袴褶刀笔之夫播恶于高位,而无为之裁革者;于是虽有哲后②,而难乎其顿改,害即可除,而利不可卒兴。此汤、武之继桀、纣与高皇帝之继胡元③,所以难也。有法以立政,无患其疵,当极重难反之政令,移风俗而整饬之以康兆民,岂易言哉!上无其主,则必下有其学。至正之末④,刘、宋诸公修明于野⑤,以操旋转之枢,待时而行之,其功岂浅鲜乎?

【注释】

①壹志:志向一致。

②哲后:贤明的君主。

③高皇帝:明太祖朱元璋的谥称。

④至正:元顺帝的年号,也是元朝的最后一个年号,使用时间为
　　1341—1368 年。

⑤刘、宋:指刘基、宋濂。

【译文】

　　汉朝继承秦朝的制度而对其加以损益调整,所以不能师法三代;唐代继承北魏、北周的制度而加以损益调整,所以不能达到两汉的高度;宋代继承后周的制度而加以损益调整,所以无法超越盛唐。不好的制度一旦建立,百姓长期习惯于这种制度,便也会出于不得已,只能一心一意地遵从这种制度罢了。将制度中的不良之处革除,增添有益的内容,天下就会变得安宁。只有当天下正处于持续的混乱之中时,继承前代遗留下的不良政策而导致每况愈下,完全丧失了原来法令中好的因素。各朝各代在不良制度下浸淫已久,因袭不改,使得武夫和执刀笔的幕僚小吏居于高位而播散恶政,却没有能够对这些弊政加以改革的人。于是即使有圣明的君主,也难于短时间内改革弊政,立即消除其危害,而善政自然也不可能立即建立起来。这是商汤、周武王继承夏桀、商纣的统治,与高皇帝朱元璋继承胡元统治,所面临的共同难题。只要有法令来建立新的制度,就不用担心这些法令存在瑕疵,面对前代积重难返的弊政,想要移风易俗而整饬天下,使万民得以复苏,难道是容易的事情吗?朝堂上没有能改革弊政的君主,则民间必定有探究此道的学者。元朝至正末年,刘基、宋濂诸位先生在民间明究治理之道,以把握时代变革的关键,等待时机来将自己的理论付诸实践,他们的功劳难道是微不足道的吗?

一四　郭氏立异姓为后

　　无子而立族子①,因昭穆之序、为子以奉宗祀②,自天子达于士,一也;而天子因授以天下为尤重。异姓者不得为

后，大法存焉。春秋莒人后郳，而书之曰灭③，至严矣。乃事有至变者焉，则郭氏是已。郭威起于卒伍，旁无支庶，年老无子，更无可立之群从④；柴氏之子，既其内姻，从之鞠养，而抑贤能可以托国，求同姓之支子必不可得，舍郭荣亦将孰托哉⑤？既立宗庙，以天子之礼祀其先，神虽不歆非类，而岂自我馁之乎？故立异姓以为后，未可为郭氏责也。

【注释】

①族子：同族兄弟之子，指同一宗族内血缘关系较近的子辈男性。

②昭穆之序：本指宗庙或陵墓中先祖的排列次序，后也泛指宗族内部区分远近、长幼、亲疏的次序。

③春秋莒人后郳，而书之曰灭：据《公羊传》，春秋时，郳国国君立其外孙为继承人，其外孙是莒国国君之子，不符合宗法制下的继承通例，《春秋》襄公六年（前567）于是将此事记载为"莒人灭郳"。

④群从：指堂兄弟及诸子侄。

⑤郭荣：即后周世宗柴荣（921—959）。邢州龙冈（今河北邢台）人。五代后周皇帝（954—959在位），周太祖郭威养子，故又名郭荣。早年为郭威操持家务，经营茶货。郭威即位后，授澶州节度使、检校太保，封晋王。郭威驾崩，作为养子的柴荣登基为帝。他在位期间励精图治，招抚流散，均田减税。对外南征北战，兵伐后蜀，收秦、凤、成、阶四州，尽取江淮十四州。后北伐契丹，欲乘胜进取幽州，因病中止，还京而卒。传见《旧五代史·周书·世宗纪》《新五代史·周本纪·世宗》。

【译文】

自己没有子嗣，就按照昭穆次序，从族子中选择自己的继承人，将其作为养子，从而奉祀宗庙，上至天子下至士人，这一原则都是同样适用的。而天子因为要将天下交给自己的继承人，所以选立后嗣就显得尤其关系重大。与国君异姓的人不能作为嗣君，这其中蕴含着继承制度的根本原则。春秋时候莒国出身的人成了鄫国国君，《春秋》中就记载为"莒人灭鄫"，可以说是至为严格的。可是事情总有变通的余地，郭威的情况就是如此。郭威崛起于行伍之间，没有旁系的支庶宗亲，自己年老无子，也没有可以立为嗣君的堂兄弟及诸子侄。柴荣既然是郭威妻子的侄儿，很早就被郭威收养，而且也很贤能，可以将国家托付给他，在必定无法找到同姓支庶子孙做继承人的情况下，除了柴荣，郭威还能把天下托付给谁呢？既然建立了宗庙，以天子的礼仪祭祀自己的先祖，则先祖的神明虽然不喜欢并非自己族人的人来祭祀自己，但怎么能甘心绝祀呢？所以立异姓之人为自己的后嗣，并不是郭威应该被责备的地方。

或曰：威无同姓可立之后，知荣之贤，引而置之将相之位，以国禅之而不改其族姓，仿尧、舜之道，不亦美乎？舜宗尧而祖文祖[1]，祀亦可弗绝也。

【注释】

①文祖：尧的先祖。

【译文】

有的人说：郭威没有同姓子孙可以立为后嗣，又知道柴荣的贤能，将他引导安置到将相之位上，将国家禅让给他，而不更改柴荣的族姓，效仿尧、舜的禅让之道，不也很美好吗？舜继承尧的职位而把尧的祖先文祖当作自己的先祖，尧的宗族的祭祀也不会断绝。

曰：时则上古，人则圣人，在位者则皋、夔、稷、契，而后舜、禹之受禅,天下归心焉。乃欲使篡夺之君、扰乱之世,强藩睥睨以思弋获之大位,取一大贤以下之少年,遽委以受终,庸讵得哉? 舜穆四门、叙百揆、雷雨弗迷①,而共、驩犹狺于廷②,三苗犹叛于外。若禹平水土、定九州,大勋著于天人,群后之倾心久矣,舜抑承尧之已迹而踵行之,而荣恶足以胜之? 自朱、李以来,位将相而狂争者,非一人也。郭氏之兴,荣无尺寸之功,环四方而橐立者,皆履虎咥人之武人③,荣虽贤,不知其贤也,孤雏视之而已。俄而将相矣,俄而天子矣,争夺者攘臂而仍之,不能一朝居也,徒为子哙、子之④,而敢言尧、舜乎?

【注释】

①舜穆四门:舜在位时,混沌、穷奇、梼杌、饕餮合称为"四凶"。舜到这四个家族去,让他们迁移到四方,用他们来抵御魑魅的袭击,于是四方清平。

②狺(yín):吠叫。

③履虎咥人:语本《周易·履卦》爻辞:"履虎尾,不咥(dié)人,亨。"履虎,跟在老虎尾巴后面小心行走。咥人,咬人。

④子哙、子之:指战国时期的燕王哙和宰相子之。燕王哙认为宰相子之非常贤能,于前316年让位给子之。周赧王元年(前314),太子平和将军市被起兵攻子之,齐宣王趁机派兵侵燕。混乱中,太子平和将军市被被杀,齐军进入燕都,杀燕王哙和子之。

【译文】

回答是:当时是上古,当事人尧舜也都是圣人,在位的辅政大臣则是皋、夔、稷、契等人,而后舜、禹接受禅让,才能使天下归心。现在却想要让一个篡夺皇位的君主，在纷纷扰乱的乱世里，在强大藩镇纷纷觊觎皇位的情况下，找来一个并没有达到大贤者水准的少年，立即将江山社稷托付给他，怎么可能办得到呢？当初舜驱逐了混沌、穷奇、梼杌、饕餮四个家族，安排好百官的次序，在暴风雷雨的恶劣天气也不迷误，而共工、驩兜尚且在朝廷上放肆，三苗尚且在朝廷之外反叛。至于禹，他平定水土、安定九州，对于上天和民众都有大功，各部族的领袖都对他倾心已久，舜于是也效仿尧的做法而禅位给他，而柴荣又哪里能够像禹一样胜任呢？自从朱温、李克用以来，位居将相而疯狂争夺权势的，绝非一人而已。郭威建立后周，柴荣没有立下尺寸功劳，环绕在他四周，傲然而立的，都是虎狼毒蛇一般凶恶的武夫，柴荣即使贤能，这些人也不知道他的贤能，只会把他当作孤立无援的小孩子罢了。柴荣一会儿做将相，一会儿就成了天子，争权夺位的人都跃跃欲试想要篡夺其位，他根本就没办法在皇位上安稳地待上一天，只会白白地重复战国时候子哙、子之的悲剧，哪里敢谈什么效仿尧、舜呢？

　　所难处者，荣既嗣立而无以处柴守礼耳[①]。论者乃欲别为郭氏立后，而尊守礼为太上皇，则何其不审而易于言也！郭氏无可立之后明矣，将谁立邪？荣之得国，实以养子受世适之命，郭氏之恩，何遽忍忘。身非汉高自我而有天下，则不得加皇号于私亲。礼之所不许者，宋英宗且不得加于濮王，而况守礼乎！然则将如之何？守礼之为光禄卿，先朝之命也。迎养宫中，正名之曰所生父；其没也，葬以卿，祭以天子；其服，视同姓之为人后者为之期；则庶乎变而不失其常矣。外继弇宗之法，不可执也。为天子而旁无可立之支庶，古今仅一郭氏，道穷则变，变乃通也。

【注释】

①柴守礼(894—967)：字克让，邢州隆尧(今河北隆尧)人。五代时期后周世宗柴荣的生父。其姐姐圣穆皇后柴氏无子，过继柴荣为养子。后周世宗即位后，拜其为金紫光禄大夫、检校司空、光禄卿。宋朝建立后被拜为太子少傅。乾德五年(967)去世。传见《新五代史·周世宗家人传·柴守礼》。

【译文】

真正难于处理的问题是，柴荣既然被确为嗣君，那么如何对待柴守礼呢？有议论的人想另外为郭威立后嗣，而尊柴守礼为太上皇，这句话真是缺乏思考而轻易说出来的呀！很明显郭威根本没有其他人可以立为后嗣，他能立谁呢？柴荣得到皇位，实际上是以养子身份而被授予天下，郭威的恩情，他怎么能忍心忘记呢。他既然不像汉高帝那样依靠自己而取得天下，他就不能把皇号加到自己的私亲头上。这是礼制所不允许的，宋英宗尚且不能把皇号加给濮王，何况是柴守礼呢？既然如此，又如何处置这一问题呢？柴守礼官拜光禄卿，这是先朝任命的。柴荣应该将其迎入宫中奉养，名正言顺地称他为自己的生身父亲；等到他死了，就用卿的礼节安葬他，用天子的规格祭祀他；至于柴荣守丧的丧期，则应该与其他过继给同姓为养子的人一样，服一年之丧。如此则有所变通，又不违背基本的伦常。作为外姓人继承君位而篡改宗籍的办法，是不能采用的。身为天子而旁无支庶子孙可以立为后嗣，古往今来只有郭威遇到这一情况，道路穷尽就要进行改变，改变之后才能使道路通畅。

一五　郭氏诛贬功臣不可罪以菹醢韩彭

与人俱起，血战以戴己为君，功成位定，而挟勋劳以相抗，亦武人之恒也。即虑其相仍以攘臂，自可以礼裁之，以道制之，使自戢志以宁居。遽加猜忮而诛夷之，刻薄寡恩，且抱疚于天人，汉高帝之所以不得与于纯王之道也。郭氏因群力以夺刘氏之国，而王殷无罪受诛^①，王峻贬窜而死，其事与高帝同，而时则异，未可以醢菹韩、彭之慝责郭氏也。

【注释】

①王殷(？—953)：瀛州(今河北河间)人。五代时期将领。事母至孝，谦逊有礼。后晋天福年间出任宪州刺史，后汉乾祐年间升任侍卫步军都指挥使。后汉隐帝密诏李洪义谋害王殷，李洪义告知王殷这一消息，二人于是与郭威一道举兵反叛。郭威登基后，任命他为天雄军节度使，加同平章事，节制河北各镇。后来因王殷在民间多方聚敛，何福进等人又在郭威面前诋毁王殷，郭威于是怀疑王殷有异心，担心自己死后无人能制约王殷，便将其贬官流窜，不久后派人将其杀死。传见《旧五代史·周书·王殷列传》《新五代史·杂传·王殷》。

【译文】

与别人一同起兵，经过血战而使别人拥戴自己为君王，大功已成，君臣位次已定，而那些功臣将领就会凭借立下的功勋来与自己抗衡，这也是武人常遭遇的情况。即使顾虑功臣宿将们会起来抢夺皇位，自己也完全可以用礼仪制裁他们，用君臣道义来制约他们，使他们收敛野心而安分守己。如果只是一味对他们加以猜忌，进行诛戮，刻薄寡恩，那么就会得咎于上天和众人，汉高祖之所以没有达到纯粹王者的境界，就是这个原因。郭威靠着众将的力量篡夺了刘氏政权，而王殷却无罪被诛杀，王峻被贬黜到远方而死，他做的事情与汉高祖诛戮功臣的行径相同，而时势却不相同，所以不能像责备汉高祖诛戮韩信、彭约那样责备郭威。

　　自唐天宝以来，上怀私恩而姑息，下挟私劳以骄横，拥之而兴之日，早已伏夺之之心。位枢密、任节镇者，人无不以天子为可弋获之飞虫，败者成者，乍成而旋败者，相踵以兴，无岁而兵戈得息。乃至延契丹以蹂中国，纲维裂，生民之血涂草野，极矣。李嗣源之于存勖也，石敬瑭之于嗣源也，郭威之于刘知远也，皆自以为功而相师以起者也。究不能安于其位以贻后昆，而徒辱中原之神皋天阙①，为旦此夕彼之膻场②。其他速败而自灭其族者，更仆而不胜数。至于郭氏有国，幸而存者鲜矣。高行周卒，慕容彦超灭③，王峻辈擅国之兵，夺民之财，其以乱天下也无疑。郭氏虽不可以行天诛，而天诛不容缓矣。乱人之未绝，其乱不衰，决意行法于廷而不劳争战，事会已及，变极而复，尚奚容其迟疑乎！

【注释】

①神皋：神圣土地。天阙：天子的宫阙，指朝廷或京都。

②膻场：充满腥膻气味的场所。

③慕容彦超（？—952）：曾冒姓阎，号阎昆仑。吐谷浑部人。后汉大将，刘知远的同母异父弟。后汉隐帝时出任镇宁军节度使，因富于智谋而被郭威所忌。郭威起兵反叛后，慕容彦超败逃兖州。郭威称帝后，派人抚慰慕容彦超，但慕容彦超十分恐惧。后周广顺二年（952），慕容彦超联络南唐、北汉举兵反周，兵败后投井而死。传见《旧五代史·周书·慕容彦超列传》《新五代史·杂传·慕容彦超》。

【译文】

　　自唐朝天宝年间以来，君王怀着私恩而姑息臣下，臣下凭借私劳而骄横跋扈，他们在拥戴君王登基的时候，心中早已埋下夺取其政权的念头。那些担任枢密使或藩镇主帅的臣子，人人都把天子当作能捉到的飞虫，失败者、成功者，或是刚成功旋即失败者，相继而起，接踵反叛，天下没有哪一天是安宁和平的。甚至到了勾引契丹来践踏中国，彻底摧毁纲纪伦常，使百姓的血涂满草野的地步，真是惨烈到了极点。李嗣源之于李存勖，石敬瑭之于李嗣源，郭威之于刘知远，都是自以为有功，效仿对方而起来反叛夺权。他们终究不能安居皇位，将社稷传给子孙，而只会白白使中原大地和朝廷宫阙蒙受羞辱，沦为异族交迭统治的充满腥膻气味的场所罢了。至于其他迅速失败而导致自己被灭族的人，更是不计其数。到了郭威取得天下时，仍然幸存的这类人已经很少了。高行周死了，慕容彦超被消灭了，王峻等人专擅兵权，夺取百姓财物，他们毫无疑问是在扰乱天下。郭威虽然无法施行天诛，但天诛已经刻不容缓了。制造混乱的人尚未根绝，混乱的世道就不会终结，郭威决定在朝廷上施行法度，而不需要通过战争来达成目标，物极必反，这样的良好时机已经到来，哪里能容许他迟疑呢？

　　殷、峻诛，而后樊爱能、何徽可伏法于牙门[1]，武行德、李继勋可就贬于国法[2]；乃以施于有宋，而石守信、高怀德之流，敛手以就臣服。天诛也，王章也，国之所以立、民之所藉以生也。故曰不可以醢菹韩、彭之罪罪之也。百年以来，飞扬跋扈之气习为之渐息，一人死，则万人得以保其生，王殷、王峻俯首受诛，不亦快与！

【注释】

①何徽（？—954）：后周将领。显德元年（954）高平之战中，何徽与樊爱能临阵逃遁，造成后周东厢骑军大乱，最终遭遇惨败。战后，周世宗柴荣将樊爱能、何徽等七十余名将校斩首。事见《旧

五代史·周书·世宗纪》。牙门：古时驻军，主帅或主将帐前树
牙旗以为军门，称"牙门"。

②武行德（908—979）：并州榆次（今山西晋中榆次）人。五代时期
将领。早年追随石敬瑭，刘知远太原起兵时，被任命为河阳都部
署，后周建立后迁河南尹、西京留守。周世宗即位后兼中书令，
因在与南唐作战时战败，被贬为右卫上将军。宋朝建立后授忠
武军节度使，改封魏国公，后以本官致仕。传见《宋史·武行德
列传》。李继勋（916—977）：大名元城（今河北大名东）人。五代
至宋初名将。后汉末年，李继勋前往邺都（大名府）投奔郭威。
显德元年（954）参加高平之战，因功升任殿前都虞候，与赵匡胤
等九人结为"义社十兄弟"。显德三年（956）六月，李继勋在攻打
南唐寿州时，怠于守御，后周将士死者数百人，周世宗免去他的
军职，改任为河阳三城节度使。北宋建立后，李继勋出任昭义军
节度使，在开宝元年（968）、开宝二年（969），李继勋两次作为河
东行营前军都部署，率军出征北汉。太平兴国二年（977），李继
勋因病以太子太师身份致仕，同年去世。传见《宋史·李继勋
列传》。

【译文】

王殷、王峻被杀，其后樊爱能、何徽能够在牙门前伏法，武行德、李
继勋战败后，能被依照国法加以贬黜。这种对待将领的方式延续到宋
朝，石守信、高怀德等人，纷纷恭敬地表示臣服。这是上天所给予的诛
伐，这是帝王典章所决定的处置方法，国家凭借这种制度才能得以延
续，百姓才能得到生路。所以说不能像责备汉高祖诛戮韩信、彭越那样
责备郭威。百年以来，武将飞扬跋扈的习气因为郭威的举动而稍稍收
敛，一个人被处死，则一万人得以保全其生命，王殷、王峻俯首受死，不
是也应该令人感到高兴吗？

一六　江南遣专使为民害

国家有利国便民之政,而遣专使以行,使非其人,则国与民交受其病,弗如其已之也。使者难其人而不容已,则弗如即责之所司,而饬以违令之大法,固愈于专使之病国与民远矣。

【译文】

国家有利国便民的好政策,而派遣专使去执行,如果不是合适的人出任专使,那么国家和百姓就都会受到危害,那么还不如停止这一政策的实施。如果很难选出合适的专使人选,出于不得已,那么还不如将政策的实施直接交给有关部门,并且向其申明违背命令的处罚条款,这也肯定比放任专使误国害民要好得多。

夫国家之置守令,何为者也?岂徒以催科迫民而箕敛之乎?岂徒以守因陋就简之陈格[①],而听其日即于废弛乎?岂徒以听民之讼,敛钧金束矢之入以为讼府[②],而启民于争乎?下有疾苦而不能达,则为达之,以不沮于上闻;上有德意而不能宣,则为宣之,以不穷于下逮。于是有上言便宜以拯民而益国者,参廷议而决其可行矣,即以属之守令,使进其邑之士大夫与其耆老,按行阅视,条奏其方略,而即责之以行。苟其玩上旨以违民心,专改革而违国宪,则有诛殛贬褫之法以随其后。贤者劝,不肖者惩,蔑不可举也。

【注释】

①陈格:陈旧简陋、不合时宜的制度法式。

②钧金束矢：指铜三十斤，箭一束。据《周礼·秋官·大司寇》记载，这是古代诉讼双方交纳给官府的财物。金者取其坚，矢者取其直。案件判决后，胜者所交纳的铜和箭会被发还，败者交纳的铜和箭则被没收。

【译文】

国家设置郡守县令等地方官员，是为了什么呢？难道仅仅是想靠他们催收租税、压迫百姓，肆意横征暴敛吗？难道仅仅是想让他们固守陈旧简陋的旧制度，而听任国家法度一天天废弛吗？难道仅仅是让他们听取百姓诉讼，聚敛百姓诉讼时交纳的财物，成为一个专门审判案件的机构，引导百姓相互争斗诉讼吗？百姓有疾苦而不能反映给朝廷，地方官员应该替他们将情况传达给朝廷，从而不让百姓的疾苦无处申诉；朝廷有德政而无法直接向民间宣布，则地方官员应该替朝廷向民间宣扬这些德政，从而避免政令无法下达基层。于是如果有大臣上奏，提出利国利民的措施，朝廷经过商议认为措施可行，就将其交给地方官员来实施，使地方官员找来本地的士大夫与德高望重的老者，让他们参议谋划，报告施行朝廷政策的具体方略，决定后就交由这些人具体施行。只要地方官员胆敢违逆朝廷旨意，拂逆民众心意，私自改革政策而违背国家大法，那么他们就会立即受到被罢免甚至被杀的严厉惩罚。劝勉表彰贤明的地方官，惩罚不肖的地方官员，则各项政策都能得到有效实施了。

夫既有悉治理以上言者，娓娓而尽其利病，贪猾暴虐之吏，固无可容其欺蔽。即有老病疲茸、怠而坐弛之守令，监司得持课程以督其不逮；监司朋比饰说以罔上，司宪之臣，得持公议以纠其不若。廷臣清，监司无枉，守令不敢失坠，有言者必有行者，取之建官分职之司而已足，夫何阻隔不宣之足虑哉！若夫言利病者，徒取给于笔舌而固不可行，则守令得详悉以上请，而仍享无事之清晏，奚用专使督行而有不得其人之忧哉！

【译文】

　　既然有懂得治理之道的人向朝廷上奏意见，娓娓道来，尽数政策的利弊，那么贪婪、狡猾、暴虐的官员，自然就无法再欺瞒蒙蔽朝廷了。即使有年老患病、疲惫倦怠、放任法度废弛的地方官员，那么相关监督部门也可以通过政绩考核来监督他们；如果监督部门也朋比为奸，共同粉饰言辞、欺骗君王，那么负责监察百官的官员，也可以秉持公义来纠核这些官员。朝廷大臣清廉耿介，监督部门不敢枉法，地方官员不敢玩忽职守，有人上奏，其合理建议就能够得到施行，则只需要交给固有的各部门来各司其职就能办到，还哪里需要忧虑朝廷政策无法真正下达基层呢？如果上书谈论政策利弊的人，只是卖弄口舌，其提出的建议不具备可行性，那么地方官员也可以详细得知实际情况，向朝廷奏请不要实施其政策，那么朝廷上下仍然可以享受无事的清闲，哪里需要派专门使者来监督政策的实施，还要担心找不到合适的使者人选呢？

　　明君之治，择守令而已；守令不易知，择司铨司宪者而已。司铨司宪者，日在天子之左右，其贤易辨也。而抑得贤宰相以持衡于上，指臂相使，纲维相挈，守令之得失，无不可通于密勿，则天子有德意而疾通于海内，何扞格之有乎[①]！此之不谨，而恃专使以行上意，是臂不能使指，而强以绳曳之也。一委之专使，则守令监司皆卸其利国利民之责，行之不顺，国病民劳而不任其咎；即有贤者，亦以掣曳而废其职，况不肖者之徒张威福，迫促烦苛，以苟且报奉行之绩乎！

【注释】

①扞格:互相抵触。

【译文】

明君治理天下,就在于选择郡守县令等地方官员而已;天子不容易了解众多郡守县令,那么关键就在于选择监督他们的官员而已。负责监察众官员的大臣,每天都陪在天子的左右,所以其是否贤能是很容易知晓的。而又能得到贤明的宰相在朝廷上把握平衡,如同用胳膊来使唤手指一样,用宰相来提纲挈领,则地方守令的得失,全部都能被皇帝所知晓,则天子一旦有德政,就可以迅速传达到海内各地,怎么会发生相互抵触的情况呢! 在这方面如果不够谨慎,而依赖专使来推行皇帝的意志,就如胳膊无法使唤手指,就像强行用绳子拖拽一样。将政策执行全委托给专使,那么地方守令和监督部门便都卸下了自己利国利民的职责,政策推行得不顺利,那么国家百姓都受其害而陷入疲敝,这些官员也不用负责任。即使这些官员中有贤明的人,也会因为掣肘而使地方官员无法履行职责,何况那些不肖者,只会作威作福,用烦苛的手段逼迫地方官员,从而苟且获取奉行的成绩呢?

江南李氏听刺史田敬洙之请①,修水利于楚州,溉田以实边,而冯延巳使李德明任其事②,因缘侵扰,兴力役,夺民田,而塘竟不成;巡抚诸州以问民疾苦,而使冯延鲁以浅劣轻狂任之③,反为民害;徐铉、徐锴论列其委任之失④,顾得贬窜。夫岂特二冯之邪佞不可任哉! 使守令牧民,而别遣使以兴事,未有可焉者也。

【注释】

①田敬洙:南唐楚州(今江苏淮安)刺史。

②冯延巳(903—960)：又名延己、延嗣，字正中，广陵(今江苏扬州)人。五代十国时南唐著名词人、大臣。仕于南唐烈祖、中主二朝，三度入相，官终太子太傅，死后谥曰忠肃。传见《十国春秋·南唐列传·冯延巳》。李德明(？—956)：南唐大臣，曾任兵部员外郎、文理院学士。传见《十国春秋·南唐列传·李德明》。

③冯延鲁：一名谧，字叔文，广陵(今江苏扬州)人。南唐吏部尚书冯令頵之子，冯延巳的异母弟。南唐元宗时为中书舍人。累官至工部侍郎、东都副留守。保大十四年(956)，被后周所俘，显德五年(958)归南唐，担任户部尚书。传见《十国春秋·南唐列传·冯延鲁》。

④徐锴(920—974)：字楚金，广陵(今江苏扬州)人。南唐大臣、学者，徐铉之弟。仕于南唐，以秘书省校书郎起家，后主李煜时，迁集贤殿学士。宋军围金陵时，忧惧而卒。传见《十国春秋·南唐列传·徐锴》。

【译文】

南唐李氏朝廷听从楚州刺史田敬洙的请求，在楚州兴修水利，用以灌溉土地充实边境地区，而冯延巳派李德明来负责此事，李德明趁机侵扰民间，大兴力役，夺占民田，最后水塘竟然没有修成；南唐设置巡抚诸州之职，是为了访察民众疾苦，而派冯延鲁这样浅劣轻狂的人来担任此职，反而给百姓带来了祸害。徐铉、徐锴向朝廷上书弹劾冯延巳委任李德明、冯延鲁等人的失误，却只是令这两个人被贬官而已。难道仅仅是因为冯延巳、冯延鲁邪恶奸佞，所以不能委任他们吗？设置地方守令来管理民众，而又另行派遣使者来推行政事，这是行不通的。

一七　周主威遗命以纸衣瓦棺为敛

周主威疾笃，遗命鉴唐十八陵发掘之祸，令嗣主以纸衣瓦棺敛己，自谓达于厚葬之非而善全其遗体矣。其得国也不以正,既无以求福于天;其在位也,虽贤于乱君,而固无德于天下,以大服于人;惴惴然朽骨之是忧,而教其臣子使不能尽一日之心力以效于君亲,其智也,正其愚也。尤可哂者,令刻石陵前,以纸衣瓦棺正告天下后世,吾恶知其非厚葬而故以欺天下邪? 则乱兵盗贼欲发掘者,抑必疑其欺己,愈疑而愈思发之。汉文令薄葬,而霸陵之发①,宝玉充焉。言其可信,人其以言相信邪?

【注释】

①霸陵:汉文帝刘恒的陵墓。文帝曾要求治霸陵皆以瓦器,不以金银铜锡为饰,不治坟。据《晋书》记载,晋愍帝建兴三年(315),"盗发汉霸、杜二陵及薄太后陵","得金玉彩帛不可胜记"。

【译文】

周太祖郭威病重时,留下遗命,说鉴于唐朝十八座帝王陵墓都被人发掘的惨祸,要嗣君用纸衣瓦棺来收敛他的遗体,自认为这样可以克服厚葬的缺陷,可谓善于保全自己的遗体。他得到政权的方式不够正当,所以无法向上天祈求赐福;他在位期间,虽然所作所为比那些乱君要强,却没有对天下施予恩德,从而使别人对自己大为叹服。他惴惴不安地为自己的腐朽骸骨担忧,不让自己的臣子为其君王和父亲尽一天的心力,他的聪明之处,正是他的愚蠢之处。尤为可笑的是,他下令在其陵墓前刻石写字,向天下后世郑重宣告自己是被用纸衣瓦棺装殓的,我哪里知道他是不是其实被厚葬,却又用这种伎俩来欺骗天下人? 则想要发掘其陵墓的乱兵、盗贼,也必定怀疑他是在欺骗自己,越是怀疑越想挖开陵墓一探究竟。汉文帝下令薄葬,而霸陵被发掘后,里面充满了宝玉。如果帝王遗命薄葬的话可信,那么难道人人都可以用语言来建立信任吗?

陵墓之发，自嬴政始。骊山之藏，非直厚葬已也，金银宝玉，鼎彝镜剑，玉以为匣，汞以为池，皆非生平待养之资，而藏之百年，愈为珍贵者，是以招寇。若夫古之慎终厚葬、以尽人子之心者，敛襚之衣无算①，遣车明器祭器柳衣茵罍赠帛②，见于《士丧礼》者，如彼其备。等而上之，至于天子，所以用其材而极孝养必具之物者，礼虽无考，而萃万国之力以葬一人，其厚可知也。然皆先骨而朽，出于藏而不适于用。则人子之忧以舒，而终鲜发掘之患。先王之虑之也周，取义也正，而广仁孝以尽臣子之情也至；不可过也，抑不可不及也。周主威不学无术，奚足以知此哉！墨氏无父，夷人道于禽兽，唯薄葬为其恶之大者。藉口安亲而以济其吝物寡恩之恶，禽道也。为君父者，以遗命倡之，亦不仁矣。

【注释】

①敛襚(suì)：给死者穿衣服。

②遣车：古代送葬时载运祭祀用牲体的车子。明器：古代死者下葬时带入地下的随葬器物，即冥器。祭器：祭祀时所陈设的各种器具。柳衣：出殡时枢车上覆棺的布帷。茵：古代葬车上的垫子。罍：小口大肚的瓶子。古代殡车棺旁的装饰。赠帛：祭祀时所用的缯帛。

【译文】

陵墓被发掘，是从嬴政开始的。骊山陵墓中的宝藏，已经不仅仅是厚葬而已了，其中充满金银宝玉、鼎彝镜剑，用玉当棺材，用水银制造池塘，这些都不是平时生活中所需的东西，而经过百年的埋藏，会变得更加珍贵，所以会招来掘墓的贼寇。至于古时候慎终追远、厚葬先人，从而尽人子之心，给死者穿的衣服暂且不算，仅仅记载于《士丧礼》中的遣车、明器、祭器、柳衣、茵、罂、缯帛等物品，就那么齐备。比这规格还要高的，到了天子这一级别，葬礼所用的材料必定是极其齐备，方能体现孝养之心，这些虽然在礼法上不能详细考证，但汇聚万国之力来安葬一个人，丰厚的程度是可想而知的。然而这些随葬品都比骸骨腐烂得还快，只是为了贮藏却不适合使用。则作为人子的孝心和热忱也表达了，始终也不用担心陵墓被盗掘。先王的考虑是很周到的，在大义方面也很正当，而且还可以宣扬仁孝，使臣子的孝敬之情得到充分抒发。不能超过这一规格，也不能达不到这一规格。郭威不学无术，又哪里足以知道这些道理呢！墨家无父，将人道等同于禽兽，而主张薄葬是他们的罪恶中最突出的。借口使亲人安心而掩饰自己吝啬财物的实情，这是禽兽之道。作为君父，通过遗命倡导薄葬，也是不仁的。

一八　冯道欲卖周主力阻亲征

高平之战①，决志亲行，群臣皆欲止之，冯道持之尤坚，乃至面折之曰："未审陛下能为唐太宗否？"夫谓其君为不能为尧、舜者，贼其君者也。唐太宗一躬帅六师之能，而大声疾呼，绝其君以攀跻之路，小人之无忌惮也，一至此哉！道之心，路人知之矣，周主之责樊爱能等曰："欲卖朕与刘崇。"道之心，亦此而已。习于朱友贞、李从珂之胸缩困溃而亡②，已不难袖劝进之表以迎新君，而己愈重，卖之而得利，又何恤焉？周主惮于其虚名而不能即斩道以徇，然不旋踵而道死矣，道不死，恐不能免于英君之窜逐也。

【注释】

①高平之战：五代十国后期一场重要的战役。后周显德元年（954），北汉、契丹组成联军，南下进攻后周，后周世宗率军队北

上抗击联军，双方在泽州高平城一带爆发决战，后周初战不利，柴荣冒着矢石亲临战场，终于扭转战局，此战以后周的大获全胜告终。

②朒(nù)缩：退缩。

【译文】

高平之战时，柴荣决定御驾亲征，群臣都想要制止他，冯道尤其坚定地反对此举，以至于当面折辱柴荣说："不知道陛下您是否能胜过唐太宗呢？"说自己的君王不能做尧、舜那样的圣君的人，都是在祸害他们的君王。唐太宗有能够亲自率领六军出战的才能，而冯道大声疾呼，想要断绝柴荣试图比肩唐太宗的路途，小人无所忌惮，竟然到了这样的地步！冯道的心思路人皆知，柴荣责骂樊爱能等人说："你们想要将我出卖给刘崇。"冯道的心思，其实也是如此。他既然习惯了朱友贞、李从珂这些昏君只会消极退缩、自陷困局而走向灭亡，自己当然不难从袖子里掏出劝进表来欢迎新君，自己反而会因此而变得身价更重，出卖君王既然能得利，那还需要顾忌什么呢？柴荣忌惮于冯道的虚名，而不能立即斩杀冯道示众，然而没过多久冯道就死了，冯道如果不死，恐怕是难以避免被英明君主贬黜流放的。

若夫高平之战，则治乱之枢机，岂但刘、郭之兴亡乎？郭氏夺人之国，失之而非其固有；刘氏兴报雠之师，得之而非其不义；乃其系天下治乱之枢机者，何也？朱友贞、李存勖、李从珂、石重贵、刘承祐之亡，皆非外寇之亡之也。骄帅挟不定之心，利人之亡，而因雠其不轨之志；其战不力，一败而溃，反戈内向，殪故主以迎仇雠①，因以居功，擅兵拥土，尸位将相，立不拔之基以图度非分；樊爱能等犹是心也，冯道亦犹是心也。况周主者，尤非郭氏之苗裔，未有大功于国，王峻辈忌而思夺之夙矣。峻虽死,其怀峻之邪心者实繁有徒。使此一役也,不以身先而坐守汴都,仰诸军以御患,小战不胜,崩溃而南,郭从谦、朱守殷之于李存勖②,康义诚之于李从厚③,赵德钧之于李从珂,杜重威、张彦泽之于石重贵,侯益、刘铢之于刘承祐④,皆秉钺而出,倒戈而反,寇未入而孤立之君殪①,周主亦如是而已矣。

【注释】

①殪(yì):杀死。

②郭从谦(? —927):代州雁门(今山西代县)人。本为优伶,后因在德胜之战中立下战功,逐步升迁为从马直指挥使。郭从谦视郭崇韬为叔父,又是睦王李存义的养子,郭崇韬和李存义先后被李存勖冤杀,郭从谦伺机准备复仇。同光四年(926),郭从谦发动兵变,焚烧兴教门,率乱军杀死庄宗。李嗣源即位后,任命郭从谦为景州刺史,不久将其处死。传见《新五代史·伶官传·郭从谦》。

③康义诚(? —934):字信臣,代北(今山西大同一带)沙陀人。早年追随晋王李克用,后唐建立后出任突骑指挥使。指挥使赵在礼据魏州谋反时,康义诚率大将李嗣源讨伐,到达魏州城下后,康义诚却在李嗣源面前指责李存勖的过失,劝他起兵。李嗣源即位后封他为捧圣指挥使,领汾州刺史。闵帝李从厚继位不久,李从珂起兵反叛,闵帝派康义诚率禁军主力抵抗李从珂军,结果康义诚迅即倒戈投降。李从珂攻入都城,自立为帝后,认为康义诚反复无常,于是将其灭族。传见《旧五代史·唐书·康义诚列传》《新五代史·唐臣传·康义诚》。

④侯益、刘铢:两人在隐帝刘承祐在位时先后任开封尹。郭威起兵

反叛,攻至开封附近,刘承祐率军出战,作战不利,侯益偷偷投奔郭威军。刘承祐想要回城,刘铢却关闭城门不许其入城,刘承祐因此被乱军所杀。事见《新五代史·汉本纪·隐帝》。

【译文】

至于高平之战,则是影响天下治乱的关键节点,哪里只是关乎刘、郭两姓的兴亡呢?郭威夺取后汉刘氏的江山,即使再失去,那也本来不归他所有;刘氏兴起报仇之师,能夺回江山也不算不义。可是为什么说此战是影响天下治乱的关键节点呢?朱友贞、李存勖、李从珂、石重贵、刘承祐亡国,都不是亡于外寇入侵。而是那些骄横的藩镇节帅怀着不忠之心,乐意看到君王亡国,想借此实现自己的不轨图谋。朝廷与敌军交战,一旦失利,这些将帅就会反戈一击,杀死故主来迎接朝廷的仇敌,靠着此举自居有功,专擅军权,割据称雄,在将相职位上尸位素餐,为自己打下难以动摇的根基,图谋夺取政权。樊爱能等人是这么想的,冯道也是这么想的。况且柴荣还不是郭威的真正苗裔,也没为国家立下大功,王峻等人忌妒他,早就想夺取其皇位了。王峻虽然死了,与王峻一样怀着奸邪之心的人还有很多。假如此战柴荣不身先士卒、率军亲征,而是坐守开封城,仰赖诸军来抵御外患,那么一旦小有失利,军队就会崩溃,转而向南反戈一击,就像郭从谦、朱守殷对待李存勖,康义诚对待李从厚,赵德钧对待李从珂,杜重威、张彦泽对待石重贵,侯益、刘铢对待刘承祐那样,手握军权出征,回来时已然倒戈,外寇尚未攻入都城,孤立的君主就已经被杀了,届时柴荣恐怕也只能落得这样的结局了。

　　且不徒长逆臣之恶、以习乱于不已也,刘崇方挟契丹以入,周师溃,周国亡,草谷之毒再试,而黎民无孑遗①,德光且留不去,而中国无天子,刘崇者,又岂能保其不为刘豫?而靖康汴梁、祥兴海上之祸②,在此役矣。夫冯道亦逆知有此而固不以动其心，不失其为瀛王者③，而抑又何求哉？唯周主决志亲征，而后已溃之右军，不足以摇众志；溃掠之逃将，不足以劫宫阙；身立血战之功，而樊爱能等七十人之伏辜，无敢为之请命。于是主乃成乎其为主，臣乃成乎其为臣，契丹不战而奔，中国乃成乎其为中国。周主之为天子，非郭氏授之，自以死生为生民请命而得焉者也。何遽不能为唐太宗，而岂冯道之老奸所可测哉？

【注释】

①孑遗：残存者，幸存者。

②祥兴海上：指南宋祥兴二年（1279），南宋流亡朝廷与蒙古军在崖山展开决战，南宋军全军覆没，南宋至此宣告灭亡。

③瀛王：冯道死后被后周世宗柴荣追封为瀛王。

【译文】

况且这样的做法不仅白白助长逆臣的邪恶气焰，使他们习惯于无休止地作乱，而且刘崇倚仗契丹人一道向南进攻，一旦后周军崩溃，后周亡国，那么中原就要再度受到契丹人打草谷的荼毒，黎民百姓都难以幸免，耶律德光还会长留中原而不北返，而且中国没有天子，又怎么能保证刘崇不会像刘豫那样做傀儡皇帝呢？而北宋靖康之难、南宋崖山之祸一样的悲剧是否要上演，就取决于这场战役了。冯道也预料到了这一点，心中根本不会动摇，反正即使如此也不会失去瀛王的爵位，那还有什么可求呢？正因为柴荣决意御驾亲征，之后右军虽然溃败，却不足动摇众人的信心；那些崩溃后四处掳掠的逃跑将领，也不足抢劫宫阙；樊爱能等七十多人虽然亲身立下血战的功劳，但他们被追责诛杀时，也没人敢为他们请命。于是此时君主才成了真正的君主，大臣才成了真正的大臣，契丹人不战而逃，中国才得以成为名副其实的中国。柴荣成为天子,不再是因为郭威将社稷授给他,而是自己不顾生死、为生民请命而得到的报答。他怎么就不能成为像唐太宗那样的明君了,这种事难道是冯道这种老奸贼所能预料的吗?

一九　周主罢巡检使臣以治盗专责节镇州县

盗非可一时猝捕而弭者也,故汉武帝分遣绣衣持节逐捕而盗愈甚[①]。盍亦思盗之所以能为盗者乎? 以为倏聚倏散、出鬼入魅者,从其为盗之顷、见其如此耳。其必有居也,必与民而杂处;其劫夺而衣食之也,必有所资于市易;其日游行而无忌也,必与其乡之人而相往来;其不能以盗自居、必有托以自名也,必附于农工商贾技术之流,而曰所业在是。故乡之人知其盗也,郡邑之胥吏,莫不知其盗也;所不知者,朝廷猝遣之使,行芒芒原野之中,阅穰穰群居之众,尽智殚威,祇以累疑似之民,而终不知盗之所在耳。使臣逐捕之,则守令坐委之曰:天子之使如此其严威,无可如何,而何易责之我邪? 则盗益游行自得而罔所忌畏。以秦皇、汉武之威,大索天下,而一夫不可获,况使臣哉!

【注释】

①汉武帝分遣绣衣持节逐捕:指汉武帝时曾遣直指使者暴胜之等,身穿绣衣,持斧捕盗,刺史郡守以下皆伏诛。

【译文】

盗贼是不可能在一时之间被逮捕和消灭干净的,所以当初汉武帝分派绣衣使者持符节到各地追捕盗贼,结果盗贼之患反而越来越严重。统治者为什么不思考盗贼为什么可以做盗贼呢? 一般都认为盗贼忽聚忽散，出入像鬼魅一般，只不过是根据他们作案时被看到的样子而言罢了。盗贼也必定是有居所的，所以肯定要与普通居民杂处；他们通过抢夺财物来获得衣食，那么就必定要依赖市场贸易；他们每天游行于四方而无所忌惮，必定要与其所在乡里的人相互往来；他们不能以盗贼自居，必定要有用于假托的名义，所以必定依附于农工商贾技术之流，而自称是从事其中某一职业的。所以乡里居民知道哪些人是盗贼，郡县中的胥吏，也没有不知道这些盗贼情况的。不了解这些人情况的，就只有朝廷猝然派出的使者，使者们奔走在茫茫原野之中，检阅着熙熙攘攘、群居杂处的民众，竭尽自己的智力和威势，最终也只能使那些看起来像盗贼的百姓受牵连，而最终也不可能知道真盗贼在哪里。使臣负责抓捕盗贼，则地方官员就会坐着对他们说：天子的使者如此严厉威风，尚且对盗贼无可奈何，怎么能轻易责怪我抓不住盗贼呢？如此则盗贼只会更加自得地游行于乡里而无所顾忌。以秦始皇、汉武帝的威严，在天下大肆追索盗贼，尚且连一个盗贼都抓不住，何况是区区使臣呢？

盗者，天子之所不能治，而守令任治之；守令之所不能知，而胥役知之；胥役之所不尽知，而乡里知之。乡里有所畏而不与为难，胥役有所利而为之藏奸。乃乡里者，守令之教化可行；而胥役者，守令之法纪可饬者也。盗亦其民，胥役亦其胥役，舍此勿责，而欲使使者以偶见之旌旄、驰虚声而早使之规避，则徒为民扰而盗不戢，其自贻之矣。周主知其然，罢巡检使臣，专委节镇州县，诚治盗之要术也。

【译文】

盗贼是天子无法根治的问题，应当委任地方长官来负责治理；地方守令不了解盗贼的情况，而胥吏衙役们却是知道的；胥吏衙役们无法完全掌握的情报，乡里百姓都是知道的。可是乡里百姓有所畏惧而不愿意与盗贼故对，胥吏衙役们为了获利，也都助隐藏盗贼的实情。可是对于乡里，地方守令是可以进行教化的；而对胥吏衙役，地方守令也可以用法纪来整饬他们。盗贼也是地方长官治下的百姓，胥吏衙役也是地方守令手下的胥吏衙役，不让地方官员去追捕盗贼，而想要派使者去各地追捕盗贼，盗贼望见使者的符节仪仗，听到使者要来的风声，早就提前隐藏躲避起来了，最终只会扰民而无法平息盗贼之患，这完全是统治者自找的。柴荣知道这个缘故，所以废除了巡检使臣，而将追捕盗贼之事完全委托给各藩镇州县，这确实是治理盗贼的好策略。

二〇　王朴画策急幽燕而缓河东

王朴画平一天下之策，先下江南，收岭南，次巴蜀，次幽、燕，而后及于河东。其后宋平诸国，次第略同，而先蜀后江南，晚收河东，而置幽、燕于不复，与朴说异。折中理势以为定论，互有得失，而朴之失小，宋之失大也。

【译文】

王朴曾经制定过统一天下的策略，先攻下江南，收服岭南，然后再拿下巴蜀，再收复幽、燕地区，最后再来消灭河东刘崇的北汉政权。后来宋朝讨平诸国，顺序与王朴的策略大致相同，不同的是，宋朝先攻取了蜀地而后再攻下江南，最后消灭河东刘崇，而不去收复幽、燕地区。综合情理和形势，王朴与宋朝的策略互有得失，而王朴策略的失误比较小，宋朝的失误比较大。

以势言之，先江南而后蜀，非策也。江南虽下，巫峡、夔门之险①，水陆两困，仰而攻之，虽克而兵之死伤也必甚。故秦灭楚、晋灭吴、隋灭陈，必先举巴蜀，顺流以击吴之腰脊，兵不劳而迅若疾风之埽叶，得势故也。

【注释】

①夔门：指瞿塘关，瞿塘峡之西门。位于三峡西端入口处，两岸断崖壁立，高数百丈，宽不及百米，形同门户，故名。

【译文】

就形势而言，先攻取江南再攻打蜀地，不是好的策略。即使攻下了江南，蜀地仍有巫峡、夔门的险要地势，水陆两个方向都不利于进攻方，中原军队要仰攻蜀地，即使最终能够攻克，死伤也必定很惨重。所以秦灭楚、西晋灭吴、隋灭陈，都是要先攻下巴蜀地区，然后顺流而下，攻击江南政权的腰背脊梁，这样军队不会陷于疲劳困顿，就如同秋风扫落叶一般拿下了江南，这是因为得到了地势之利的缘故。

　　以道言之，江南虽云割据，而自杨氏、徐氏以来，以休兵息民保其国土，不随群雄力竞以争中夏。李璟父子未有善政①，而无殄兆民、绝彝伦、淫虐之巨慝；严可求、李建勋皆贤者也②，先后辅相之；冯延巳辈虽佞，而恶不大播于百姓；生聚完，文教兴，犹然彼都人士之余风也③。孟知祥据土以叛君，阻兵而无保民之志；至于昶，骄淫侈肆，纵嬖倖以虐民也，殆无人理。则兴问罪之师以拯民于水火，固不容旦夕缓也。岭南刘氏积恶三世，民怨已盈，殆倍于孟昶；而县隔岭峤④，江南未平，姑俟诸其后，则势之弗容迫图者耳。

【注释】

①李璟(916—961)：即南唐元宗。初名景通，后改为璟，为避讳又

改为景,字伯玉。徐州彭城(今江苏徐州)人。南唐烈祖李昪长子,五代十国时期南唐第二位皇帝,943—961年在位,史称南唐中主。李璟即位后消灭楚、闽二国,南唐疆土达到最大。不过李璟奢侈无度,导致政治腐败,国力下降,被后周夺取淮南江北之地,被迫从金陵迁都洪州,后逝世于此,时年四十六岁。工于诗词,与其子李煜并称"南唐二主"。传见《新五代史·南唐世家·李景》《宋史·李景列传》。

②李建勋(? —952):字致尧,广陵(今江苏扬州)人。五代时期南唐大臣、诗人。南唐烈祖李昪在位时曾任中书侍郎、同平章事。南唐中主李璟时任司空。传见《十国春秋·南唐列传·李建勋》。

③彼都人士:语出《诗经·小雅·都人士》:"彼都人士,狐裘黄黄。"意思是旧日京都的人士。

④岭峤:五岭的别称。

【译文】

而从道义方面讲,江南虽然说是割据政权,但自从杨氏、徐氏以来,就一直休兵养民以保全国土,没有追随群雄,与其相互角力而争夺中原。李璟父子虽然没有施行善政,但也没有祸害万民、灭绝伦常、荒淫暴虐的大恶;严可求、李建勋这些大臣也都是贤者,先后作为宰辅辅佐徐知诰、李璟等人;冯延巳等人虽然奸佞,但对百姓却没有大恶。百姓得以休养生息,文教事业有所发展,俨然有旧日京都人士的余风。孟知祥占据蜀地,背叛其君王,拥兵称雄而没有保境安民的志向;到了孟昶这一代,他骄奢淫逸,纵容自己宠幸的佞臣虐待百姓,完全没有一点生人之理。如此则对其兴起问罪之军,从而将百姓从水深火热中拯救出来,本来就是刻不容缓的事情。岭南刘氏已经连续三代累积罪恶,民怨早已鼎沸,比孟昶还要恶劣一倍。但因为南汉与中原政权隔着五岭,江南尚未平定,所以只能暂且将消灭南汉的时间后移,这也是形势所迫,不得不如此。

先吴后蜀，理势之两诎者也。此宋之用兵，贤于王朴之策也。若夫河东之与幽、燕，则朴之策善矣。

【译文】

先攻取江南再进攻蜀地，在情理和形势上都是缺乏依据的。这是宋朝用兵策略中比王朴之策高明的地方。至于对河东与幽、燕地区的攻略，则王朴的策略更为妥当。

刘知远之自立也，在契丹横行之日，中土无君而为之主，以拒悍夷，于华夏不为无功。刘崇父子量力自守，苟延血食，志既可矜；郭氏既夺其国，而又欲殄灭其宗祀，则天理之绝已尽；抚心自问，不可以遽加之兵，固矣。虽在宋世，犹有可悯者存也。契丹乘石敬瑭之逆，阑入塞内，据十六州以灭裂我冠裳，天下之大防，义之所不容隳者，莫此为甚，驱之以复吾禹甸，乃可以为天下君。以理言之，急幽、燕而缓河东，必矣。

【译文】

刘知远自立为帝，是在契丹横行中原的时候，当时中原地区已经没有了君主，而刘知远站出来做君主，抗拒强悍的夷狄，对于华夏不能算没有功劳。刘崇父子量力而为、据土自守，苟且延续刘氏祭祀，其志向是值得怜悯的；郭威已经篡夺了后汉政权，现在又想要断绝刘氏的宗庙祭祀，这种行为是灭绝天理的。扪心自问，后周本来就不应该立即对后汉进行军事攻击。即使是在宋代，后汉政权的存在也仍有值得怜悯之处。契丹乘石敬瑭叛乱的时机,侵入长城以内,占据燕云十六州,破坏华夏的风俗和文明,事关天下的大防,他们的行为是道义绝不容许的,没有比他们的行为更恶劣的了,只有驱逐他们、收复华夏故土,才可以成为天下人的君王。从情理上讲,优先收复幽、燕地区而缓攻河东,是必然的选择。

即以势言,契丹之据幽、燕也未久,其主固居朔漠,以庐帐为便安,视幽、燕为赘土,未尝厚食其利而歆之也。而唐之遗民犹有存者,思华风,厌膻俗①,如吴峦、王权之不忍陷身污茅者,固吞声翘首以望王师,则取之也易。迟之又久,而契丹已恋为膏腴,据为世守,故老已亡,人习于夷,且不知身为谁氏之余民,画地以为契丹效死,是急攻则易而缓图则难也。幽、燕举,则河东失左臂之援,入飞狐、天井而夹攻之②,师无俟于再举,又势之所必然者。王朴之谋,理势均得,平一天下之大略,斯其允矣。

【注释】

①膻俗:指夷狄的风俗。

②飞狐:指飞狐关,又名常山关、飞狐口、飞狐陉、蜚狐口。在今河北蔚县东南恒山峡谷口之北口,为古代河北平原通向北方边陲的咽喉。天井:指天井关,亦称雄定关,因关前有三眼深不可测的天井泉而得名。是"太行八陉"之一,雄踞太行山的最南部,当太行南北,控扼晋豫两省之间的交通要道。

【译文】

即便从形势而言,契丹占据幽、燕地区还不太久,契丹的君主本来居住在漠北,更习惯居于庐帐的生活方式,把幽、燕地区看作赘余的土地,并没有从这块地盘尝到甜头而喜欢上这片土地。而唐朝的遗民此时仍然存在,他们思念华风,厌恶契丹的习俗,像吴峦、王权这样不忍心使自己陷于污秽的人,本来就都在忍气吞声、翘首盼望中原军队的到来,则攻取幽燕是很容易的。如果很久不攻取幽燕,那么契丹就会逐渐眷恋这片土地,将其视为膏腴之地,当作世代据守的固有领土,那些唐朝遗民已经去世,百姓习惯了夷狄的生活方式,就不知道自己究竟是夷狄还是华夏的后裔了,他们会根据地理归属而为契丹尽忠效死,所以急攻幽燕容易取胜,缓攻幽燕则很难成功。拿下了幽燕地区,则河东也就像失去了左臂一样变得孤立无援,宋军通过飞狐关、天井关而南北夹攻北汉,一举就能攻下河东,这又是势所必然的了。王朴的策略,在情理和形势上都更合适,称其为统一天下的大略,是很公允的评价。

宋祖有志焉,而不能追惟王朴之伟论,遂绌曹翰之成谋①,以力敝于河东,置幽、燕于膜外②,则赵普之邪说蛊之也。普,蓟人也,有乡人为之居间,以受契丹之饵,而偷为其姻亚乡邻免兵戈之警,席犬豕以鼾睡③,奸谋进而贻祸无穷。惜哉! 其不遇周主,使不得试樊爱能之欧刀也。

【注释】

①曹翰(924—992):大名(今河北大名东)人。北宋初年名将。最初在后周世宗帐下效力,北宋建立后,跟随宋太祖平定李筠之叛。曾向宋太祖献上《取幽燕图》,太祖召赵普商议此事,赵普婉言劝宋太祖不要直接攻打幽燕。乾德二年(964)受命督运军饷供应入蜀大军,先后参与镇压全师雄及吕翰叛乱。此后又参与平南唐之战,攻克江州。太平兴国四年(979)从太宗灭北汉,又从攻契丹。淳化三年(992),曹翰去世,追赠太尉。传见《宋

　　史·曹翰列传》。

　　②膜外：身外。

　　③酣睡：酣睡。

【译文】

　　宋太祖有收复幽燕的志向，却不能追想王朴曾提出的伟论，也不采纳曹翰提出的攻略幽燕的成熟谋划，因为征伐河东使军队疲敝的理由，就置幽、燕于度外，这是赵普用邪说蛊惑他的结果。赵普是幽州蓟县人，肯定有他的老乡作为中间人牵线，使他受到契丹人的引诱，偷偷想要为他的姻亲乡邻免除兵戈之苦，使他们能枕着猪狗而酣睡，赵普向太祖提出奸谋，而贻留下了无穷的祸患。可惜啊！赵普没有遇到柴荣这样的君主，没办法让他像樊爱能那样被柴荣斩杀。

二一　周主裁损寺院僧尼

　　一日而欲挽数千年之波流，一人而欲拯群天下之陷溺，难矣哉！杨、墨之贼道也，兴于春秋之世，至孟子而仅及百年，且为之徒者，唯强力慧辨之士，能习之者亦寡矣，士或淫而民固无有信从之者。韩愈氏曰："孟子辞而辟之，廓如也①。"抑亦易为廓如矣。浮屠之入中国，至唐、宋之际，几千年矣。信从之者，自天子达于比户，贫寡之民、老稚妇女，皆翕然焉。拓拔氏、宇文氏、唐武宗凡三禁之，威令已迫，天下顾为之怨愤，不旋踵而复张，无惑乎愚者之言曰：是圣教之不可蔑者也。周主荣废无额寺院②，禁私度僧尼，而存寺尚二千有奇，僧尼犹六万，说者或病其不力为铲除，乃不知周主之渐而杀其滔天之势也，为得其理。使有继起者踵而行之，数十年而其邪必衰止。固非严刑酷令，凭一朝之怒所可胜者也。

【注释】

①廓如：澄清的样子。

②额：敕额。指由皇帝赐予的寺院匾额。

【译文】

想用一日就挽回数千年的波流，想凭一个人的力量来将整个天下的人从陷阱中拯救出来，是非常困难的！杨朱、墨子戕害道义，他们兴起于春秋时代，到孟子的时候不过百年，作为他们门徒的人，全都是聪慧而能言善辩的人，但能够真正习得他们思想的人也还是很少的，士人有浸淫其中的，百姓却没有信从其道的。韩愈说："孟子对杨朱、墨子的学说进行反驳和批判，使得当时的思想氛围变得澄清。"大概也是容易澄清的。浮屠传入中国，到了唐、宋之际，已经几千年了。信仰佛教的人，上至天子下至黎民，贫苦孤寡的百姓，以及老人、儿童、妇女，都翕然信奉佛教。北魏太武帝拓跋焘、北周武帝宇文邕、唐武宗李瀍三度禁佛，法令威严紧迫，天下人都因此而怨恨愤怒，没过多久佛教势力就卷土重来，也难怪愚蠢的人会说：这说明，佛教作为圣教是不可以被蔑视的。柴荣废除了规定名额以外的寺院，禁止私自剃度僧尼，而仍保留了二千多座寺院，全国僧尼仍有六万人，有的人批评柴荣铲除佛教力度不够，却不知道柴荣是希望逐渐削弱佛教的滔天之势，这实际上是很合理的策略。如果他的继任者能延续他的政策，那么经过几十年，佛教这一邪教必定会走向衰落。这本来就不是靠严厉的刑罚、残酷的法令，凭借一朝的怒气就能够取得成效的事情。

浮屠之惑天下也有三：士之慧而失教者，闻有性命之说，心仪其必有可以测知而不知所从，浮屠以浮动乍静之囧光示之①，遂若有所依据；而名利之劳役已疲，从之以乍息其心旌，若劳极而荫于林，因谓为吾宅也，熟寐而不知其倚于荆棘也。然而如此者，十不得一。其次则畏死患贫、负疚逃刑之顽夫，或觊其即得，或望之身后，自无道以致福，无力以求安，而徼幸于不然之域，遂竭心力资财以贩贸之。又其下则目炫于塔庙形像之辉煌，耳淫于钟磬鼓钹之鞺鞳[2]，心侈于千人之聚、百人之集、焚香稽首之殷勤，贸贸然而乐为其徒者，尽天下而皆然；非知有所谓浮屠之法也，知寺院僧尼而已。而避役之罢民，逃伍之溃卒，叛逸之臧获[3]，营生不给，求偶不得，无藉之惰氓，利其徒众之繁有，可以抗句索、匿姓名、仰食而偷生[4]。若此者，其势杀，其额有限，其为之师者，辽戾寒凉而不振[5]，则翕然夸耀之情移，萧散以几于衰灭。然后宽徭省罚以安小人，明道正谊以教君子，百年之内，可使萍散而冰消也。急诛之而激以兴，缓图之而焰以熸，此制胜之善术，禹之所以抑洪水者，唯其渐而已矣。

【注释】

①冏光：光明，光亮。冏，窗透明，引申为明亮。

②鞺鞳：鼓的声音。

③臧获：奴仆。

④句索：搜寻，搜索，搜捕。

⑤辽戾：冷清凄苦。

【译文】

佛教迷惑天下的情形有三种。一是那些聪明但缺乏正确教育的士人，听闻佛教的性命之说，对这一学说能预测某些事项感到心仪，因而变得不知所从，佛教徒趁机把经过浮动而刚刚静下来的光明展示给他看，使得其学说好像变得有所依据。而这些士人又已经因名利的劳役感到疲惫，听从佛教的说辞而休憩心灵，就好像疲劳至极后在林间休息,便宣称这就是自己的居所,睡得很熟,却不知道自己实际上是倚靠在荆棘上。然而属于这种情形的,不到十分之一。其次则是那些畏惧死亡与贫穷、负有愧疚而想逃脱惩罚的顽劣之人,他们或是觊觎能立即得到的好处,或是指望在死后得到好处,自己没有获得福泽的办法,没有求得安宁的力量,于是便试图在不确定的领域获取侥幸,于是便竭尽心力和资财,想要换取福泽和安宁。比这些人还要不如的,则是那些被佛塔、寺庙、塑像的辉煌壮丽而闪花了眼,浸淫于寺院钟鼓的声音,心中对千百人聚集在一起焚香叩首的殷勤景象感到艳美,于是便贸然想要加入,乐意成为其中的一员的人,整个天下都是如此。他们并不知道有所谓的佛法,只是知道寺院、僧尼而已。而那些逃避赋役的刁民,军中溃逃的士兵,从主人家逃逸的奴仆,没法求生,也找不到配偶,无所依靠的懒惰之民,看到佛教弟子众多,加入他们可以抗拒搜捕、藏匿姓名、得到饭吃,从而可以苟且偷生。像这样的人,只要佛教的势头被遏制,剃度名额变得有限,作为老师的僧侣,都因为生活凄苦悲凉而变得萎靡不振,则这些人欣然夸耀的劲头就会消散,最终走向衰亡。然后朝廷再减轻徭役和刑罚来安抚百姓,用阐明道义的方式教育君子,则百年之内,就可以使得佛教势力像浮萍那样消散,像寒冰那样消融。急切地通过血腥手段来消灭佛教,只会使其更加兴起,缓缓谋划遏制佛教之策,反而能使佛教势力逐渐衰弱,这是制胜的好办法,禹用来抑制洪水的办法,其实就是慢慢疏导而已。

　　拓拔、宇文固不足以及此,唐武之后,继以宣宗,抑流急必逆之势然也。周主行裁损之法,得之矣,而宗社旋移;宋太宗天伦既斁,怀疚不宁,冀获庇覆于心忘罪灭之邪说,是以法立未久,旋复嚣张。呜呼!道丧不复,抑生人之不幸与!而导以猖狂者,李遵勖、杨亿之为世教蟊贼[①],亦不可胜诛也。赵抃、张九成皆清节之士也^②，而以身导其狂流，于是而终不可遏，岂周主除邪不尽之过乎？

【注释】

①李遵勖（988—1038）：初名勋，因娶宋真宗赵恒妹万寿公主，而加"遵"字为"遵勖"，字公武。潞州上党（今山西长治）人。北宋大臣、文学家。曾任宣州观察使、镇国军节度使、知许州等职。精于佛学，与和尚楚圆共同撰《偈颂》，曾奉旨编撰《天圣广灯录》三十卷，将其献给宋仁宗赵祯。传见《宋史·李遵勖列传》。杨亿（974—1020）：字大年，建州浦城（今福建浦城）人。北宋大臣、文学家。曾为翰林学士兼史馆修撰，官至工部侍郎。他也是宋初著名的佛教居士和外护，由他刊定润文的《景德传灯录》是禅宗灯录的始祖，为习禅者和禅学研究者的必读之书。传见《宋史·杨亿列传》。

②赵抃、张九成：即赵阅道、张子韶。

【译文】

　　北魏拓跋氏、北周宇文氏本来就不足以做到这一点，唐武宗之后，宣宗继位，佛教复兴，这也是物极必反的必然趋势。柴荣推行裁减员额的办法，是正确的策略，可是其政权很快被篡夺了。宋太宗因为弑杀兄长、破坏天伦，心怀内疚而不得安宁，希冀能从佛教忘罪灭的邪说那里获取庇护，所以柴荣裁减员额的法令设立没多久，佛教势力就重新抬头了。唉！大道因此而沦丧，无法再恢复，这也是世人的不幸啊！而将世人引向猖狂的，正是李遵勖、杨亿这些名教罪人，这些人简直诛不胜诛。赵抃、张九成等人都是清正守节的士人，却亲身引导佛教的狂流，最终使佛教的势头不可遏制，这难道是柴荣没有将佛教完全消除干净的过失吗？

二二　周主立二税征限

周主立二税征限，夏税以六月，秋税以八月，两税既行，无有便于此矣。急于此，则民病，易知也；缓于此，则民亦病，未易知也。

【译文】

柴荣设立夏秋两税征收的期限，夏税以六月为期限，秋税以八月为期限，自从两税法制度实施以来，没有比这更便利的规定了。急于征收两税，则百姓会受到伤害，这是容易知晓的；缓征两税，百姓也会受到损害，这是不容易被人知晓的。

夫惟富人之求而无不给也，则急之与缓勿择也。贫民者，岁之所获，仅此而已矣，急之则称贷而倍偿，固也；获之有量，而须用者无方，乘其方有之日，使以其应输者输官，则所余为私家之养者，或足或乏，皆可经度以节一岁之用。六月而蚕织成矣，十月而禾黍登矣，而上无期以限之，愚民忘他日之催科，妇子艳丝粟之有羡，游食之工贾，乡邻之酾会①，相与縻其赢余②，室已如县而征求始迫，于是移来岁未审之丰歉，倍息以贷而求免于桁杨。上且曰：吾已缓之，而犹不我应，民之顽也。乃不知缓之正所以迫之也哉！

【注释】

①酾（jiǔ）会：聚会。

②靡:通"靡",浪费。

【译文】

只有富人才能做到无论什么时候被征税都能缴纳上来,对于他们而言是早征还是缓征都没有区别。而那些贫民,一年的收成,也就那么一点而已,如果朝廷急于征收两税,他们就只能靠借贷来交税了,这是肯定的。由于收成有限,而需要使用钱粮的地方又不计其数,所以趁着手中还有钱粮的时候,让他们把应该上交官府的钱粮赶快交上,则剩下的物资就可以用于养活自家人,无论是充足还是贫乏,都可以通过精打细算来支撑接下来一年的用度。六月蚕丝出产,可以拿来织布了,十月份庄稼成熟,可以收割了,而如果朝廷不设立征税的期限,那么愚民就会忘记有一天朝廷会来征税,他们的妻子儿女看到丝织品和粮食有盈余,就想将其用于自己的消费,那些手工业者和商人也都盯着农民的这些物资,乡邻要聚会,也会浪费这些物资,等到物资用光了,官府才开始征税,于是只能将来年的收成当作抵押,用数倍的利息为代价,向别人贷款,以避免因交不上税而被拘捕。皇帝还会说:我已经缓征两税了,百姓却仍然交不上这些税,他们真是太顽劣了。他们根本不知道,缓征两税其实反而也是在逼迫百姓!

情不可不谅也,时不可不知也。役车其休之后①,予以从容谋生之计,而暇豫以图,方春于耜之劳,民不能自度,上为度之。而当其缓也不容急,当其急也不容缓,忧民之忧者,不可不察也。以六月征者,期成于八月;以十月征者,期尽于一冬。力可供,则必之以速完;贫不可支,则蠲除于限末。严豪民玩上之罚,开贫寡自全之路,一岁毕一岁之征,民习而安焉。王者复起,不能易也。

【注释】

①役车其休：语出《诗经·唐风·蟋蟀》："蟋蟀在堂，役车其休。"意思是庶人的供役之车得以休息。

【译文】

对于民情，不能不加以谅解，对于时限的重要性也不能不知晓。在百姓完成赋税徭役的任务后，教给他们从容谋生的办法，使他们慢慢进行筹划，到春天时，百姓就又要在田间劳动了，百姓无法为自己仔细打算，那么朝廷就应该为他们做好谋划。应当缓缓处置的时候不应该急于处置，而应当尽快处理时也不应该故意迟缓进度，天子要为百姓的忧愁而担忧，所以对于这一点不能不体察。如果要六月征收夏税，就应该以八月为最后期限；要在十月征收秋税，就应该以冬天结束时为最后期限。百姓如果有能力缴纳赋税，则必然要迅速征收完毕；如果百姓实在贫困，就应该在最后期限到来时免除其税赋。加强对豪强敷衍朝廷行为的处罚，为那些贫苦孤寡的百姓开辟生路，当年的赋税就在当年征收完毕，百姓习惯了，就会逐渐安于此制。即使有王者再度兴起，也不能改变这种制度。

二三　孙晟奉使屈己以请命

文信公奉使不屈①，从容就死，推忠贞者，莫之能逾也。求其先信国而兴者，颜鲁公而外②，孙晟其无愧焉③。

【注释】

①文信公：指文天祥。据《宋史》记载，德祐二年（1276），文天祥知临安府。不久，南宋投降，朝廷任命文天祥为枢密使，后又任其为右丞相兼枢密使，作为使臣前往元军中讲和谈判。文天祥与元朝丞相伯颜在皋亭山针锋相对地争论。事见《宋史·文天祥列传》。

②颜鲁公:指颜真卿。

③孙晟(? —956):初名凤,又名忌,密州(今山东诸城)人。初仕后唐,任著作佐郎。后南奔于吴,受到李昪父子重用,官至宰相。周世宗征伐淮南时,李璟十分恐惧,派遣孙晟前往奉表求和。周世宗召其问江南事,孙晟拒绝回答,因而被杀。传见《旧五代史·周书·孙晟列传》。

【译文】

文天祥奉命出使蒙元,忠贞不屈,最终从容就死,论起忠贞之臣,没有能超过他的人了。想要搜求在文天祥之前类似的忠贞之士,那么除了颜真卿以外,孙晟也是当之无愧的。

信国以儒臣起义,事中国之共主,败而不挠,亡而不屈。而晟捐其故国,自北徂南,投身危邦,事割据之主,则出身次第不若信公之大正。江南非四海兆人之元后,而为之效死,盖亦褊矣①,而未可以此短晟也。晟虽非江南之人士,然其南奔也,石、刘二氏以沙陀部落而僭大号,且进契丹以入践中原,君劣臣离,上下荡然无纪,虽云故土,固志节之士所不忍一日居也。江南承天下无君之乏,保境息民,颇知文教,士不幸生于其世,无可致身之地,则择地而蹈,能用我者,为尽臣节,委诚以舍命,初非叛故主、附新君,仅酬国士之知者,此亦奚足以此病晟哉!

【注释】

①褊(biǎn):狭小,狭隘。

【译文】

文天祥以儒臣兴起义举,事奉中国的共主,遭遇失败也不折不挠,面对死亡也绝不屈服。而孙晟抛弃了自己的故国，从北方投奔南方，投身于危险之邦，事奉割据的君主，则他的出身和次第，肯定不如文天祥那样至为端正。江南并非四海之内亿兆民众的共同君主，而孙晟却为南唐效死，大概也是很狭隘的，但是并不能因此就责难孙晟。孙晟虽然并非江南人士，但他之所以南奔，是因为后晋、后汉的石、刘两氏出身沙陀部落却僭称大号，而且还引入契丹人来践踏中原，君王卑劣，臣子离心，朝廷上下纲纪荡然无存，所以中原虽说是故土，但有志向和节操的士人却一天也不忍心在那里待下去。江南在天下没有真正君主的情况下，其国君能保境安民，颇懂得施行文教，士人不幸生活在五代的乱世，没有容身之地，则自行选择去处，找一个能够任用自己的政权，为其尽臣子之节，真诚报国而不惜性命，孙晟并非一开始就背叛故主而依附新君，他只是想报答南唐将自己当作国士的恩情，怎么能够以此来诟病孙晟呢？

乃若晟之奉表于周，请奉正朔，与信公之祈请于蒙古也，其事略同；而折中于义，则晟愈焉。江南之与周齿也，小役大，弱役强，役焉而可保其宗社，则宗社重矣。宋之于蒙古，人禽之大辨也，屈志以祈请，虽幸而存，为犬豕之附庸，生不如其死，存不如其亡，而宗社抑轻矣。然则信公之为赵氏宗社谋也则忠，而为自谋其所以效忠者则失也。海上扁舟，犹存中华之一线，等死耳，择死所而死之，固不如张、陆之径行以自遂矣①。晟之屈己以请命，志士之所弗堪，固劳臣之所必效。幸得当而延李氏一日之宗祊，屈不足以为辱；但不以其私屈焉，而志已光昭矣。此晟之死，视信公为尤正焉。若其坚贞之操，从容之度，前有鲁公，后有信公，雁行而翔于天步②，均也，又何多让与！

【注释】

①张、陆：指南宋末忠臣张世杰和陆秀夫。

②雁行：并行。

【译文】

至于孙晟向后周奉表求和，请求遵奉后周正朔，这与文天祥受命向蒙古祈求和议，在事迹上大体相同。而如果从义的角度来考察，则孙晟的行为更合乎义。江南与后周相比，是小国、弱国，以小事奉大，以弱事奉强，尽管被后周役使，但却可以保住其宗庙社稷，相比之下宗庙社稷当然更重要了。宋朝与蒙古之间，却有着人与禽兽的根本区别，屈节求和，即使能够幸存，也会沦为猪狗一样的附庸，生不如死，存不如亡，而宗庙社稷与这一大义相比，也显得不那么重要了。如此文天祥在为赵宋宗庙社稷谋划方面固然是尽忠，但在为自己谋划如何尽忠于国家方面，则有所失误。漂泊在海上的扁舟，尚且能够保存中华的一线生机，同样是死，应该选择合适的死亡场所，所以文天祥还不如像张世杰、陆秀夫那样做，从而使自己的志向得以实现。孙晟委屈自己为南唐向后周请命，这是仁人志士所不能忍受的，却是劳苦之臣报效国家的方式。假如能够幸运地将李氏的宗庙祭祀多延续一天，那么屈节也算不上耻辱；只要不是因为私人欲望而向敌人屈服，那么志向就能得到彰明。这是孙晟之死，比文天祥还要端正的地方所在。至于坚贞的节操，从容的风度，则前有颜真卿，后有文天祥，孙晟与他们并列而翱翔于天际，是同样值得推崇的，又如何能对其多加责难呢？

二四　窦俨论相

窦俨论相之说①，非也。天子之职，择相而已矣。百为之得失，百尹之贞邪，莫不以择相为之本。为天下之元后父母，仅此二三密勿之大臣，为宗社生民效其敬慎，不知自择，而委之前在此位者,以举所知而任之,不知天之与以天下、而天下戴之以为大君,何为者邪? 既云令宰相举所知矣,是信其有知人之明、靖国之忠也;又责以保任,而举非其人,责其举者,是何其辱朝廷而羞当世之士邪? 保任之法②,用之于庶官,且徒滋比阿覆蔽之奸;况举天下以授之调燮,而但恃缘坐举主之峻法乎? 又况人不易知,不保其往,乃以追责耆旧归田之故老,借使王安石蒙坏法之谴,文潞公且被褫夺③,秦桧正误国之刑,胡文定与坐戮尸乎?

【注释】

①窦俨论相之说:指显德四年(957),中书舍人窦俨上书周世宗柴荣,称:"治理政事的根本,没有比选择人才更重要的;选择人才的重点,没有比挑选宰相更首要的。自从唐朝末年以来,轻易赐爵封官,刚担任宰相辅佐天子处理朝政,便立即兼领司徒、司空、司马三公和仆射的官位。因此许多人在没得到职位时,就一门心思追逐猎取;得到职位以后,就专以沉默寡言、明哲保身为事,只考虑如何解脱耗神费力的政务,守住位高权重的官职,整天逍遥在园林亭台之中,保护家族的平安。请求命令现任宰相至尚书省六部尚书、中书省及门下省给事中、中书舍人以上,各自荐举所知道的人才。倘若陛下平素知道其人贤能,自己可以提拔任用;倘若不清楚,暂且让其人以原来官位暂时主持政事。用一年左右的时间,考察他的职责业绩,倘若果真能够胜任,他原来的官位已经高了,就正式授予平章事;倘若原来的官位不高,就再稍加提升,代理主持政事照旧。倘若有不称职的,就罢免他处理政事的资格,追究荐举者的责任。"

②保任之法:指举主为被推荐的京、朝官或选人担保,被荐人若在

担任差遣期间违法、失职,举主亦需受罚。

③文潞公:指文彦博(1006—1097),字宽夫,号伊叟,汾州介休(今山西介休)人。北宋名臣,历仕仁、英、神、哲四朝,出将入相五十年。宋仁宗时他曾向仁宗举荐王安石,后来却以反对王安石新法著称。传见《宋史·文彦博列传》。

【译文】

窦俨关于选择宰相之法的说法,是不正确的。天子的职责,就在于选择宰相而已。天子各项作为的得失,百官的正邪,没有不以择任宰相为根本的。作为天下百姓的君王和父母,只有这么两三个参决机密的亲近大臣,为了对宗庙社稷和百姓负责,天子理应心怀谨慎和恭敬来决定宰相人选,如果天子不懂得自己择任宰相的道理,却将此事委托给之前担任宰相的人,让他们推举自己熟悉和了解的人,任命这些人为宰相,那么不知道上天将天下交给他,而天下人都拥戴他为至高君王,是为了什么呢?既然说了要让宰相举荐自己所了解的人选,那么就是相信他有知人之明,有为国尽忠之心。但是却又要求举荐者承担担保责任,如果举荐的人选不能胜任,就要追究举荐者的责任,那么这是何等侮辱朝廷而羞辱当世士人的做法啊?保举任用的办法,用在普通官员的选任上,尚且只会滋生狼狈为奸、勾结欺瞒的弊端,何况是要选择承担协调天下责任的宰相,却仅仅靠着惩罚举荐者的严峻刑罚来保证选人得当呢?更何况了解一个人并不容易,无法根据一个人过往的言行来推测他日后的作为,如果因他后来犯错就追责已经告老归田的年高望重之臣,那么假如王安石因为破坏成法而被惩罚,那么文彦博也要被牵连获罪、褫夺官爵,秦桧因为误国而获刑,胡安国便也要受牵连而被戮尸吗?

俨又云:“姑试以本官权知政事,察其职业之堪否而后实授。”则尤谬甚。以此法试始进之士,使宰一邑、司一职者,子产犹曰"美锦不以学制"①。与天子坐而论道、为天下臣民所倚赖之一二人,乃使循职业以课能否而用舍之,知有耻者,亦不愿立于其廷;况其以道事君,进退在己,而不以天子之喜怒为进退者哉? 此法行,则惟兢兢患失之鄙夫,忍隐以守章程、充于廉陛而已。

【注释】

①美锦不以学制:语出《左传·襄公三十一年》载郑国大夫子产之语:"子有美锦,不使人学制焉。"意思是:如果你有一块上佳的锦缎,你一定不肯让人用它来练习剪裁衣服。

【译文】

窦俨又说:"暂且让被举荐的宰相人选以原本官位主持政事,考察他的业绩是否能够胜任,如果胜任再实授宰相之职。"这句话尤其荒谬。用这个办法来测试那些刚步入仕途的士人,使他们担任一县之长,司掌一项职责,子产尚且说:"如果你有一块上佳的锦缎,你一定不肯让人用它来练习剪裁衣服。"与天子坐而论道,被天下臣民所倚赖的不过一两个人,却要让候选人先在职位上接受测试,看是否胜任再决定是去是留,凡是有廉耻的人,都不愿立于这样的朝廷之上,何况是那些以道来事奉君主,自己决定进退,而不以天子的喜怒来决定自身进退的人呢? 这种制度一旦施行,那么就只剩下战战兢兢、患得患失的浅陋之人,隐忍处事、死守章程,在朝堂上充数而已。

夫人臣出身事主而至于相,非一日之遽得之也;人君登进草莱之士而至于相,非一日骤予之也。或自牧守,或自卿贰,或自词臣,业已为群情所歆厌,而数蒙人主之顾问。兵农礼乐,皆足以见其才;出处取与,皆足以征其守;议论设施,皆足以测其量;荐拔论劾,皆足以试其交。而待诸已入纶扉、将宣麻敕之日^①,始以职业考其优劣而进退之乎？甚矣！俨之罔于君人之道也。苛细以亵天职,猜疑以解士心,长君之偷,劝臣之党,而能尊主庇民,未之有也。漠然不相信之人,一人誉之,即引而置之百僚之上,与谋宗社生民之大,使其歆实授而饰迹以求荣,天下其得有心膂之臣乎？

【注释】

①纶扉:明清时对宰辅所在之处的称呼,即内阁。

【译文】

　　作为臣子出来事奉君主,而升至宰相的位置,不是一朝一夕就能做到的;君王拔擢出身贫寒的人,乃至将其提上相位,也不是一天之内就能骤然做到的。这些人要么是从地方官员职位上历练出来,要么本是公卿或宰相的辅佐之臣,或是出身翰林学士之类的词臣,早已经广为百官熟悉和褒贬,而数次受到君主的垂询。通过兵农礼乐等方面的事务,都足以看出其才华;他们的浮沉进退,都足以彰显其操守;他们的议论和筹谋,都足以看出其才能和气量大小;他们举荐或弹劾官员的举动,都足以显示他们交友的状况。而等到这些人进入内阁,将要被天子下诏书正式任命为宰相的时候,怎么能再让他们在此职位上接受历练测试而决定其进退呢？窦俨不懂得为君之道,真是错得太离谱了！苛刻琐细会导致亵渎天职,过分猜疑会瓦解士人的报效之心,主张君王苟且偷安的念头,变相激励臣下结党,而这些人还能尊敬君主、庇护百姓,是从没出现过的事。一个天子对其漠然无知且缺乏充分信任的人,因为一个人的赞誉,就被天子引进安置在百官之上的位置,与天子共同谋划事关宗庙社稷、百姓福祉的大事,让这个人为了得到实授的宰相职位而收敛行迹,求得君王赏识,那么天子在天下还能找到真正的心腹之臣吗？

　　盖自唐昭宗处倾危之世，廉耻道丧，桢干已亏^①，而昭宗躁竞，奖浮薄之风，故张濬、朱朴之流，卒然拔起以尸政府，而所谓宰相者贱矣。俨习于陋俗之泛滥，固将曰：此朝廷执笔以守典章之掾史耳，姑试之而以程限黜陟之^②，奚不可哉？洵如其言，天下恶得而定邪！

【注释】

①桢干：古代筑土墙时用的木柱。比喻事物的根基或能担负重任的人。

②程限：承办公务、文书运转的时间期限。唐宋时期，朝廷颁发、承办诏制文书都有明确的程限规定。

【译文】

　　大概自从唐昭宗身处危难之世，廉耻和正道已然沦丧，国家的根基已经不牢固，而昭宗又浮躁冒进，加剧了浮薄的风气，所以张濬、朱朴这样的人，都能够被猝然提拔而担任宰辅，那么所谓的宰相就显得不值钱了。窦俨习惯于泛滥的鄙陋习俗，固然会说：宰相本来就是在朝廷执笔以保守典章制度的官吏罢了，姑且先测试他们，然后在一定期限内根据其业绩决定其去留，哪里不可以了？如果真按他说的话做，那天下怎么可能还有安宁之日？

二五　周主伐江南志在契丹

　　周主南伐江南，劳师三载，躬亲三驾，履行阵，冒矢石，数十战以极兵力，必得江北而后止。江北既献，无难席卷以渡江，而修好休兵，馈盐还俘，置之若忘。呜呼！此其所以明于定纷乱之天下而得用兵之略也。盖周主之志，不在江南而在契丹也。

【译文】

柴荣南伐南唐，军队作战三年，柴荣三次亲征，深入最前线，冒着敌人的攻击，经过数十场战斗，几乎投入了所有兵力，必定要得到江北后才停止战事。南唐献上江北之地后，柴荣并不难于渡江席卷南唐，但他却与南唐修好，约定停止战争，馈赠南唐食盐，送还俘虏，从此将南唐搁置在一边，不去理会，好像忘记了其存在。唉！这正是柴荣懂得如何平定纷乱的天下而且能找到用兵方略的具体体现。大概柴荣的志向，不在于消灭江南，而在于对付契丹人。

当时中原之所急者，莫有大于契丹也。石敬瑭割地以使为主于塞内，南向而俯临中夏，有建瓴之势焉。叛臣降将，导以窃中国之政令，而民且奉之为主。德光死，兀欲、述律交相戕贼①，至是而其势亦衰矣，是可乘之机也。然其控弦驰马犷悍之力，犹未易折棰以驱之出塞。且自朱温以来，所号为中国主者，仅横亘一线于雍、豫、兖、青之中，地狭力微，不足以逞志。而立国之形，犬牙互入，未能截然有其四封，以保其内而应乎外。则不收淮南、江北之地，中国不成其中国。守不固，兵不强，食不裕，强起而问燕云之故壤，石重贵之覆轨，念之而寒心矣。

【注释】

①兀欲、述律：指耶律德光之侄辽世宗耶律阮，耶律德光的母亲述

律太后。

【译文】

对于当时的中原政权而言,没有比对付契丹人更紧急的事情了。石敬瑭割燕云之地给契丹,使得契丹掌控了塞内之地,向南俯瞰华夏腹地,有高屋建瓴的态势。叛臣降将,引导契丹窃取了中原的政令制度,而百姓也尊奉契丹皇帝为自己的君主。耶律德光死后,耶律阮与述律太后相互残杀,契丹到这个时候力量已经有所衰弱了,这是可乘之机。然而契丹人精于骑射、粗犷剽悍,要击败他们,将其驱逐出边塞,并不容易。而且自朱温以来,号称自己是华夏君主的人,只能掌控雍、豫、兖、青之间的土地,国土狭小、力量微弱,不足以完成驱逐契丹的志向。而其建国后的版图,也与其他政权犬牙交错,不能截然掌控四方边境,从而保证内部团结统一而一致对付外敌。如此则不攻取淮南、江北地区,则所谓中国就不能成为真正的中国。防御不够坚固,军队不够强劲,军队食粮不够充裕,这个时候要强行动兵来收复燕云故土,则石重贵当年的覆辙,想起来就令人感到寒心。

然而契丹不北走,十六州不南归,天下终不可得而宁。而欲勤外略,必靖内讧。乃孟氏之在蜀,刘氏之在粤,淫虐已甚,下之也易,而要不足以厚吾力、张吾威也。唯江南之立国也固矣,杨、徐、李阅三姓,而保境息民之谋不改。李璟虽庸,人心尚固,求以胜之也较难。唯其难也,是以胜其兵而足以取威,得其众而足以效用,有其土而足以阜财,受其降而足以息乱。且使兵习于战,以屡胜而张其势;将试于敌,以功罪而择其才。割地画江,无南顾之忧,粤人且遥为效顺。于是逾年而自将以伐契丹,其志乃大白于天下。而中国之威,因以大振。其有疾而竟不克者天也,其略则实足以一天下而绍汉、唐者也。王朴先蜀、粤而后幽、燕之策非也，屡试而骄以疲矣。威方张而未竭，周主亟用之，天假之年，中原其底定乎！

【译文】

　　然而只要契丹不向北撤回草原，燕云十六州不能回到华夏手中，那么天下就终究得不到安宁。而想要对外攻略成功，必须先平息内讧。孟氏在蜀地，刘氏在岭南，两个政权已经非常地淫乱暴虐，攻下这些地方并不难，但却不足以使自己的实力变得雄厚，威势得以伸张。唯有江南立国稳固，经过杨、徐、李三姓相继统治，始终没改变保境安民的策略。李璟虽然平庸，但南唐人心尚属稳固，想要战胜南唐比较难。但正因为比较困难，所以一旦取胜就足以扬威，得到其民众就足以增强自身的人力储备，占有其土地就足以使自己的物产变得丰富，接受南唐的投降就足以止息混乱。而且这也能使军队熟悉战斗，因为屡战屡胜而足以鼓舞声势；也能用敌人来测试自己的将领，根据其表现来选拔优秀人才。南唐割取江北之地，与其画江而治，自己就没有了南顾之忧，南汉还会遥遥表示归顺的诚意。于是到了第二年，柴荣就亲率军队征伐契丹，其志向这才大白于天下。而中国的威风，因此而大振。柴荣忽然患病而无法完成大业实在是天意，但他的方略实际上是足以统一天下而继承汉唐盛世的。王朴先攻取蜀地、岭南，而后再攻取幽、燕的策略是不对的，军队屡次作战，即使取胜也会变得骄傲且疲惫。柴荣趁着自己军队威势刚刚得到伸张，还未衰竭的时机，迅速对契丹用兵，假如上天多给他一些时间，他是能够平定整个中原的呀！

二六　王朴言乐得指归之要

　　古乐之亡，自暴秦始。其后大乱相寻，王莽、赤眉、五胡、安、史、黄巢之乱，遗器焚毁，不可复见者多矣。至于柴氏之世，仅有存者，又皆汉以后之各以意彷佛效为者；于是周主荣锐意修复，以属之王朴。朴之说非必合于古也，而指归之要，庶几得之矣。至宋而胡安定、范蜀公、司马温公之聚讼又兴①，蔡西山掇拾而著之篇，持之确，析之精。虽然，未见其见诸行事者可以用之也。

【注释】

①胡安定（993—1059）：即胡瑗，字翼之，泰州海陵（今江苏泰州）人。因世居陕西路安定堡，世称安定先生。北宋时期官员、学者。曾任太子中舍、光禄寺丞、天章阁侍讲等。著有《周易口义》《洪范口义》《论语说》等书。传见《宋史·胡瑗列传》。范蜀公（1008—1089）：即范镇，字景仁，华阳（今四川成都）人。曾任知谏院、翰林学士等职，与欧阳修、宋祁共修《新唐书》。范镇曾因反对王安石变法而致仕。哲宗即位后起用其为端明殿学士，但他固辞不受，累封蜀郡公。传见《宋史·范镇列传》。

【译文】

古乐的消亡，是从暴秦开始的。其后大乱相继发生，经过王莽、赤眉、五胡、安、史、黄巢之乱，古代遗留下来的乐器都被焚毁，无法再见到的乐器实在太多了。到了柴荣在位时，仅存的古乐器，也都是汉代以后各朝根据自身理解而制作的仿制品罢了。于是柴荣锐意修复古乐，将这件事交给王朴负责。王朴的说法并非必定符合古意，但他主要的宗旨，还是差不多与古时相一致的。到了宋代，胡瑗、范镇、司马光再次对古乐展开讨论，意见纷纭，蔡元定将这些意见整理成文章，所据资料准确，分析精到。虽然如此，这些意见却未必能够实际应用到现实当中。

孔子曰:"大乐必简①。"律吕之制②,所以括两间繁有之声而归之于简也。朴之言曰:"十二律旋相为宫③,以生七调,为一均④;凡十二均、八十四调而大备。"朴之所谓八十四调者,其归十二调而已。计其鸿细、长短、高下、清浊之数,从长九寸径三分之律,就中而损之,旋相生以相益,而已极乎繁密。九九之数,尽于八十一,过此则目不能察,手不能循,耳不能审,心不能知,虚立至密至赜之差等⑤,亦将焉用之也?蔡氏黄钟之数,十七万七千一百四十七,推而施之大钟大镈⑥,且有不能以度量权衡分析之者,而小者勿论矣。尽其数于九九八十一而止,升降损益,其精极矣。取其能合之调为十二均足矣。故王朴律准从九寸而下,次第施柱,以备十二律,未为疏也。然自唐以降,能用此者犹鲜。过此以推之于十七万七千一百四十七之密,夫谁能用之哉?大乐必简,繁则必乱,况乎其徒繁而无实邪?

【注释】

①大乐必简:语本《礼记·乐记》:"大乐必易,大礼必简。"意思是真正的大乐必定是简易而非复杂的。

②律吕:校正乐律的器具。

③十二律:古代乐律学名词,是古代的定音方法。即用三分损益法将一个八度分为十二个不完全相同的半音的一种律制。各律从低到高依次为:黄钟、大吕、太簇、夹钟、姑洗、中吕、蕤宾、林钟、夷则、南吕、无射、应钟。宫:指宫音,五音之一。古代声乐理论认为,以七音"宫、商、角、变徵、徵、羽、变宫"配十二律,每律均可作为宫音,因此宫音的位置就有十二种,商、角等音也随之有相

　　应的位置变化。

④以生七调,为一均:七调指古乐律按高低音域,自黄钟至中吕,为
　七调。均是中国古代一种乐器,能奏出七调。

⑤赜:精妙,深奥。

⑥镈(bó):一种形状像钟的古代打击乐器。

【译文】

　　孔子说过:"真正的大乐必定是简易的。"律吕的规制,就是为了总括天地间繁杂的各种声乐而将其归于简洁。王朴说:"十二音律轮流作为宫音,都可产生七个调,成为一均。总共有十二个均、八十四个调,从而均、调全部齐备。"王朴所谓的八十四调者,归纳起来也不过十二调而已。总计因鸿细、长短、高下、清浊不同而产生的变音,用长九寸、直径三分的律作为标准,折中损益,每产生新的变音就加上一种,这就已经极其繁复了。九九之数,到八十一就为止了,超过了这个数目,眼睛就无法看尽,手指也数不过来,耳朵不能加以清晰辨别,心中也不能清楚知晓,虚立至为繁复深奥的差等,又如何将其实际加以应用呢?蔡元定所推算的黄钟之数,有十七万七千一百四十七个,如果将这一规律推广到大钟大镈,尚且有不能用度量权衡来加以分析的变音,就不要说更为细小的差异了。音律之数,到九九八十一为止,加以升降损益,已经极其精密了。将这其中能够合协的调组成十二均就足够了。所以王朴所定的律准从九寸往下,依次施设律柱,从而使十二律完备,算不上疏漏。然而自唐朝以后,能够采用这一方法的人是很少的。超过此法所定之数,将音律之数推算到十七万七千一百四十七这样精密的程度,还有谁能实际使用呢?真正的大乐必定是简易的,过于纷繁必定会引起混乱,何况是那些名义上繁杂而实际上无法应用的呢?

　　夫两间之声,而欲极其至赜之变,则抑岂但十七万七千一百四十七而已乎?今以人声验之,举一时四海之人,其

唇、舌、腭、喉、齿、鼻^①，举相似也；引气发声，其用均也；乃其人之众，为十七万七千一百四十七者，不知凡几也。虽甚肖者，隔垣而可别，乍相逼以相聆，似矣，而父母妻子则辨之也无有同者。是知天下之声，无涯无算，以十七万七千一百四十七该之，谓之至密，而固不能尽其万一，则其为法也，抑隘甚矣。

【注释】

①腭：口腔的上壁。前部由骨和肌肉构成，叫硬腭，后部由结缔组织和肌肉构成，叫软腭。

【译文】

　　天地间的声音，要穷尽其至为深奥繁复的变化，又岂止十七万七千一百四十七种而已呢？现在我们用人的声音来举例验证，选出同一时代四海之内不同的人，他们的唇、舌、腭、喉、齿、鼻，都是相似的，他们引气发声的机制和过程也相同，至于这些人的数量，远远不止十七万七千一百四十七，不知超过了多少倍。可是即使甚为相似的声音，隔着墙仍能分辨其不同，有的人声音乍听上去极其近似，但其父母妻子则能够清晰分辨其声音的不同。由此可以知道天下的声音，是无穷无尽、难以计量的，用十七万七千一百四十七种变化来概括，说已经至为精密了，而实际上却连自然界声音的万分之一都没能囊括，则这种声音的计量方法，也是非常狭隘的。

　　天地之生，声也、色也、臭也、味也、质也、性也、才也，若有定也，实至无定也；若有涯也，实至无涯也。唯夫人之所为，以范围天地之化而用之者，则虽至圣至神、研几精义之极至^①，而皆如其量。圣者之作，明者之述，就其量之大端，约而略之，使相叶以成用，则大中、至和、厚生、利用、正德之道全矣。其有残缺不修，纷杂相间，以成乎乱者，皆即此至简之法不能尽合耳。故古之作乐者，以人声之无涯也，则以八音节之②，而使合于有限之音。抑以八音之无准也，则以十二律节之，而合于有限之律。朴之衍为七调，合为十二均，数可循，度可测，响可别，目得而见之，耳得而审之，心得而知之，物可使从心以制，音可使大概而分，其不细也，乃以不淫人之心志也；过此以往，奚所用哉？

【注释】

①研几：穷究，深入钻研。

②八音：古代乐器的统称。指金、石、土、革、丝、木、匏、竹八类。

【译文】

天地间自然产生的，是声音、颜色、气味、味道、本质、本性和才能。看起来好像有定数，实际上却是没有定数的；看起来好像有止境，实际上却没有。只有人规范天地造化所生而加以利用的所作所为，即使至为神圣，穷研精微义理到了极致，也都仍有一定的限度。圣者所做的作品，明智之人的论述，只要取其精华，加以裁减调整，使其相互协调以发挥功用，则大中、至和、厚生、利用、正德之道就得以保全。至于出现残缺而不能加以修正，纷杂相间，最终酿成混乱的情况，都是不能完全符合这一至简之法。所以古代制作音乐的人，因为人声的变化没有止境，所以用八音来加以节制，而使其符合有限的音律。又因为八音没有定准，所以用十二律加以节制，使其符合有限的声律。王朴将其衍化调整为七调，合起来为十二均，数量有据可循，音度可以加以测量，声响可以被识别，眼睛能够看到，耳朵能够听到，心中能够理解其含义，外物都可以依据内心来加以控制，可以让声音大致得到分类，不过细分类，就不会祸乱人们的心智。如果超过了这一必要限度,那还有什么用呢?

呜呼!王朴极其思虑,裁以大纲,乐可自是而兴矣。至靖康之变,法器复亡,淫声胡乐,爝乱天下之耳①,且不知古乐之为何等也。有制作之圣、建中和之极者出焉,将奚所取正哉?如朴之说,固可采也。九寸之黄钟,以累黍得其度数②,有一定之则矣。而上下损益,尽之十二变而止。而用黄钟以成众乐也,不限于九寸,因而高之,因而下之,皆可叶乎黄钟之律。则九其九而黄钟之繁变皆在焉,则十一律、七调、十二均之繁变皆在焉。巧足以制其器,明足以察其微,聪足以清其纪,心足以穷其理,约举之而义自弘,古乐亦岂终不可复哉?若苛细烦密之说,有名有数,而不能有实,祗以荧人之心志,而使不敢言乐,京房以下之所以为乐之赘疣也。折中以成必简之元声,尚以俟之来哲。

【注释】

①爝(yuè)乱:炫惑扰乱。

②累黍:古代以黍粒为计量基准。累黍即指按一定方式排列黍粒以定分、寸、尺及音律律管的长度。

【译文】

唉!王朴穷尽其思考,裁定出大纲,音乐从此便可以兴起了。到了靖康之变时,音乐法器再次散佚,淫声胡乐,开始扰乱天下人的耳朵,人们又不知道古乐究竟是什么样的了。有善于制作的圣人、能建立中和之极的人出世,又将如何对其加以选择,从而选择正确的标准规范呢?王朴的说法,本来是可以被采纳的。九寸的黄钟,用累黍就能测量出其度数,有一定的准则存在。而上下加以损益,也不过穷尽十二之变罢了。而用黄钟来制成众乐，不限于九寸，可以根据情况而或高或低，都能与黄钟的声律相适应。如此则九九八十一，而黄钟的繁复变化都可以纳入其中，如此则十一律、七调、十二均的复杂变化便都蕴含在其中了。如果灵巧得足以制作出古乐器，明察得足以察觉细微的变化，听力好得足以辨清声音，心中足以穷尽其事理，约略举出其中的这些内容就足以显得广博，那么古乐难道就终究不可复原了吗？至于苛细烦密的说法，虽然有名有数，却不能有实，只会蛊惑扰乱人的心志，使其不敢谈论音乐罢了，自京房以下的人都是音乐的赘疣。至于折中调和，寻找标准来制定出简略的基本乐声，那还需要以后有才能的人才能办到。

卷末

【题解】

《读通鉴论》卷末的四篇叙论，集中阐述了王夫之对于历史及史学的全局性认识，说明了《读通鉴论》的撰述旨趣和指导思想。

在《叙论一》中，王夫之首先阐明所谓"统"必须满足"合而续之""因而续之"的定义，继而通过梳理、盘点古今天下治乱离合之势的演变，证明历史发展变迁过程中根本无所谓"统"，也没有绝对的"正"，有力地驳斥了"五德说""三统论"等为迎合统治者而牵强附会、凭空臆造的正统论。他认为正统论不仅理论根基存在先天缺陷，在实际运用中也因遭遇多重困难而频生混乱，明确表示出对使用正统论进行历史评判的不赞成态度。他振聋发聩地指出，"天下非一姓之私也"，所以凡"论天下者"，必然要"循天下之公"。这一宏阔的历史认识，无疑是颇具有进步意义的。

在《叙论二》中，王夫之通过征引经典和史实，指出天下自有大公至正的公论，治史、论史者不应与流俗争一时的短长，更不应随波逐流。他主张治史、论史要有严谨的态度，不溢美也不溢恶，善于审时度势，兼察"心"与"效"。

在《叙论三》中，他首先指出论史者常有的两种弊端，剖析其来源和原因，并进一步指出这种弊端将会滋生扭曲错误的历史观——一味以成败为是非，鼓吹功利，这种功利的历史观危害巨大，因而需要受到严厉批判，《读通鉴论》正是要与这种错误历史观划清界限。

在《叙论四》中，王夫之首先讨论治国之道，阐明了自己"因其时而酌其宜"的政治主张，指出盲目效仿古代制度的危害。继而又逐字分析了《资治通鉴》书名的深刻含义，并为读者指明了正确理解并灵活运用

《资治通鉴》的方法。在此基础上,说明了撰写《读通鉴论》的经世目的和指导思想,并重申了反对因循守旧、泥古不化的一贯思想。

叙论一　不言正统

论之不及正统者,何也? 曰:正统之说,不知其所自昉也[1]。自汉之亡,曹氏、司马氏乘之以窃天下,而为之名曰禅。于是为之说曰:"必有所承以为统,而后可以为天子。"义不相授受,而强相缀系以掩篡夺之迹;抑假邹衍五德之邪说与刘歆历家之绪论[2],文其诐辞[3];要岂事理之实然哉?

【注释】

①昉:起始。

②邹衍五德之邪说:指战国时期齐国学者邹衍提出的"五德终始"学说,即整个物质世界是由金、木、水、火、土构成的,事物发展变化是通过五行相生相克来实现的。而人类社会历史的发展则按照五德转移的次序进行循环,旧王朝的灭亡与新王朝的兴起,相互间的关系体现为五德相克,即金克木、木克土、土克水、水克火、火克金。刘歆历家之绪论:指汉代学者刘歆把董仲舒的"三统说"(即天之道周而复始,黑、白、赤三绕循环往复)塞进太初历,稍事补充,改名为三统历,在此基础上又修正邹衍的五德说,声称旧王朝灭亡与新王朝兴起的关系,体现为五行相生,即木生火、火生土、土生金、金生水、水生木两两相生,这就为禅让提供了理论的依据。

③诐(bì)辞:偏邪不正的言论。

【译文】

本书此前的论述没有涉及正统问题,为什么呢? 回答是:所谓正统的说法，不知道其起源于何处。自汉朝灭亡后，曹氏、司马氏趁机窃取天下，并美其名为禅让。于是他们为此寻找说词，说："必定要有所承继才能称为正统，而后才可以成为名正言顺的天子。"在大义上其政权并不是被前朝所授予的，却要强行建构起承继关系来掩饰自己篡夺政权的行迹。大概也是假借邹衍五德终始的邪说和刘歆依据三统历建立起的禅让学说，来修饰自己的歪理邪说。从实际的情况和道理加以考量，难道果然如此吗？

统之为言，合而并之之谓也，因而续之之谓也。而天下之不合与不续也多矣！盖尝上推数千年中国之治乱以迄于今，凡三变矣。当其未变，固不知后之变也奚若，虽圣人弗能知也。商、周以上，有不可考者。而据三代以言之，其时万国各有其君，而天子特为之长，王畿之外，刑赏不听命，赋税不上供，天下虽合而固未合也。王者以义正名而合之，此一变也。而汤之代夏，武之代殷，未尝一日无共主焉。及乎春秋之世，齐、晋、秦、楚各据所属之从诸侯以分裂天下；至战国而强秦、六国交相为从衡①，赧王朝秦②，而天下并无共主之号，岂复有所谓统哉？此一合一离之始也。汉亡，而蜀汉、魏、吴三分；晋东渡，而十六国与拓拔、高氏、宇文裂土以自帝；唐亡，而汴、晋、江南、吴越、蜀、粤、楚、闽、荆南、河东各帝制以自崇。土其土，民其民，或迹示臣属而终不相维系也，无所统也。六国离，而秦苟合以及汉；三国离，而晋乍合之，非固合也。五胡起，南北离，而隋苟合之以及唐；五代离，而宋乃合之。此一合一离之局一变也。至于宋亡以迄于今，则当其治也，则中国有共主；当其乱也，中国并无一隅分据之主。盖所谓统者绝而不续，此又一变也。夫统者，合而不离、续而不绝之谓也。离矣，而恶乎统之？绝矣，而固不相承以为统。崛起以一中夏者，奚用承彼不连之系乎？

【注释】

①从衡：合纵与连横。

②赧王朝秦：据《资治通鉴》记载，周赧王五十九年（前256），秦军攻取了韩国的阳城、负黍，周赧王很害怕，就背叛了秦国，与东方各诸侯相联合，率领天下的精锐部队出伊阙塞去攻打秦国，使得秦国与阳城之间无法相通。秦昭襄王因此大怒，派大将军摎攻打西周。周赧王迫于无奈，只得亲自到秦国，叩头认罪，把全部三十六邑三万人口都献给了秦昭襄王。秦国接受了周赧王献的人口、土地，并放他回去，不久周赧王就去世了。

【译文】

所谓的统，是指将分散的政权统合起来并为一体，是指前后承接、连续不断的统治。而天下政权并未统合在一起，并未相互连接承续的情况是很多的！就从数千年前以至于今天中国的治乱而言，就已经经历了三次巨变。当变化尚未发生的时候，自然不可能知道变化后的情况是什么样的，即使是圣人也不例外。商、周以前的历史，有许多不可考索之处。而根据三代的情况来说，当时诸侯万国各有其君主，而天子不过是诸侯之长罢了，在王畿之外，各国的刑罚赏赐不听命于天子，各国的赋税不上供天子，天下虽说是合为一体，实际上并不是真正的一个整体。有道圣王用大义来辨正名分，使天下合为一体，这是第一次巨变。尔后商汤代夏，周武王代商，天下没有一天不存在共主。到了春秋时代，齐、晋、秦、楚各国各自挟持一批从属于他们的诸侯国，分裂了天下；到了战国时代，强大的秦国和关东六国迭相组织合纵连横，周赧王被迫朝见秦王，而天下就不再有共主的名号，怎么可能还有所谓的统呢？这是天下一合一离的开始。汉朝灭亡后，蜀汉、曹魏、孙吴三分天下；晋王室东渡，而五胡十六国与北魏、北周、北齐纷纷割据一方而自行称帝；唐朝灭亡后，后梁、后汉、吴与南唐、吴越、前后蜀、南汉、马楚、闽、荆南、河东北汉的君主各自称帝自雄。各政权各自统治其国土和民众，有时会在名义上相互从属，实际上彼此却始终没有牢固的统属关系，因而也就无所谓统。六国分裂天下，而秦暂且统一了天下，将其传给汉朝；三国分裂天下，而西晋一度统一了天下，但这种统一并不稳固。五胡纷起，南北分裂，而隋朝暂且统一了南北，将其传给了唐朝；五代时天下又分裂，而宋朝成功统一了天下。这是天下一合一离局面的又一次巨变。到宋朝灭亡，以至于今天，则处于治世的时候，中国自有共主；当处于纷乱局面时，中国国土上并没有占据一隅之地、割据称雄的君主。大概所谓的统，就变得断绝而无法接续起来了，这是天下格局的又一次巨变。所谓的统，是指统一而不分裂、连续而不断绝的统治。既然天下分裂了，哪里还谈得上统呢？既然出现了中断，则本来就不能用所谓相互承继的理由来树立正统。成功崛起而统一华夏的君主，又何必要去继承根本就不相互接续的所谓"正统谱系"呢？

　　天下之生，一治一乱。当其治，无不正者以相干，而何有于正？当其乱，既不正矣，而又孰为正？有离，有绝，固无统也，而又何正不正邪？以天下论者，必循天下之公，天下非夷狄盗逆之所可尸，而抑非一姓之私也。惟为其臣子者，必私其君父，则宗社已亡，而必不忍戴异姓异族以为君。若夫立乎百世以后，持百世以上大公之论，则五帝、三王之大德，天命已改，不能强系之以存。故杞不足以延夏，宋不足以延商[①]。夫岂忘禹、汤之大泽哉？非五子不能为夏而歌雒汭[②]，非箕子不能为商而吟《麦秀》也[③]。故昭烈亦自君其国于蜀,可为汉之余裔,而拟诸光武,为九州兆姓之大君,不亦诬乎? 充其义类,将欲使汉至今存而后快,则又何以处三王之明德,降苗裔于编氓邪?

【注释】

①杞不足以延夏,宋不足以延商:周朝建立后,将夏王朝后裔分封在杞国,将商王朝后裔分封在宋国。

②非五子不能为夏而歌雒汭(ruì):据说夏代君王太康丧失君德,游猎无度,到洛水的南面打猎,百天还不回来。众民都怀着二心,有穷国的君主羿趁机在河北抵御太康,不让他回国。太康的弟弟五人,侍奉他们的母亲,在洛水湾等待太康。这时五人都埋怨太康,因此叙述大禹的教导而写了《五子之歌》,载于《尚书·夏书》。雒汭,指洛水(今洛河)入古黄河处,在今河南巩义。

③非箕子不能为商而吟《麦秀》也:据说商朝灭亡后,商纣王叔父箕子朝周时,因愤慨而作《麦秀》歌。诗中将亡国惨状和亡国原因和盘托出,格调凄凉悲惋。后人常将此歌与《黍离》并举,来表示亡国之痛。

【译文】

人类社会的生存之道,一个时期太平,一个时期又混乱。当天下处于治世的时候,没有不正的因素来干扰,那么又有什么谈正的必要呢? 当天下处于混乱状态时,既然秩序已经不正,那么哪里还有正统可言呢? 既然有分裂和断绝的情况,那意味着本来就没有“统”,那还存在什么正不正的问题呢? 就天下而论的人,必定要遵循天下的大公之道,天下不是夷狄、盗贼、叛逆所能统治的,也不是一家一姓的私产。只是作为臣子的人,必定会对自己的君父存在私情,则在宗庙社稷沦亡的情况下,他们必定不忍心拥戴异姓异族的人作君王。至于一个朝代已经延续百世以上,秉持百世以上的大公之论,则即使前代有五帝、三王的大德,天命终究已经更改,因而不能强行维系前朝的存在。所以杞国不足以延续夏朝,宋国不足以延续商朝。难道人们是忘记了夏禹、商汤的巨大恩泽了吗? 只有太康的五个弟弟才能在洛水汇入黄河处为夏朝吟唱《五子之歌》,只有箕子才能为商朝吟唱《麦秀》之诗。所以昭烈帝刘备在蜀地自行称帝,就认为他是汉王室的苗裔,把他比作光武帝,认可他是九州万民的君主,这难道不是胡说吗? 即使从道义上能够理解这种说法是想要使汉朝得以保存延续,那么又如何解释以夏商周三代圣王的明德,他们的苗裔还是最终变成了平民呢?

　　蜀汉正矣,已亡而统在晋。晋自篡魏,岂承汉而兴者? 唐承隋,而隋抑何承? 承之陈,则隋不因灭陈而始为君;承之宇文氏,则天下之大防已乱,何统之足云乎? 无所承,无所统,正不正存乎其人而已矣。正不正,人也;一治一乱,天也;犹日之有昼夜,月之有朔、弦、望、晦也①。非其臣子以德之顺逆定天命之去留;而詹詹然为已亡无道之国延消谢之运②,何为者邪? 宋亡而天下无统,又奚说焉?

【注释】

①朔:月相之一。农历每月初一。弦:月相之一。出现在农历每月初七、初八左右的傍晚,为"上弦";出现在农历每月二十二、二十三左右的清晨,为"下弦"。望:月相之一。农历每月十五日前后,因日月相望,月亮盈满,故称。晦:月相之一。农历每月的末一天,朔日的前一天。

②詹詹:言辞琐碎、喋喋不休的样子。

【译文】

若说蜀汉是正统,则蜀汉亡于西晋,正统就转移到了西晋。可是西晋分明是篡夺曹魏政权而建立的,哪里是继承汉朝而兴起的呢? 唐朝继承隋朝之统,那么隋朝又继承谁的统呢? 如果说继承自南朝陈,则隋文帝并不是因为灭亡陈才得以登上皇位的;若说是继承后周,则天下的夷夏大防已经混乱,还有什么正统可言呢? 既然无所继承,也没有什么统,那么正与不正就完全因人而异。正不正,是人事决定的;一时太平一时混乱,则是上天决定的。这就好比日有昼夜,月有圆缺和盈亏消长的变化。作为臣子的人是不能够用德行的顺逆反向推定天命的去留的,喋喋不休地想为已经灭亡的无道之国延续已结束的寿命,又有什么用呢? 宋朝灭亡后,天下根本就没有了统,这又怎么解释呢?

　　近世有李槃者^①,以宇文氏所臣属之萧岿^②,为篡弑之萧衍延苟全之祀,而使之统陈。沙陀夷族之朱邪存勖,不知所出之徐知诰,冒李唐之宗,而使之统分据之天下。父子君臣之伦大紊,而自矜为义,有识者一哑而已^③。若邹衍五德之说,尤妖妄而不经,君子辟之,断断如也。

【注释】

①李槃:明代中期学者,著有《新刻世史类编》。

②萧岿:梁武帝萧衍的曾孙,南朝后梁皇帝,数次被南朝陈击败,在北周灭北齐后依附北周。隋平陈后,又依附于隋,均受礼遇。

③哑(xuè):象声词,形容声音微小,此处指轻蔑、讥笑。

【译文】

　　近代有个叫李槃的,用身为后周臣属的萧岿,来为靠篡逆弑君而建立梁朝的萧衍延续梁朝之统,并将其作为陈朝正统的来源。又让身为沙陀夷族的李存勖,不知出自何姓的徐知诰,冒充李唐宗族,让他们来作为天下分裂时代的正统所在。父子君臣的伦理因此大为混乱,而李槃却自夸符合大义，只能博得有识之士的轻蔑而已。至于邹衍所谓的五德之说，尤为荒诞不经，君子必定要坚决地对其予以批判驳斥。

叙论二　不论大美大恶

天下有大公至正之是非焉，匹夫匹妇之与知，圣人莫能违也。然而君子之是非，终不与匹夫匹妇争鸣，以口说为名教，故其是非一出而天下莫敢不服。流俗之相沿也，习非为是，虽覆载不容之恶而视之若常，非秉明赫之威以正之，则恶不知惩。善亦犹是也，流俗之所非，而大美存焉；事迹之所阂，而天良在焉；非秉日月之明以显之，则善不加劝。故《春秋》之作，游、夏不能赞一辞①，而岂灌灌谆谆②，取匹夫匹妇已有定论之褒贬，曼衍长言③，以求快俗流之心目哉？庄生曰："《春秋》经世之书，圣人议而不辩④。"若华督、宋万、楚商臣、蔡般⑤，当春秋之世，习为故常而不讨，乃大书曰"弑其君"。然止此而已，弗俟辩也。以此义推之，若王莽、曹操、朱温辈之为大恶也，昭然见于史策，匹夫匹妇得以诟厉之于千载之下，而又何俟论史者之喋喋哉？

【注释】

①游、夏：指孔子的弟子子游和子夏，二人以文学才能著称。

②灌灌：情意恳切的样子。

③曼衍：分布，传播。

④《春秋》经世之书，圣人议而不辩：语出《庄子·齐物论》："六合之外，圣人存而不论；六合之内，圣人论而不议。春秋经世先王之志，圣人议而不辩"。意思是：《春秋》是经世之书，秉持先代圣王

之志，圣人虽然有所评说却不争辩。

　⑤华督、宋万、楚商臣、蔡般：华督弑其君宋殇公，宋万弑其君宋闵
　　公，皆参见卷十九"炀帝一二"条注；商臣弑其父楚成王，参见卷
　　十七"梁武帝二九"条注；蔡般弑其父蔡景侯，见卷二十"太宗八"
　　条注。

【译文】

　　天下有大公至正的是非，普通人都知晓，圣人也不能违背。然而君子的是非，终究不能与普通平民进行争鸣，把口头说辞当作名教，所以君子的是非之论一出，天下才没有敢不服从的。流俗相互沿袭，习惯了不正确的言论，就将其当作了正确说法，即使是无法容忍的大恶也能看作很平常的事，如果不是秉持光明显赫的威严来纠正这些错误认识，则罪恶就不能被挞伐。其实善也是如此，世俗眼光所嘲笑讥讽的，未必都是不好的，里面很可能存在着不能为世俗浅见所能容纳的大美；被掩盖的事，不一定都是坏事，里面也可能存在着震撼人心的良知。如果不是秉持着日月一般的明察眼光来加以彰显，则没法劝勉人们为善。所以孔子作《春秋》，子游、子夏等人不能改动一词，哪里仅仅是谆谆教导，将普通人已有的定论拿来当作褒贬的依据，只发挥一些长篇大论，来取悦流俗之人呢？庄子说："《春秋》是经世之书，圣人虽然有所评说却不争辩。"像华督、宋万、楚商臣、蔡般这些逆臣，在春秋时代，人们对类似的篡逆之举习以为常，因而不对其加以声讨，可是《春秋》却大书他们的弑君之举为"弑其君"。然而也仅此而已，并不加以评论。将这种义理推广开来，像王莽、曹操、朱温这些人篡夺政权的恶行，都明明白白地记载在史书中，普通人在千年以后也得以对他们加以诟骂，而又何必等论史的人喋喋不休地进行议论呢？

　　今有人于此，杀人而既服刑于司寇矣，而旁观者又大声疾呼以号于人曰：此宜杀者。非匹夫匹妇之褊躁，孰暇而为

此？孟子曰："《春秋》成而乱臣贼子惧①。"惟其片言而折，不待繁言而彼诈遁之游辞不能复逞。使圣人取中肩之逆、称王之僭，申明不已，而自谓穷乱贼之奸；彼奸逆者且笑曰：是匹夫匹妇之巷议也，而又奚畏焉。

【注释】

①《春秋》成而乱臣贼子惧：语出《孟子·滕文公下》："孔子成《春秋》，而乱臣贼子惧。"

【译文】

现在有个人，因为杀人而被司法部门施以刑罚，而旁观的人又大声疾呼，对别人宣扬说：这是个该杀的人。如果不是偏狭轻躁的凡夫俗子，谁有余暇这样做呢？孟子说："孔子撰成《春秋》，而乱臣贼子们纷纷感到恐惧。"正因为春秋用微言大义来寄寓褒贬，所以不需要繁复的语言，那些诡诈推责的奸巧言辞就无处兜售了。假如圣人对于郑国军队射中周王肩膀的逆行，楚国擅自称王的僭越之举，都反复加以申明，而自认为说尽了乱贼的奸诈伎俩，那么奸诈叛逆的人就会笑着说：这不过是匹夫匹妇的街谈巷议罢了，而又哪里值得畏惧呢？

萧、曹、房、杜之治也；刘向、朱云、李固、杜乔、张九龄、陆贽之贞也；孔融、王经、段秀实之烈也。反此而为权奸、为宦寺、为外戚、为佞幸、为掊克之恶以败亡人国家也①。汉文、景、光武、唐太宗之安定天下也，其后世之骄奢淫泆自贻败亡也。汉高之兴，项羽之亡，八王之乱，李、郭之功，史已详纪之，匹夫匹妇闻而与知之。极词以赞而不为加益，闻者不足以兴；极词以贬而不为加损，闻者不足以戒。唯匹夫匹妇悻悻之怒、沾沾之喜，繁词累说，自鸣其达于古者，乐得而称述之。曾君子诱掖人之善而示以从人之津,弭止人之恶而穷其陷溺之实,屑屑一时之快论,与道听涂说者同其纷呶乎②? 故编中于大美大恶、昭然耳目、前有定论者,皆略而不赘。推其所以然之繇,辨其不尽然之实,均于善而醇疵分,均于恶而轻重别,因其时,度其势,察其心,穷其效,所繇与胡致堂诸子之有以异也③。

【注释】

①掊克:聚敛,搜刮。

②纷呶(náo):纷乱喧哗。

③胡致堂:即胡寅(1098—1156)。字明仲,学者称致堂先生,建州崇安(今福建武夷山)人。北宋著名学者,胡安国的养子。靖康初,为秘书省校书郎,从祭酒杨时受学。张邦昌称楚帝,弃官归。建炎三年(1129),张浚荐为驾部郎官,擢起居郎。上书高宗,陈抗敌大计及论苟安议和之非,辞气激切。因忤秦桧,坐讥讪朝政,落职被贬。秦桧死后复官。著作有《读史管见》《论语详说》《注叙古千文》《斐然集》等。传见《宋史·胡寅列传》。

【译文】

萧何、曹参、房玄龄、杜如晦都是治世能臣;刘向、朱云、李固、杜乔、张九龄、陆贽都是忠贞之臣;孔融、王经、段秀实都是刚烈之士。与他们相反的,就是那些作为权奸、作为宦官、作为外戚、作为佞幸、作为聚敛钱财的贪官污吏的人,他们以各自方式作恶,使别人的国家走向败亡。汉文帝、景帝、东汉光武帝、唐太宗能够安定天下,他们的后世子孙却骄奢淫逸、自取败亡。汉高帝的兴起,项羽的灭亡,西晋的八王之乱,唐代李光弼、郭子仪平定安史之乱的功劳,这些在史书上都有着详细的记载,匹夫匹妇都听说过其名字,知晓其事迹。即使用最美好的语言赞美他们也不会增加其伟大,也不足以使听到的人起来效仿他们;即使用最坏的语言来贬斥他们,也不足以使他们更加卑下,听到的人不会因此而引以为戒。只有凡夫俗子怀着悻悻之怒、沾沾之喜,用繁复的语言反复评说历史,自鸣得意地认为自己通达古事,为自己的心得感到高兴而乐意宣扬其观点。君子要善于引导人为善,为别人指明进步的道路,消弭别人的恶,没有遗漏地指明别人所陷入的困境,他们怎么会屑于逞一时之快,与道听途说的人一道喋喋不休地评论呢?所以本书中对于那些属于大美大恶、昭然耳目、前人已有定论的史事和人物,都省略而不赘言。推究历史演变的原因,分辨史实并非完全如此的理由,对于善要分清其醇正与瑕疵之处,对于恶则要区分其轻重,审时度势,体察历史人物的心理而穷究其行迹,这是本书写作范式与胡寅等人所作史书的差别所在。

叙论三　不敢妄加褒贬

论史者有二弊焉:放于道而非道之中,依于法而非法之审,褒其所不待褒,而君子不以为荣;贬其所不胜贬,而奸邪顾以为笑。此既浅中无当之失矣。乃其为弊,尚无伤于教、无贼于民也。抑有纤曲鬼琐之说出焉①,谋尚其诈,谏尚其谲,徼功而行险,干誉而违道,奖诡随为中庸,夸偷生为明哲,以挑达摇人之精爽而使浮,以机巧裂人之名义而使枉。此其于世教与民生也,灾愈于洪水,恶烈于猛兽矣。

【注释】

①鬼琐:委琐,鄙陋。

【译文】

讨论历史的人有两大弊端:说要遵循大道却不按大道来评论历史,

说要依循史法却不按史法来审视历史。褒扬本来就不需要再褒扬的君子，君子并不会以此为荣；贬斥已经无须再贬的小人，则奸邪小人只会感到可笑。这就是褒贬浅陋不当的过失。可是这种过失造成的弊端，还不至于伤害教化、损害民众。此外又有各种歪曲鄙陋的说法产生，崇尚诡诈的计谋，推崇诡谲的劝谏，因为贪功而不惜犯险，为了获取名誉而不惜违背道义，将人云亦云、一味盲从的行为夸作中庸，将苟且偷生的行为赞誉为明哲保身，从而挑动人们的精神，使其变得浮躁，用机巧来击碎人们的名义观念，使其变得迷惘无知。这种行为对于教化和民生而言，比洪水带来的灾难还严重，其罪恶比猛兽还可恶。

　　盖尝论之：史之为书，见诸行事之征也。则必推之而可行，战而克，守而固，行法而民以为便，进谏而君听以从，无取于似仁似义之浮谈，祇以致悔吝而无成者也。则智有所尚，谋有所详，人情有所必近，时势有所必因，以成与得为期，而败与失为戒，所固然矣。然因是而卑污之说进焉，以其纤曲之小慧，乐与跳荡游移、阴匿钩距之术而相取①；以其躁动之客气，迫与轻挑忮忿、武健驰突之能而相依；以其妇姑之小慈，易与狐媚猫驯、渊涊柔巽之情而相昵②。闻其说者，震其奇诡，歆其纤利，惊其决裂，利其呴呕③；而人心以蛊，风俗以淫，彝伦以斁，廉耻以堕。若近世李贽、锺惺之流④，导天下于邪淫，以酿中夏衣冠之祸，岂非逾于洪水、烈于猛兽者乎？

【注释】

①钩距：机谋，心机。

②渊涊（tiǎn niǎn）：污浊，卑劣。柔巽：柔顺。

③呴呕：言语和悦。

④锺惺(1574—1625)：字伯敬，号退谷，湖广竟陵（今湖北天门）人。明代官员、学者。万历三十八年(1610)中进士，曾任工部主事、福建提学佥事等职。后辞官归乡，闭门研读史书，著有《史怀》，书中评论历代史事，阐发己见。传见《明史·钟惺传》。

【译文】

总的来说，记载历史，就是为了让人从过往人物的行事中获取经验教训。那么这种经验教训推广开来就必定是可行的，能使作战必定取胜、防守必定成功，用于推行法度必定能使百姓感到便利，用于进谏必定能使君王听从，因此不能采用那些看似仁义的浮夸言论，那只会使人犯下足以后悔的错误而一事无成。如此则智慧有所崇尚，谋略有所参照，充分揭示人情和时势因素对历史的影响，使人们能学习历史上的成功经验，而把失败的案例当作鉴戒，这是理所当然的。然而也正是因为这种追求，使得那些卑劣浅薄的说法得以产生，轻薄的人靠着卖弄扭曲的小聪明，乐于宣扬闪烁其词、满怀计谋的所谓智慧之术。用他们躁动的气息，来蛊惑那些轻薄易怒、刚愎自用或是雄健而愚蠢的人，使其依附于自己；又靠着婆婆媳妇一般的小恩小惠，容易与那些像狐狸一样妖媚，像猫一样温驯，卑污而柔顺的人相互亲近、声气相通。听闻他们邪说的人，被其奇特诡谲所震惊，被其提供的蝇头小利所迷惑，对其决裂的言辞感到惊讶，喜欢他们和颜悦色的态度。如此则人心被蛊惑，风俗变得败坏，道德堕落，廉耻沦丧。像近代的李贽、锺惺等人，引导天下走向淫邪的道路，从而酿成中原衣冠惨遭夷狄践踏的大祸，其危害难道不是超过了洪水猛兽吗？

溯其所繇，则司马迁、班固喜为恢奇震耀之言，实有以导之矣。读项羽之破王离，则须眉皆奋而杀机动；览田延年之责霍光，则胆魄皆张而戾气生。与市侩里魁同慕汲黯、包拯之绞急①,则和平之道丧;与词人游客共叹苏轼、苏辙之浮夸,则惇笃之心离。谏而尚谲,则俳优且贤于《伊训》②;谋而尚诈,则《甘誓》不齿于孙、吴③。高允、翟黑子之言④,祇以奖老奸之小信;李克用三垂冈之叹⑤,抑以侈盗贼之雄心。甚至推胡广之贪庸以抑忠直,而惬鄙夫之志;伸冯道之逆窃以进夷盗,而顺无赖之欲。轻薄之夫,妄以为慷慨悲歌之助;雕虫之子,喜以为放言饰说之资。若此之流,允为残贼,此编所述,不敢姑容。刻志兢兢,求安于心,求顺于理,求适于用。顾惟不逮,用自惭恧⑥;而志则已严,窃有以异于彼也。

【注释】

①绞急:急切。

②伊训:《尚书·商书》中的第四篇文章。内容是伊尹写给商王太甲的教导与告诫。

③甘誓:《尚书·夏书》中的一篇,是夏启在准备讨伐有扈氏时,在甘(今陕西鄠邑西南)发布的战争动员令。

④高允、翟黑子之言:据《魏书·高允列传》记载,辽东公翟黑子得到太武帝的宠信,出使并州,得到了千匹绢帛的贿赂,不久事发。翟黑子向高允请教说:"主上问我,是汇报真实情况还是说假话?"高允说:"公是皇上宠臣,回答时可据实以报,你又可自表忠诚,必然会没什么事的。"中书侍郎崔览、公孙质等人都说自首后罪不可测,应该说假话。翟黑子以崔览等人为知己,反而对高允发脾气说:"你的说法,是引诱我去死,那太不值得了!"于是与高允断交。翟黑子在太武帝面前说了假话,终被太武帝疏远,最终获罪被杀。

⑤李克用三垂冈之叹:据《新五代史·唐本纪·庄宗》记载,五代时

李克用破孟方立于邢州,还军上党,置酒三垂冈,伶人奏《百年歌》,唱人一生从幼到老的景况与悲欢,唱到衰老之际,歌声甚悲,众人皆感凄怆。当时李存勖在李克用旁边,才五岁,李克用慨然捋须,指着他笑说:"我已经老了,这是我的奇儿,二十年后,他或许能代替我在这里作战吧!"后来李存勖果然再次赢下三垂冈之战,从后梁手中夺取了上党。三垂冈,位于山西长治郊外,亦称三垂山。

⑥惭恧(nù):羞惭,惭愧。恧,惭愧。

【译文】

追溯造成这种情况的源头,司马迁、班固喜欢非凡而显赫的言辞,实在是重要的原因。读他们书中项羽击破王离的记载,则男子们都备受振奋而杀机大动;读田延年责备霍光的话,则读者的胆魄都扩张起来,产生了戾气。如果与市侩、乡里的首领一同仰慕汲黯、包拯的急切正直,则和平之道便会沦丧;与词人游客共同叹服苏轼、苏辙的浮夸,则淳朴诚挚的心就会被改变。如果崇尚诡谲的进谏之术,那么俳优就显得比伊尹作《伊训》还要贤德高明;如果崇尚狡诈的谋略,则《甘誓》中夏启的谋略远逊于孙子、吴起。高允、翟黑子的话,只会鼓励老奸巨猾的人偶尔展现小诚信;李克用在三垂冈发出的感叹,只会强化盗贼的雄心。有些史家甚至还推崇胡广的贪婪平庸以压抑忠诚正直之士,从而迎合浅薄之人的志向;表彰冯道叛逆苟且,勾引夷狄入寇的行为,从而顺从无赖的欲望。轻薄的人,愚蠢地将这些言论当作慷慨悲歌时的助兴之语;摆弄雕虫小技的人,则喜欢将这些当作自己放言无忌、修饰言辞的谈资。像这样的做法,都会造成很大危害,因此本书中绝不容许这类内容的存在。我志向专一、兢兢业业,只求安心,只求合乎理,只求适用于现实。只是力有不逮,所以心存惭愧。但我对自己的要求是很高的,这是我与那些史家不同的地方。

叙论四

一　因时宜而论得失

治道之极致，上稽《尚书》，折以孔子之言，而蔑以尚矣。其枢，则君心之敬肆也；其戒，则怠荒刻核，不及者倦，过者欲速也；其大用，用贤而兴教也；其施及于民，仁爱而锡以极也[①]。以治唐、虞，以治三代，以治秦、汉而下，迄至于今，无不可以此理推而行也；以理铨选，以均赋役，以诘戎兵，以饬刑罚，以定典式，无不待此以得其宜也。至于设为规画，措之科条，《尚书》不言，孔子不言，岂遗其实而弗求详哉？以古之制，治古之天下，而未可概之今日者，君子不以立事；以今之宜，治今之天下，而非可必之后日者，君子不以垂法。故封建、井田、朝会、征伐、建官、颁禄之制，《尚书》不言，孔子不言。岂德不如舜、禹、孔子者，而敢以记诵所得者断万世之大经乎？

【注释】

①锡：赐予。

【译文】

国家治理之道的极致，就在于上以《尚书》为根据，把孔子的话当作折中参考的对象，没有比这更高明的办法了。治理国家的关键，在于君王的心是虔敬还是放肆；治理国家的大戒，就是懈怠政事或过分严苛，对政事不够用心就会觉得厌倦，过分用心则会急切追求见效；对治理国家最有用的，就是任用贤人、兴起教化；对百姓的施政，则在于饱含仁爱而尽力给予他们恩惠。无论是治理尧舜时代的国家，是治理夏商周三代的国家，还是治理秦汉以降以至于今天的国家，没有不能依据这一道理而推行治国之道的。用这一道理来梳理官员选任制度，来调和赋役，来整顿军队，来整饬刑罚，来制定典章制度，没有不合适的。至于设计大的规划，细化为具体条文，《尚书》中所不讲的，孔子也没有讲，难道是他们遗漏了实际内容而不求详备吗？用古代的制度，来治理古代的天下，而不可以用古制来统摄今天的事物，所以君子不靠古制行事；用适合今天的制度，来治理当今的天下，却不一定能够适用于将来，所以君子不把今天的制度当作垂范将来的标本。所以封建、井田、朝会、征伐、建官、颁禄等制度，《尚书》中没有讲，孔子也不讲。那些德行不如舜、禹、孔子的人，怎么敢靠背诵死记而得到的书本知识来决断关系千秋万世的重大问题呢？

《夏书》之有《禹贡》，实也，而系之以禹，则夏后一代之法，固不行于商、周；《周书》之有《周官》，实也，而系之以周，则成周一代之规，初不上因于商、夏。孔子曰："足食，足兵，民信之矣①。"何以足，何以信，岂靳言哉②？言所以足，而即启不足之阶；言所以信，而且致不信之咎也。

【注释】

①足食，足兵，民信之矣：语出《论语·颜渊》："子贡问政。子曰：'足食，足兵，民信之矣。'"意思是：粮食充足，军备充足，老百姓就会信任统治者。

②靳言：吝惜语言。

【译文】

《夏书》中有《禹贡》，这是真实的，却把《禹贡》中的制度系于大禹，如此则夏代的制度,本来就不会在商、周推行;而《周书》中有《周官》,也是真实的,而篇名就将其限定于周代,如此则成周一代的规制,并不是承继商、夏的制度而来。孔子说:"粮食充足,军备充足,老百姓就会信任统治者。"如何使粮食充足,如何使百姓信任统治者,孔子难道是吝惜语言而不肯细说吗? 因为他一旦讲了使粮食充足的办法,就可能反过来导致粮食不足的情况发生;一旦讲了取信于民的具体方法,反而却很可能导致民众对统治者的不信任。

　　孟子之言异是,何也? 战国者,古今一大变革之会也。侯王分土,各自为政,而皆以放恣渔猎之情,听耕战刑名殃民之说,与《尚书》、孔子之言,背道而驰。勿暇论其存主之敬怠仁暴,而所行者,一令出而生民即趋入于死亡。三王之遗泽,存十一于千百,而可以稍苏,则抑不能预谋汉、唐已后之天下,势异局迁,而通变以使民不倦者奚若。盖救焚拯溺,时之所迫,于是有"徒善不足为政"之说①,而未成乎郡县之天下,犹有可遵先王之理势,所繇与《尚书》、孔子之言异也。要非以参万世而咸可率繇也。②

【注释】

①徒善不足为政:语出《孟子·离娄上》:"徒善不足以为政,徒法不能以自行。"意思是:(君主)徒有善心却不去施行,不可能达到仁政的目的。

②率繇:遵循,沿用。

【译文】

　　孟子的话就和《尚书》、孔子的话不同,为什么呢? 因为战国是古往今来一个重要的变革期。诸侯王分据疆土,各自为政,而都怀着放纵恣肆、渔猎百姓的想法，听从耕战刑名之类祸害民众的学说，与《尚书》、孔子的话背道而驰。根本没有余暇去讨论君主之心是懈怠还是恭敬，是仁义还是残暴，重要的是他们的行动，他们的命令一旦发出，百姓就会被迫趋向死亡。三代圣王遗留下的恩泽，仅存十分之一，而即使可以稍微复苏，也不可能用它来预先谋划汉、唐以后的天下治理，随着局势的变迁，还是要靠变通来使民众不会倦怠。大概要拯救被火围困或溺水的人，难免为形势所迫，所以就有"徒有善心却不去施行，不可能达到仁政的目的"的说法，而在尚未实行郡县制的天下，尚且有可以遵守先王之道的理由和形势，其路径与《尚书》、孔子的话有所不同。总之绝没有历经万世而一成不变的规制可以遵循。

编中所论，推本得失之原，勉自竭以求合于圣治之本。而就事论法，因其时而酌其宜，即一代而各有弛张，均一事而互有伸诎，宁为无定之言，不敢执一以贼道。有自相跖盭者矣[1]，无强天下以必从其独见者也。若井田、封建、乡举、里选、寓兵于农、舍笞杖而行肉刑诸法，先儒有欲必行之者矣。袭《周官》之名迹，而适以成乎狄道者，宇文氏也；据《禹贡》以导河，而适以益其溃决者，李仲昌也[2]。尽破天下之成规，骇万物而从其记诵之所得，浸使为之，吾恶知其所终哉！

【注释】

①跖盭(zhí lì)：乖舛，谬误。

②李仲昌：北宋官员。仁宗庆历八年（1048），黄河在澶州商胡决口，李仲昌向朝廷建议，堵塞商胡决口，开通六塔河，试图引黄河水回故道，结果竣工当夜再度决口，水患更加严重。李仲昌受到

弹劾,被流放岭南。事见《宋史·河渠志》。

【译文】

本书中的议论,在于推究得失的本原,竭尽自己的力量以求符合圣人治理天下之道的根本。而且秉持就事论法的原则,根据时势来斟酌适宜的做法,即使在一代之中也各有弛张,即使是不同时代的同一事件,也各有褒贬,宁可使自己看起来没有定论,也不敢专执一说从而损害大道。书中有自相矛盾之处,不敢强迫天下人必定要信从我个人的独特见解。像井田、封建、乡举、里选、寓兵于农、舍弃笞杖之刑而推行肉刑等诸项制度,都由先儒想要在其所处时代加以推行。可是因袭《周官》中的名目和做法,却正好使国家制度变为夷狄之制的,是北周宇文氏;根据《禹贡》的记载来疏导黄河之水,却恰恰加剧了黄河泛滥的人,是北宋的李仲昌。完全打破天下的成规,使世人大为惊骇,根据自己背诵记忆所得的知识行事,如果逐渐对这种做法听之任之,我不知道结局会有多糟糕!

二　释《资治通鉴》论

旨深哉!司马氏之名是编也。曰"资治"者,非知治知乱而已也,所以为力行求治之资也。览往代之治而快然,览往代之乱而愀然①。知其有以致治而治,则称说其美;知其有以召乱而乱,则诟厉其恶②。言已终,卷已掩,好恶之情已竭,颓然若忘,临事而仍用其故心,闻见虽多,辨证虽详,亦程子所谓"玩物丧志"也。

【注释】

①愀然:忧愁的样子。
②诟厉:侮辱,指责。

【译文】

司马光给《资治通鉴》起的名字,含义真深刻啊!之所以称"资治",并不是仅仅知道治乱而已,而是为了身体力行,求得建立治世的经验教训。看到前代的国家治理得好,就感到快乐,看到前代的动乱就感到忧愁。知道前代有能用于建立治世的办法,因此最终建立了太平盛世,则称赞这种办法的高明;知道前代的哪些做法会招致混乱,而他们也最终陷入了混乱,则严厉批判这种做法的恶劣。书中的议论已经告终,合上书卷,好恶之情已经枯竭,萎靡不振地好像忘记了所读内容一样,遇到事情仍用旧的想法和手段来应对,如此则即使所见所闻很多,即使辩证很详备,也不过是程颐所谓的"玩物丧志"罢了。

夫治之所资,法之所著也。善于彼者,未必其善于此也。君以柔嘉为则①,而汉元帝失制以酿乱;臣以戆直为忠②,而刘栖楚碎首以藏奸。攘夷复中原,大义也,而梁武以败;含怒杀将帅,危道也,而周主以兴。无不可为治之资者,无不可为乱之媒。然则治之所资者,一心而已矣。以心驭政,则凡政皆可以宜民,莫匪治之资。而善取资者,变通以成乎可久。设身于古之时势,为己之所躬逢;研虑于古之谋为,为己之所身任。取古人宗社之安危,代为之忧患,而己之去危以即安者在矣;取古昔民情之利病,代为之斟酌,而今之兴利以除害者在矣。得可资,失亦可资也;同可资,异亦可资也。故治之所资,惟在一心,而史特其鉴也。

【注释】

①柔嘉:柔和美善。

②戆直:憨厚而刚直。

【译文】

凡是建立治世所能参照的，就是史书编撰中所应昭明的内容。某一道理适用于其他事情，却未必能适应当下的这件事情。君王本以柔和美善为原则，而汉元帝却因过于柔和、失去规制而酿成了动乱；臣子应以憨厚刚直为尽忠之道，而刘栖楚却用叩头进谏、头破血流来掩饰自己的奸诈。尊王攘夷、兴复中原，是天下大义，而梁武帝却因此而陷于失败；怀着怒气诛杀将帅，本是危险的做法，可周世宗柴荣却因此而使得后周变强盛。没有不能为治理好国家提供经验的事情，也没有不会变成混乱之媒介的事情。如此则建立治世所能凭据的，就只有君王的心而已。用心来统御政事，则无论制定出什么政策，都能给百姓带来便利，没有不能服务于建立治世的。而善于汲取国家治理经验的人，则会主动变通，从而建立能够长久施行的法度。设身处地地感受古时候的局势，就好像是自己亲自经历了一样；钻研和考略古代治国的谋略，就好像这是自己的使命一样。替古人宗庙社稷的安危感到忧患，就能够为自己免除同样的危险，获得安全处境而找到办法；看到古时候百姓的疾苦，代替他们斟酌考虑对策，那么如今兴利除害的办法就有了。古人做对了的事情可以借鉴，古人的过失也可以借鉴；相同的事情可以借鉴，不同的事件也可以借鉴。所以治理国家所能借鉴的，就在于自己的心而已，而史书在这方面的记载尤其值得借鉴。

"鉴"者，能别人之妍媸[①]，而整衣冠、尊瞻视者，可就正焉。顾衣冠之整，瞻视之尊，鉴岂能为功于我哉！故论鉴者，于其得也，而必推其所以得；于其失也，而必推其所以失。其得也，必思易其迹而何以亦得；其失也，必思就其偏而何以救失；乃可为治之资，而不仅如鉴之徒县于室、无与照之者也[②]。

【注释】

①妍媸（chī）：美丽和丑陋。

②县："悬"的古字。悬挂。

【译文】

所谓"鉴"，就是像镜子一样能区分人的美丑，衣冠是否整齐，观瞻是否得体，都可以靠照镜子得到结论，加以纠正。但是衣冠之整齐，观瞻之得宜，怎么可能是镜子本身对我们做出的直接贡献呢？所以讨论历史镜鉴的人，对于历史上的成功案例，必定要推究其何以能够成功；对于历史上失败的案例，则必定要推究其为何失败。对于成功的案例，必须要思考如果环境和条件发生了改变，如何能同样取得成功；对于失败的事例，则必须思考在相似的偏颇处境下，如何挽救其失败结局。这样史书才能真正成为治理好国家的参考，而不是仅仅像镜子徒然悬挂在室内，没有能映照出的对象一样无用。

其曰"通"者，何也？君道在焉，国是在焉，民情在焉，边防在焉，臣谊在焉，臣节在焉，士之行己以无辱者在焉，学之守正而不陂者在焉①。虽扼穷独处，而可以自淑，可以诲人，可以知道而乐，故曰"通"也。

【注释】

①陂（bì）：偏斜，偏颇。

【译文】

所谓"通"，又是指什么呢？是因为在《资治通鉴》书中，有为君之道，有国家大政方针，有百姓的生存情形，有边防情况，有身为臣子当尽的义务，有身为臣子应具备的节操，有士人实现自身志向而不受辱没之道，也有做学问秉持正道而不至于偏颇的途径。即使在遭遇人生困境而独处时,通过阅读此书,也可以提升自我,可以与人分享心得而共同进步,可以知晓大道而感到由衷的快乐,所以用"通"来命名。

引而伸之,是以有论;浚而求之,是以有论;博而证之,是以有论;协而一之,是以有论;心得而可以资人之通,是以有论。道无方,以位物于有方;道无体,以成事之有体。鉴之者明,通之也广,资之也深,人自取之,而治身治世、肆应而不穷。抑岂曰此所论者立一成之侀①,而终古不易也哉!

【注释】

①侀(xíng):已定型之物。

【译文】

因为要引申本义,所以要有议论;因为要深入探求本源,所以要有议论;因为要博引旁征,所以要有议论;因为要协调、统摄诸说,所以要有议论;因为自己有所心得,想要帮助别人也通晓其意,所以有议论。大道无方,所以要通过议论来使事物有方可循;大道无体,所以要通过议论来使事情的发展有体可辨。能够揽史自鉴的人可以变得明智,能够通达历史的人可以变得广博,能够从历史中汲取智慧的人可以变得深邃,每个人都能自己取得这些益处,将其应用于修身、治世,使其发挥作用,而不会穷尽。又怎么能够说我的议论就可以造就一成不变的固定认识,无论经历多长时间都不容变易呢?

中华经典名著
全本全注全译丛书
（已出书目）